万物

地理即命运

英国与世界，10 000年的历史

［美］伊恩·莫里斯 著
（Ian Morris）

李阳 译

GEOGRAPHY IS DESTINY

Britain and the World, a 10,000-Year History

中信出版集团 | 北京

图书在版编目（CIP）数据

地理即命运 /（美）伊恩·莫里斯著；李阳译. -- 北京：中信出版社，2024.5

书名原文：Geography Is Destiny: Britain and the World, a 10,000-Year History

ISBN 978-7-5217-5706-4

Ⅰ. ①地… Ⅱ. ①伊… ②李… Ⅲ. ①欧洲－历史 Ⅳ. ①K500

中国国家版本馆CIP数据核字（2023）第164108号

Geography Is Destiny : Britain and the World, a 10,000-Year History
Copyright © 2022 by Ian Morris, originally published in 2022 by Profile Books Ltd
Published by arranged with the author through Sandra Dijkstra Literary Agency, Inc.
in association with Bardon-Chinese Media Agency
Simplified Chinese translation copyright ©2024 by CITIC Press Corporation
ALL RIGHTS RESERVED
本书仅限中国大陆地区发行销售

地理即命运
著者：　　[美]伊恩·莫里斯
译者：　　李阳
出版发行：中信出版集团股份有限公司
　　　　　（北京市朝阳区东三环北路 27 号嘉铭中心　邮编　100020）
承印者：　河北鹏润印刷有限公司

开本：880mm×1230mm 1/32　印张：18.5　　字数：497 千字
版次：2024 年 5 月第 1 版　　　印次：2024 年 5 月第 1 次印刷
京权图字：01-2022-7018　　　　书号：ISBN 978-7-5217-5706-4
审图号：GS（2023）3803 号（本书地图系原书插附地图）
定价：108.00 元

版权所有·侵权必究
如有印刷、装订问题，本公司负责调换。
服务热线：400-600-8099
投稿邮箱：author@citicpub.com

The farther you can look into the past,
the better you can see into the future.

Ian Morris

总序　人类历史发展的两大主线

葛剑雄
复旦大学文科特聘资深教授

由中信出版集团出版的伊恩·莫里斯教授的系列著作，包括《西方将主宰多久》《文明的度量》《战争》《历史的偏见》《地理即命运》《希腊人》六本。我受邀为该系列图书作总序。

翻阅这些书，我发现其时间跨度从一万年前直至2103年，空间跨度几乎遍及全球，涉及人文、科学、自然、社会各领域，覆盖大多数学科，各方面都远远超出了我的研究范围和认知能力。尽管如此，直觉告诉我，作者的研究和论述抓住了人类历史发展的两条主线，相当深刻又非常形象地揭示了人类文明的发展规律。

人类处于地球表层极其复杂多样的环境中，人类历史的发展是各种因素综合作用的结果。但从人类诞生至今，一直到可以预见的未来，始终贯穿着两条主线：一是人类与自然的互动和协调，即人类不自觉地或自觉地适应地理环境；二是人类不断克服自身的生物性、兽性，形成人性，并逐步确立人类共同的精神标准和价值观念。

人类诞生于非洲，在此后相当长的阶段内都不具备生产能力，只能靠采集和狩猎为生。尽管自然界的野生植物、动物丰富多样，但可供史前人类觅食并用于维生的种类和数量还是有限的。特别是在同一个空间范围内,因此史前人类会本能地扩大采集和狩猎的范围,且一旦在新的区域内生存下来,就不再返回。总有些史前人类比同伴有更强的好奇心,他们会在食物并未采尽时就迁入新的区域,这些人或许会因为采集和狩猎所得不足以维生而灭绝,或许就此完成了一次迁徙。

人类就这样走出了非洲,并最终走到地球上大多数适合人类生存的地方。但这一过程极其漫长,而且最终能走到新的定居地的人或许只是少数。那时的人类由于完全不了解外界的环境,再次向外走的时候往往没有选择的余地,只能一次次地试错,其中的无数支迁徙人群会以灭绝告终。有幸迁入一些自然条件相对优越地方的人,则获得了更好的繁衍条件,并逐渐创造出文明。

孕育了早期文明的地方,如肥沃新月地带、爱琴海周边、希腊沿海平原、地中海中的岛屿、尼罗河三角洲、黄河中下游地区等,都具有较好的自然条件。地球上可能被人类驯化为粮食作物的20余个品种,大多数生长在地中海式气候带。环地中海地带的人类最早驯化了小麦、豌豆、橄榄等优质作物,生产出充足的食物,为人口聚集和阶层分化提供了稳定的物质基础。又如黄河中下游地区是黄土高原和黄土冲积形成的平原,土壤疏松,原始植被易于清除,五六千年前气候温暖,降水充足,形成大面积的农田,文明曙光在这一带发展成华夏文明的核心绝非偶然。

因各种原因而迁入自然条件较差地区的人群,不得不选择游牧、狩猎、饲养、采集等生产方式,一般难以形成充足而稳定的食物供应,人口数量有限且分散,阶层分化出现得较晚,且层次简单,以至长期无法形成城市或行政中心。等到他们演化到足以改变生产方式,或有能力发展定居型农业时,近处的宜农地域早已被其他人群占有。在从事不同产业的人群交错分布的地区,由于农耕人群具有更强的生产和生存能力,采用其他生产方式的人群往往会被压缩到自然条件更差的空间,他们或者被迫外迁,或者被并入农耕人群。例如先秦时在黄河中下游地区还有不少以牧业为主的戎、狄部族,到公元前221年秦始皇统一六国，在长城以内已不存在聚居的牧业部族。

在总生产力相对较低而管理成本相对较高的条件下，统治阶层要维持自己的权力、地位和利益，必定会采用专制的办法，早期的政治实体、酋邦、国家基本采用专制政治体制，并先后转为世袭制。但由于地理环境不同，每个地区的专制集权程度不一，统一的范围也各异。如中华文明形成于黄河中下游地区，以黄土高原和黄土冲积平原为基础，这些基本属于宜农地区，面积大，中间没有明显的地理障碍，便于统治管理，行政成本低，很早就产生了大一统的观念和理论，并在公元前221年由秦始皇首先实现，建立了中央集权的专制政治体制，延续到20世纪初的清朝末年。但在希腊半岛，由于仅在沿海地区有狭窄的平原，其他都是山岭、峡谷、山地，交通不便，对异地的统治管理行政成本太高，因此形成了一个个独立的城邦，整个半岛从来没有出现如秦朝那样的中央集权专制政权，即使是在国力最强盛时，也只是主要城邦间的松散联合。上埃及与下埃及之间也只是联合，而不是中国式的中央集权。波斯帝国、亚历山大帝国、罗马帝国、拜占庭帝国、奥斯曼帝国，没有一个产生过"大一统"思想和理论，没有一个建立过真正意义上的中央集权政权。

游牧部族一般只能生产出勉强维持生存的食物，一旦出现不利的气候条件，往往只能选择迁徙。由于他们掌握的地理信息有限，迁徙大多是盲目的，因此其中一部分会以部族的灭绝或被其他部族吞并而告终。在迁徙遇到人为阻力时，他们别无选择，只能以武力对抗，结果可能获得依靠生产无法获得的食物、其他生活物资和财富。这无疑会诱发他们本来就难免的贪欲、野心和兽性，转而以掠夺、杀戮为手段获取更有利的生存条件。在耕地不足、气候不利或遭遇天灾人祸时，农业部族也不得不部分或全部迁徙。他们的最终命运取决于能否获得足够的土地和包括人文、自然两方面资源的基本生存条件。

而像古代中国这样拥有辽阔的疆域和足够的农田、能够生产出足够的食物和其他生活物资供养其人口的国家，在不利的气候条件或异常灾害面前，具有充分的回旋余地，通过内部的人口迁移和资源配置就能解决，如人口从北方迁往南方，从平原进入谷地、山区，由黄河流域转移到长江流域，开发尚未开发的区域。所以，从西汉至明朝，统治者尽管拥有足够的军事控制能力，却始终没有在蒙古高原、青藏高原和东北地区设立正式的郡县（州县）制度。开疆拓土或坚守边界，更多的是出于国家安全的考虑，或者是反击入侵的结果。对于新获得的疆土，统治者仅实施军事监护和象征性的行政管理，一旦国力衰退或鞭长莫及，就会轻易放弃。

有人将不同群体、不同民族、不同国家、不同文明之间的差异和特点归因于血统、基因，甚至认为存在优劣之分。但遗传学研究已经证明，人类出自同一个祖先、同一种基因，今天的不同人种、不同遗传基因是同一祖先的后裔散布到地球各地后长期演变的结果。而导致这些演变发生的主要原因，是各地不同的地理环境，而不是当初已经存在遗传基因的差异。

随着生产力的发展，特别是在工业化以后，一些人陶醉于科学技术的长足进步和物质财富的迅速增加，一度产生"人定胜天"的观念，提出征服自然的号召，造成某些资源的枯竭、某些物种的灭绝，并对局部区域的环境造成难以消除的污染和不可修复的破坏。殖民主义、帝国主义、垄断资本推波助澜，加剧环境恶化，引发社会危机。一方面，科学技术的发展达到空前的高度；另一方面，人类与自然的和谐共生共存也受到严峻的考验。

人类历史的另一条主线，是人类不断克服自身的生物性、兽性，并不断完善人性的过程。

在人类的祖先还在非洲以及走出非洲的过程中，绝大多数人都还只有生物性、兽性，与其他动物没有明显的区别。他们的发声、觅食、饮食、避热、御寒、集群、争斗、交配、生殖、育雏、病痛、死亡、迁徙等，与其他动物无异。与此同时，其中个别人或少数人，由于超常的生理发育，或脑功能的进化，或迄今我们还无法理解的原因，产生或强化了好奇心、羞辱感、舒适感、荣耀感、判断力、思维力、表达力、感染力、想象力、模仿力，并且不断克服自身的生物性和兽性。但多数人并不具备他们这样的能力，而且不认同他们的行为方式和表达出来的感情，视他们为异类，甚至加以驱逐或杀害。但其中有的人依靠自己的体力和智力，成为部落的首领，通过暴力强制或劝导示范，使部落成员接受他的生活方式、是非标准、行为规范，增强了部落成员的人性。这一过程是漫长的、曲折的、反复的，但最终结果是，一些部落形成了比较共同的人性，结为更大的部落联盟或部族，进而形成酋邦、政治实体和早期国家。

早期人类在面对变幻莫测又威力无穷的自然界和无法对抗的敌对群体时，无不寄希望于神灵、祖先，产生广泛的多神崇拜，形成越来越隆重丰盛的祭祀。由于所崇拜和祈求的是拟人化的神灵，所以他们就按自己的标准和理想来准备祭祀用品和殉葬品——动物、植物、鲜血、器官、心脏、头颅、奴隶、俘虏、美女、异人等和各种珍贵的物品。中国秦汉时的观念是"事死如生"，所以皇帝的陪葬品应包括他生前所需要的一切。随着人类自身的物质需求、审美标准和价值观念的变化，食物、鲜花和精心制作的祭祀器物才逐渐出现，伴随以音乐、舞蹈和隆重的仪式，殉葬品也逐渐改为俑、器物、模型、图画和象征性器物。

由于种种原因，包括迄今我们还不能了解的原因，特定区域（一种说法是在亚美尼亚一带）的人类产生了语言，随着人口的迁徙而产生不同语系的分支和更多不同的语言。有了语言，杰出的、先知先觉的人，无论是对部落的其他成员强制推行人性还是教化感化，都有了更有效的手段。一万年以来，地球上先后产生了不同的文字。文字的使用和传播，使人类的思想和精神生活得到记录和推广，也使人的生活方式、行为规范、好恶程度、是非标准、价值观念等得到准确的记录和表达，又通过家庭、家族的权威和政权的权力，形成规则、惯例、法令、制度、法律等。

统治者和统治阶层拥有丰厚的物质条件和强大的行政权力，可以有效地推行他们所认可的人性，尽管他们自己未必真正践行。一方面，他们可以通过家庭、学校、社会等各种途径对民众进行教化；另一方面，他们也会用规则、法律限制乃至严刑峻法加以强化、强制。在宗教盛行后，统治者还会借助于宗教。只要他们想推行的"人性"得到宗教信仰的肯定，被列入信仰的范围，或被解释为信仰的表现，统治者不需要付出任何行政成本，就能获得最大的效益，但统治者实际推行的"非人性"，也在这种政教合一的条件下被推向极致。

虽然宗教是创造人本身的人性的理想化、完美化和神秘化的产物，但一旦形成宗教信仰，信众就丧失了本来的人性，而必须完全接受神、上帝或主赐予的"人性"，方能弥补自己与生俱来的罪愆。宗教领袖、神职人员假神的名义，或者依照他们自己对神谕的理解，推行他们的"人性"。任何宗教信仰本质上都是排他的，在形成世俗的世界秩序和国际条约之前，宗教之间不可避免地存在难以调和的冲突，引发持久的、激烈的宗教战争。政教合一、宗教战争，曾经使欧洲相关宗教信仰地区经历了人类历史上最黑暗的时代。所以现代社会必须实行政教分离，在保证宗教信仰的同时，也要求宗教不干预政治、教育、科学和学术。

在生存资源有限、人类的生存能力不可能及时提升的条件下，群体之间为争夺生存资源引发的斗争和战争不可避免，无论胜负，都可能激发人固有的生物性、兽性，使有些个体或群体以掠夺、侵略代替生产，甚至以杀戮为乐趣。一旦兽性强的人掌握了权力，或者成了大群体的首领，更会不顾后果地持续发动战争。另外，人性的张扬也使有些个体或群体以正义的战争守卫自己的财物，维护自己的权益，以战止战。当拥有足够的实力时，他们还会用人性规范战争，并感化或强制对手遵守这些规则。如中国春秋时代的宋襄公，在敌强我弱的情况下还坚持不攻击正在渡河、未布好阵势的敌军和头发斑白的老年人，在兵败身伤时仍然坚持。在古希腊、古罗马时代，一些决斗、战争的规范初步形成；而在中世纪后，欧洲也逐渐产生规范战争行为、战场救护、善待战俘、保护平民的国际条约。

生产力和科学技术的进步，武器和战争手段的发展，人口的增加，使掌握国家权力的战争狂人具有无限的杀伤力，其兽性的膨胀会给全人类带来浩劫。但人性也凝聚着另一些人类群体、民族、国家，为了自己的利益、尊严、独立、自由、民主进行并坚持正义的战争。在二战中，大多数国家和人民结成同盟，打败了侵略者，消灭了法西斯，建立了联合国，确立了国际关系的准则，制定了相关的国际法。但时至今日，一些人的兽性依然得不到抑制，膨胀为侵略、掠夺、反人类行为、恐怖活动，并因拥有最先进的武器和战争手段给全人类带来巨大的灾难。

人类的精神活动对物质条件的依赖性很低。一位天才、一位杰出人物，只要他（或她）尚未进入脑死亡状态，就能运用思维，就能保持和提升人性，就能创造精神财富。当然，这一切只有被记录、被传播，才具有社会意义和实际意义。所以人类的精神境界、人性的高度，并不一定随着时间的推移和物质基础的改善而同步提升。某位天才、杰出人物曾经创造的精神境界、达到的人性高度和纯度，或许永远不可能被复制和超越。

任何一种人类文明，作为某一特定的群体在特定的时间和空间范围内创造的物质财富和精神财富的总和，其形成和发展、兴盛和衰落，离不开基本的物质条件。但在群体摆脱了物资匮乏状态，特别是进入富裕社会后，文明的命运在很大程度上就取决于精神财富，取决于人性。人类的未来、人类命运共同体的精神基础，就是中国共产党提出和倡导的全人类价值共识，即"和平、发展、公平、正义、民主、自由的全人类共同价值"，这是全人类人性的升华和结晶。

由于主观和客观条件的局限，作者没有涉及这两条主线的全部，在涉及的部分也未必都能做出圆满的阐述，但这套书的贡献已足以奠定作者里程碑式的地位。我谨将这套书介绍给各位读者。

推荐序　地图中的历史"情书"

施展

上海外国语大学教授

"我们是欧洲不可分割的一部分，……任何其他人，都不能将我们'带出欧洲'。"

1975年，面对工党发起的"脱欧"公投，来自保守党的撒切尔夫人如此强调，尽管她后来坚决反对欧洲一体化，但铁娘子的坚决让英国与欧洲大陆又携手共进了四十余年。她的保守党后辈卡梅伦则没有这么幸运，对"留欧"信心满满的他希望用一次公投堵住保守党内"脱欧派"的嘴，结局却是黯然离开唐宁街。

英国与欧洲大陆的纠葛一直是欧洲历史的一个重要议题，并且随着近代欧洲的扩张而具有全球性影响。对于现代英欧关系的起源，不同学者上溯到不同源头：从二战后欧洲一体化到一战前的英德对抗，从反法同盟和拿破仑战争到17世纪的宗教战争，从诺曼征服到恺撒进军，不一而足。

美国历史学家、斯坦福大学古典学教授伊恩·莫里斯的新作《地理即命运》一书可以说是对这一议题的最新且颇具颠覆性的回应。正如这本书的副标题"英国与世界，10 000年的历史"所展示的，莫里斯教授把英欧纠葛直接推展到10 000年前第四纪冰期的末期，彼时不列颠群岛还和欧洲大陆连为一体，人类也刚刚进入文明的曙光。

伊恩·莫里斯之所以把目光拉到 10 000 年前，与麦金德的地缘政治学传统密不可分。只不过莫里斯突破了国家有机体的生存空间的解释框架，赋予了地理要素在历史发展中的独立作用，这个特点在他此前的《西方将主宰多久》《文明的度量》《战争》以及《历史的偏见》等一系列著作中十分显著（这些著作均由中信出版社出版）。我们甚至可以将《西方将主宰多久》一书总结为一句话——"纬度规定历史"。

千年的尺度、全球的视野、地理的因素，这些混杂在一起让伊恩·莫里斯成为当代全球史写作"地理约束论"的代表人物。《地理即命运》一反全球史的思路，把研究对象缩小在英国，更像是伊恩·莫里斯给"脱欧"后前途未卜的英国的一封独特的"情书"。

这封"情书"的线索是三张"与时俱进"的地图：赫里福德地图、麦金德地图、财富地图。其实，这三幅地图也就是莫里斯眼中英国历史经历的三个主题：信仰、军事、资本。客观的地理要素一直存在，不同时代的人会识别哪些要素，如何呈现这些被认为有意义的地理要素，如何将时代进程与这些地理要素构建起解释框架，则属于历史哲学问题。在这个意义上，伊恩·莫里斯并非庸常的"地理决定论"者，他十分清楚历史的主轴，只不过这个主轴的原动力是地理因素。所以，说得更准确些，莫里斯的理论并不是"地理决定论"，而是"地理约束论"：地理决定了在一个地方什么事情肯定做不成，但适合此地的其他事情是否能做成，还要看其他的因素。

赫里福德地图是一个典型的T-O地图，象征信仰源泉的耶路撒冷位于中央，东方（亚洲）占据地图上面一半，下面一半左右分别是欧洲和非洲。因为耶稣归来的方向是东方，象征美好的彼岸，故而东方在上；而欧洲人生活、探索的已知世界罪孽深重，故而西方在下。在这幅地图中，孤悬海外的不列颠群岛被挤压到地图左下角。这象征了英国在这一历史时期的处境：不但地缘上处在世界边缘，信仰上也处在最下层。实际上，在罗马人统治不列颠时，文明到哈德良长城就戛然而止，长城以北的高地尽管在客观地理上仍属于大不列颠岛，但在文明意义上却是野蛮的未知。

这一时期的不列颠岛民也就谈不上历史自觉。本土的克尔特人、来去匆匆的罗马人、虎视眈眈的高卢人、渡海而来的盎格鲁-萨克逊人、经常抢劫的维京人和驭马征服的诺曼人……每一群人都仿佛是这片海岛的匆匆过客，不断地把欧洲大陆的各种资源带到岛上，丰富不列颠的历史。

麦金德地图是一幅等距方位投影，它本身就是现代科学的产物，但在科学掩护之下选择了一个具有政治意义的投影中心——英国。这幅地图概括了大航海时代以降到20世纪初的地缘政治格局，尽管麦金德以"世界岛"理论闻名于世，但那只是未来欧洲各国争夺的焦点。此时此刻，英国还是世界的中心，大西洋是通向世界的黄金水道，美国、东亚、俄罗斯只能分布在四周。莫里斯将这幅地图的历史起点设置在1497年，就在哥伦布发现新大陆的5年之后，此时英王亨利七世资助的约翰·卡伯特抵达美洲纽芬兰，英国开始进入大航海时代。

这幅地图蕴含的更重要的意义是，曾经处在现实世界和信仰世界双重边缘的英国，激活了自我历史意识。1534年，英王亨利八世以《至尊法案》拉开英格兰宗教改革序幕，在信仰上将英格兰脱离出天主教世界。1588年，英国更打败了西班牙无敌舰队，突破了天主教国家对海洋自由航行的"陆权式"垄断。伴随着风帆战舰和大炮，英国打败了一个又一个欧洲大陆强国，建立起"日不落"殖民帝国，更在"漫长的19世纪"实现了世界范围内"不列颠治下的和平"（Pax Britannica）。经历400余年的苦心经营，英国最终名副其实地站在了"地图中央"。

这幅描绘美好年代的地图并未维持太久，20世纪两场相隔不远的世界大战就打破了这个局面：一战断送了英国的经济优势，二战断送了英国的政治优势。战后英国从世界秩序和规则的制定者跌落为区域性力量，冷战的两极格局并未给英国太多发挥的政治空间，传统的殖民地体系在战后民族解放浪潮中被不断瓦解，只剩下松散的英联邦体系。本国甚至脆弱到被电视剧讽刺"英国国防政策的目的是为了让国民相信英国被保护"。

经济成为英国和欧洲大陆修复战争创伤的共同主题，双方也展开了长达半个多世纪的爱恨纠葛。最初几年英国仍想保持某种独立，但欧洲煤钢联营和继之而起的欧共体展现了区域性联盟和市场共享的经济潜力。冷战结束，铁幕破碎，伴随欧盟东扩，英国也搭上了欧洲人口自由流动的顺风车。金融、教育和语言三大优势让英国仍能尽力维持着昔日帝国的荣光。于是，也就有了第三张地图——基于GDP（国内生产总值）变形的世界地图。

英国始终是欧盟中最三心二意的成员，一方面它和美国有着悠久的历史联系，另一方面松散的英联邦还残存帝国余晖，英国始终在大西洋东西两岸、欧洲一体化和日不落帝国遗产中不断摇摆。是仍坚持要做影响世界的独立力量，还是彻底回到欧洲大家庭中成为普通一员？每一种抉择都需要巨大的政治勇气。

伊恩·莫里斯自己却有些不屑于这种抉择。伴随东亚崛起改变世界格局，他对于英国内部"脱欧"问题争论的最大批评并不是要不要脱离欧洲，而是争论双方都还误以为欧洲仍旧站在世界舞台中央。

中国崛起为超大规模经济体，美国最近三任总统都积极重返亚太，甚至还拉上印度，意图重塑亚洲的政治空间格局，打造"印太"概念。一面是世界最大的新兴经济体、世界工厂，一面是传统盟友，一面是有传统政治影响的前殖民地国家，英国再一次到了具有世界意义的历史抉择关头。

与之相伴，第四幅世界地图也在酝酿之中并呼之欲出。到那时哪国会处在地图中央？中国是否会拥有一幅属于自己的世界地图？莫里斯留下了一个开放式的结尾，并带有一点点英国去工业化的怀旧感伤。

当然，在这里还是要强调一下，穿过"地理约束论"，我们还是必须看到人的作用。在实际上奠定战后秩序的一系列政治经济操作中，无论是欧洲煤钢联营、国际货币基金组织和世界银行，还是关税总协定及其后的世界贸易组织，甚至布雷顿森林体系和联合国，都能看到凯恩斯的影子。真正奠定战后基础的既不是雅尔塔的秘密会议，又不是美苏之间的剑拔弩张，而是《和约的经济后果》、自由贸易、普通法，而这些都源自英国。

客观的历史事件和地理要素都在这里，问题是如何解释并呈现。相信读者在阅读本书时，会有一种自己不断探索的快乐。

目 录

引 言　　001

第一篇　赫里福德地图（公元前6000—公元1497年）　　023
- 第1章　撒切尔法则（公元前6000—前4000年）　　025
- 第2章　欧洲的穷表亲（公元前4000—前55年）　　063
- 第3章　帝国（公元前55—公元410年）　　105
- 第4章　"最早的欧盟"（410—973年）　　156
- 第5章　联合王国（973—1497年）　　197

第二篇　麦金德地图（1497—1945年）　　243
- 第6章　英格兰"脱欧"（1497—1713年）　　245
- 第7章　转折（1713—1815年）　　297
- 第8章　扩张再扩张（1815—1865年）　　341
- 第9章　新世界向前进（1865—1945年）　　387

第三篇　财富地图（1945—2103年）　　421
- 第10章　最关键的连接点（1945—1991年）　　423
- 第11章　保持冷静，继续前进（1992—2103年）　　467
- 第12章　不能再回家了（2017年）　　500

致 谢	509
注 释	511
参考文献	545

引 言

英吉利海峡有大雾

在我小时候,外祖父(图0.1)曾一遍又一遍地对我讲,当他像我这么大时,天气预报总是说:"英吉利海峡有大雾,欧洲大陆被隔断了。"像众多笑话一样,其幽默之处在于模棱两可。外祖父是在说这个国家堕入了迷雾中,还是英国人妄自尊大?是两者皆有还是两者皆无?他从来没有说破。自从他上一次这样说,已经过去了40多年,这笑话听起来似乎更加犀利了。2016年6月23日,英国公投脱离欧盟。还没等那个星期结束,首相(一连四位栽在欧洲问题上的保守党首相中的第三位)就下台了。工党国会议员也给他们自己的领袖投了不信任票。世界上2万亿美元的财富蒸发了。一点儿也不好笑。

全民公投后的第二天早上,我决定就发生的事写一本书。我知道数以百计的其他作者也会做出或者已经做出了类似决定。事实上,第一批关于英国"脱欧"的书在接下来的几星期内就出版了。我觉得这本书无论如何都值得一写,因为我认为它会与其他书极为不同。大多数关于英国"脱欧"的书关注的都只是从戴维·卡梅伦宣布支持公投到英国实际"脱欧"的7年（2013—2020年）。一些书会追溯到1973年，也就是英国加入欧洲经济共同体的时间，少量会追溯到20世纪40年代末，那时建立欧洲联盟最早的切实计划刚刚浮出水面，还有寥寥几本会从16世纪的宗教改革运动或西班牙无敌舰队谈起。在我看来，这些全都不够。只有当我们回顾自后冰期海平面上升，开始将不列颠群岛与欧洲大陆分隔开的10 000年，才能看清一直以来推动并将继续推动英国历史发展的更大格局。

图0.1 雷吉·菲利普斯（1906—1980）20世纪30年代初留影。他是一位钢铁工人、幽默大师、业余地理学家

资料来源：作者家庭照片

我并不是说我们会在巨石阵的岩石上找到外交政策建议或者有关英国人特性的永恒真理。考古学家曾经恰当地嘲讽过说这种蠢话的人。然而，只有在几千年的时间跨度上，推动英国与欧洲和更广大世界的关系发展的力量才能清楚地显现出来。我们只有把事实放到这个框架中，才能看清为什么英国"脱欧"在一些人看来势在必行，而在另一些人看来糟糕透顶，以及"脱欧"接下来会走向何方。

从长远看问题，并不是什么新观念。早在1944年，业余历史学家温斯顿·丘吉尔就曾提出建议："你向后回顾得越长,向前展望得也就越远。"[1]然而,几十年后专业历史学家们才开始重视他的建议。直到21世纪初,历史学家们才对我们今天所说的"大(或深)历史"真正产生了兴趣,研究起跨越数千年、影响全世界的趋势。大多数大历史著作,包括我本人写的几本书,都是从在特定时间、特定地点发生的事件细节中抽身出来,从全球视野来讲故事。在此,我要把望远镜倒转过来,从总览全球转为放大局部。毕竟,历史是由真实的人创造的,粗线条的东西并不值得仔细审视,除非它能帮助我们在现实生活中理解生活。我的计划是用大历史的方法,把"脱欧"后的英国放到后冰期数千年来英国与欧洲及更广大世界的关系的背景下进行考察。

即使是现在,距丘吉尔提出建议已经过了3/4个世纪,仍然只有少数人才能做到放眼长远。例如,德高望重的历史学家大卫·艾杰顿在其杰出的著作《不列颠国家的兴衰》中说,"'脱欧'是近期才发生的现象,原因就在此时此地","与悠久的历史无关",[2]这番话本应引发激烈争议。在随后的篇章中,我将试图展示英国"脱欧"实际上与深远的历史息息相关,只有从长远、广阔的视角观察才能理解它,大历史甚至能让我们看到英国"脱欧"在未来一个世纪可能意味着什么。

人们最少提及的事情

英国"脱欧"公投两个月零一天后,激烈反欧的英国独立党领袖奈杰尔·法拉奇出人意料地出现在了美国密西西比州杰克逊市。他在那里发表了讲话,以支持美国共和党总统候选人唐纳德·特朗普,尽管英国铁杆亲欧报纸《卫报》称:"在人群中随机进行的一项快速调查显示,80%的人从未听说过法拉奇或英国'脱欧'事件。"[3]法拉奇没有被吓倒,他解释说,特朗普邀请他是因为英国独立党激励了数百万普通民众,"他们相信通过走出去投票支持英国'脱欧',可以重新控制自己的国家和边境,重新获得骄傲和自尊"[4],就像特朗普认为自己在美国所做的一样。

法拉奇在其竞选活动中始终如一。他认为英国"脱欧"实际上关乎5件事:身份认同(英国人认为他们自己是谁)、流动性(谁在进出不列颠群岛并围绕其活动)、繁荣(岛民有多富有,他们的财富如何分配)、安全(他们在暴力面前有多安全),以及主权(谁来制定规则)。法拉奇坚称,其中"外来移民是绝对关键"[5]。其他任何东西(甚至包括现金)都无法与之相比。他解释说:"触动我们心弦的是,我们的GDP可能会因为大量移民而上升,但从中受益的是谁呢?是获得廉价劳动力的大企业……生活中还有比金钱更重要的东西。"[6]

法拉奇的听众们喜欢这套说辞。"你们必须控制边境,"来自附近密西西比州弗洛伦斯市的一位护士肯定地对《卫报》记者说,"人们说每5万(外来移民)中才有一个可能是恐怖分子。但如果我给你5万颗M&M巧克力,并告诉你其中一颗含氰化物,你还会吃上一大把吗?"[7]这是个好问题,尽管倡导自由主义的卡托研究所的计算表明,移民成为恐怖分子的概率实际上更接近1/29 000 000。法拉奇比大多数人更高明的是,他认识到在辩论中事实不如价值重要。真正的问题不是英国人是谁,而是他们应该是谁,不是谁进入或离开英国,变得富有或贫穷,是否暴力或告诉英国人该做什么,而是谁应该来做这些事情。

很多人认为法拉奇是错误的。在福布斯商业网站看来,似乎只有3个问题很重要,而不是法拉奇所说的5个问题。尽管《财富》杂志也认为有5个问题很重要,但它选择的是另外5个问题。BBC(英国广播公司)认为有8个问题很重要,《独立报》和《太阳报》各自提出了10个问题,激进反欧的《每日邮报》则认为重要问题不下20个。亲欧小说家菲利普·普尔曼也不甘示弱,在投票后对《卫报》记者撂下重话:"这场灾难有上千个肇因。"[8]出口民调显示,就连这都是低估:一些人投票赞成"脱欧",是因为他们认为赞成留下的人肯定会赢；还有许多人声称他们并不知道自己为什么要这样投票；此外，法拉奇本人所在的党中有7%的人反对离开欧盟，这完全不合逻辑。在对12年的民调数据进行了一系列统计检验后，政治学家哈罗德·克拉克、马修·古德温和保罗·怀特利在他们合著的《"脱欧"：英国为什么投票离开欧盟》一书中总结道："英国'脱欧'的决定险胜……反映了人们的算计、情绪和各种触发因素的错综复杂的混合。"[9]他们显然是对的，但法拉奇说的也没错，他提出的五大因素抓住了人们思考的足够多的问题，所以他能赢。

事实上，法拉奇似乎比他自己所知道的还要正确。大历史表明，身份认同、流动性、繁荣、安全和主权不仅仅在2016年是人们的首要关切：它们一直为人们所担忧。在现存的关于英国的最古老的文献之一中，罗马作家塔西佗向我们表明，当地人早在2000年前就已经在争论这些问题了。塔西佗说，随着罗马把不列颠尼亚拖进自己的帝国，一些不列颠人欣喜于暴力征服者带来的先进文明和显赫辉煌，而另一些人则认为来自大陆的一切都是腐化堕落的。罗马施展了它所有的魅力和软实力，以确保前一种观点战胜后一种。结果，塔西佗说道："（不列颠人）非但不讨厌拉丁语，反而渴望讲好它。同样，我们（罗马人）的民族服装也流行起来，托加随处可见。"[10]然而，他补充道——怎么听他都像是在接受《每日邮报》的采访，尽管"无戒心的不列颠人将这些新奇事物称为'文明'"，但更明智的人则认为，"它们实际上只是他们所遭受的奴役的一部分"。

在某些意义上，自那以后并没有发生太大变化。1世纪和21世纪一样，拥抱更广大世界的不列颠人倾向于认为自己的观点是广阔而开明的，他们的反对者是狭隘和无知的；而那些更注重本地性而非全球性的人则认为自己才是心胸宽广而民主的，他们的对手是狭隘和精英化的。"他们愚蠢、守旧、落后，他们是种族主义者。"[11]法拉奇声称，在2016年世界主义精英们就是这样看待他的（就此而言，也是唐纳德·特朗普的）支持者的。自古以来，亲欧人士就害怕被拿着干草叉的农夫拖入深渊，而恐欧人士则憎恶被一小撮"无所不知的家伙"指手画脚。亲欧人士们曾嘲笑过前教育大臣迈克尔·戈夫，因为他在公投前三周接受电视采访时表示，"这个国家的人已经受够了专家们"[12]，但他不过是在重唱几千年前的老调。

不过，在另一些意义上，一切都变了。如今的英国人对身份认同、流动性、繁荣、安全和主权的看法，与丘吉尔时代大不相同，更不用说维多利亚女王的时代、雷利和德雷克的时代，或者尤利乌斯·恺撒的时代了。为什么这么说呢？因为，大历史的视角似乎表明，某种另外的因素（某种更深层次的因素）最终决定了人们对这5种力量的看法。这种另外的因素就是地理。

某种意义上，这一点尽人皆知。2010年，时任首相戴维·卡梅伦在被问及他最喜欢的童年读物时，选择了亨丽埃塔·马歇尔写于1905年的趣味盎然的《岛国故事》。该书讲述了岛国性如何造就了不列颠人（或者像作者通常所说的，英国人）的性格。历史学家罗伯特·图姆斯完全同意这一观点。他那引人入胜的著作《主权岛屿》，开篇就讲述了一个不言而喻的道理："地理先于历史。岛屿和大陆平原不可能有同样的历史。"[13]说得很对。但是，地理的意义远比卡梅伦、马歇尔或图姆斯所承认的要重大。虽然英国的自然形态几千年来变化都不大，其海岸、河流和山脉多多少少还像巨石阵（图0.2）建成时一样，但地理的意义已经发生了巨大变化。长远的观点认为，地理的意义始终取决于两个方面：一是技术，特别是与旅行和通信相关的技术分支；二是组织，尤其是那些使人们能有效地利用新技术的组织。因为技术和组织在不断变化，所以地理的意味也在不断变化，随着它的变化，身份认同、流动性、繁荣、安全和主权的意味也在变化。英国"脱欧"只是古往今来关于英国地理意义争论的最新一轮表现。

法拉奇（和自罗马时代以来的几乎所有政治人物都）重视身份认同、流动性、繁荣、安全和主权，因为这些就是我们直接体验地理影响的主要方式。因此，它们成了我们大多数人在大部分时间里关心的

图0.2 设定场景：引言中提到的地名

资料来源：米歇尔·安吉尔绘制（全书图表除特别注明外，均由其绘制）

问题，也成了政治人物在大部分时间里谈论的问题。但是，如果我们想知道这些力量为什么会这样影响我们，以及它们下一步会把我们带

007

向哪里，必须更深入地挖掘。

古希腊历史学家修昔底德在将近2 500年前就已经明白了这个道理。他那个时代最可怕的事件是公元前431年雅典和斯巴达之间的一场野蛮的战争。他评论道，当雅典人和斯巴达人分析当时的情况时，"战争最真实的起因（雅典人力量的增长及其在斯巴达人中引起的恐惧）其实是人们最少提及的事情"[14]。只有当他把自己一生中发生的事件置于回溯将近千年的视野中，回溯到特洛伊战争时，才能确定最真实的起因。正因为如此，如果我们真正想知道英国人为什么在2016年投票离开欧盟，以及这个决定对21世纪意味着什么，就必须面对人们最少提及的事情。

三幅地图

像大多数地理故事一样，我的故事也最好通过地图来讲述。其中3幅地图将承担主体任务。英国与欧洲及更广大世界的关系，在过去8 000年间经历了3个主要阶段，这3幅地图各代表了其中一个阶段。

第一阶段是最长的阶段，延续了7 500年。图0.3是大约7个世纪前，由一个被称为海尔丁厄姆和拉福德的理查的人绘制的地图，很好地总结了这一点。这幅地图很大，宽1.5米多，现挂在赫里福德大教堂的回廊里，令人赏心悦目。图中有不少理查所处时代和地方所独有的特色，比如依惯例把东方放在了顶部，因为那是耶稣预计要返回的地方，还有把耶路撒冷放在了中央，因为那里是基督教世界的中心。地图中的许多细节，不仅在理查本人的时代，在此前7 500年的任何时候都是有意义的。

首先，理查的世界很小。对称性要求以耶路撒冷为中心的圆形地图包括非洲和亚洲，但随着我们的目光向右上方移动，地图的细节变得越来越少，越来越近乎于幻想，而粗略绘就的神话怪物成倍增加，填满了空白。对理查来说，就像生活在他之前的所有人一样，英国的

图0.3 赫里福德地图，由海尔丁厄姆和拉福德的理查绘于公元1300年后不久。依照中世纪的惯例，东方（耶稣会归来的方向）在顶部，中央的圆圈代表耶路撒冷。不列颠群岛被画成了挤在左下方的小块。从公元前6000年左右不列颠群岛脱离欧洲大陆，到1497年约翰·卡伯特到达纽芬兰，其间大约有7 500年，理查的地图很好地呈现出了英国故事在这一阶段的背景

资料来源：Creative Commons

舞台是欧洲人的，尤其是局限于地图左下象限的西欧人的。

其次，理查认为英国与欧洲大陆密不可分。他画的英吉利海峡和北海没有莱茵河或塞纳河宽，甚至比尼罗河窄。他当然知道英国和欧洲大陆之间的水域可能相当危险：1120年，一艘载有英国王位继承人的船沉入了英吉利海峡，使欧洲政治遭遇了一次颠覆（不可否认，当时船员们都喝得酩酊大醉）。然而理查也知道，平安无事地渡过这片水域的人数大约是溺水人数的100倍。英吉利海峡和北海是通道而不是障碍，英国与欧洲大陆的接近性远胜于它本身的岛国性。

最引人注目的是，理查虽然把英国视为欧洲舞台上的一个演员，却把它放在了舞台的边缘，而不是前沿和中央。地中海和中东地区更大、更富裕的国家（意大利、埃及、伊拉克等）则占据了聚光灯下的位置。我们将在接下来的几章中看到，几千年来一直是这样。不管是好的还是坏的，从人类的出现到农耕、冶金、写作、政府、帝国和基督教的产生，每一次伟大的变革都始于赫里福德地图上遥远的另一边。每一次这样的剧变，都在它开始的地方和其他地方之间创造了不平衡，然后这种不平衡又逐渐在整个空间中变得平衡。

这究竟是怎样运作的，始终是考古学家和历史学家持续思考的问题之一。"不平衡"和"平衡"这样的中性词掩盖了大量的罪恶。"不平衡"实际上是社会之间的不平等，包括从财富、知识和资源到数字、效率和暴力的一切。有时候，"平衡"涉及创造力和人类精神的胜利；另一些时候，它意味着恐怖和屠杀。在随后的章节中，我们将看到众多种类的"不平衡"和各种版本的"平衡"，但有一个中心事实是清楚的。在其历史的最初 7 500 年里，这幅地图另一边发明的物品、制度、思想和价值观，几乎总是在率先到达了其他所有地方后，最后才到达不列颠群岛。

"最后到达"是个正确的说法，因为地图上没画比英国更远的地方。在理查看来，大西洋就是世界的边缘。可以肯定的是，在理查那个时代，很多欧洲人都知道事实并非如此。在他之前的 3 个世纪里，全球气候变暖已使得北大西洋可以通行，维京人能够从挪威一路航行到纽芬兰。但理查像他那个时代大多数受过教育的人一样，对此并不在意。他关于地理的观念大多来自希腊和罗马作家，他们毫不怀疑，一旦看不见欧洲海岸，海员们就会坠入深渊。"过了加的斯，就是一团黑暗，我们决不能去！"[15] 诗人品达在公元前 470 年左右就警告过希腊人，"更远的地方是不可涉足的，无论你是智者还是愚者。"[16] 不听劝阻的少数无畏者，要么满怀失望空手而归，要么根本没再回家。罗马地理学家斯特拉博在 5 个世纪后断言：那里什么也没有——只有

"贫困和孤独,还有大海在奔流"[17]。

赫里福德地图对品达和斯特拉博来说完全合乎情理,事实上,在理查绘制这幅地图之前的70多个世纪里,几乎所有人都是这样认为的。在理查之后的将近两个世纪,它仍然合乎情理,当时另一位理查(英格兰第三位叫这个名字的国王)于1485年在博斯沃思战场上被剁成了肉泥。然而,又过了一个世纪,当莎士比亚写下他的戏剧《理查三世》时,赫里福德地图开始显得过时了。"全世界是一个舞台。"[18]莎士比亚(在《皆大欢喜》一剧中)肯定地对英国人这样说,他是对的。一出新戏已经拉开帷幕,在这出戏中,英国实际上从地球的边缘走到了中心。到了1902年,当地理学家和探险家哈尔福德·麦金德绘制概括我的故事的第二幅地图(图0.4)时,英国的舞台已经囊括了地球上的大部分地区。这个国家重新确立了自己的主角地位。

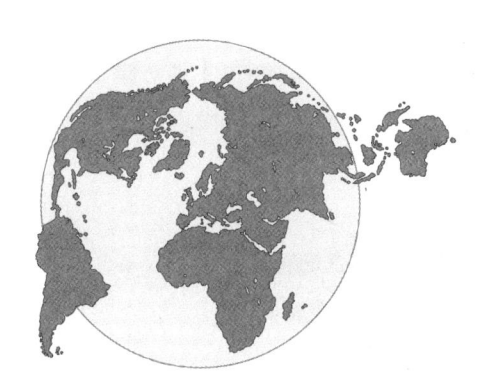

图0.4 麦金德绘制的地图。1500—1700年,英国取代耶路撒冷成为世界中心,把大洋变成了通途,并封闭了英吉利海峡。然而到了1902年,当哈尔福德·麦金德在这张地图上概括世界新秩序时,这个时代已经过去了

资料来源:米歇尔·安吉尔根据Halford Mackinder的 *Britain and the British Seas*(New York: Appleton, 1902)图3绘制

自海尔丁厄姆和拉福德的理查的时代以来,发生了两件大事。第一件是,当理查三世留下的创伤还未愈合时,欧洲人就已经开始建造足以穿越大洋并返回的船只了。大西洋还像以前一样宽广,但它这时

已不再是一个障碍了，而正在变成通向世界的大道。

葡萄牙、意大利和西班牙的海员率先突破了赫里福德地图边界（约翰·卡伯特是已知的第一个踏足美洲的"英国人"，但他其实叫祖安·沙博托，是威尼斯冒险家，只不过定居在布里斯托尔）。然而是英国，而不是葡萄牙、意大利或西班牙（甚至法国或荷兰）占据了麦金德地图的中心，原因是英国人擅长将新的航海技术与新型组织结合起来。自从小岛变成了群岛，它们与大陆的接近性总是胜过其自身的岛国性，因为任何能到达英吉利海峡的法国一侧的人，都能穿越海峡到达英国。赫里福德地图演变成了麦金德地图，是因为英国的政府想方设法建起了足以阻止敌人渡海的舰队。英吉利海峡仍像以前一样狭窄，但如果皇家海军能阻止敌人利用它，英国人的岛国性就会压倒接近性。西班牙的腓力二世、法国的路易十四和拿破仑，还有德国的希特勒，都领教过一旦岛民们主宰了大海，从英国的多佛尔到法国的加来之间的34千米，就会变得像100万千米一样宽。

绝非偶然的是，在16世纪90年代，莎士比亚成为第一个这样称呼英国的作家：

> 这一个镶嵌在银色的海水之中的宝石，
> （那海水就像是一堵围墙，
> 或是一道沿屋的壕沟，
> 杜绝了宵小的觊觎，）
> 这一个幸福的国土，这一个英格兰。[19]

乔叟和马洛礼从来没有说过这样的话，因为在14世纪90年代或15世纪90年代，这样的话毫无意义。到了莎士比亚的时代，英国政府才开始拥有足够强的组织性，能够将英吉利海峡变成"一道沿屋的壕沟"，并在接下来的一个世纪里，完成史上最大胆的战略转折之一。实际上，他们从欧洲舞台上的次要角色变成了大西洋舞台上的主角；

并且在他们的木墙保护下，将整个不列颠群岛统一成一个由伦敦进行统治的国家，同时建立了一个洲际帝国。

几千年来，产生于中东和地中海地区的各种各样的不平衡，传到英国时，就逐渐变得平衡了，然而如今英国变成了一个传播自己人员、商品和思想的地方。英国人驱逐或灭绝了北美、澳大利亚和（并非全部）新西兰的人口，并且控制了从开罗到开普、从亚丁到新加坡的一切。就连耶路撒冷（赫里福德地图的核心）也被英国官员统治了30年。

这是世界历史上最惊人的成就之一，再怎么强调也不为过的是，为时太短。英国像巨人一样骑跨地球，但只持续了其8 000年历史的3%，而在那段历史95%以上的时间里，英国更像欧洲的穷表亲。我外祖父出生于1906年，仅仅在麦金德地图绘成的4年后，但当他在1980年去世时，麦金德地图已经像赫里福德地图一样过时了。

以赫里福德地图为舞台的英国这出戏的第一幕，在1500—1700年让位于第二幕，因为跨洋船舰将大部分世界拖入了一个新舞台，英国开始主宰这个舞台。在我外祖父的有生之年，在麦金德地图上上演的第二幕，也因为同样的原因被第三幕所取代。新的技术——电报线路和燃油发动机、集装箱船和喷气式飞机、卫星和互联网——使地球空间缩小的程度甚至超过了16世纪的大帆船。正如17世纪和18世纪所发生的那样，人们的反应是建立新的组织——联合国、世界贸易组织，当然还有欧盟，以利用变化了的地理意义。在过去的100年里，新技术和新制度把世界上如此多的地方联系在一起，使舞台变得如此广阔，演员如此众多，以至英国被挤出了聚光灯下。

一些理论家喜欢说，新的网络化的世界不再像前两幕戏那样有中心和边缘，但关于第三幕戏的地图（图0.5）表明情况正相反。这是一幅设计巧妙（虽然稍有些方位混乱）的地图，按照每个国家创造世界财富的比例★，而不是其占据的自然面积来分配空间。这幅财富地

★ 根据联合国2018年按购买力平价计算的数据，弥补了各国之间的生活成本差异。

图显示，地球上现在有三个中心：北美、西欧和东亚。英国不再像第二幕中那样是山中之王，而是栖伏于现代三座财富大山之一的边缘。中国、欧盟和美国，才是这个新舞台上最重要的角色。英吉利海峡和各大洋依然如故，但已不再是"沿屋的壕沟"。精确制导导弹和几乎即时的信息流使它们变得无足轻重。

图0.5　财富地图：北美、西欧和东亚三座财富大山主宰着一切。这张方位混乱的地图根据2018年创造世界财富的比例，给每个经济体分配了相应的地盘。英国在这个新舞台上仍有发言权，但已不再是明星

资料来源：worldmapper.org

如果说20世纪初欧洲和美国财富大山的崛起扭曲了麦金德地图的形状，那么21世纪初中国财富大山的崛起则完全打破了它的界限。"中国对世界平衡的影响如此之大，以至世界必须找到一种新的平衡。"[20]新加坡前总理李光耀在2012年这样说道，"不可能假装只是又来了一个大玩家。这是世界历史上最大的玩家。"

地理的新含义颠覆了关于身份认同、流动性、繁荣、安全和主权的既有观念。这些变化不仅搅乱了英国，也搅乱了整个西方。将近250年来，北大西洋周边国家一直是世界的重心。在西方，生活对每个人来说都不容易（我外祖父作为一名钢铁工人，对此非常清楚），但即便如此，还是比其他任何人都容易，尤其是对中产阶级白人来

说。直到最近30年，这种情况才真正开始改变。西方国家的生活仍然比其他国家容易，但已经不如以前了。再过50年，可能也会变得不容易。西方的优越性将不再得来全不费功夫。世界上的竞争更加激烈，旧的做事方式行不通了。难怪西方人焦虑不安。

20世纪30年代，在麦金德地图的时代还未落幕时，伟大的英国小说家乔治·奥威尔就已经在担心，帝国的终结会"使英国沦为一个天寒地冻而无足轻重的小岛，我们不得不极其辛苦地劳作，主要靠鲱鱼和土豆为生"。[21]但这种情况并没有发生：英国仍然可以自夸是世界第六或第九大经济体（取决于我们如何计算），拥有可能是世界第五强的舰队（仅次于美国、中国、俄罗斯和日本），并且是仅有的九个核大国之一。英国拥有全球第二多的诺贝尔奖获得者，它还因为"通过吸引力和说服力实现目标的能力"[22]，在2018年被"软实力30指数"评为世界第一。（2019年这个第一的位置让给了法国，因为无休止的"脱欧"争吵使英国变得不那么有吸引力了。）英国仍然是一位主要演员，尽管它已不再立于舞台中央。不过皇家海军已无力保卫本土岛屿的海岸或商业了。大英帝国已随风而去，爱尔兰的大部分也离开了英国，2014年的苏格兰公投距离独立也只差不到50万票。

在奥威尔之后过了一代人，美国国务卿迪安·艾奇逊因为思考"大不列颠失去了一个帝国，却还没有找到自己的角色"[23]这样的问题，而引发了众怒。然而在艾奇逊之后又过了两代人，这种寻找仍在继续。英国是应该躲在美国这座大山的荫庇下，是在欧盟大山的斜坡上找块地盘更好，还是应该爬向中国？或者，它能在三座大山之间独辟蹊径吗？或者，它能把讲英语的老英联邦国家联合起来，立起属于自己的第四个山头吗？再或者，它能尝试同时扮演其中的几个角色，甚至在剧本中给自己写一个全新的角色吗？

到2016年时，英国人面临着一个紧迫的问题，但并不是那年夏天公投的问题——"英国是应该继续做一名欧盟成员，还是离开欧盟？"[24]从大历史的角度来看，"脱欧"争论只是个小插曲。21世纪将属于中国,而不是欧盟。真正的问题是:在一个向东方倾斜的世界舞台上,英国——就此而言,还有其他西方国家——最适合的角色是什么?

第四幅地图

让这个问题如此难以回答的一个原因是,可以说根本没有"英国"这么个事物。欧洲西北海岸外有大约6 390个独立的岛屿,其中大约150个目前有人居住,地理虽然将它们的命运联系在一起,但也将它们分散开来。因此,我想介绍第四幅地图(图0.6),它和前三幅地图一样值得我们关注。

没有任何两座岛是一模一样的,岛与岛之间的差别特别重要。最明显的是在两座最大的岛之间,爱尔兰岛和大不列颠岛(即英格兰/苏格兰/威尔士)。大约在公元前9000年,冰期后上升的海平面使爱尔兰和苏格兰被水隔开,但在此之前的几百万年里,演变成了爱尔兰岛的那块陆地在地质上就与大不列颠岛极为不同。爱尔兰岛形成了一种盆地地形,北部和南部是古老的砂岩和花岗岩高地,环绕着中间一片沙质、黏土质、多沼泽和湖泊的洼地。

贯穿大不列颠岛的第二条地理断层线,大致从德文郡的埃克斯河河口通到约克郡的埃斯克河河口。它将地势低洼、温暖而干燥(以英国的标准来看是这样),拥有较新的松软、肥沃土壤的东南部,与由较老、较硬的板岩和页岩高地构成的,较为寒冷潮湿的北部和西部分隔开来。简·斯特拉瑟的《米尼弗夫人》(在我看来,是史上最具英国特色的故事,或者应该说是最具东南部和中上阶层特色的故事)中有一篇文章对这条界线进行了精彩描述。她说,20世纪30年代,她驾车穿过埃克斯河—埃斯克河线向北行驶:

终于带着家人离开了平原,爬上了一片景色完全不同的地区。这里有陡峭起伏的小块田地、粗糙的石墙、啼哭的绵羊、尖叫的千

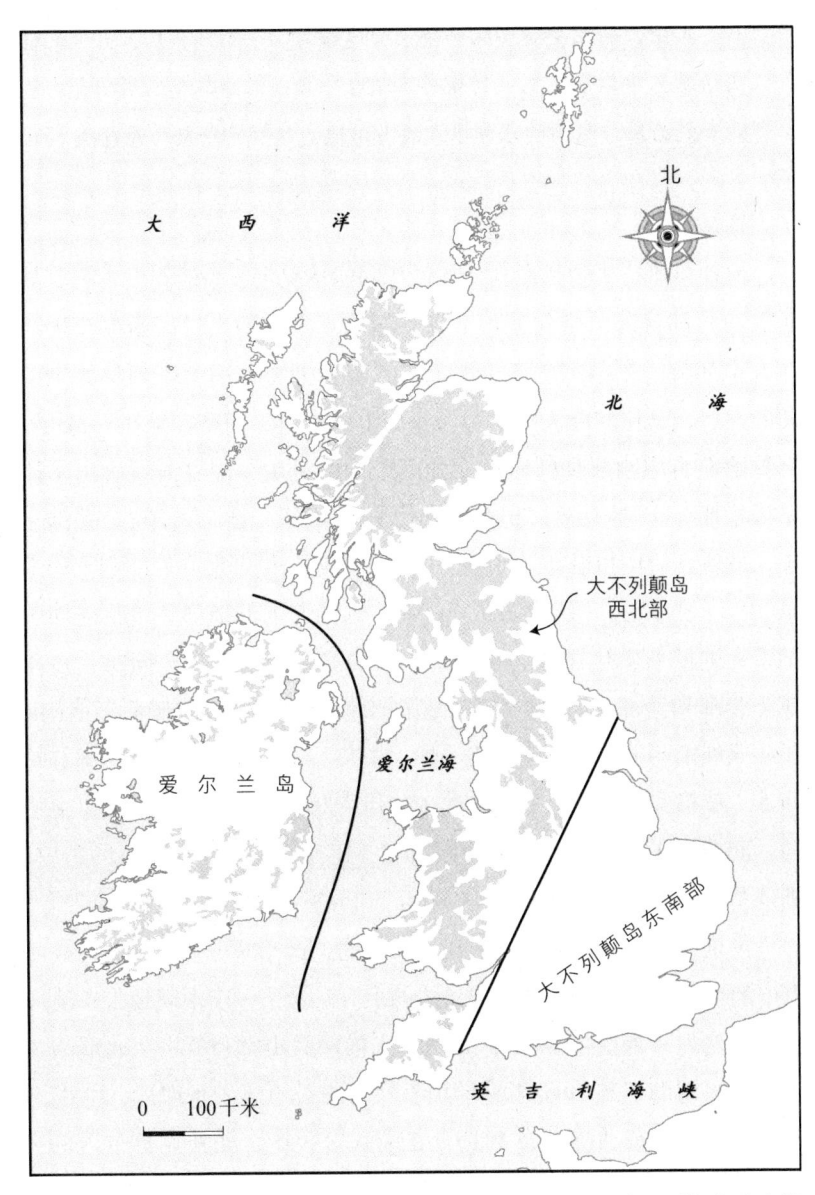

图0.6 古老的岩石：不列颠群岛的三个主要地理区域——大不列颠岛东南部肥沃的低地、北部和西部贫瘠的高地，以及爱尔兰岛上的盆地。海拔200米以上的陆地用灰色显示

017

鸟，孤零零的农舍被一丛丛梧桐树遮蔽着……不一会儿，大地的骨头从草丛中钻了出来，到处是像刻在地面上的疤痕般的石头和露出地表的岩层。更高的地方根本没有田地，只有光秃秃的荒野。[25]

正是这样。

地理是不公平的：在其他条件相同的情况下，生活在大不列颠岛北部和西部贫瘠土壤和爱尔兰黏重潮湿土壤上的人口，始终比生活在大不列颠岛东南部肥沃土壤上的人口少而穷；而大不列颠岛东南部的人口，又比西欧大陆更肥沃土壤上的人口少而穷。早在1932年，当英国考古刚刚起步的时候，先驱人物西里尔·福克斯就看出了这意味着什么。"这是英国史前史和历史的悲剧，"他解释道，"关键在于，最适宜居住和最容易征服的地区都邻近入侵者最有可能到来的海岸。"[26] 他总结说，其结果是"在大不列颠岛的低地部分（东南部），源于大陆的新文化往往会强加于更早的或土著的文化。同时，在高地（北部和西部），这些文化又倾向于被更古老的文化吸收"[27]。因此，地理推动了身份认同、流动性、繁荣、安全和主权。在大部分时间里，英格兰东南部历史都是关于如何应对来自欧洲大陆的新生事物的，而威尔士、英格兰北部和西南部，还有苏格兰和爱尔兰的历史，都是关于如何应对来自英格兰的新生事物的。

我是在英格兰中部城市斯托克长大的。这座城市就在将不列颠岛东南部与西部和北部分开的那条线的上方。这是一个中间地带，地理学家称之为"米德兰裂谷"，是威尔士的寒武山脉和英格兰北部的奔宁山脉之间的一条50千米宽的山谷——绝对不属于东南部，但也不完全属于北部或西部。在2016年的全民公投中，斯托克有多达69%的人投票支持"脱欧"，记者们开始将斯托克称为"'脱欧'之都"[28]。2017年，当斯托克中央区（我十来岁时就住在那里）的议席出缺时，独立党非常看好自己的机会，以致刚刚取代奈杰尔·法拉奇成为该党领袖的保罗·纳托尔亲自出马竞选。他落选了（自1950年设立以来，这个议席每次都会落入工党囊中,直到2019年风水才轮转了一次,归了保守党),但仍然获得了1/4的选票。

我于1978年离开了斯托克,如今已有大半生的时间是在海外度过的,主要是在美国的芝加哥和加利福尼亚州。这些经历是拓宽了我观察英国的世界地位的视野,还是让我无可救药地脱离了现实,将由你来判断。但在2016年公投之前的一年中,我大部分时间都以LSE(伦敦政治经济学院)客座教授的身份,往来于威斯敏斯特区的重要建筑、剧院和餐馆。★这一定是地球上最国际化的地区之一〔学生们一直在对我说,LSE代表的其实是"学说英语"(Learn to Speak English)〕。这里关于身份认同、流动性、繁荣、安全和主权的看法似乎更接近旧金山,而不是斯托克。与我家乡的投票结果正好相反的是,2016年69%的威斯敏斯特人希望留在欧盟。

图0.6中的地区差异如此之大,以至我们在将它们归入"英国"这一标签之下时,可能会稍感犹豫。1916—1923年,至少有5 000人因为爱尔兰岛是否属于英国的分歧而倒在血泊中;在我的有生之年,关于爱尔兰岛的东北角是否属于英国,又导致了3 500人丧生——比死于美国"9·11"恐怖袭击的人还要多。在更早的几个世纪里,还有更多的人死于关于苏格兰和威尔士的类似争执。

难怪有很多人完全回避"不列颠"这个词。记者埃迪·霍尔特在2006年甚至半开玩笑地提议,既然"这些岛屿围绕着一片被称为'爱尔兰海'的水域……那么走出合乎逻辑的一步似乎只是常识。想必没有人会对称它为'爱尔兰群岛'有异议吧"[29]。为了避免类似争论,爱尔兰和英格兰的官员们在起草联合文件时,都只说"这些岛屿"[30]。历史学家诺曼·戴维斯曾写过一部上千页的关于这一地区的专著。他

★ 我要再次感谢曼尼·罗曼、阿尔内·韦斯塔和米克·考克斯对我的邀请,感谢埃米莉亚·奈特、巴斯蒂安·鲍曼、克里斯托弗·科尔以及伦敦政治经济学院智库的所有其他人,他们使我的伦敦之行如此引人入胜和令人愉快,还有参加我研讨班的学生们,特别是贾里德·麦金尼和杰夫·肯普勒,感谢他们的见解和陪伴。

说，他曾考虑过采用"不列颠和爱尔兰群岛"[31]、"欧洲近海岛屿"和"盎格鲁-克尔特群岛"等书名，最后才定下了有中立意味的"群岛"。

在本书中，我经常借用戴维斯的术语，但也使用"不列颠"和"不列颠群岛"来作为整个群岛的简称。理由如下。第一个理由是，这些名字已为人熟知，避开它们会让人感觉做作。它们可以追溯到现存最古老的讨论记录中。记录写于公元前330年左右，其中希腊哲学家亚里士多德（或者是他的一个学生）说道："两座最大的岛屿，阿尔比恩（大不列颠）和雅尔尼（爱尔兰），被称为不列颠群岛。"[32]他所使用的希腊语单词 Brettanikai 可能来自克尔特语单词 Pretani，意思是"涂画的人"或者"文身的人"。因为当恺撒于公元前55年来到这里时，看到一些不列颠人还在身上涂画，于是罗马人将他们在现代英格兰和威尔士建立的省份称为"不列颠尼亚"。大约公元100年后，就没有作者再提到在皮肤上涂画的事了；公元400年后，也没人提到文身了，但这个名字流传了下来。

第二个，也是更重要的原因是，尽管地理因素以各种方式将群岛分开，但其统一的力量终究更大。将这些岛屿称为"不列颠"，并不意味着6 390个岛屿全都应该由伦敦统治，就像不意味着居住在这些岛上的人应该依然把自己涂成蓝色一样。"不列颠"这个共有的标签，只是承认了一个地理强加给我们的基本事实：尽管群岛上的人们可能争吵不断，但他们始终在一起。

路线图

正如历史学家们自修昔底德时代以来就在做的一样，我通过一个故事来阐释我的观点，说明事情是如何环环相扣的。我从公元前6000年之前的几个世纪讲起，那时上升的海平面正在将群岛与欧洲大陆分开。本书的前半部分（第一篇《赫里福德地图》）将把我们带回1497年，当时卡伯特让我们看到，赫里福德地图实际上并没有展现整个舞台。这一篇的主要观点是，英国的历史总是由"它是大陆最边缘的一群岛屿"这一地理事实所推动的。

第二篇《麦金德地图》，讲述了随着英国的舞台扩展到大西洋和印度洋，英国所扮演的角色是如何发生革命性变化的。这部分占据了本书将近1/3的篇幅，尽管它描述的年代（1497—1945年）只占整个故事的1/40。在很多方面，这都是英国历史上最不寻常的部分，但并不是造成上述比例失衡的唯一原因。英国"脱欧"派在2016年经常高谈阔论，仿佛麦金德地图在某种程度上是世界的自然状态，一旦英国摆脱了与欧洲大陆的纠葛，它就会成为默认状态。但这种想法是错误的。地理必须呈现出非常特殊的意义，才能使麦金德地图成为可能，然而到了1945年，这些意义已经一去不复返了。

第三篇《财富地图》，只涵盖了一个半世纪，即便如此，第11章还是用了大部分篇幅讲述尚未发生的事情。我在此并不想为2016年的公投再战。相反，我要问的是，主宰英国世界地位的万年逻辑能否告诉我们，这些岛屿下一步将走向何方，因为，尽管过去并非未来的极佳指南，却是我们拥有的唯一指南。

GEOGRAPHY IS DESTINY
Britain and the World, a 10,000-Year History

第一篇

赫里福德地图
（公元前6000—公元1497年）

第1章

撒切尔法则

（公元前6000—前4000年）

第22条军规

"我们是欧洲不可分割的一部分，"1975年，撒切尔夫人这样对英国人说道，"无论是富特先生还是本先生（都是当时主要的'脱欧'主张者），还是任何其他人，都不能将我们'带出欧洲'，因为欧洲是我们现在所在的地方，也是我们一直所在的地方。"[1]

有鉴于撒切尔夫人后来坚决地反对欧洲一体化，这话听起来可能令人奇怪，而且一些历史学家有理由怀疑她说的不是真心话。当然，她接手前的保守党当时最大的成功就是把英国带进了欧洲共同体，既然工党政府正在将这个成就付诸公投，她肯定需要捍卫这一荣誉。然而，无论撒切尔夫人内心的疑虑究竟是什么（我们将在第10章再次讨论这个问题），她在英国首次"脱欧"公投前夕给国民的建议，像先前任何人所做的那样，暴露了英国所处位置的基本事实。她的主张如此令人信服——英国是欧洲不可分割的一部分，不可能被带离欧洲，因为欧洲是英国现在所在的地方，也是英国一直所在的地方，我将称之为"撒切尔法则"。

像所有科学法则一样，撒切尔法则也有例外。英国并非真的"一直"在欧洲，因为并非一直存在一个可以让它身处其中的欧洲。我们的地球已经存在了46亿年，但移动的大陆板块直到大约两亿年前才开始创造我们现在所谓的欧洲。然而，除此之外，在这两亿年99%的时间里，英国是欧洲货真价实的一部分，因为这个群岛根本不是岛屿，而是从俄罗斯延伸到大西洋海岸线的一个大平原的一端——这里所说的大西洋海岸线，就在今天爱尔兰城市戈尔韦市以西150千米处（图1.1）。由于没有更好的名字，我将把欧洲大陆的这片巨大的、古老的延伸部分称为"原始不列颠群岛"。

在过去250万年的大部分时间里，也就是多个冰期，冰川从海洋中吸收了大量的水，以致我们现在所知的北海和东大西洋的大部分都高于海平面。在最冷的时候，也就是2万年前，气温平均比今天低6℃。厚达3千米的冰原覆盖了北半球的大部分地区，吸收了1.2亿亿吨水，使海平面下降了100米。

上一个冰期最冷的时候，在覆盖着未来苏格兰、爱尔兰、威尔士和英格兰北部的冰川上，没有任何生物能够生存，而超过其南部边缘150千米或更远的苔原，也不会更宜居。在某些地方，冰锁住了太多水分，降雨量不到现在的1/5，空气中携带的灰尘却是现在的10~20倍。比寒冷更严重的是，这种干旱意味着只有极少的植物能在原始不列颠群岛生长，所以周围也只有极少的动物吃它们，根本没有人吃任何东西。

大约250万年前，最早的类人猿（人类学家对于如何定义"人类"，一直争论不休）在东非大草原上进化而成，立刻造成了最早的地缘战略失衡。因此，我们将在本书中一遍又一遍地看到，不平衡在一个地方出现，蔓延整个空间后消失，这种模式与人类本身一样古老。这一次，随着原始人迁移到以前没有人类的非洲地区，不平衡的消弭持续了数十万年。然而，在另一个我们将持续看到的模式中，先前的不平衡刚消失，新的不平衡就产生了，因为新的人类种类在继续进化，无论是通过回到最初的东非家园，还是通过繁衍到亚洲和欧洲的人类混血。到150万年前，能够以复杂方式交流的人们——即使他们所做的并不是真正的交

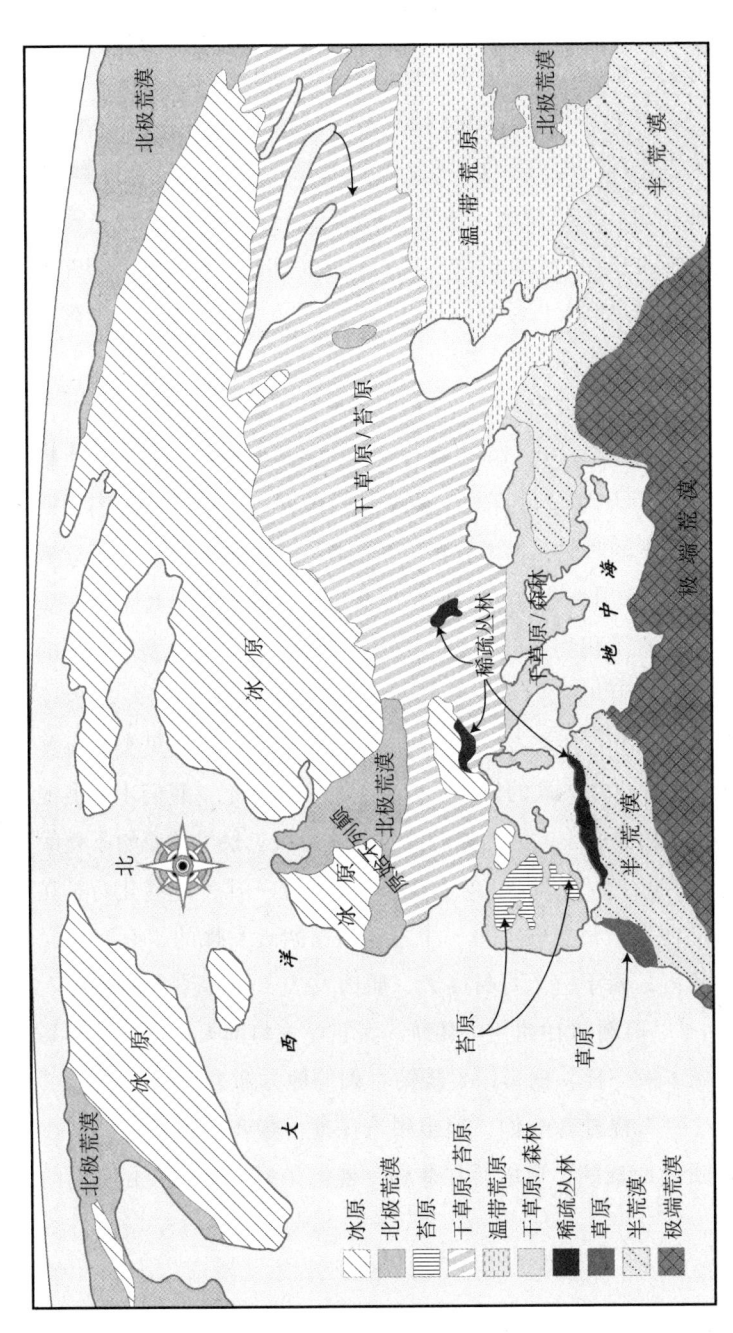

图1.1 欧洲的扩张：上一个冰期最冷时候的海岸线和冰川（约2万年前）

资料来源：米歇尔·安吉尔根据N. Ray and J. M. Adams, 'A GIS-based vegetation map of the world at the Last Glacial Maximum (25,000–15,000 BP)', *Internet Archaeology* II [2001/2], https://intarch.ac.uk/journal/issue11/rayadams_toc.html 绘制

谈——已经扩散至印度尼西亚、中国和巴尔干半岛。只有在冰期更温暖、更潮湿的间歇期，他们才能穿越欧洲，但在其中一个时期，大约100万年前，第一批原始人类游荡到了原始不列颠群岛。

证据来自诺福克郡黑斯堡（图1.2）泥泞潮汐河岸上的一团脚印。在被流沙掩埋后，泥浆变硬，使这些痕迹一直保存到2013年，那时风暴冲走了覆盖在它们上面的物质。不到两星期，大水也把脚印冲走了，但这段时间足够考古学家们赶过去，记录下每一个细节——理所当然地赢得了《当代考古学》杂志的"年度抢救发掘"奖。

虽然没办法确定脚印的年代，但有两种技术能够及时修复这些古人的脚所陷入的泥土。我们可以通过泥土中的磁化颗粒，得到一个粗略的估计，因为大约每45万年，地球的磁极就会反转一次。当黑斯堡泥浆沉积下来的时候，指南针指向我们现在称为南极的地方，这表明泥浆已经有将近100万年的历史了。我们可以用第二种技术进一步缩小范围，观察沉积物中的化石（尤其是田鼠的牙齿），发现化石的年代在95万~85万年前。

挖掘者推测，可能有5个人，其中有几个孩子在采集贝类和海藻作为食物时，在这片古老的海滩上留下了他们的印记。我们不知道他们是什么种类的原始人，因为他们没有留下骨头。最早的原始不列颠群岛人化石的古老程度实际上只有黑斯堡足印的一半。这些化石是在萨塞克斯郡博克斯格罗夫的另一个古老河岸附近发现的，有一块胫骨和两颗牙齿，属于一个身材高大、肌肉发达、40多岁的海德堡人［按照一个可以追溯到19世纪的传统，考古学家将前人类分成"某某人"——像本例一样，通常以发现第一例的地方命名（图1.3）］。★ 这些生物——奇怪地像我们，但也很奇怪地不像我们——大约是在60万年前进化而成的，可能是在非洲。他们是尼安德特人和我们的祖先。

★ 那些更偏爱自己的性别语言是拉丁语的人，把博克斯格罗夫人称为"海德堡人"。

图1.2 不列颠舞台，公元前100万—前4000年（在显示现代海岸线的地图上）

按照另一个悠久的传统，这个海德堡人的发掘者们以发掘他的志愿者的名字，把他命名为"罗杰"。这位史前罗杰显然生活在冰期

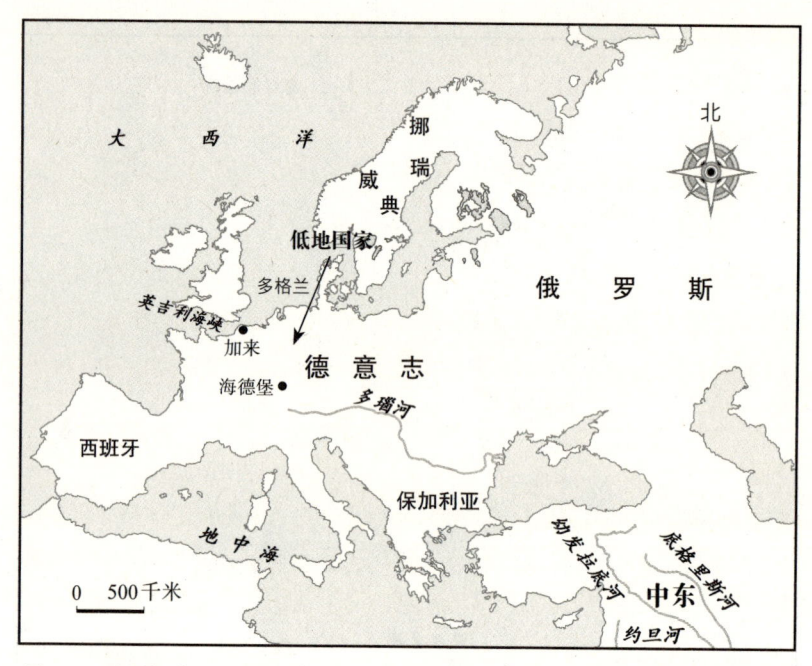

图1.3 欧洲舞台，公元前100万—前4000年（在显示现代海岸线的地图上）

一个温暖的间歇期，当时的原始不列颠群岛甚至比现在的群岛还要温暖，犀牛和大象在英格兰南部四处游荡。一个简单的气候模式塑造了原始不列颠群岛的地理意义。在冰期温暖潮湿的间歇期，比如罗杰的时代，非洲或欧洲进化出的新型原始人造成的不平衡，会持续不断地逐渐消弭，直到它们传播到大西洋沿岸的世界边缘。但是在更冷、更干燥的时期，地理能做到迈克尔·富特和托尼·本想做而做不到的事情。冰和灰尘使原始不列颠群岛以及阿尔卑斯山和比利牛斯山以北的大部分地区变成无法居住的荒原，实际上将它们带出了欧洲。

然而，有一个复杂情况：虽然全球变暖可以使原始不列颠群岛成为欧洲的一部分，但就像变冷一样，全球过度变暖也能再度把它带出欧洲。大约45万年前，在现在的北海，一个正在融化的冰川崩塌了，释放出困在其后的一个巨大的湖里的冰冷的水。一连几个月，每天每秒都有超过100万吨的水冲过裂口，在今天英吉利海峡的底部凿出峡谷和独特的泪珠状山丘。海啸冲破了连接着今天的多佛尔和加来的高大白垩山脊，冲刷出我们现在称为英吉利海峡的凹地，将原始不列颠变成了原始不列颠群岛。

岛国性便是以这种戏剧性的方式进入了英国的故事，并创造了气候的第22条军规。当这些岛屿温暖到可以居住时，英吉利海峡将会水量充沛，无论罗杰和他的同类有什么技能，都无法渡过34千米的开阔海峡。但是当欧洲冷得海平面下降，将英吉利海峡变成陆桥时，人们通常又会因为太冷而无法穿过陆桥，生活在原始不列颠群岛。气候修正了撒切尔法则：只有出现了像金发姑娘故事中熊宝宝的粥那样的情况——不凉不烫正合适，这些岛屿才能成为欧洲的一部分。无论海峡里是冰还是水，都把英国与欧洲大陆切断了。

据我们所知，在大约40万~22.5万年前的漫长时间里，没有出现"金发姑娘时刻"。不列颠一直没有原始人类，直到一个全新的不平衡出现：大约30万年前，可能是在非洲核心区，也可能是在欧洲边缘的某个地方，尼安德特人进化而成。他们比海德堡人更顽强、更聪明，更知道如何应对寒冷。他们的18颗牙齿表明，他们在22.5万年前就已经迁移到了威尔士的庞特纽伊德西北。在接下来的250个世纪里，他们把原始不列颠群岛的苔原作为猎场（对他们的骨骼进行的化学分析显示他们大量食用红肉）。直到大约16万年前（具体时间尚不清楚），一场更汹涌的洪水将英吉利海峡冲刷得更深，他们才消失了。由于欧洲大陆的支援被切断，不列颠的尼安德特人灭绝了。在大约6万年前，当气温再次达到一个"金发姑娘时刻"之前，群岛上没有任何人类出没的迹象。冷能冷到足以使海浪从陆桥上退走，但暖又能暖到足以使尼安德特人向西北迁移到德比郡。不过比这更远的地方，就连他们也去不了。

"脱欧"与入欧

对尼安德特人来说，撒切尔法则听上去荒谬无比。说英国是欧洲不可分割的一部分，纯属一派胡言。更确切地说，它是时进时出的，不管是因为太热还是太冷，出去的时候比进来的时候多。最终打破这种模式的是完全现代的人类进化出来了。我们的智力水平，能够在技术和组织方面实现创新，从而掌控地理的意义。

大约30万年前，第一批尼安德特人出现的时候，我们自己版本的人类（智人）也在非洲进化而成了。尚不清楚最早的智人是否真的比尼安德特人更聪明，但是到了10万年前，他们的后代肯定更聪明。他们造成的地缘战略失衡，比以往任何时候都平息得更快。离开非洲时向右转的智人，于6万年前到达了澳大利亚；向左转的智人则越过陆桥，大约于4.3万年前进入了原始不列颠群岛（英国现存最古老的智人遗骸，是在托基的肯特洞穴的三颗牙齿和一大块颌骨，关于其年代还存在争议）。

这些新来者的长相、走路和说话方式都和我们一模一样，以致第一位挖掘出其骨骼的学者无法相信他们有那么古老。1823年，牛津大学地质学高级讲师威廉·巴克兰在南威尔士的帕维兰发现了这一遗迹。巴克兰是一位严谨的科学家，他在这些骨头旁边还发现了一个猛犸象的头骨，这本应成为一个线索，说明它们确实很古老。然而，巴克兰也是一位虔诚的基督徒，他相信《圣经》已经排除了人类与灭绝动物共存的可能性。他确信猛犸象出现在挪亚大洪水之前，而人类出现在挪亚大洪水之后。他推断是掘墓人移动了一件大洪水前的遗迹，制造了人与厚皮类动物同时代的误导性印象。由于罗马军队曾在帕维兰附近建立过一个营地，巴克兰推断这具骨骼可以追溯到罗马时代。因为它周围装饰着红赭石和象牙首饰，他进一步推断这是一个女人。在最后一项推理中他断言，由于这位"帕维兰的红色佳人"（这是他给这个女人起的名字）是一个使用化妆品、住在军营附近的女人，她很可能是个妓女。

几乎没有哪个推理能错得如此离谱。放射性碳定年法使得物理学家能够通过不同碳同位素之间的平衡，来确定5万年以内的任何有机物体的年代。检测表明，这位"红色佳人"绝非在公元最初几个世纪里从事着人类最古老的职业，而是生活在公元前3.1万年左右的觅食者。而且，由于对骨骼有了更好的了解，我们也确定了这位"女士"其实是一位男性。

当"红色绅士"去见他的创造者时，不列颠的尼安德特人早已去见他们的了。一些考古学家认为，移民而来的智人将尼安德特人猎杀至灭绝，或者在食物竞争上胜过了他们；另一些考古学家则认为，是气候变化或疾病导致了这件事。不管怎样，现代人在接下来的两万年里独占了原始不列颠群岛，直到冰川再次将原始不列颠群岛带离欧洲。到公元前2万年时，气温达到了有记录以来的最低水平。冰川掩埋了一切，除了英格兰和爱尔兰的南海岸，但就连这些地方也太过寒冷和干燥，不适合居住了。智人不仅放弃了原始不列颠群岛，而且几乎放弃了阿尔卑斯山以北的一切。

可以预见的是，公元前1.5万年后，当气候再次变暖时，人类又迁移回了原始不列颠群岛。提取和分析古代DNA（脱氧核糖核酸）技术的最新进展表明，第一批定居者在公元前1.1万年从西班牙向北沿大西洋海岸扩散，一直推进到爱丁堡；但两个世纪后，严寒再次将所有人赶出了原始不列颠群岛。又过了1 200年，气候才暖和到足以让移民返回。首先回来的是植物，纤细的桦树、柳树和白杨树向西北方向蔓延，加入了在冰期苔原上就能生存的草和灌木。到了公元前8000年，榛树也来了。到公元前7000年时，橡树、榆树和桤木的森林已覆盖了原始不列颠群岛的大部分地区，尤其是东南部。鹿、麋鹿、野马和野猪在这些森林中繁衍，还有以它们为食的食肉动物——棕熊、狼、野猫，当然，还有我们。

我特意用了"我们"这个词。这些随着冰川消退，从巴尔干半岛、意大利和西班牙跋涉而来的新来者,是最早的不列颠人,他们的DNA今天仍然可以在岛民的身体中检测到。这一点在1996年就被发现了。当时遗传学家布赖恩·赛克斯从切德人的一颗牙齿中提取了古代DNA片段。这位切德人是1903年挖掘出的史前不列颠人,埋在切德峡的一个洞穴里,距今只有一万多年。赛克斯招募了一位名叫阿德里安·塔吉特的当地教师,帮助他从生活在遗址周围的人们身上收集DNA样本,这样他就可以测量出自史前时期以来基因库发生了多大的变化。令他欣喜的是,他发现了一位明确的切德人后裔:塔吉特本人,他住在距切德峡谷不到一千米的地方。

到了2019年,遗传学家也证明这位切德人,最古老的英国人,有着"蓝色/绿色的眼睛、深棕色(可能是黑色)的头发和黑色或深黑色的皮肤"[2]。现代英国人苍白的肤色和对阳光的敏感,似乎只是在过去三四千年里才通过基因库传播开来的。尽管如此,塔吉特说,"我可以肯定地看到",这与最新的重构"有家族相似性"。[3]

当切德人的祖先迁入原始不列颠群岛时,遥远的北部和西部足够温暖,可以居住,但仍然通过陆地与欧洲其他地区相连,不过这种情况仅持续了几个世纪。到了公元前9000年,后冰期的海洋上升,淹没了原始爱尔兰和原始苏格兰之间的海峡,在我们今天称为北海的水域,被地质学家称为多格兰的平原占地10万平方千米,也被海浪侵蚀了。到公元前6000年时,英吉利海峡的海水淹没了法国和英格兰之间的谷地(图1.4)。在任何更早的时候,这种情况都可能使原始不列颠群岛人离开欧洲,但现代人类这时发起了挑战。尼安德特人被智人取代后,世界变得完全不同了。

正如42.5万年前和16万年前一样,发生了令人生畏的狂暴海啸,但冲刷不列颠和欧洲大陆之间的陆桥的主要力量是几乎看不见的、每次几毫米的海平面上升。这种爬升慢慢地把干燥的陆地变成了泥浆,把森林变成了沼泽,再把沼泽变成了河流,最后把河流变成了窄海。在几代人的时间里,很难说英格兰是否还与欧洲大陆相连,这

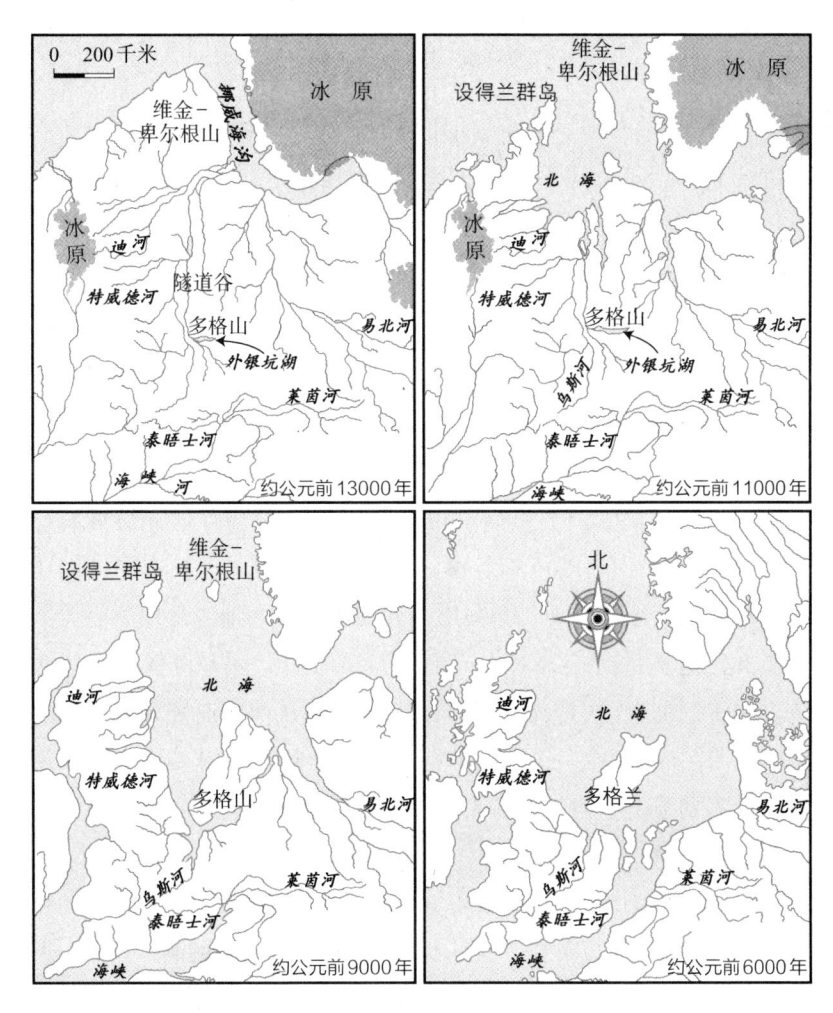

图1.4 复得又失去的天堂：冰原消退暴露出肥沃的新土地，但随着海平面上升，大部分土地又被淹没了

给了原始不列颠群岛人足够的时间来适应日益增长的岛国性。他们用一种后来塑造了英国和爱尔兰全部历史的工具——船，来抵制脱离欧洲。

考古学家对最早的船知之甚少，因为船体被发现的唯一情况是：（1）被遗弃在氧气无法到达的地方；（2）好几千年未受打扰；（3）被

035

某人重新发现，而这个人意识到这块特别的湿木头不同寻常。考虑到这种可能性极小，我们的信息是不完整的，尽管世界上已知最古老的两条船的确来自这一时期和地球的这一部分。两者都是裂开、中空的松树原木，大约3米长，一条来自荷兰的河岸，另一条来自法国北部类似的地方。两条船都刻于公元前7000年左右。然而，只有最鲁莽的海员才会冒险划着它们横渡英吉利海峡。我们尚未听说过在公元前4000年之前，有原木船坚固到可以持续在开阔的海面上漂浮，不过，一些植物学家说，也许只有那时，天气足够温暖，有足够大的树木来制造适于航海的独木舟。

　　幸运的是，缺乏横渡英吉利海峡船只的证据并不意味着没有证据，因为我们知道公元前4000年前人们就已经在西北海域航行了。例如，公元前9800年后挪威沿海的定居模式，只有当人们通过水路移动时才能实现。布列塔尼和瑞典的一些地方发现了巨大的鳕鱼和黑线鳕的骨头，只有当渔民远离海岸，才有可能捕到这些鱼。在更远的地方，人们在公元前1万年就从西南亚渡海到了塞浦路斯。而在地球的另一边，4万年前就有人到达了太平洋岛屿。即使我们找不到原始不列颠群岛人的船，他们也肯定开始穿越狭窄的海峡了。

　　海员们可能用舷外支架来稳定木船，就像现代波利尼西亚人的独木舟一样，这也可以解释一些丹麦船船身侧面有成排的洞。然而，更有可能的是，公元前6000年左右的海员们，是乘着像今天在爱尔兰海上仍能看到的科拉科尔这样的小圆船，横渡英吉利海峡的。这么轻薄的船几乎没有可能留存至今供我们发现，但在公元前3世纪，希腊历史学家蒂迈欧曾记载，不列颠人乘这种船进行了为期6天的渡海航行。它们可能看上去像图1.5所示的样子，这是公元前1世纪埋在爱尔兰的一个华丽的黄金模型。到那时为止，海员们乘着这样的船穿越不列颠海域，可能已有数千年了。

图1.5 波浪的统治者：公元前1世纪埋在德里郡布罗伊特的一只兽皮船，或者叫科拉科尔圆船的黄金模型。考古学家要想找到这种脆弱船只的真实样品，除非发生奇迹，但这样的船在公元前6000年的英国水域可能很常见

资料来源：Creative Commons

到公元前6000年，英吉利海峡中的水已经不足以使群岛与大陆分离了。船只把狭窄的海域变成了通途，而非屏障。尽管不列颠仍处于世界的边缘，但它已不可能完全脱离欧洲了。在接下来的7 500年里，岛民们的历史将是学会适应来自大陆的新生事物的故事，因为一个又一个不平衡在传到大西洋时才能逐渐平息。

自由的土地

后冰期的不列颠与当今欧洲大陆社会有很多共同之处，但与后来的英国历史几乎格格不入。技术和组织是主要原因。考古学告诉了我们很多关于前者的信息（尽管后者的信息较少）。我们知道这是一个没有金属的世界，我们挖掘出的所有东西——工具、武器、装饰品——都是由石头、骨头、贝壳或木头制成的。这些产品可能出人意料地有效（考古学家弗朗西斯·普赖尔在他的著作《公元前的英国》中讲述了一个精彩的故事，提及博克斯格罗夫遗址附近的一个屠夫，愉快地用史前燧石刀片切肉），但它们的效用也有限。试着用鹿角作为镐，或者用牛肩胛骨制成的铲子来挖个洞就知道了。出土的大量动物骨骸和碳化的种子也表明，这是一个没有农业的世界。大约公元前4000年以前居住在英国的所有人，都靠狩猎、捕鱼和/或采集野生植物生存。

从技术转向组织，意味着通过类比来解释考古发现。好消息是，19世纪和20世纪的殖民管理者和学者遇到了大量仍在使用石器时代技术的狩猎-采集者；坏消息是，现代觅食者和他们的史前祖先之间存在巨大差异。最明显的是，史前觅食者拥有地球上最肥沃的土地作为他们的狩猎（和采集）场所，而现代觅食者很早以前就被赶进了没人想去的森林、沙漠和丛林。而且，似乎也没有哪个现代狩猎-采集社会能遥远到逃脱工业化的影响。1986年，我在坦桑尼亚度过了一段时光，有一件事令我至今难忘。站在一个年轻的马赛族猎人身后，他辛苦狩猎一天后，把长矛扛在一个肩头，猎物则搭在另一个肩头，一边喝可口可乐，一边等着公共汽车带他回家。切德人没有这样的选择。

关于现代类比能在多大程度上解释史前史，争论可能会变得很激烈，但一些结论或许是无异议的。一个是石器时代的技术通常要求狩猎-采集社会是碎片的、易变的和扁平的，就像更近的社会一样：碎片，因为本就很少的人口被广阔的空间分隔开；易变，因为社会流动性很强；扁平，是因为它只能支持财富和权力的最小变化。

在恶劣的环境中使用简单的技术的现代觅食社会，平均每平方千米很少超过一人，通常需要10平方千米的森林或灌木丛来养活一个猎人或采集者。不列颠在公元前6000年左右土地更为肥沃，有足够的动植物来养活更密集的人群。但是有多密集呢？由于缺乏一致认同的计算方法，考古学家们不愿猜测，但巴里·坎利夫认为，到公元前4500年时，"人口可能已经达到数十万"[4]。从罗马时代的人口数量来推断，我觉得这个数字有点高，但是，即使只有10万人居住在31.3万平方千米的群岛上，将近每3平方千米也有一个人。今天我们在同样的空间里挤进了675个人,以现代狩猎-采集者的标准来看,这已经拥挤得要命了。

最近的觅食者通常生活在由大约十几个流浪者组成的小群体中,追逐着迁徙的动物、产卵的鱼和成熟的植物,在方圆几十千米的区域内不停地移动。他们一般每年会步行5 000千米(相比之下,21世纪的英国人平均每年的步行距离为300千米),但很少会一次走到距他们的大本营50千米以外的地方。从挖掘出的露营地的大小和消耗的食物种类来看,大多数史前觅食者都是机动灵活的;如果这个判断正确,他们的低密度和高流动性将对他们的组织方式产生直接影响。

就像现代狩猎-采集者一样,他们的身份认同可能很复杂。现代微小群体通常对自己的独特性有着强烈的意识,这种独特性是由讲述了是什么让他们独一无二的复杂故事支撑的;然而生物学要求他们属于更大的网络,因为在一个包含少于50个潜在配偶的群体中繁殖,遗传后果是灾难性的。与更大群体的人闲聊和交易商品,也可能是生死攸关的事情。在古代和现代都一样,聪明的觅食者或许最强烈地认同少数近亲,但对于可能分散在数千平方千米的更远的亲戚和朋友,也同时保持(或创造)联系。

一些史前不列颠的考古发现暗示了这种联系。由泥岩、鸡血石和松脂石(美妙的名字)制成的工具,出现在离矿物产地赫布里底群岛几十千米远的地方,也许在节日作为礼物从一双手传递到另一双手,直到它们破裂或磨损。用德文郡石板制成的物品出现在300千米外的埃塞克斯郡;有好几种英格兰石箭头和骨鱼叉风格与德意志的极其相似;在英吉利海峡已经形成后,许多沿海社区仍与欧洲大陆保持着联系。最引人注目的是,在帕维兰的"红色绅士"身旁发现的3件象牙饰品,在俄罗斯也发现了类似饰品,它们惊人地相似。

诚然,这一切意味着什么,全都是各种各样的猜测。毕竟,当今世界上大多数内衣都是中国广东生产的,但这并不意味着世界各地的女性都觉得自己是中国人（我将在第11章再度讨论这个问题）。但是有一处遗址，约克郡的斯塔卡，看起来像是举办过节日，把来自四面八方的人们聚集在一起，表达某种共同的身份认同。这处遗址的面积有两到三个足球场那么大，比其他任何原始不列颠群岛史前营地都要大出80倍，并且在公元前8770—前8460年，人们频繁到访此处。聚集在这里的团体可能有数百人之多。大约在公元前8500年，有人搭建了一个3米宽的帐篷——这是英国已知最古老的建筑——和一个30米长的木制平台，人们从这里将装饰品、武器和整只鹿的尸体扔进湖里。一些庆祝者身着盛装，不知是举行什么样令人不安的仪式，他们戴上了像恐怖电影里那样的面具，那些面具是用马鹿的头骨雕刻而成的，做工比较粗糙（图1.6）。

图1.6 史前的万圣节？约公元前8600年一个由马鹿头骨雕刻而成的面具，发现于约克郡的斯塔卡

资料来源：Creative Commons, Ethan Doyle White

觅食生活有很多值得喜欢的地方。对人类骨骼和食物残渣的研究表明，后冰期的英国人通常享有健康、美味和多样化的饮食。在20世纪，觅食者尽管生活环境贫瘠，但每星期很少需要花费超过10个小时的时间来狩猎或采集；在史前的不列颠，采集食物一定更容易。最后，古代的狩猎-采集者像现代的一样，可能非常平均地分享财富。流动的现代觅食者发现很难对赖以生存的野生动植物主张所有权，即使有人设法积累了物质财富，在随着群体在乡下迁徙时，也很难每次都拖着它们。考古学家在英国或爱尔兰都没有发现早期的富裕墓葬（不可否认，无论什么类型的墓葬，他们都没有发现多少），更不用说豪华住宅了。英国最早的房屋，像斯塔卡的帐篷，实际上相当大：一些小屋宽达6米，框架由30厘米厚的树干构成，可能覆盖着草皮或茅草。每处遗址似乎都只有一个这样的棚屋，看起来好像它庇护的是整个群体，而不是石器时代的一个富豪。直到公元前7000年后，我们才在北爱尔兰的桑德尔山发现一处营地有多个棚屋，但这些棚屋几乎是一样大的。

但也有令人不喜欢的地方。丘吉尔曾说过："资本主义固有的缺点是不平等地分享福祉，社会主义固有的优点是平等地分担贫穷。"[5]史前的觅食者被马克思和恩格斯视为原始共产主义者[6]的典范，他们有大量的穷困需要分担。尽管他们的饮食可能很美味，但其牙釉质上的痕迹表明，季节性的食物短缺使营养不良成了普遍现象。他们极端贫困。他们的营地散落着成千上万块制作工具的石头碎片，但他们除工具外仅有的其他家用物品，就是篮子、垫子和一两张做衣服的兽皮。（公元前2500年以前，不列颠还没有织布，直到公元前1500年，布仍然很罕见。）

我是有意使用"极端贫困"这个词的。世界银行对"极端贫困"（与"普通贫困"相比）的定义是日收入不到1.9美元。自20世纪90年代以来，全球经济最大的胜利是让超过10亿人（其中大部分是亚洲人）摆脱了极端贫困，但它最大的悲剧则是让另外10亿人——包括所有幸存的狩猎-采集者——陷入了这种悲惨境地。把史前的生活标准换算成美元收入，往好了说是棘手的，往坏了说是有些荒唐，因为太多的东西（如公共汽车和可口可乐）是无法比较的；但从考古学家的发掘结果来看，史前的觅食者比现代的更穷。经济学家安格斯·麦迪逊猜测前现代狩猎-采集者的收入大约相当于每天1.1美元，也许并不为过。

狩猎-采集者的主权似乎和他们的繁荣程度一样，有着半杯满（乐观）/半杯空（悲观）的特质。20世纪的人类学家在觅食者中从未遇到过统治者或被统治者。有一个经典的故事，20世纪70年代博茨瓦纳的一位猎人，被一位学者没完没了的关于首领的问题激怒，最终告诉他："我们当然有首领！实际上，我们都是首领，每个人都是自己的首领！"[7]后冰期的不列颠人可能生活在比20世纪卡拉哈迪沙漠中的觅食者更大的群体中，因此他们可能有权力更大的首领，但可以合理解释为权力和不平等象征的发现非常稀缺，由此来看，首领的权力没有大到能改变现代群体的基本规则。能说会道的人通常比不善言辞的人更吃得开，老年人比年轻人说话更管用，男人比女人更能为所欲为，但没有人真正掌权。影响每个人的决定往往是通过没完没了的讨论做出的，一直拖到没人有精力再争论下去。没有一个群体能统治另一个群体。个人的主权至高无上。

现代狩猎-采集者对主权持随和态度，其缺点之一是各种制度都很薄弱，尤其是那些解决争端的机制。人类学家对在没有法庭和警察的情况下，现代觅食社会究竟有多暴力，一直争执不下，但越来越多的研究表明，在20世纪，多达1/10的狩猎-采集者以血腥的方式丧生。相比之下，在21世纪的民族国家，即使将世界上所有的谋杀、战争和相关恐怖事件加在一起，每140人中也只有1人死于暴力。尽管北欧的黑色凶杀之谜可能会让我们有所误解，但在世界上最安全的斯堪的纳维亚半岛，每10万人中只有不到1人死于暴力。

关于现代统计数据能否与过去相关联，争论也很激烈，但作为一个恰当的例子，我们可以回到切德人身上。他大约是在公元前8300年左右摆脱了尘世的烦恼，因为他头部左侧遭受了两记重击，是惯用右手的攻击者用石斧造成的。更令人发指的是，当挖掘者挖开他身体下面的土层时，发现了一具一人来高的骨架，此人被人故意用石头砸碎，胸腔被撬开，颚骨因被石刀砍掉舌头留下了疤痕，脖子也被砍断了，这表明他是在趴着时被斩首的。至少有5个头骨（其中一个取自3岁孩子）被剥下头皮，变成了水杯。

切德人的身份认同、流动性、繁荣、安全和主权，不会让他同时代的欧洲大陆人感到惊讶，然而，在遥远的中东，变化已经开始了，它将彻底摧毁这种生活方式。到公元前6000年，当英吉利海峡形成时，从希腊到多瑙河流域，新的生活方式已经遍布各地。又过了2 000年，革命蔓延到了不列颠海岸。这一切都是由最危险的力量——外国食物——驱动的。

农业的兴起

我小时候，斯托克没有多少外国食物。即使是在布拉德福德和伯明翰等国际大都会已经成为主食的印度菜，在这里也不常见。在20世纪70年代初，我母亲冒险为一次家庭晚餐准备了咖喱饭。其中没有任何像孜然或香菜那样奇异的成分（更不用说咖喱粉了），但即便如此，我的外祖父仍一脸不以为然，仔细咀嚼每一粒大米，以确保吃起来没问题。全家人都不喜欢皮塔饼。那时我从来没见过希腊烤肉串或鹰嘴豆泥，直到1980年我去了地中海地区才吃到。

也就是说，斯托克城的人可以选择印度菜，甚至中东菜，而不是英国菜，但史前的觅食者别无选择。他们不得不吃当地能吃到的任何东西。因此，当中东人捕猎野绵羊、野山羊和瞪羚，从野生小麦和大麦中采集种子时，不列颠人则在追逐野麋鹿、野鹿和野马（猛犸象早在2 000年前就灭绝了），收集荸荠、橡子、榛子（在苏格兰科伦赛岛挖掘的一个储藏坑里有10万个榛子壳）、野生苹果和梨。

几乎最后一个冰期刚一结束，这些差异就开始改变世界。巨变始于中东。那里生长的植物很特别，尤其是野生小麦和大麦，它们生长在连接约旦河、幼发拉底河和底格里斯河源头的弧形地带。这些都是一年生草本植物，在一个季节里发芽、结籽和死亡。当植物成熟时，它的穗轴（将单个籽连接到植物主体上的小茎）会衰弱，籽会一个接一个地落到地上。在保护壳被摔碎后，它们就可以发芽了。一般来说都是这样，但是每100万或200万株正常植物中有1株，在一个基因上发生了随机突变，增强了穗轴和外壳。当这些籽成熟时，它们没有掉在地上摔碎，而是留在了穗轴上。

直到人类参与进来，这种变化才有了意义。突变的籽不繁殖就会死亡。随机的基因变异会在第二年产生大致相同数量的突变体。如果我们的祖先像牛一样，只是走过来吃掉茎秆上的野生小麦和大麦，突变仍然不会产生任何影响，因为突变的籽会和正常的籽一起穿过人们的肠道，不会产生任何结果。然而，当一个不知名的女人（在现代觅食社会，女性承担了大部分的植物采集工作，在史前时期，情况可能也是如此）意识到野生谷物在某些地方长得比其他地方更好时，她有意地在这些地方播下了种子，一切就开始改变了。

在她的菜园里，变异作物的数量会稍微多一些，因为一些正常的籽在她来采集之前就已经掉落了，但最后的变异籽仍然附着在作物上，等待她的出现。她每重新播种一次，变异作物的比例都会略微增长。这一过程非常缓慢，以至参与其中者都看不出来，然而几千年后，就不再是每100万或200万株正常作物中只有1株突变作物了，而是收割者只能收割到变异的小麦或大麦了。植物学家将这一过程称为"驯化"，意思是对一个物种进行基因改造，创造出一个新物种。新物种只有在另一个物种（通常是我们人类）不断干预其繁殖的情况下才能生存。

驯化的种子非常独特。早在公元前9500年，就在上一个冰期刚刚结束后，驯化的种子就开始出现在约旦河、底格里斯河和幼发拉底河一带的考古遗址中。1 000年后，它们仍然非常罕见，但考古发现表明，到公元前8000年时，约旦河和幼发拉底河上游山谷中大约一半的小麦和大麦都有坚硬的穗轴和外壳。当女人驯化植物时，男人（可能）也在驯服动物。绵羊、山羊和奶牛的基因组对选择压力的反应方式与小麦和大麦的一样，觅食者对他们的猎物管理得越多，就越能将野生动物变成驯养动物，并将自己从猎人变成牧民。这个过程也花了几千年的时间，但是到了公元前7000年，牧羊人已经能够引导羊群的繁殖，培育出个头更大、更为温顺的牲畜。

到公元前4000年时，植物的驯化和动物的驯养已经集中在牛拉犁上，使用驯养的牲畜来种地，比手持锄头种植面积大得多。经过精心管理、驯化的小麦田和大麦田，等待着农夫前来收割，现在作物产出的卡路里比同等面积的野生植物要多几十倍甚至几百倍。人们不断地将更多的卡路里转化为更多的人。在农业发明出来之前，世界人口大约每10 000年翻一番；农业发明出来后，翻番的时间缩短到了2 000年一次。在公元前9600年，中东每平方千米只有一两个觅食者；到公元前3500年，每平方千米有四五个农夫，有些地方多达二三十个。

考古学家通常将这一漫长的过程称为"农业革命"，因为它几乎颠覆了一切。最直接的影响是，它将觅食者的包括众多营地和狩猎或采集场所的广阔世界，缩小为农夫的有固定房屋和田地的狭小世界。（牧羊人的世界则介于两者之间。）女人对此的感受甚至比男人更深。觅食者中的女性通常每年须行走数千千米，这对于有多个小孩的母亲来说几乎是不可能的。因此，觅食者中的女性一生在生育期通常只生四个孩子，其中平均有两个能够长大并且会生下自己的孩子。相比之下，农家的主妇则能生六七个孩子，其中可能有三个活到成年。

考虑到进入青春期的女性或许只能再活20年，这样的生育率意味着大多数女性成年后的所有时间都在怀孕和/或照顾幼小的孩子。

历史学家和人类学家记录了世界上农业社会之间存在的巨大差异,但几乎所有的农业社会都发展出了类似的性别分工和流动性。大致来说,男性农夫日常从固定的家到同样固定的田地里耕作,而他们的妻子和女儿日常往来的距离不超过小溪或村里的水井,大部分时间在家里从事制作农家食物所需的脱粒、筛选、研磨和烘焙工作,以及维持一个家庭全年所需的同样无休止的整理和清洁工作。繁重的家务劳动占据了女性的生活,男性和女性的身份变得更加不平等,也更加分离。男人负责赚取口粮,主宰几乎所有的事情。这些分工是如此显而易见,以至我们所知道的所有从事犁耕农业的社会都是如此。父权制由此诞生。

不平等渗透进生活中。把荒凉的山谷变成肥沃的良田,需要成千上万个小时的劳作——砍树、除草、犁地、施肥、挖井,农夫们在投入这些劳作时可能会犹豫,除非他们有信心保有自己的劳动成果。这使得财产权变得至关重要。对觅食者来说,很难将狩猎或采集的成功转化为能够传给下一代的形式,然而一旦所有权确立,农夫就可轻易确保财富传承给后代。如果父辈留下了广袤的、维护良好的土地,与一个什么都没继承到的男性相比,这位继承者将具有巨大的优势,如果这个幸运的儿子再找到一个同样受宠的女儿结婚,他们的后代在人生起跑时甚至会领先更多。

经济学家经常用基尼系数来衡量不平等,从0(意思是社会中每个人都拥有完全相同的数量)到1(意思是一个人占有一切,其他人什么都没有)打分。一般来说,狩猎-采集社会在分配其拥有的数量微不足道的财产方面,得分约为0.25,而留下书面记录的先进农业社会,平均得分约为0.85——如果最穷的人也有很大机会避免饥饿的话,这要算最不平等的了。(作为对比,英国2019年的分数是0.75。)

考古学家发掘的宫殿和皇陵表明,富人确实变得更富了,而穷人是否变得更穷,取决于我们对"更穷"的理解。但在一个重要的意义上,答案无疑是肯定的:尽管农业生产的食物比觅食阶段多,但也繁衍出更多的人口需要养活，而空肚子的数量经常超过食物供给。结果是大多数人的饮食、健康和预期寿命都随着从觅食转向农耕下降了。吃大量的谷物会让农夫的牙齿长蛀牙，与家畜一起居住给他们带来了肺结核、流行性感冒、痢疾和天花，在田间和农舍里无休止的重复劳动使他们患上了关节炎。

然而，在另一种意义上，农业使穷人变得更富。农夫数量比觅食者更多，劳动分工更复杂，因而能生产出更多、更好的物质产品。在中东，对觅食者营地的挖掘通常会发现不结实的栖身所和散落的碎石、骨头的痕迹，但对农夫所在村庄的挖掘则会发现有石头地基、瓦片屋顶、灰泥墙和地板的砖房。屋里有工具和装饰品（最初仍由石头和骨头制成，但在公元前3000年后有由金属制成的了），有用于编织衣服的全部工具，还有众多的陶器，你都不得不好奇人们用它们做什么。在我指导的在西西里岛的一次挖掘中，我们记录下了出土的超过100万个陶器碎片。我前面提到的估计前现代狩猎-采集者的生活水平相当于日收入1.1美元的那位经济学家安格斯·麦迪逊，算出农夫的普遍日收入更接近于1.5~2.2美元，我觉得与考古证据相符。再次借用一下世界银行的分级标准，古代农夫很穷，但通常没到"极端贫困"的地步。

身份认同和繁荣方面的不平等，伴随着主权形式的不平等。如果你必须自己耕地或打扫房屋，积累大片土地和建造豪宅就没有多少好处了，所以富人需要利用比他们的家庭能够或愿意提供的更多的劳动力。然而，在农业经济中，体力劳动的生产率通常不够高，不足以让雇主支付能够吸引任何正常人的工资。在几乎所有有记录的农业社会中，强者都找到了同样的解决办法：使用暴力来降低劳动力成本。只要工人吃、穿、住的成本加上强迫他们服从的成本加起来比通过自由市场雇用他们的成本低，那么债务束缚、农奴制和/或奴隶制就会成为潜在雇主的有效工具。强者向弱者提出了一个他们无法拒绝的条件：给我干活，因为不管条件多么糟糕，总比被打或被杀要好。

当权者很少把事情说得这么直白,理由很充分:如果能让穷人相信,照当权者说的做对他们有好处,劳动力成本就会进一步下降。无一例外,中东的君主们都试图通过宣称他们与神的共同点多于与凡人的共同点,来推销这一观念。世界上最古老的政治文献,产生于约公元前3100年的埃及,甚至说法老那尔迈是神,是守护神荷鲁斯的化身。今天,如果有统治者自称超人,我们大多数人都会怀疑他实际上精神错乱了,但5 000年前,王宫里的法老和茅屋里的农夫之间的鸿沟,足以让这种说法变得可信。而且当一个主子坚称自己只是个牧羊人,代表他自己的神圣主人照看他的凡人羊群时,谁不想相信主子的正义呢?

从最早的农夫出现到那尔迈的时代,经过了6 500年,但早期不列颠人的命运大不相同。在冰期结束后的5 000多年里,所有的岛民都仍然是觅食者,从一个营地迁移到另一个营地,不听从任何人支配,这不是因为他们比中东人更懒,或者更民主,而是因为大自然发给他们的基因牌。与中东地区相比,他们狩猎的动物和采集的植物更不容易驯养或驯化。世界上许多地区都拥有天赐的可驯化资源(如东亚的稻子和猪,撒哈拉沙漠以南的高粱,美洲的玉米、土豆和美洲驼),这些地方尽管人口密度低于中东,但觅食者最终都成了农夫。然而,不列颠人本来可能直到地老天荒都在采集橡子,而不创造出一棵被驯化的高产橡树的,因为橡树的DNA不是那样运行的。想要驯养麋鹿或鹿?也得感谢自己的运气。榛子、苹果和梨已经被驯化,但其中涉及的基因改造非常复杂,直到罗马时代才被掌握。在不列颠人的主要食物来源中,只有马被驯养得比较早(约公元前4000年),但也只是在这种动物最初进化而成的哈萨克斯坦大草原上。

由于适合驯化的资源如此稀缺,不列颠的猎人和采集者可能永远不会自己发明农业。假如其他条件都不发生变化,他们甚至可能至今还在泰晤士河和蒂斯河河岸上烤野栗子、刺麋鹿呢。但是撒切尔法则意味着其他条件不可能不变化。

外护墙

150年前，在考古学兴起的早期，后来投身这个领域的几乎每个人当时都在学校读过经典著作。希罗多德、恺撒，还有其他人，都描述过大迁徙怎样改变了历史进程。这些大迁徙包括希腊人和罗马人自己的，也有克尔特人、日耳曼人和匈奴人，以及后来的盎格鲁-撒克逊人和维京人的。毫不奇怪，当这些考古工作者长大并开始亲自发掘历史遗迹时，他们倾向于在哪里都看到民族迁徙的迹象。到了20世纪20年代和30年代，有足够的证据表明，农业（以及纪念碑建造、金属加工、写作和许多其他想法）始于中东，后来传到了中欧，更晚才传到群岛。几乎所有的考古学家都认为，是移民把这些创新从东南带到了西北。

然而，学者的天职就是辩明真理。到了20世纪60年代，一些考古学家开始质疑：经典著作所讲的这个故事是否真的显而易见？农耕、纪念碑建造、金属加工和书写在新世界肯定是独立发明的，那么难道它们在旧世界就不可能多次被独立发明出来吗？人类学家已经证明，习俗完全可以在人们根本不迁徙的情况下传播，比如通过贸易和模仿。放射性碳定年法（一种1949年才发明的新科学技术）表明巨石阵太古老了，不可能像人们普遍认为的那样是由希腊移民建筑师建造的。具有大胆怀疑精神的人会问，假如就连巨石阵都是当地人创造的，那么用大迁徙解释一切的整个概念是否都是错的？像恺撒或19世纪欧洲帝国统治者这样的人，很容易想象像他们一样的人始终是推动历史前进的动力，然而现在，在一个非殖民化的时代，另外的解释似乎更有道理。

于是，现代考古学中最大的（有时也是最醒醐的）争论之一开始了。鉴于它在接下来的几章中会多次出现，我想在我们第一次遇到它的时候，稍微介绍得详细一些。早在20世纪70年代末，当我还是一名大学本科生时，考古学界的正人君子们仍然对非迁徙理论嗤之以鼻，称之为哗众取宠和一派胡言，但是到了20世纪90年代，几乎所有专业人士都悄悄地改变了立场。一位评论家颇为悲伤地指出："在一些考古学家的头脑中已经形成了一个基本等式，以往任何涉及人口流动的模式都等于头脑简单。"[8]

对仍然在做这个等式的学者来说，我关于"不平衡"在一个地方出现，然后在传遍整个地图后"逐渐消失"的说法，一定显得头脑特别简单，但事实上，新的科学方法正在使这种简单的头脑重新流行起来。从古代骨骼中提取DNA的更好的技术，在很大程度上使迁徙重新引起了人们的重视，尽管对新数据的解释仍有争议。遗传学家在20世纪90年代得出的一些结论，在21世纪第二个10年被断然否定；21世纪20年代流行的许多理论，在20年后无疑会显得同样荒谬。然而，也有其他新方法在支持高流动性。一种叫作稳定同位素分析的方法表明许多人在具有一种地质特征的地方长大，却死于并被埋葬于具有另一种地质特征的地方。我们的身体依靠我们食用的植物和动物长出骨骼和牙齿，而这些动植物又从它们饮用的水中吸收碳、氧、氮和锶。每种元素的同位素形式因水流过并溶解的特定岩石而不同。因此，如果一个成年人牙齿（通常在12岁时长成并封于牙釉质中）中的同位素与他/她骨骼（在我们一生中会不断更新）中的同位素不同，那么他/她一定是在一个地方长大，在另一个地方死亡的。将这些方法和其他新方法结合起来，看上去考古学家们（我承认自己也在犯错误的人当中）将流动性从历史上抹去——或者更准确地说，将流动性定义得太过狭隘，排除了大规模长距离迁徙的可能性，是过于草率了。

他们（我们）为什么这样做，是一个有趣的问题。科学并不是学者们观察历史的唯一透镜。随着种族问题在上流社会成为禁忌，考古学家们在20世纪60年代都不再讨论迁徙问题，然后在21世纪第二个10年，随着民族主义者将种族问题重新提上政治议程，考古学家们又开始讨论起迁徙问题，这不可能是巧合。政治正确必然是这种模式的部分原因,但也只是一部分。从20世纪60年代开始,迁徙论的批判者赢得了众多追随者,因为他们说服了诚实的学者:许多旧理论不仅到了种族主义的边缘,而且对基因、身份认同和考古发掘成果之间关系的认识是粗糙、草率和完全幼稚的。同样地,迁徙论的支持者在21世纪第二个10年赢回了追随者,也是因为他们让新一代同样诚实的学者相信:最新的技术(及其与常识相比较)表明过去的人的确是在大规模长距离地四处迁徙。新技术并不意味着迁徙可以解释一切,正如旧观念不意味着迁徙什么也解释不了一样。它们仅仅意味着我们必须具体问题具体分析。

就农业在整个欧洲的传播而言,迁徙论的优点现在似乎势不可当。我一会儿会谈到遗传学,但从根本上说,这是一个数学问题。一个变成农田的山谷所能容纳的人口,往往是用于狩猎和采集的山谷所能容纳人口的10~100倍。因此,随着中东人变成农夫,他们的数量成倍增长。当他们填满了他们出生的山谷时,就要出去寻找新的山谷。他们从这些新开发的地方,一次又一次地出发,再去开发新地方。贫穷的人、绝望的人和胆大的人,带着他们驯化的种子和牲畜,开始寻找新的家园。

就像21世纪第二个10年的中东难民一样,几千年前逃离苦难和/或寻求机会的人们,也是通过两条主要路线前往欧洲的:一条是海路,穿越地中海;另一条是陆路,穿越巴尔干半岛(图1.7)。像现代的难民一样,他们通常会发现,无论走哪条路,新的家园都已经有人居住了。然而,在这一点上,史前和现代的移民遭遇不同。在21世纪第二个10年,欧洲居民的数量远远超过中东移民,而且更有组织,但在古代,情况往往恰好相反。渐渐地,欧洲的土著狩猎-采集者被迫面对艰难的抉择。

当地人的一个选择是忽略新来的人。有时候这似乎很奏效,特别是当觅食者和农夫更喜欢不同种类的地域时,情况通常也是如此。觅食通常在树林和湿地中最为适合,而农耕在排水良好的斜坡上效果最

图1.7 前进：农业从中东向北和向西扩张到不列颠群岛，公元前9500—前3500年

好。这些斜坡上的轻质土壤用早期农夫原始的锄头和犁来翻耕合适。一项对骨骼进行的化学分析表明，在德国的部分地区，觅食者和农夫并肩生活了2000年，前者狩猎野生动物、捕鱼，后者则吸收了家养牲畜提供的蛋白质。然而，在现代欧洲农民到达好几个大陆的海岸时，那里的猎人和牧民都会发现，共存并不总是那么容易的。19世纪30年代，一个印第安科曼奇人告诉一个得克萨斯人："白人来了，砍倒了树，盖起了房子，扎起了篱笆，水牛们害怕了，跑了，再也不回来了，印第安人只能挨饿，而如果我们追逐猎物，就会侵犯其他部落的猎场，随之而来的就是战争。"[9]最糟糕的情况是，移民会源源不断而来。即使他们最初远离对他们来说可能是次优，但对当地狩猎-采集者来说意味着一切的土地，最终还是会逐渐侵占它。

因此，一些觅食者会改弦易辙。只要身后还有更多的森林，他们就会径直逃走。然而，这只是权宜之计。在人口繁殖上总是超过觅食者，从而渴望土地的新一代农民，迟早会赶上他们。农民们犁开土壤，烧毁森林，吓跑猎物。他们不断进逼，直到把猎人和采集者赶进自己不想要的恶劣地方，或者让他们无处可去。

如果逃跑没有用，觅食者可能会转而战斗，寄希望于袭击足够多的农场，烧毁足够多的庄稼，杀死足够多的牛，使入侵者放弃并离开。但这似乎是最少见的做法。考古学家在农业地区的边境几乎没有发现暴力的迹象。通常情况下，在农业出现几个世纪后，焚烧农庄和/或加强农庄防御才会变得普遍。一些遗址里挖有大坑，堆放着随意丢弃的残缺不全的尸体，有成年男女，也有儿童，甚至留有酷刑和吃人的证据。考虑到时间，这些反映的很可能是农民之间的战斗，而不是猎人对农民的袭击。也许觅食者的人数太少，动武没有胜算。

最后，如果猎人和采集者无法与新来者并肩生存，也无法逃离或击退新来者，他们还可以选择加入新来者，放弃游荡的生活方式，定居下来，自己耕种土地。这一过程可能持续好几代人，从采集坚果到耕田犁地，不是靠一次勇猛的飞跃就能完成的，而是要缓慢地滑向新的生活方式。随着新来者不断到来，资源压力不断增大，一个觅食的家庭可能会做出决定，少花一点时间徒步去寻找野生植物，多花一点时间在园子里种菜和打理特定的地块。在20世纪，人类学家在非洲、亚马孙河流域和新几内亚时常会发现，使用石器时代技术的农民的流动性仍然相当强。他们通常是在森林中烧出一片空地，一直耕作到土壤肥力下降，然后离开，再到其他地方烧出一片新的空地。在史前的欧洲，人们可能也采取了类似的做法。只有当人口压力增大时，他们才会开始给花园除草，然后锄地，最终耕地和施肥——到那时，他们就像携带中东基因的移民一样，是一个农业家庭了。

某个人在某个地方，可能尝试了这些基本主题的每一种变体，从觅食到农耕的转变，肯定比一个像图1.7那样的地图所显示的更为复杂。爱尔兰海岸费里特湾有一个狩猎-采集营地，或许说明了这一点。

大约在公元前4350年,有人扔掉了几块属于一头家养牛的骨头,然而在方圆600千米内没有任何这种牛的踪迹。这些骨头可能是在熏制或腌制的牛肉里,被一些勇敢的旅行者作为纪念品漂洋过海带到这里的,结果却像我母亲做的咖喱饭在我外祖父那里一样,遭到了当地人的嫌弃。没有人对不同基因的异国食品有足够的兴趣,想进口活牲畜,或者驯养当地的野生牛。觅食者继续走自己的老路,农业仍然不是他们的选择。

每个小地区都有自己的故事,但结局都一样。反抗是徒劳的,最终我们用数字来说话,其分量总是最重的。现代欧洲人的DNA中,只有不超过20%(也许更接近于10%)能够追溯到像切德人那样的觅食者。其余的全都属于后来的移民。英国诗人威斯坦·休·奥登在西班牙内战期间曾写道:"历史为失败者/也许叹了一口气,但没有帮助,也无法赦免。"[10]对欧洲的猎人和采集者,也要叹声"唉",他们是不平衡消弭过程中的受害者。

然而,如果人数使农业成为一种不可抗拒的力量,有时也会迫使觅食终止,因为大约在公元前5200年,从法国到波兰,农业的进步都停滞了(图1.7上部)。在以平均每年超过一千米的速度扩张了1 000年之后,农业地区的边界在距离英吉利海峡、北海和波罗的海仅80千米的地方停住了。在接下来1 000年的大部分时间里都止步不前。

这是后来英国历史上最重要模式之一的已知的最早例子:一道防御的外缘,无论是什么类型,可以阻止不受欢迎的消弭不平衡的进程,阻止它们到达英格兰对面的欧洲大陆海岸。第一个谈论这种屏障的人,似乎是威廉·塞西尔。他是伊丽莎白一世女王最有影响力的顾问,他于1567年提醒女王,低地国家和德意志的盟友构成了"英国真正的外护墙"[11]。伊丽莎白一世认识到维护由盟友构成的外护墙,可能是让西班牙势力远离北海海岸,从而远离不列颠群岛的最安全的办法,于是她拼凑出军费,派遣英国军队去帮助荷兰反叛者。同样的战略原则一直维持到1949年。那一年,未来将成为英国首相的哈罗德·麦克米伦对欧洲委员会说："英国的边界不在英吉利海峡，甚至不在莱茵河，至少要到易北河。"[12] 塞西尔和麦克米伦都不知道，这道外护墙作为英国抵御入侵的屏障，已有7 000年了。

可以肯定的是，公元前5200年的外护墙与1567年或1949年的外护墙极为不同。在石器时代，没有女王或首相来组织联盟。史前的外护墙就是科学家们所说的自组织系统：没有人负责，但秩序无论如何都会从混乱中生成。数十亿个细胞构成身体，数千只蚂蚁构成蚁群，这些都是自组织系统的经典例子。数以百计的觅食者小群体，于公元前5200年左右聚合成一种狩猎-采集超有机体，也是这种情况。尽管没有人发号施令，但它的合力足够强大，足以阻止农业引发的不平衡逐渐消弭。

考古学家在史前埃及、泰国、朝鲜和日本，都发现了类似的情况。它们的共同之处在于都有特殊的地理位置。在每一处，农业停止前进，都是在到达一个以狩猎-采集为生的富饶水域的边缘（通常是海岸，偶尔是河岸）时。那里的湿地充满了野生食物，尤其是贝类。这些地区的觅食者营地（通常以人们丢弃的成堆海螺、牡蛎、海蛤和扇贝的壳为标志）都是考古学家在世界各地发现的最大、最丰饶和最富裕的营地。

这些得天独厚的环境能够养活的觅食者众多，使农夫通常享有的人数优势消减，甚至逆转了。在布列塔尼和丹麦的一些狩猎-采集营地，考古学家也发现了坟墓里有磨光的石头首饰和武器，这些通常被解读为政治权力的象征。这些人口密集、物质丰富的觅食者，可能拥有真正的首领，这也削弱了农夫在政治组织方面的优势。在没有刻意打造的情况下，一个觅食者的外护墙在公元前5200年左右有效地推迟了撒切尔法则的生效时间。在这道墙的庇护下，与世隔绝的狩猎-采集者又将他们的游荡生活方式延续了30多代人。

还不完全清楚为什么，大约在公元前4200年，外护墙最终崩溃了。一些考古学家认为是农夫施加了太大压力，另一些人则认为是觅食者一方的诱因发生了变化,农业变得更具吸引力了。无论答案是什么,结果对不列颠来说都是灾难性的。1940年,当德国坦克突破了英国在低地国家的外护墙时,丘吉尔向国民保证:"我们要在法国作战,我们要在海上作战,我们要在空中作战……我们要在田野里、街巷中、山丘上作战。我们永远不投降。"[13]但是在公元前4200年,这些选项都不可行。一旦外护墙垮了,游戏就结束了。狩猎-采集者中没有像丘吉尔一样的人来组织不列颠人保卫英吉利海峡,抵抗进逼的农夫。即使有这样一个人物,小皮船也无力搭载巡逻队以抵御袭击者,阻止他们使用海洋。外护墙失去后,从墙后面直到大西洋,每一英亩(约0.4公顷)可耕土地都保不住了。

在犁铧下

在2016年公投前一个月,英国《金融时报》记者罗伯特·施里姆斯利决定对"脱欧"争论双方盛行的末日论调开个玩笑。他猜测,接下来的一星期将以戴维·卡梅伦的演讲开始。卡梅伦会警告说:"如果投票结果是赞成'脱欧','可能会让我们在星期四就陷入第三次世界大战'。"如果这番话没能吓倒人们,卡梅伦会补充说:"第三次世界大战一结束,英国就可能陷入第四次世界大战。"施里姆斯利猜测,鲍里斯·约翰逊会在威尔特郡的一个大洞穴前发表自己的演讲予以回击。[14]"他会说,一旦所有移民涌来抢走英国人的家园,英国人就将被迫住进那个洞穴里。他还会补充说,英国公民甚至可能得不到最好的洞穴,因为这些洞穴将全部被送给保加利亚人家庭。"然后奈杰尔·法拉奇会在同一个洞穴外摆造型。"他说这个洞穴甚至不会提供给保加利亚人,因为土耳其全部人口都会住进去。"

可笑的是,当撒切尔法则在公元前4200年后恢复运行时,施里姆斯利杜撰的场景恰好成了现实。祖先于2000年前离开中东,然后在欧洲各地迁徙的移民们,在接下来两个世纪的时间里,不仅夺取了所有洞穴（并不是说人们不再住洞穴了），还夺取了群岛上几乎所有其他土地。DNA的研究表明，在公元前4200年之后的几个世纪里，新来者取代了大约3/4的本地遗传种群，并严重破坏了另外1/4人的游荡生活方式。这是狩猎-采集者的末日。

欧洲大陆最勇敢的农夫将牛、羊、猪和装满小麦和大麦种子的袋子拖上皮船，划过英吉利海峡，于公元前4100年来到泰晤士河河口。他们在那里繁衍生息，组成大家庭，向岛屿腹地挺进。越来越多的移民来到肯特，甚至有更勇敢的人从布列塔尼出发，穿过200千米的开阔海域，经兰兹角（意为"地的尽头"）进入爱尔兰海（图1.8）。人类和家畜也不是仅有的在迁徙的动物：大约公元前3800年，被称为奥克尼田鼠的一种毛茸茸的小啮齿动物的骨头，开始出现在苏格兰的群岛上。这些田鼠在欧洲大陆上有基因相近的亲戚，但在不列颠群岛上没有，这几乎肯定意味着它们是作为偷渡者，从南方气候的地区（远至西班牙）搭船来到奥克尼群岛的。还有一种啮齿动物，是一种很小的鼩鼱，是在比利牛斯山脉进化而成的，除了那里，只在爱尔兰被发现过。它们大概也是在这一时期进行了类似的迁移。

农夫们一旦漂洋过海到达不列颠群岛，流动性就比土著觅食者低多了，尽管像通常一样，人与人之间差异很大。对格洛斯特郡黑泽尔顿北墓地出土的骨骼进行的同位素分析表明，那里的第一批农夫确实定期短途迁移，但其他农夫都只扎根在一个地方。最好的证据来自杂草。我们对杂草有很多了解，因为每当石器时代的农家主妇清理她的烤箱时，烧焦的面包碎屑（和里面烧焦的种子）都会被扔进垃圾堆，整齐地包装好，等待考古学家们发掘。这些种子表明，当早期的农夫收割他们的田地时，他们带回的不仅是小麦和大麦，还有猪殃殃、车前草和野生燕麦。这些都是只有在不断耕种的田地里才会茂盛的杂草，这意味着农夫们经年原地不动。

一些移民，特别是在爱尔兰和苏格兰的移民，还建造了坚固的由木材和茅草搭成的农舍，这再次表明他们短期内不打算离开。这些房

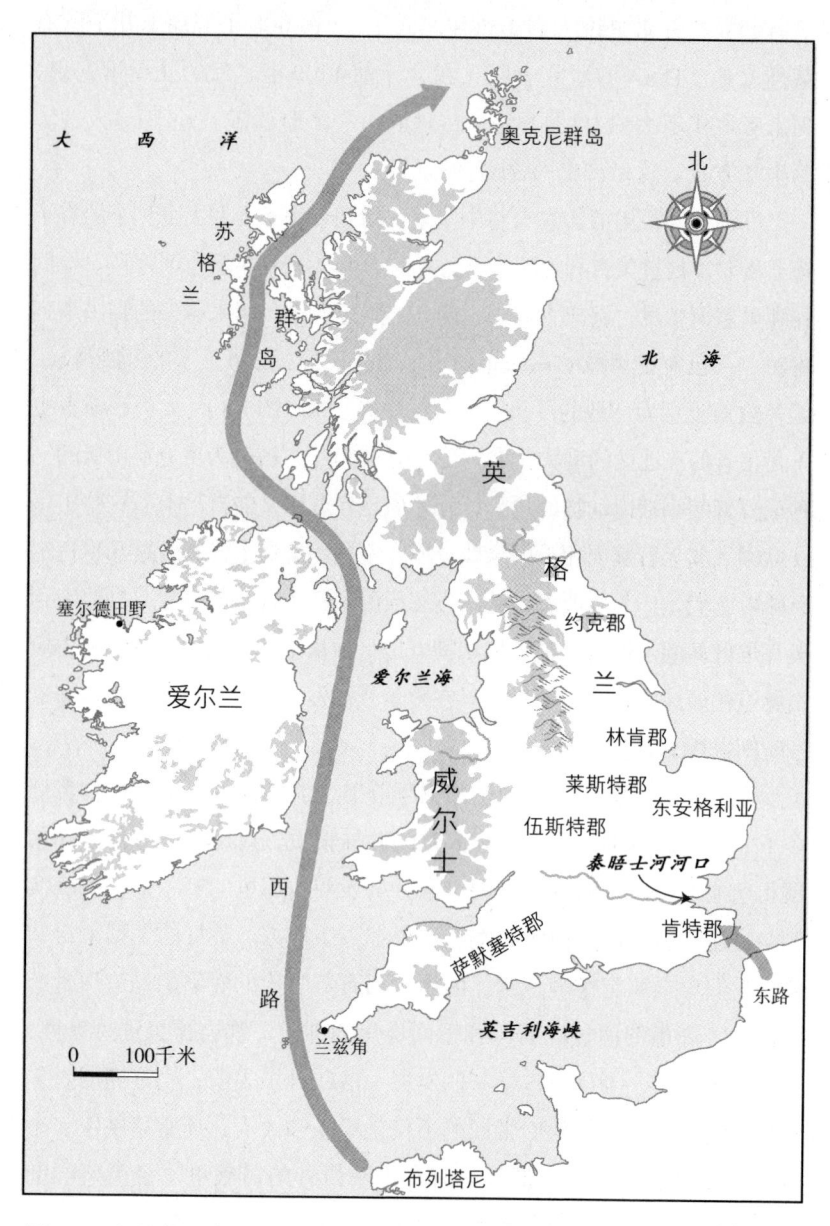

图1.8 大西洋上的阿尔戈英雄：公元前4200—前3500年，将农耕、田鼠和鼩鼱带到不列颠群岛的移民可能经由的路径

子通常大致呈长方形，分成几个房间，大小与公元21世纪第二个10年的英国住宅大致相同（约100平方米）。与觅食者的棚屋相比，他们的住宅豪华多了，里面发现的物品证明农夫比他们所取代的觅食者更为富裕。房子里堆满了东西，尤其是用于烹饪、饮水和储存的陶器。公元前4200年以前，不列颠群岛还没有陶器；到了公元前3800年，就几乎到处都有了。

这些农夫当然穷得要命，但并不像他们所取代的觅食者那样普遍极端贫困。移民们从欧洲大陆引进了磨制石斧的技巧，而不仅仅是将它们凿成一定形状，从而造出了更有效的工具，来砍伐树木，为农业开垦土地。为了寻找更好的石头，他们采用了欧洲的采矿方法，在南部丘陵的白垩地带凿出了15米深的竖井，找到了最丰富的燧石矿脉——对仅装备着骨头、石头和木制工具的挖掘者来说，这可是不小的成就。

建造农场和开采燧石是觅食者从未尝试过的复杂工作，但这还只是冰山一角。不列颠的狩猎-采集者几乎没有在这片土地上留下什么痕迹（我将在第2章讨论一个特别的例外），但在公元前4000年之后，农夫们开始改变这片土地，并留下了无数引人注目的纪念碑式重大建筑。这些重大建筑主要有两种类型——供活人用的（没有墓葬的）和供死人用的（有墓葬的），但两种通常都需要挖沟，有时是长达好几千米的沟，还要堆积起大土堆。考古学家在大多数供活人用的遗址中几乎没发现任何东西，而且遗址很少建于良好的防御位置。因此，由于没有更好的理论来解释，我们通常假设它们是用来聚会的，但人们为什么在那里聚会，为什么觉得需要挖这么长的沟渠，原因尚不清楚。

给死人用的重大遗址提供了更多的线索。觅食者很少为逝者花大力气，他们潦草地处理遗体，以致考古学家很难发现觅食者的尸体。不过，公元前4000年之后，不列颠的农夫建造了十多种不同类型的坟墓，大多是基于欧洲大陆的模式。有些里面有大块的石板，另一些则是一堆堆泥土。考古学家称为"长冢"的那种古坟可能有100米长。目前有1 000座长冢留存了下来,原先一定还有更多。建造一座中型的长冢需要大约7 000小时(10个成年人终日劳作,可能要几个月才能匆匆拼凑出一座),大型长冢则需要两倍的时间。那是一种惊人的能量的喷涌。

我们不禁要问,为什么不列颠农夫(以及他们在欧洲大陆的祖先)会认为这是一个很好的主意。19世纪流行的一种观点认为,这些重大遗址可能是在挑战觅食者的"每个人都是自己的首领"的关于主权和身份认同的理论。如果你去参观已经恢复了原有恢宏气势的长冢,比如格洛斯特郡的贝拉斯丘(图1.9),会很容易想象到这样的情景:在铅灰色的天空下,监工正在鞭打成群做苦工的奴隶。奴隶们将一桶桶的泥浆倒在一个越来越大的土堆上。土堆是为纪念一位强大国王的荣耀而建立的。但如今,已经很少有人支持这种想法了,主要是因为在任何长冢下都没有发现哪怕是隐约有点像王室墓葬的迹象。

图1.9 集体的意志:格洛斯特郡的贝拉斯丘长冢

资料来源:Geograph Project, Creative Commons

大多数考古学家认为,供死人用的重大建筑,非但没有彰扬似乎不可避免地伴随农业社会而来的不平等，反而破坏了这种不平等。土丘下的尸体经常会经历复杂的循环：先是被埋葬，等肉腐烂了，再被挖出来，肢解，然后有意地混合在一起。有时它们又会被再次挖出来，带到位于另一个地方的最后安息地，从而为新一代的死者腾地方。很难找到比这更具公共性的事情了。对此的一种解释是，建土丘、将骨头混合和挖沟，全都是一种机制，目的是缓解因不平等加剧而在社区内部和社区之间造成的紧张关系。这种纪念碑式重大建筑可能有助于创造新的身份和主权认同，将建造者和使用者与他们耕种的特定地方，而不是与狩猎-采集者游荡的更广阔地域联系起来。公共墓葬甚至可以用来表明特定群体对土地的所有权，表明这些土地是他们自己的祖先辛辛苦苦地从野外开垦出来的。

如果是这样的话，他们只取得了部分成功，因为暴力争端并不鲜见。在我们这个时代，大约每5 000个英国人中就有1人死于暴力（比我在本章前面提到的全球分数1/140好，但比斯堪的纳维亚半岛的分数1/100 000差），然而令人震惊的是，在英国和爱尔兰早期农夫坟墓中发现，每50个头骨中就有1个的左侧有凹陷性骨折，就像几千年前导致切德人死亡的凹陷一样。人们在大约100具骨架中发现了石制箭头，其中一些嵌在椎骨和肋骨中。有时我们甚至会发现大规模战斗的迹象。在多塞特郡的汉布尔登山，有一个保存不佳但发掘完好的遗址，在两个世纪中被攻击了三次，每次都发现有被烧毁的建筑和数百个箭头（在英格兰发现的最古老的弓，可追溯到公元前4000年左右，像亨利五世的弓箭手在阿金库尔战役中使用的紫杉弓一样）。最后一次攻击发生在大约公元前3400年，彻底摧毁了汉布尔登山。一名男子显然在胸前挂着一个襁褓中的婴儿，他中箭后，又被一堵正在燃烧的墙倒下压死了。

就像在欧洲大陆一样，大多数暴力事件的证据都可以追溯到农夫到来很久之后，但考虑到在这一过程中幸存下来的狩猎-采集者的DNA很少，我发现很难想象这种更替是和平的。我在之前提到过，欧洲大陆的觅食者和农夫有时会并肩生活上千年，但是新的生物分子技术揭示的英国迄今所知的觅食者与农夫共同生活的唯一例证，在赫布里底群岛的奥龙赛岛上，只持续了几个世纪。对英国的土著觅食者来说，公元前4200年后外护墙的坍塌，似乎意味着流动性的无法控制、安全的崩溃、主权的丧失以及他们古老身份的终结。唉！

英国前首相斯坦利·鲍德温的《关于英国》一书，于1926年出版，距他自己时代的外护墙坍塌只有14年。他在书中沉思道，"英国一道永恒的风景"，就是"一支犁耕队正在翻过山顶，自英国成为一片土地以来，这一直就是英国的风景"[15]。他说错了。犁耕队在英国历史上只是中途出现的，而且远非永恒，他们的到来是对这个群岛有史以来最大的破坏之一。对英国来说，永恒的不是农业，而是无情的地理逻辑。

第2章
欧洲的穷表亲
（公元前4000—前55年）

到了公元前4000年，主宰英国历史直到1497年的格局已经确立。不列颠群岛牢牢地固定在赫里福德地图的边缘，是欧洲的穷表亲。当新的生活方式兴起于遥远的南方和东方，并逐渐蔓延到整个欧洲大陆后，这里是它们的最后一站。由于撒切尔法则，每一项革新的确最终都能到来，但英国通常比中东和地中海的潮流引领者落后几个世纪，甚至几千年。

节奏是多变的。到了公元前3500年，人员、商品、机制和思想从欧洲大陆向群岛流动的速度已经放缓，并且持续缓慢了4个世纪。到了公元前3000年后，就不仅仅是输入缓慢的问题了，不列颠北部和西部的人们改进了他们从大陆所获得的传承，使其可以与欧洲大陆本身的一切相媲美。也许在公元前2000年之前还有另一段插曲，考古学家们已经分别识别出了各种进一步的中断，大多持续时间更短，但此类中断一直持续到公元前300年。

每段插曲都有自己的原因和结果，但都是不平衡消弭这个更大进程的一部分，或许是不可避免的一部分。一旦一种新生事物一路传播到了大西洋岸边，不论它是人口、经济、政治还是文化方面的，英国和欧洲大陆之间的差异就变得不那么明显了，从东南向西北转移的步伐也放缓了，直到下一次伟大革新逼近群岛时才会恢复。

在农业到来后的4 000年里，不列颠与欧洲及更广大世界关系的第二个特点呈现了出来。虽然农业是在几千千米外的中东发明的，但真正在公元前4200年以后将农业带到不列颠海岸的人来自并不遥远的地方，也就是我们今天所说的低地国家、法国北部和西班牙北部。然而，到了公元前1世纪，商人和军队从意大利远道而来；又过了一个世纪，欧洲大陆的统治者也来了。舞台在扩大。

大人物NG10

农夫们只用了4个世纪，就填满了岛上每一个可耕种的角落和缝隙。他们一路犁耕和种植，以平均每年一千米以上的速度前进。他们所到之处，狩猎和采集的世界灰飞烟灭，大约到了公元前3700年，"屠杀"终于停止了，因为他们已经推进到了地球的边缘。

农业移民创造了新的身份认同。根据考古证据判断，最初有一种广泛共享的岛民文化：农夫们无论走到哪里，都或多或少带着其祖先从欧洲大陆带来的石艺、陶艺和葬仪。他们通常与欧洲大陆的故乡保持着长途联系。因此，从怀特岛到苏格兰，考古学家们在公元前3800年以前的多个遗址中，都发现了类型极为相似的斧头、箭头、碗和坟墓。他们有时甚至会发现一种美丽的磨光斧头，是用一种叫硬玉岩的石头制成的。这种石头是从阿尔卑斯山开采出来，通过人手相递，传到了1 500千米以外的。

这个开放、包容的世界只持续了几代人。一旦农业地区的边界延伸到了海洋，统一就瓦解了。较小规模的区域身份认同形成了，每个小地区都以自己独特的方式行事，从而将自己与相邻地区区分开来。英吉利海峡两岸的交流也放缓了。我们所知的产自英国的最后一把硬玉石斧，被小心翼翼地埋在了一条穿过萨默塞特（图2.1）沼泽的木头小路（根据树木年轮判断，这条小路的建造年代可追溯至公元前3807年或前3806年）的旁边。根据我们所了解的一切，英国农夫忘

图2.1 不列颠舞台（公元前4000—前55年）

记了他们曾经是移民（移民是英国身份认同中反复出现的主题）。到了公元前3500年，已经很少有人再去拜谒在扩张的那几个世纪建造的纪念碑式建筑。在一些地方，人们将埋葬着祖先遗骨的公共墓地的入口封闭了起来——一些考古学家怀疑，这可能是有意将自己与过去分隔开来。

更深层次的变化可能助长了新的身份认同。公元前4100年—前3500年，随着移民涌入，开垦处女地，养育家庭，不列颠群岛人口激增。我们猜测，到了公元前3500年，人口可能增加了两倍，超过了30万（大约每平方千米一人）。正是这些人建造了那些纪念碑式重大建筑，但是在接下来的500年里，大部分岛屿的人口数量可能都下降了50%。

专家们就发生了什么事情争论不休。自公元前3700年以来，气候变冷了，也变得更加潮湿了，因此农业可能不那么高产了。也可能是第一批农夫过度开垦了土地，毕竟他们中可没有环保主义者。不管原因是什么，一些后果是显而易见的。农夫们先是从种植高产但娇气的小麦，转为种植低产但耐寒的大麦；到了公元前3200年，他们甚至连大麦也不种了。人们不再种植谷物，转而采集野生植物。来自杂草种子和花粉（通过在古老的湖床上钻孔获得）的证据表明，当他们放弃了耕地时，森林又重新生长起来。能经历好几个世代的坚固房屋从考古记录中消失了。

然而，不列颠人并没有回到主张人人平等的觅食者的老路上。相反，关于首领的最早的明确证据就出自这几个世纪。旧的"每个人都是自己的首领"的那种集体坟墓，被只埋一两个死人的更小的坟墓所取代。一些坟墓里有精致的陪葬品。其中一些看起来像是政治权力的象征，包括迄今仍在英国王室加冕仪式上使用的那种权杖的原始石头版本。

考古学家将这些坟墓中的死者视为掌握新权力的首领，如果这种看法是正确的，那么他们的权威可能来源于一个相当新的东西：对牲畜的控制。出土的骨头表明，不列颠人正在转向经营大牧场，赶着家养的牛群从一个林木繁茂的山谷到另一个山谷。在现代畜牧社会，如果羊群能大量繁殖，幸运和/或有技能的牧民可以迅速致富，用牛肉、黄油和牛奶款待他们的追随者以赢得荣誉（也许足以用石权杖陪葬）。然而，不利的一面是，坏运气和/或糟糕的决定也会让他们很快变穷。

这不是斯坦利·鲍德温所说的"英国永恒的风景"。有些荒诞的是，岛上最具鲍德温风格的地方，却是苏格兰的一些岛屿和爱尔兰的部分地区，那里的人口持续增长，仍在种植谷物，建造坚固的房屋。这是英国历史上为数不多的几次，东南部相对于北部和西部的地理优势不仅被抵消，而且实际上被逆转了。如果你想见识一下公元前3400—前3000年之间的财富、权力和先进文化，应该去奥克尼群岛，或者去距离现在的都柏林北部一个小时车程的绵延5千米的博因河。

原因可能在于与欧洲大陆的联系。公元前3800年之后，穿越英吉利海峡的往来放缓了，但将葡萄牙、加利西亚、布列塔尼与群岛多山的边缘地带（图2.2）连接起来的西部水域开始加速流动。沿着欧洲大陆的大西洋海岸，发生了一些不寻常的事情。公元前4500年，人们在塔古斯河河口一带，现里斯本所在的地方，聚居起来，形成了100多个永久村庄。村民们组织得很好，能够建造起3米厚的石头防御工事，上面点缀着塔楼。他们还将那些肯定是首领的人埋进巨大的石墓，墓中有奢侈的陪葬品，包括来自北非的象牙。

再往北，在布列塔尼开始发生更奇怪的事情。在基伯龙湾（我们将在本章后面看到，这是一个具有重大战略意义的地方）附近的一个风景如画的水湾洛克马里亚凯，有人说服了他的同伴★们去开采一根高20米、重350吨的石柱，并（像早期的农夫一样）在上面雕刻了一张巨大的犁。然后他们把石柱拖了5千米，立在了一个公共坟墓的外面。单是拖曳就需要一个至少由2 000人组成的施工队，整个行动看起来就像我们在第1章中看到的不列颠农夫集体狂热的一个极端例子。但是，我们该如何看待他们随后做出的决定呢？在短短一两代人的时间里，他们就决定推翻并砸碎这些巨大的石碑，重新利用碎石块

★　鉴于大多数早期农业社会都有父权倾向，这似乎不大可能是"她"的同伴。

图2.2 巨石传教士路线？塔古斯—奥克尼轴心（约公元前3000年）

建造了一系列只埋一两具尸体的坟墓，墓中陪葬着华丽的物品，还有他们自己精心制作的纪念碑。

在接下来的上千年里，由巨大的石板（考古学家称之为"megaliths"，源自希腊语单词 *megas* 和 *lithos*，意思是"巨石"）建造的坟墓遍布西欧海岸。20世纪50年代，一些学者认为是"巨石传教士"[1]激发了这种现象。是他们沿着欧洲海岸线航行，宣扬关于死后世界的新观念。他们的理论摒弃了关于身份认同和主权的旧的平等观念，宣称先知们教导说，一小部分精英人士（大概包括他们自己）拥有接触超自然力的特权，能够确保神的善意得到贯彻——只要其他人给他们建造巨大的石碑，并且全都照他们吩咐的去做。

像许多涉及长距离迁移的理论一样，这一理论在20世纪70年代被冷落了，但新的放射性碳定年法现已证明，的确是布列塔尼人建造了最早的巨石坟墓，然后这一习俗才漂洋过海传播开来的，而且新的基因证据表明，当巨石文化来到不列颠群岛时，与新式的统治家族有所关联。一些坟墓的规模能佐证这一点，尤其是爱尔兰的博因河河谷的坟墓。公元前3000年前不久，在道斯、诺斯和纽格兰奇，建起了三座规模巨大的坟墓。每座坟都有一个起初宽100米、高20米的土堆。单是纽格兰奇的那座坟就用了20万吨石头，装饰着巨石，周围是一层闪闪发光的白石英，太阳一照，几千米外就能看到。

即使这项工程是历经一代人逐渐完成的，在一些学者看来，其必须动员的劳动力数量表明等级更为森严的主权和身份认同形式正在大行其道，而巨大坟丘下的东西只会进一步强化这种印象。在纽格兰奇，一条15米高的石砌通道通向了一个十字形的墓室，墓室有8米高的穹顶。在旁边的一间小墓室里，考古学家发现了两具成人骨架，此外还有至少3个人的烧焦的骨头，以及几十只鹿和麋鹿的身体部件。诺斯的墓几乎同样令人印象深刻。墓里有两条通道和两个墓室，其中一个墓室（像纽格兰奇的一样，是十字形的）里有一个大石雕碗，周围有几堆骨灰，还有大量的陪葬品，包括一个精致的燧石权杖头。（道斯的墓被破坏得很厉害，只能分辨出两个石质墓室。）

无论纽格兰奇、诺斯和道斯的死者做了什么事使自己变得如此重要——显然同塔古斯河和布列塔尼的大人物一样重要，而且比不列颠群岛上以前的任何人都重要，这都意味着仅仅给他们修建超大规模的墓是不够的。远不止于此，埋葬者实际上是要将大人物的身体与宇宙本身的核心法则融合在一起。纽格兰奇墓的位置选择得非常精确，因此在每一年白昼最短的12月21日前后的一星期里，初升太阳的第一缕光线就会穿过坟丘入口上方的一个狭孔，直直地照进一条长长的石头通道，在长达17分钟的时间里，照亮中央墓室背板上雕刻的三重螺旋（图2.3）。在诺斯，每年3月21日，一年中白昼和黑夜完全等长的两天中的一天，夕阳会直射在墓室的通道上，照亮其中一个墓室；而在9月21日，另一个这样的日子，则在另一个墓室再现这一奇观。道斯的墓保存得太糟糕，我们无法确定它的内部布置，但纽格兰奇和诺斯两墓的格局不可能是偶然的。这些坟墓都地处天象的热点上，在一年中最有意义的几个时刻，让太阳照亮了超越凡人的男人和女人的最后安息之地。

图2.3 神奇的17分钟：纽格兰奇的墓室，大约建于公元前3000年，冬至初升的太阳会照亮NG10的最后安息之地

资料来源：Alamy

实际上，一项新的DNA研究显示，至少有一个埋葬在纽格兰奇墓里的人，虽然被起了个寻常的称号"NG10"，但与我们其他人大为不同。在对他的基因组进行测序后，科学家发现了"多个长系列的纯

合性,每个纯合性都包含单个染色体的大部分"[2],这就意味着NG10的父母是一级亲属:可能是兄妹或姐弟,或者更令人毛骨悚然,是父亲和女儿或母亲和儿子。出于充分的生物学原因,几乎所有社会都将乱伦视为一种可憎的行为——除非一个家庭看起来远远比其他所有人更高贵(实际上就像神一样),只有家庭成员才能彼此相配。古埃及人、印加人和夏威夷人都是这样看待他们的统治者的。显然,史前的爱尔兰人也是如此。

遗憾的是,我们永远也不会知道5 000年前人们建造博因墓地时脑子里在想什么。实际上,考古学最大的禁忌之一就是与我们挖掘出其生活痕迹的人过度产生共鸣——尽管我们都在这样做。几年前,当我在西西里岛发掘一个宗教遗址时,我发现如果我在太阳底下站的时间足够长,几乎可以看到古代的崇拜者在他们的祭坛上劈开巨大的马鹿,头上戴着鹿角跳舞,把酒杯摔碎在地上。有时我甚至会梦见他们。在同样的精神感召下,我不禁会想到,当朝阳把纽格兰奇墓的三重螺旋染成金色时,就是神圣的奇迹和神秘的时刻。在那些瞬间,凡人是否会因为确信神再次来到他们中间而激动不已?他们的祭司是否会低声念念有词,说些神圣得让普通人听不见的话?人群中是否充满了祝福,世界因此又更新了一年?

或许如此。至少,考古事实表明,这些地方是神奇的,旨在使梦和幻象与现实世界融合。这三座坟墓都有迷宫、锯齿形和螺旋形的旋转雕刻图案,像20世纪60年代的许多迷幻艺术一样,涂上了艳丽的色彩。有几位心理学家将这种设计比作"闪烁的光线、致幻蘑菇和偏头痛综合征"[3](一位学者相当冷静地说)在眼睛和大脑中产生的图像。

这一定是有意为之。考古学家在多个遗址发现了罂粟种子(包括在西西里发掘点),研究现代福音派基督徒的心理学家观察到,努力倾听上帝的声音并找到同好的人,能够训练自己对所体验到的来自天堂的真切信息保持高度敏感。或许将毒品、戏剧性的冬夏至或春秋分仪式,以及超脱尘世的艺术结合起来,能使公元前3000年之前的巫师改变自己的意识，听到天上的声音，并且利用自己的体验动员他们的社区来建造这些宏伟的陵墓，作为通往另一个世界的门户。

甚至在纽格兰奇墓建成之前，与之相关的观念就已经沿着西部水域传播到了群岛的北端。有十几个大坟丘和更多的小坟丘以及纪念碑式建筑聚集在奥克尼的斯滕内斯湖岸边，似乎有某种天文学关联。其中最宏伟的是梅肖韦古墓，规模与纽格兰奇墓不相上下，也同样隐藏着一个超大的中央墓室，建造得非常细致，一些石板之间几乎无法容下一张纸滑动。

从葡萄牙炙热的山丘到夏日几乎晒不到阳光的苍白的北方海岸，一种非同寻常的精神统一似乎在公元前3200年后盛行了起来。纽格兰奇坟丘及其迷幻雕刻与布列塔尼的考古发现如出一辙，而诺斯的燧石权杖头与在塔古斯河河岸发现的极为相似。更小的相似之处则不胜枚举。这些男人和女人散布在绵延2 000千米的大西洋海岸线上，他们肯定彼此相识，也很可能相互通婚，即使我们还没有找到直接的DNA证据。基于充足的理由，考古学家巴里·坎利夫谈到了"一个共同的信仰体系[4]（……一套）传播广泛的符号系统和一种高深的宇宙观"，甚至是一种独特的"大西洋思维模式"[5]。

在洛克马里亚凯或梅肖韦，几乎没有什么会让NG10感到惊讶。然而，无论何时，他或与他地位相当的人如果向内陆漫步几千米，就会发现自己来到了一个完全陌生的世界。今天我们许多人都在担心，国际化精英人士出没于伦敦、纽约或新加坡的豪华酒店和米其林星级餐厅，或者在达沃斯风景如画的高山度假村闭门欢宴，（打个比方）像那些乱伦者一样只与小圈子里的人来往，他们与平凡的广大民众之间的鸿沟会越来越大。类似的事情5 000年前似乎也发生在大西洋的边缘地带。埋葬在博因河河岸和斯滕内斯湖畔的大人物们，与塔古斯河一带的人们，而不是自家后院的牧民们，有更多的共同点。牧民们显然缺乏巨石传教士那样的国际化思维。我们这个时代并非唯一有"达沃斯人"的时代。

耶路撒冷

我曾应邀去过一次达沃斯,那次经历有些荒诞离奇。会议邀请方问我是否会带上自己的安保人员和直升机。我还是第一次被问这样的问题。但还没等我为自己成为全球精英的一员而感到自豪和膨胀,我的白日梦就破灭了。我刚一到达,就发现达沃斯人不止一种类型。每个人都被邀请参加盛大的晚宴和聚会,但一部分人被邀请参加更为盛大的晚宴和聚会,在用绳子隔开的钢琴酒吧里,一般人显然被排除在外。就连我们的胸牌都有排名。排名靠前的人胸牌上有闪闪发光的地球仪〔我们羡慕地称之为"迪斯科舞会"(disco ball)[1]〕。

这是关于一些永恒真理的一个很好的教训——与顶尖人士之间的竞争相比,加入顶尖人士的竞争就不算什么了,而赢得这种竞争的办法,就是让自己像其他名流一样,但拥有明显的个人特色。我深信,如果说公元前3000年左右的大西洋精英与今天的达沃斯精英有什么相似之处的话,那就是他们都想做这样的事情。光是再建一座纽格兰奇墓是不够的,要像奥克尼的梅肖韦墓一样:你需要同样宏伟但又与众不同的东西。于是,在公元前3000年左右,大不列颠岛西部边缘的精英们发明了一种与众不同的纪念碑:石阵。石阵就是石器时代的迪斯科舞会。

石阵最早出现在威尔士和威尔特郡,是由在墓地周围挖掘圆形沟渠的古老传统缓慢发展起来的。它们是以最著名的例子巨石阵(Stonehenge)命名的,而巨石阵的名称则来自盎格鲁-撒克逊语,意思是"悬起的石头"(hanging stone);但当专家称一个纪念碑式建筑为"henge"(石阵)时,指的根本不是石头,而是带有圆形沟渠的纪念碑式建筑。考古学家们似乎喜欢这种术语上的混乱。

像任何高档的迪斯科舞会一样,巨石阵将新奇与历史悠久的精英

---

[1] 英语单词ball同时有"球"和"舞会"的意思。——译者注

传统结合了起来，其中最引人注目的是将精神世界与葬礼功能结合了起来。早在公元18世纪20年代，参观者就注意到，如果他们站在巨石阵的中央，在6月21日就能恰好从巨石阵的正门看到太阳升起；而巨石阵的150~200个墓葬（对于最初的数字存在争议）也使它成为公元前3000年英国已知的最大墓地。死者大多是成年人，尸体都被焚烧过，遗骸被装进捆扎好的袋子里，埋在56根直立的石柱（图2.4）下和环绕石柱的一个圈中——现在高耸于巨石阵的巨大砂岩柱是大约在公元前2500年添加的。几乎所有墓葬中都没有随葬品，但墓中发现的少数物品中包括一种漂亮的磨制石权杖头和一个小黏土支架，是用来烧东西的。烧的可能是香，或者是毒品。

图2.4　崇拜者涌入白雪覆盖的一个约公元前2950年的巨石阵，根据画家彼得·邓恩的想象复原。图中56根青石柱立在沟渠里和堤岸上。中央直立的木头已经得到考古证实，但它们的用途不明

资料来源：Peter Dunn

　　石阵的意义之所以如此重大，是因为它们是地区失衡又逐渐平衡的第一个明确例证。这次不平衡始于群岛北部/西部的创新，然后向

东南方向逐渐消失,与通常的模式相反。实际上,"巨石阵"从字面意思上看就是从西边迁移过来的。从各方面看,它都是一个奇怪的石阵,只有两个石阵看起来很像它,时间都略早一些。第一处离这里只有一两天的路程,恰好在英国小说家托马斯·哈代的旧居马克斯门的正下方。19世纪80—90年代,哈代就是在这里创作了他的几部"韦塞克斯"①小说。——这处遗址(现称"弗拉格斯通斯")直到一个世纪后才得到发掘,但哈代的园丁的确曾从被埋葬的石阵中挖出一块砂岩石头。哈代甚至一度中断了常规的写作,匆匆写就了一份笔记,描述他们挖出的一个史前墓葬。他的邻居也发现了一个烧香/毒品的黏土支架,是英国境内唯一一件与在巨石阵发现的那个支架相似的物品。

如果只有弗拉格斯通斯石阵与巨石阵相似,我们可能会认为它的细节只是多塞特的当地特色。然而,275千米外在北威尔士的兰德盖还有第二个巨石阵式的遗址,而且还只是一连串与威尔士有关联的事物中的一个。地质学家从20世纪20年代就知道,巨石阵最初的56根直立石柱是从威尔士开采的青石。自2011年以来的研究进一步确定了它们的来源地在普雷塞利山的罗斯费林岩一带。考古学家们曾推测,可能是冰期的冰川在没有人类干预的情况下,将这些大青石一路推到了威尔特郡,但根据这些青石目前的地质状况可以确定,是人们有意将这200吨石头移到了巨石阵。建造者的确想要这些特殊的石头。与威尔士的联系不止于此:稳定同位素研究表明,巨石阵埋葬的死者中有4名实际上是威尔士移民。

考古学家迈克·帕克·皮尔逊自2003年以来一直在巨石阵周围发掘,他提出了一个将这些细节结合在一起的理论。他推测,巨石阵是由"向东迁移并定居在索尔兹伯里平原的一些群体"[6]建造的,

---

① 韦塞克斯是英国历史上西撒克逊人于公元6世纪初建立的王国。19世纪托马斯·哈代用此名指英格兰西南部诸郡(尤指多塞特郡),并以该地区为其小说背景,该王国的名称因而得以再次广泛传播。——译者注

在那里他们形成了"一个统治精英家族,甚至可能有(威尔士)血统"[7]。他注意到青石采自罗斯费林岩的主要证据实际上要比巨石阵建成早两个世纪,于是重新提出了起于20世纪20年代的另一项理论:这些石头原本就矗立在威尔士的一座纪念碑式建筑中,移民拆下了石头,拖到了威尔特郡,然后重新立在巨石阵中。他甚至找到了这些石头最初的所在地——沃恩·莫恩。他认为:"这样的行为,可能是为了将两个神圣的中心合并为一个,将两个政治上分离的地区联合起来,或者使从一个地区迁移到另一个地区的移民的祖先身份认同合法化。"[8]

这听上去可能像是对几块石头过度解读了,但这种重新利用神圣石头的做法实际上很常见。2009年,迈克·帕克·皮尔逊的团队在距离巨石阵仅几千米的地方发现了一个被拆除的由青石构成的石阵的痕迹。他们以令人钦佩的简约原则,将其命名为"青石阵"。青石不是这个巨石阵仅有的古物:在其南门的两侧,建筑者堆积了成堆的牛头骨。这些牛头骨在他们于公元前2950年到达此地时,已经存在两个世纪了。牧民们往往对他们的牛有强烈的感情,我们可能会想,这些牛头骨是不是神圣的传家宝,也许是移民的曾曾曾曾祖父母时代就从威尔士流传下来的一些传奇盛宴的遗迹。

几千年来,人员、物品和观念都一直是从东南向西北流动,但如果迈克·帕克·皮尔逊的看法是对的(而我认为他是对的),那么在不列颠群岛最宏伟的中心扎堆于爱尔兰海周边和奥克尼群岛约一个世纪后,一个强大的威尔士氏族逆转了这一潮流。至于他们为什么要迁移到威尔特郡,谁也不知道,不过有一个明显的解释:巨石阵位于爱尔兰海和英吉利海峡之间最直接的陆路路线上,恰好是两个网络之间交易货物的地方。然而,如果这是正确的,就会引发第二个问题:如果是利润把移民吸引到威尔特郡,他们为什么要不辞辛苦地建造一个巨石阵,还建造了更大的纪念碑式建筑呢?2020年,地球物理勘探者宣布,在巨石阵旁边发现了第二个巨型重要建筑。与巨石阵同时代,由几十个巨大的坑组成,形成了一个直径近2千米的圆圈。这个圆圈是迄今所知史前欧洲最大的土方工程,其中心是欧洲大陆最大的人类定居点——德灵顿墙。曾经有多达4 000人(可能是巨石阵的建筑工人)居住在这里。他们迁走后,在废墟上又建起了一个比巨石阵还要大4倍的石阵。纽格兰奇墓汇聚了天象特征,但巨石阵远不止于此。

史载第一个问出"巨石阵为什么会存在"这个问题的人,是一位人称"亨廷登的亨利"的英格兰教士。他在他的《英格兰史》一书(写于1129年)中承认:"没有人能够发现如此大量的巨石是通过什么装置被抬升起来的,以及设计它们的目的是什么。"[9]然而,才过了7年,威尔士学者蒙茅斯的杰弗里就宣称他确信自己找到了答案。他在他的《不列颠诸王纪》一书中写道,这些石头最早在非洲,但史前巨人族将它们搬运到爱尔兰的基拉劳斯山(可能在今天的基尔代尔郡),以建造一个"巨人之环"[10]。杰弗里声称,这些石头一直立在那里,直到5世纪,英格兰国王安布罗修斯决定,在被他邪恶的敌人亨吉斯特杀死的英雄们(我们在第4章还将看到这些人物)的坟墓上建造一座纪念碑。安布罗修斯的谋士们敦促他征召隐居在威尔士的巫师默林。默林立刻就把巨人之环从爱尔兰变到了威尔特郡。

几乎无论任何时候,我们以外部证据来检验杰弗里的故事,都能发现他是大谬不然的,而且他在测定巨石阵年代方面竟然出现了3 500年的误差,很难令人信服。然而,我们这个时代也有一些人,喜欢打扮成督伊德教徒在巨石阵露营,通过反对考古学家的发掘计划来惹恼他们,杰弗里就像他们一样,确实掌握了一个重要真相。巨石阵绝不仅仅是布里斯托尔到英吉利海峡之间陆路贸易路线上的便利点。最为重要的是,它是一个极其神圣的地方。

2008年,和迈克·帕克·皮尔逊一起工作的地貌学家发现了让这个地方变得如此特别的原因。巨石阵坐落在白垩质底土上,底土上交错出现了地质学家所谓的冰缘现象。这种冰缘现象指的是水渗入土壤裂缝，然后冻结，进一步分裂了岩石，然后融化，再冻结，一遍又一遍地重复这个过程。大多数冰缘现象的范围都很小，但在巨石阵的大门外，是一组真正巨大的裂缝，最宽的达0.5米，最长的有150米。它们不仅大，而且如果你在冬至那天站在石阵的中央看落日，这些凹槽会将你的视线直接导引到太阳在地平线上消失的地方。无疑我又与古人过度产生共鸣了，但看上去肯定是神挑选出这个地方，在大地上画出了路标，这样凡夫俗子们也不会错过太阳消失，一年中最长的夜晚来临的那个关键时刻了。

大自然把这个地方标记为罗马人所说的"世界轴心"，大自然和超自然的力量在这里携起手来。这里有点像孤岛上的耶路撒冷，是神在人间选定的地方。大约1300年时，海尔丁厄姆和拉福德的理查将英国塞进了赫里福德地图的边缘，而把耶路撒冷放在正中间，然而巨石阵的建造者们则大胆得多。他们把自己的神奇石圈和祖先的遗骸放在了宇宙中心的位置。

在某个时期，很可能是在巨石阵建造之前很久，人们就用鹿角做成的鹤嘴锄在冰缘地带挖出平行的沟渠，让它们更加显眼。这还不是全部。仅仅在几米之外，当地志愿者在检查巨石阵游客停车场正在扩建的区域时，有了更加令人惊奇的发现：英国迄今所见最古老的纪念性建筑之一——千真万确，正如我在第一章中所提到的，几乎是在农耕时代开始之前就建成的唯一纪念碑。大约公元前8000年，也就是大青石被拖来之前5 000年，狩猎-采集者建起了一排似乎是由松木制成的图腾柱，每根近1米宽，可能有10米高。据我们所知，自从冰川消退，猎人们就已经感觉到了这个地方的神圣。

大约公元前2950年，当威尔士移民到来时，这个天地交会的最神圣的地方，已经挤满了古老的长冢、围场和其他纪念碑式建筑，这无疑又为它增添了光彩。20世纪50年代，杰出的考古学家戈登·柴尔德推测，这里在夏至举行的狂欢节吸引了成千上万的牧民。他想象他们创造了某种神圣的和平，就像古希腊的奥林匹克休战一样。或许牧牛人首领们甚至在石圈内举行的会议中，形成了一定程度的政治联合。一些专家还怀疑，一种被称为"凹槽古陶"的单一风格的陶器广泛分布，或许标志着不列颠岛南方大部分地区共同的身份认同。

一个新的不列颠正在成形。公元前4200—前3700年，来自欧洲大陆的农夫横扫了古老的狩猎-采集世界，不过他们自己的社会秩序在公元前3500年之后也土崩瓦解了。5个世纪后，来自欧洲的思想观念再次撼动了不列颠群岛，沿西部水域一直传播到奥克尼群岛，然后才被威尔士移民带回了东南部，在巨石阵一带扎下了根。英国有史以来第一次不再是欧洲的穷表亲。大约在公元前2500年，当巨石阵的巨大砂岩石柱被拖运到位时，也就是埃及建筑者们正在建造吉萨大金字塔的时候，这个石圈已成为地中海世界之外最壮观的宗教景观的一部分。在地球的边缘，英国人创造了自己独特版本的欧洲石器时代。

然而，我们必须看清一点。巨石阵很伟大，但大金字塔更伟大。它使用的石头是巨石阵的2 000多倍，直到1883年，它一直是世界上最高的建筑。旧的不平衡到了世界的边缘已经基本平息，但一次全新的不平衡已经在旧的中东核心产生，并开始向北部和西部蔓延。

杀手

这次不平衡始于技术。早在公元前7000年以前，中东金属资源丰富地区的人们，就已经在摆弄闪亮的铜卵石了。到了公元前5500年，伊朗和巴尔干半岛矿石山中的工匠们发现，如果将这些卵石加热到1 083℃，其中的金属就会融化。至此，只需再迈出一小步，就能将熔化的金属倒入模具，制造出闪闪发光的首饰与锋利（但相当软，因此很容易弯曲或变钝）的工具和武器了。

在20世纪60年代，大约在考古学家开始质疑迁徙是否真的在史前发挥了重要作用的时候，他们对技术也提出了类似问题。有些人认为，也许我们现代人对技术的痴迷使我们夸大了它对古人的意义。也许可靠的古老石斧一点儿也不比高科技的铜替代品差,也许金属的真正魅力只在于新颖和闪亮,而不是想象中的高效。然而,半个世纪过去后,这些推测似乎表明,大多数考古学家对砍伐知之甚少。菲尔·哈丁在英国第4频道电视台的《时代考古队》节目中,用一把铜斧砍树来测试这一理论时,只用了几秒钟就发现铜斧不仅比石头更好用,也更快——更好用是因为它更轻,更快是因为樵夫用粗石斧砍树时必须在树干上砍出一个大缺口来,而薄铜斧只需要砍出一条窄缝即可。使用铜制工具的伐木工人的确不得不每隔几分钟就停下来敲打敲打变钝的刀刃(使用石锤——老技术是不会消亡的),使其恢复形状,但这不费什么事。

由于铜的优势,一个行业很快诞生了。巴尔干半岛在这方面一马当先:公元前4800—前4300年,单是今天保加利亚艾布纳尔的一个矿群就生产了500多吨金属成品,能够制造好几百万把斧头和短刀。到了公元前3300年,铜已经传播到远至阿尔卑斯山等地区。(1991年在阿尔卑斯山一个山口发现的冰冻尸体,也就是著名的"冰人",身上就带着一把铜斧。)5个世纪后,铜传到了葡萄牙的里斯本一带。

在巨石阵和德灵顿墙的白垩岩上,发现了公元前2470年左右的一些引人猜疑的V形薄切口,这让迈克·帕克·皮尔逊怀疑铜斧那时是否已经传到英国,而实质性的金属器具和采矿迹象在公元前2400年前就已出现。英国北部和西部古老坚硬的岩石中蕴藏矿石,一旦探矿者们意识到山上有铜(更不用说金了),他们就分散到西部去挖掘了。在凯里郡洛湖中的罗斯岛,他们发了大财。他们在地下15米处挖出了大量的矿石,以至在接下来的5个世纪里,大不列颠岛西部每5把铜斧里就有4把,爱尔兰每20把铜斧中就有19把,是由罗斯岛的铜铸造的(我们知道这一点,是因为那里的矿石中富含砷,在实验室里很容易鉴别)。

"最早的铜矿工人是移民,这一点很难反驳",[11]巴里·坎利夫说道,因为设计精巧的罗斯岛矿井是突然出现的,此前几乎没有任何实验过的迹象，而且看起来也与布列塔尼的矿井一模一样（最早的矿工使用的陶器也是如此）。到了20世纪20年代，考古学家们频频断言，群岛实际上在公元前2400年左右被来自大陆的大口杯人占领了。这些人是因为他们坟墓中发现的一种独特的陶器类型而得名的。考古学家们的理论是，手持新式铜制武器的入侵者，从手持石器的落后的不列颠人手中夺取了群岛西部的金属，而当时不列颠人对自己坐拥的财富还一无所知呢。

接受这个理论需要一个观念上的飞跃，因为陶器不是人，除了移民，还有无穷无尽的可能性，能用来解释为什么欧洲陶瓷风格会进入不列颠群岛。到了20世纪70年代，许多考古学家怀疑渡过那道窄海的实际上是一种思想观念或生活方式，而不是一波移民潮，而且人员的流动仅限于少数专家，他们是受雇来为本地精英人士经营矿山的。也许是英国的超级成功人士——就是那些在巨石阵主持仪式的人——看到并喜欢上了欧洲大陆等级森严社会的精英们的生活，开始模仿他们。

新理论与当时可了解到的事实非常吻合，然而自2015年以来，情况发生了变化。首先是一项关于古代DNA的研究显示，曾有大量中亚人（可能说的是今天印欧语系语言的早期版本）在公元前2800年后向西迁徙，穿过了欧洲。2016年，另一项DNA研究证实，大约在罗斯岛开始采矿时，有大规模的欧洲大陆移民进入了爱尔兰，但真正的重磅炸弹是2018年发表的一篇论文，它提供了基因证据，表明不仅携带着铜的移民在公元前2400年左右进入了英格兰，而且他们的后代还令人震惊地提供了当地基因库中90%以上的基因。

这似乎证明了大迁徙确实发生过，现在的问题是这种人口更替是如何进行的。一种可能性是移民相对较少，但他们比当地人繁殖得更快，在二三十代人的时间里产生了极端的结果。其他考古学家认为，土著并不是在繁殖数量上被远远超过了，而是滑坡式下降了。引发黑死病的鼠疫耶尔森菌在中亚啮齿动物中流行。对2015年发掘出的人体骨骼进行的DNA研究显示，有7%的人可能死于鼠疫（尽管比我们将在第5章中看到的疫情轻一些）。我们不应该忘记暴力。1898年，诗人兼政客希莱尔·贝洛克开了个（低级）玩笑，说大英帝国总是会赢，因为"无论发生什么，我们都有/马克沁机枪，而他们没有"[12]。公元前2400年，移民有金属斧头和短刀，而土著可能没有。公元前2400年后武器在大不列颠岛上成为非常普遍的陪葬品，这一事实或许表明，随葬武器的人希望被视为杀手。

英国大口杯人最富有的墓葬出现在公元前2330年左右，距离巨石阵不到一小时的路程，墓中除了有两个金发饰、由野猪獠牙制成的装饰品和5个这些人因之得名的大口杯，还有3把西班牙风格的铜刀以及燧石箭头、弓箭手用来保护自己免受弓弦伤害的护腕，以及一个锤打铜和金时用的垫石。墓主通常被称为"埃姆斯伯里射手"，是一个40岁左右的移民，同位素测试表明，他是在莱茵河畔或阿尔卑斯山一带长大的。他旁边的另一个墓也同样令人感兴趣：里面有另一个人的尸体，大约20岁，和埃姆斯伯里射手一样戴着金饰，也和他一样脚上有罕见的基因异常。两人很可能是父子，不过这个年轻人的锶同位素表明，他和他父亲有一个很大的不同：他是个威尔特郡本地小伙子。

一个显而易见的解释是，埃姆斯伯里射手是公元前2400年后开始到达的大陆移民之一。作为金属工艺的大师，他发家致富了，也许还成了勇士团伙的首领，并一直处于统治地位（《每日邮报》甚至将埃姆斯伯里射手称为"巨石阵之王"[13]）。奇怪的是，富裕的大口杯人墓葬在大不列颠岛西部和爱尔兰岛的实际矿区显然极为罕见，这使得一些考古学家猜测，像罗斯岛上的矿一样，这些矿的所有者都不在当地，他们更喜欢生活且被埋葬在东南部更富饶的土地上。1943年，当我父亲在他14岁生日之际开始在斯塔福德郡北部的一个煤矿工作时，矿主住在东南部，并且很少在煤矿露面。有些事情是亘古不变的。

这个时代最宏伟的坟墓离巨石阵如此之近（或者说2021年在距

离巨石阵仅一千米处发现的一座坟墓中,出土了可能是另一枚仪式用的石权杖的头),恐怕并非偶然。巨石阵仍然是大不列颠岛上最重要的宗教中心,即使移民取代了来自威尔士的巨石阵建造者的后代。然而,这个圣地的角色正在发生变化,甚至可能在新来者到来前就已经发生了变化。公元前2400年后,巨石阵的使用者不再将死者埋在大青石中,而是开始将他们埋在纪念碑周围的沟里。迈克·帕克·皮尔逊想知道,在青石竖立起500年后,是否已没有人觉得自己与特定的立石者或石头有太多的个人联系了。他认为,巨石阵的死者已经融入了一种模糊的祖先集体,与日常世界脱节。在埃姆斯伯里射手到来的三代之后,巨石阵内的最后一具遗体大约在公元前2250年被埋葬。迈克·帕克·皮尔逊认为这是一种仪式,表明旧时代已经结束了。那是一个年轻人,像埃姆斯伯里射手一样,但与巨石阵中任何其他尸体都不同,他未经火化就被埋葬了。他经常被称为"巨石阵射手":他戴着护腕,从不同的方向至少被三支箭射中。他是不是一个替罪羊,在一个宣布不再在巨石阵埋葬死者的仪式做了献祭品?(抑或,他只是死于弓箭乱战或打猎事故?)

新来者在多大程度上认为自己与本土的过去决裂了,又在多大程度上感觉自己是其继承者,都还不清楚。一方面,人们仍不断参观巨石阵;另一方面,到公元前2250年时,他们又建起了一些非常不同的规模更大的纪念碑式建筑,抢了巨石阵的风头。其中的希尔伯里山是一座令人惊叹的25万吨人造山。一位发掘者估计,500名劳工用了15年时间才把它堆积起来。可悲的是,侵蚀和1776年一次粗心的挖掘破坏了山顶上的大部分遗迹,从而很难发掘它对所有人的意义。它与巨石阵的不同可能表明新的身份认同正在出现;同样可能的是,它的方位(距巨石阵仅25千米,周围全是威尔特郡的古代遗址)表明移民在寻求与过去的联系。或许我们可以把这些理论结合起来,把希尔伯里山视为新的统治者接管了旧神和祖先的一种声明。

我们不能肯定地说,但我们有充分的理由认为,公元前2400年之后的移民潮，到公元前2000年时已经放缓为涓涓细流了。不平衡再次催生了新的身份认同、财富和主权（更不用说不平等了）。贫富差距在拉大，尤其是在不列颠岛的南部和东部，越来越少的人的坟墓越来越大。而这些得天独厚的少数人中，更少的人（只占青铜时代不列颠人的1%）在去见他们的创造者时可能会炫耀财富，他们的财富超过了埃姆斯伯里射手最疯狂的梦想。最富的人的墓继续在威尔特郡扎堆，但南部和东部的其他地方现在也出富豪了。在北安普敦郡的朗兹有一个坟丘，上面堆着185个牛头骨，这些牛的躯体能够提供40吨肉，足够做成好几千块得克萨斯牛排了。这些牛头是来自一场盛大的葬礼宴会，还是一系列纪念伟大祖先的年度晚宴，我们无法确定，但无论以什么标准来看，这都是炫耀式消费。

牧业显然依旧兴旺，但这种精英的奢侈越来越依赖于新的，或者，取决于我们如何看待，非常古老的产业：农业。在不列颠几乎没有人种庄稼1 000年之后，小麦和大麦在公元前2400年左右回归了，并逐渐变得越来越重要。到公元前1500年，英格兰终于变成了鲍德温所说的那种国家。采自湖底的花粉显示树木在减少，可能是因为农夫们挥动着铜斧向森林进发了。农业专家们用沟渠和石墙给田地画了界，有些已经存在4 000年了。[通常，最好的证据都来自名字好听的遗址。谁能拒绝在一个叫"文蒂蒂朵"（意思是"像风一样顽皮"）的地方挖掘呢？]

农业发展得益于全球气候变暖。公元前1500年左右的气温可能和现在一样高，使农作物有了更长的生长季节和更高的产量。更多的食物意味着更多的婴儿，更重要的是，意味着更多的婴儿能活到成年。这可能在公元前2000年左右将群岛的人口数量推高到了50万以上，并在1 000年后增加到100万。即便如此，人们饥饿的嘴也没有吃掉一切：财富悄然而至，从更坚固的房屋地基、屋里更丰富的陶器和金属工具，以及屋外储存粮食的地窖和谷仓，都可以看出这一点。

尽管到公元前2000年时移民速度放缓了，但海峡两岸的贸易并没有减弱。自公元前4000年以来，圆材制成的船变得大多了（听起来很不明智的是，一些丹麦船甚至置有开放的炉子），到公元前2000年时，性能优越得多的大船已经投入了使用。专家将这些船称为缝板船。它们通常有10~15米长，由船桨驱动，在亨伯河畔的费里比发现的一个船体（图2.5）可能有帆。它们的制作方法是将橡木削成平整的木板（在木匠们有金属工具之前，这是一件极其耗时的工作），然后用由紫杉细枝搓捻的绳子将木板捆扎起来，再用苔藓、动物油脂或蜂蜡填塞缝隙。

图2.5　解缆起航：一位画家绘制的费里比1号船，约建造于公元前1800年，于1937年在亨伯河河岸被发现。船身长12米，可能用桨还有帆驱动。船由10~20厘米厚的橡木板制成，用紫杉捆扎在一起，并用苔藓填塞缝隙

资料来源：Ferriby Heritage Trust

与圆材船或兽皮船相比，缝板船可以承载更多的货物，运往更远的地方，沉没的可能性却更小。在公元前2000年后的几个世纪里，双向跨越英吉利海峡的人和物非常多，以至海峡两岸的考古发现比以

往任何时候看上去都更相似,就华丽的铜、金首饰来说尤其如此。考古学家蒂莫西·达维尔甚至认为这些年产生了一个跨海峡的"原始奢华社会"[14]。

几个世纪以来,这些佩戴首饰的人变成了真正的贵族,对农夫颐指气使。酋长们建造起巨大的木材圆屋,四周环绕着护城河和栅栏。约克郡的特温(又一个好听的名字)有一个壕沟围起的院落,像巨石阵一样大。然而,权势最盛的酋长们越来越多地在东南部扎堆,那里有最富饶的农田和通往欧洲大陆最短的贸易路线。一场宏大而缓慢的变革已经形成。在公元前3500年之前,人口和财富也曾集中在东南部,但到了公元前3000年,当大多数岛民从种植谷物转向牧牛时,引力中心向北部和西部迁移到了爱尔兰岛和奥克尼群岛。到了公元前2900年,它们又被拽向南方,(可能是被威尔士移民)带到了威尔特郡,然而到了公元前1500年,来自欧洲大陆的移民又把它们拽回泰晤士河流域及其周边,之后大部分时间都在此处。

由于靠近欧洲,东南部的这些贵人们最先从大陆的其他创新中获益。自公元前2200年以来,不列颠工匠从欧洲人那里学会了将锡混合到铜中来制造更坚硬的青铜。大约在公元前1600年,中欧的金属工匠又研究出如何将青铜铸造得足够结实,以制造受到撞击时不会弯曲的长刀片。新式武器以及它们所促成的新战术迅速向四面八方传开,改变了人们的战斗方式。箭头和铜短刀不见了,出现了用于刺戳的青铜大矛头和用于劈砍的剑,以及用于防御两者的盾牌,还有用于在战斗的喧嚣中集结部队的巨大号角。人们不再倚重散兵战术,用箭射击远处的敌人,或者埋伏于暗处突然蹿出以致命的小刀进行卑鄙的偷袭,现在重要的是在更加血腥的战场上面对面地战斗,施以重击。在整个欧洲,被刀剑劈开的头骨和被长矛戳穿的骨盆,证明了一种新的更为残酷的战斗方式。这种战斗方式在公元前1300年后传入了不列颠群岛。

除了武器,酋长们还积累了其他新型的青铜器,比如盛啤酒或蜂蜜酒用的大桶、煮肉用的大锅和钩子。像许多考古学家一样，当我看到这些武器和宴会器皿时，立即想到了2 000年后我们在古老的英国史诗《贝奥武甫》中读到的那些骄傲和暴虐的英雄们——例如希尔德·谢冯，"众多部落的灾难，草地欢宴的破坏者，在敌人中横冲直撞"[15]——甚至是中世纪《罗兰之歌》中注定失败的英雄，他吹着象牙战斗号角，直到太阳穴上的血管爆裂。也许我们这样想是对的：厨具和武器似乎都在讲述相似的战友群体，他们在木屋大厅里醉醺醺地咆哮，分享战利品、肉和女奴，并为死去的弟兄们哭泣。

表明这些战士认为自己与较早时代的弓箭手不同的另一个迹象，是他们的武器被发现的地方——不是被埋在单独的坟墓里，而是被成千上万地扔进河流（尤其是泰晤士河）、沼泽和泥塘里。这也是从欧洲大陆引进的行为，显然是随着关于神的新观念而来的。刻在岩石和金属上的图案表明，人们仍然把太阳置于信仰中心的地位，就像纽格兰奇时代一样。然而，从这些雕刻判断，太阳神已经变异了，脱离了它与神一样的死者的联系，以及它在冬夏至和春秋分与纪念碑式建筑天象的联系，变成了一个整夜航行于阴暗潮湿的冥界的神，只有人们的献礼才能吸引他回到天空迎来新的一天。

仅仅是沉入水里的青铜器数量，就足以武装或装饰不列颠群岛上的每一个男人、女人和孩子，这让一些考古学家怀疑是否还有其他动机在起作用。虽然有些供品堪称杰作，适合取悦任何神，但也有许多是二流货色，是破损的器具，甚至是废金属块和渣滓。这些考古学家认为，也许我们应该看到这与加拿大太平洋海岸的土著社会有相似之处。公元19世纪的欧洲人发现，那里的酋长们会召集宴会，大肆破坏食物、贵重的毯子和雕塑。甚至有人烧毁自己的家园。这种疯狂行为令渥太华派来的官员大为震惊，但实际上酋长们是完全理智的：他们的权力，很大部分是通过控制人人想要的物品的供应而获得的，因此这些物品越稀缺，拥有它们的人就越有权势。自20世纪70年代以来，一些英国考古学家认为，对那些可以控制铜贸易和锡贸易的酋长来说,青铜也起到了类似的作用。他们糟蹋掉数以百吨计的东西,从而得到了自己的"蛋糕"并吃了下去,同时他们又站在了神的一边,确保他们的追随者仍然需要他们提供更多的铜和锡。

像史前考古的通常情况一样,我们无法知道这些猜测是否正确。只有一个最大的模式似乎是确定的,那就是欧洲大陆发明了更好的青铜武器和新的战斗方式,由此产生的不平衡逐渐消失了。不列颠群岛内部的财富和权力,在南部和东部得到了巩固;西部仍在开采铜和锡——而在背景区域中,像往常一样,又一轮不平衡在中东地区形成,并正在向西北蔓延到不列颠群岛来。

克尔特人的黎明

"如果我早死些或晚生些就好了,"希腊诗人赫西奥德在公元前700年抱怨道,"因为现在真正是铁的竞争。人们白天无法从劳作和悲伤中得到歇息,晚上也无法从死亡中得到解脱,神给他们的是沉重的负担。"[16]

当时不列颠岛和爱尔兰岛的酋长们应该完全明白他的意思。就在赫西奥德吟唱的时候,铁传入了群岛,这是来自东地中海的又一份礼物。埃及的工匠从公元前4000年时就开始冶铁了,但铁实在是一种又丑陋又脆弱的金属,所以他们很少在铁上费心思。公元前1327年法老图坦卡蒙下葬时,陪葬品中有19件铁器,几乎可以肯定完全是出于其新奇的价值,就实用性而言,铁当时远逊于青铜。

让铁时来运转的,是公元前1200年左右,除埃及外的中东地区几乎所有宫殿都遭到了巨大破坏。为什么会发生这样的事情,是古代历史上最大的谜团之一,但在随后的混乱中,将铜,尤其是锡,运往东地中海地区大城市的长途贸易一蹶不振。在青铜供应不足的情况下,塞浦路斯的金属工匠发现,如果对铁进行加热、淬火和锤打,他们可以在铁中注入碳，直到铁变得几乎（但不完全）像青铜一样好。然而，铁矿石在中东几乎随处可见，而铜和锡根本找不到。于是，"几乎一样好"很容易地就变成"足够好"了。在塞浦路斯、希腊和以色列，铁在很大程度上取代了青铜，用来打造武器和工具，在公元前1050年成为考古学家所说的"可加工金属"。这种新技术大约在公元前900年传到意大利，在公元前700年之前传到德意志和法国，一个世纪后传到了大西洋沿岸。然后铁的传播速度放缓了，也许是因为康沃尔的矿山还在生产铜和锡，但到了公元前300年左右，铁在整个不列颠群岛大获全胜。

大约一个世纪前，当考古学家首次确认这种模式时，他们压倒性地认为，移民一定可以解释这种模式，而且，他们通常精通希腊和拉丁文学，坚信自己知道移民是谁：克尔特人。按照希腊历史学家希罗多德的说法，有一群被称为"克尔特人"的人，在公元前5世纪生活在多瑙河的源头地区。公元前1世纪，恺撒注意到法国中部的"定居者，按他们自己的语言称为'克尔特人'，但是按我们的语言（指拉丁语）则称为'高卢人'"[17]。1582年，苏格兰学者爱德华·布坎南提出，鉴于苏格兰、爱尔兰、威尔士、康沃尔和布列塔尼地区所说的方言如此相似，它们一定都源自恺撒所说的那种高卢/克尔特祖先语言。公元1700年后不久，又有两位学者（布列塔尼修士保罗－伊夫·佩兹龙和威尔士博学家爱德华·卢伊德）分别提出，是来自欧洲大陆的移民把克尔特语带到英国的。

考古学家随后以一种复杂、流畅的艺术风格，为这个理论下了定论。这种艺术风格产生于公元前600年左右（图2.6），被称为拉坦诺文化，是以瑞士一个湖边遗址命名的，在那里发现了这种文化的一些典型例证。拉坦诺距离多瑙河源头仅150千米，正是希罗多德说克尔特人所在的地方。在3个世纪的时间里，拉坦诺艺术——铁更不用说了——向西传播到了不列颠群岛。因此，以铁器为武装的克尔特人，一定是在公元前600—前300年，带着他们的语言和曲线艺术，从瑞

图2.6 品位高雅的杀手：一个青铜盾牌上的浮雕装饰。制作于约公元前200年，1849年在旺兹沃思附近的泰晤士河中被发现。图案中有两只高度抽象的鸟，张着翅膀，拖着尾巴。数百小时的精心锤打，才能让一个战士臂挽这样一件艺术杰作投入战斗

资料来源：Creative Commons

士迁徙到了英国。

像关于农业和铜传播的争论一样，20世纪后期，许多领域的学者都开始抨击这一迁徙理论，并且，有鉴于克尔特人对现代英国人身份认同的重要性（我们将在第7—11章讨论这个问题），争论尤其激烈。然而这一次，DNA没有支持主张迁徙理论的人。2015年进行的一项大规模研究，没有为克尔特人的身份找到基因基础。克尔特语之间的相似之处确实存在，但没有根据将这种相似性解释为是通过公元前600年后的移民形成的。实际上，有理由认为，早在公元前1000年之前，克尔特语的前身在从西班牙到奥克尼群岛的大西洋沿岸，就已经在使用了，并且可能在公元前3000年左右在产生了纽格兰奇墓的密切的海上交流中开始演变。希罗多德宣称克尔特人来自多瑙河源头地区，可能与这种看法实际上是相符的，因为他实际上认为多瑙河起源于比利牛斯山，而不是阿尔卑斯山（这个细节在19世纪普遍被忽

略了）。

现在看来，对将铁器和拉坦诺艺术带进不列颠群岛，贸易和模仿起的作用比迁徙更大，而克尔特语则很大程度上是在本土发展起来的。不过，这并没有阻止铁引发的不平衡从东南到西北消弭时造成极大的破坏。考古学家戈登·柴尔德在1942年总结道："廉价的铁推动了农业、工业和战争的普及。"[18]他的意思是，当人们纷纷开采当地可获得的铁矿石时，那些把一切都投入驮畜和仓库以倒卖铜和锡的商人们，更不用说那些依靠控制这些网络来维护地位的酋长们，就面临灭顶之灾了。新强人推翻了旧精英。公元前500年后，不列颠群岛大部分地区的治安都崩溃了。人们付出了巨大的努力，来加固从农场到粮仓的一切设施的防御。我们已确认了大约3 000座当时的山丘堡垒，它们通常都在易守难攻的位置，而且当时肯定还有更多的堡垒。有些堡垒被两道或三道壕沟和城墙包围着，城墙上还有塔楼、精心设计的大门和角堡，迫使进攻者暴露出他们的右侧（没有左臂的盾牌保护），遭受投石和箭矢的打击。

尽管防御投入如此之大，大量山丘堡垒还是被洗劫一空。有一个发掘最细致的例子，是汉普郡的丹伯里，在公元前500年之前曾被夷为平地。不久后，它得到了重建，甚至建起了更大的防御工事，然而在公元前1世纪再次被焚毁。在最后的攻击发起之前，堡垒的木门里已堆起了投石，以供取用。而在被洗劫之后，大约有上百具尸体被扔进了遗址周围的坑里，其中大多数被铁剑砍伤或刺穿，还有的被劈成了两半。

暴力显然充斥着人们的头脑。在墓中埋葬武器和盔甲，已经销声匿迹了几个世纪，然而如今又流行了起来，好像送葬者们又一次想要展现充满尚武精神的男子气概了。将武器扔进水中现在不时兴了，但更可怕的崇拜形式盛行了起来。最重要的是将杀戮仪式化，最终将死者的尸体抛进沼泽中，酸性泥炭会将尸体保存得极好，令人见之难安。一个爱尔兰人的头发中残留了发胶，而另一个人的皮肤状况好到可以采集他的指纹。

现在已知有数百具这样的沼泽尸体。一些可以追溯到石器时代，但大约在公元前750年，整个北欧都掀起了仪式化暴力的高潮。那是怎样的暴力啊：受害者有男人、女人，也有少量孩子，他们被殴打、刺戳、勒死、绞死、绞喉、斩首或劈成两半。喉咙被切开，乳头被割掉，脊梁被打断。这就是"虐杀"。最著名的沼泽人（图2.7）是公元1世纪的一具尸体，被称为皮特·马什（Pete Marsh）——并非以他的发现者命名，而是因为他是在一个泥炭沼泽（peat marsh）里被发现的，考古学的幽默可见一斑。他被以三种不同的方式虐杀：棒打、绞喉、割喉。更有甚者，公元前250年左右被埋在都柏林附近一个沼泽里的老克罗根人，在被以三种方式（剑刺、斩首、劈成两半）杀死之前，还曾被酷刑折磨过。

图2.7 泥中处死：1986年，皮特·马什在柴郡的林多沼泽的泥炭塘中被发现。他在1世纪被献祭，尸体被酸性沼泽完好地保存了下来

资料来源：Alamy

这是恐怖电影的素材。我敢说，任何人站在大英博物馆里皮特·马什像皮革一样的扁平尸体前时，都会情不自禁地联想起犯罪小说。罗马作家塔西佗曾写道，在100年左右，日耳曼人中的"懦夫、

逃避责任者和玷污自己身体的人会被扔进沼泽的泥里,压在一个柳条编的栅栏下"[19],这可能与此相关。病理学家在检查皮特·马什的胃时,发现除了来自大肠杆菌的DNA,还有槲寄生花粉,也印证了这一点。不列颠和高卢最重要的神职人员——督伊德教派祭司,把槲寄生尊为一种神圣的植物。它以被用于恐怖的仪式而闻名(塔西佗说,他们"把因犯的血淋在祭坛上,用人的内脏来询问神的旨意"[20])。

用不着督伊德祭司帮助,不列颠人就能变得十分嗜血。罗马作家说,他们的首领喜欢用长矛挑着的人头骨来装饰山丘堡垒的大门,把人头从屋顶上垂下来,甚至偶尔沉溺于吃人肉。精心设计的恐怖活动可能是酋长们压制对手以增强自身力量的一种方式,这就解释了为什么像梅登堡和丹伯里这样的大型山丘堡垒在公元前400年变得更大,而它们周围的小堡垒则趋于消失了。一些考古学家认为,大酋长们在打造10~20平方千米的连贯地盘,每片地盘都由一个单一的据点统治。在东南部,更有特色的陶器风格可能反映了政治身份的巩固。

关于安全、财富,或许还有主权的三种大致的格局形成了。从泰晤士河到亨伯河,英格兰东部的大多数人都住在不设防的村庄里,每个村庄只有几十间房子,其中许多房子建造和装修得都比以前更好。再往西,从康沃尔一直到赫布里底群岛,人们住在较为贫穷但防御森严的山丘堡垒和农庄里。然而,在爱尔兰海峡的另一边,很难知道发生了什么情况。后来王室中心如塔拉、纳文和诺考林等在公元前300年都有人定居,这可能意味着主权是集中的。然而,在它们之外几乎没有发现什么遗址,这可能意味着爱尔兰正变得越来越贫穷,越来越空旷,越来越不稳定,越来越与世隔绝。

如果放任自流,不列颠的酋长们也许会一直战斗下去,直到仅有寥寥几人存活下来,将他们的主权扩展到好几千平方千米,并通过杀死所有不服的人来巩固政权。七八个世纪后,说克尔特语的国王们或许在像萨默塞特郡的南卡德伯里这样巨大的山丘堡垒里统治着广阔的地域。然而,实际上这种情况发生的可能性很小,但不是因为酋长们被放任自流了。相反，地中海世界和遥远的不列颠群岛之间的另一种不平衡正在席卷整个欧洲。

不平衡蔓延时的人脸

到目前为止，我们一直关注的是基于技术的不平衡，如农业、铜和铁产生的影响，但在公元前1000年后期，席卷整个西欧的不平衡——政府——是组织方面的。世界上最早的真正意义上的国王（能够征税、施行法律、既能运用强大武力屠杀又能保护臣民的统治者），于公元前3500年之后在中东攫取了权力。政府几乎改变了一切，无论是好东西还是坏东西，但政府给历史学家的最大礼物是他们痴迷于把事情写下来。美索不达米亚和埃及的政府发明了记录税收和支出的符号系统，到公元前3000年时，这些系统已经发展得足够成熟，国王能用它们来庆祝征服，商人能用它们来监控账目，天文学家能用它们来跟踪星星的运动，诗人能用它们来保存美丽的词句。文字让我们看到了过去。

有政府的社会通常比没有政府的社会更强大，也更不平等。如果酋长的邻居自立为王，酋长要么很快被这些王室对手吞并，要么只能通过自己建立类似的政府来求得生存。无论哪种方式，长期的结果都是一样的：无论是强者征服了弱者，还是弱者变强以抵御侵略，政府这种组织形式都得到了传播。到了我们这个时代，地球上的每一小块土地都被这个或那个政府据为己有。

然而，这一切都需要时间。又过了1 500年，国家这种形式才从发源地美索不达米亚和埃及向西扩展到克里特岛，向东扩展到中亚绿洲（图2.8）。政府还需要3—4个世纪才能吞并希腊的大陆部分，甚至在公元前1400年，西西里和西班牙南部的首领还不能真正被称为国王。扩张的过程断断续续，有时还会出现倒退，最引人注目的是公元前1200年左右地中海东部的众多宫殿被付之一炬。能够建造宫殿并以文字记事的正统政府，在埃及以外的几乎所有地方都衰落或消亡了，直到公元前950年之后才得以复兴。当时一个新的亚述帝国从今天的伊拉克北部兴起，吞并了中东大部分地区。

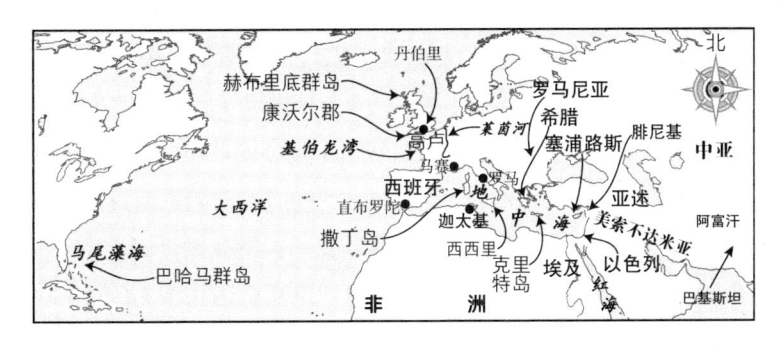

图2.8 贸易和战旗：公元前3500—前200年，国王、商人和探险家将西欧拖入了地中海轨道

像亚述这样的帝国需要全新规模的资源——食物、金属、木材和人力，这意味着贸易通常会比战旗先行，因为商人会散布到王国的边界之外，像饿狼一般将商品吸入其市场，在这个过程中致富。腓尼基（大致相当于今天黎巴嫩的海岸）的海员早在公元前900年前，就已经在地中海西部进行贸易了，为了应对亚述人的进贡要求，他们极大地提高了自己的贸易水平。看到了作为中间人的收益，他们在西西里岛、撒丁岛、西班牙南部都建立了永久殖民地，最著名的是在北非的迦太基，从而把"政府"带到了地中海对岸。希腊人紧随其后，借腓尼基人之力，尽可能融入商业网络。而腓尼基人和希腊人所到之处，作为对他们的回应，当地人也创建了自己的王国和城市。

越来越多的流动探险家、商人和掠夺者继续前进。大约在公元前600年，一位埃及法老资助了一条腓尼基船沿非洲航行，只是想看看能否绕过非洲。他们从红海出发，始终行驶在海岸左侧，两年后经由直布罗陀返回。一个世纪后，一位名叫希米尔科的船长从迦太基出发，朝着相反方向航行，去探索大西洋。我们对他仅有的一点点了解,来自一首题为《海岸》的拙劣透顶的诗,是近9个世纪后一位名叫阿维尼乌斯的罗马官员写的。出于目前尚不清楚的原因,阿维尼乌斯亲自将老海员们关于地中海和大西洋海岸的年鉴改写成了诗歌。他的作品时而沉闷乏味,时而滑稽可笑,但阿维尼乌斯是个有学问的人,他查阅了"很久以前发表在迦太基人秘密编年史中的资料"[21],包括一份关于希米尔科在大西洋上的4个月冒险经历的记录。

几乎可以肯定,希米尔科向西到达了宽阔的马尾藻海,距离巴哈马群岛只有几百千米。他说,在这里,"连能推动船只前进的微风都没有,水流缓慢的懒惰海域处于停滞状态……海藻漂浮在水中,经常像灌木丛一样挡住船头"[22]。然而即使一条船被困在了无风带,往返马尾藻海也用不了4个月的时间——这让有浪漫倾向的历史学家们天马行空地猜测起希米尔科还去了哪里。我们根本不知道,但一些作家推测他是去康沃尔寻找锡了。事实上,没有任何考古证据表明腓尼基人到过英格兰,无论我们再怎么折腾阿维尼乌斯那已经被折腾得底儿掉的拉丁文,也没法让《海岸》把希米尔科带到那里去。

的确有6只希腊陶罐在公元前6—前5世纪进入了英国,这可能意味着是希腊人把它们带来的。按照1世纪罗马地理学家普林尼的说法,"锡最早是由米达克里特斯从锡岛引进(意大利)的"[23],这可能是指希腊与英国之间的贸易。即便如此,我们对米达克里特斯几乎一无所知。第一个真正到过英国的地中海来客,可以说是皮提亚斯,他来自希腊殖民地马赛。

皮提亚斯写道,他在公元前4世纪20年代到达后,"徒步穿越了整个大不列颠岛"[24]。他一定是个了不起的人,但遗憾的是,他描述自己旅程的书《在大洋上》很久以前就失传了(实际上,普林尼是我们所知的最后一位读过此书的作家)。此外,当古代作家提到他的书时,他们大多是在嘲笑它。显然希腊人觉得皮提亚斯的故事过于离奇,就像13世纪90年代威尼斯人看待马可·波罗关于中国的故事一样。马可·波罗的游记能被记录下来,只是因为他在坐牢时向狱友口述了那些故事。希望皮提亚斯至少能免受这种侮辱。

关于《在大洋上》，留存下来的细节信息量不大。皮提亚斯说英国很冷，太阳不太亮（尤其是在北方），而且北方的夏夜很短。他说，英国社会简单，但人口众多，由许多国王和贵族统治。虽然他来到不列颠群岛时，大约正是丹伯里山丘堡垒遭到洗劫的时候，但英国给他的印象相当和平（可能他只是相对于他的祖国希腊而言，并不能太当真）。他注意到英国人住在木屋里，喝啤酒和蜂蜜酒。他还看到了一座圆形的神庙，当地人告诉他，太阳神阿波罗夏天就住在那里。容易激动的考古学家有时认为这指的就是巨石阵，但皮提亚斯的其他表述让人感觉他说的是一个更靠北的石阵（可能是在赫布里底群岛）。

皮提亚斯离开后，黑暗再次降临。公元前4世纪20年代，地中海各国政府的手已伸得很长——就在皮提亚斯游历英国的那些年，亚历山大大帝推翻了波斯帝国，在阿富汗和巴基斯坦横冲直撞，但他们对西欧毫无兴趣。地中海的统治者们没人能够（或者愿意）将力量投向欧洲内陆。

这种情况直到公元前200年后才开始改变，当时罗马军队向西班牙内陆挺进，意大利商人则开辟了高卢市场。抵抗前者并通过后者获利，这样的努力部分解释了为什么西欧内陆人开始聚集成数千人的城市，并臣服于他们自己的统治者。一些人改编了希腊字母来记录自己的语言，并根据希腊图案铸造了自己的金币。希腊探险家波西杜尼斯在这一地区生活了几年，他起初震惊于高卢酋长们以敌人头颅装饰自家前门，却乐于将部落同胞交给奴隶贩子，换取22升罗马葡萄酒。然而，希腊地理学家斯特拉博告诉我们，波西杜尼斯后来不仅习惯了悬吊的头颅，甚至开始钦佩像吕埃尼奥斯这样的酋长，后者在公元前150年左右将阿维尔尼部落变成了一个真正的王国（图2.9）。波西杜尼斯说，吕埃尼奥斯的统治"从莱茵河绵延到大西洋"[25]，部分原因是他通过盛大的宴会吸引盟友，在宴会上提供最好的意大利葡萄酒。

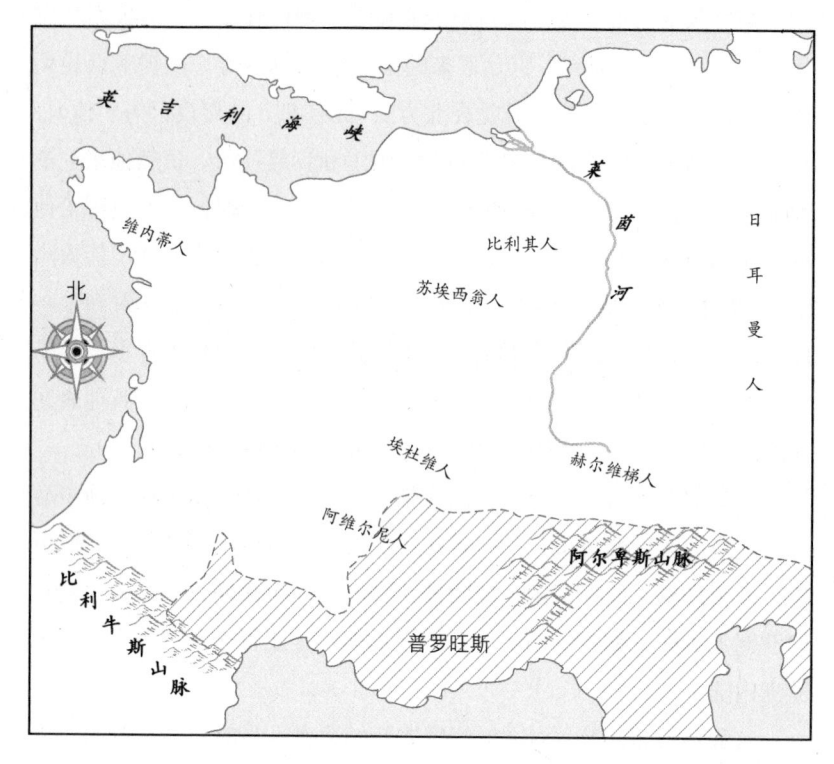

图2.9 高卢部落,根据波西杜尼斯和恺撒的说法。图中阴影部分是公元前58年罗马统治的地区

从这时开始,希腊和罗马的作家提供了足够多的细节,可供我们分别从欧洲和地中海的角度来看待不平衡发生和逐渐平息的过程。吕埃尼奥斯的野心使阿维尔尼陷入了国际关系学者所说的"安全困境"。他之所以建立王国,很大程度上是因为他害怕罗马在高卢的势力越来越大,但罗马随即加强了其在高卢的势力,因为它担心吕埃尼奥斯王国的强大会损害自己的利益;其他的高卢人既害怕吕埃尼奥斯,又害怕罗马,便也开始组织起来。马赛的希腊人陷入这种怀疑的旋涡中,于公元前125年请求罗马保护他们免受附近部落的日益实质性的袭击。视马赛为盟友的罗马领导人同意了。罗马人打败了袭击者后,认为自己最好在马赛建一座堡垒,来保护所有人的安全。然而,这又引

起了阿维尔尼人的不安。吕埃尼奥斯的儿子比图伊托斯建立了一个联盟来防备罗马，这使罗马人警觉起来，于公元前121年派出了一支装备了大象的军队，杀死了比图伊托斯。此战之后，罗马吞并了比图伊托斯的王国，加上马赛，还有阿尔卑斯山和比利牛斯山之间的一切。直到今天，这个地区还被称为普罗旺斯（Provence），源自它的拉丁名字provincia，意思是"省"。

在接下来两代人的时间里，他们中越来越多的人自立为王，起而反抗——尽管想当国王的人必须花很多钱来笼络自己的部落同伴，让他们接受自己的领导来对抗共同的敌人，以致他们经常会发现自己最终会欠罗马富人很多钱。律师西塞罗在公元前73年评论道："在高卢易手的每一枚硬币，最后都被记入了某个罗马人的账簿中。"[26]

高卢的酋长们争先恐后地自立为王抵抗罗马，不仅没能为英国创造出一个防御地中海帝国主义的外护墙，实际上反而促使政府和大财阀的触角更快地伸向了英国东南部。公元前150年前，高卢金币出现在泰晤士河流域，到了公元前125年，雄心勃勃的英国酋长们开始铸造自己的金币。公元前100年后不久，硬币也出现在多塞特，在亨吉斯特伯里角一个新港口的腹地。一罐罐意大利葡萄酒通过这个良港，为英国东南各地精英人士的宴席增光添彩。

硬币和酒罐在英国的遗址里比在高卢的遗址里罕见得多，但是英国东南部的一些富人，似乎已经深爱上欧洲大陆见过更多世面的富人的生活方式。像往常一样，外国食物引领着潮流。（亨吉斯特伯里角出土过一枝从地中海引进的无花果干枯后的残余。）东南部精英们似乎被花哨的欧洲时装迷住了。公元前100年前，做工复杂的欧洲大陆风格胸针出现在他们的坟墓中，这可能意味着高卢贵族所钟爱的精美长袍也随之而至。（对女人来说，时髦的表现就是穿在长袖紧身胸衣外面的束腰外衣；对男性来说，证据就不那么明显了。）富有的东南部人开始模仿罗马人和高卢人的打扮标准，买青铜剃须刀刮脸，买镊子拔掉散乱的头发，买青铜小勺挖耳垢，买小研钵和杵研磨化妆品。

上层人士在修整他们的举止行为。

然而，在这些妆饰变化的背后，欧洲大陆的组织风格也渗透进了英国。恺撒大概是在公元前58年写道，"在人们鲜活的记忆中"，有个叫迪维西亚库斯的苏埃西翁部落国王，是"高卢最有权势的人"，他"控制了大不列颠岛的大部分地区"[27]。至于迪维西亚库斯是通过征服、王朝联姻还是用奢华礼物招降纳叛做到这一点的，恺撒没有说。然而恺撒非常清楚，一群被他称为比利其人（在今天比利时境内或附近的部落的通称）的高卢人，在袭击英国南部多年后，开始窃取英国土地。恺撒说："他们本是来打劫的，却留下来播种了。"[28] 到了公元前1世纪50年代，英国东南部的酋长们——无论是比利其移民还是反抗他们的当地人——都在密切模仿高卢人的模式，以致他们也纷纷自立为王。

恺撒要来了

国王是高卢人为自己创造的东西，不是对罗马方式的模仿，因为众所周知，罗马没有国王。恰恰相反，罗马把政权交给了元老院，一个由大约600人组成的超级富豪精英集团，他们经选举轮流担任最高职务。然而，元老院的政治活动实际上是个要命的差事，正是元老院激烈的内斗，最终将政府这种统治形式推到了英国。

这个故事的中心人物就是恺撒。他恃强凌弱又魅力十足，在罗马政治的雷区中靠着行贿一路穿行，到公元前59年时终于脱颖而出，但代价是为资助政治活动借了大量的钱。这时，他债台高筑，被债权人步步紧逼，于是他与其他权力掮客达成了秘密协议，顺利出任巴尔干半岛一支部队的司令官。他的想法是利用这支部队对今天罗马尼亚境内的一个王国开战，不仅要赢得声誉，还要赢得部队的忠诚，并夺取足够的战利品来偿还债务。但当元老院事后决定将高卢南部的罗马省交由他管辖时，恺撒看到了新的可能性。

在此前的10年中，高卢的许多部落聚集成两个广泛的联盟：一个由阿维尔尼领导，该部落从60年前比图伊托斯的时代起就一直与罗马对战；另一个由一个叫作埃杜维的部落领导。由于阿维尔尼的酋长们仍然坚决反罗马，埃杜维的大多数部落倒向了罗马，希望利用帝国的友谊来帮助他们凌压他们的高卢邻居。但在公元前60年后不久，埃杜维人的形势急转直下。受到埃杜维人和他们的罗马朋友夹攻的阿维尔尼酋长们，也开始寻找自己的盟友。他们招募了15 000人的日耳曼雇佣军，入侵埃杜维领土——日耳曼人的确这样做了，然而后来，他们看到在高卢如此有利可图，就不想回家了。到了公元前58年，他们似乎要窃取一切，不仅是从埃杜维，也要从阿维尔尼。

其他日耳曼部落也乘虚而入，趁火打劫。居住在日内瓦一带的赫尔维梯部落，感觉自己受到了日耳曼人和罗马人侵略的挤压，他们中一位名叫奥格托里克斯的首领，说服大家穿过埃杜维人的领土，迁移到一个更好的地方居住。埃杜维人的首领，一个名叫迪维西亚库斯（与我们刚刚提到的迪维西亚库斯并非一人）的督伊德教祭司，惊恐之下向罗马人求援。但实际上，恺撒这时已经发现一个更加险恶的阴谋正在幕后酝酿。在迪维西亚库斯浑然不觉的情况下，他的亲兄弟杜姆诺里克斯正和奥格托里克斯密谋，在埃杜维和赫尔维梯同时制造混乱，发动政变，自立为王，然后瓜分整个高卢。

我之所以要深入讨论幕后政治的细节（实际上，发生的事情比这更多），是因为在这里我们真正开始看到不平衡"蔓延并逐渐平息"意味着什么。杜姆诺里克斯和奥格托里克斯想通过建立更大、更强的阿维尔尼和埃杜维国家来抵抗罗马，从而使自己成为伟人；迪维西亚库斯想做的也是类似的事情，只不过是想通过与罗马合作，建立一个更大、更强的埃杜维国家；恺撒则想将高卢吞并进一个更大、更强的罗马帝国，来使自己成为最伟大的人。谁的算盘能打赢，对这四个人至关重要，但在某种意义上，对最终结果的影响很小。无论谁上位，更大、更强的国家都会从地中海向西北扩张，将国王、硬币和城镇带到海岸对面的英国。

几乎任何一个罗马总督在面对公元前58年赫尔维梯人的迁徙时都会像恺撒那样做。无所作为有可能让赫尔维梯人毁灭罗马的盟友迪维西亚库斯，甚至入侵罗马省，这意味着总督将蒙受耻辱甚至可能死去。相反，击败赫尔维梯人将带来在罗马政坛艰难向上爬所必需的荣耀和战利品。这是一个很容易做出的选择。然而，使恺撒与众不同的是他推动事情发展的速度。（恺撒总是说 celeritas，即"速度"，这是他的口令。）在接下来的两个夏天里，他不仅粉碎了赫尔维梯部落，还粉碎了高卢所有的反罗马联盟。"因为这些成就，"他欢呼道，"人们确立了为期15天的感恩节。这种荣耀以前从未授予过任何人。"[29]

如果恺撒没有在公元前59年得到高卢的指挥权，或者他的元老院"朋友们"让他失望了，或者他早早地输掉几场关键战役，那么政府这种组织形式在整个高卢的推进就会缓慢一些；如果恺撒败得足够惨，甚至被弃尸于高卢的森林里，罗马很可能会彻底放弃对高卢的征服。毕竟，帝国在公元9年远征日耳曼人的一支部队遭到伏击全军覆没后，放弃了对日耳曼人的征服。但即使出现了这种最坏的情况（从罗马人的角度看），也无法阻止政府这种形式的扩张。日耳曼灾难之后，罗马历史学家卡西乌斯·迪奥写道，多瑙河流域以外的人们还是组建了自己的政府。"野蛮人适应了罗马世界，"他解释说，"他们建起了市场，而且……只要他们在监督下逐渐学会我们的习惯，就会发现改变自己的生活并不困难，然后在无意中变得不同。"[30]

无论是谁最终把政府带到了英吉利海峡——是恺撒、后来的某个罗马将军抑或一位伟大的高卢国王——都将面对恺撒在公元前56年实际面临的问题：英吉利海峡绝非障碍，而是通道。自从公元前4200年觅食社会的外护墙崩溃，农夫潮涌般越过英吉利海峡以来，一个基本问题就没有改变。没有人能控制大海，所以任何人只要能到达一处海岸，就能跨海到达另一处海岸。

如果说有什么不同的话，那就是这个基本问题在公元前1世纪比公元前4200年更严重，因为造船技术已经进步了很多。恺撒报告说，高卢的船"是为了适应海浪大小和天气变化而制造的。这些船完全由橡木制成，可以承受任何外力冲击或粗暴对待。支撑甲板的横木是由约30厘米厚的横梁制成的，用的是一个人拇指那么宽的铁钉"[31]。这样的船只使得穿越英吉利海峡变得轻而易举，以致高卢人每次战败，都可以扬帆过海逃到英国南部他们的亲戚那里，然后带着英国战士回高卢继续战斗。对高卢的任何政府来说，英吉利海峡是一个敞开的侧翼。关闭它的唯一办法是把两岸都控制住，给高卢一道外护墙，阻止敌人扬帆起航。这就是恺撒的计划。

他迈出的第一步，就是于公元前56年进攻居住在布列塔尼南部海岸的维内蒂部落。该部落拥有高卢最强大的舰队。如果跨越英吉利海峡时，在背后留下维内蒂人这样潜在的敌人，将带来巨大的风险。因此，恺撒派出军团去征服他们——但每次他围攻他们的一个设防村庄，他们就登船转移到下一个。一向务实的恺撒建立了自己的舰队，但发现在地中海如鱼得水的大划桨船在对战大西洋上的帆船时，就变得毫无用处了。"我们的船没法通过撞击来伤害它们（它们建造得实在太结实了），而且因为它们很高，用投掷物打它们也没有任何成算，"恺撒哀叹道，"出于同样的原因，也很难借助挠钩登上他们的船。"[32]

恺撒在基伯龙湾追上了维内蒂人。这个宏伟的布列塔尼港口一直是西方通往英吉利海峡的要地，恺撒的海员们适应得很快。他们在船上装备了一端有钩子的长杆，划着大桨船冲向敌舰。他们用钩子钩住维内蒂人船上的将帆桁系在桅杆上的绳子，奋力划上前，拉下船帆。这招奏效了，敌人的战舰现在成了活靶子，成群的罗马战舰起而围攻每一艘敌舰。罗马人将挠钩掷向高高的敌舰甲板，直到一艘敌舰被牢牢抓住，水兵们才蜂拥冲上敌船。即便如此，大多数维内蒂人仍有可能逃脱，可风却在这关键时刻减弱了。"到黄昏时，"恺撒告诉我们，

"他们几乎没有一个人逃上岸。"[33]恺撒没给敌人留任何机会,他杀死了维内蒂人的首领,并把剩下的几乎所有人卖为奴隶。

恺撒现在是高卢海岸无可争议的霸主了,他把目光投向了海的对岸。英国的小国王们被罗马人近在眼前的入侵所震慑,争相使自己成为大国王。就像之前高卢发生的情况一样,亲罗马和反罗马派系之间爆发了内战。当东南部最强大部落的反罗马首领卡西维拉努斯击败了他的邻居,并谋杀了他们的国王后,遇害国王的儿子门杜布拉久斯渡过英吉利海峡,乞求恺撒帮他复仇。恺撒怎么会拒绝呢?他向元老院的政敌们解释说,同意是体面和光荣的,而拒绝将是懦弱和危险的。这又是一个很容易做出的选择(恺撒言辞犀利的批评者西塞罗补充道,尤其是因为征服者对于在英国能得到的战利品有着相当不切实际的想法)。

公元前55年夏末,恺撒派他的一位高卢盟友越过英吉利海峡,"尽可能地接近各个社区,敦促他们选择效忠罗马人民"。[34]他传递的信息是:"恺撒要来了。很快。"[35]

第3章
帝国

（公元前55—公元410年）

一团混乱

恺撒的确来了，看到了，也征服了。反正他声称自己做到了。实际上，从一开始，所有可能出错的事都出错了。恺撒的问题就是伟大的军事思想家卡尔·冯·克劳塞维茨后来所说的"摩擦"。"战争中的一切都很简单，"克劳塞维茨说，"但最简单的事情却非常难。"[1]我们这个时代的士兵用的是更直白的术语"一团混乱"——一切都糟透了，这很正常。

公元前55年的战役，从头到尾都是一场漫长的混乱。恺撒派去争取布列吞人的特使康缪斯一上岸就被镣铐加身。恺撒的骑兵运输队迟迟没有等到战马送达，错过了涨潮的时机。当他们能望见大不列颠岛时，风向却改变了，把他们吹散到海峡各处。继而，由于恺撒的船太大，无法靠近海岸，于是倒霉透顶的步兵们不得不披挂全副盔甲跳入齐颈深的海浪中，艰难地爬上海滩，这很可能发生在肯特郡的佩格韦尔湾（图3.1）。就连恺撒也不得不承认："这次行动让我发现先前的好运全都没了。"[2]

一上岸，身经百战的罗马士兵们就迅速结束了实质性战斗，但由于没有骑兵，他们无法追击逃跑的布列吞人，敌人侥幸存活，之后卷

图3.1 不列颠舞台（公元前55—公元410年）

土重来。更糟糕的是，由于不了解海峡的潮汐情况，恺撒的船停错了地方，被强大的风暴摧毁了。又经历了几场小规模战斗后，他和当地

106

人达成了协议,把他的士兵塞进匆忙修好的船中,等天气转好便立刻驶离了大不列颠岛。

第二年,公元前54年的夏天,恺撒卷土重来了,带着扩至三倍的兵力(包括骑兵),乘着定制的登陆艇上岸。为配合军事行动,还展开了外交攻势。起初,英国东南部的部落团结在卡西维拉努斯周围,就是上一章结尾提到的那位正在崛起的反罗马国王,但当人们清楚地看到,无论是挺身战斗,打了就跑,还是龟缩在堡垒里,都不能赶走恺撒时,联盟就分崩离析了。在成千上万的部下伤亡或沦为奴隶后,卡西维拉努斯无计可施,只得求和。恺撒宣布又获得了一次胜利,扬帆离去了。

这并不是恺撒最辉煌的时刻,如果没有被高卢人的大起义阻止,他可能会在公元前53年再度杀回。然而他已经做得足够多了。他的战役在罗马广受赞誉,元老院下令举行为期20天的感恩庆祝——甚至超过了庆祝他征服高卢的节日,因为,正如后来的一位罗马作家所解释的:"以前不为人知的展现在眼前,以前闻所未闻的变得触手可及。"[3]恺撒把英国拖上了由罗马主宰的一个更大的舞台。

他也给高卢提供了一道不列颠外护墙,留下了一个历史学家通常称之为"东部王国"(图3.2)的联盟。其首领为门杜布拉久斯,他在公元前56年从卡西维拉努斯那里逃跑,给恺撒创造了入侵的借口。扶植这样的藩属王(罗马人称之为"友好国王")是罗马帝国最喜欢的控制手段,把这个差事交给门杜布拉久斯,可能是恺撒蓄谋已久的计划。他本可以征服并驻守整个大不列颠岛南岸,但那将花费一大笔钱,而扶植门杜布拉久斯则不用花钱。只要给他个头衔、赏赐些精美礼物,并许以罗马支持他的模糊承诺。作为回报,门杜布拉久斯可以胁迫邻近的酋长们拒绝向高卢反叛者提供庇护,从而掩护恺撒暴露的侧翼,使罗马以较小的代价实现战略目标。

门杜布拉久斯因这种安排而受益,但也付出了代价。第一个问题是,藩属王本质上就是罗马的人。所有本土竞争对手都可能联合起

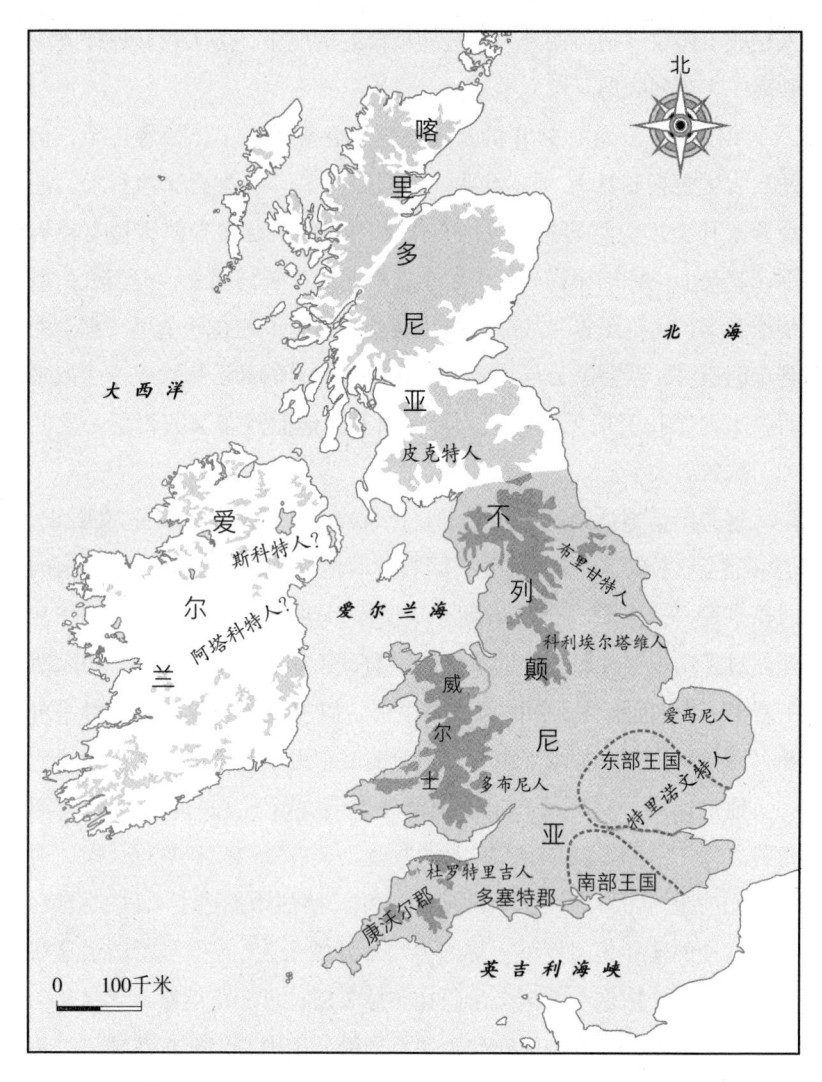

图3.2 不列颠舞台上的人和地区（公元前55—公元410年）

来反对他，他们只需摆出捍卫传统，反对邪恶的大陆方式的姿态。因此，东部王国的统治者不得不拥抱欧洲，依靠罗马来守护自己的王位（和安全）。到公元前1世纪20年代时，国王们按照非常接近罗马人的图案铸造硬币，并葬于科尔切斯特和圣奥尔本斯，陪葬物中有大量来自欧洲大陆的舶来品。其中一座坟墓里可能有门杜布拉久斯的王室后裔塔西奥瓦努斯（大约于公元前25—前10年在位）的骨灰，陪葬物中有进口的意大利马具、18大罐葡萄酒、一枚皇帝颁发的银制大奖章、一套罗马锁子甲和一些可能是王座的碎片。另一座坟墓里有进口的外科手术器械。还有一座坟墓里面有一个罗马棋盘，已经摆好棋子准备开战了。

这种"罗马热"只感染了见多识广的少数人，但他们对昂贵舶来品的需求，足以把高卢商人从过去50年最受欢迎的多塞特郡的亨吉斯特伯里角吸引到泰晤士河河口。新的统治阶级创造了英国最早的真正的政府，减弱了英国东南部和欧洲大陆之间在组织方面的不平衡，同时加剧了英国东南部与北部、西部地区之间的不平衡。到1世纪二三十年代，东部王国似乎已经从中央集权不够强大的邻居手中攫取了领土。多布尼人、杜罗特里吉人、科利埃尔塔维人和爱西尼人等部落首领的反应，与3/4个世纪前高卢的阿维尔尼人、埃杜维人和赫尔维梯人的首领如出一辙，他们争相建立自己的王国，或抵抗门杜布拉久斯，或与他争夺罗马的友谊。

藩属王面临的第二个问题是，他们必须完全为博取罗马主子的欢心而行事。藩属关系基本上就是无休无止的谈判。一方面，一个"友好"的国王会尽可能地远离，只要不至于将罗马激怒到用一个更顺从的人来取代自己或者吞并自己的王国；另一方面，罗马会尽可能严苛地压榨它的"朋友"，只要不至于逼得他们造反，或者使他们虚弱到被不太友好的对手杀死并取代的地步。

有些藩属王擅长"走钢丝"。其中耶稣出生时的犹太国王希律可谓大师，而康缪斯（尽管在公元前55年担任恺撒的使者出师不利）在这方面同样出色。★作为高卢的一名藩属王，他很得恺撒的欢心，以

★《圣经》中说希律王在耶稣出生后至少还活了两年，但其他古代文献确定他死于公元前4年——许多历史学家断言，这意味着古代学者的计算有误，耶稣实际上是在公元前7年左右出生的。

至这位大人物扩大了他王国的地盘，还免除了他的税收。因此，当其他高卢人在公元前53年刚开始造反时，康缪斯选择支持恺撒。然而当形势开始不妙，恺撒似乎要失败时，康缪斯将自己重新包装为本土主义者，参加了起义，并成为领导人之一。恺撒最终扭转了局势，镇压了叛乱，于是其他首领纷纷跪地求饶，但康缪斯要么是更聪明，要么是更绝望，他孤军奋战了三年，令罗马人深感棘手（在一次戏剧性的骑马交战中，他差点杀死一名罗马司令官），恺撒的部将马克·安东尼向他提出了一笔特殊的交易：康缪斯可以统治一个新组建的"南部王国"，只要他承诺"住在派他去的地方，听令行事"[4]（附带条件是，他将永远不会再看到任何一个罗马人）。他将自己重塑为一个友好国王的典范，在奇切斯特附近的都城安享晚年，发行以自己名字命名的硬币，享用罗马陶器。

在英国东南部，任何想当领袖的人都不能忽视罗马，但从不列颠群岛到意大利，具体情况会是怎样，仍然取决于个人。藩属王们经常闹事，至少有两个潜在的友好国王不得不逃离家园，向恺撒的义子奥古斯都寻求保护。公元前44年恺撒遇刺后，奥古斯都在激烈的内战中胜出，成为罗马的第一个独裁者。奥古斯都对"人民不愿向他妥协"[5]非常恼火，在公元前34年和公元前27—前26年，曾考虑对英国进行新的军事干预。

这些风暴来得快去得也快，很大程度上是因为奥古斯都有比花钱吞并不列颠王国更重要的事情做，但公元37年后，一位以其绰号"卡里古拉"（Caligula，意为"小靴子"，源于他小时候穿军装时穿的短靴）而闻名的新统治者就不同了。卡里古拉的嗜好包括装扮成神、任命他的马担任政府最高职位，以及进行就连追求世俗享乐的罗马精英们都感到震惊的性行为。和他妹妹睡觉竟然是他最轻的怪癖。*毫不奇怪的是，卡里古拉遭到了猛烈批评，他认为修复名誉的最好办法是获得战功。这位陷入困境的年轻君主找到了一个软柿子。恰在此时，大约38年，英国东部王国的统治者库诺贝林和他的儿子阿得米尼乌斯闹翻了，阿得米尼乌斯向卡里古拉求助。库诺贝林随后去世，把东部王国留给了争吵不休的兄弟们，卡里古拉很容易地做出了一个决定：正义要求他支持阿得米尼乌斯，进行干预。

但这是多么奇怪的干预啊！没有人比那些富有、受过教育的贵族更鄙视卡里古拉，但正是他们写下了唯一留存至今的关于卡里古拉的记录，因此很难确定我们能在多大程度上相信他们的话。他们告诉我们，在40年春天集结了一支入侵部队后，卡里古拉毫无预警地取消了任务，转而命令士兵们收集贝壳，作为假想的海战胜利的战利品。

我们只能猜测阿得米尼乌斯对这一切会怎么想了，但事实证明这无所谓。卡里古拉再过几个月就会死，被他自己的卫兵谋杀（早该如此）。他的继任者克劳狄是个不同类型的怪人——一个学者。尽管他比卡里古拉要理智一些，但同样需要军事荣耀。东部王国阿得米尼乌斯的兄弟们不明智地恰好选择了这个时候，入侵亲罗马的邻居南部王国。当后者在位已久的藩属王逃到罗马时，克劳狄也很容易地得出了结论：正义需要付诸行动。43年4月，他在布洛涅集结了一支4万人的大军，克服了登船最后一刻的小故障之后，发动了入侵。

---

* 卡里古拉今天最为人们所知的，是1979年以他的名字命名的一部电影。这部电影是成人杂志《阁楼》制作的唯一一部故事片。其引人注目之处，除了由戈尔·维达尔编剧，由约翰·吉尔古德、海伦·米伦、彼得·奥图尔和（饰演卡里古拉的）马尔科姆·麦克道威尔等明星主演，还包括一些"《阁楼》宠物"的现场性表演，这些都是在演员和导演以为制作已完成后，由投资者添加到电影中的。即便如此，我仍怀疑卡里古拉会认为这些平淡无奇。

辛白林的鼻子

至少在短期内，克劳狄在保护罗马暴露的侧翼方面做得比恺撒更好。他的主力部队在没有遭遇抵抗的情况下登陆，可能是在肯特郡的里奇伯勒附近。东部王国的战士们两次拦截住了敌军渡河（一次是在泰晤士河，另一次地点不明），然而当经过特殊训练的日耳曼分遣队全副武装地泅渡时，他们两次都逃跑了。按照莎士比亚戏剧《辛白林》[*Cymbeline*，这是库诺贝林（Cunobelin）的名字在17世纪的拼法]中的说法，东部王国咆哮着反抗罗马。"不列颠是/一个独立的世界，"剧中辛白林国王的继子说，"我们长鼻子是为了出气/难道要为此给他人还债。"①6

实际上，库诺贝林的一些亲戚完全准备好了就他们的鼻子怎么出气与罗马人谈判。克劳狄提出了交易条件。他说："放弃你们的主权和部分身份认同，接受更多来自欧洲大陆的移民，我将增加你们的财富，加强你们的安全。"为防备他的军团对那些人的诱因还不够强，克劳狄本人一听到泰晤士河上胜利的消息，就立刻渡过了英吉利海峡。

令克劳狄的批评者们觉得最好笑的是，他（和他带去在胜利阅兵式上穿过科尔切斯特的大象们）只在英国待了16天，但这已经足够了。至少有11个土著国王投降了。克劳狄吞并了东部王国，废黜了库诺贝林家族，但他恢复了其他国王的王位，甚至重重奖赏了他们。南部王国的新主人展示了他对罗马的巨大热情，在菲什本建造了一座壮观的别墅，里面充满了欧陆风格的镶嵌画和大理石雕像。其他人收到了巨额的现金赏赐，被鼓励用这些钱来美化他们的村庄。不到10年，圣奥尔本斯、科尔切斯特和巴斯都开始炫耀隐约带有罗马风格的石庙和浴室。

---

① 此译文引自《辛白林》朱生豪译本（云南人民出版社，2009年）。——编者注

克劳狄做了恺撒没有做的事，决定吞并英国的部分地区。他究竟是怎么想的，我们至今不清楚。攻占科尔切斯特给他带来了荣耀，一些历史学家认为，他只是想在英国东南部低地建立一个由藩属王统治的缓冲地带，对北部和西部的山地则放任自流。如果是这样的话，他的计划是不切实际的，因为就像一个世纪前恺撒来到英吉利海峡时一样，克劳狄发现胜利只会导致更多的战争。入侵后不到4年，他的士兵就被拖入了威尔士山区的混战中。"战斗连着战斗，"历史学家塔西佗抱怨道，"大部分都是在森林和沼泽发生的游击战。有些是不期而遇引发的偶然战斗，另一些则是出于仇恨或掠夺，在勇气的支撑下精心策划的行动。有时交战是由指挥官下令进行的，有时则是在他们一无所知的情况下发生的。"[7]

一些学者推测，克劳狄一直打算从英国东南部穿越到西北部，因为他知道西北部是矿产资源的所在地。罗马人当然立刻去攫取矿产了：早在49年，他们就在门迪普丘陵的查特豪斯挖掘铅了，不到20年，矿工们就挺进到了普雷斯塔廷。这是威尔士北海岸的一个海滨小镇，20世纪60年代，我和我姐姐经常跟随祖父母一起乘大篷车去那里度假。刻有"第二十军团"字样的屋顶瓦片和铅锭表明，最早是军队经营着普雷斯塔廷的矿山、几个相关的作坊和一个小澡堂。在接下来的半个世纪里，威尔士大多数矿区城镇似乎都是如此。

其他学者指责这一举动，不是因为罗马人的贪婪，而是因为始终存在的安全困境所导致的"任务蠕变"。43年，并非英国东南部的所有国王都投降了，其中一位（库诺贝林的儿子卡拉塔库斯）逃到了威尔士，以那里为根据地袭击罗马的盟友们。在翻山越谷地追逐了他好几年之后，罗马军团最终消灭了他的追随者，并抓住了他的妻女。但卡拉塔库斯仍继续战斗。这回他逃到了英格兰北部的布里甘特，试图鼓动那里的人反抗侵略者。虽然布里甘特人的女王卡尔提曼杜娅将他交给了罗马总督，但卡拉塔库斯仍然不肯屈服。这使克劳狄深感钦佩，赦免了他和他的家人。然而，卡尔提曼杜娅女王的日子就不好过了。当她丈夫拒绝了她的亲罗马政策时，他们离了婚，女王与丈夫的盾牌手走到了一起。布里甘特人分裂成支持和反对卡尔提曼杜娅/罗马的两派，很快就兵戎相见了。于是罗马军队要在英格兰北部和威尔士两线作战。

无论克劳狄在43年寻求的目标是什么，都肯定不是这么个泥潭。当他于11年后去世时，他的继任者尼禄认真地考虑过彻底撤出英国。另一种看法是：假如尼禄把军队召回，像恺撒一样只留下几个藩属国，英国东南部融入欧洲的速度将会大幅放缓。但这种融入不可能完全停止：我在上一章的结尾处推测，假如恺撒没有在公元前1世纪50年代推进到英吉利海峡，英国东南部可能看起来像日耳曼人边境以外的部分，我怀疑假如罗马人在1世纪50年代撤走了，类似的情况也会发生在英国。而且，与奥古斯都、卡里古拉和克劳狄在试图让英国的藩属王们俯首帖耳时的困难相比，如果说有什么变化的话，那就是更糟糕了。假如尼禄一走了之，那么最有可能发生的情况是，未来某个皇帝会迫切地感到必须再次入侵。

尼禄的传记作者苏埃托尼乌斯说，皇帝最终坚持了下来，因为撤退"会严重损害他义父克劳狄赢得的荣耀"[8]——对一个担心自己合法性的新统治者来说，这不是件小事。尼禄变本加厉，认为只要再向北和西推进一点点，就能稳定边界。他任命激进的总督发动焦土战争，铲除督伊德教祭司——抵抗者就是围绕他们聚集起来的（考古学家弗朗西斯·普赖尔说他们相当于"铁器时代的毛拉"[9]）。安格尔西岛上的督伊德教圣所（我小时候喜欢的度假地）已经成为所有逃离罗马进攻的人的避难所，由激愤的人群守卫着，所以必须将它拆除。"敌人全副武装，沿着海岸排成密密麻麻的队列，"塔西佗说道，"其中有身穿黑袍、像希腊神话中的复仇女神一样将头发缠起来的女人。她们挥舞着火把。督伊德教祭司们站在她们旁边，举手向天，大声发出恶毒的诅咒。"[10]就连身经百战的军团士兵们也心生畏惧了，但他们还是从平底船跳上了岸，砍倒了督伊德祭司、复仇女神和其他人，烧毁了他们的神圣树林。

罗马人又耍弄起惯用的胡萝卜加大棒策略,试图通过削弱当地人的身份认同以轻松地解决安全问题。一方面,官员们极力诋毁土著反对者;另一方面,他们又为当地要人提供加入更广阔、更先进的世界的机会,让他们与远至意大利和埃及的趣味相投的群体为伍。塔西佗非常清楚发生了什么。他的岳父阿格里古拉掌管了英国6年。尽管塔西佗完全是个圈内人,却对此深感矛盾。他有一段著名的评论,我在本书引言中引用了其中几句话。他这样描述罗马人:

> 给予私下鼓励和官方援助,来建造庙宇、公共广场和漂亮的房子,并教酋长的儿子们学习人文科学……(不列颠人)非但不讨厌拉丁语,反而渴望讲好它。同样,我们(罗马人)的民族服装也流行起来,托加随处可见。于是,人们逐渐被引诱到使人丧失斗志的拱廊、浴室和奢华宴会中。无戒心的不列颠人将这些新奇事物称为"文明",但它们实际上只是他们遭受的奴役的一部分。[11]

征服带来了古代版的全球化。对得天独厚的少数人来说,外国的钱和奢侈品削弱了他们对本土的依附。然而像现在一样,从更广阔的世界吹来的风可能冷也可能热。资助英国统治者们建造新别墅、热水浴室和享受大餐的金融家和官员们,首先关心的自然是他们自己的福祉。当50年代末的信贷危机在意大利引发了一连串的破产时,他们就收回了贷款,包括借给那些正在结交权贵向上爬的酋长们的巨额款项。尼禄的顾问塞涅卡是一位以道德高尚著称的哲学家,他要求立即偿还1 000万第纳尔(古罗马货币)——这笔钱足够养活不列颠群岛所有人至少几个月。更糟糕的是,尼禄在英国的金融代理人突然宣布,皇帝们送给酋长们的礼物实际上只是贷款,现在到期该归还了。

那些把赌注押在罗马身上的英国人突然变得很卑下,再怎么穿托加和讲拉丁语,也不能使哪怕最高贵的人免于毁灭。爱西尼部落经历了惨痛的教训才明白这一点。他们的国王普拉苏塔古斯与罗马人交好，甚至指定尼禄和自己的女儿们为自己的共同继承人。但是，当普拉苏塔古斯于60年去世时，当地的罗马人根本不讲情面，毫不客气地偷走了所有看不住的东西（以及很多看得住的东西）。普拉苏塔古斯的遗孀布狄卡★被罗马人剥光了衣服，遭到羞辱和鞭打；他的女儿遭到罗马人的强奸；他的贵族们被赶出了自己的领地。

布狄卡、她的家人和爱西尼贵族恨不得生吃了罗马人，是可以理解的，但成千上万的爱西尼穷人和邻近的特里诺文特人，似乎也是如此。塔西佗说："他们迫不及待地（将罗马人）割喉、绞死、烧死和钉死。"[12] 由于罗马军队正在400千米外的安格尔西岛忙于杀戮，没有人能阻止叛军攻占科尔切斯特。科尔切斯特先前是库诺贝林的东部王国都城，但现在被改造成了罗马老兵的休养地。它笔直的街道和摆满进口陶器、葡萄酒和鱼酱的整洁小店，在本地人村庄的映衬下显得格外突兀，它那被神化了的皇帝克劳狄的巨大石庙，超过30米长，用雪花石膏和大理石打造而成，像是来自另一个世界的东西。反叛者将它们付之一炬。

在主要大街上（今天的高街也沿袭同样的路线，街上的几家商店重新使用罗马墙作为地基）火势非常凶猛，以致熔化了玻璃。考古学家发现灰烬中散落着被烤过的罗马人的骨头。幸存者逃到了大神庙，但在两天后当反叛者攻进神庙时，他们还是被依次处死了。在附近发现的一个巨大的青铜头像，可能曾经是皇帝雕像的一部分，被砍下后扔进了河里（可能是为了纪念古代的神）。

尽管考古学是一门关于"如果"、"但是"和"可能"的科学，科尔切斯特发掘出的既厚且黑的被烧毁地层，仍然毫无疑问地显示了叛军的愤怒。为了对罗马权力的象征和来源进行猛烈打击，他们挖开了

★ 在我上学的时候，她的名字通常被拼写为Boadicea（波阿迪西亚），但这只是塔西佗手稿对Boudica（布狄卡）的误读，Boudica是一个克尔特名字，大致相当于英国的Victoria（维多利亚）。此前从没有古代作家称她为Boadicea。

移民的坟墓，丢弃他们的骸骨。仿佛是为了宣扬他们自己的鼻子爱怎样出气就怎样出气，用不着替任何人还债，叛军甚至不惜花时间在老兵公墓的墓碑上，砍下像外国人的雕像的鼻子（图3.3），然后才向罗马人的新首府伦敦挺进，并将其烧毁。

图3.3　鼻子没了：马库斯·法沃尼乌斯·法奇里斯的墓碑。他是罗马第20军团的意大利百夫长（下级军官）。此碑于1世纪40年代在科尔切斯特竖立，60年代遭到损毁

资料来源：Peter Savin

现在反叛者不得不面对一个新的更严峻的问题：下一步该怎么办？他们的舞台这时已经延伸到了意大利。尽管叛军夺回了自己的国家，但他们显然并没有退出帝国的策略，甚至没有与正从安格尔西全速赶来的罗马军队主力作战的计划。假如布狄卡能够奇迹般地击败这支罗马军队，也许罗马帝国会撤退，就像50年前从日耳曼人那里撤军一样。不过，更有可能的是，罗马会再派一支军队来。帝国必将向反叛者展示抵抗是徒劳的，任何怀疑这种决心的人，都应该去看看以色列无水的犹太沙漠中的马萨达遗址。就在布狄卡事件10年之后，罗马军队在那里建造了一个125米高的土坡，拖了一座攻城塔上去，以镇压犹太人起义最后的少量坚持者。

事实上，布狄卡起义的结局不是奇迹，而是大屠杀。塔西佗说，当罗马军队在英格兰中部的某个地方（可能是在沃里克郡北部的曼塞特附近）追上她时，他们杀死了8万英国人，而自己只损失了400人（布狄卡服毒自尽了）。实际上，战死的英国人肯定没那么多，但罗马军队随后展开了疯狂杀戮，连尼禄都震惊了。为了给事态降温，他将掌管英国事务的元老院议员免了职，但这个罗马行省的苦难才刚刚开始。反叛者寄希望于夺取罗马的粮食供给，没花时间耕种土地，就发起了攻势。这回饿死的英国人比死于刀剑的要多得多。

　　这次起义迫使罗马人再次反思，他们来到这世界的边缘，到底想做什么。古代的作家们说，共有7万名罗马士兵和平民在起义中丧生，这场起义是一场"灾难"[13]，但没有人哪怕暗示尼禄曾考虑过撤退。相反，接连几任总督总共花了10年时间来重建信任。直到70年代中期，当地的名流们才重新表现出认同罗马的热情，然而一旦民心赢回，锡尔切斯特和圣奥尔本斯似乎就开始像欧洲大陆上一样，所有东西都罗马化了。重建后的科尔切斯特不仅有一座剧院，还有一条像电影《宾虚传》中那样的战车跑道（迄今在英国仍是独一无二的）。直到这时，帝国才又重新考虑这个自公元前1世纪60年代进攻安格尔西岛起就一直悬而未决的问题：控制多少英国领土，才能给高卢提供一道有效的外护墙？撤回英吉利海峡解决不了任何问题，仅仅沿着东南/西北地理分界线设防也已经失败了。罗马需要将力量投入这条线以外，但要投入多远呢？

　　塔西佗的岳父阿格里古拉于77年被任命为总督，负责寻找答案。所有人都同意，除非这个行省包括我们今天称为威尔士和英格兰北部的地方，否则它将是不安全的。阿格里古拉的前任们已经结束了布里甘特内战，摧毁了威尔士。阿格里古拉回到了安格尔西岛以镇压督伊德教的复兴，然后在79年至少向北推进到了蒂斯河。80年，他建议在克莱德湾和福斯湾之间设置边界，也就是今天的爱丁堡到格拉斯哥一线（图3.4）。81年，他告诉皇帝，他只需一万人就能攻占爱尔兰岛。

1996年，一位业余考古学者在都柏林附近的德拉默纳发现了大量的罗马器物。自那时起，人们就一直猜测阿格里古拉的确曾派兵渡过

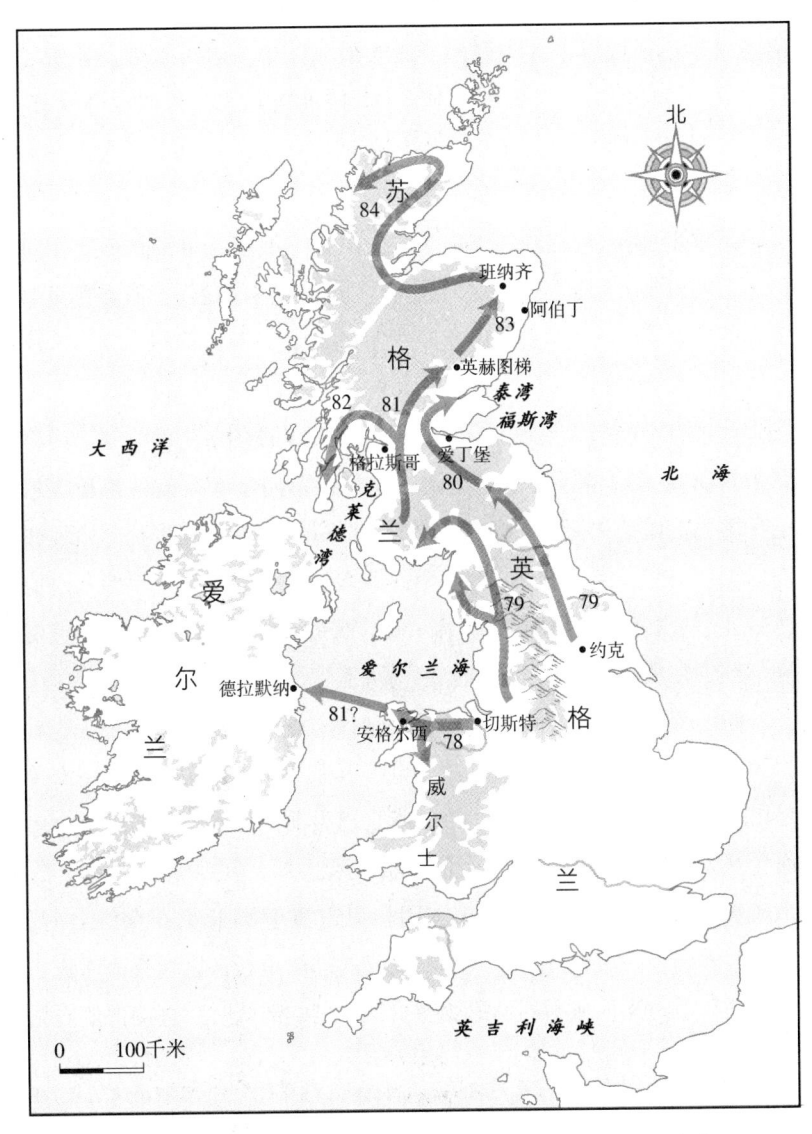

图3.4 寻找外护墙：阿格里古拉发动的攻势（77—83年）

爱尔兰海，尽管塔西佗没有提及此事。如果是这样的话，这可能只是一支侦察部队，因为与此相反的是，82年，阿格里古拉对苏格兰发动了大规模入侵。他的军队在几乎北至阿伯丁的地方构筑了堡垒。其中最大的一个是英赫图梯要塞，占地0.22平方千米。这是自2 500年前的希尔伯里山以来，不列颠群岛上最大的单一建筑工程，耗费了1 600万工时、15万吨石头、2万吨木材、4 500吨黏土瓦片和12吨铁钉。（当堡垒被废弃时，有100多万颗钉子被埋在了一个坑里，大概是为了防止被当地人捡走。）

阿格里古拉最终在83年将北方人拉进了战场，地点大概是在阿伯丁郡的班纳齐附近。在屠杀了他们之后，他终于找到了该在哪里停下来的答案：大西洋。他向图密善皇帝报告说，只有征服一切，罗马才能找到安全的边界。

这很有可能会成为单个人的决定改变整个英国历史的时刻。如果图密善听从了阿格里古拉的建议，他的将军们会像在英格兰和威尔士一样，把城镇和硬币、港口和道路、"维拉"①和奴隶带到苏格兰和爱尔兰。当然，无论罗马人做什么，都没法让西北地区变得像东南地区一样平坦和温暖，但可以大大降低这两个地带之间的分界线的重要性。至少在几个世纪里，不列颠群岛可能有截然不同的未来。

但图密善没有接受阿格里古拉的建议。按照塔西佗的说法，这是因为他嫉妒手下大将的功绩，想要贬低其荣耀。也许是这样：图密善是出了名地令人讨厌，也因为爱吹嘘自己发明的酷刑而臭名昭著。然而，嫉妒绝非全部原因。皇帝的职责是看大局，在80年代早期，这个大局正变得非常暗淡。甚至在阿格里古拉于83年大获全胜之前，图密善就已经开始把驻守在不列颠尼亚的部队重新部署到莱茵河防线了。两年后，当他从不列颠尼亚撤出最精良的部队时，直接把他们派

---

① 指庄园，原指农村的房子，后包括主人所有的土地及对这片土地的经营方式。在罗马时代的不列颠，指一个以庄宅为主体的私有地产的管理中心。（摘自钱乘旦著《英国通史》。）——编者注

到破碎的多瑙河边境去填补缺口了。从中心位置观望,莱茵河—多瑙河一线比喀里多尼亚重要得多,如果保卫前者的唯一途径是放弃后者,那也只好如此了。假如图密善不肯服从这种战略逻辑,以大陆崩溃为代价豪赌喀利多尼亚,接替他的人(他于96年遇刺,这件事其实很可能发生得更早)肯定会这么做——把军队撤回索尔韦河和泰恩河沿岸日益稳固的堡垒里。

同样,如果哈德良皇帝没有在122年做出决定,将这些堡垒改造成一道连续的防御墙(1万人在接下来的15年栉风沐雨地劳作才建成),他的继任者也会做出这个决定。20世纪40年代,另一位需要荣耀的皇帝将边界向北推进到阿格里古拉曾经青睐的克莱德湾—福斯湾一线。208年,又一支庞大的部队向北推进到更远的地方。但这些冒险都没有持续太久。铁一般的事实是,图密善和哈德良对这个问题的判断是正确的。罗马外护墙的正确位置是在卡莱尔到纽卡斯尔一线。从长远来看,没有其他选择能比把边界设在那里更好。将苏格兰和爱尔兰纳入帝国,实在太困难、太昂贵,也太遥远了。它们的人民可以做到鼻子爱怎样出气就怎样出气,但英格兰和威尔士(新的不列颠尼亚行省)将归罗马人所有。即使是像罗马皇帝这样重要的人物,也无法凌驾于地理这一巨大的客观力量之上。

军事-城市联合体

罗马给英国人带来了财富和安全,换来了对流动性和主权的控制——这两者结合起来,有意或无意地改变了英国人的身份认同。

最大的变化是将后来的英格兰和威尔士统一在一个统治阶级之下。这个统治阶级的成员(总督、帝国代理人、军团指挥官和众多其他官员)无一例外都是移民,来自超级富有的欧洲大陆精英阶层(起初绝大多数都是意大利人,后来有了更多的高卢人和西班牙人)。仅占罗马帝国人口0.001%的大约600名元老院议员元老垄断了最好的职位，而几千名"骑士"（最初之所以这样称呼，是因为他们足够富有，拥有自己的马，在1世纪，这相当于亿万富翁）填补了下一层的职位。从未有一个英国人坐进过元老院，据我们所知，只有两位英国人成了骑士。大部分重大决定由一个殖民政府在英国做出，而最重要的决定要交由意大利做出。

起初，用于确保不列颠尼亚依附罗马的军队全是移民，主要是日耳曼人，军官阶层则更多是意大利人。到60年代时，军队开始招募英国人，但按照惯例，会将他们运送到海外（主要是莱茵河和多瑙河流域）服役。然而，军队喜欢招募老兵的儿子，于是随着时间的推移，军中有大量出生于科尔切斯特、格洛斯特和林肯等退伍军人聚居城镇的官兵。尽管只有两块已知的墓碑上的名字显然是在家乡服役的英国人，但到200年时，大多数士兵可能都是在本地出生的，而对骸骨进行的化学测试证实，在1世纪格洛斯特和大军团要塞约克的墓地中，大多数死者都是在外国出生的。

骨骼同位素测试还表明，包括非洲人、亚洲人和欧洲大陆人在内的移民，在伦敦甚至更为常见。所有在碑文上留下名字的商人中，实际上只有20人的名字听上去像是英国人，大多数人都是高卢人或日耳曼人。甚至工匠（至少是有文化的工匠）也通常是移民，尤其是在1世纪时期。

在这个新行省担任高级职位的受过教育的人，被培养得相信他们是通过提供"罗马和平"而赢得特权的。精明的罗马人意识到，这是来之不易的。被兼并进帝国的过程充满了暴力，许多行省在被征服后，在一代人左右的时间里都会经历像布狄卡这样的起义和镇压，而镇压像布狄卡这样的起义可能会引发更多的暴力。但这种理论认为，在此之后，文明、安全的边界、法律和秩序会安抚哪怕最桀骜不驯的当地人，并使他们致富。

理论和实践并不总是相符。罗马作者们列举了阿格里古拉攻势后150年间发生在英国的8场战争。至少有3场（也可能多达5场）战争主要发生在哈德良长城以北,但其他战争都发生在不列颠尼亚内。考虑到作者们都是随口提到这些冲突的,我们恐怕应该假设还有其他冲突没有被记录下来。还有说法称,在2世纪至少有30个城镇构筑了防御工事,而不是依靠军队来保护自己。

实际上,有时候军队就是问题制造者,而不是解决者。在哈德良长城附近的文德兰达发现了数百封信件。它们是因为被扔进了一个被尿液浸透、没有氧气的厕所泥浆中,才得以保存下来的。其中有一封来自一名商人,他在被一名百夫长殴打后想寻求正义。"我没法向普罗库鲁斯长官投诉,因为他病了,"他写道,"我向宪兵队和他部队里的其他百夫长投诉,但没有结果。因此,我请求阁下(可能是总督)不要让我被棍子打得头破血流,好像我犯了什么罪一样。我是一个来自海外的无辜的人,我的诚信有口皆碑。"[14]

我们应该对此作何解释?从积极的一面看,这表明平民的确有办法向军队寻求补偿;从消极的一面看,写信者的抱怨显然无人理会,即使能用拉丁文写信的人肯定有朋友身居高位(他提到自己的好名声和外国身份,可能就是在暗示这一点)。我们不禁要问,军事占领对最卑微的英国人来说意味着什么——另有一封来自文德兰达的信,傲慢地称他们为"小不列颠人"。[15]

臣服于罗马显然要付出代价,但事实是,到100年时,大屠杀遗址、被烧毁的村庄、沼泽里的尸体、令人毛骨悚然的头骨崇拜,甚至以武器陪葬的坟墓,几乎都从不列颠尼亚消失了,而在帝国的边界外还继续存在。我们无法真正进行量化,但看起来英国人在2世纪比以往任何时候都更安全,同时(罗马人坚持认为)也更富有。地理学家普林尼在1世纪70年代问道:"现在谁不承认,由于罗马帝国的威严……生活水平已经取得了巨大的进步?或者所有这一切都应归功于贸易,以及共同享受和平的赐福?"[16]

尽管普林尼从未到访过英国,但这里可能正是他写下上面的话时心中所想的地方。基础设施蓬勃发展,因为总督们不仅将税收用于建设著名的罗马道路，也用于建设桥梁和港口。他们颁布了市场章程，规范了贸易行为，并统一了度量衡。公元43年前，硬币即使在英国东南部也很罕见，在其他地方则几乎不为人知，然而一个世纪后，硬币却出现在了威尔士和北部地区的农庄里。

就连众神也对罗马治下的不列颠露出了微笑。自20世纪90年代以来，对气候变化的研究获得的资金激增，产生了丰富的数据记录，包括冰芯、树木年轮、沼泽和湖泊里的花粉，以及植物、动物和昆虫的遗迹。总而言之，这些数据表明，欧洲自公元前200年左右开始变暖。在我们这个时代，全球气候变暖成了非常严重的威胁，黑暗中的一线希望是，它将把俄罗斯和加拿大的很多地区变成农田。2 000年前，罗马温暖期（这是气候学家的术语）给欧洲北部农业产量的提高带来了同样的希望，那里的农夫面临的最大问题就是农作物生长期太短。

然而，新近对气候变化历史的研究得出的一个结论是，天气很少直接导致人们做什么事情。相反，它改变了条件，让人们按照自己的意愿做出反应。有时候，曾经行之有效的做法不再奏效；也有一些时候，这样的做法仍然行之有效，但其他做法更加奏效。无论是哪种情况，那些对变化视若无睹，继续墨守成规的人都要付出代价。罗马温暖期的成功秘诀是把努力、投资和创新倾注在土地上——这正是罗马资本、制度和农业技术的到来所鼓励的。随着这一切变化的发生，假如罗马征服后繁荣程度没有上升，那才奇怪呢。

最粗略地看，不列颠尼亚的人口在1—4世纪翻了一番——从大约200万增长到了400万，这一事实表明经济增长了，尽管没有告诉我们经济增长的速度是否足以让人们变得更加富足。在收入统计数据像罗马的不列颠尼亚那样稀有的情况下，经济学家通常只看人们的身高。身高是由遗传决定的——父母矮,孩子也矮,但能否把你身高的全部潜力都发挥出来,取决于你在成长过程中是否吃得好。在没有更好的衡量标准的情况下,身高可以大致作为收入的替代值。

直到最近,我们唯一的证据是地理学家斯特拉博的评论,他曾经看到一些在罗马被卖的英国奴隶"比那里最高的奴隶都要高出半尺,尽管他们的腿都打着弯"[17]。考古学现已证明,他的样本有误导性(也许他只是混淆了)。英国人的确比意大利人高,但只高几厘米,而且并没有明显的罗圈腿。更重要的是,他们的身高在古代几乎没有变化,男人的平均身高在168~171厘米浮动,女人大约矮5厘米。这没什么奇怪的,因为即使在富裕国家,在20世纪之前也很少有营养改善到能使平均身高增加10厘米的例子(尽管,正如我们将在第5章看到的,这种情况是有可能发生的)。在古代,几乎所有人都又矮又瘦。然而,从其他方面看,生活水平明显提高了,即使上涨的浪潮把有些人的船抬升得比另一些人的更高。你是什么人,出生在什么时代,住在什么地方,结果会大不一样。

1961年,美国总统德怀特·艾森豪威尔在告别演说中警告美国人要"警惕军事-工业联合体获取无法证明为正当的影响力,无论其这样追求与否"[18]。罗马时代的英国是个非常不同的地方,但它也有一个对等的"军事-城市联合体"。由于英国的驻军规模非同寻常——10%的帝国军队守卫着4%的人口,有一个军事-城市联合体获得了艾森豪威尔所担心的那种影响力,并利用这种影响力控制了经济制高点。

43年之前,这个联合体核心的两个群体(士兵和城市居民)在不列颠群岛上几乎不存在。前罗马时代的英国有大量勇士,但没有全职领饷的职业军人;尽管有大量拥有数百居民的定居点,但没有真正的城镇,没有成千上万的人在那里从事与农村截然不同的活动。罗马征服之后,士兵和城市居民依然稀少。即使我们像历史学家通常做的那样,把士兵家属和其他受扶养者都算在军事群体中,并把一个城镇的人口标准定在1 000人以下，在2世纪，这两个群体的成员也不超过10万~20万人（占不列颠尼亚总人口的2.5%~5%），而且在3世纪时，这两个群体的人数实际上都有所减少。然而，他们仍然发挥了重要作用。

从某种程度上讲，每个群体都是一个独立的社会。守卫哈德良长城的士兵与守卫叙利亚的战友更为相似，而与几千米外的村民格格不入。首先，所有的士兵都说拉丁语，相当多的士兵还会写拉丁文（尽管有时写得很糟糕，导致现代学者很难弄清楚他们到底想说什么）。如果10个英国平民里有1个人能读懂一个简单句子，就很令人惊讶了，但在文德兰达军营的石碑上，已经识别出数百种不同的手迹。一名指挥官的文体风格堪称优雅，经常引用文学典故，甚至士官也可能会写诗。驻扎在罗克斯特的一个意大利人给自己写下了这样的墓志铭：

提图斯·弗拉米纽斯提图斯的儿子，来自法万蒂亚的波利亚部落，45岁，作为第十四军团"绿藻"部队的士兵和旗手，服役22年。我恪尽职守，现在我葬在这里。请阅读这篇碑文，愿它给你的生活多少带来些幸运，因为当你进入冥界时，众神会断绝你与酒和水的缘分。所以，在你的有生之年，要伴着荣誉生活。[19]

在信件中，士兵们似乎非常清楚自己被"发配"到了帝国最偏远的边缘地带。他们不停地抱怨天气和食物，要求家人寄来暖和的袜子。在一封欢快的信中，卡莱尔附近一座军营指挥官的妻子克劳狄娅·塞维拉，邀请文德兰达部队指挥官的妻子苏皮西娅·莱琵狄娜来参加她的生日聚会。但大部分时间，军官的妻子们显然是孤独和无聊的。一些士兵为缓解自己的孤独感，娶了英国妻子。其中一位名叫雷吉娜的英国妻子的生平被她的叙利亚丈夫巴拉特斯刻在了一块精美的墓碑上，得以流传千古。其他人则去嫖娼。巴拉特斯可能也这样做过。他说，在他把雷吉娜变成一个诚实的女人之前，她曾是他的奴隶。但切斯特的盖厄斯·瓦勒留斯·尤斯图斯对他的妻子科切娅·艾琳的哀悼更为典型，认为她"最为忠贞和纯洁"。[20]

政府想让士兵们开心，所以给他们的薪饷很丰厚。1世纪，一个军团士兵每年能挣300第纳尔，而当时普通家庭全家的平均年收入只有200第纳尔。军队注重娱乐（2018年，发掘者在文德兰达发现了一副皮制拳击手套），并在军营和驻军城镇充分装备了各种现代化便利设施（图3.5）。早在拿破仑指出之前很久，罗马人就明白士兵是靠胃行军的，因此要确保军队得到他们想要的食物和水。当英国人吃肉时，通常是吃少量的羊肉，但挖掘出来的动物骨头表明，士兵们大量吃猪肉和牛肉。不列颠尼亚许多多山的地区一定是变成了养猪场和养牛场，以满足士兵们巨大的胃口。

图3.5　现代化设施：哈德良长城上豪塞斯特兹的一个堡垒里一个可冲水的厕所，由画家菲利普·科克绘制

资料来源：Creative Commons

一个与之平行的贸易大军也逐渐发展起来。他们常年不停，将数

以百万升计的西班牙橄榄油和法国葡萄酒运往哈德良长城和威尔士。在我们这个时代,直升机将健怡可乐、淡啤酒和感恩节火鸡运送到遥远沙漠中的前线作战基地,似乎没什么奇怪的,但在古代,有后勤革命和巨额政府开支才能提供同样的支援。到2世纪时,这种开支每年可达到约2 500万第纳尔,对一个本地生产总值只有2亿~25亿第纳尔的行省来说,军事成了一个非常重要的经济部门。

军队的存在刺激也扭曲了英国经济,助长了因征服而获益的第二个群体的崛起:城市市民。军队需要身披托加的工人专家来筹集资金,运送进口物资,并完成各种基本工作。因为这需要识字和会算术,这在当地人中是罕见的技能,于是意味着要吸纳更多的移民。因为很难在农村管理一个罗马行省,所以需要城市。

一些城市建在了像科尔切斯特和圣奥尔本斯这样的地方,在罗马人到来之前,酋长们就在这里进行统治,但最大的城市伦敦几乎是从零开始建设起来的。1世纪40年代以前,伦敦一直无足轻重。但随着帝国军队向西行进,需要借助泰晤士河运送补给,这条河上唯一既深得足以停靠大型运粮船,又窄得足以利用罗马时代的技术架桥的地方,突然身价倍增。树木年轮年代测定显示,排干拉德盖特山到康希尔之间沼泽的努力,从公元48年前就开始了,那时沿河的第一个街道网和小码头可能也已经产生了。

这座城市发展迅速,也杂乱无章。考古学家已经发现了170多座建于布狄卡起义之前的建筑——这个起义的标志就是在不少于56次挖掘中发现的厚厚的焦土层,但这些建筑中没有任何一座有官方标志的痕迹。这是个后来居上的新兴城市。塔西佗说:"(这里)挤满了商人和他们的货物。"[21]这些商人和投资者消耗的大部分食物(包括葡萄、罂粟、芫荽和无花果)都是从欧洲大陆运来的,就像他们吃饭用的盘子一样。泰晤士河河岸上很快布满了码头和仓库(图3.6),空气中弥漫着商业语言拉丁语。

图3.6 新兴城市：大约100年时，四轮马车穿过罗马大桥，商船在伦敦码头卸货，此为伦敦博物馆依据想象制作的模型

资料来源：Creative Commons

从一开始，伦敦就不同于这个国家的其他任何地方。它是金钱、权力和外国人的圣地。就像科尔切斯特的商店一样，伦敦21世纪的银行是在罗马帝国的地基上建起的。2016年，考古学家清理在彭博金融集团新欧洲总部建筑工地发现的一个遗址时，发现了400多块木牌。这些木牌因被倾倒进现已成为地下河的沃尔布鲁克河而免于腐烂。其中有几块还保留着拉丁文字的痕迹，那是商人的文书们用铁笔透过覆在木牌上的蜂蜡清晰地刻在木牌上的字迹。最古老的一块可能写于1世纪40年代，内容包含了对出借人的建议："他们在市场上到处吹嘘你借给他们钱了。因此，为了你自己的利益，我建议你不要显得寒酸……那样会不利于进行你自己的事情。"[22]

创建城市意味着要建造成千上万座房屋。要开采和运送几百万吨石头；要砍伐整座森林，以制作木料；要开采铁矿，铸造钉子；要挖出黏土，烧制成几十亿块砖头和瓦片。还得有人制作这些房子里后来挖掘出的那些锅碗瓢盆、工具、鞋子、衣服、毯子、桌椅等通常很难保存下来的物品。耗费的劳动力惊人。根据一项计算，单是在锡尔切斯特建一堵围墙这一项（不是特别大的）工程，就需要动用10万车次的马车,将2万吨石头运到建筑工地。实际上,罗马人相当于建造了好几千座巨石阵。

同位素分析表明,2世纪时,格洛斯特、温切斯特和约克仍有1/4~1/3的人口是移民(伦敦更多),因此2/3~3/4的城镇居民都是来自农村的本地人(或者他们的后代)。有些人是奴隶,但大多数人肯定是主动决定迁居的。无论是哪种情况,到200年时,每20个英国人中至少有1个曾迁居。

那该多么令人震惊啊!在罗马人入侵前,英国没有一个社区的居民超过几百人,但到了2世纪,有几十个城镇的居民达到了好几千人,林肯和约克有1万人,伦敦是它们的3倍多。对那些从罗马城被发配到这个穷乡僻壤的公务员来说,这不算什么事,但对相当大一部分英国人来说,进了城就像是来到了另一个星球。于是一种全新的身份认同——城里人——就此形成了。

城市生活没有军队生活那么国际化,但比农村生活国际化得多。8 000年来,英国人大多住在圆形房子里,但罗马人喜欢有角的房子,主要是狭长的房子,考古学家称之为"条屋"。这些房子看上去很像美国佃农的"猎枪棚屋"(据说,这样称呼是因为如果你用霰弹枪从前门射击,能击中房间里的每一个人)。

吃的也不一样了。除了富人,所有人都主要靠吃面包活着,但搬进城里意味着能用羊肉、黄油和啤酒等传统奢侈品,换取军用包装的猪肉、食油和葡萄酒等。挖掘出的食物残渣表明,城镇居民吃的肉和消费的地中海进口品比士兵要少,而且一个人迁入的城市越小,他或她的饮食就越不如士兵。尽管如此,即使是最穷的城里人,也知道这些外国食物是什么味道。

城里人甚至看起来都不一样。在1世纪,大多数农民穿的都是富人100年前从欧洲大陆引进的"新式服装"的简化版。就像我在第2章中提到的,女性在长袖紧身胸衣外面穿束腰外衣,用很多胸针扎起来。虽然我们对男性的服装知之甚少,但显然他们也要戴很多胸针。然而，到了2世纪，城里人改弦更张了，他们从海峡对岸引进了另一种新式装束。无论男女都在斗篷下穿着宽大的"高卢外套"。斗篷看上去像一种古代的连帽衫。人的骸骨脚边经常能发现小铁钉，由此来看，这身行头配的是带鞋钉的皮靴。女性的高卢外套比男性的长，而且会搭配很多衬裙，但女性和男性都不再佩戴胸针了。然而，从农村坟墓中发现的胸针来看，旧的生活方式在村民中又延续了好几代人的时间。

毫无疑问，来自农村的新来者会因其肮脏的指甲和过时的衣服而受到嘲笑，但也有令他们感到安慰的东西：公共浴室、剧院、战车比赛和角斗士表演，当然，还有外国食物。和帝国的其他地方一样，城镇的工资比乡村高。新近的两项研究，一项是对骨骼的，另一项是对牙齿的，表明在某些方面城镇（大到足以拥有城市便利设施和洁净水，但还没有大到成为致命微生物培养皿）是比农村更健康的居住地。然而，第三项单独针对多塞特的研究得出了相反的结论。

到200年时，将近10%的英国人在军事-城市联合体中找到了自己的位置，总体而言，他们比罗马征服前更认同欧洲、更安全、更繁荣。历史学家理查德·萨勒估计，人均消费水平增长了25%左右。在记住第1章提到的关于换算的提示的前提下，我们认为，人们的生活水平从相当于每人每天1.5美元上升到了接近2美元。人们仍然很穷，但是对任何一个在温饱线上挣扎的人来说，每天能多得40~50美分，都会有天壤之别。至少对军事-城市联合体来说，罗马人兑现了财富方面的承诺。

90%以上的人

但在这个迷人的圈子之外的90%以上的人过得怎么样呢？多年来，乡下人是罗马帝国不列颠尼亚省中沉默的大多数。相比于更有魅力的堡垒、城市，尤其是别墅，很少有人研究乡下人的农场和村庄。别墅（富人的乡村庄园）很容易被发现，直到20世纪50年代，还占据着已知的罗马帝国遗址中的一半。其中规模最大的二三十座，直到18世纪才在不列颠群岛重现。科茨沃尔德丘陵的伍德切斯特有一处宫殿式宅院，至少有64间房子围绕着两到三个庭院分布，占地面积有两个足球场大。里面有中央供暖系统、玻璃窗和富丽堂皇的彩绘墙壁。工匠们手脚并用，匍匐前进，将300万个方块小石头压进潮湿的混凝土中，才创造出1 000平方米的镶嵌图案地板。

1990年法庭发布了一项被称为"政策规划指导第16号"的裁决，要求开发商在建设项目之前须资助考古研究，自那以后情况就完全改变了。考古学家发现了大量的小型农村遗址，以至到了21世纪第二个10年，别墅已不到总数的2%了。现在已知的罗马时代遗址超过了10万处，主要是农村的陋室。遗址如此丰富意味着没有一个单一的遗址堪称典型，但把几个遗址合在一起研究，使我们对乡下人的日常生活有了一定的了解。

威尔士惠顿的农庄就是一个很好的例子。我们考古学家往往敝帚自珍，但就连惠顿的发掘者也承认，这是一个"简陋且经常被风吹倒的住所"[23]（尽管在写了几页考古报告之后，他们感觉好多了，又将其美化为"小但还算兴旺"[24]的地方）。30年左右，开始有人居住于此，建造了一组木制圆屋，用栅栏和深沟围起了一口井——在不列颠群岛的这个不安宁的角落，这很正常。到了60年代，中央的棚屋得以重建，面积翻了一倍（图3.7），但是直到2世纪30年代，房屋才用上了石头。

从那以后，变化既频繁又迅速。居民添加了一个砖石结构的农舍，然后又进行扩建，出现了粉刷过的灰泥墙、一个黏土和砂岩瓦的屋顶、一个用于中央供暖的罗马式火炕（尽管显然未使用过），甚至还有几扇玻璃窗。防御壕沟被填平了，到了最后阶段，大约300—340年，主屋的大小已是原始版本的6倍——如果图3.8所绘正确的话，已是两层小楼了。只有少数农用陶器来自不列颠尼亚以外，他们还有

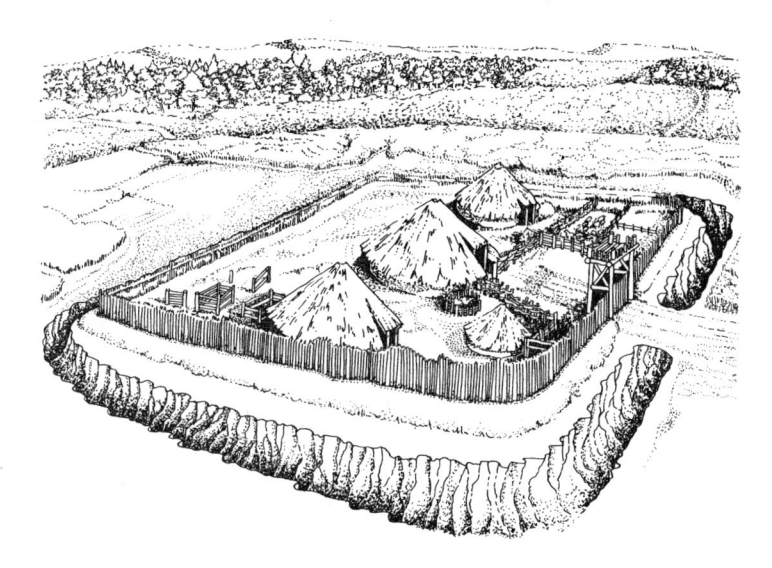

图3.7 "简陋且经常被风吹倒的住所"：1世纪60年代，威尔士南部惠顿的一座农庄

资料来源：米歇尔·安吉尔根据Howard Mason的重建图绘制

一个青铜长柄酒勺（发掘者认为，这"显示了一种精致的感觉"[25]）。只有两枚硬币出现在1世纪的地层中，但在3世纪的地层中发现了13枚硬币，可能意味着这个农庄这时已属于部分货币化经济了。这家人是识文断字的：在这些地层中发现了200多块铁器和青铜器的碎片，不仅包括装饰品、农具与加工铁和皮革用的工具，还包括5种用于在蜡板上书写的铁笔。

我要介绍的科茨沃尔德丘陵的第二个发掘点是马什菲尔德，发掘人员认为它"相对不太起眼"[26]。这里的第一座建筑，是公元前50年后不久的一个小圆屋，兼具宗教和家居功能。50年左右进行了重建，面积稍大了一些，有了粉刷过的灰泥墙。在那之后，几乎没有什么变化，直到250年，圆屋被拆除，为一个长方形、有多个房间、3倍大的石头建筑腾出了空间。大约在360年又进行了一次翻修，使农舍的面积增加了两倍。和惠顿农庄一样，4世纪的马什菲尔德农庄也有一

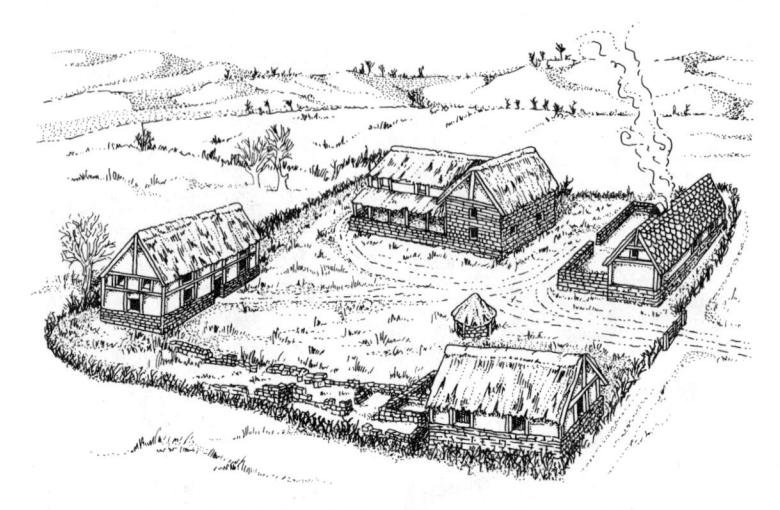

图 3.8 "小但还算兴旺"：公元 4 世纪早期的惠顿农庄

资料来源：米歇尔·安吉尔根据 Howard Mason 的重建图绘制

些砂岩屋顶瓦（整幢建筑的石头屋顶重达 28 吨，十分惊人），可能有两层楼。像惠顿一样，虽然陶器绝大多数是本地生产的，只有 2.6% 是进口的，但铁笔表明人们有识字能力，而硬币（公元前 1 世纪和 1 世纪地层中有 1 枚，但 3 世纪地层中有 30 多枚，4 世纪地层中超过 120 枚）说明人们与货币化市场的联系越来越紧密。出土的动物骨骼表明，这座农场专门养羊来获取羊毛。羊毛为其主人带来了足够的钱，能购买从 30 千米外的布里斯托尔湾运来的牡蛎，即使如考古报告指出的，这些贝类已经生长了有四五年了。"到了这个生长阶段，"发掘者提醒说，"牡蛎就变得有点硬了。"[27]

我要举的最后一个例子是萨福克郡的斯托马基特，在不列颠尼亚的另一边。这里在盖房子前进行的挖掘中发现了两座圆形的木制农舍，建于公元前 1 世纪。在 2 世纪，它们被长方形的砖石建筑所取代（发掘者断言，这种砖石建筑的"经济地位相当低"[28]），后者一直持续到 4 世纪早期。最初的圆屋相当大，但像其他遗址一样，后来的石头建筑大得多，包括两个小浴室，居民能像今天的加利福尼亚人那样享受热水浴池带来的乐趣。地上铺着地板，墙上抹着灰泥，屋顶覆有瓦片，但进口的东西仍然很少。据我们所知，在公元150年之前，没有任何外国物品进入这所房子，但破碎的罐子暴露了3世纪晚期存放过西班牙橄榄油。和马什菲尔德那家人一样，斯托马基特的人们也享用了从40千米外运到农庄来的牡蛎。这些牡蛎幼小而肥嫩，从个头可以看出它们是野生的，而不是人工养殖的。发掘者还对丢弃的牡蛎壳进行了碳年代测定。只有两只牡蛎被扔进了罗马征服之前的地层里，但有74只被丢弃在了公元150年后一个世纪的地层里，而有多达1 037只牡蛎在此后100年的地层里。

尽管这些遗址有诸多不同，但有一个明确的模式。在罗马人统治的第一个世纪，这些农庄几乎没有什么变化，但在公元150—250年，出现了逐渐繁荣并与更广阔的世界联系增多的迹象，到了350年，这种趋势大规模扩张了。罗马的精英阶层意识到了这一点。虽然他们仍然将土著称为"不列颠人"，但这个词不再意味着他们是在身上涂画的野蛮人。"不列颠人"现在只是居住在不列颠尼亚的人，罗马人不得不为"涂画的人"找一个新词——"皮克特人"——来蔑称居住在长城以北的土著群体（显然，他们仍然在文身）。

皮克特人和爱尔兰岛的居民（罗马人将他们称为"斯科特人"和"阿塔科特人"）的生活水平，提升得不像罗马帝国的不列颠尼亚臣民那样多。★ 这表明，罗马的组织方式是经济增长的主要动力。这与气候变化那样的力量在边境两边发挥的作用不一样。苏格兰的单间圆屋和爱尔兰的环形堡垒，在4世纪并不比1世纪富裕。进口品（包括罗马商品）极其稀少，以至一些历史学家怀疑罗马人的挺进造成了英国

★ 众所周知，苏格兰人是以一种模糊不清的方式进入历史的。根据他们自己的传说（不过现在的历史学家对此持怀疑态度），他们最早是爱尔兰岛的一群部落，被称为斯科特人，后来在公元500年左右迁移到了我们今天称为苏格兰的地区的西南部。在那里，斯科特人在他们伟大的酋长弗格斯·莫尔的领导下，创建了达尔里阿达王国，不断发展壮大，直到12世纪，整个国家被称为苏格兰。

135

北部和西部欠发达，破坏了他们先前的贸易路线。邓尼凯尔是突入北海的一个岩石岬角上的破烂小村，它是一个很好的例子。在不列颠尼亚境内的遗址中，被称为"萨摩斯细陶"的红光闪闪的精美罗马陶器随处可见，但在邓尼凯尔只发现了一个碎片，经过几个世纪的手手相传后，已经严重磨损，也许是被当作了来自外面大世界的护身符。那里还发现了几块罗马碎玻璃，每一块都像萨摩斯陶器碎片一样老旧且磨损严重。

随着军事-城市联合体将贸易拉向伦敦，史前时期一直活跃的西部水域变得异常安静。在罗马人到来之前，爱尔兰岛与地中海的联系非常密切，以至北非柏柏里地区一只猿猴的头骨被放进了后来纳文王室中心的一座宗教建筑里，根据树木年轮测定时间为公元前95或前94年。但在罗马征服之后，这些奇异的物品就再也见不到了。实际上，在纽格兰奇那座3 000年前的墓穴中，发现的来自罗马的文物比爱尔兰岛其他任何地方发现的都多。巧合的是，在奥克尼的史前遗迹和巨石阵周围也发现了罗马的文物——出于迄今未知的原因，人们在那里到处挖坑，甚至留下了一个人类头骨。

罗马人控制的英国东南部与土著控制的北部和西部之间，人口、政治、经济、文化和知识的不平衡，每过一个世纪都在扩大。图3.9将马什菲尔德、斯托马基特、林肯和伦敦的所有数据综合起来分析，表明在350年，不列颠尼亚住房市场各个层次的人都在建造比以往任何时候都大的房子。自公元前4200年以来，英国大部分地区的平均房屋面积一直徘徊在100平方米左右（和今天大致相同），但在罗马统治下的不列颠尼亚，房屋面积翻了一倍多，大致相当于现代美国人房屋的平均面积。该行省的经济在50—350年增长了大约150%，使其GDP（国内生产总值）从相当于1990年的约10亿美元提升至约25亿美元（相比之下，英格兰和威尔士2019年的GDP为2.8万亿美元）。

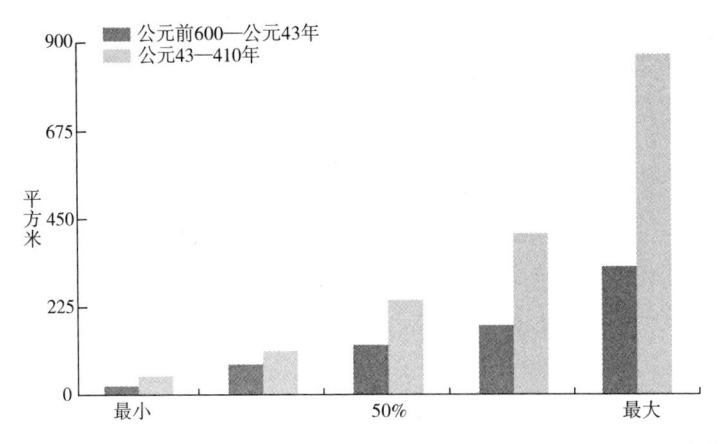

图 3.9 臣民们的家：公元前 600—公元 410 年，不列颠尼亚各阶层住房的增长情况

资料来源：米歇尔·安吉尔根据 Robert Stephan 的图绘制

那 90% 以上的人中的许多人，也许是大多数人，收入最终都获得了些许增长。罗马时代英国的经济增长率约为每年 0.3%，这与今天发展中经济体通常达到的每年 7%~10% 相比，肯定是微不足道的。然而，这仍然是工业革命前历史上最大的盛世之一。正因为如此，经济史学家经常怀疑，一个仅掌控了 10%~15% 经济的军事-城市联合体，是否真的足以推动如此大的变革。他们认为，这个联合体也许只是一个启动马达，不列颠尼亚的经济表现实际上是撒切尔法则在起作用。最重要的是什么从欧洲大陆输入了不列颠尼亚，即使是灾难性的。

创造性破坏

首先到来的是在整个旧世界广泛传播的流行病，始于 2 世纪 60 年代。它们可能与天花有关，尽管目前没有古代的 DNA 可以证实这一点。在一个没有口罩的时代，只有最富有的人才能享受到社交距离，在欧洲和亚洲的部分地区，疾病夺去了大约 1/4 人口的生命。中国和波斯的帝国在 3 世纪 20 年代都发生了崩溃，尽管罗马帝国挺了过来，但日耳曼移民填补了死人留下的真空。

自从帝国存在以来，人们就在跨越边境，大多是年轻人，为了在富裕的帝国内部寻找打零工的机会，或者出售北方的商品以赚取利润。大多数时候，这让所有人都受益。然而，当有抢劫的机会出现时，无论是罗马居民还是移民，都不会对相互动武大惊小怪。因此，边境地区是个不安宁的地方，绥靖也就成了军队的主要任务之一。总的来说，农民、外来工人和士兵相处得还不错，但当军队失去控制时，就像3世纪时那样，局面就可能会突然崩溃。雇主可能变成奴隶贩子，把自己的工人卖为奴隶；寻找工作的人可能会变成强盗，洗劫不设防的村庄。如果情况变得足够糟糕，整个家族甚至整个部落都可能会迁来窃取土地。

从2世纪60年代起，就不大可能有任何移民主观上试图推翻这个帝国了。然而，如果一个皇帝想保住自己的皇位并保持稳定的税收，就需要定期派出足够强大的军队，赶走捣乱分子或迫使他们就范。这就产生了一个全新的问题：一支强大到足以完成这样的任务的军队，也强大到足以使其指挥官倒戈，进军罗马，为自己攫取王位——一个又一个将军正是这样做的，使帝国一次又一次陷入内战。在235—284年的49年间，罗马共产生了43位统治者。瘟疫杀死了一个，日耳曼人杀死了第二个，复兴的波斯帝国杀死了第三个（把他关在笼子里好几年后，剥了他的皮，挂在了都城的墙上），造反的罗马人杀死了另外40个。

不列颠处于一切的边缘，因而避免了最严重的暴力，但在260年，一群高卢将军认为他们可以比中央政权更好地保卫自己的行省，驻英国和西班牙的军队加入了他们。帝国在274年将哗变的军队慑服，然而驻不列颠的军官在276年再次反叛。6年后，当他们的首领被毒死后，他们的决心崩溃了，但在286年，不列颠尼亚第三次宣布了独立，并坚持了10年。从260—296年的36年中，不列颠只在帝国内部待了6年。

3世纪的这几次反叛与布狄卡起义大不相同，都是由非英国人的将军领导的，他们反对的不是来自欧洲大陆的统治，而是无效的统治。英国人会问，如果罗马的皇帝们更关心莱茵河到多瑙河的边界，而不是遥远的西北地区，为什么还要把英国人的钱不断地寄给他们呢？2016年，一些记者从286年的事件中为英国"脱欧"派言论找到了回声，但这种类比实际上很不恰当。欧盟是一个由自愿参与者组成的联盟，成员国只要决定退出就能退出（即使它们因此将自己置于旷日持久的法律折磨中）。然而，罗马是一个帝国，当臣民试图离开时，罗马会杀了他们，烧毁他们的家园，把他们的家人钉在十字架上或卖为奴隶。武力使286年与2016年完全不同。

正因如此，当卡劳修斯（一位新近从今天的比利时被派到不列颠尼亚的舰队司令）于286年夺取政权后，他坚称自己并不是真正反叛。他说他是将纳税人的钱留在本地并用于保障他们的安全，他只是在保护西北部，而他的"兄弟们"（他放肆地这样称呼罗马皇帝）则在照看欧洲大陆。没有人相信他的话，但都能想到反叛者肯定要这样说。

很少有古代作家提到卡劳修斯，但那些提到他的人说，他最大的问题——实际上，也是他被派到英国的最初原因——是这个行省现在面临着一种新的来自海上的安全威胁。两个世纪以来，帝国给英国提供了一道坚固的外护墙。通过控制从直布罗陀到莱茵河河口的整个欧洲大陆海岸，使英国的海岸远离了日耳曼侵略者的攻击范围，因为日耳曼人的船不太可靠，无法直接穿越北海。虽然皮克特和爱尔兰海盗人数众多，但一支小小的罗马舰队就足以威慑他们了。然而现在情况变了。考古学已经揭示，今天德国和丹麦北海沿岸的人们——后来被称为盎格鲁人、撒克逊人和朱特人，尽管我们不能确定他们在3世纪时如何称呼自己——建造了更好的船（图3.10）。他们的结实的新船把北海的南岸变成了像英吉利海峡一样的通道，使不列颠尼亚的东海岸暴露出来，既可用于偷袭，也可用于贸易。英国故事上演的舞台在不断扩大，在接下来的几个世纪里，新的角色将不列颠尼亚从以地中海为中心的旧轨道上拖出，使之进入了北海一带的新轨道。

图3.10 北海的海盗？尼达姆2号，1863年在日德兰半岛发现的一艘长20米的船。根据树木年轮测定，可追溯到4世纪第二个10年，现陈列于德国的戈托夫城堡。船上能搭载大约30名船员。重叠的船板可能使它适于海上航行，能够穿越北海到达英格兰东海岸

资料来源：Creative Commons, Andree Stephan

20世纪晚期的历史学家通常认为，古代作家夸大了人口流动性上升的规模和威胁，但当时的皇帝肯定认为他们需要做出回应。到了250年，罗马将多佛尔海峡两岸的防务重组在一个单一司令部的指挥下，称为撒克逊海岸。沿海小堡垒被大而坚固的新堡垒所取代。新堡垒能够在持续的围攻中坚守下来，同时还配有瞭望塔，可以在袭击发生前发出预警。在海上拦截敌人希望仍然渺茫，但如果（或者更现实一些）当日耳曼突袭者登陆时，这些据点至少可以牵制住他们，直到以布洛涅为基地的新的联合舰队被调过来，从背后打击他们。

卡劳修斯在286年被派去指挥的就是这支部队。他的工作做得非常出色，以至皇帝变得贪婪起来，要求从俘获的海盗船上获得更大份额的战利品。卡劳修斯拒绝了，皇帝下令处死他。于是，毫不奇怪，卡劳修斯造反了。但是，造反之后，他继续做他的工作，把英国纳税人不再送往罗马的白银，花在建造新船上，甚至在撒克逊海岸上修建了更大的堡垒（图3.11）。很能说明问题的是，他在加的夫到兰开斯特之间也修建了海岸城堡，因为爱尔兰海上的皮克特和斯科特海盗也像日耳曼海盗一样，越来越胆大妄为了。后来有一位作家提到过由装备着40支桨的巡逻船组成的一支海岸警卫队，船帆、海员服和索具

图3.11 做最坏的打算：波特切斯特罗马堡垒高大的城墙和瞭望塔。我们今天看到的大部分建筑都是11世纪建造的，但利用了罗马人在290年左右打下的地基。"D"形的瞭望塔是典型的罗马晚期建筑

资料来源：Creative Commons

都采用了绿色迷彩伪装，这可能也是他的创造。

像3世纪的所有其他反叛者一样，卡劳修斯最终也失败了，然而当罗马在296年重新控制了不列颠尼亚后，很明显，旧的做法已经行不通了。战略家们断定，如果撒克逊海岸和哈德良长城在抵御袭击者方面都靠不住的话，那么唯一的选择就是深度防御了。传统上沿边境集结的军团撤走了，代之以当地招募的小规模民兵部队。他们的任务不是赢得战役，而是起减速带作用，拖延袭击者，直到作为纵深预备队的机动野战军（大部分是日耳曼人，大部分是骑兵）能像驻扎在布洛涅的舰队一样策马驰援。

对不列颠尼亚来说，影响是巨大的。驻军缩减了一半，使得那些靠供给军队而致富的商人大难临头。那些留下来的士兵，大部分是本地人，需要的葡萄酒和食用油不像以往的移民军人那么多。商人和金

融家纷纷破产，消除了英国城市存在的大部分必要性。工作没了，城里人又回流到乡下。250—300年，伦敦2/3的建筑都被废弃了。

在约克和林肯，旧的内城区同样变成了贫民窟。城市便利设施（浴池、高架水渠、教堂、剧院）被遗弃，甚至被拆除了。在罗克斯特，教堂在300年左右失火后再未重建。锡尔切斯特的教堂变成了铁匠铺。在圣奥尔本斯，剧院大约在同一时期进行了翻新，但不久就变成了垃圾场。200年，不列颠尼亚有15个大型公共浴池，300年时只有9个还开着，400年时就一个也没有了。

这摧毁了旧的军事-城市联合体，但这种破坏是创造性的。此前，身为移民的士兵和专业人员将大部分薪饷寄回欧洲大陆购买进口商品，但现在，身为本地人的士兵和海员将他们的现金花在买当地的羊肉、黄油和啤酒上。这使得4世纪对只有一两千居民的小镇来说，成了黄金时代。制造商们逃离了江河日下的城市，在小镇建立了作坊，不仅向军队和城市供货，而且服务于惠顿这样的农庄。农民没有多少钱可花，但他们有将近400万人。到360年时，不列颠尼亚的农业发展得非常好，该省成为帝国的粮食净出口地。小镇工匠和小店主通过向农民出售本地制造的价格便宜但和罗马的一样的陶器、屋瓦、工具和铁笔而致富。公元300年后，那90%以上的乡下人也终于日渐富裕。

富人（或者更准确地说，暴发户）也越来越多。他们找到了新的赚钱方法，利用大多数人支付的租金和税收获利。有些人买下了废弃的整个城市街区，把它们变成了游乐场。他们通过在封闭的社区建造私人浴室和剧院，以及越来越奢华的别墅，实际上将曾经的公共设施私有化了。这看起来像是深思熟虑的选择。一方面，随着制造业离开，城市不再创造财富，富人们觉得没必要在公共设施上花钱了。另一方面，一些精英开始将公共浴室和拱廊视为令人生厌的旧生活方式的残余，而旧生活方式这时正遭到从东南向西北席卷欧洲的最新伟大创新（基督教）的横扫。

当然，早在43年罗马入侵不列颠之前，中东地区就已经有基督徒了,但福音传播得很慢。英国基督徒最早被提到是在公元200年以后,而英国的第一位圣徒奥尔本,可能直到305年才殉道。313年,基督教合法化后,事情变得容易多了。就在第二年,不列颠尼亚派出了3名主教和1名牧师到高卢参加会议;但即便如此,直到4世纪晚期之前,关于英国基督教的明确的考古证据仍然极少。直到380年,英国才产生了一个土生土长的异教徒——这是进入基督教圈子的真正标志,然而就连这个人也很快离开了,奔向了前景更光明的意大利。

不过,这种模式可能正是我们应该预料到的,因为早在《圣经》传到英国海岸之前,英国人就对来自欧洲大陆的宗教表现出了犹豫。回想1979年,我第一次在一座罗马神庙里挖掘的经历就很典型。我的大学课本告诉我罗马庙宇应该是什么样子的,但伯明翰附近科尔斯希尔的这个发掘点,却不是这样(图3.12)。★古典比例和大理石圆柱根本无迹可寻。实际上,我们什么都没发现。这座看起来很不像罗马风格的方形神庙,就连地基上的石块都在中世纪被挖出,运走另作他用去了,只留下空空如也的"强盗壕",那里曾经是堵墙。这一季最激动人心的时刻,居然是工头的狗在神庙的中央开始了自己的挖掘。

基督教传入英国的速度很慢,在农村地区那90%以上的人口中的传播速度尤其慢。在早期基督徒中,"*pagani*"(异教徒)一词是从拉丁语"*pagi*"(农民)一词派生而来的,这并非没有原因。然而,多塞特郡庞德伯里的一座埋有1 200人的4世纪晚期大型公墓,表明基督教最终还是来了。墓中充满了常见的令人痛苦的细节——一半的人没活到5岁就夭折了,其余的大部分不到40岁,男人们因常年挖掘和推犁而感到疼痛,女人们则因膝盖过度劳累而近乎半残。庞德伯里墓中几乎所有的人都又矮又瘦,体内都有蛔虫。但让这些病弱的人们变得意义重大的,是其坟墓的单调呆板。在公墓的一些区域,所有的人

★ 我要再次感谢伯明翰大学田野考古队和发掘队队长马丁·卡弗教授,承蒙他们给我这个机会,并且不遗余力地教我如何挖掘。

图3.12　非典型：伯明翰附近科尔斯希尔的2世纪神庙

资料来源：根据考古学家马尔科姆·库珀的复原，由米歇尔·安吉尔通过想象而绘制

都仰面平躺着，排成整齐的行列，头朝东，几乎没有任何陪葬品。优秀的基督徒就应该是这样去见上帝的。并不是所有埋葬在庞德伯里的人都遵循这一规则，有些人显然仍是顽固不化的异教徒，但即使在远离潮流中心的这些地方，许多失去亲人的家庭也遵循着罗马或迦太基盛行已久的时尚。一些人甚至采用了极端的基督教仪式，用灰泥把棺材包裹起来，无意中把死者保存得非常好，以至我们甚至可以看到他们是如何打理头发的——男人的头发长长地留在背后，向前梳着刘海（一位老先生把头发染成红褐色，然后梳到了秃顶处）；女人则梳着精致的卷发、辫子和盘发，最花哨的发式肯定需要女仆帮忙完成。

到350年，那90%以上的人的身份认同，也终于变成了欧洲人。我们甚至可以像历史学家罗宾·弗莱明在她的杰作《罗马之后的英国》中所说的那样，认为不列颠尼亚"在4世纪时，已经像地球上任何其他地方一样罗马化了"。[29]

百夫长之歌

然后，突然之间，一切就全变了。罗马时代的英国不是伴随着呜咽寿终正寝的，而是在一声巨响中轰然倒下了。在360—410年的半个世纪里，英国的城市废弃了，工业崩溃了，财富蒸发了。这一次的破坏没有任何创造性。不列颠尼亚最终无可挽回地退出了罗马世界。

在4世纪50年代，当马什菲尔德的小农庄主人一边忙着把农庄面积增加两倍，一边继续享用牡蛎的时候，英国的铁产量开始急剧下降。铁这种东西，平时无人在意，直到我们一下子一点儿都没有了。有一次，我在希腊进行发掘时，我们工具棚的钥匙忽然找不到了，而从发掘季一开始，工具就全锁在那个棚里。在没有钢制工具的情况下想要快速翻动被太阳烤干的土壤，让我们充分领教了金属的好处。我们的问题第二天就迎刃而解了，因为钥匙是找到了，但在4世纪的英国，问题可没这么容易解决。铁越来越少，生活越来越艰难。弗莱明注意到，即使是不起眼的铁钉，"在4世纪70年代也变得稀罕起来，到了4世纪90年代，棺材用的铁钉和带钉的靴子都没有了，于是英国人经常在泥泞中滑倒，亲爱的人死了，就直接埋进冰冷而坚硬的土里"[30]。

青铜器和银币在公元350年后也变得稀少起来，已知的最后例子可以追溯到402年。到那时，就连陶器（古代相当于塑料）也已经从不列颠尼亚的大部分地区消失了，因为烧窑倒闭了。对考古学家来说，这是一个真正的麻烦，因为我们要依靠陶瓷风格来推测古代遗址的年代，甚至是确认遗址。我参观过的第一个考古发掘现场，是1974年左右在斯塔福德的一家名为"红狮"的酒吧的停车场里。令我记忆犹新的是，考古队的领导们在争论，这个被认为是5世纪遗址的地方，是否真的出土了一件绝对属于那个年代的物品。4世纪的英国人制造了大量陶器，以至5世纪的英国人每次挖洞都能挖出陶器碎片来。而由于5世纪的英国人自己制作的陶器很少，我们几乎不可能分辨出遗址中哪些地层是4世纪前的，哪些是4世纪后的。然而，令考古学家头疼的事情，对古代英国人来说却是一场灾难。350年的英国人比以往任何时候都更加富裕，但到了400年，他们的孙辈失去了罗马时期的所有经济红利，就连最基本的商品都没有了。

公元350年前，小镇的工匠们能生产出数以百万计的陶器和铁钉，到了400年，这样的小镇都变成了鬼城。居民们将精力倾注在建造防御墙、护城河和瞭望塔上，而熔炉和陶坊却悄无声息了，下水道淤塞了，房屋倒塌了。据我们所知，公元375年后很少有人建造新房子了，即使真有人盖新房子，往往也是从旧房子（比如科尔斯希尔的神庙）拆石头做地基，拆木材做横梁。

城市的情况似乎最糟糕。这里的防御工事也很兴盛——防御承包显然成了一个行业，但大多数考古挖掘结果表明，郊区在4世纪50年代就已经被废弃了，城市中心在4世纪70年代也废弃了。然而，对此还有些争议。5世纪的历史文献保存下来的很少，关于英国的就更少了，但从君士坦提乌斯的《圣日耳曼的一生》中，我们可以了解到圣奥尔本斯在429年仍然是一个运转中的城市。罗克斯特是有大片区域被仔细挖掘过的唯一城市遗址，450年左右时还有相当宏伟的建筑在建设中。因为这些建筑是由木头而不是石头制成的，所以它们比此前的罗马建筑更难被发现——一个学派认为，这意味着我们只是没有找到公元350年后建造的建筑。

另一个学派认为，并非如此。这派学者虽然承认有一些城市逆潮流而行（比如圣奥尔本斯在5世纪20年代仍有管道供水系统，锡尔切斯特和温切斯特至少还有人居住），但他们看到了一个明确不同的整体模式。一个又一个遗址的挖掘显示，水管堵塞了，破烂不堪的棚屋侵占了曾经整洁的罗马街道，富人逃离了他们的豪宅。考古学家经常记录下，在最后的建筑废墟的正上方，是厚厚的一层他们称之为"暗土"的物质。这个模糊的名称反映了我们对其了解之模糊，尽管其中有时含有通常会在废弃的土地上发现的植物的花粉。约克是公元350

年前最宏伟的罗马城镇之一，那时似乎已经变成了一片沼泽，到处是沫蝉、湿地上繁盛的奇怪小昆虫，以及只在高高的草丛中生活的甲虫。

一个城镇可能瞬间毁灭。记者艾伦·韦斯曼在他的精彩著作《没有我们的世界》中描述了他游览瓦罗沙的经历。自1974年起，塞浦路斯的希腊人区和土耳其人区被非军事区分隔开来，瓦罗沙本是一个旅游城市，在非军事区被困了30年。"平开窗一直开着，来回摇摆，千疮百孔的窗框中没有玻璃。"[31]韦斯曼写道。

> 掉落的石灰石表面成了碎片。大块的墙壁倒塌，露出空荡荡的房间，房中的家具早就不知哪里去了……与此同时，大自然继续着它的改造工程。野生的天竺葵和喜林芋从已无遮蔽的屋顶冒出来，沿着外墙倾泻而下。凤凰木、苦楝、木槿丛、夹竹桃和丁香在已经分不清是屋里还是屋外的角落里发芽。房子被紫红色的九重葛堆掩埋。蜥蜴和鞭蛇在野芦笋、仙人掌和高达两米的草丛里窜来窜去……夜晚，漆黑的海滩上没有月光浴者，取而代之的是筑巢的红海龟和绿海龟。

到了5世纪20年代，伦敦和林肯可能看起来像是更加泥泞、更加沉闷的瓦罗沙，正如考古学家西蒙·埃斯蒙德·克利里所描绘的那样，越来越多的可怜人在寻找空房子栖身，他们在"大片倒塌的房屋中徘徊，这些房屋逐渐消失在杂草和灌木丛中。原本的城墙也不见了，只有隐约的环路还默默地包围着这一切"[32]。昔日精英人士的豪华别墅也没有好到哪里去。4世纪70年代以后，没有新的别墅建起，已有的也已破烂不堪。屋顶漏雨，被淋湿的灰泥碎裂了，房主们只是把腐朽的房间用墙围起来，把整个侧翼的房子让给狗乱窜。公元400年后不久，最后一批大人物也放弃了他们摇摇欲坠的宫殿式别墅（图3.13）。

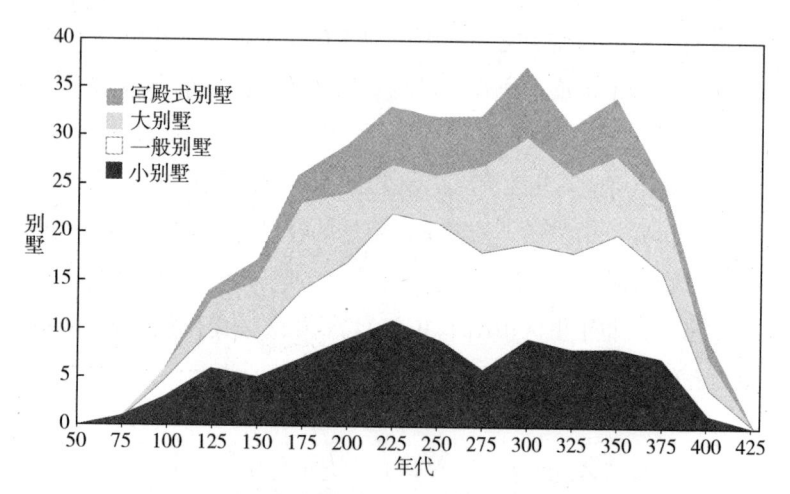

图3.13 乡间别墅的衰败和消失（375—425年）

不列颠尼亚看起来就像是沦为某些古代的波尔布特的牺牲品了。波尔布特曾是柬埔寨的独裁者，他深信城市是资本主义的温床，在1976年命令他的士兵们将所有城市居民驱赶到农村自谋生计。到了1979年，所有的富人和1/4的穷人都饿死或病死了。然而5世纪的不列颠尼亚的情况显然更糟糕：除了所有的富人，超过3/4的穷人都从人们的视线中消失了。已知的农场和村庄（大多数英国人居住的地方）的数量，起初比城市和别墅的数量下降得慢，但公元400年后，这90%以上的人居住的地方也大多消失了（图3.14）。

相反的意见也是可能成立的。正是硬币、精美陶器和砖石建筑，使得早期罗马遗址变得非常容易辨认，因此这些东西在公元400年后的消失，使得后罗马时代的不列颠尼亚在考古学家看来可能比实际情况更像波尔波特时代。富人肯定依然存在，因为尽管我们很难把他们挖掘出来，但少数留存下来的5世纪和6世纪的文献，仍不断地提到他们。然而，要想认为公元360年后的六七代人的生活算不上灾难，还需要很大的想象力。自20世纪70年代以来，历史学家怯于再使用传统的"黑暗时代"这个标签，因为他们不想做出价值判断，但我要承认，我不知道还能怎么称呼这些悲惨的时期。5世纪给不列颠尼亚

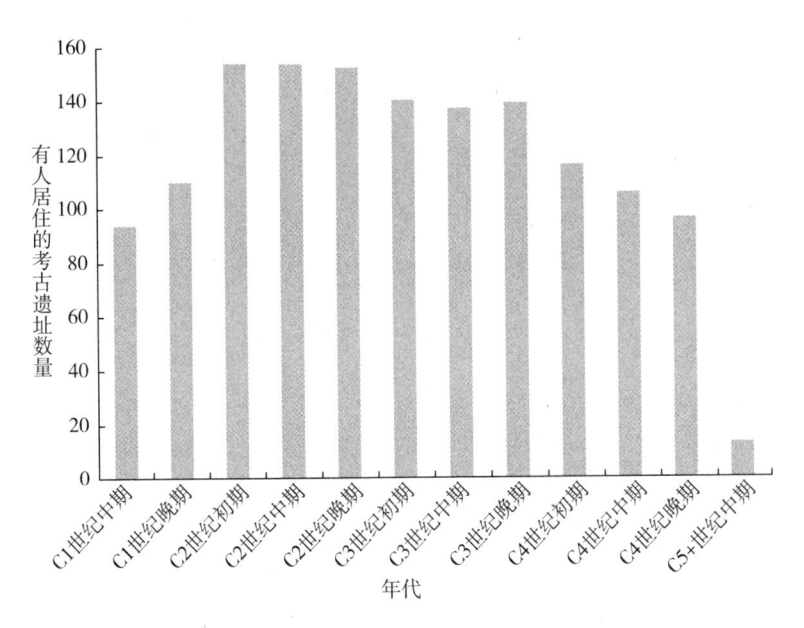

图3.14 黑暗降临：50—450年英国和威尔士乡村遗址的数量，据1969—1996年权威杂志《不列颠尼亚》的报道

人带来了贫穷、暴力和短命。如果这还不算一个黑暗时代，我不知道什么才算了。

那么，到底发生了什么事情？直到最近，对此所做的一种解释，轮廓似乎足够清晰了。英国的故事只是整个西欧的本地版本。自3世纪以来，帝国以外的人口增长速度一直比帝国内部快，在多瑙河、莱茵河和泰恩河以外的社会，人们也学会了更好地组织起来。人口的迁移模糊了人口的失衡，拉动因素（北欧农作物生长期较短，使得南欧变得更有吸引力）和推动因素（更冷的天气迫使游牧民族离开中亚大草原向西迁移，反过来又迫使靠近罗马边境的日耳曼民族向西越过边境）结合起来，共同促使移民进入罗马帝国。罗马人从未想出办法来维护一支军队，既强大到足以控制民族迁徙，又能保证其指挥官不会造反，因此应对如今这局面，便左支右绌起来。378年，在巴尔干半岛遭到官员残酷虐待的数千名哥特移民，消灭了罗马最后一支尚有战斗力的野战军，灾难彻底压垮了罗马政权。410年，哥特人洗劫了罗马城。

这时，本地要人们已经不再等待迟迟不到或根本不来的罗马救兵了。他们自力更生，与移民和强盗作战，与他们达成协议，把税收留在本地。现场主事的人通常是基督教神父。他们挺身而出，是因为教堂往往是唯一仍在运作的大型组织。即便如此，他们也不能挽救一切，饥饿的民众抛弃了城市，长途贸易陷入停顿，导致经济崩溃。混乱既改变了主权，又改变了身份认同，因为帝国变得无关紧要了。476年，一位哥特国王废黜了罗马皇帝，也懒得找人取代他，甚至很少有人注意到这件事。不列颠尼亚离开了帝国，因为已经没有帝国可归属了。

几千年来，思想和制度都是从东南向西北蔓延，如今一股巨大的、缓慢的国家倾圮浪潮却向相反的方向席卷而来（图3.15）。不列颠尼亚是第一个被扫除的行省，它的罗马特征在公元400年后就烟消云散了。高卢在公元500年后紧随其后，意大利、北非和西班牙是在公元600年，巴尔干半岛和安纳托利亚是在公元700年，叙利亚也许还有埃及在随后的几个世纪里也是如此。爱德华·吉本在1781年评论道，这是"一场可怕的革命，它将永远被人们铭记住，并且地球上的所有国家现在仍能感受到"。[33]

吉本的断言持续了将近两个世纪，直到20世纪60—70年代，才被厌恶古代迁徙论的学者们摒弃。专门研究罗马时期的考古学家认为，大约公元300年以后帝国内部开始出现日耳曼风格的墓葬，也许并不代表成群的移民涌来，而是本地人模仿起了日耳曼风格。做"日耳曼人"并不比做罗马人有更多的基因上的联系。身份认同是人们主动构建的。修正主义者也承认，关于日耳曼移民涌过罗马边境，有几十份目击者证言文献留存了下来，但认为这些听起来往往就像是我们这个时代对中美洲移民大篷车或波兰水管工的恐慌一样，属于过度紧张。也许罗马时代的作家也有同样的政治动机。

但是随后就有了同位素分析和古代DNA检测。方法仍待完善，

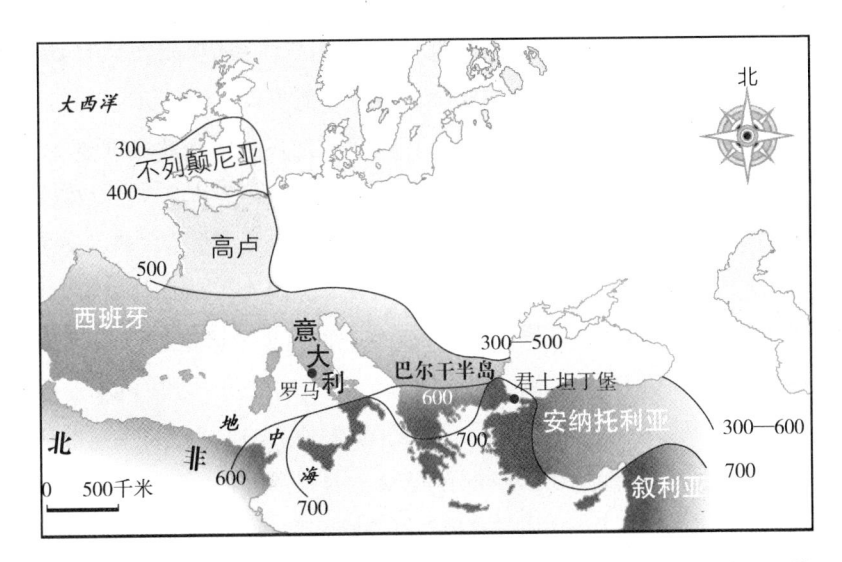

图3.15 风卷残云：国家倾圮的浪潮从西北向东南席卷欧洲，将古典文明的外部边界从大约300年的不列颠群岛推回到700年的中东（当时大部分地区处于伊斯兰教统治之下）。这只是一张草图（无法做得非常精确）

数据仍不稳定，许多解释都是可能的——尽管所有这些通常的限制性因素都考虑到了，但绝大多数研究结果还是表明，大量移民在5世纪和6世纪迁入了罗马帝国，并在帝国内部四处流动。整个民族都在迁徙的旧观点无疑是过于简单化了，帝国内部没有任何两个行省有着完全相同的经历，但尽管罗马目击者有可能误解、歪曲或夸大了迁徙，但他们绝没有编造事实。

从地图上看，关于为什么不列颠尼亚成为第一个垮掉的行省，最明显的解释是，在地理上，它比帝国其他任何地方都更容易受到流动性上升和安全性下降的影响。不列颠尼亚三面都有可能流动的邻居——爱尔兰的斯科特人和阿塔科特人、长城以外的皮克特人，以及德意志沿海的撒克逊人和法兰克人。直到3世纪，当潜在的袭击者开始建造能将大海变成通道的船只时，这种地理上的弱点一直是可控的。即使在那之后，只要精英阶层与罗马的中央政府合作，不列颠尼亚通常也能应付。但问题在于：他们不合作。

151

"不列颠尼亚是一个盛产篡位者的行省。"[34]圣哲罗姆在5世纪第二个10年抱怨道。在306—350年，没有任何英国人叛乱的记录，这恰好与该行省的繁荣时期相吻合，但在那之后，内乱就成了常态。350年，高卢的反叛者将罗马王位献给了驻英国军队的司令官马格嫩提乌斯。马格嫩提乌斯一路杀进了意大利，先杀死了皇帝，然后又被皇帝的兄弟杀死了。马格嫩提乌斯本人并非英国人，但当地的一些精英支持他，于是新皇帝派了一个名叫保罗的官员来铲除他们。"长着一张娃娃脸，但神秘莫测，戒心深重。"[35]当时的历史学家阿米亚努斯·马塞利努斯这样描述保罗。然而，保罗所为"远远超出了他得到的指示，像一条湍急的河流冲向许多人的身体和财物，到处制造废墟和破坏"[36]。当不列颠尼亚的总督发出威胁，说如果保罗不停手，他就辞职时，保罗捏造罪名对他提出了指控。惊恐的总督试图杀死保罗，但失败了，于是总督选择了自杀。

局面失控了，当保罗把受害者们拖到罗马接受酷刑折磨并处死时，英国的精英阶层陷入了混乱。在经过半个世纪的自保安全而不求助大陆之后，360年，英国需要四个团的罗马军队冒着隆冬风暴冲过英吉利海峡，以抗击野蛮人的入侵。他们恢复了秩序，但阿米亚努斯说，还不到四年，侵袭就又开始了。

在罗马人看来，他们最大的优势一向是：边境袭击基本上就是大规模的偷盗。由于窃贼没有荣誉感，小规模的帝国军队就可以通过各个击破战术，打败数量庞大得多的敌人。凭借运气和手段，他们甚至能像公元前3世纪一位中国战略家（中国也面临着一些类似问题）所说的那样，"以夷制夷"[37]：用甜言蜜语和巨额贿赂，挑唆潜在的敌人相互争斗，而不是袭击帝国。但这些招数到了4世纪60年代就不灵了，因为斯科特人、阿塔科特人、皮克特人、撒克逊人和法兰克人都发现了中国战略家所熟悉的第二个原则："远交而近攻"。[38]

1 000年后，苏格兰人根据这一原则建立了一个"老同盟"，利用法国这个朋友，从两个方向攻击英格兰，从而抵消英格兰的实力。英格兰自己也在德意志、奥地利、意大利和西班牙当中寻求盟友，反复采用这一策略来对付法国。不过，这个想法的历史比苏格兰人和英格兰人所知道的还要久远。阿米亚努斯说，367年，撒克逊人、皮克特人和斯科特人形成了一个"蛮族阴谋"，包围不列颠尼亚。他们从三个方向同时发起攻击，民兵们闻风而逃。在南方，法兰克人和撒克逊人杀死了守卫撒克逊海岸堡垒的将军。阿米亚努斯继续写道，他们"抢掠、放火，并屠杀了所有的俘虏"[39]。在北方，皮克特人包围了哈德良长城上的军队，"肆无忌惮地到处游荡，造成了巨大的破坏"[40]。

就在这关键时刻，罗马将军狄奥多西率领一支2000人的部队迅速渡过英吉利海峡，在入侵者洗劫伦敦之前追上了他们。随后，他以典型的反叛乱风格重建了民兵和情报部门，并追捕出没于乡村的武装团伙。阿米亚努斯说："狄奥多西极得人心，以至被大群民众护送到海峡岸边，（……并且）在皇帝的总部受到了热烈欢迎和盛赞。"[41]

历史学家经常认为阿米亚努斯夸大其词了，因为在他写作的时候，狄奥多西的儿子（另一位狄奥多西）已经当上了皇帝。阿米亚努斯显然对细节感到困惑，而且，尽管他口口声声说取得了胜利，局势却每况愈下。没有人喜欢住在城墙外。道路不安全，而且路面也已破烂不堪，百姓正以最快的速度逃离农村和小城镇，贸易也在消失。更糟糕的是，动荡不安越是侵蚀纳税所需要的繁荣，罗马统治者就越不愿意动用他们日渐减少的人力和资金储备，来为一个日益贬值的遥远行省提供安全保障。自然，罗马在保护不列颠尼亚上投入得越少，邻居对不列颠尼亚的掠夺就越多，英国的精英们也就越需为自己打算，越发不认同自己是罗马人。

我们的证据不足——在罗马帝国垂死的日子里，没有多少罗马人在撰写历史，但我们的确知道皮克特人和斯科特人在382年卷土重来了。已有的后备军阻止了他们，但第二年，后备军的西班牙司令官马格努斯·马克西穆斯（一个美妙的名字，在拉丁语中意为"伟大者中之最伟大者"）背叛了皇帝——很可能是他的堂兄弟，并带着他的部下们去了意大利。他在那里送了命，但他带走的部队再也没有回来。

5世纪和6世纪的大多数作家都认为，马格努斯的冒险行动"使英国丧失了全部的士兵……和青春的花朵"[42]。如果他们描绘的图景（一个在持续的动荡中几乎毫无防御能力的行省）接近真实情况的话，那么经济崩溃，或者幸存下来的英国精英人士对漠不关心的帝国失去耐心，也就不足为奇了。从公元402年后罗马硬币彻底消失这一情况来看，罗马不再向留在英国的少量部队发放军饷了。希腊作家佐西莫斯写道，英国人"摆脱了罗马的统治，独立自主，不再受罗马法律的约束"[43]。在406年的几个月里，一个真正土生土长的英国人执掌了政权，结果却被谋杀了。谋杀他的人像马格努斯一样，把剩下的军队带到了高卢，于407年篡夺了帝位。这些部队也再未归来。

当我还是个小学生的时候，我们了解到的关于这些事件的版本，在本质上与《罗马百夫长之歌》没有什么不同。这是一首对英格兰的赞歌，吉卜林借一位407年的人之口唱出了它：

>　　督军，我昨晚得到了消息——我的大队奉命回家
>　　坐船到波图斯伊提乌斯，从那里走陆路去罗马。
>　　我已经让连队上了船，武器都存在了下面。
>　　现在让别人拿走我的剑吧。下命令别让我走！
>　　……
>　　在这里，人们说我创下了名声，在这里，我完成了任务；
>　　我最亲爱的人死在这里，也埋在这里——我的妻子——我的妻子和儿子；
>　　……
>　　督军，我流着眼泪来找你——我的大队奉命回家！
>　　我在不列颠服役了40年。我去罗马做什么？
>　　我的心，我的灵魂，我的思想——我所知道的唯一生活，都在这里。

> 我不能抛下这一切。下命令别让我走！[44]

在一个12岁孩子的眼里，没有什么能将帝国的终结展现得如此生动了，但坦率地说，这首诗与407年的现实并没有多大关系。吉卜林笔下的罗马人、不列颠人、皮克特人和撒克逊人的鲜明反差已经不复存在。一个世纪无休止的流动已经重塑了边境地区的身份认同。与吉卜林描写的意大利百夫长不同的是，开拔而去的士兵多是本地青年，而且，许多人的父母都是爱尔兰人、皮克特人或日耳曼人。这些移民中的一些人应邀进入帝国，在军队中服役以换取土地；另外的人是强行闯入的。英格兰南部大量4世纪的墓葬都和德意志或低地国家本土的一模一样。到了400年，康沃尔、威尔士和苏格兰西部的定居者用考古学家称之为欧甘文字的碑文来纪念死者。墓碑上用一种只用直线的特殊文字刻着古老的爱尔兰名字。

在那个动荡的时代，再坚固的东西也能灰飞烟灭。由于没有中央军队与之抗衡，撒克逊人在408年肆意抢掠了南部和东部海岸。绝望的当地精英乞求罗马人回来，但随着高卢和西班牙陷入混乱，日耳曼蛮族兵已经兵临帝国首都城下，皇帝霍诺里乌斯无暇他顾。佐西莫斯说，410年，霍诺里乌斯"给英国各城市写了信，建议它们注意自身安全"[45]。帝国得出了结论，不列颠尼亚带来的麻烦比它的价值更大。

第4章
"最早的欧盟"
（410—973年）

后殖民地时代的英国

"很久以前，我们与命运有一个约定，现在该是我们履行诺言的时候了。"[1] 1947年，贾瓦哈拉尔·尼赫鲁在领导新独立的印度脱离大英帝国时宣布，"当午夜钟声敲响的时候，世界还在沉睡，但印度会醒来，迎接生命和自由。一个历史上罕见的时刻来临了，我们将迈出旧世界，走向新世界。"

我们不知道410年英国人在离开罗马帝国时说了些什么，但肯定不是这样的话。就连不列颠是否真的离开了罗马帝国都不明确：毕竟，罗马是一个永恒的帝国，尽管曾经离开过很多次，但不列颠尼亚总是会归来。但这回不一样了。410年与260年（或276年，或286年，或350年）的不同之处在于，罗马本身发生了变化。帝国不再为英国提供对抗欧洲大陆袭扰者和入侵者的外护墙了。罗马的后备军再也不能冲过英吉利海峡来拯救英国了，因为高卢已经没有能驰援的罗马人了。很快，帝国本身也将不复存在。

当印度和巴基斯坦离开大英帝国时，它们经历了数月的暴力、数年的迁徙，以及数十年痛苦的后殖民时期重新定位。当不列颠尼亚离开罗马帝国时，同样的一系列灾难持续了整整5个世纪。撒切尔法则仍然有效，一旦罗马提供的外护墙消失，最靠近欧洲大陆的英国东南部将暴露在日耳曼流寇的全力打击之下。安全与繁荣崩溃了，主权和身份认同也被颠覆了。相形之下，英国北部和西部在公元410年后的处境可能比以前好。到了500年，英国东南部与北部、西部在组织和知识方面的不平衡，以非常有利于后者的方式消弭了，以至3 500年以来群岛的重心第一次向爱尔兰岛迁移。

但被地理夺走的东西，最终又恢复了。在5世纪和6世纪与欧洲大陆的接近性曾拖垮东南地区，在7世纪和8世纪又将其振兴了。东南部——在9世纪后通常被称为"英格兰"——加入了一个非同寻常的新联盟，我称其为"最早的欧盟"。罗马处在它的中心，但新罗马与旧罗马大不相同。就监管帝国而言，罗马现在靠的是社会学家所谓的软实力：一种因被尊重和钦佩而产生的力量，而不像古罗马帝国占优的军事和经济硬实力（尽管它无疑也有足够的软实力）。就像现在的欧盟一样，"最早的欧盟"只能支配很小的力量，但可以进行大量的道德劝导。为统治者——罗马天主教大主教们——服务的修士和传教士，不靠杀人和破坏东西来达到目的。相反，他们成立了各种委员会，孜孜不倦地寻求共识，一直讨论到每个人都认为服从（如罗马所定义）上帝的意志比继续争论更好。委员会肯定会让那些拒绝合作的蠢人日子不好过，但他们绝不会召来军团。

屈从于新罗马的软实力，意味着以身份认同和主权换取繁荣、安全和先进，将近1 000年来，大多数英国人显然对这种交易非常满意。不过，这也有局限性。"软实力的问题就在于，"历史学家尼尔·弗格森曾经沉思道，"它太软。"[2]就像现在的欧盟一样，"最早的欧盟"发现对于那些宁愿动手而不愿动口的人，甜言蜜语并不总是适用。这就产生了两种新的动力。第一种是：崇尚暴力的斯堪的纳维亚异教徒对天主教罗马权威发起了硬实力挑战，有时会设法使不列颠群岛这个舞台更多地转向波罗的海，而不是地中海（图4.1）。第二种（通常是对第一种动力的回应）是：岛民最终建立了拥有足够资金和军事力量的

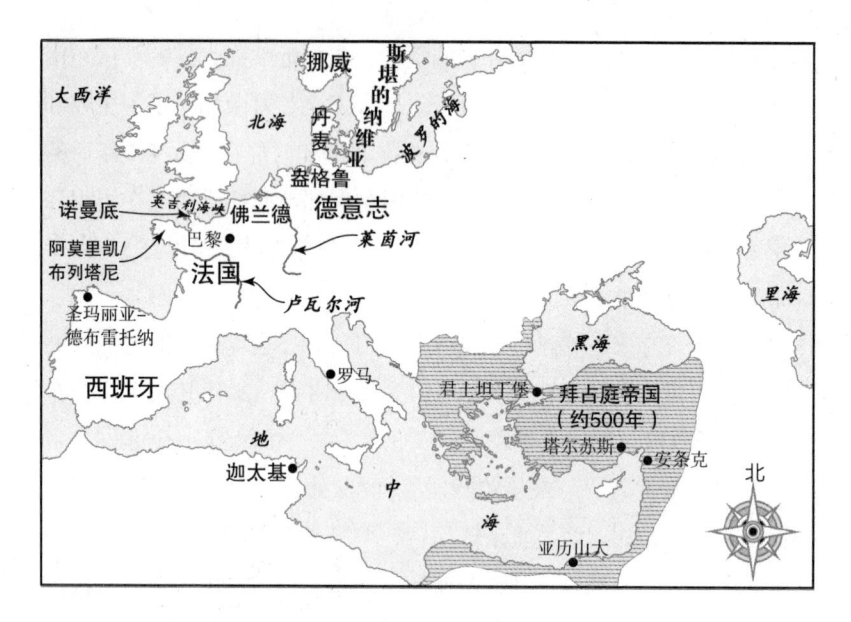

图4.1 欧洲舞台（410—973年）

土著政府，以应对这些挑战。

在7—10世纪，在后殖民时代的废墟中出现了一个新的英国。它由本土国王，而不是遥远的罗马皇帝统治，但从属于以罗马为中心的"欧盟"。在这段时间的大部分，信奉天主教的英国仍然是欧洲的穷表亲，然而，在英国内部，一个再度统一的英格兰艰难地达到了6个世纪以来从未有过的人口、繁荣和安全水平，并前所未有地将克尔特人的土地置于其影响之下。岛民们找到了一种与欧洲打交道，以及彼此相处的新方式。

永恒之王

"唉！我要哀叹的是，一切美好的东西基本上都被破坏了，邪恶却在这片土地上到处滋生。"[3]吉尔达斯在他的小册子《论不列颠的毁灭》开篇就抱怨起来。如果没有这本书，他将是一位不知名的6世纪神职人员。但"唉！"也是现代历史学家在审视吉尔达斯这篇奇怪作品时经常发出的感慨。这本书几乎是关于被罗马抛弃后的不列颠的唯一现存的古代记录，但很难说该如何看待这份文本。这本小册子的4/5都是对《圣经》的评注，甚至当吉尔达斯真正谈到不列颠时，更像是一个旧约先知，而不是一个学者在说话。他把不列颠人塑造成有罪的以色列人和来自欧洲大陆的异教入侵者，是愤怒的上帝对忘恩负义的群氓的惩罚。

吉尔达斯似乎在说，在经历了一系列灾难后，不列颠的上层人士给罗马的最高将军写信（可能是在446年），恳求他率军回来。"野蛮人把我们赶进了大海，"他们在信中写道，"大海又把我们赶回野蛮人那里。我们夹在两者中间，面临两种死法：不是被屠杀，就是被淹死。"不幸的是，随着日耳曼蛮族兵在整个西欧肆虐，以及阿提拉率领的匈人围攻君士坦丁堡，不列颠变得无足轻重了，帝国根本没有回信。

吉尔达斯说，第二年，"不列颠人的首领、骄傲的暴君沃蒂根"认定，唯一的选择是恢复往日的策略：把一个敌人变成朋友，让这个朋友去与其他敌人交战。于是沃蒂根向一对叫作亨吉斯特和霍萨的兄弟提出了交易。两兄弟刚刚带着三艘船从盎格鲁（在今天德国和丹麦相交处形成的三角地带）逃到了不列颠。沃蒂根承诺，如果这两个盎格鲁人能保护不列颠尼亚的其余部分免遭侵掠，就让他们在泰晤士河河口的萨尼特岛（图4.2）安家。亨吉斯特和霍萨同意了，越来越多的盎格鲁人来投奔他们，一直多到沃蒂根控制不了的地步。沃蒂根倒也没太纠结：他爱上了亨吉斯特的女儿艾丽斯，提出将整个肯特地区（图4.3）献给亨吉斯特，来换取与美人牵手的机会。

亨吉斯特接受了，但随后还是跟沃蒂根翻了脸，把他赶到了威尔士的一个堡垒里。吉尔达斯和后来的作家都提到，屠杀与各种神奇和荒诞的事情接连发生，在接下来的40年里，入侵者随心所欲地四处抢劫，并定居在后来（按照盎格鲁人的叫法）被称为"英格兰"的地

图4.2 不列颠舞台（410—973年）

160

图4.3 不列颠舞台上的地区（410—973年）

方。吉尔达斯哀叹道,那些没有被屠杀或奴役的不列颠人,撤退到了北部和西部的"群山、悬崖、茂密的森林里和海上的石岛中"。

多年来,考古学家们大多认为,尽管吉尔达斯的叙述令人费解,但他的书总体上似乎与实物记录相当一致。5世纪英格兰的房屋、墓葬和服饰风格都带有明显的日耳曼特色,有时甚至与特定的地区有关——日德兰半岛的服饰流行于肯特郡,德意志北部的时尚则常见于东安格利亚。即使在4世纪,教堂在考古学上也很难鉴定,而到了5世纪,它们就消失了,男性坟墓里则经常会有非常不符合基督教教义的剑和矛。1922年,第一个挖掘出一个5世纪村庄的考古学家认为,它完全符合吉尔达斯对野蛮入侵者的想象。他总结道:"大多数人都满足于连茅屋都称不上的简陋房子……房顶没多少遮盖物,周围都是肮脏的碎骨头、食物渣和陶器碎片。"[4]一个世纪后,我们认识到牛津郡的萨顿考特尼这处遗址还算不上特别破烂。2009年,系列电视节目《时光分队》的考古学家在这里的茅屋中发现了迄今所知的最大的撒克逊皇家厅堂之一。

然而,从20世纪70年代开始,我们今天熟知的对移民说的质疑浮出了水面。考古学家开始怀疑,那些住在不能遮蔽风雨的茅屋里的人,是否真有可能像吉尔达斯描述的那样征服英格兰。修正主义者认为,也许450年左右发生的真正情况是,一小群衣衫褴褛的欧洲大陆难民,为了逃离本土的暴力,筋疲力尽地爬上了英格兰东南部海岸,试图开启新的生活。英国人绝没有被他们吓破胆,望风而逃,而是在看到这些移民的茅屋后,意识到在后罗马时代的贫穷状态下,不需要铁钉或石制地基的茅屋对他们自己来说也是非常实用的。那些自认为是不列颠人、罗马人甚至基督徒的人的子孙越是像日耳曼人一样生活,他们的说话、穿衣、殡葬和崇拜方式也就越像日耳曼人。吉尔达斯将英格兰背弃上帝的行为神话化为一个关于流动性、主权和安全的故事,但实际上,这是一个关于身份认同和(缺乏)繁荣的故事。

这一理论当然可以解释其中一些证据。以牛津郡的昆福德法姆和贝林斯菲尔德的公墓为例，两处墓地相距仅一千米。前者出现于4世纪，有典型的罗马式基督教陪葬品；后者出现于5世纪，里面全是欧洲大陆异教徒风格的陪葬品。然而，当人类学家观察两个墓地发掘出的牙齿时，他们发现，一整簇基因异常在这两处遗址的发生率相似。这不可能是巧合。2014年进行的同位素研究证实了贝林斯菲尔德的死者是本地人。昆福德法姆的不列颠人显然是原本就在这里没有逃离的人，他们学会了移民的生活方式，生下的孩子成了贝林斯菲尔德的盎格鲁-撒克逊人。

近几年，遗传学家也参与了进来。在这件事情上，他们的结论倾向于折中，既不忽略吉尔达斯的接近当代的说法，又不完全听信他说的话。计算现代英国人血管中流着多少撒克逊人血液的早期努力失败了，因为在过去的15个世纪里，英国人经常来回穿越北海（我母亲的祖先在1860—1910年曾多次往返于荷兰和英格兰），但在2016年，科学家们成功地从5世纪和6世纪的骸骨中直接提取出了DNA。剑桥一带很可能有大量古代定居点，盎格鲁-撒克逊人的基因取代了当地人基因库的38%，肯定没有公元前4200年左右替换了75%那么惊人，更不用说公元前2400年左右90%~95%的替换率了，但意义同样重大。

虽然还需要进行更多的DNA研究，但从我们已有的DNA数据推断，似乎有大约100万不列颠人留在了5世纪和6世纪的原居住地，并融入了盎格鲁-撒克逊人，同时可能另有50多万不列颠人被杀或被赶走。吉尔达斯的确夸大其词了，但现实也足够惊人。可怜的不列颠难民的大篷车纷纷撤退到正分崩离析的罗马帝国的更深处。逃到法国西北部定居的人非常多，以至罗马人原本称为"阿莫里凯"的半岛被改名为"布列塔尼"。科努瓦耶（法语对"康沃尔"的称呼）、多姆诺内（即"都摩尼亚"，"德文郡"的罗马名称）也是因大量不列颠难民涌入而形成的罗马主教辖区。还有一些不列颠人在卢瓦尔河河谷建立了一个王国，在西班牙北部的圣玛丽亚德不列颠尼亚建立了一座修道院。不过，大多数人还是在雨水和泥泞中艰难跋涉，向北逃进奔宁山脉，向西逃进康沃尔和威尔士。

一到那里，难民们就和当地人一起，把古罗马堡垒甚至前罗马时期的山丘堡垒改造成了能容纳数百人的家园。在萨默塞特郡的卡德伯里，即今天的康斯伯里，建成的新家园或许能容纳上千人。在南威尔士，有一块墓碑是纪念一位"格温特国王"[5]的，吟游诗人创作了华丽的威尔士语史诗，讲述身戴珠宝的领主们披着闪闪发光的盔甲骑马狩猎，主持高雅的宴会。在后来成为卡德伯里堡的山丘堡垒里，大人物们在一个木结构宴会大厅里欢聚。这个宴会厅的大小是典型的撒克逊人房子的20倍。他们的酒杯和葡萄酒从君士坦丁堡远道而来。他们在晚餐上淋了地中海橄榄油。一切都像是罗马帝国依然存在。

逃往西部的不列颠人努力维护他们的罗马传承。习惯了西塞罗精练、简朴的散文风格的古典学者们，通常会觉得吉尔达斯的华丽辞藻令人生厌，但吉尔达斯和其他神职人员显然仍在花费多年时间学习拉丁文学风格。一些不列颠人为了维护罗马人身份认同，试图偷盗古墓中的古董花瓶和玻璃器皿来装点自己的餐桌，另一些人则采用罗马头衔或者取罗马名字，以怀念昔日的身份。一个人在墓碑上宣称自己是"圭内斯公民"[6]，就像不列颠人以前吹嘘自己是罗马公民一样。另一个埋在加洛韦的惠特霍恩的人叫拉丁努斯。在康沃尔、威尔士和奔宁山脉发现的450—650年的刻着拉丁文的墓碑超过了200块，比罗马实际统治的那几个世纪的还多。

考古学家经常称这些人为"次罗马人"，他们为保卫自己的王国而奋力战斗。"可尊敬的比德"是一位比吉尔达斯优秀得多的学者，他在8世纪时撰写了《英吉利民族教会史》一书。按照他的说法，日耳曼侵略者在5世纪90年代在单一军阀的统治下联合起来，在6世纪60年代又联合了两次。不列颠人以同样的方式回应。他们的第一位首领的名字——安布罗修斯·奥雷利安纳斯带有鲜明的罗马风格（吉尔达斯称他为"最后的罗马人"[7]），然后，一些作者说，第二位首领就是不朽的基督教国王亚瑟。

亚瑟王是个谜一样的人物。吉尔达斯和比德都没有提到他。他首次出现是在一本非常奇特的书《不列颠史》中,这本书写于830年左右,作者是个威尔士人,通常被称为南尼厄斯。"然后(大约500年),"南尼厄斯的书既没有说明也没有序言,便开门见山地宣称,"宽宏大量的亚瑟王,率领大不列颠所有的国王和军事力量,与撒克逊人作战。"[8]南尼厄斯描述了"一场异常激烈的战斗,亚瑟潜入了巴东山。在交战中,有960人死在他手下,没有人帮助他,只有我主护佑他"。在10世纪,一部名为《威尔士编年史》的史书中补充了这样一个细节,在"巴东之战中……亚瑟王将耶稣的十字架扛在肩上三天三夜,不列颠人取得了胜利"[9]。

奇怪的是,在巴东战役之后过了11代人,才有作家提到亚瑟王。更奇怪的是,又过了10代人,亚瑟王的故事才大致呈现出今天我们所知道的样子。蒙茅斯的杰弗里是12世纪30年代的幻想家。我们在第2章中已读到他的巨石阵故事。他是第一个提到默林、卡默洛特、朗斯洛和圭尼维尔的私通,以及亚瑟王神奇地转移到阿瓦隆岛等故事的人。虽然南尼厄斯和《威尔士编年史》关于亚瑟王的事只有寥寥几行,杰弗里却用54页(企鹅公司译本)篇幅叙述了他的事迹,其中包括征服半个欧洲。20年后,另一位诗人补充了圆桌骑士和石中剑的故事。到了12世纪80年代,又有一位诗人添加了寻找圣杯的故事。带着挥之不去的失落感和步步逼近的厄运的完整的亚瑟王故事,直到15世纪60年代,也就是亚瑟王时代的1 000年后,才随着托马斯·马洛礼长达525页的《亚瑟王之死》问世。

历史学家通常会发现,写作时间越接近一位国王在世时间的文献,越能说明国王的情况,而随时间推移,文献会遗失。而当这种模式颠倒过来时,我们往往会产生怀疑。蒙茅斯的杰弗里发现了现已遗失的古代文本,其中包括后来马洛礼罗列的所有细节,当然是有可能的。吉尔达斯和比德很了解亚瑟王,只是碰巧没有提到他,或者后来的作家以真事为最初的内核，渲染出了更复杂的故事，也是有可能的。还有可能是南尼厄斯时代的威尔士吟游诗人凭空编造了亚瑟，为自己创造了一位适合编排的英雄和笃信基督教的祖先。

除了寄希望于偶然发现亲眼见过亚瑟王的人的记述，很难知道究竟什么样的证据能解决这一争论，但发现目击者记录是根本不可能的，不过1998年，在廷塔杰尔（按照蒙茅斯的杰弗里的说法，这里是亚瑟王的出生地）的发掘中，确实出土了一些相当引人注目的东西。有一块很小的石头，是6世纪的，大致用拉丁文刻着短语"patern-coli avi ficit artognou"，意思可能是"Artognou，Patern（us）Colus 的后人，制作了这个"（或者是"让别人制作了这个"）[10]。Artognou 来自凯尔特语，意思是"熊"和"知道"，可以翻译成一个诸如"智熊"一样的人名，并且可以转化为拉丁语 Artorius，再转化为英语就是 Arthur（亚瑟）。发掘者们坚称，这并不能证明一个被传说为亚瑟王的人，就是从廷塔杰尔起家的一位名叫智熊的酋长。这样说是正确的，但话说回来，如果智熊真的是亚瑟王，这就是我们能找到的最接近的证据了。

争论还会继续，但对本书来说，最重要的不是亚瑟王是否真的存在过，而是他代表了什么。我们将在接下来的两章中看到，未来几个世纪里，威尔士、苏格兰，甚至是英格兰的思想家们，都将回溯英雄亚瑟王，宣称他为他们各自想要认同的身份的奠基人，加以利用、阐释，并为之斗争。直到英格兰吸纳了威尔士和苏格兰，成为英国，这场斗争才真正平息。亚瑟王可能是从未存在过的最伟大的英国人。

但亚瑟王不是最伟大的爱尔兰人。在爱尔兰海的另一边，共同祖先的重任落在了一个几乎同样不为人知的5世纪人物帕特里克肩上。帕特里克确实存在过，他写的两篇文章留存了下来，但它们的信息量极小。历史学家托马斯·巴特利特开玩笑说，正是帕特里克发明了"众所周知的爱尔兰传统：'无论你说什么，都等于什么也没说'"[11]。帕特里克出生在英格兰北部，可能是在410年左右，他的父亲是一名次罗马时代官员，大概住在卡莱尔一带。帕特里克16岁时被爱尔兰奴隶贩子绑架，后来在给主人放羊时成为基督徒。6年后，他逃脱了，但上帝给他托了一个梦，在梦里，爱尔兰人呼喊道："我们乞求你，神圣的孩子，回到我们这里。"[12]帕特里克受到鼓舞，回到爱尔兰传教。

专家们对帕特里克故事的每个细节都有争议，但教会的版本说，他在432年回到爱尔兰后，在塔拉斗败了一个异教徒国王和他的督伊德教祭司，然后建立了一个独具特色的爱尔兰教堂。在欧洲大陆，主教以城镇为基地发号施令，然而爱尔兰没有城镇。它的大约50万人口分散在好几千个小酋长手里，每个小酋长只管理寥寥数个环形堡垒。除了一小群自主的传教士——这些传教士带着皈依者的热情，全身心地传播福音——没有人掌控大局。

6世纪，当盎格鲁-撒克逊人统治的英格兰大部分人还是异教徒和文盲时，爱尔兰的修道院成了《圣经》研究的中心。比德说："英格兰有许多人，既有贵族又有平民……为了宗教研究而隐居到爱尔兰。"[13]爱尔兰的传教士同时也以"漫游"的方式反方向流动，带着他们的知识穿越爱尔兰海回到英格兰，启蒙大不列颠岛上残存的基督徒，以及异教徒。最著名的传教士是哥伦巴（爱尔兰语是科拉姆·西莱），他在赫布里底群岛的艾欧纳岛建立了一个修道院，还仿效伟大的帕特里克，于580年与一个皮克特人国王及其督伊德教大祭司抗争。文献记录的缺乏表明斗争并不顺利，但仅仅10年后，另外一位传教士——高隆班开始了一次更加雄心勃勃的漫游，在法国和意大利建立了一系列修道院。

在英国后罗马时代的历史中，再没有哪个世纪像5世纪那样鲜为人知了，但我们可以肯定地看到，帝国的终结改变了不列颠群岛的地理意义。流动性激增，繁荣和安全则滑坡了，旧形式的主权和身份认同解体了。英国东南部被拖离了地中海舞台，依附于其最新移民人口的北欧故土，而克尔特人占据的北部和西部保留（或重新创造）了与消失的罗马世界的强烈联系。记者托马斯·卡希尔将自己讲述这一时期的畅销书命名为《爱尔兰人如何拯救了文明》,的确是有些夸张了,但他说得也有道理。不列颠人和爱尔兰人在这个日渐衰落的帝国最西边,点燃了一盏光彩夺目的明灯。罗马的继承者们在废墟中坚持着,等待亚瑟王回来拯救他们。

罗马归来

然而,亚瑟王没有回来,罗马却回来了,不过它的第二次到来与第一次大不相同。这一次,罗马的先驱者不是恺撒的军团,而是一个名叫奥古斯丁的意大利传教士和他的40名追随者。比德在一个流传很广但有些牵强的故事中告诉我们,重新征服始于597年,当教皇格列高利一世散步走过罗马的奴隶市场时,一群"肤色白皙、面容英俊、头发可爱"的小伙子吸引了他的目光。得知他们是异教徒盎格鲁人后,格列高利宣布:"既然这些盎格鲁人(Angle,拉丁语为 *Angli*)有着天使(angel,拉丁语为 *angeli*)般的面容,他们理当分享天堂里天使的礼物。"[14]比德说,又经过一番进一步的文字游戏,这位一语双关的教皇决心将不列颠收回罗马的怀抱。

他不是靠强迫,而是靠说服来做这件事情的。5世纪时,西欧大部分地区的政府都已崩溃,直到6世纪时才缓慢复兴。在此期间,主教往往是唯一能够组织起任何事情的人,尽管不能让军队来执行他们的命令,但他们拥有潜在的更强大的力量:拯救或诅咒人们永恒灵魂的能力。能够让基督徒相信只有他们才能拯救世界,主教们的确都是非凡之人。到500年时,地中海五巨头——亚历山大港、安条克、君士坦丁堡、耶路撒冷和罗马的主教,地位已经在其他主教之上了。他们彼此较劲,也与地方势力如爱尔兰传教士竞争,每个人都着手拯救比其他人更多的灵魂。

阿拉伯人的征服使亚历山大港、安条克和耶路撒冷于7世纪退出了竞争,到了8世纪,罗马和君士坦丁堡之间也逐渐停止了对话。这时，罗马的主教，也就是教皇，已经在西方取得了胜利。教皇们声称，只有上帝才能决定谁是国王，而他们是上帝的代表，该由他们来宣布上帝的选择。诸如盎格鲁-撒克逊人统治的英格兰的众多酋长们试图建立的那一小块主权，罗马实际上也想给自己争取。不仅如此，主教们还非常善于说服军阀：只有教会才能拯救他们的灵魂。结果是各种团体的大量财富都作为吸引神青睐的甜头，落入了意大利教士们的手里。甚至在公元500年之前，占据了旧罗马高卢大部分地区的法兰克国王希尔德里克抱怨："我的国库总是空空如也。我们的财富全都落入了教会手中。除了主教，任何人都没剩下任何权力。没有人在乎我这个国王；所有人都向城市里的主教俯首帖耳。"[15]

对那些想当国王的人来说，这听上去像是笔赔本买卖，然而加入罗马主导的"欧盟"还是有吸引力的。就像21世纪的欧盟一样，6世纪的罗马并没有军事和经济方面的硬实力，但其教义的基本美德赋予了它各种软实力。罗马提出了交易条件：国王们让渡一部分主权，作为回报，他们将获得另一种主权，因为只有获得罗马认可的国王看上去才是合法的。受到唯一真正的上帝加持的统治者，能够利用可追溯到罗马帝国的神圣传统；而不这样做的人，将被抛入黑暗的化外之地。对那些仍在努力摆脱军阀混战、想当上真正国王的勇士首领来说，这是一个诱人的提议。甚至像希尔德里克凶残的儿子克洛维这样信奉实用政治的统治者，也能看到如果处理得好，皈依会有回报。他臣服于罗马，然后利用新获得的正统性，将法国变成了继罗马帝国之后西方最大的王国。法兰克王国和英格兰南部之间的不平衡迅速增长，直到公元前1世纪发生的事情重演。克洛维的后代也声称对英格兰南部拥有王权。英国的酋长们则争先恐后地自立为王，起而抵抗。

其中最成功的是埃塞尔伯特，肯特的一位令对手闻风丧胆的勇士，他当时正试图说服更多的英格兰人向他屈膝。6世纪80年代初，他迎娶了法国基督徒公主贝莎，以表明自己的特殊身份。贝莎不仅把埃塞尔伯特与法兰克统治家族联系起来，还把一位正宗的欧洲大主教带到了肯特郡。这位大主教大概是在迁徙到英格兰的法兰克工匠的帮助下，将埃塞尔伯特的都城坎特伯雷外的一处罗马废墟，改造成了圣马丁大教堂。这可能是近两个世纪以来英格兰建造的第一座全石制建筑。

奥古斯丁的传教队伍于597年径直投奔埃塞尔伯特。埃塞尔伯特接受了教皇的提议，使自己成为像法兰克国王一样正统的国王。奥古斯丁继续前进，来到了埃塞克斯（以定居在那里的"东撒克逊人"命名）。那里的国王也皈依了，在大部分已废弃的罗马时代的伦敦废墟一角为圣保罗建造了一座木制教堂。然而随后，传教的速度减慢了：奥古斯丁离欧洲大陆越远，当地的国王就变得越谨慎。当他于603年到达威尔士时，遭到了已经是基督徒的不列颠人的坚决抵制。在博学的爱尔兰修士的支持下，威尔士人认为没必要由意大利人来告诉他们上帝想要什么。

奥古斯丁还发现，国王们有个坏习惯，就是在罗马发布的信息中挑拣他们喜欢的部分，甚至在适合的时候退出基督教联盟。肯特国王和埃塞克斯国王于616年双双去世，他们的儿子们都回归了自己的旧神，而奥古斯丁惊慌失措的继任者曾准备彻底放弃在英国的使命——直到圣彼得在梦中来到他身边，鞭挞了他，才把他的恐惧驱走。按照比德的说法，受到惩罚的大主教"一大早就去找（埃塞克斯）国王，撩起自己的长袍，给他看了鞭痕。国王大为震惊……他禁止了所有的偶像崇拜，放弃了非法的妻子，皈依了基督教信仰，并接受了洗礼。此后，他竭尽所能地促进教会的利益"[16]。关于盎格鲁-撒克逊人的最著名的考古发现——萨顿胡陪葬船，很可能反映了另一位国王对《圣经》的摇摆不定。1939年发掘该遗址时，酸性的沙土早已溶解了埋在这里的尸体，但挖掘者确实发现了一艘木制战船腐烂的船体留下的发黑的沙子和铁铆钉（图4.4），以及其上一些令人惊叹但也令人费解的陪葬品。有些无疑是基督徒用品，比如一对洗礼用的银匙，一把上面刻着"保罗"（*Paulos*），另一把上面刻着"扫罗"（*Saulos*，两个名字都是《圣经》中对圣保罗的称呼）；但也有一些物品显然不是基督徒使用的。与银匙一起发现的华丽头盔、锁子甲和剑，不应出现在一个敬畏上帝的人的墓里。这些陪葬品周围（20世纪80年代被更细致的发掘者发现的）殉葬的人，就更不应该出现了。

图4.4 历史的阴影：1939年，发掘者正在陈列从萨顿胡1号墓中发现的铁铆钉和深色沙子。这些都是7世纪20年代一艘约28米长的船在酸性土壤中的残存物。这座墓中（可能）葬有东安格利亚国王雷德沃尔德的遗体。他是一个摇摆不定的基督徒

资料来源：Creative Commons，由Harold John Phillips（1939）拍摄

进口的硬币确定了这座墓的时间是在7世纪20年代，大多数历史学家认为这是雷德沃尔德的墓。他在那些年统治着东盎格鲁人，而且的确在对待基督教的问题上自相矛盾。比德说，雷德沃尔德"在肯特开始了解基督教信仰的奥秘"，然后"被他的妻子和某些邪恶的老师所诱惑"[17]。从此以后，"他似乎既侍奉基督，又侍奉他以前侍奉过的神"[18]。

然而，雷德沃尔德要算仍然三心二意的盎格鲁-撒克逊国王中的最后几位之一了。每当一个统治者开始信仰耶稣，对其他人来说，追随这个榜样的好处就像滚雪球一样又大了一点。只有基督徒国王才能

迎娶其他基督徒国王的女儿,只有基督徒国王才能利用教会蓬勃发展的财富和外交网络。圣徒(最终得以封圣的7世纪最杰出的基督徒)获得了足以推翻国王的影响力。历史学家詹姆斯·坎贝尔认为,选错了边就"相当于遭到巫医的诅咒"。[19]有些国王对耶稣太过热情,以至皈依后退位做了修士,这虽然对他们自己的事业不利,却振兴了其继承人的事业。大多数君主都在公元650年之前皈依了基督教,而那些顽固不化的君主发现自己被所有重要的会议和婚姻拒之门外。最后一位异教徒国王在怀特岛改变了立场。

英格兰就这样逐渐加入了"最早的欧盟"。它的国王们用部分来之不易的主权,换取了一个更大、更成熟的俱乐部的成员资格。事实是,7世纪的国王们需要教会。随着德意志和丹麦的人口增长放缓,移民数量也在下降,这使得当地的酋长们除了互相争斗之外没有别的人可以对抗了。随着战争的胜利者吞并了失败者,他们扩大的王国开始需要能写会算的行政人员,而这样的人才只有教会才能培养。

在更远的北部和西部,我们也看到了同样的进程,只是规模小了一些。爱尔兰最大的酋长们将较小的领主们聚拢在一起,分别以阿尔斯特、伦斯特、芒斯特、康诺特和米斯为中心,形成了后来的"五分天下"。尤尼尔家族甚至利用其对塔拉的控制,宣称对整个爱尔兰拥有至高无上的王权,不过没有取得明显的成功。一个生动的诗歌传统围绕着战争、抢牛和阴谋宴会发展起来,主人公有梅芙女王、库丘林和"九人质的尼尔"等。可惜的是,这些故事很可能像亚瑟王史诗一样,都是凭空想象的。有血有肉的爱尔兰国王似乎平淡无奇得多,他们担心与像阿尔马这样的修道院学者合作,甚至担心自己成为修道院院长,而不是去偷牛。

威尔士和北方的统治者似乎有和爱尔兰统治者相似的忧虑。最近在阿伯丁郡的莱尼的考古发掘表明，皮克特人的酋长正在建造越来越复杂的堡垒，并用真人大小的雕像装饰他们的坟墓。文献资料显示，只拥立单一的皮克特至高王的观念，在公元600年前越来越受欢迎。在同一年，后罗马时代威尔士的7个左右小酋长国，萎缩到只剩下圭内斯和波伊斯了。

政府这种组织形式在英格兰比在英国北部和西部发展得更快，主要原因之一是法兰克王国重新建起了古老的欧洲大陆外护墙，在600年左右将英吉利海峡的法国一侧置于其控制之下，在680年左右又控制了莱茵河河口。侵掠和移民这时或多或少地停止了。由于法兰克人忙于相互争斗，无暇殖民或征服英格兰南部，盎格鲁-撒克逊人的王国得以发展得比它们北部和西部的对手迅速得多。

在中断了3个世纪后，贸易又重新兴旺起来。像众多其他事情一样，复兴始于法兰克王国。在那里，繁忙穿梭的小船从来没有真正停止过沿着海岸和河流运送谷物、葡萄酒、陶器和金属制品。雄心勃勃（或者说铤而走险）的船长们也开始穿越英吉利海峡碰运气，从哈姆威克（即今天的南安普敦）到伊普斯威奇的海滩上，非正式市场如雨后春笋般发展起来。自罗马人离开后，伦敦地理位置的优越性愈发明显了，到750年时，已经吸引了数千人回到这里。人们避开了罗马时代建设的伦丁尼姆的废墟——也许是因为腐朽的罗马码头使河上的船只难以靠岸，沿着今天的斯特兰德路向泰晤士河上游走了近两千米，纷纷在那里开店。那时候，斯特兰德（Strand）正像它的名字所暗示的，还是一片泥泞的小河滩（strand原意如此）。今天伦敦西区的大部分地区，从科文特花园的露天市场一直到牛津街的塞尔福里奇百货公司，很快就挤满了伦登威奇的木屋（即使是现在，也很少有用石头建造的房子）和露天作坊。

这些城镇刺激了英国东南部的经济，而英国的北部和西部根本没有这样的城镇。最富有的撒克逊人首领自从来到不列颠后，通过杀人和抢劫来达到目的。凶猛的勇士签约效忠更凶猛的勇士，当后者当上国王时，会奖赏前者，使他成为领主，赐给他们地产。在不打仗的时候，国王会带着他的队伍在自己的地盘上巡游，吃掉所有的肉，喝掉所有的蜂蜜酒，然后再去下一个地方。这种方式运行得很好，但有一个缺点，就是难以扩大规模。然而，到了650年，市场提供了新的选择。国王或领主不再现身农庄吃尽一切，而是在农庄里安置一个代理人，收取农产品的最大份额，然后去诺里奇或其他类似的市场，换取更耐用的商品。欧洲大陆的商人想要食物和饮料（还有奴隶），把它们带回家乡的城市去销售；盎格鲁-撒克逊的精英人士想要欧洲大陆的装饰品、衣服和武器，以傲视贫穷的同侪。所有人都得到了好处，除了奴隶。

　　国王们还意识到，如果他们在市场上安排武装人员，就可以"保护"在那里交易的每一个人，并就这一特惠待遇向他们收费。7世纪60年代，肯特的国王们在伦登威奇征收10%的税费。到了700年，统治者们又用上了欧洲大陆的另一个新理念——造币，从而使剥削变得更容易。从伊普斯威奇和其他市场挖出的最古老的硬币都是进口的，但国王们发现了新机会，通过铸造自己的货币并要求商人们使用来攫取利润。757—796年统治英格兰中部的麦西亚王国的奥法，发行了大约1 000万枚薄银便士。东安格利亚的国王们甚至用传说中罗马创建者罗慕路斯和雷穆斯的形象，来装饰自己的硬币。

　　这使得能阅读、会记录和善组织的人变得非常有用。对国王们来说，幸运的是教会热衷于提供这样的人才——实际上，由于在罗马与克尔特修士们就盎格鲁-撒克逊人是倒向意大利还是爱尔兰所进行的持续争斗中，教士是强有力的代理人，教会提供人才就不仅仅是出于热衷了。拥有雄厚资源的罗马通常占据上风，但爱尔兰人也很善战。有几位盎格鲁-撒克逊国王是在克尔特人的土地上流亡时开始信仰基督的，他们把爱尔兰的行为方式带回了英格兰。635年，来自艾欧纳岛高隆班的克尔特人修道院的传教士来到了英格兰东海岸，在林迪斯凡建起了一座更大的修道院。5年后，他们在哈特尔浦又开了一家修道院。他们的传教士从这些地方出发，走遍了英格兰。

爱尔兰人和意大利人之间的一些分歧，比如修士应该剃掉头上的哪一片头发，现在看起来像是为争论而争论，但其他一些争执——尤其是如何计算复活节的日期——的确是非常严肃的事情。我必须承认，在大多数年份，复活节的来临都会使我感到惊喜，但7世纪的基督徒认为，在错误的时间庆祝这个节日，会危及地球上每个人不朽的灵魂。这个争执最终在664年，在惠特比举行的一次宗教大会上达到了顶点，诺森伯里亚国王奥斯维站在了罗马一边。在接下来的900年里，很少再有人真正怀疑上帝是从意大利来到英格兰的。

教皇抓住了这个机会，派了一位新人西奥多到坎特伯雷整顿英国基督教。西奥多看上去是个奇怪的选择：68岁的他，按照7世纪的标准已经很老了，作为（新近被来自阿拉伯的穆斯林征服者占领的）土耳其塔尔苏斯的一个希腊难民，他似乎完全不适合坎特伯雷这样的边远地区。然而，西奥多是一个令人振奋的选择。他频繁旅行，传授教义，召开会议，最重要的是开办学校。这些学校不仅培养出了像比德这样的文学巨匠，还为国王的账房提供了大批低级神职人员。他们制作的一些文件留存到了今日，以惊人的细致记录了私人财富，其中一份似乎是麦西亚王国的贡品清单。西奥多实际上为盎格鲁-撒克逊国王提供了公务员。和现在一样，当时官僚们都有一种唯唯诺诺的倾向，把他们本应服务的政客变成了利用对象。西奥多的那些手捧羊皮纸的门徒们，比任何人都更有力地确立了这样一个原则：如果罗马派到坎特伯雷的人不点头，任何国王都不具有合法性。

盎格鲁-撒克逊国王用部分主权换取行政能力，使得他们远比前任或同时代北部和西部的统治者更加富足。他们利用新获得的财富做的第一件事，就是招募更优秀的战士。一些历史学家认为，古英语文学中无可争议的杰作《贝奥武甫》为我们打开了一扇可以一窥那个残酷世界的窗户。这篇史诗的文本可能创作于8世纪的英格兰，背景却设在6世纪的斯堪的纳维亚半岛，由一名基督徒来讲述，描写的主人公却是不折不扣的异教徒。这些很难解释，但故事围绕着丹麦国王赫罗斯加展开。他杀人如麻，在木屋大厅鹿宫里和手下开怀畅饮，然而这样田园诗般的生活却被一个名叫格伦德尔的怪物给毁了。赫罗斯加手下没人敢面对格伦德尔，因此他花大价钱雇用了瑞典冒险家贝奥武甫，后者不出所料地杀死了格伦德尔及其更为可怕的母亲。然后贝奥武甫满载战利品回到家乡，统治自己的人民，最后为了争取更多的财宝，与恶龙战斗至死。

还没有考古学家发现龙的巢穴，但在7世纪和8世纪的英格兰，贝奥武甫式的雇佣兵的确大行其道。在他们的帮助下，新兴势力麦西亚和诺森伯里亚将其疆界推进到了低地和高地之间的古老分界线。诺森伯里亚人造船之后更进一步，侵袭了安格尔西岛和马恩岛。但事实证明这一步走得太远了：684年在爱尔兰的登陆行动极不顺利，第二年皮克特人伏击并杀死了国王，消灭了他的大部分军队。像之前的罗马人一样，诺森伯里亚人承认，征服北部和西部是件很麻烦的事情。地理因素又一次发挥了自己的作用，这一次的不平衡大致沿着现代英格兰与威尔士和苏格兰的边界消弭了。

至此，盎格鲁-撒克逊人对与罗马主导的"欧盟"在主权方面的见解改变了英格兰。8世纪80年代，麦西亚国王奥法向一位教皇使节承认，他将"让教士和民众中的长老合法地选择国王"[20]，作为回报，他赢得了支持，得以建立一个达到欧洲大陆标准的王国。自巨石阵以来，英国人或许第一次建造了比欧洲大陆上任何同类建筑都巨大的工程：奥法大堤，一道长200千米，高8米的土堤，还有深2米的沟渠。（我之所以说"或许"，是因为一些考古学家认为它的部分或全部实际上是在5世纪建造的，可能是为了阻止撒克逊人进入威尔士。）特许状上将奥法称为"英格兰国王"[21]。强大的法兰克国王查理曼，在这些年里使他的帝国深入德意志和意大利，不久后也将在罗马由教皇亲自加冕为皇帝。他切实考虑过将自己的女儿嫁给奥法。查理曼不仅没有欺侮奥法，还在信中自称是他"最亲爱的兄弟"。

盎格鲁-撒克逊人来了。尽管仍处于边缘，而且比古代的不列颠尼亚更小、更穷，但麦西亚和诺森伯里亚是欧洲王国共同体中受人尊敬的成员，拥有博学多才的修士、令人生畏的军队和繁华富裕的城镇。不列颠人的舞台又一次延伸到了地中海，英格兰的繁荣吸引了来自更远地方的商人。

就是在这样的情况下，789年，三艘来自斯堪的纳维亚半岛的船驶进了多塞特的波特兰港。"第一批丹麦人的船来到了英格兰人的土地上。"[22]一位编年史作者不准确地描述道（他们实际上是挪威人）。船一靠岸，一名当地的行政官便跑过来，邀请海员们到多切斯特的皇家大厅小坐，大概是想讨价还价，看看国王能从他们的货物中拿走多少份额。但挪威人杀了他。

强盗

人们后来称他们为"强盗"。盎格鲁-撒克逊学者阿尔昆哀叹道："大不列颠岛从未出现过像我们现在遭受的异教种族袭击这样恐怖的事情，也没有人想到这样的侵袭会从海上来临。"[23]阿尔昆这样说，是因为对8世纪不列颠群岛上的大多数人来说，由于法兰克人在欧洲筑起了外护墙，海盗袭扰已经不足为惧。唯一重要的不平衡似乎来自地中海，要将不列颠与"欧盟"绑在一起。然而现在，出人意料的是，挪威人颠覆了战略平衡。

像图4.5所示的这种外形漂亮且几乎不会沉的船，使这一切成了可能。这些船可以轻易穿越北海，在接下来的3个世纪里，使斯堪的纳维亚人能一直航行到中东和加拿大海岸。如果风力良好，一条大船从卑尔根出发，可以在两天后抵达设得兰群岛，然后穿过赫布里底群岛，从北边进入爱尔兰海（图4.6）。一条船只能载三四十名武装人员，但这比普通村庄的战斗力高出了三四十倍。维京人几乎能在任何海滩登陆，抢劫他们发现的第一座村庄，杀死任何敢与他们争论的人。当远处的国王赶来援助时，他们早已远走高飞了。法兰克人筑起的外护墙就这样被摧毁了。不列颠群岛的每一片海岸——实际上是欧洲西北部的每一片海岸——都暴露在强盗的魔爪下。

图4.5 挪威科克斯塔德出土的维京人船的船首，建造于890年左右，能载大约40名斯堪的纳维亚恐怖分子/商人，一直航行到君士坦丁堡或加拿大

资料来源：Colgill, Creative Commons

即便如此，阿尔昆也有些危言耸听了。8世纪时还没多少海盗船，他对少量极端暴力行为反应过度了——我们今天对待恐怖分子的方式往往也是这样，尽管我们知道他们每年杀死的人远远不及车祸致死的人。然而，到了9世纪30年代，侵袭的规模就变得越来越大了，公元850年后，维京人会以数千之众出现，其中一些团伙有能力推翻王国。自那以后，维京人就成了残酷野蛮的典型。西方人现在所说的berserk（狂暴）就来自挪威语。二战中，纳粹将最邪恶的党卫军部队称为

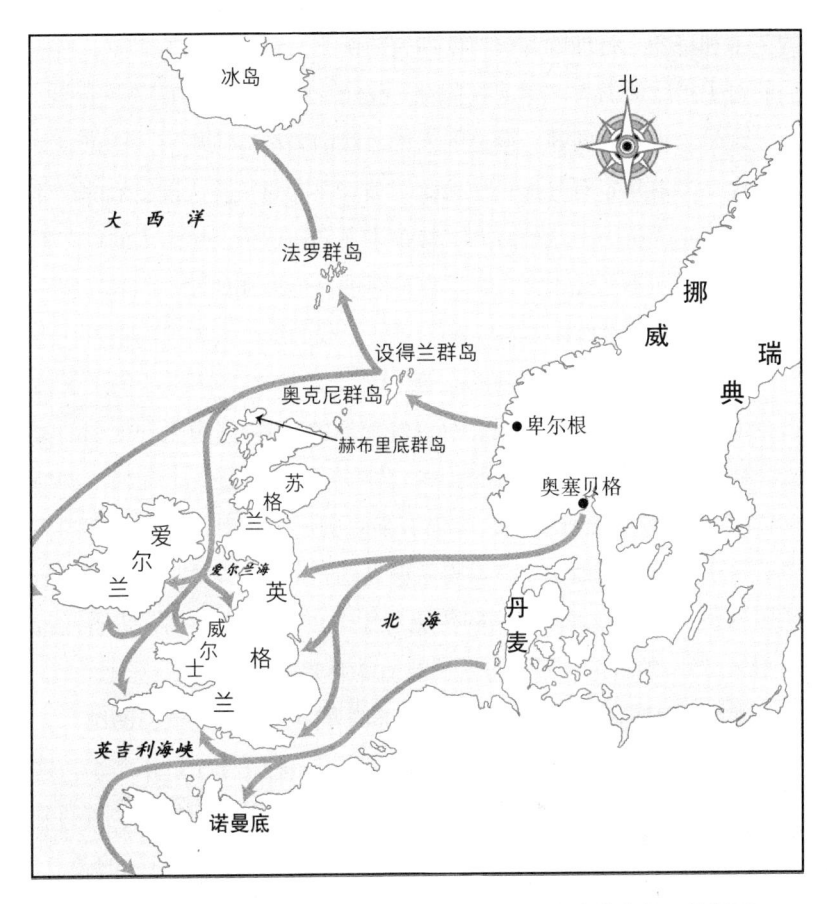

图4.6 被摧毁：9世纪的大帆船使法兰克人的外护墙变得无关紧要

"维京师"。尽管如此，到了20世纪晚期，维京人仍然受到了我们在本书第1—3章中多次看到的那种学术改造。学者们认为他们既不像盎格鲁-撒克逊作家们所宣称的人数那么多，又不那么可怕。争论尤其集中在"血鹰"问题上。有文献记载，这是一种残忍的仪式：维京人用锁链将受害者脸朝下拴住，切下他背部的肉，撬开他的胸腔，然后取出他的肺，披在他的肩膀上，看上去就像一只鹰的翅膀。盎格鲁-撒克逊人的资料断言，他们至少有两位国王是以这种方式被处死的，但修正主义者指出，这只是他们的一面之词。维京人创造了优美的艺术和诗歌，打理着分布广泛的贸易网络，还航行到了美洲。当他们的对手指斥他们为大肆杀戮者时，我们真的应该相信吗？

这是个很好的问题，但总的来说，我们恐怕应该相信。修正主义者认为，考古学家有时太轻易地断定被烧毁的修道院或被肢解的尸体堆都是维京人所为，这是对的。修正主义者还认为，维京人的许多军营太小，容纳不了几十个人，这也是对的。但即便如此，的确有很多被洗劫的9世纪遗址和屠杀坑就在文献记载的维京人摧毁的地方，也有一些维京人的营地的确很大。其中一个是在872—873年的冬天被占据的，在林肯郡的托克西，可以轻松容纳5 000名勇士和他们的家人。DNA测试也增强了我们对一些营地的规模的感受。苏格兰群岛（既靠近斯堪的纳维亚半岛，又没有强大的国王保卫）在挪威人的传奇故事中占有显著地位。在设得兰群岛的贾尔斯霍夫★，挪威风格的长屋取代了皮克特人的多房间传统房屋。DNA研究表明，设得兰群岛23%~28%的遗传物质来自斯堪的纳维亚半岛。

像5世纪的盎格鲁人、撒克逊人和朱特人一样，9世纪的维京人在流动性和力量上享有类似的优势，造成了一种军事上的不平衡，这再次使英国面临被从地中海/基督教轨道拖进波罗的海/异教轨道的风险。在阿尔昆看来，793年从林迪斯凡开始的维京人对修道院的袭击，看上去像是一种蓄意的策略。他们拒绝"欧盟"的软实力，破坏其成就——不过我们也许应当记起绰号为"滑头威利"的美国暴徒萨顿在20世纪60年代被问及为什么抢银行时所说的话："因为钱在那里。"[24]维京人对修道院可能也是同样的感觉。

机动灵活的匪帮在他们的世界边缘恣意妄为，教会和西欧的国王们却束手无策。于是，依照历史悠久的传统，现场的人——地方领主和修道院院长——开始自己动手解决问题。他们不再向中央缴税，而

★ 这处遗址的名字是任何人都可以起的完全斯堪的纳维亚式的，但事实上，它是在1814年才由浪漫主义小说家司各特爵士赋予的。

是把钱花在建立私人武装上。建立已久的王国以惊人的速度瓦解。到了885年，当维京人围攻巴黎时，国王"胖子"查理未能现身解围，就连强大的法兰克帝国也变得形同虚设。911年，他的亲戚"糊涂"查理认定自己最好的选择是买通挪威酋长"步行者"罗尔夫（据说他得此绰号是因为他实在太胖了，骑不了马），把后来被称为诺曼底的富饶之地送给他。

诺曼底将在第5章中占据显著位置，但在故事的这一节点上，它也很重要，因为它转由挪威人控制后，产生了两个重大影响。首先，它取消了法兰克人在欧洲舞台上的主角地位，对英国产生了巨大影响；其次，它揭示了维京人最终将怎样被驯服。无视基督教和欧洲人的共识，对强盗来说无所谓，但当维京人的首领们安定下来享受他们所窃取的东西时，他们就面临着与7世纪的盎格鲁-撒克逊人相同的问题。管理王国需要有文化的行政人员，而这只有教会能提供；斡旋外交协议需要与信奉基督教的王室联姻；而赢得人心则要靠建造基督教教堂和修道院。"步行者"罗尔夫想要保住他在诺曼底达成的交易，实际上唯一的途径就是接受洗礼（他采用人殉，这表明他有时候不理解新信仰的微妙之处）。在硬实力与软实力的这场典型冲突中，维京人明白了，与基督徒一起祈祷，能获得比掠夺他们更好的回报。

但这些都是未来的事情。当下，英国的国王们并没有像"胖子"查理和"糊涂"查理那样屈服，而是向维京人发起了反击——他们也相互争斗，因为对抗斯堪的纳维亚人通常意味着要在大不列颠岛内部巩固更大的王国。在维京人于839年粉碎了苏格兰人和皮克特人的一个联盟后，苏格兰国王肯尼思·麦卡尔平开始打击苏格兰人、皮克特人和不列颠人的其他部落，直到他们加入反对斯堪的纳维亚人的联合阵线。在麦卡尔平统一的阿尔巴王国占领苏格兰高地后，他着手建立一种共同的身份认同。这种身份认同根植于盖尔语和斯昆的一块"命运之石"——相传是几个世纪前第一批苏格兰移民从爱尔兰岛带来的。阿尔巴王国无法将挪威人从奥克尼群岛或设得兰群岛赶走，但维京人

（尽管于876年又获得了一次大胜）也无法摧毁阿尔巴王国。土著和挪威人将共享北方。

爱尔兰岛殊途同归。这里的小酋长杂多而混乱，各种联盟不断转换，使得麦卡尔平这样的人物很难出现，但也使入侵者更难控制局面。即使有一位魅力超群的国王——比如849年将挪威人赶出都柏林的梅尔·塞克奈尔——能够说服各部落合作，统一也持续不了多久。但维京人也分裂了。851年，是丹麦人而不是挪威人夺回了都柏林，从此以后，两个族群就开始了激烈的争斗。虽然无人能阻止北欧人巩固对韦克斯福德、沃特福德、利默里克，尤其是都柏林的占领，但他们在内陆地区也占不到太多便宜。许多维京人认为去冰岛的好处可能比在爱尔兰更大，9世纪80年代后便纷纷到那里开疆拓土去了（线粒体DNA显示，他们通常是带着爱尔兰妻子一起去的）。

威尔士的命运很大程度上取决于爱尔兰。一旦维京人占领了都柏林，威尔士未遭抢掠的修道院就成了诱人的目标。罗德里大帝在威尔士是相当于麦卡尔平和塞克奈尔的人物。他将这个国家的大部分人团结起来以抵御威胁，但当他于877年被麦西亚人杀死后，他的王国就崩溃了（在那个战乱频仍的世界里，每个人都四面受敌）。地名和DNA表明，有大量的斯堪的纳维亚人在威尔士西南部定居，但当维京人从爱尔兰迁往冰岛时，他们中的大部分人离开了威尔士。

收获最丰厚的抢掠发生在英格兰，结果也更富戏剧性。盎格鲁-撒克逊国王们保持着自己的地位，直到865年，一个"伟大的主人"（我们的文献这样称呼他）降临诺森伯里亚。约克于866年陷落，与都柏林一起，加入了一个控制着爱尔兰海两岸的新维京王国。在接下来的5年里，维京人在麦西亚扶植了一个傀儡统治者，推翻了诺森伯里亚和东安格利亚王国，很可能对他们的君主施加了血鹰之刑。看起来这就像是罗马帝国末期情况惊人的重演。贸易停滞，城镇被弃，在维京人控制的土地上，几乎所有的图书馆都被焚毁了。伦敦甚至在被"伟大的主人"于871年占领之前，就已经成了一座鬼城。

维京人一路横冲直撞，在穿过最后一个盎格鲁-撒克逊王国韦塞克斯之后，来到了伦敦。维京人的首领古思鲁姆曾5次击败韦塞克斯的军队，杀死了其国王，并胁迫他年仅22岁、涉世不深的弟弟阿尔弗雷德纳贡，才放他离开。但阿尔弗雷德在他的时代并没有得到和平，维京人的标准做法就是：首先抢劫受害者，其次要求更多，最后，当没有什么可勒索的时候，就窃取土地本身。

阿尔弗雷德在876年和877年又两次纳贡，但到了878年1月，古思鲁姆发出了最后一击。阿尔弗雷德的人逃跑了，国王本人逃到了阿塞尔内的一片沼泽地里。他的传记作者阿瑟尔主教说，在那里，"除了能采集到的食物，他没有别的东西可赖以为生"[25]。这就是形成传奇故事的素材。关于阿尔弗雷德的最著名的故事——当他躲在一个农妇的小屋里时，他烤焦了那个农妇让他看着的面包——正是如此。像亚瑟王的许多故事一样，阿尔弗雷德的故事也是直到国王死后很久才有人提起，然后在讲述中发展了几个世纪，才成了我们今天所知道的样子。

但这是阿尔弗雷德和亚瑟唯一相似的地方了。不列颠人等了将近4个世纪，才等到信奉基督教的亚瑟王从神奇的阿瓦隆岛归来，赶走了异教徒盎格鲁-撒克逊人；然而信奉基督教的盎格鲁-撒克逊国王阿尔弗雷德，现在就从阿塞尔内沼泽杀了回来，驱逐了挪威异教徒。阿尔弗雷德和越来越多的勇士聚集起来，在他们的藏身之处频频出击，一连袭扰了古思鲁姆的维京人好几个月，然后在5月，策马来到埃格伯特石（可能是巨石阵时代的纪念碑式建筑，不过已不知道是哪一个了）所在地。阿瑟尔说："在那里，萨默塞特郡和威尔特郡的所有人，还有汉普郡的所有人——那些因为害怕维京人而没有扬帆出海的人——都和他会合了。当他们见到国王后，都接受了他的领导（这并不奇怪），就像劫后余生一般，他们充满了巨大的喜悦。"[26]阿尔弗雷德的手下豪气干云。两天后，他们在埃丁顿追上了维京人，在用矛和斧面对面地厮杀了几小时后，突破了维京人的防线。古思鲁姆在营地里被围困了两个星期，被迫皈依了基督教并撤退到东安格利亚。

然而，真正使阿尔弗雷德成为"大帝"（图4.7），把他提升到比麦卡尔平、塞克奈尔和罗德里还高的地位的，并不是埃丁顿之战，而是他接下来的行动。他明白北欧人成功的秘诀是机动性。因为维京人能够随心所欲地袭来和撤走，所以对他们的任何胜利都无法成为最终的胜利。如果被打败了，维京人就会扬帆逃走，然而一旦窥到薄弱的迹象，他们就会卷土重来。阿尔弗雷德必须限制他们的行动自由。然而，一些显而易见的选择——重建撒克逊人的海岸堡垒，在斯堪的纳维亚征服出一道外护墙，像现代意义上那样控制海洋，将维京舰队封锁在港口——由于他资源有限，都无法实现。无论在近海还是远洋，甚至在海滩上，他都无法与维京人交战。但是，他可以在田野里、街巷中和山丘上与他们作战，因为他可以在乡间遍布据点。这些自治市镇［burh，是英文现代单词"borough"（自治市镇）的词根］将是真正的城镇，而不仅仅是避难所。它们坚固的城墙通常重新利用了罗马

图4.7 时势造英雄："阿尔弗雷德珍宝"，9世纪晚期的一件黄金、珐琅和水晶饰品，在距阿塞尔内不到5千米处被发现，上面刻着"阿尔弗雷德命人制作"

资料来源：Mrs. Nelson Dawson, *Enamels*（伦敦：Methuen, 1912），after p. 70; Creative Commons

时代的防御工事，而且，仅相隔步行一天的路程，这些自治市镇要么可以迫使维京人停止机动进攻，来包围它们，要么可以在袭击者绕过它们时，作为基地来干扰侵略者并牵制他们。

把城堡建起来，不仅要求阿尔弗雷德是一位杰出的战士，还要求他是一位卓越的演说家。因为他既负担不起建造城堡的费用，也养不起建造城堡所需要的27 000名民兵——这对9世纪的韦塞克斯来说是一笔巨大的数额，他需要说服他的领主和主教们，这些"共同负担"带来的痛苦比维京人统治带来的痛苦小。并非每个人都同意，因为尽管维京人很可怕，但他们仍然是领主们可以打交道的人。维京人统治下的一些城镇，如林肯和斯坦福德，也欣欣向荣。对富人来说，低税收的维京国家可能比高税收的盎格鲁-撒克逊国家更适宜居住，更快活。

> 阿尔弗雷德的天才之处在于，他看出了流动性、繁荣、安全和主权这些问题最终都与身份认同有关。他的臣民必须想要团结一致。他也看到了实现这一目标的方法：他将重塑自己的形象，成为一个独特的基督教国王。"在一切被洗劫和烧毁之前"，他写道，"有很多人效忠上帝"[27]，但是现在，"当我们自己不珍惜知识，也不把知识传递给别人时，我们受到了怎样的惩罚啊！我们只是名义上的基督徒，很少有人拥有基督徒的美德"[28]。

阿尔弗雷德呼吁开展一场知识革命。他想让韦塞克斯的每个人都成为一种新型基督徒，而不是只让少数修士受教育。所有人都必须学会阅读，直接体悟《圣经》；所有重要的基督教文本都必须翻译成古英语；阿尔弗雷德本人则要带头努力。阿尔弗雷德趁热打铁，把与维京人的战争变成了一场圣战，招募欧洲顶尖学者（包括阿瑟尔）来教他拉丁语，从而用自己的话来诠释经典。

阿尔弗雷德比他的时代超前了好几个世纪。在接下来的将近1 000年里，其他统治者甚至想都没想过进行大规模的文化普及。阿尔弗雷德的扫盲运动失败了,但重要的是他的臣民团结起来支持他了。《盎格鲁-撒克逊编年史》中说,到了886年,当阿尔弗雷德夺回伦敦时,"所有的英格兰人都臣服于他,除了那些被丹麦人囚禁的人"[29]。在传说烤焦面包15年后,阿尔弗雷德不仅拯救了韦塞克斯,也已经开始将它转化为英格兰。以前认为自己是肯特人、麦西亚人或诺森伯里亚人的人,越来越多地自称Angelcynn,出自Englalonde一词,意思是"英格兰同类的人"。至少就官方目的而言,韦塞克斯版本的古英语开始取代先前几个世纪各式各样的方言。

9世纪90年代,当挪威人再度入侵阿尔弗雷德统治下的英格兰时,他的自治市镇发挥了作用。像7个世纪前罗马使用撒克逊海岸堡垒一样,他利用自治市镇的城堡使突袭者的速度迟缓下来,同时用船运来预备队,诱捕并击溃敌军。阿尔弗雷德照例投身这项工作,亲自设计了新战船,它比维京船大一倍,能搭载更多的海员。据一份留存下来的记录,他们在896年海岸浅水域的一次战斗中,捕获了所有的维京船,只有一艘侥幸逃走。之后,维京人就不再来了。

当阿尔弗雷德于899年去世时,北欧人仍然控制着英格兰北部,但他比同时代的苏格兰、爱尔兰和威尔士国王更多地扭转了局面。他重新发现了堡垒加船的神奇公式,找到了负担费用的办法,最重要的是,他以一种神圣的英格兰的共同信念,将臣民们团结在自己周围。随着南部和东部海岸日益稳固,他的继任者们将目光投向了北部和西部。他们在陆地上推进自治市镇城堡,在海上建造了上百艘船,并派往了苏格兰北端。当阿尔弗雷德的孙子埃塞尔斯坦于927年夺回约克,打破了使爱尔兰海成为维京湖的都柏林轴心时,韦塞克斯就不仅是在转化为英格兰,而且是在转化为大不列颠了。它承诺/威胁要把不列颠群岛的所有岛屿都置于一人统治之下。

都柏林的维京人、阿尔巴的苏格兰人和北方斯特拉斯克莱德王国的不列颠人都吓坏了,他们搁置了分歧,于937年建立了一个大联盟。结果,在至今未确认地点的布鲁南堡进行的一场大战中,埃塞尔斯坦粉碎了这个联盟。"这座岛上此前从未发生过这样的杀戮,"一位编年史作者写道,"没有,正如我们充满智慧的古书所述,从东方来的盎格鲁人和撒克逊人,在扬帆跨越宽阔的大海登陆以后,就没有过……5位年轻的国王倒在战场上,死于剑下。"[30] 当埃塞尔斯坦在他的硬币上铸下"整个不列颠的国王和统治者"[31]时,只是稍有夸张而已。从温切斯特到都柏林再到斯昆,每个小君主都向他俯首称臣。

最后一个维京海盗王有个骇人的名字——"血斧埃里克",他于954年被杀。大多数历史学家认为"和平王"埃德加统治时期(959—975年)是盎格鲁-撒克逊王国的鼎盛时期。这是一个显著的转变。在5世纪,不列颠尼亚是前罗马帝国最分裂和最贫穷的部分;到了10世纪,蒂斯河以南的土地,可能是西欧遵守统一的法典,使用相同的硬币,说相似的语言,向一个国王纳税的最大的国家集团。埃德加的臣民们没有忘记麦西亚、肯特或康沃尔,但他们现在更认同英格兰。

现代英国的历史学家经常把1897年维多利亚女王登基60周年的钻禧庆典——有人说是"厚颜无耻、花里胡哨、狂妄自大、自以为是"[32]——视为英国的帝国主义傲慢的隐喻,但依他们自己的标准而言,埃德加在973年举行的庆祝活动更加令人咋舌。从一开始,他就比之前的任何国王都更热衷于宣称自己的统治是"上帝的恩典",并且当时流传的手稿对他的描绘越来越把他比作基督。埃德加在29岁那年——如编年史上所记载的,正是耶稣开始传教的年龄——拒绝了所有折中的做法,在巴斯举行了一个明确地把他与上帝之子联系起来的仪式,为自己加冕。这是一个轻率任性的举动,但他随后举行了一次更大的宣传活动,把不列颠群岛各地的小国王召集到了切斯特。埃德加选出的6位(或者8位,文献记载不一)君主,在发誓要成为他的"合作者"之后,每人拿起一支桨,划船载着他渡过了迪河。巴斯和切斯特是英格兰保存最完好的两处罗马遗址,这或许不是巧合:在那里的废墟中,埃德加发出了一个明确的信息。他恢复了不列颠尼亚古老的信仰，甚至驾驭了浪潮。国王回来了。

赶上

可以肯定的是，他回到的王国比4世纪的不列颠尼亚更弱、更穷、更难看，但无论我们怎么看，差距都已经缩小了。人口在从350年的大约400万跌落到550年的仅100万后，于950年回升到200万（并且还在继续增长）。在罗马时代，每10个或20个不列颠人中，就有1个住在人口在1 000人以上的城镇里。到了6世纪，就几乎没有这样的城镇了，但是在10世纪，这一比例又回升至5%~10%。同样地，伦敦在罗马统治时期人口最多时可能有3万人，但在597年奥古斯丁到达时几乎空无一人了，然而到了埃德加的时代，又有2万人了。

家庭财富增长得更为缓慢了。房屋的平均面积从4世纪的150—200平方米缩减到5世纪的30平方米，之后又开始增长，但即使到了10世纪，平均面积也只有50~60平方米。4世纪的许多农庄房屋都铺着地板，墙上抹着灰泥，屋顶覆着瓦片，遗址内还有住户打碎并扔掉的大量陶器。相比之下，5世纪的撒克逊人就穷得可怜了，有时甚至连他们的房屋都难以辨认。10世纪的英格兰人虽然比撒克逊人富裕，但仍然比罗马时代的人穷，几乎没有用石头建造的房屋。英格兰人使用的是粗糙（令考古学家很难确定年代）的陶器，出土文物中很少有硬币、铁笔或其他参与更广泛的经济的迹象。林肯郡的弗利克斯伯勒遗址可能是这种普遍现象中的一个例外。在那里，发掘人员发现了15 000件文物，包括窗玻璃、铁器和27支铁笔。一些考古学家认为，弗利克斯伯勒遗址的情况说明，其他遗址出土文物少的原因是保存不善，而不是贫穷，但大多数人怀疑，弗利克斯伯勒实际上是一个未经证实的修道院或王室遗址，根本不是一座农庄。

就像罗马时代更大的经济繁荣一样，盎格鲁-撒克逊人的经济繁荣与一段全球变暖的时期是相吻合的。更多的日照意味着农作物有了更长的生长期和可能更高的产量,以及能够生长在更远的北方和更高的山坡上。但无论是在罗马时代还是中世纪的温暖期,人们都必须想出办法来利用大自然的恩赐。这两次繁荣都是通过向土地注入资金和劳动力而实现的。像罗马人一样,盎格鲁-撒克逊人砍伐森林,除草施肥,修建道路,购买牲畜,然后重新组织了社会,以开发新的机会。

从表面上看,寒冷潮湿的北部和西部似乎是最能受益于气候变暖的地方,我们也的确在这两个地方看到了经济扩张的迹象。例如,在康沃尔一个悬崖顶上的小村庄茅根海岸,发掘者找到了一枚银币和一个非本地产的精美水罐,这足以把它与更大的市场联系起来。而在苏格兰东北部皮克特人地区深处的波特马霍默克的一个修道院作坊,生产了大量的金属、玻璃、木材和皮革,也许还有羊皮纸。

然而,做得最好的是东南部地区。在某种程度上,原因在于它拥有更肥沃的土壤、更密集的人口和更多的资源,但英格兰的国王们成功地将维京人拒之门外也很重要。风险是投资的敌人。对一个时常担心被维京人抢劫的家庭来说,最好的选择是卖掉剩余的资产,购买白银和黄金,然后埋在园子里,以备不时之需。这就是金属探测家发现属于350—850年这动荡的500年间的藏金窖如此众多的原因——正是撒克逊人的黄金,迷倒了BBC精彩喜剧《探测家》中的主人公们。这也是考古发掘者发现很少有迹象表明农民将积蓄投入农业改良中的原因。但是,当统治者能够控制流动性,提供安全并巩固主权时——正如罗马人曾经做到的,而盎格鲁-撒克逊人现在做到的,长期投资就是更好的选择了。而这正是成千上万的英格兰农民在9世纪70年代后开始做的事情。

有时候,比如在牛津郡的亚恩顿,我们能够追溯到所发生情况的细节。在这一带工作的环境考古学家们发现,以牛粪和马粪为食的蜣螂在9世纪晚期基本上从亚恩顿周围的田野中消失了,取而代之的是在草地上繁盛的各种昆虫。这是个小细节，不过它意味着有人曾花好几千个小时挖排水沟，使村庄泥泞的牧场变成了干草牧场。这对亚恩顿人来说有不利的一面，因为这意味着他们不能在2—6月放养牲口，让它们随意吃草了，因为它们会践踏生长在新草地里的宝贵干草。但也有好的一面，草地现在能产出足够的饲料，使亚恩顿人能买得起饲料，来喂养牛马在牲口棚里过冬。

对牲口主人来说便利的是，家畜在牲口棚里原地排泄，使他们很容易把肥料运到田地里。到了900年，亚恩顿的田地已经被在重耕中遭到破坏的土壤上生长良好的各种杂草占据，而那些喜欢单独生长的杂草则或多或少地消失了。与此同时，有证据表明，一些小麦和大麦品种在重黏土土壤中生长繁茂。发掘者们由此得出结论，自5世纪以来，英格兰各地偏好在轻而干燥的山坡土壤上开展农业，现在扩展到了自罗马人离开后几乎无人涉足的河谷底部更坚硬的黏土上。这些土壤需要更多的肥料、更重的犁（罗马时代农民使用过，但公元400年后就消失了），以及更多的牛来拉它们。幸运的是，圈养的牲畜提供了肥料，而草地提供了干草来喂养更多的牛。一个富裕的农民要想利用气候变化，只需投入更多的劳动力。

人口增长提供了一部分劳动力，但推动劳动者更辛勤地劳作，则提供了更多的劳动力。"哦，我干活非常辛苦，"[33]博学的修道院院长埃尔弗里克在一首诗中想象一个犁田者这样对他的主人说：

> 天刚亮我就出门了，把牛赶到田地里，把它们套在犁上。因为害怕我的主人，还没有哪个冬天冷到让我敢躲在屋里；但是，牛已经套上了轭，铧和犁刀也固定在犁上，我每天必须犁一整亩以上的地……当然，我做的还不止这些。我得把牛的食槽里装满干草，喂它们喝水，再把牛粪清出去。

"哦，哦！"他的主人喊道，"这真是份辛苦的工作。"

但无论如何，主人还是要求他这样干活。为了确保这样的犁田者听话，英格兰各地的领主们重新改造了乡村。撒克逊人在征服不列颠尼亚后，将大部分土地分割成巨大而低效的集体农场，自大约650年以来，随着领主们从土地中榨取更多农产品以卖给新的集镇，这些农场逐渐衰落了。公元850年之后，这些大而无当的庄园就完全消失了。土地所有者们看到了增加投资和密切监督劳力的好处，把他们的大片土地分割成几十个0.5~1平方千米的小农场，然后将这些小农场出租、出售，甚至赠送给被称为大乡绅的小地主们。

领主们这样做可不是出于慈善。小庄园进行改良和监管劳力，比大庄园要容易得多，这使得让乡绅们为土地交更多的租金，比领主们亲自管理更划算。因此，聪明的领主乐于舍弃地产。如果有足够的附加条件的话，即使把土地赠送出去，也可能有利可图。大乡绅通常会将大部分地产出租给佃农，但也会保留一些自留地，亲自打理。一些人为此用上了奴隶，不过一个健康的男性奴隶的价格在1英镑左右（大约是8头牛的价格，可能也是大乡绅通常年收入的1/5），还不包括住宿、食物和监管的费用，所以奴隶并不便宜。在10世纪，大多数乡绅发现解放奴隶，改为付劳务费更为划算，于是自己的自留地只在需要时才雇人。

大约850—900年，在英格兰的一些地区，10~50户家庭开始聚集成村庄。今天，我们往往认为村庄在英格兰是一直存在的，就像鲍德温所说的犁耕队正在翻过山顶是永恒的风景一样，但在9世纪甚至10世纪之前，几乎没有英国人居住在村庄（我指的是100人左右的定居点）里。分散的农户总是更为常见，在罗马时代，则出现了有几千人的小城镇和几座10倍大的城市。但是到了9世纪和10世纪，村庄开始显示出吸引力，因为一起生活简化了一些当时需要干的活。将犁拉过黏土土壤是很费力的，需要多达8头牛才能完成，但很少有农民能买得起一头牛。解决办法无疑是分享，由多个家庭每家分担一部分买牲口的费用，然后大家轮流使用牲口。分享对住在同一条街上的邻居来说，比分散在好几平方千米的地域里的自耕农要容易得多。比邻而居也让村民们省去了圈养牛过冬的成本，因为他们可以协议每年留出一块土地休耕，使他们的牲口可以在地里的残茬上吃草。每个人都得到了好处——穷人有了免费的饲料，而那些有能力圈养牲口的人，也能分得一份牲口在公共土地上留下的粪便，把它加入他们精心收集的私人肥料中。

把人们聚在一起，解决了乡村生活的很多问题。这使社区更容易监督伐木，从而既保留了大的、古老的树木用作栋梁之材，又使小的、新的树木可用作燃料。这也使得建造一座大型、现代化的水磨来利用河流，比建造许多廉价但效率低下的小水磨更经济实惠。每个人都得到了好处：付给磨坊主的钱使一个贫穷的家庭能买回主妇好几个星期的劳力，而磨坊主也从需要其服务的村民那里获得了有保障的收入。

就我们所知，这些事情大部分都是农民自下而上自发地组织起来的。然而，一处地产的产量越高，其主人可能向租户收取的租金也就越多，所以大乡绅们也参与了进来，监督被允许在休耕地里吃草的牲口，在树林里巡逻，筹集资金建造磨坊。他们迫切希望同时监督一切，于是把自己的家也搬进了新的村庄，与他们的租户、佃农和奴隶比邻而居。很快，一个定居点如果没有庄园主的宅第，就显得不完整了。这种豪宅通常都建在教堂旁边（图4.8）。庄园繁荣的大乡绅们在建造华丽的门面和时髦的门楼上耗费了巨资。

大乡绅通过在最近的自治市镇出售农产品来筹钱，购买奢侈品。按照阿尔弗雷德的设计，这些自治市镇通常都有一个皇家铸币厂。为了吸引贸易（当然，是可以征税的），大多数自治市镇都把它们宽阔的主要街道兼作市场，市场里挤满了手艺人。在诺福克郡的一个小自治镇塞特福德，考古学家在一条后街小巷里发现了一层一米厚的铁渣，说明铁匠们每天收工后在这里倾倒废料。

图4.8 传统：约克郡的一座12世纪的村庄沃拉姆·珀西，由考古画家彼得·邓恩根据想象绘出。在画面右上角，教堂后面就是庄园主宅第

资料来源：Historic England

除了村庄和自治市镇，英格兰还有一些地理位置优越的城市（大多和罗马时代的城市位于同一地点），这些城市将区域经济串联起来，又和来自欧洲大陆的商人联系起来。其中位置最好的是伦敦，随着安全状况的改善，它的地理优势再次显现出来。889年，阿尔弗雷德开始让人们回到古罗马时代的城墙内。这些城墙在今天的伦敦城[①]仍然可以看到。他开了一家造币厂，同年颁发的一份特许状上提到在一座石制建筑（可能是古罗马时代的浴池）里有一个新市场。树木年轮测试显示，在890年，伦敦人开始在皇后港建设泰晤士河新码头。这里可能不像斯特兰德那一带的早期盎格鲁-撒克逊城市那样有那么多腐烂码头。大约在1000年时，他们重建了倒塌的罗马时代跨河大桥，并开放了足以接纳来自欧洲大陆的船只的码头——尽管很明显的是，

---

① 英国首都伦敦市中心的一部分，占地约2.7平方千米，因大银行、保险公司、投资公司总部云集，而成为当今英国金融业的代名词。——译者注

按照罗马时代的标准，他们的木工手艺仍很粗糙。木工只能使用小树的小木板或从古代沉船中回收的木材，而没法使用罗马人用的生长了两三个世纪的橡树。

盎格鲁-撒克逊时代的经济与罗马时代的经济（尤其是在伦敦）的主要区别在于，在罗马帝国统治下，金融、商业和政治精英绝大多数是移民，而在埃德加统治时期，他们都是土生土长的居民。当英格兰在7世纪加入罗马主导的"欧盟"时，其宗教专家是来自欧洲大陆的移民；但是到了10世纪，他们也被英国化了。然而，英格兰土生土长的大人物们继续表现得像欧洲人一样，因为文化修养仍然是从欧洲引进的东西。

葡萄酒是罗马时代不列颠城市中最受欢迎的烈酒，如今大举回归，以至埃德加的继承人们向能保证其供应的法兰克商人授予特权。埃德加本人模仿日耳曼人，穿起了丝绸长袍，曾引起保守人士的反感，但不到一个世纪后，英格兰最富有的人都开始效仿他。国王们穿的丝绸实际上是无价之宝：唯一能吐出这种丝的蚕，属于远在君士坦丁堡的拜占庭皇帝，而皇家的丝绸从未在市场上出售过。得到它的唯一途径是从日耳曼国王那里作为礼物获赠，日耳曼国王们是从教皇那里获赠的，而教皇的丝绸是拜占庭皇帝亲赠的礼物。然而，对英格兰的时尚人士来说，幸运的是，拜占庭的二等丝绸织工在10世纪扩大了生产，到了埃德加时代，任何人（也就是说，任何富裕到去得起罗马的人）都能成匹地买到几乎是皇家品质的丝绸。丝绸在伦敦和林肯的考古发掘中很常见，而在约克一家裁缝店的存货中，丝绸占了整整25%。丝巾从一些大城市传到了都柏林，丝带传到了温切斯特。很快，正不断增多的乡绅们都开始想要这种东西。留存下来的手稿中的插图显示，穿着短束腰外衣和喇叭形裙子的男人，在衣领、袖口和裙摆处镶有可能是丝绸的彩色布带。

可以肯定的是，大乡绅家庭大多穿羊毛织品，但羊毛是进口丝绸的主要支付手段。麦西亚羊毛在7世纪时就已经从伦敦出口了，到了

10世纪，这已经是一项主要贸易了。大乡绅们可以在贫瘠的土地放羊，从而从原本无产出的土地上榨出现金来。他们把羊毛卖给城市里的商人，再由这些商人出口给佛兰德的布商。我们没有13世纪以前的数据，但那时的英格兰号称有1 000万只羊，比人的数量要多出一倍多。在埃德加的时代，英格兰已经找到了有利可图的商机——为欧洲大陆的工业提供原材料。

10世纪的一些城里人，已经完全赶上罗马时代的前辈了。他们佩戴铜和铅的首饰，穿着皮鞋，使用从商店里买来的陶器，用硬币买单。他们住着有玻璃窗的房子，最富有的人生活得像欧洲大陆的精英们一样优雅。在18世纪，一位意大利大使会抱怨，"英国有60个不同的宗教派别，却只有一种调味汁"[34]，然而在埃德加的时代，英国的调味汁甚至给法国美食家留下了深刻的印象。英格兰的建筑也同样壮观。在阿尔弗雷德大帝的旧都城温切斯特，超过1/3的土地被宫殿、修道院和教堂占据。一座教堂号称拥有一架有400根管子的风琴，它需要两个人来弹奏键盘，而且需要70个人来给管子打气。诺里奇有49座教堂。在这片土地上的每个城镇，有文化的神职人员都在努力从同样有文化的商人提供的腐败奢侈品中拯救人们的灵魂。

在我们可以计算的每一个方面——人口数量、繁荣度、城市化水平、货币化水平，10世纪的英格兰都正在追赶6个世纪前的不列颠尼亚，即使在许多无法计算的方面——身份认同、主权、文化，它看上去也完全不同了。它不再臣服于一个遥远的帝国首都了，而是一个关于灵魂的"欧盟"中自豪的伙伴（尽管这个"欧盟"也由同一个遥远的首都主导）。撒切尔法则无疑仍然有效，不列颠群岛也无疑仍然是欧洲的一部分。当由古罗马军团和长城提供的外护墙倒塌后，不列颠群岛暴露在从欧洲大陆涌来的每一波移民的冲击之下，但罗马天主教联盟最终驯服了日耳曼人和斯堪的纳维亚人更野蛮的灵魂。财富和文化继续从地中海一带的制高点向大西洋边缘地区滚滚而下，但到了10世纪，这个斜坡的坡度似乎比以往任何时候都更缓了，而英格兰和凯尔特边缘地带之间的斜坡却越来越陡了。英国或许仍然是欧洲的穷表亲，但程度已不似从前了。由于这次不平衡的消弭，以及法兰克帝国崩溃后留下的权力真空，10世纪的英格兰国王们终于能够切合实际地探讨使自己成为不列颠国王的可能性了。这一历程经历了大约500年，但不列颠群岛在欧洲舞台上找到了新的角色。

第5章
联合王国
（973—1497年）

北海联合王国

埃德加的新构想——建立一个以爱尔兰海为中心的大不列颠和爱尔兰联合王国——几乎并不比他本人存续的时间长。在接下来的500年里，在位的统治者们都想将类型非常不同的王国联合起来。每一次联合的尝试，都把英格兰与不同的水域——北海、英吉利海峡和东大西洋——联系了起来。有些联合延续了一两代人，有些延续了一两个世纪，但没有一个能彻底解决两个基本问题——怎样处理来自欧洲大陆的东西，以及怎样对付英格兰的克尔特人邻居。找到解决方案还需要5~6个世纪，而实现这个方案，即建立一个联合王国，封闭英吉利海峡，同时开放大西洋，控制大不列颠岛的北部和西部，则需要7个世纪。但在973年，还没有人能想到这一切。

是上帝断了埃德加的念想。上帝以神秘的方式通过历法做到了这一点。一些读者可能还记得1999年的"千年虫"恐慌。在12月31日午夜，恐慌制造者们担心全球经济将会崩溃，因为数以百万计的电脑在时钟上只使用两位数字来表示年份，当公元第二个千年结束时，它们会被重置为一排零。几个简单的修正就解决了这个问题，但是999年爆发的"千年虫"危机，却没法这么轻易地解决。信徒们在问，还有比

999年12月31日，也就是千禧年到来的那一刻更适合耶稣归来的时间吗？这既令人兴奋，又令人担忧，因为当耶稣看到教会的上层充斥着双手沾满鲜血的贵族的淫荡、缺乏教养的子弟时，怎能不感到震惊呢？那么，除了将这些罪人从教士的行列中清除出去，还有什么更好的办法吗？除了基督教世界最纯洁、最博学的学者，还有谁更适合做这件事吗？

　　这不是一个新问题。几个世纪以来，清理教会一直是一个流行的想法。毕竟，谁愿意把自己不朽的灵魂托付给一些虽然出身良好，但可能酗酒、淫荡，或者像后来一位教士抱怨的那样，连背叛耶稣的加略人犹大和耶稣的兄弟使徒犹大都分不清的教士呢？然而教会的改革十分复杂。大多数最热心、最聪明的改革者都在欧洲大陆求学，尤

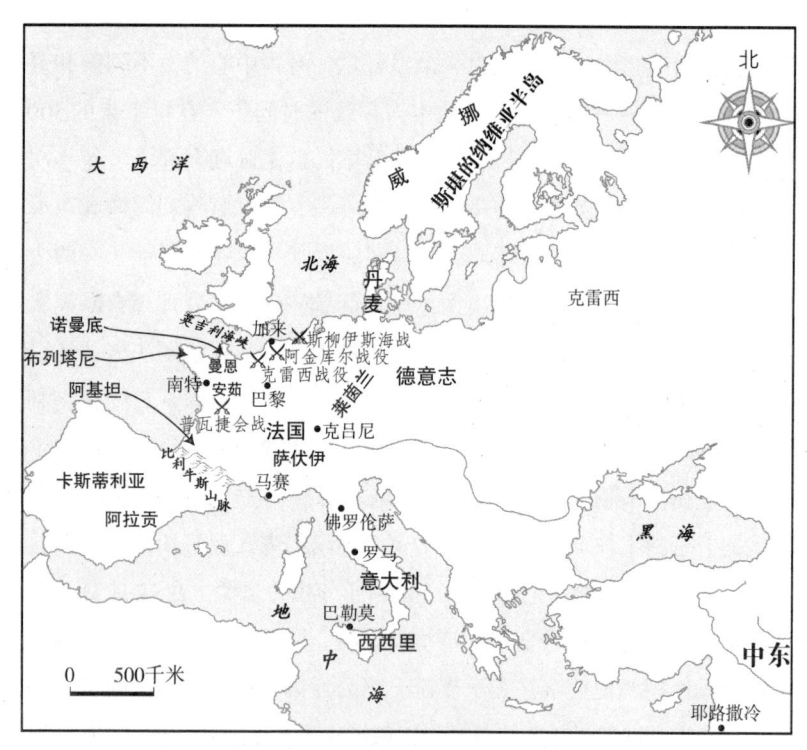

图5.1　欧洲舞台（973—1497年）

其是在勃艮第的克吕尼（图5.1）。允许教皇任命这样的人为英格兰的修道院院长或主教，意味着将更多的主权交给罗马，任何国王对此都可能心生犹豫。很多教皇对这种想法也很犹豫，因为他们通常在政治上是被任命的，其学识和道德水准并非不容置疑。他们最不想做的事情，就是提拔那些严肃认真，但可能使他们难堪的学者。因此，改革停滞了——直到第一个千禧年来临。

随着千禧年的临近和焦虑的加剧，国王们开始想办法发动对自己有利的改革。一个显而易见的好处是，与王国里最强大也最具威胁的家族相比，国王们承担的直接成本会更少，这些家族的小儿子会被排挤在显赫的教会职位之外。国王、贵族、主教和教皇都在激烈地明争暗斗，试图将改革推入自己的轨道，使它显得神圣，能削弱敌人，还不用付出太高代价。在英国，埃德加大张旗鼓地追赶改革的潮流，支持有学问的欧洲人对抗国内的对手。他的大多数追随者都得到了任命，但被他清洗的受害者并没有忍气吞声地离去。一位英国改革者记录道："纷争使王国陷入混乱。"[1] 改革"使郡与郡之间，家族与家族之间，王子与王子之间，郡长与郡长之间，主教与民众之间，信徒与牧师之间，都产生了对抗"。

埃德加将教会改革作为对抗国内对手的武器，丢掉了阿尔弗雷德大帝最有价值的遗产：团结在一个真正的基督教国王周围的英格兰宗教意识。这种团结是9世纪70年代赶走维京人的关键，而团结的破裂也是10世纪70年代让维京人卷土重来的关键。领主们认为国王正在窃取他们丰厚的教会收入，在是否要冒着生命危险去救国王的问题上变得犹豫是可以理解的，尤其是现在连北欧人也自称基督徒了。

腐烂迅速蔓延。991年，埃德加死后刚过16年，他的儿子"决策无方者"埃塞尔雷德满怀信心地派遣军队在莫尔登阻击一支维京人部队（图5.2），不料他手下的一个领主阵前倒戈，导致皇家军队一败涂

图5.2 不列颠舞台（973—1497年）

地。*如今埃塞尔雷德已经召集不到足够的人手，甚至连阿尔弗雷德的

---

* 埃塞尔雷德的绰号原本是Unraed（"不明智的"），但现代误译为"Unready"（"没准备好的"），却更适合他。

自治市镇都保卫不了了,于是他又使出了老招数,贿赂维京人请他们离开,结果却发现——正如诗人吉卜林的名言——"一旦你给丹麦人纳了贡/就再别想甩掉他们"[2]。像之前的许多维京军阀一样,"八字胡"斯韦恩又是一个吓人的名字,他先是榨干了英格兰的财政,然后决定吞并整个国家。

接下来的战斗是一团混乱,部分原因是很多英格兰人频繁地倒戈。最可恶的叛徒是"浑水摸鱼的埃德里克"。他先是与丹麦人暗通款曲,谋杀或蒙蔽了盎格鲁-撒克逊对手,1015年率军倒向维京人,又在1016年决战前重新投奔埃塞尔雷德,然后在战斗进行中第三次叛变。胜利和埃塞尔雷德的王位,最终都归了斯韦恩的儿子克努特——他大概算得上很明智的举动是:立刻杀掉了埃德里克。

克努特最令人印象深刻的是,他是一个不愿向现实低头的人,据说他曾下令禁止潮水涌入。潮水自然无视他的命令,于是他跳起来,咆哮道:"让所有人都看看,国王的权力是多么无用和无价值!除非天、地、海都听命,否则谁也配不上王这个名称。"[3]他把王冠挂在十字架上,从此再也不肯戴。然而,当这个故事最初被讲述时(大约是在克努特死后一个世纪),它的意思是克努特故意向他愚蠢的朝臣们表明,即使是国王也必须向上帝和海洋的不可动摇的力量低头。事实上,克努特是一个既有远见又很暴虐的人,他非常明白地理意味着什么。海洋扼制着陆地。埃德加建立大不列颠和爱尔兰联合王国的想法,只有在能抵御外部威胁,尤其是来自斯堪的纳维亚的威胁的情况下,才能实现。要达到这个目的,唯一的办法是联合北海周边的一个王国,给英格兰筑起一道斯堪的纳维亚外护墙(图5.3)。克努特对英格兰的领主们说:丹麦是"最能伤害你们的地方",但是"从现在起,只要(两国都)在我的公正统治之下,你们将免受丹麦的侵袭"[4]。他信守了诺言,于1018年摧毁了一支前来抢掠英格兰的丹麦海盗舰队。

克努特名副其实地赢得了"大帝"的称号。他打击维京海盗的袭击,对英格兰人的安全和繁荣产生了奇效,尤其是他结束了向丹麦

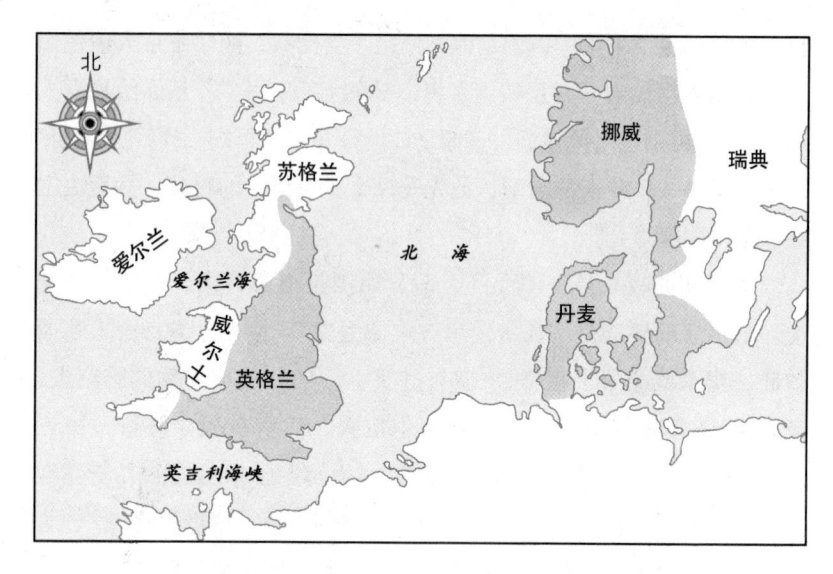

图5.3　大约1030年的北海联合王国

纳贡。他还在清除盎格鲁-撒克逊权力掮客，并扩充自己的斯堪的纳维亚追随者后，与埃塞尔雷德的遗孀结婚并确认英国领主们在教会的职位，以此来巩固英格兰人的身份认同。作为一个需要获得合法性的篡位者，他没有忘记罗马。他个人的虔诚度相当低（他长期拥有两个妻子），但他明智地增加了教会的财富，并在1027年长途跋涉到罗马亲吻了教皇的戒指，以示尊重。然而，不利之处是，克努特在统治期间，一直在北海周边疲于奔命。时而威逼丹麦军阀停止袭击，时而贿赂不可靠的盟友，如盎格鲁-挪威人戈德温森家族，以维护英格兰的和平。这使他精疲力竭，40岁左右就猝死了，可能是因为中风。

一些历史学家认为克努特王国是解决北海战略问题的一个绝妙方案，如果再幸运一点，这个王国可能会延续几个世纪。也有一些人认为其灭亡是命中注定的，因为没有继任者能跟得上克努特疯狂的步伐。还有一些人认为这个解决方案解决的是一个实际上会自行消失的问题。克努特努力减少维京人对英格兰的袭击，但爱尔兰、威尔士和苏格兰在公元1000年之后遭受的袭击也比以前少了，尽管它们不在克努特的联合王国之内。事实是,斯堪的纳维亚的人口增长在放缓,北欧海盗王们也越来越想成为受人尊敬的基督徒。即使没有克努特建立的外护墙,穿越北海的威胁也在逐渐消失。

北海联合王国一路跌跌撞撞地硬撑着,直到克努特的最后一个儿子于1042年去世,于是他所谓的朋友戈德温森选中了"决策无方者"埃塞尔雷德还活着的最后一个儿子爱德华,在从自己的家族强加给他一个妻子后,为他加了冕。然而,爱德华顽固地拒绝生子——其绰号是"忏悔者",据说因过于敬神而没有圆房,当他在1066年去世时,有5个人争夺王位。由于他们的理由或牵强或可笑,一切都乱了套。在法律上只有9/10继承权的哈罗德·戈德温森,在"忏悔者"去世时碰巧在他的床边,于是占得了先机,尽管他并无王室血统(他争位的理由是基于他娶了爱德华的妹妹)。挪威国王哈拉尔,一个绰号为"无情者"的前维京雇佣兵,当即入侵了约克郡(图5.4)。他争位的理由是基于他与克努特最小的儿子的私下协商。很难说这两个家伙谁更坏,但哈罗德在战斗中杀死了哈拉尔,使这个问题失去了意义。

3天后,诺曼底公爵威廉在黑斯廷斯登陆。

英吉利海峡联合王国

在某种程度上,威廉只是来窃取英格兰的王位的又一个维京冒险家。我在第4章提到过,法兰克国王"糊涂"查理曾在911年用英吉利海峡沿岸的土地贿赂北欧人,要求他们停止侵略他的王国。在接下来的100年里,有很多北欧人在那里定居下来,以至人们开始将他们的新家园称为"诺曼底"。早在1066年之前,他们就已经被同化得非常彻底,使得观察家们经常交替使用"法兰西人"和"诺曼底人"两个词。就此而言,威廉公爵是法兰西人和北欧人的混血儿,他对联合王国的设想是基于与克努特截然不同的地理视野。

图5.4 不列颠舞台上的地区（973—1497年）

他争夺英格兰王位的理由虽然不强，但也不比其他人弱。他的姑姑先后嫁给了埃塞尔雷德和克努特。按照公爵的顾问的说法，"忏悔者"爱德华选择了威廉一世作为他的继承人，而由于局势对自己不利，哈罗德·戈德温森实际上也同意了这一点。最重要的是，教皇支持威廉一世的主张。教皇的认可就相当于今天的联合国决议，很有价值，但除非有武力保障执行，否则就没有决定意义；但当威廉一世在黑斯廷斯战役中击败并杀死了哈罗德后，一切就尘埃落定了。

像克努特一样，威廉一世把大海视为重中之重，但他盘算的是英吉利海峡，而不是北海（图5.5）。他将着手以一种完全不同的方式统一他的王国。汤姆·斯托帕德的戏剧《印度深蓝》中有一句经典台词。一个年迈的、极其保守的英国女人对一个年轻的印度人说："要知道，我们（英国人）是你们的罗马人。而我们本可以成为你们的诺曼底

图5.5　大约1100年的英吉利海峡联合王国（及其敌人）

人。"5我们将在后面的章节探讨这种说法的准确性，但她的意思是：诺曼底人是可怕的主人。这点印度人并没有误解（他反唇相讥道："你还指望我们感恩吗？"）。

与威廉一世在英格兰的所作所为最接近的类比可能就是纳粹在1940年计划做的事情。当不列颠之战还在空中激烈进行的时候，纳粹党卫军拟订了一本关于占领不列颠群岛的行动指示的小册子——通常被称为《黑皮书》。年龄在17~45岁的所有英国男性都将被征召到欧洲大陆进行强制劳动，将近3 000名著名人物会被拘留，其中大部分由盖世太保关押。"亲爱的，你原本会跟那些人一起死去！"6当这份名单于1945年公布时，小说家丽贝卡·韦斯特向诺埃尔·科沃德调侃道。这可不是在开玩笑。负责这件事的人叫弗朗茨·西克斯，后来他因为在苏联屠杀犹太人而声名大噪。

威廉一世非但没有消灭英格兰的犹太人，反而将第一批犹太人带进了这个国家，不过在其他方面，他的王国和纳粹第三帝国一样邪恶。他消灭了整个盎格鲁-撒克逊精英阶层，奴役了其他人。在20年内，这个国家的大地主中只有4名英格兰人。大约90名次等富有的盎格鲁-撒克逊人被没收了财产或杀死，1.5万~2万名大乡绅中的大部分也是如此。当英格兰人意识到发生了什么事情并奋起反抗时，诺曼底军队彻底摧毁了约克郡。成千上万的人在这场"北方人的浩劫"中沦为饿殍，远至伍斯特郡的道路两旁遍布着难民瘦骨嶙峋的尸体。就连威廉一世最铁杆的支持者之一也哀叹道："无依无靠的儿童、正值最好年华的青年，还有白发苍苍的老人，都同样死于饥饿……这样残酷的屠杀，不可能永远不受惩罚。"7

威廉一世没收了英格兰的全部土地，把将近一半赐给了一个由8 000名骑士组成的移民精英阶层，自己保留了1/6。作为回报，他的骑士们承诺为他打仗。每个骑士都带着一帮地位较低的随从，把自己得到的土地分给他们一些。每个随从又带着地位更低的小喽啰，依此类推——但不会一直低到英格兰人所在的底层。诺曼底人的统治是种族隔离式的：理所当然地，所有的英国人都是不自由的，他们的生命没有诺曼底人宝贵。任何时候发现可疑死亡事件，离得最近的村庄都必须缴罚款——除非它们能证明受害者只有英格兰人，在这种情况下，就可以当作什么也没发生。法语是自由人的语言，英语是奴隶的语言。英国历史学家马姆斯伯里的威廉（诺曼底人）直言不讳道："英格兰已成为外国人的宅邸和陌生人的财产。"[8]

由于威廉一世引进的新军事技术，（英格兰人的）抵抗是徒劳的。自阿尔弗雷德的时代起，盎格鲁-撒克逊人就一直在与维京人战斗，他们非常善战，但他们忽略了从东南方传播而来的两项创新：重甲骑兵（威廉一世的骑士们在黑斯廷斯战役中的价值堪比黄金）和城堡。曾为阿尔弗雷德力挽狂澜的自治市镇，只是有城墙的城镇，但11世纪的城堡———位专家称之为"私人设防的宅邸"[9]——就不同了。一座在山丘上精心建造的石头城堡，由于有一个只需要几十人就能保卫的中央小主楼，给较小的领主们提供了一个几乎坚不可摧的据点来发号施令（图5.6）。950年左右，意大利就开始正式建造城堡，但埃德加和其他盎格鲁-撒克逊国王不准忠诚度可疑的领主们建造城堡。原本诺曼底国王们也不希望领主们建城堡，但是到了1066年，威廉一世需要让跟着他的部下们尽全力控制他们的新地产。在一代人的时间里，他们建造了500多座城堡，通常相距仅15千米。反叛者既无处可逃，又无处可藏。实际上，在1071年之后，我们就再也没听说过有人造反了。那一年，最后一位自由斗士——在丹麦人的支持下，在有大片沼泽的东安格利亚开展游击战的"觉醒者"赫里沃德——从历史记录中消失了。

威廉一世对英格兰身份认同发起了全面进攻，但由于他的诺曼底追随者数量很少，限制了他所能达到的效果。在主战场之一的教会，他可以用移民取代几乎所有的主教和修道院院长，但低等阶层几乎没有变化。修士和教区牧师继续抄写古英文的经文，纪念英格兰的圣人。直到1154年，我们还听说萨默塞特的村民们赶跑了一名来自法国的修道院院长。他试图将神奇的隐士圣伍尔弗里克（一个典型的

图5.6 前方作战基地：诺森伯兰郡的班堡城堡，建于1080年左右。诺曼底骑士从其低矮的中央主楼出发，统治着周围的乡村

资料来源：Creative Commons，由Tyne & Wear Archives and Museums授权

英文名字）的遗体带到蒙塔丘特（一个同样典型的法文名字）的修道院。

在某种程度上，威廉一世可以忍受这种抵抗，只要他的新宗教领袖能找到与罗马合作的办法。改革派这时主宰了教会，教皇也在积极地削弱国王的主权。1075年，教皇格列高利七世宣布，他不会与神圣罗马帝国皇帝亨利四世协商在他的领土内任命主教的事宜，而将由自己直接挑选主教人选，这令所有人感到震惊。亨利四世对这么多教会土地可能落入不友好的人手中感到恐慌，他回应说，如果教皇可以任命主教，那么他也可以凭借信仰捍卫者的身份任命新教皇。[10] 他说说格列高利"是假修士……我，亨利，蒙上帝的恩典，连同我们所有的主教一起，对你说：下台！下台！"。但格列高利没有下台。相反，他采用了核武器般的绝招,革除了亨利四世的教籍,从而解除了所有德意志人服从亨利四世的宗教义务。这就是将软实力用到了极致。亨利四世手下的贵族们都抛弃了他,不到一年,这位国王就沦落到在阿尔卑斯山一座修道院外的雪地上赤脚跪了三天,乞求教皇宽恕。

威廉一世不想走亨利四世的老路,所以他小心翼翼,让出足够多的教权,既使罗马保持安静,又不至于让他失去对王国的控制。威廉一世的坎特伯雷大主教兰弗朗克来自意大利,但非常忠诚于他。兰弗朗克注意到没有任何盎格鲁-撒克逊国王召集过像样的宗教改革大会,便召集了5次。他甚至邀请教皇使节主持了前两次大会。威廉一世满足了改革者的要求,禁止教士结婚,建立了34所改革派修道院,并将英格兰相当大一部分地区交给了诺曼底的修道院。他任命来自欧洲大陆顶尖学校的核心改革者,只要他们坚持一个共同的观念——这个观念就是:就像之前派来撒克逊人和维京人一样,上帝派来诺曼底人是要惩罚英格兰人的罪孽。

虽然也有一些紧张时刻,但总的来说,威廉一世在处理意大利对其主权的威胁方面很灵活,处理其他外国威胁时也很幸运。直到12世纪30年代,路易六世国王制服了他那些桀骜不驯的贵族后,一股强大势力才从旧法兰克帝国的灰烬中崛起,但克努特的洞见——没有斯堪的纳维亚外护墙,英格兰是无法防卫的——仍然适用。1070年,当一支维京舰队进入泰晤士河后,威廉一世沦落到再度向丹麦纳贡的地步,而到了1085年,似乎就连这样也救不了他了。克努特四世(克努特大帝的侄孙)要求获得英格兰王位的理由至少不逊于威廉一世,他动员了一支有史以来最大的维京舰队。灾难最终得以避免,仅仅是因为克努特四世被自己人杀害,丹麦人开始内讧,而不再试图重建北海联合王国了。

威廉一世极力避免同时在每条战线上作战,基本上对克尔特人的世界置之不理,尽管如此,通过将欧洲大陆的组织制度引进大不列颠岛东南部,他急剧加大了其与北部和西部在财富和实力方面的不平衡。诺曼底人统治的英格兰有城镇、硬币、城堡、骑兵和改革后的教会；而克尔特人所处的边缘地区什么都没有。在诺曼底人看来，威尔士人是"野性难驯的野蛮人"，苏格兰人"半光着屁股……一点儿用也没有"，而爱尔兰人"非常野蛮，根本谈不上有任何文化教养"[11]。像1 000年前的罗马人一样，威廉一世如果想征服克尔特人，早就征服了；然而也像罗马皇帝一样，因为他看不出扩张有什么好处，而在其他地方又有更紧迫的问题要应付，所以他放任他们自流了。

但他手下的贵族们没有。在诺曼底人征服9个世纪后，当朋友们问美国总统林登·约翰逊，为什么他始终不将干政的联邦调查局局长约翰·埃德加·胡佛解职时，约翰逊说："让他在帐篷里向外撒尿，可能比让他在帐篷外向里撒尿好。"[12] 威廉一世对他的贵族们也是同样的感受。让他们放眼向外，私下里与克尔特人开战，总比让他们放眼向内，私下里彼此开战（或者向他开战）好。因此，当地处边境的贵族在威尔士的山上修建城堡时，威廉一世什么都没做，当他们于1093年杀死威尔士军阀里斯·阿普·图德并夺取威尔士大部分领土时，威廉一世的儿子鲁弗斯也什么都没做。

林登·约翰逊的撒尿法则有一个鲜为人知的后续。2016年，一位（未具名的）英国保守党大臣向记者蒂姆·希普曼坦承："撒尿的人站在哪里并不重要。尿最终会进到帐篷里。"[13] 一向如此，1095年，鲁弗斯发现自己"被尿打湿了"。威尔士人仍然自称为 *Brytanyeit*，即"不列颠人"[英文单词"Welsh"（威尔士人）来自拉丁语的 *Vallenses*，意为"边民"]，6个世纪以来，他们一直在等待亚瑟王归来，收回他的土地。现在，在诺曼底人入侵的激发下，许多派系都确信其众多首领中必有一位是亚瑟王转世。"他们凶狠地威胁我们，"诺曼底诗人盖马尔哀叹道：

（说）他们最终会拥有一切；
借助亚瑟王的力量，他们会反败为胜；

> 而这片土地……
> 他们将再次称它为不列颠。[14]

鲁弗斯突然警觉起来，据一位威尔士作家说，他决心"彻底消灭那里的居民，连一只能靠着墙撒尿的狗也不留"[15]。但他没有做到，因为威尔士人藏进了群山之中，在诺曼底军队奋力追赶时伏击他们。面对这些游击队，鲁弗斯无能为力，只好建造一些城堡来尽可能地阻挡"撒向他的尿"。在对威尔士人夸耀的亚瑟王神话发起口水战后，他回到了他更关心的事情上。

随后威尔士人和诺曼底人围绕亚瑟王展开的口水战，可能是我们现在能读到这么多关于这位永恒之王的故事的原因。最狡猾的宣传家要数我们的老朋友蒙茅斯的杰弗里了，他在12世纪30年代编纂和（或）编造了许多亚瑟王的传说。像走钢丝一样，杰弗里既与威尔士的一个城镇联系密切，又倾尽一生为诺曼底人服务。他故意对亚瑟的身份含糊其词，这也许是他的书成功的原因。

杰弗里不是唯一的宣传者。格拉斯顿伯里修道院离威尔士很近，但并不在其境内。1191年，那里的修士们宣称他们发现了亚瑟王和圭尼维尔的遗体。他们说，亚瑟的身材非常魁梧，身上至少有9处已愈合的伤口，第10处伤口在右眼上方，没有愈合。"威尔士的杰拉尔德"是一位自称威尔士人，却说法语，为诺曼底国王服务的教士。他声称圭尼维尔的金发"以精湛的技巧编成辫子并盘了起来"，在她的坟墓被打开时依然保存完好，然而当"一个愚蠢、鲁莽且放肆无礼的"修士跳进坟墓并抓住辫子时（杰拉尔德非常必要地指出："女性的头发是为弱智者布下的陷阱"），辫子就粉碎并化为尘土了。没有人知道修士们究竟挖出了什么，但不管是什么，诺曼底人都巧妙地利用了这个传说。杰拉尔德继续说道："出于愚蠢，不列颠人（威尔士人）坚称他还活着。既然真相已尽人皆知……神话故事也就破灭了。"宣传战逐渐滑向了有利于诺曼底人的轨道：亚瑟不断扩充的故事被英格兰据为己有了。

事实证明，管理北部边境更为困难。在1066年之前，在我们今天称为"苏格兰"的地方，身份认同甚至比威尔士还要复杂。高地上有苏格兰人，北部和群岛上有北欧人，而西南部的一些人仍自认为是不列颠人，东北部的一些人则自认是皮克特人。历史学家亚历克斯·伍尔夫说，北方政治在很大程度上就是"一群有着奇怪名字的人互相残杀"[16]。即使当这些人的名字不再奇怪时，比如麦克白[Macbeth，更确切地说，应当是麦克-贝瑟德·麦克·芬德莱希（MacBethad mac Findlaích）]，杀戮还在继续着。1032年，麦克白在战场上杀死了他的前任，赢得了苏格兰王位，结果被自己的继任者杀死了。在此期间，他娶了麦克白夫人。此前他活活烧死了她的前夫，这个人是麦克白的杀父仇人。莎士比亚也许因此借麦克白夫人之口问道："这两只手再也不会干净了吗？"[17]

诺曼底人对他们不安定的北部边境的处理方式，与对威尔士边境的处理方式如出一辙。在有必要时就战斗一下，但如果不紧张，就置之不理——直到12世纪20年代，苏格兰的大卫王采取了先发制人之策。他没有坐等诺曼底贵族来抢他的地盘，而是决定亲自请他们来，直接把土地给他们。作为回报，他们会为他建造城堡，创造一种法语宫廷文化，并杀死其他未经邀请就强行闯入的诺曼底人。这是一个巧妙的策略，在很大程度上消除了苏格兰与英格兰之间军事上的不平衡，使苏格兰成为比威尔士更难对付的对手。

最遥远的爱尔兰是最容易被诺曼底国王们忽视的地方，整整有一个世纪，他们对爱尔兰置之不理，但最终贵族们"撒的尿"还是把国王们卷入了那里。1169年，两个爱尔兰酋长为争夺王位而大打出手，失败者到正在洗劫威尔士的诺曼底人中寻求结盟。有"强弓"之称的诺曼底彭布罗克伯爵，在第二年与他联起手来，不到一个月就攻占了沃特福德和都柏林。又过了一年，彭布罗克伯爵与爱尔兰王室结了亲。当他回到伦敦后，诺曼底国王亨利二世意识到，彭布罗克伯爵不再站在英格兰的帐篷里向外撒尿了：他将要作为爱尔兰国王，搭建自己的帐篷了。

国王当然不能容许这种事情。没有一个臣子可以建立自己的小帝国并宣布独立。因此，尽管亨利二世不想陷入克尔特人纷争的泥潭，也必须把彭布罗克伯爵的领地变成自己的领地。于是亨利二世以彭布罗克伯爵望尘莫及的巨大规模，一路烧杀抢掠，席卷了爱尔兰。他废除了那里的最高国王，建造了城堡，用船运去了大量诺曼底移民，还召开宗教会议，将当地的基督教与罗马合为一体。然后，在把帐篷的桩子调整好，使彭布罗克伯爵重新回到帐篷里后，他打道回府，去处理更大的问题。爱尔兰看上去就像威尔士一样被抛下了，一些地方由王室城堡管理，另一些地方服从于实质上独立的诺曼底贵族，还有一些地方仍在本土国王的统治之下，而亨利二世则对他们的争斗袖手旁观。

诺曼底国王不愿在北部和西部投入时间和精力的原因是，对他们来说，真正重要的是维护英吉利海峡两岸的统一。像克努特一样，威廉一世也要经常在处于他王国中心的这片水域穿梭来往。他在位的170个月里，有130个月是在诺曼底度过的。他的儿子们才是他最大的关切。中世纪君主的经验法则是既要有继承人又要有候补继承人，因为儿子过多或过少都会导致内战，但即使诺曼底君主们做到了这一点，仍然会遇到麻烦。威廉一世有两个继承人，但为了防止他们互相残杀，他把自己继承的土地（诺曼底）留给了长子罗伯特，把他征服的土地（英格兰）留给了次子鲁弗斯。威廉一世于1087年死去，英吉利海峡联合王国就此分裂，鲁弗斯通过战斗才将其重新统一起来。1100年鲁弗斯死后，联合王国又分裂了，亨利一世再次通过暴力将其统一。但1135年亨利一世死后，情况糟透了。

亨利一世有一个继承人和一个候补继承人，但继承人在1120年淹死了，候补继承人玛蒂尔达是位女性。英格兰此前还从未有过女王，大多数贵族认为应该越过玛蒂尔达把王位传给她两岁的儿子。另一个派系发动了政变,将她的堂兄斯蒂芬立为国王。此后局势跌宕起伏。教皇在答应支持斯蒂芬之后,又临阵退缩了。玛蒂尔达做好了战争准备。斯蒂芬的支持者纷纷倒向她。斯蒂芬想要买回他们的忠诚,但他太穷了。威尔士人造反了,苏格兰人也开始侵略北方,英格兰政府崩溃了。短短几年之内,所有贵族都自立门户。"每个大人物都为自己建起城堡,并利用城堡来对抗国王,他们的城堡布满了整片土地。"[18]《盎格鲁-撒克逊编年史》写道:"他们造成了魔鬼遍地……人们公开说,基督和他的圣徒们都睡着了。"主权瓦解了。可怕的是,突然之间,英吉利海峡联合王国陷入了无政府状态。

1150年,一些郡1/3的土地都荒芜得收不上税;在莱斯特郡,无法纳税的土地超过了一半。《盎格鲁-撒克逊编年史》抱怨道:"很可能你走一整天路,也看不到一个住在村庄里的人。"[19]编年史作者可能夸大其词了,但到1154年斯蒂芬去世时,王室收入下降了2/3,威尔士人离去了,苏格兰人控制了北部。只要时机合适,贵族和主教们就会无视国王,最糟糕的是,诺曼底大部丢失了。像克努特围绕北海建立统一王国的策略一样,威廉一世围绕英吉利海峡建立统一王国的策略彻底失败了。

大西洋沿岸联合王国

取而代之的是,玛蒂尔达的儿子亨利继承了一个更加雄心勃勃的战略。1135年当王位空缺时,几乎所有人都忽视了还是婴儿的亨利,但在接下来的19年里,他成功地躲过了一次又一次谋杀,(通过他母亲)成为诺曼底公爵和英格兰的亨利二世国王,(通过他父亲)成为安茹、曼恩和南特的主人。通过迎娶埃莉诺女公爵,获得了阿基坦。年轻的亨利二世兵不血刃地以破碎的英吉利海峡联合王国换取了一个大得多的大西洋沿岸联合王国,统治疆域从奔宁山脉直到比利牛斯山脉(图5.7)——如果他能贯彻他的主张的话。

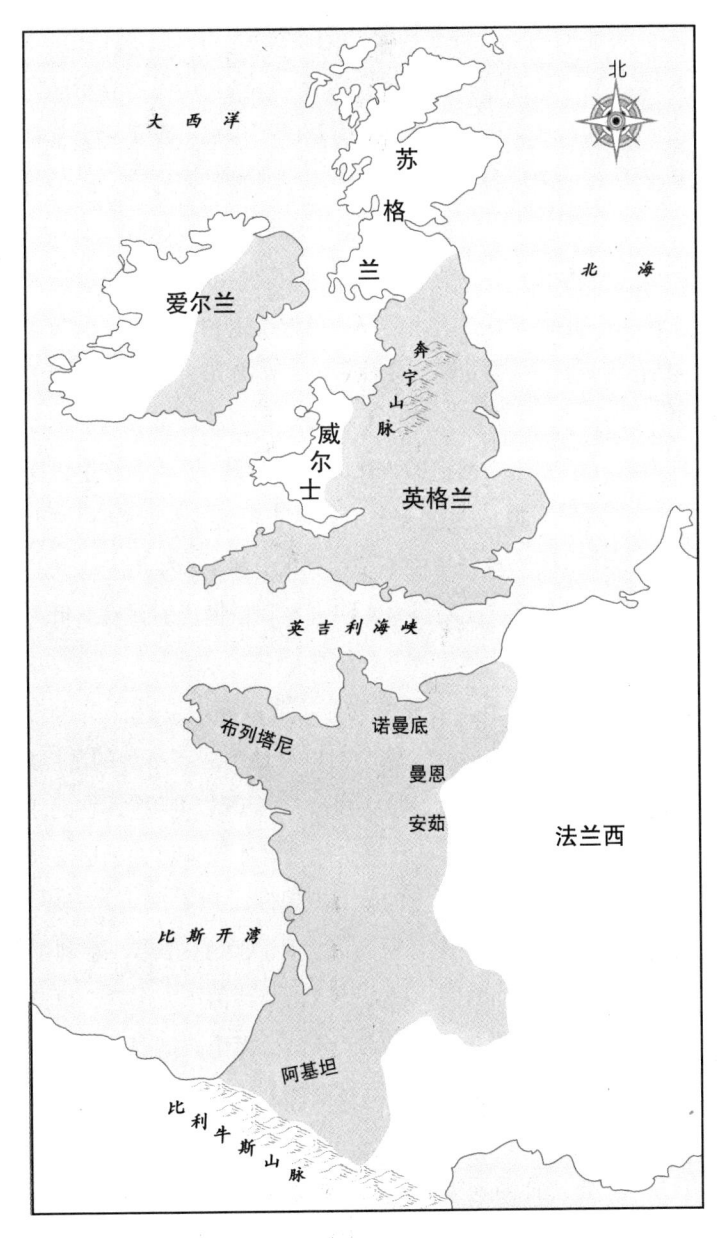

图5.7　1162年的大西洋沿岸联合王国

问题在于，尽管亨利二世拥有合法的头衔，但他的政令并没有传得太远。20年的内战粉碎了英格兰的凝聚力。丹麦人于1138年再度开始入侵，并一直持续到1366年。某种盎格鲁-诺曼底身份认同出现在英格兰内部，但亨利二世在欧洲大陆的新臣民对此无感。他拥有的土地甚至没有一个统称，直到1887年，历史学家凯特·诺盖特才根据安茹将其命名为"安茹帝国"。这的确是亨利二世继承的核心地带，正如诺盖特所认识到的，他的帝国属性主要是欧洲大陆的，而非英格兰的。亨利二世能听懂英语，但只会说拉丁语和法语。他的敌人也在欧洲大陆。他与埃莉诺的婚姻使他得到了阿基坦，但这只是因为埃莉诺的第一任丈夫、法国国王路易七世得到了教皇许可，因为埃莉诺没有生育而抛弃了她（埃莉诺的说法是："我嫁给了一个修士，而不是国王"[20]）。路易七世认为把一个不能生育的妻子甩给亨利二世是外交上的一个妙招——直到她生下了6个儿子和3个女儿。地狱的烈火也赶不上受到嘲弄的君王的怒火，伤害亨利二世成了路易七世一生的目标。

收拾这样的烂摊子，需要像克努特或威廉一世这样精力充沛的人，不过亨利二世能够胜任。他全力以赴地削弱英格兰的乱臣贼子。一个接一个地杀死最坏的人，并从其余人那里收回特权，直到他的贵族们最终厌倦了无政府状态。然后，他又开始改革各种土地法律，着手稳定币制。不到10年，王室的收入就慢慢回升了。

做这些事情不可能不触怒罗马人，所以在1162年，亨利二世决定让才华横溢的朋友托马斯·贝克特当选坎特伯雷大主教，以此来加强他与教皇谈判的地位。贝克特的任务是，无论教皇多么不情愿，也要传达教皇对巩固王国的认可；但贝克特上任后不久，就审视了自己的灵魂，决心做一名彻底的改革者。贝克特没有像威廉一世的大主教兰弗朗克那样做，而是积极站在罗马一边反对亨利二世夺权。国王和主教相互指责对方信仰不纯，直到贝克特最终越过亨利二世向上帝申诉。大主教颁布了一道禁令，将英格兰与天堂隔绝了。教堂服务中止了。没有钟声能够鸣响；没有人能结婚，得到赦免（除非是在临终的床上）或被葬入神圣的教堂墓地。亨利二世勃然大怒，向他的贵族们咆哮道："就没人能替我除掉这个不听话的教士吗？"[21]（或者类似的话）——他们中的4个人把亨利二世的怒火当成了命令，在教堂的圣坛前将贝克特剁成了碎块。

贝克特被杀是一场十足的灾难。教皇革除了亨利二世的教籍，并派出使节接管他的王国。罗马软实力的锋芒再次显露出来。这时没有盟友再支持亨利二世了，就连他的妻子埃莉诺也回到了前夫身边。为了保住王位，亨利二世同意跪在贝克特的墓前，接受坎特伯雷修士们象征性的鞭打，以表明他对教皇权威的臣服——此时路易七世和埃莉诺已经攫取了他在欧洲大陆的大部分土地。

亨利二世挺了过来，但当他于1189年去世时，大西洋沿岸联合王国遭遇了所有依赖单一领导人能量来维持运转的组织都会遇到的问题：当他不在了，该怎么办？亨利二世的长子"狮心王"理查一世精力充沛，但与管理摇摇欲坠的王国相比，他更想去圣地与穆斯林作战，以赢得荣耀和教皇的认可。即便理查一世疏于政务，也比1199年继位的约翰一世强。现代历史学家对约翰一世的看法往往比当时的人好，但他恐怕仍然是英格兰有史以来最糟糕的国王（自他之后一连8个世纪，再也没有君主给儿子取名为约翰了）。在那个人际关系就是一切的时代，约翰一世冲动、好色，还是个虐待狂（当先前的一个朋友逃税时，约翰一世把他的妻子和儿子活活饿死了）。他的盟友一个接一个地背弃了他。1204年，诺曼底被法国占领了，当约翰一世集结军队准备反击时，一位史官记录道，他的谋士们威胁要"武力扣押他，以免……他在寻求收复失地时，反而失去现有的一切"[22]。约翰一世屈服了，他"痛哭流涕"。

约翰一世没有吸取过去的教训。相反，他重新拾起了亨利二世失败的策略，任命亲信为坎特伯雷大主教。坎特伯雷的修士们对约翰一世的提名感到震惊，他们向教皇发起了申诉——他们求助的可不是随便哪个昏庸的老教皇，恰好是罗马历史上最老谋深算、最不清白的教皇英诺森三世①。一个世纪的改革极大地增强了教会的道德权威，而英诺森三世将软实力作为可怕的武器来挥舞。他主动提出要在约翰一世和坎特伯雷修士之间进行调解。他狡猾地提名了一个折中人选，此人是一位学术巨星（受虔诚的教徒欢迎），也是一个英格兰人（受爱国者欢迎），但他在法国生活了20年，因此不受约翰一世欢迎。约翰一世的否决使得英诺森三世可以假装别无选择，只能将国王逐出教会，这可能是他蓄谋已久的目标。这就是高级的政治手腕。

英诺森三世于1212年起草了革除约翰一世教籍的诏书，这位国王在法国、苏格兰和威尔士的敌人——当然还有英格兰本土的敌人——纷纷响应，自愿执行诏令。但约翰一世随即做了一件出乎所有人意料的事情：他写信给英诺森三世，宣布退位。6个世纪以来，英格兰国王一向担心罗马会破坏他们的独立性，约翰一世现在却主动放弃了。不过，约翰一世在信中继续写道，既然教皇无法亲自统治英格兰，何不将它作为封地交给自己替他治理呢？

约翰一世的无条件投降是步妙棋。如果他成了教皇的人，攻击他就等于攻击罗马——所以假如法国国王入侵，被逐出教会的就会是他，而不是约翰一世。约翰一世从失败的绝境中获得了微小的胜利。然而，仅仅过了几个月，他又遭遇了一场大败。他率军渡过英吉利海峡，与德意志人联手，向法国开战，欲夺回诺曼底，却在1214年的布汶战役中一败涂地，伤亡惨重。大部分贵族早就恨透了他，于是开始罢工。

他们拒绝为约翰一世而战，也拒绝为他纳税，他们要求他签署著名的《大宪章》。起初上面只罗列了贵族的一些愿望，为了广泛寻求支持者，贵族们又在其中加入了来自不同盟友的抗议。这些盟友包括伦敦商人、诺曼底上流人物，甚至是农民，这就是《大宪章》被认为

---

① "英诺森"的英文是Innocent，意思是天真幼稚、清白等。——译者注

象征着原始民主的原因。约翰一世很震惊，但还是签了字，他相信他新结交的最好的朋友（教皇）会让他从自己的承诺中解脱出来。实际上，英诺森三世更进一步，将那些不听话的贵族革除了教籍。但在英诺森三世的信到达之前，贵族们已经宣布废黜约翰一世，把王位交给法国国王腓力二世的儿子路易王子，路易因自己妻子的缘故勉强拥有争取王位的权利。

主权解体了。没有人能确定教皇、贵族、约翰一世和路易究竟谁在掌权。路易打算用武力解决问题，于1216年侵入英格兰。一半领土都归顺了他，当约翰一世众望所归地死去时（根据一份编年史，他死于对桃子苹果酒的过度沉迷），路易成了国王，准备接管一个版图更大的大西洋沿岸联合王国。这是教皇最不愿意看到的情况，于是英诺森三世再度出手干预，革除了路易的教籍。由于英格兰没有大主教愿意为路易加冕，当一位教皇使节迅速地将约翰一世9岁的儿子扶持为亨利三世国王时，路易束手无策。越来越多的意大利官员接踵渡过英吉利海峡，前来收拾旧联合王国的烂摊子。已彻底被教皇玩弄于股掌之上的路易，只得返回巴黎。

最终的大赢家是罗马主导的"欧盟"。它或多或少地把英国变成了一个受保护国，与2010年债务危机后的希腊情形差不多。即使在教皇的使节回国后，英格兰仍然被锁定为教皇对抗日益强大的法国势力的盟友。这对英格兰来说是一场灾难，因为失去了诺曼底的外护墙，英格兰海岸就暴露在了法国的袭扰之下，苏格兰和法国的国王也更容易联手。心怀不满的贵族们拒绝帮助他们的幼主保卫他在欧洲大陆最后的据点。

为赢回他继承的遗产，亨利三世酝酿着越来越复杂、耗资也越来越巨大的计划。由于无力与法国正面对抗，他建立了更广泛的联盟，将英格兰的舞台扩大到卡斯蒂利亚和萨伏伊。1251年，他和教皇又策划了一个更宏大的从侧翼包抄法国的计划。像英格兰一样，西西里岛是教皇的封地，其统治者由罗马来挑选，教皇把西西里岛封给了亨利

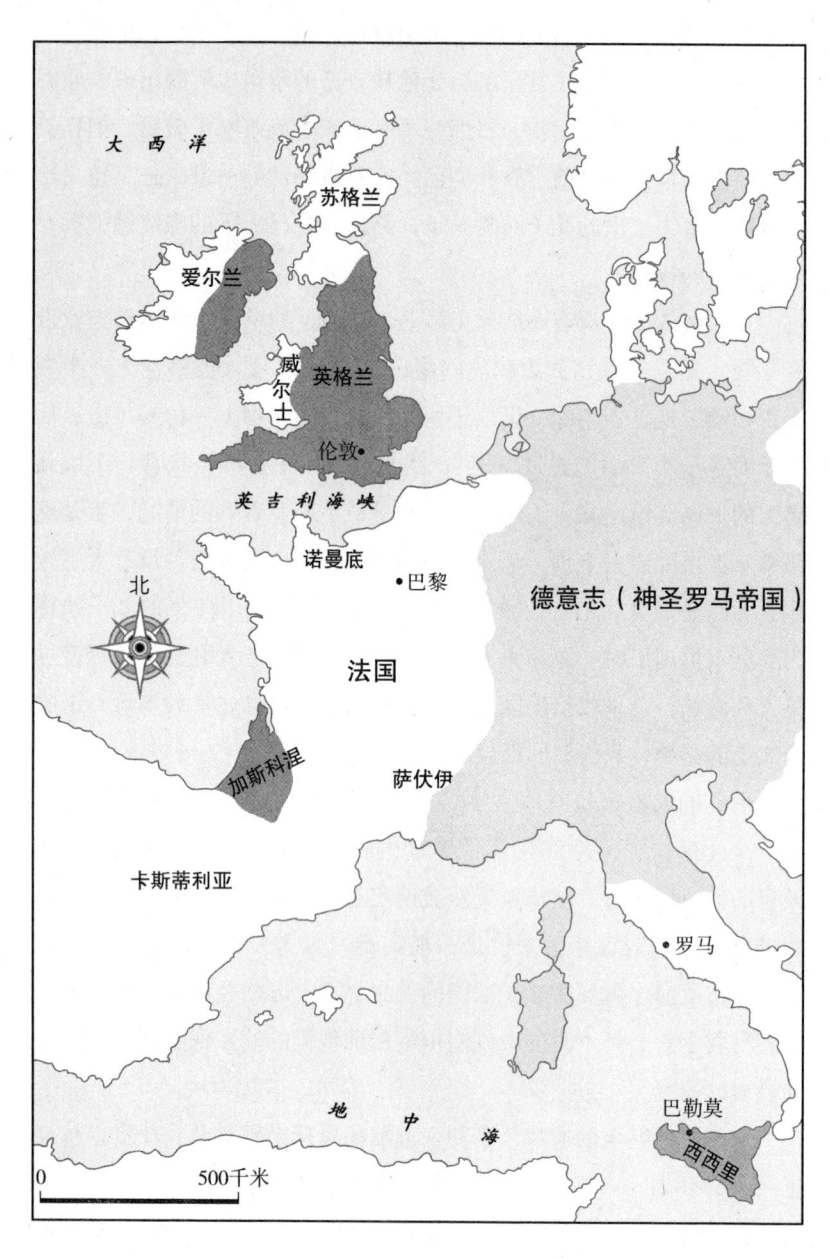

图5.8 1258年还不太统一的英格兰、德意志和西西里（与法国的边界在1259年的《巴黎条约》中得到正式承认）

三世9岁的儿子。这对所有人来说似乎都是好事。教皇将在西西里岛的巴勒莫得到一个朋友,亨利三世则在法国的后方安置了一个强大的新敌人(图5.8)。亨利三世还不满足,又借了很多钱贿赂他的兄弟,想登上摇摇欲坠的神圣罗马帝国的王座。神圣罗马帝国至少在名义上统治着中欧的大部分地区。面临包围的法国与亨利三世和教皇达成了协议。在令人眼花缭乱的短短几个月间,亨利三世似乎颠覆了整个欧洲的秩序。

亨利三世像约翰一世一样机灵,也像他一样愚蠢。贵族们警告过他,教皇的提议如果没有实力和金钱来保障执行,就毫无意义,而这两样东西亨利三世都没有。几个月的讨价还价耗尽了教皇的耐心。1258年,"欧盟"向亨利三世开出了9万英镑(相当于他年收入的3倍)的账单,以支付他在西西里事件中的开销。如果不支付,就革除他的教籍。亨利三世的战略(如果用这个词不算溢美的话)土崩瓦解了,他请求贵族们紧急援助,结果却引发了政变。贵族们要求他召集一个"议会",并遵循其指示,当他食言后,王国再次沦为无政府状态。有时候贵族们实质上把亨利三世变成了囚徒,有时候教皇又把英格兰重新置于使节的管制之下。事态有两次发展到要请法国国王仲裁的地步。

亨利三世算是打赢了随后的内战,但几乎没有人认为旧的大西洋沿岸联合王国还能运转。英格兰的战略问题似乎无法解决。亨利三世的儿子和继承人爱德华一世选择了逃避,循着他大爷爷理查的足迹,领导了最后一次十字军东征,为基督教世界重夺耶路撒冷。1272年,当爱德华一世还在圣地时,他的父亲去世了,他决定全面重建外交政策。他在回家的路上,甚至在加冕之前,便特意经停罗马,以示对教皇的臣服,然后他又去了巴黎,巩固了与法国的和平。此后,他悄然放弃了在大西洋沿岸重建统一王国的计划。

核心问题是撒切尔法则——不列颠群岛不可能脱离欧洲——仍然有效。这使得在欧洲大陆上建设外护墙对英格兰的安全至关重要。但事实证明，在如此不同的地方实施主权和建立身份认同是不可能的。因此，爱德华一世得出结论，英格兰必须找到新的方法来处理来自欧洲大陆的事务——这对这片土地的北部和西部也有深远的影响。

繁荣……

爱德华一世用来应对撒切尔法则的工具只有一件：外交。因此，他把自己塑造成一位伟大的和平缔造者。直到1263年，挪威国王还在给不列颠群岛制造麻烦，爱德华一世成功说服了他远离群岛。爱德华一世还通过斡旋使法国和阿拉贡达成了和平，从而提高了自己的声望。在国内，他致力于安抚批评人士，每年召开两次议会会议，听取不满意见，并推动陪审团审案来解决争端。议会成了协商税收（尤其是贸易）的地方，最重要的是讨论蓬勃发展的羊毛贸易事宜。到1290年时，爱德华一世从税收中获得的收入已是皇家土地收入的4倍，皇家土地收入是先前国王们的摇钱树。收这些税的确需要一个耗资巨大的官僚机构（单是爱德华一世1285—1286年的家庭账目，就填满了250页标准大小的纸），但他雇用的文员和高明的意大利银行家所带来的收益远比付给他们的报酬多。

爱德华一世的收入增加，很大程度上是因为英格兰的国民收入——实际上是整个西欧的国民收入——也在增加。由于中世纪温暖期带来了较长的农作物生长期，不列颠群岛的人口在公元1000—1300年大约翻了一倍，英格兰有400万—500万人，爱尔兰有100万—200万人，苏格兰有100万人，威尔士有30万人。这些岛屿上的人比罗马帝国统治时期还多。

农民们抽干了林肯郡和东安格利亚数百平方千米的沼泽，伐倒了皇家森林里更多的树木，开垦出土地开始犁耕。他们还提高了犁耕的效率：养马的成本比养牛高，这使马作为役畜长期以来没有吸引力，但中东的创新——减少摩擦的马蹄铁和使马的牵引力翻了4倍的颈部挽具——使马变得物有所值了。在1086年，英格兰只有1/20的役畜是马，但到了1300年，1/5的役畜都是马了，而且马也开始在北部和西部的农田中用于种地了。作为一个小小的意外之喜，农民们发现更多的马粪意味着他们每年只需要让1/3，而不是一半的土地休耕。一位来自佛兰德的移民修士在英格兰说道：

> 展现在你眼前的，是最肥沃的田野、茂盛的草地、大片的耕地、肥沃的牧场、淌着奶的羊群、精神饱满的马群和牛群。它们由水花飞溅的清泉、汩汩奔涌的溪流来滋养。引人注目且水质极好的河流、湖泊和池塘里，鱼儿遍布，百鸟争鸣，船儿穿梭，得天独厚的环境适合城市的发展和民众生活。小树丛和大森林都郁郁葱葱，原野和山冈上长满了橡子和野果，遍地跑着各种各样的猎物。[23]

我在第3章谈论罗马帝国时提到过，前现代社会的食物供应增长速度对成年人的身高没有多少影响。11世纪和12世纪的英格兰在这方面是个例外：无论男女，1200年时的平均身高都比1000年时高出了4厘米，甚至超过了他们的罗马前辈。他们的生活更舒适了。平均房屋面积在850—1200年翻了一番，恢复到罗马时代（和现代）的100平方米。这些都是巨额财产。据一项估算，一座大小适中的木结构农舍会消耗333棵成熟的树木。建筑技术也得到了改善，石头地基和铺砌地面变得非常普遍。12世纪自由人的长屋在今天看来可能是阴暗、多烟和不卫生的（图5.9），但它们很宽敞，通常也保持得很干净，考古学家在屋里几乎找不到什么东西。幸运的是，遗嘱认证记录和挖掘出的垃圾坑都暗示着生活水平在稳步提高。即使是中等水平的农民也可能有蜡烛、棋盘游戏用品，以及少量进口的意大利陶罐。

这是一个繁荣的时代，尽管到1200年时，已经没有容易开垦的荒地了。正如我们将在本书中看到的大多数繁荣时代一样，日益激烈

图5.9 灶和家：画家彼得·邓恩绘制的约克郡沃拉姆·珀西的一座由木材和茅草建造的长屋，人、狗、牛和烟熏火腿共处一室

资料来源：Historic England

的竞争造成了增长成果在分配方面的不均。从长远来看，人口和生产力的增长通常有利于土地所有者，即买劳动力和卖粮食的人，而不利于无地劳动者。越大的地主，日子就越好过。所以，到了1200年，大人物们回购他们从9世纪开始卖掉的土地，雇人来耕种。很少有人像伍斯特的主教那样滋润，他的收入在1280—1310年翻了两番。财富金字塔越来越高，越来越陡，顶端的竞争也越来越激烈。在1200年左右，英格兰大约有200名"佃农主子"（男爵和伯爵），到1300年左右时，繁荣使得他们的后代几乎都更富有了；即便如此，他们中仍

有120人左右从这个顶级群体中跌落，降到了骑士阶层。与此同时，骑士阶层的人数也在下降，但财富在增长。1200年左右有4 500名骑士，一个世纪后减少到1 250名，减少的数千人成了乡绅和绅士——这些人在他们所在的郡中仍是大人物，尽管他们拥有新的财富，却再也挤不进国王周围迷人的宫廷圈子。

13世纪，随着社会金字塔的顶端变得更窄、更富，底层也变得更宽、更穷。由于寻找工作的劳动者数量增长非常多，一连几代人，日工资一直停留在一便士的水平，即使通货膨胀侵蚀了一便士的价值。13世纪村庄里最小的房子异常简陋——只有一间屋子的棚屋，面积通常只有4平方米，用随手能拾到的各种东西凑成。可能只是在地上插几根木头柱子，用黏土、稻草、粪便和畜毛的混合物砌成墙，再用茅草覆盖屋顶。这样的房子经过二三十年就会腐烂。在温切斯特主教的庄园里，一半以上的佃户连一头牛都没有。据一项研究估计，在小麦种植区，村民们93%的热量来自面包或（燕麦和豆类煮成的）粥。

雇佣劳动力越便宜，买奴隶的好处就越少，于是在公元1200年后，奴隶就几乎从法律文件中消失了。然而，问题的另一面是，13世纪有整整一半的"自由"农民入不敷出，被迫将人身依附于当地领主，成为农奴，通常每周在领主的领地上劳动一段时间。由于法院只对自由人开放，这意味着农奴须将他们的法律保护托付给领主。领主们定期向他们收取费用，比如当一个佃农的女儿出嫁时须支付婚嫁费（臭名昭著的初夜权，即一个领主占有佃农新娘贞节的权力，则可能是虚构的）。作为回报，农奴得到了最低限度的安全保障，这使他们远远优于那些最底层的人，也就是没有主人的人，只消一次收成不好，那些人就会陷入灾难。编年史家马修·帕里斯告诉我们，1258年，"一定量小麦的价格涨到了15先令……街道的污泥中、粪堆上饿殍枕藉，肿胀腐烂"[24]。在13世纪，自由只是"一无所有"的代名词。

在此期间，罗宾汉和他的绿林好汉劫富济贫的传说进入了英格兰神话。他们的故事可能始于一个叫罗伯特·霍德的人,他是约克郡大主教法庭的逃亡者(罗宾是罗伯特的昵称,就像哈里/亨利或迪克/理查德)。1225年被派去抓捕罗伯特/罗宾的人叫"洛德姆的厄斯塔斯",是诺丁汉郡的代理治安官(他于1232年正式获得了这个职位),他在巴恩斯代尔一带尤其忙碌。这个地名在最早的罗宾汉故事中占有重要地位。"我们永远无法确知。"[25]著名的罗宾汉研究专家戴维·克鲁克说。但他怀疑罗伯特·霍德实际上是一个叫"韦瑟比的罗伯特"的凶残匪徒的别名。克鲁克总结道,也许"我们可以到1225年的夏天寻找罗宾汉传说的起源,当时诺丁汉郡治安官的手下抓到了罗伯特"。

厄斯塔斯抓住了罗伯特,用一根长长的铁链把他吊死了,但罗宾汉的传说流传了下来。在接下来的大约一个世纪里,随着穷人的生活越来越艰难,大量现实生活中的亡命徒逃到了舍伍德森林这样的地方。但更多的人去了伦敦,其中包括英国神话中另一位传奇人物迪克·惠廷顿。无论是童话故事中的迪克(他有一只神奇的猫),还是现实生活中的理查德·惠廷顿爵士(他曾四次当选伦敦市长),逃亡者很少有人能混得这么好,但即使是混得最差的人,也赢得了免于饿死的机会。诚然,伦敦总是需要更多劳工的一个原因是,它恶臭的环境导致很多人死亡(直到1309年,它的市民们才想到要惩罚那些当街大便的人),但无论如何,这座城市一直在不断地发展。原因和罗马时代一样:一个庞大、富有的王国,需要数以百计的行政人员、商人和其他专业人士来管理,而这些人又需要数以千计的建筑工人、码头工人、小店主、酿酒师、面包师、妓女和仆人来服务。

诺曼底人到来时,伦敦有2.5万居民,但到1200年时,已达到4万。到了1300年,大约有6万名居民挤在古城墙内几平方千米的区域内,还有4万名居民住在城墙外的郊区。这时的伦敦,面积已是罗马时代伦丁尼姆的2~3倍大。虽然它仍然只有巴黎的一半大,在意大利也很难排进前30名,但按照不列颠的标准,城市化算是疯狂发展了。诺里奇、布里斯托尔、约克和温切斯特都有1万以上的居民，另外20个城镇有5 000人以上。总的来说，大约1/6的英格兰人居住在城镇里，远高于罗马时代的水平。新城镇在各地如雨后春笋般涌现（后来的超大城市利物浦和利兹都是在1207年起步的）。在威廉一世的时代，约克以北还没有真正意义上的城市，但这时纽卡斯尔正在迅猛发展。苏格兰国王大卫一世在12世纪20年代授予爱丁堡和其他6个定居点市政地位。他在1136年又添加了格拉斯哥。一个世纪后，加的夫、卡马森和哈弗福德的人口也都超过了1 000人。

就像罗马时代的农民一样，13世纪流浪进城镇的乡下人也会遇到令他们感到奇怪的景象、气味和味道。乡村居民吃的大多是面包、根茎类蔬菜、奶酪、凝乳和洋葱，通常都是自己种植和烹饪。然而，在城镇里，很少有家庭有烤箱，所以街头食品就是标准的餐食。有诗歌描述了城市中回荡着各种叫卖声，有"热馅饼，热乎的"[26]，还有不那么吸引人的"热羊蹄"。每个角落都能买到酒。啤酒馆专业酿造味道浓烈、饱腹感强、酒精含量很高的啤酒。小酒吧通常有悦耳易记的名字和招牌，为更有鉴别力的人群提供葡萄酒。旅馆则出租房间。与现代英国幽默连续剧《弗尔蒂旅馆》中那种小旅店不同的是，当时的旅馆都以热情好客而著称。欧洲大陆的游客对老板娘的亲吻和拥抱都深感愉快。而且旅馆生意很好：13世纪的约克，人口不过1.3万，却有1 300间酒店房间。

大多数城镇居民住在两居室或三居室的房子里，房子后面有一个污水坑。墙是黏土砌的，屋顶覆盖着茅草，地面是黏土或夯土，上面盖着灯心草，弄脏了就扔到门外去。生活围绕着起居室中的一个中央灶台展开，尽管到了1300年，室内设计的热门新概念是烟囱。烟囱设置在靠墙的瓷砖壁炉中，加上烟囱所需的防火瓷砖屋顶。在这一富裕水平之下，最贫穷的人可能住在比农村棚屋更肮脏的茅舍里，茅舍挤在黑暗狭窄的小巷里，小巷里则满是垃圾和恶臭的泥土。在这一富裕水平之上，更富有的阶层有坚固的、建在石头地基上的两层木结构房屋，有很深的地窖和悬挑在街道上方的"伸出式"上层房间，以最大限度地扩大空间。

如果考古学家运气好，会找到一个很好的垃圾坑，进一步了解这些建筑。例如，13世纪80年代，在南安普敦的布谷巷，一位名叫"绍斯威克的理查德"的富商，在一场大火后掩埋了他烧焦的财产。他的家庭生活得很不错，用精致的玻璃杯喝酒，用进口的盘子吃饭，透过玻璃窗观看市井生活，玩物包括一只叟猴在内的宠物（尽管从理查德垃圾坑里保存完好的寄生虫卵来看，每只宠物体内都爬满了虫子）。

成千上万的移民从农村来到城镇，过上了喜忧参半的生活。毫不奇怪，城镇越大，它的引力场就越广。那些迁到小小的斯特拉特福的人中，仅有1/10的人搬迁距离超过了25千米。即使是中等规模的埃克塞特，也有一半的移民来自30千米以内，5/6来自100千米以内。为了吸引真正的外国人，不列颠（几乎总是英格兰）的城市需要钱，所以伦敦——12世纪的一位作家称之为"整个王国的女王"[27]——再次成为最具吸引力的城市。因为英格兰的大部分羊毛都经过这座城市，欧洲大陆的商人和财主能在这里发大财。他们用船运出羊毛（到1300年时，每年大约运出800万吨），运来丝绸、香料、建筑石材和英格兰精英阶层想要的其他东西。最重要的是葡萄酒：仅波尔多每年就运来2.5万桶红葡萄酒。1066年以前，就有诺曼底人、法兰西人、佛兰德人和德意志人在伦敦定居。随着英格兰舞台的扩大，意大利人、西班牙人、葡萄牙人和挪威人也在13世纪加入了他们。随着进出口贸易的发展，外国人移居到其他城市。到了1190年，有17个英国城镇里有犹太放债人。14世纪，甚至康沃尔小小的特鲁罗镇也有了一个德意志鞋匠。

中世纪迁入的移民往往是专业人士，通过润滑商业的车轮来促进繁荣。因此，不像5世纪和6世纪的盎格鲁-撒克逊人或9世纪的挪威人，他们的数量太少，不足以对不列颠人的DNA产生任何显著的影响。然而，他们的确影响了身份认同，不是模糊了岛民和大陆人之间的界限，而是为不列颠人——尤其是英格兰人——提供了可用来定义自己的目标。

犹太人是一个极端的例子。1070年，威廉一世将一些犹太金融家带到了英国，因为他像当时的一些统治者一样，认为让自己身边多几个这样的能借钱的人，不会有什么坏处，因为他们不仅没有当地的朋友，而且由于《圣经》给他们带来的负担，也不大可能交到什么朋友。然而，仅过了一代人的时间，这种算计就发生了变化。从莱茵兰和法国开始，民众对十字军东征，将穆斯林赶出耶路撒冷的热情，蔓延为普遍的反犹主义和对本地犹太人的迫害。当"狮心王"理查在1189年加冕并宣布他想成为英格兰第一个十字军国王时，伦敦人活活烧死了30个犹太人以示庆祝。第二年，北方的贵族们——其中有几人欠了犹太人的钱——煽动起一群暴民，将150名犹太人困在了约克城堡。这些犹太人担心会出现最坏的结果，于是父亲们割了妻子和孩子的喉咙，然后拉比割了男人们的喉咙，最后割了他自己的喉咙。那些表示愿意皈依基督教的人，最终还是被基督徒杀害了。

阴谋论像病毒一样传播。犹太人被指控在水井中投毒，并拿基督教婴儿献祭。其他外国人也遭到了怀疑，被控与犹太人合谋使英格兰国王腐化堕落。议会指责意大利人将高利贷和鸡奸引入英格兰。针对外国人的攻击行为越来越多，疯传的谣言说国王向纯正英格兰人征的税使他们破产或逃进舍伍德森林，让阴险的欧洲人发了财。1255年，亨利三世试图对外国人显示出强硬态度，以绑架一名基督教婴儿（被称为"小圣休"）的荒谬罪名处决了19名犹太人，但仍然没能满足公众的情绪诉求。三年后，他的贵族们造反了，他们以"英格兰共同体"的名义，要求"所有的外国人都从你的面前和我们的面前逃走，就像从狮子面前逃走一样"[28]。排外情绪高涨。当亨利三世的法国妻子召集一支军队，跨过英吉利海峡入侵英格兰，将他从贵族囚禁者手中解救出来后,一位编年史作者写道,毫不奇怪的是,"任何不会说英语的人都会遭到鄙视"[29]。反叛的领主们号召爱国者保卫家园,反抗外敌和内奸。历史学家戴维·卡彭特说:"人们反响强烈,势不可当,气氛……很像1940年时的英国。"[30]

排外心理加速了身份认同长期趋势的形成,最重要的是,群岛被整合成了4个根植于地理的群落——东南部低地的英格兰人、西部和北部高地的威尔士人和苏格兰人,以及海对岸的爱尔兰人。威廉一世在英格兰建立的种族隔离制度逐渐消失。法国于1204年征服诺曼底,让盎格鲁-诺曼底精英们面临一个选择:要么保留他们的诺曼底地产,成为法国人;要么保留他们的英格兰地产,成为英国人。但实际上大部分诺曼底人都已融入了占人口大多数的英格兰人中。宫廷贵族以外的诺曼底人,从一开始就与英格兰男女通婚。1178年左右,国王的财政大臣承认:"如今,英格兰人和诺曼底人混居在一起,相互嫁娶,两个民族已是如此混杂,以至很难确定谁生为英格兰人,谁生为诺曼底人了(我指的是就自由人而言)。"[31]

越接近顶层,种族隔离持续的时间就越长。直到1204年,所有国王大部分时间仍然在法国度过,到1250年时,仍有贵族称法语是"任何绅士都应该懂得的语言"[32]。事实证明,精英阶层善于将煽动排外情绪作为一种政治武器,同时多少保留着法国身份。13世纪50年代内战中英格兰本土主义者的领袖西蒙·德·蒙特福特是个彻头彻尾的法国人,几乎不会说英语。1290年,当爱德华一世将所有犹太人逐出英格兰时,在议会信誓旦旦地说:"如果(法国国王的)权力像他的恶意一样大,那么英语将从地球上被消灭。"[33]他不得不用拉丁文发出令状,而领主们却要用法语来辩论他的观点。

即便如此,到了13世纪70年代,爱德华一世的大多数贵族都已经在家里说英语,不得不雇用家庭教师来教他们的孩子法语和拉丁语。一个世纪后,他们说的英语听起来至少有点像现代英语了,如同北部和西部的盖尔语和威尔士语一样。这三种语言也分别产生了它们的第一个文学巨匠——杰弗里·乔叟、约翰·巴伯和达菲德·艾甫·格维利姆。

更强烈的民族身份认同帮助爱德华一世将英格兰人团结起来，对抗来自法国的入侵，就像民族主义帮助威尔士的卢埃林·格鲁菲德和苏格兰的罗伯特·布鲁斯将他们的追随者团结起来，对抗来自英格兰的入侵一样。爱尔兰更加支离破碎的政治使得那里的团结更为困难，但即使在那里，1366年的《基尔肯尼法》也将无数古老的身份认同纳入了本地人和英格兰移居者之间的简单对立。然而尽管如此，新身份认同的形成仍是一件矛盾的事情。虽然英格兰人、威尔士人、苏格兰人和爱尔兰人之间的界限已经变得清晰而稳固，但英语作家开始暗示，一些苏格兰和威尔士人并没有那么坏，至少与法国人相比是这样。（但爱尔兰人仍然不可接受。）在威尔士南部和苏格兰的低地地区，人们开始住进城市里，用硬币买酒和卖羊毛，通过举行体面的教堂仪式结婚——有时甚至是同英格兰人结婚。"整个（苏格兰的）野蛮都被软化了。"[34]一位英格兰圣人评论道。而一位英格兰骑士更进一步，说威尔士"很容易被认为是第二个英格兰"。爱德华一世也认同这一观点，并于1277年着手将其变为第二个英格兰。

……和萧条

爱德华一世比任何更早的英格兰国王都更看重威尔士。他发现，致力于通过外交而不是武力来应对撒切尔法则，一切都没问题，但只要苏格兰、威尔士和爱尔兰的大部分地区不受他的控制，英格兰实际上就敞开着后门。由于英格兰在欧洲大陆上不再有外护墙，法国势力可以随时从后门侵入，从北部和西部运送物资，支持入侵英格兰的行动。因此关闭这个后门突然变成了当务之急。有利因素是，没有外护墙意味着爱德华一世不像先前的国王们一样，在征讨克尔特人所在的边缘地带时，他不会为了保卫外护墙而被迫回撤；不利因素是，像英国国王一样，法国国王也有一个敞开的后门，所以当他试图关闭后门时，就可能引发爱德华一世想要阻止的入侵。爱德华一世极具耐心的外交策略生效了，当他在1277年入侵威尔士时，法国和罗马最终只是提出调停，即使他令所有人惊讶地在战场上待了一月又一月，直到他把"最后一位卢埃林亲王"（肯定要算史上最悲哀的尊号了）活活饿死在他的山堡中。然后，爱德华一世在威尔士各地建造了一系列最先进的城堡，并于1284年宣布威尔士为"英格兰国王兼并和统一的土地"[35]。

苏格兰需要更微妙的处理，但爱德华一世运气不错。1281—1286年，事故和疾病接连夺走了苏格兰国王的三个儿子的生命，继而是国王本人的生命。爱德华一世安排自己5岁的儿子与幸存的6岁女继承人结了婚。当小女王于1290年去世时，爱德华一世的运气用尽了，但他只是全力支持14个王位竞争者中的一个。"他已下定决心要征服苏格兰，就像他新近征服了威尔士一样。"[36]

这样的话让人想起三个世纪前埃德加国王所追求的大不列颠和爱尔兰联合王国，而爱德华一世则利用日益强大的英格兰身份认同，随时随地激发人们的怀旧之情。在经历了这么多叫威廉和亨利的国王之后，爱德华一世是第一个拥有传统英格兰名字的诺曼底国王，他竭力将自己与盎格鲁-撒克逊人和亚瑟王联系在一起。他以隆重的仪式，重新埋葬了格拉斯顿伯里修士们宣称的亚瑟王和圭尼维尔的遗骨，并在阿尔弗雷德国王的古都温切斯特举行了想象中的亚瑟王式的比武和宴会。他声称，他的王冠是亚瑟王曾经戴过的。爱德华一世很可能定制了一张巨大的圆桌，根据树木年轮测定的时间，可以追溯到1250—1280年，现在仍保存在温切斯特城堡的大厅里。

"现在岛民们都团结在一起了。"[37]一位英国编年史家欢呼道：

在所有这些国家中，没有国王，也没有亲王，
只有爱德华国王，是他把它们统一了起来。

亚瑟从未如此完整地拥有这些封地！

现在国王要做的就是准备远征，

打败法国国王，征服他继承的土地。

这在被人们戏称为"铁王"的法国国王腓力四世看来太过分了，于是他先下手为强了。1294年战争爆发，第二年腓力四世和十几个苏格兰领主缔结了条约，后来被称为"老同盟"，宣布英格兰对任何一方的攻击都是对双方的攻击。法国舰队当即洗劫了肯特郡，而威廉·华莱士——就是在旧联盟成立700周年时上映的由梅尔·吉布森执导并主演的电影《勇敢的心》中的主人公——也在苏格兰掀起了暴动。

爱德华一世的贵族们对这场战争并不热衷，就像他们对待他父亲为维护大西洋沿岸联合王国而进行的战争一样，但当爱德华一世于1307年去世时，贵族们就变得彻底敌对了。爱德华一世的儿子（也叫爱德华）根本不知道该怎么办，很快就不仅与法国和苏格兰，还与他自己的贵族、他的法国妻子及其情夫分别开了战，并且皆以失败告终。在北方，可怕的罗伯特·布鲁斯篡夺了苏格兰的王位，并在班诺克本歼灭了一支英格兰军队，还扬言要建立一个统一的克尔特人王国。当他与威尔士反叛者谈判，并派遣一支舰队到爱尔兰时，苏格兰学者们合宜地挖出了"默林预言"，预测"苏格兰人和不列颠人应该得到威尔士人的理解，联合起来掌控主权，并按照自己的意志行事"。[38]

罗伯特的问题是，这不是法国新国王"爱争吵的路易"（路易十世）乐于见到的局面。他可不想为建立一个由爱丁堡统治的联合王国而与由伦敦统治的联合王国交战，所以罗伯特越强大，路易十世就越不支持他。在他看来，最好的结果就是英格兰和苏格兰相互缠斗，两败俱伤，而他则在欧洲大陆上处理更重要的事务。席卷群岛的每一场灾难都正合他的意，比如1315年的一个夏天又冷又湿，庄稼还没成熟就腐烂了。接下来是惨不忍睹的7年。1316年，接连下了150天雨，田野泥泞不堪，骑士们无法作战。牛和昂贵的马都饿死了，没有牲口能拉犁耕地。然后蜜蜂也死了，没有什么能给植物授粉了。接着有很多人死了：到了1322年，饥饿、潮湿和疾病夺去了100万英格兰人的性命。

这些灾难也席卷了法国和苏格兰，但它们很符合法国的战略要求，至少直到1336年，新国王"幸运者"腓力六世高估了自己的力量。一个更加坚定自信的英格兰国王（一连第三位爱德华）引起了腓力六世的警觉，他向苏格兰派遣了一支自罗马人以来规模最大的入侵英格兰的大军。爱德华三世赶走了他们，但这次威胁吓坏了他的贵族们，后者被迫选择支持国王。几个世纪以来，他们一直抵制那些想要他们为战争买单的国王，无论这些战争是要关闭英格兰的后门，还是在欧洲大陆重建一道外护墙；然而现在，他们承认国王的主张有道理。议会投票支持拨款给爱德华三世，以支持德意志盟友包抄法国，就像法国在苏格兰的盟友包抄英格兰一样。然而当德意志人拿了钱却不办事时，爱德华三世加大了赌注。他的外祖父曾是法国国王，这使得他争夺法国王位的理由比实际的法国国王更强。为什么不施压呢？为什么不再进一步，把英格兰和法兰西合二为一，建立一个比大西洋沿岸联合王国更大的王国，在莱茵河设置外护墙呢？于是，时断时续的百年战争开始了。

在这个问题上，教皇的声音曾经是决定性的，但时代已经改变了。当教皇英诺森三世在1212年废黜约翰一世时，他知道两个世纪的教会改革赋予了"欧盟"极为强大的软实力。教皇想要什么，人们就想要什么，所以当教皇把一个国王革除教籍时，这个国王就完了。然而，罗马的阿喀琉斯之踵（致命弱点）就是，软实力很快也会弄巧成拙。基督徒追随教皇，因为他是上帝的代理人，但他们越是按照教皇的话去做，教皇就变得越强大，他们也就越难以相信教皇真的分享了基督的谦逊（更不用说他的贫穷了）。地位较低的教士发现，与追随"欧盟"相比，成为欧洲怀疑论者、批评教皇的腐败，可以使他们在教众中赢得更多的支持。

因此，爱德华三世觉得用武力来实现自己的主张是绝对安全的。他的军队在与苏格兰人多年的战斗中积累了丰富的经验，打了一系列胜仗——在克雷西、斯柳伊斯和普瓦捷战役中打败了法国人，在内维尔十字战役中打败了苏格兰人。自阿尔弗雷德时代以来，还没有人创造过如此辉煌的战绩。然而，即使把法国国王和苏格兰国王都锁进了地牢里，爱德华三世仍然无法将战场上的胜利转化为政治上的成功。法国特性与英格兰特性、威尔士特性、苏格兰特性以及爱尔兰特性拥有同样的力量，无论爱德华三世怎样争取法国王位，都没有人会承认他可以靠杀人来获得王位。

靠常规战争达不到目的，爱德华三世开始诉诸恐怖。他发动了大规模的打砸抢式袭击，在法国和苏格兰乡村几十千米宽的地带烧杀抢掠和强奸，然而似乎再多的痛苦也不足以结束这场战争。就连鼠疫耶尔森菌引发的黑死病都做不到这一点。黑死病于1348年1月抵达马赛，携带病菌的藏在老鼠皮毛里，从西西里岛（更早是从黑海）乘船而来。商人和强盗随后用驳船和马车载着这些老鼠（和跳蚤）穿越法国，于6月将"大瘟疫"带到了多塞特郡的韦茅斯。患者的腹股沟和腋窝都长满了黑色、流脓且发臭的脓包。感染者中至少一半都死了。紧随其后的是病菌的一种变异，这种变异可以通过呼吸产生的飞沫传播。这回几乎所有感染者都死了。

没有什么比黑死病更能说明14世纪和我们现在的区别了。2020年，隔离、社交距离和戴口罩使得英国新冠病毒肺炎死亡率不到0.1%。14世纪的统治者当然缺乏这样的手段，但他们似乎也不在乎。爱德华三世没有撤回正在洗劫法国和苏格兰且已遭受瘟疫侵袭的军队，也没有减轻因供养他们已很虚弱的臣民的赋税负担，而是在这两方面都变本加厉。英格兰和威尔士的人口从1348年的480万暴跌至1400年的210万和1450年的190万——比恺撒入侵时还要少。伦敦的居民在一代人的时间里从10万骤降至2万。瘟疫摧毁了英国近3 000个村庄（这也是考古学家对中世纪的英格兰了解甚多的原因之一）。

真正的瘟疫坑仍然不多见，但DNA检测证实，2016年在林肯郡的桑顿修道院发现的一个的确是（图5.10）。可能来自一个被死亡淹没的村庄，当地修士承担了掩埋尸体的任务。

图5.10 挖出的遗骸：2016年在林肯郡桑顿修道院发掘的一个可追溯到1350年左右的瘟疫坑

资料来源：Hugh Willmott

另一个与我们这个时代的不同是，新冠病毒肺炎对穷人的伤害大于富人，而黑死病则相反。几代人以来，密集的人口推动了工资下降和利润上升，但在1348年之后，更空旷的土地起到了相反的作用。领主们急于留住越来越少的劳动力，免除了农奴的劳动义务，增加了工资，甚至设计了退休计划。最聪明的地主随机应变，买了更多的马来帮助幸存的犁耕农劳作，或者从种谷物转为需要更少劳动力的养羊。温切斯特主教的教徒数量减少了，然而他的羊的数量从1348年的2.25万只增加到了1369年的3.5万只。一些地主用贫瘠的土地放养兔子，根本不需要人看管。经验丰富的地产管理者成了重要人物。1354年时，大领主伯克利经常和他的管家一起吃饭，而在1348年之前他肯定不会这样做。

用冷冰冰的经济学语言来说,大规模死亡使得土地上的劳动力比率向有利于农民的方向转变。(用更通俗的英语来说,劳动力的稀缺意味着穷人享受了一个世纪的广泛繁荣,直到1850年才被超越。)1200—1350年,人们的平均身高下降了4厘米,但是到了1400年,这些损失被弥补了。无论是在城市还是乡村,1450年时实际工资都翻番了,图5.11对比了1256年和1424年诺福克收割者消耗的热量来源。在瘟疫暴发之前,工人们主要靠大麦面包、奶酪和黄油为生,瘟疫之后则主要吃肉,喝麦芽啤酒(平均每天约1.7升),面包不过偶尔吃吃。1348年以前,酒馆在城镇之外很少见;到了1400年,每个村庄都有自己的酒馆了。

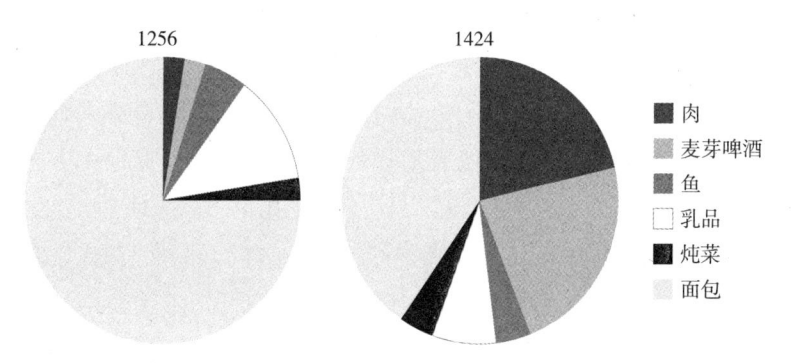

图5.11 前后对比:1256年—1424年,诺福克郡塞奇福德收割工人的饮食变化情况

并不是说1348年后生活就全是啤酒和牛肉了。地主们会打压傲慢的农奴,从疫情中幸存下来的农奴,有成千上万于1358年在法国和1381年在英国死于政治暴力。在骚乱和叛乱,以及彼此间战争和人口大量死亡的打击下,英法两个王国都在解体的边缘摇摇欲坠。强大的部落把英格兰北部变成了实质上的两个独立国家,爱尔兰脱离了王室的控制,苏格兰人侵占了安格尔西岛。1399年,贵族们废黜并可能杀死了又一位英格兰国王。1400年,亚瑟王的传说再次复活,这

一次是在一个名叫欧文·格林杜尔的威尔士领主身上。他是威尔士和英格兰两家王室的后裔。无论他去什么地方，都会有一个隐秘的预言家，不断发出一连串默林式的传奇预言。在格林杜尔的白底金龙旗所到之处，英格兰各地守军望风披靡。1405年，他召集爱尔兰、苏格兰和布列塔尼的使者讨论建立克尔特人联合王国的事宜。他与法国签订了条约，与教皇讨价还价，还与英格兰的反叛者密谋瓜分整个群岛。形势变得如此严峻，以至英格兰议会禁止威尔士吟游诗人进入伦敦。历史学家米里·鲁宾评论说："这些都是要重新考虑英格兰地图和英国版图内各部分之间关系的尝试。似乎可能发生彻底的改变。"[39]

然而，关键词是"似乎"。地理是顽固的。资金、人力和组织能力仍然集中在东南部。没有法国，任何克尔特人联合王国都无法运行。法国是唯一有资源与英格兰抗衡的玩家——但对法国人来说，克尔特人始终只是个小角色，方便时就眷顾一下，不方便时就弃之如敝屣。更糟糕的是，法国国王似乎完全疯了。（有时候他真诚地相信自己是玻璃做的；有时候他又忘记了自己已经结婚生子，这对王朝外交来说是一个真正的麻烦。）他那些困惑的贵族们在1405年之前就分裂成了两派，他们非但没有帮助格林杜尔，反而各自提出恢复英格兰的外护墙，以换取其援助，对抗对手。

亨利五世于1413年登上英格兰王位，他非常清楚，双方的提议实际上都只是邀请他在即将到来的法国内战中站队。他没有加入任何一派，而是利用混乱在阿金库尔战役中屠杀了大部分法国贵族。然后，他挑选出最有希望合作的幸存者，与他们讨价还价，要他们答应将法国王位让给他。当他于1422年死于"血痢"（15世纪对痢疾的形象称呼）时，他的儿子（亨利六世，此时还是婴儿）在巴黎加冕，同时成为法国和英格兰的国王。然而，长期不和的法国派系很快和解了，过了不到一代人的时间就将英国人赶出了他们的国家（除了加来）。

一百年的战争让英格兰一无所获。到了1453年，这个国家不仅回到了1272年爱德华一世时的状况——没有外护墙，后门洞开，而且，回到了13世纪60年代亨利三世时的境地——内战（我们今天称之为"玫瑰战争"）使其四分五裂。苏格兰和爱尔兰的大部分地区都挣脱了束缚，英格兰的贸易崩溃，法国海盗船不断骚扰南部海岸。不列颠群岛似乎陷入了一个长期的繁荣与萧条交替的模式，大约每隔一个世纪，就在联合王国控制英格兰、部分凯尔特内陆地区和对面的大陆海岸，到联合王国陷入无政府状态之间循环一次。

新一轮的内战于1485年结束，亨利七世利用法国的金钱和军队杀死了对手理查三世，夺取了他的王位。亨利七世放弃了所有建立联合王国的要求，只要求并入威尔士，他声称自己血管里流淌的威尔士血液和英格兰血液同样多。亨利七世在威尔士登陆后，打着卡德瓦拉德的红龙旗号进军伦敦。卡德瓦拉德是与亚瑟王联系在一起的古代威尔士统治者。亨利七世还娶了一个来自新近内战中敌对派系的妻子。没过几天她就怀了孕，他们给儿子取名为"亚瑟"。这是头等重要的神话创造；不过，亨利七世没有外护墙，他的苏格兰和爱尔兰后门也还大开着，他手里没有别的牌了。

除非有什么事情发生。

整个世界是一个舞台

自亚里士多德的时代起，受过教育的欧洲人就知道地球是圆的。从爱尔兰向西航行的海员不会从地球的边缘掉下去，而是会发现自己进入了希腊人所说的"大洋"，一片环抱着有人居住的世界的浩瀚的水荒地。海洋覆盖了半个地球：假如海尔丁厄姆和拉福德的理查想让人们看到赫里福德地图的背面，那将是一个空的蓝色圆盘。

受过教育的欧洲人也知道，他们的商人目前前往富裕的东方的道路，即穿越地中海、中东或中亚，并不是唯一的路线。理论上，他们也可以向西航行去东方，走直线穿过海洋。他们还可以向北绕过欧洲的顶端，或者向南绕过非洲的底部（假设欧洲和非洲有顶端和底部的话）。所有的海洋最终会把他们导向亚洲的财富。然而，受过教育的欧洲人了解的第三个事实是，地球的周长约为4万千米，这意味着向西、向北或向南走去东方，旅程都太长以致无利可图。无论理论上有什么可能，实际上地中海和草原路线是唯一的选择。

因此，土耳其侵略者于15世纪侵占中东，并提高了丝绸、香料和其他东方奢侈品通过其帝国须缴的港口税，就是一个沉重的打击。同样糟糕的是，他们把贸易垄断权卖给了意大利商人，而意大利商人收取了更多的附加费。于是西欧的进口商们开始努力寻找能降低运输成本的海洋航线和新型船只。最具前景的设计是根据地中海渔船改造的一种小浅船——轻快帆船，它将提高速度用的方形帆和对抗逆风的三角帆结合在了一起。在沿非洲西海岸向南航行方面，葡萄牙和西班牙比其他任何国家的地理位置都更优越，于是引领了潮流。他们经常雇用海上专家意大利人当船长。葡萄牙船只于1420年到达马德拉群岛，1427年到达亚速尔群岛，1444年到达塞内加尔河，开辟了通向非洲金矿的道路。他们于1473年穿过了赤道，并于1482年驶入刚果河河口。

自20个世纪前的腓尼基人以来，还没有西方人到过这么远的地方，但是这个发展势头停滞了，因为刚果南部的逆风实在太强了，以至轻快帆船或者更大的宽身帆船都无法顶风前进（腓尼基人使用的大划桨帆船能够逆风行驶）。但是仅仅过了5年，巴尔托洛梅乌·迪亚士就找到了答案。当他沿着安哥拉海岸艰难地向南航行时，风暴将他向西吹进了开阔海域。13天后，当狂风停息时，迪亚士意识到一种不同的风——西风带的西风——正在把他吹向东南方向。在一个月没有看见陆地后，他在今天开普敦附近的莫塞尔湾靠了岸。他的船员拒绝继续前进，这不难理解，但迪亚士已经证明了非洲的确有尽头。按照迪亚士的"从海上返回"的策略，欧洲船只可以转而驶向大西洋，绕过非洲逆风，然后再被吹进印度洋。

葡萄牙海员引发了有史以来最大的地缘战略革命，其他欧洲君主也争相追赶。各种疯狂的计划都有人感兴趣，但很少有比热那亚冒险家哥伦布提出的计划更疯狂的了。哥伦布无视专家的意见，计算出中国在里斯本以西3 860千米。他奔波了数年，从威尼斯到伦敦到处寻求赞助，希望能直接穿过环绕世界的海洋，抵达北京。1492年，当哥伦布第三次向西班牙女王伊莎贝拉提出请求时，女王给了他这笔钱，也许主要是为了摆脱他的纠缠，而不是别的。如果是这样的话，那么她失败了，因为一年后哥伦布又回来了，声称他已经到了大汗统治的国土，和他预测的差不多。(他犯的第一个错误是，中国在一个多世纪前就脱离了蒙古大汗的统治；第二个错误是，他到达的实际上是巴哈马群岛。)

图5.12 撕碎了赫里福德地图的船：约翰·卡伯特50吨重的轻快帆船"马修"号的复制品，1997年为庆祝他从布里斯托尔航行到纽芬兰500周年而建

资料来源：Ben Salter, Creative Commons

英格兰国王亨利七世是拒绝了哥伦布的君主之一。恼怒之下，他给一个意大利人——威尼斯人祖安·沙博托（后来以"约翰·卡伯特"而闻名）颁发了许可，但没有给他钱，要他去寻找一条从布里斯托尔到中国的航线，最好比哥伦布的航线短。1496年，恶劣的天气断送了卡伯特的第一次努力，但第二年，他小小的轻快帆船"马修"号（图5.12）载着他一路来到了冰天雪地的纽芬兰。他认定这里是日本，就再次返程了。

卡伯特的断言撕碎了赫里福德地图。不列颠群岛不再隐藏在世界的边缘。纽芬兰显然不是日本，但1497年仍然标志着英国迈向世界中心的旅程的开端。这出大戏新的一幕即将上演。

GEOGRAPHY IS DESTINY
Britain and the World, a 10,000-Year History

第二篇

麦金德地图
（1497—1945年）

第6章

英格兰"脱欧"

（1497—1713年）

第二幕

英国从欧洲舞台边缘的配角转变为大西洋舞台中央的主角，花了200多年的时间。哥伦布和卡伯特证明了这个世界远比赫里福德地图所想象的要大，但欧洲人要想轻而易举地横渡大西洋，把原材料从西方运往东方，把人从东方运往西方，还需要技术上和组织上的变革。直到17世纪晚期，地理的意味才发生了改变。不列颠群岛在成为向内移民地7 500多年后，也成了向外移民地之一，其中绝大多数人去了北美——英国也变成了迫使其他国家的人向外移民的国家。

创建新的组织机制（如奴隶贸易）来开发利用新的地理环境，如果有什么不同的话，那就是比创造改变地图的技术更具挑战性。如果统治者愿意让商人和海员进入精英阶层，不断增长的流动性就会提供不断增长的繁荣的前景，而不断增长的繁荣又会带来改变安全和主权的希望（或威胁），因为能设法利用新大西洋经济的政府，可以利用其财富压倒未能这样做的对手。在完成这些任务上，英国政府表现得比欧洲大陆的对手强。他们创造了世界上最高效的"财政-军事国家"[1]（历史学家称呼将市场与军事实力相结合的政府的术语），利用它来建设强大的海军舰队，对敌人封锁英吉利海峡，使撒切尔法则失效。最后，在海上防御的保护下，他们将不列颠群岛变成了大不列颠及（大部分时候的）爱尔兰联合王国。最终，英国对流动性、繁荣、安全和主权的彻底的重新思考，推动甚至要求新的身份认同，岛国性越发增强，与欧洲大陆的接近性越发减弱了。16世纪30年代，英格兰脱离了罗马主导的"最早的欧盟"。苏格兰于16世纪50年代，爱尔兰的一个角落于16世纪70年代，脱离了"欧盟"。但爱尔兰的其余部分没有这样做，其后果自那以后便一直困扰着英国。

从来没有真正的总体规划。在1497年时还没有人能预见到新的地理格局意味着什么，甚至在1597年时也很少有人能做到这一点。然而到了1697年，英国精英阶层中有越来越多的人看到了地图在发生怎样的变化，以及他们需要做些什么来利用这种变化。无论如何，他们开始将英国从赫里福德地图的边缘地带推向麦金德地图的中央。

教皇的不肖之子

亨利七世国王肯定是没看出新地理格局意味着什么。起初，他只给了卡伯特10英镑，作为他找到"日本"的"小费"。随后亨利七世增加了数额，但也只是将卡伯特的津贴提高到熟练工人收入的两倍。亨利七世的吝啬出了名，但抠门到如此地步需要一个解释，一个可能的原因是，其以高效著称的密探们听到了流言说卡伯特根本没到过日本。

一直有传言称，自15世纪60年代，就有布里斯托尔渔民到北美海域拖网捕鱼，并且知道那里除了鳕鱼和冰之外什么都没有（图6.1）。有一种说法甚至称，布里斯托尔人对美洲海岸非常了解，以至他们以布里斯托尔海关关长理查德·亚美利柯的名字为其命名。然而，除了名字的惊人巧合，没有实际证据能证明这一点，大多数历史学家正确地将"亚美利加"（America）这个名字追溯到亚美利哥·韦斯普奇（Amerigo Vespucci，像卡伯特一样，他也是位意大利侨民，不过他定居在西班牙）。1501年，韦斯普奇在沿着巴西海岸航行时，意识到这不可能是亚洲，他得出结论，这个星球的确像专家们说的那样大，他看到的是位于西班牙和中国之间、以前从未被确认的一片大陆。到了1507年，地图绘制者认定他是对的，就把这个新世界称为"亚美利加洲"。

图6.1 美洲舞台（1497—1713年）

因此，知情人士得出结论，卡伯特什么也没有改变。不列颠群岛仍然处在世界（无论如何是重要的世界）的边缘。因为美洲不重要，与欧洲的接近性仍然胜过英国的岛国性。由于关于大联合王国的各种梦想都失败了，英格兰的问题仍然来自欧洲大陆，而威尔士、苏格兰和爱尔兰的问题仍然来自英格兰。

像1272年的爱德华一世一样，亨利七世继承了一个缺少外护墙、几乎破产且后门洞开的英格兰，他除了妥协别无选择。因此，他与法国和苏格兰达成了力所能及的协议，并寻求与西班牙联姻。实际上，1497年最令人兴奋的事情不是卡伯特的发现，而是亨利七世的儿子亚瑟与阿拉贡的凯瑟琳订婚［卡伯特甚至连第二名都没排上，排第二的是康沃尔的一场血腥暴动（图6.2）］。亚瑟的婚事非常重要，他于1502年婚礼后不久去世，凯瑟琳又匆忙与他的弟弟重新订了婚，这就是后来的亨利八世。为防万一，男孩们的妹妹玛丽也被许配给了西班牙王位继承人查理。

西班牙和英国都希望两国之间加强联系能阻止法国国王威胁任何一方。然而，亨利八世与凯瑟琳的婚姻促使他统治的英格兰完全脱离了天主教"欧盟"。他本无意这样做，正如戴维·卡梅伦在2016年无意让英国脱离现代欧盟一样，但他们所做的事导致了这样的结果。命运就是这样捉弄了我们所有人。

如果说卡梅伦的"脱欧"（Brexit）在历史上有什么相似情况的话，那么无疑就是亨利八世的"脱欧"（Englexit，创造了一个不讨人喜欢的新词）了。这两个事件当然在很多方面都很不同，但将它们联系在一起的是，它们都是群岛中的部分脱离了欧洲大陆的一个软实力帝国的唯一情况（与不列颠尼亚在260—410年多次脱离罗马硬实力帝国正相反）。两者都是由群岛内部关于身份认同、主权和地缘战略的争论驱动并且加深的。两者都给繁荣带来了巨大影响，都引发了宪法危机，而且危机的解决时间比任何人预期的都要长。最后，两者都是外交行为的意外后果。

亨利八世一开始并不是一个革命者。如果说有什么不同的话，那就是他太守旧了，几乎是反对革新的。他渴望成为另一个亨利五世，

图6.2 不列颠舞台（1497—1713年）

在战场上解决英国的问题，要是与跟他哥哥同名的亚瑟王相提并论就更好了。亨利八世将温切斯特仿造的这位传奇国王的圆桌重漆了一遍，并且想象自己像已消逝的亚瑟王一样，是一位完美的基督教国王。他坚称自己是"教皇的好儿子"，"将永远与教皇陛下和教会在一

249

起，永远不会离开"[2]。因此，当教皇承诺如果亨利八世对目前侵占法国王位的人发起进攻，就支持他对法国王位的要求时，亨利八世立刻采取了行动。

这是个错误。在阿金库尔战役之后的一个世纪里，英格兰已经逐渐落后于法国了。人口仅为法国的1/6，收入仅为法国的1/10。法国在新式军事射击技术上也一直保持着先进水平，而英军仍然坚持使用长弓。亨利七世明白这一点，没有发动战争，尽管（也可能正因为）他父亲持这样的观点，亨利八世还是在1513年入侵了法国。一场惨败接踵而至，他们只占领了两个城镇，连亨利八世的大臣都称其为"粗野的狗窝"[3]。亨利八世可聊以自慰的仅仅是，法国的王牌"老同盟"也事与愿违。苏格兰比英格兰更小、更穷，武器装备更差，当它的国王像亨利八世一样顽固，不顾一切地发起进攻时，他的下场更糟。他和他的3个主教、11个伯爵、15个领主以及1万名士兵，在弗洛登的倾盆大雨中遭到了屠杀。苏格兰的武力严重受损，这种状况持续了整整一代人的时间。

亨利八世从未完全放弃武力，即使是在另一次进军巴黎的行动在泥淖中受阻后，但他也意识到，必须让聪明的大臣托马斯·沃尔西另想办法。其中之一是13世纪50年代亨利三世的西西里战略的更强硬版本，通过让亨利八世竞选德意志皇位（这将使他既成为神圣罗马帝国的亨利八世皇帝，也成为英格兰的亨利八世国王），而沃尔西同时竞选教皇，以钳制法国。在两个尝试都失败后，沃尔西又拿出了B计划：作为我们将在第7章看到的均势战略的铺垫，他将让西班牙和法国争夺英格兰的友谊。这招很快就奏效了，沃尔西兵不血刃地给西欧带来了一定程度的和平。心怀感激的教皇任命他为枢机主教，并授予亨利八世许多荣誉，但就像二战中的温斯顿·丘吉尔一样，沃尔西很快意识到，仅靠抖机灵无法永久欺骗更强大、更富有的盟友。正是他突破这个圈子的努力，最终将英国推出了天主教"欧盟"。

这种局面的出现，并非出于重塑英国身份认同的某种连贯战略，而是因为传统外交关切与野心、误判以及金钱之间错综复杂的纠葛。400年来，英格兰的主要对手一直是法国，但现在西班牙取代了法国。1497年，当阿拉贡的凯瑟琳与亚瑟王子订婚时，她的祖国已经是一个强国了。20年后，它已经是一个超级强国了。当西欧的舞台开始跨越大西洋扩张时，伊比利亚人一直处于最前沿。当人们明白大西洋并非通往亚洲的捷径时，其他欧洲人已经失去了兴趣，而西班牙人在新大陆找到了财富的新源泉。首先，他们抢掠了阿兹特克人和印加人的帝国，然后将非洲奴隶运到美洲，挖掘新大陆的白银，以支付在欧洲的战争费用。与此同时，一系列巧妙的外交联姻也开始产生效果，西班牙国王查理五世（凯瑟琳的侄子）继承了奥地利、意大利南部、低地国家和德意志的大部分地区（图6.3）。自罗马帝国以来，欧洲还从未有过如此集中的领土。

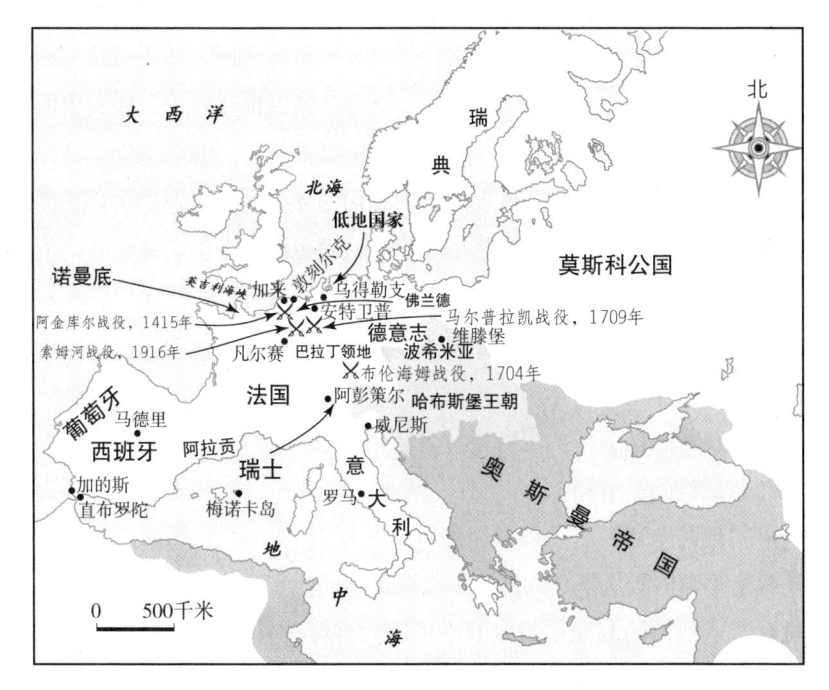

图6.3 欧洲舞台，1497—1713年（所展示的哈布斯堡王朝和奥斯曼帝国的边界大约为1700年时的状态）

与查理五世结为姻亲是把双刃剑。如果亨利八世和凯瑟琳夫妻恩爱，查理五世会成为英格兰有史以来最好的朋友；但如果他俩琴瑟不调，查理五世同样可能成为它最大的敌人。没有人会指望16世纪的王室夫妇成为彼此最好的朋友，由于两人多年没生出儿子，亨利八世和凯瑟琳的关系变得异常冷淡。他们生了一个女儿，名为玛丽，但女性上一次继承王位还是在1135年，混乱随之而生。激怒西班牙是有风险的，但无所作为似乎风险更大。因此，随着凯瑟琳40岁生日将近，生儿子的可能性越来越小，亨利八世开始考虑用一个更年轻、更有生育能力的人来替代她。他宣称，迎娶自己哥哥的遗孀于理不合。教会允许凯瑟琳再婚，只是因为她发誓亚瑟与她并没有圆房，但亨利八世现在确信，这不是真的。所以，如果教皇承认这场婚姻是个错误，就可以把凯瑟琳送回西班牙，一切皆大欢喜。

亨利八世有理由期望罗马帮忙缓和查理五世的反应。因为教皇现在比以往任何时候都更需要英格兰，不仅要抗衡法国，还要对抗一种可怕的新异端。在过去的100年里，罗马已经慢慢夺回了一些失去的软实力，但德意志教授马丁·路德最近重新揭开了所有的旧伤口，他坚称，仔细阅读《圣经》后发现，只有信仰才是拯救灵魂的力量，而不是教会的代祷。起初，路德小心翼翼地避免指出，将灵魂拯救变成私下行为剥夺了罗马"欧盟"的大部分意义，但不出5年，王子和农民都得出结论，路德的神学证明了对罗马的抵抗是正当的，必要时还可以使用暴力。

虽然路德在英格兰也有崇拜者，但亨利八世支持教皇。他宣称："我们对罗马教廷负有众多责任，无论我们怎样为它增光添彩都不为过。"[4]他甚至还写了一篇反路德派的《捍卫七圣事》。然而，一连几任教皇都确信能从亨利八世那里获取更多的让步，他们寻找各种理由拖延给予他们的好儿子想要的婚姻废除许可——直到1527年，灾难降临。一支名义上由查理五世发饷，但实际上几个月都没有拿到军饷的西班牙雇佣军，洗劫了罗马以获取补偿，并在此过程中劫持了教皇。查理的手下表现得如此离谱让他很尴尬,但这也有好的一面,因为教皇现在成了凯瑟琳侄子的"客人",亨利八世只好打消休妻的念头。

就连沃尔西也无法通过谈判解决问题,于是亨利八世解雇了他,请来了更年轻、更激进的人。他们说服亨利八世,问题其实在于主权。他们坚称,教皇一开始只不过是罗马的主教,而每个国王都是自己王国(包括神职人员)的君主。他们继续说,但是在1066年之后,教皇们攫取了权力,(并无正当理由地)声称圣彼得赋予了他们对所有人的最高权威。现在该是亨利八世收回他的国家的时候了——这样英格兰教会就能批准他离婚,用不着那么多外国人干涉。

这个理论有很多让亨利八世喜欢的地方,但这需要教皇的好儿子变坏,强硬地退出"欧盟",进行180度大转变。亨利八世不想这么做,他坚持向被囚禁的教皇发出请求。1532年,法国国王希望亨利八世成为对抗西班牙的盟友,便同意帮他去游说。判决婚姻无效似乎近在咫尺了,以至亨利八世的情妇安妮·博林对他的态度也缓和了,此前6年她一直拒绝和亨利八世上床。这对幸福的恋人秘密交换了婚誓,激情达到了顶点。安妮很快就怀孕了。

情况变得有些尴尬。法国国王发现自己在帮一个重婚者讨价还价,感到很难堪,于是选择了退出。亨利八世和凯瑟琳的婚姻依然存续着,他不顾一切地想在他尚未出生的孩子变成私生子之前找到解决办法。因此,各种意外事件、性、明争暗斗和出人意料的后果(比21世纪第二个10年的波折还要奇怪)错综复杂地交织在一起,使英格兰退出了"欧盟"。亨利八世的新重臣托马斯·克伦威尔(希拉里·曼特尔的小说《狼厅》中既令人不安又令人同情的非正统派主人公),对虽持怀疑态度但本能地恐欧的议会进行威逼利诱,迫使其认同:因为除了上帝再也没有比亨利八世地位更高的人,所以向罗马申诉,反对亨利八世的决定是非法的。一位顺从的坎特伯雷大主教断定亨利八世从未与凯瑟琳真正结婚,这使他未出生的儿子成了他的继承人,而不是"私生女"玛丽。然而,安妮·博林生的不是男孩而是女孩,即伊丽莎白。更糟糕的是,教皇于1534年初宣布,不管亨利八世怎么说,英格兰仍然是"欧盟"的一部分。坎特伯雷大主教说的不算。亨利八世和凯瑟琳仍是夫妇。如果亨利八世无视这一点,他将被革除教籍,而如果他不在乎被革除教籍,整个西班牙帝国都将与他为敌。

此前几个世纪,当约翰一世和亨利三世等国王陷入类似困境时,他们都屈服了,但由于教会的软实力这时已变得极其衰弱,亨利八世便果断地宣称要独立于教皇。这时一切都归结为一个问题:谁来统治,是威斯敏斯特还是罗马?就在教皇发表宣言三天后,英格兰议会以《继承法案》作为回应,否认教皇对谁能坐上英格兰王位有任何发言权。8个月后,1534年11月,《至尊法案》宣布亨利八世为"教会在地球上的至尊领袖"[5]。英格兰脱离了"欧盟"。

就像现代的英国"脱欧"一样,英格兰此番退出"欧盟"并非必然发生之事。这引出了英国历史上一些最有趣的"假如……"问题。假如亚瑟活得久一些,假如亨利八世娶了别人而不是凯瑟琳(他曾一度解除他们的婚约),假如沃尔西更幸运的话,假如16世纪20年代有一位更理性的教皇,假如安妮·博林的贞操能保持得更久……即使在1534年后,英格兰"脱欧"仍有可能逆转,或者至少放缓。实际上,到了1537年,在凯瑟琳和安妮去世后,亨利八世的第三任妻子简·西摩生下了一个儿子,主要的问题迎刃而解了。教皇的律师适时地起草了一份保全面子的协议。

大多数国王都会接受这个协议,但对英格兰"脱欧"的大部分指责或赞扬,都必须归因于亨利八世说了"不",但他并不需要负全部责任。几乎任何一位英国君主都会至少做一些亨利八世做过的事情。实际上,到16世纪50年代时,苏格兰、法国、低地国家、瑞典和德意志的许多藩属国,要么就它们在"欧盟"中的成员地位重新进行了谈判,要么彻底退出了"欧盟"——倒不是因为它们的统治者需要离婚,而是因为国家的身份认同、主权方面的冲突、路德思想的吸引力，最重要的是金钱，共同推动它们走上了同一条道路。1 000年来，天主教会一直在利用其在地方上的特许权从所在国榨取资源，通过收回这些特许权，国王们可以收回现金。没有人知道亨利八世和他的投机政客们在16世纪30年代赚了多少钱，但按实际价值计算，肯定会让2016年"脱欧派"承诺的每周从欧盟收回3.5亿英镑相形见绌。从修道院没收的土地和税捐为国王增加了大约12万英镑的年收入（大致相当于他即位时的全部年收入），但更多的收入来自掠夺的黄金、建筑、牲畜和各种其他财产。这都是直接没收再出售的所得。

在某种程度上，这种抢劫是极其有序的。官僚们列出了清单；修士和修女们拿到了遣散费，有时还很丰厚；年老体弱的教会工作人员还获得了额外的福利。不过，在其他方面，出现了人人为所欲为的失控局面。像克伦威尔这样的局内人发了财，甚至农民也获了益。克伦威尔的一名手下抱怨道："当这些（修道院）被取缔时，各地的穷人都非常贪婪，以至……只要这些修道院还有门、窗铁、玻璃或松动的铅，他们就会昼夜不停地光顾。"[6]当我还是个学生的时候，曾用几个周末挖掘他所说的那种遗址——斯托克的哈尔顿修道院。这里曾经是一座不起眼的上帝之家，修士大多是牧羊人和煤矿工人，即便如此，这里的建筑和设施也比周围的村庄好。当亨利八世的手下在1538年关闭它时，当地人把所有的东西都搬走了，包括墙上的石头。它的方位后来被人们遗忘了，直到1884年，农场工人偶然发现了它的地基。

如此多的掠夺足以使教皇的好儿子成为"脱欧者"，并让他认为再怎么折磨那些碍事又自负的顽固分子也不过分。亨利八世不懂得制怒，他曾下令将4个令人恼火的批评者吊起来，等他们奄奄一息时，切开他们的肚子，让他们亲眼看着自己的肠子被慢慢拉出来。即便如此，仍有人继续向他们的罗马上帝祷告，于是刽子手割下他们的生殖器，塞进了他们的喉咙，让他们噤声。

暴力引发暴力。1536年，当上万名北方人向伦敦进军时，连亨利八世都害怕了。那些人唱道：

> 基督被钉上了十字架！
> 那巨大的伤口
> 就是我们共同的向导！
> 我们朝圣者……[7]

亨利八世使出了历史悠久的王室缓兵之计：骗。他千方百计地将朝圣者骗回了家，然后绞死了其中的数百人。他（显然是认真地）提议重写《圣经》十诫①中的第六诫，允许国王杀死平民，但就连一向对他阿谀奉承的坎特伯雷大主教也无法接受这个要求。叛离教皇没什么，叛离摩西就太过分了。

如果换一位国王掌权，英格兰的"脱欧"进程也许会更温和，也许同样强硬。这时的欧洲正在广泛兴起要替代天主教的另类信仰。有人说，真正的基督徒必须像使徒一样生活，放弃所有的誓言和暴力，因而拒绝以任何方式效力国家。也有人认为世界末日已经来临，于是无法无天，纵容滥爱。最疯狂的是，一些激进人士声称，女人也可以发表自己的观点——瑞士美丽小镇阿彭策尔的一个女仆宣称自己是新的救世主，将很快生下敌基督者。

一向自认为是位神学家的亨利八世认为脱离教皇领导的"欧盟"并不意味着要变得激进。他觉得最好还是保持温和，保留大部分天主教教义和仪式，并保留与"欧盟"达成最终协议的可能性。毕竟，"脱欧"使英格兰本已困难的地缘政治形势不可估量地复杂化了。撒切尔法则仍然适用，欧洲大陆上更大、更强、更富有的天主教势力现在有了更多与英格兰敌对的理由。但1547年亨利八世死后，他10岁的儿

---

① 十诫是《圣经》记载的上帝通过先知摩西颁布的十个戒条，其中第六诫是：不可杀人。——译者注

子爱德华六世的谋士们认定英格兰强硬"脱欧"才是正道。他们强迫所有礼拜者使用统一的《公祷书》,在数百座教堂里捣毁了雕刻精美的圣坛屏风,砸碎了彩色玻璃。直到1553年爱德华六世去世,形势才突然逆转。坚定的天主教徒、爱德华同父异母的姐姐玛丽(阿拉贡的凯瑟琳的女儿)废黜并杀死了爱德华六世的继任者,登上了王位,即玛丽一世。

亨利八世最害怕的噩梦似乎变成了现实。"脱欧"派和留欧派在白厅①白刃相见。"血腥玛丽"(玛丽一世)烧死了300多名新教徒(图6.4)。当她嫁给西班牙王位继承人并带领英国重返"欧盟"时,有3 000名新教徒向伦敦进军。直到玛丽一世亲自出面镇压,他们才散去。

图6.4 达成共识的一种方式:1555年2月4日,"血腥玛丽"烧死了圣保罗大教堂神学讲师约翰·罗杰斯

资料来源:John Foxe, *Third Volume of the Ecclesiastical History: Containing the Acts and Monuments of Martyrs* [1684]; Creative Commons

---

① 伦敦威斯敏斯特的一条街,英国主要政府机关所在地。——译者注

即便如此，就像亨利八世最初的退出一样，英格兰此番回归比它本来可能的情况更为温和。在21世纪第二个10年，大多数英国人发现，从公投到最终离开欧盟，其间4年多的动荡令人疲惫不堪，但当1558年玛丽一世去世时，英格兰已经经历了1/4个世纪的进进出出。达成某种妥协以掩盖裂痕，似乎越来越可取。因此，尽管玛丽一世同父异母的妹妹和继承人伊丽莎白一世立即带领英格兰重新"脱欧"，但她也逐渐趋向于像亨利八世一样，希望鱼与熊掌兼得，既收回主权和金钱，又试图与信奉天主教的欧洲保持友好关系。然而，信奉天主教的欧洲有不同的想法。

超越外护墙

从罗马的角度来看，1534年后真正的问题是，就像2016年英国的"脱欧"一样，英格兰的"脱欧"鼓舞了全欧洲的试图"脱欧"者。因此，必须让人们看到英格兰为此付出代价，以儆效尤。挑起事端的机会有很多。英格兰弱小而分裂。大多数人甚至都不知道"脱欧"是什么，也没有足够多的教士有能力向他们解释。1560年在伍斯特，只有不到1/5的教士在大学里学习过新思想。莱斯特的副主教在1576年估计，在他的93名神职人员中，至多只有12人能够正确地解释经文。

因此，英格兰圣公会敦促"脱欧"后的英格兰人，将教育作为拯救灵魂和获取人生进步的途径。1563—1593年，在牛津或剑桥吸收了新思想的国会议员人数几乎增加了两倍。富人将慈善事业引向政治正确的文法学校，向中等阶层的男孩传授被认可的思想——实际上，威廉·莎士比亚就是这样的男孩，他于16世纪70年代就读于斯特拉特福文法学校。在城镇里，即使是穷人也可以学习字母和一些经文。到了1600年，伦敦2/3的劳工和男仆都参加了这样的学习。阿尔弗雷德大帝关于一个有文化、信基督的英格兰的构想，终于实现了。乡村地区的进步要稍慢一些：捐建的学校激增（兰开夏郡在1480年只有3所，但到1600年就有了28所），然而在伊丽莎白一世统治时期，只有不到1/10的村民能读懂《圣经》。由于大多数人还不了解这个新信仰，英格兰"脱欧"的反对者得出结论——假如他们能再赢得一些思想领袖的支持，这个国家就有可能回到罗马的怀抱，这也许是正确的。

但是怎么做到这一点呢？最快的路线就是最上层的路线，所以法国和西班牙都有王室成员向伊丽莎白一世求婚。他们暗示，通过婚姻回归天主教信仰对英格兰的安全和繁荣是有好处的，而且，鉴于新教到底是什么都还不确定，回归天主教对身份认同不会有太大影响。伊丽莎白一世非常动心，甚至想冒险放天主教闯入，但经过痛苦的犹豫之后，她还是拒绝了。

在爱情行不通的地方，金钱也许能起作用。伊丽莎白一世的财政严重依赖布料出口税，西班牙当局禁止英国布料进入安特卫普的主要外国市场，对英格兰构成了严重打击。然而，商人们并没有逼迫伊丽莎白一世弱化"脱欧"立场，而是向荷兰的新教徒寻求帮助，或者开辟全新的市场。一些人沿着非洲西海岸航行，购买黄金和奴隶。还有人成立了一家"莫斯科公司"，用英国羊毛换取俄罗斯皮草。尽管卡伯特认为纽芬兰就是日本的幻想破灭了，但顽强的冒险家马丁·弗罗比歇还是在16世纪70年代扬帆起航，想看看绕过美洲北部是否有一条通往亚洲的捷径。21世纪第二个10年，全球气候变暖终于打通了这样的航线，但弗罗比歇当时只看到了冰川和被称为"愚人金"的黄铁矿。然而女王还是选择了主权而不是繁荣。

再次受挫的"欧盟"直接向英格兰主张留在"欧盟"的最坚定分子（残存的铁杆天主教徒）伸出了手。1574年，受过神学院教育的教师开始潜入英国。1580年，耶稣会士紧随其后。他们召集忠实信徒，形成了天主教反宗教改革的冲锋队。一些（尤其是北部和西部的）英国天主教徒受到鼓舞，公然反抗女王，为此而被烧死，但大多数人走了另一条路，比以往任何时候都更努力地展示他们把英格兰置于罗马之前。

威尔士的天主教徒也让罗马失望了。自格林杜尔的时代起,反英格兰情绪就已经弱化了。1535年开始的威尔士和英格兰的合法融合,鼓励威尔士精英在伦敦结交朋友并寻求发展。最重要的是,1563年将《圣经》翻译成威尔士语的明智决定,切断了民族主义和罗马之间的联系。慢慢地,新教变得像唱歌一样威尔士化了。

苏格兰的天主教徒更有可能使英格兰"脱欧"悲惨到无人愿意仿效的地步,而其天主教统治者也乐于提供支持。1558年,苏格兰女王玛丽一世嫁给了法国王位继承人。然而,苏格兰也有新教徒,他们拿起武器阻止"老同盟"死灰复燃。法国派出军队镇压他们,英格兰派出军队赶走了法国人,苏格兰的新教徒于1560年宣布脱离"欧盟"。

然而,苏格兰"脱欧"加上英格兰"脱欧"并不等于英国"脱欧",而且这场明显的外交灾难实际上对罗马很有利。苏格兰的新教徒大多是长老会教徒,他们认为管理教会的应该是世俗的长老,而不是贵族化的主教。由于英格兰的主教给他们的印象是几乎像教皇一样腐败,因此他们不会向坎特伯雷大主教妥协。相反,长老会建立了自己的"老同盟",与更激进的浸礼宗教派,以及更糟糕的德意志和瑞士的教派联起手来。英格兰的后院一片狼藉,几乎肯定会引发阴谋和代价高昂的战争。(对罗马来说)最重要的是,当苏格兰教会断然脱离天主教联盟时,它的女王却留在了天主教联盟中。如果伊丽莎白一世死后无儿无女,玛丽一世将最有资格继承英格兰王位。英格兰"脱欧"仍可能逆转,或者至少演变成内战。

如果没有玛丽一世,这一切都有可能实现。这位苏格兰女王太过风流了,加之被拙劣的谋士、糟糕的运气、愚蠢的判断或者三者兼而有之所耽误,注定没法完成任何人的计划。在她的法国丈夫死于耳部感染后,她决定嫁给自己的表兄,这是个糟糕的选择。7个月后,这位新丈夫卷入了一起谋杀事件——当着玛丽一世的面杀死了她的情夫。又过了7个月,这位丈夫死于一场爆炸,人们通常都认为是玛丽一世和她的另一个情夫干的。不久后，玛丽一世被迫退位，她（在一个新教仪式上）嫁给了她的情夫，又很快输掉了与她的新教臣民们的一场短暂内战。她的第三任丈夫先是逃跑了，然后发疯并死掉了。玛丽一世把苏格兰弄得水深火热，已无处容身，于是她逃到了英格兰，寻求伊丽莎白一世的庇护，但随后她又试图说服法国、西班牙或教皇的各路代理人，请他们帮助她杀死伊丽莎白一世并夺取王位。伊丽莎白一世不愿处死自己的表侄女，但她的谋士们替她办了这件事。

玛丽一世的死使爱尔兰成为天主教徒最后的希望。伦敦对这片土地的控制几乎延伸不过帕尔去。帕尔是都柏林周边的一片设防区域，在1488年被建为英格兰人定居点。自亨利八世时代以来，英格兰试图改变这一状况的努力都只会让情况变得更糟。据说，盖尔人的领主奥法利的布赖恩·奥康纳1528年在收到国王的问候时，问道："什么国王？"[8]甚至在1534年亨利八世签署了《至尊法案》后，爱尔兰的酋长们纷纷加入西班牙和教皇的行列，与他们共同的异教敌人作战。

英格兰人的反应基本上是试图把爱尔兰变成另一个威尔士，但亨利八世任命自己为爱尔兰新教教会领袖，促使天主教和爱尔兰人联合起来反抗英格兰新教。亨利八世贿赂酋长们，要他们采用英格兰头衔，成为他的臣民，他们收了他的钱，却对他阳奉阴违。英格兰的文献使得16世纪的爱尔兰听上去就像21世纪的阿富汗：每一笔交易都因"背信弃义"[9]而受挫。甚至1592年在都柏林成立的三一学院，也无法将爱尔兰精英人士教得像英格兰人一样。

劝说显然失败了，伦敦转向了种族清洗。早在16世纪30年代，律师们就曾提出计划，要"把年轻的贵族和绅士移植出英格兰，栽种到"[10]从爱尔兰修道院没收的土地上，让移民遍布爱尔兰。起初进展并不大，直到16世纪70年代，英格兰新教徒中较贫困的阶层开始在芒斯特和阿尔斯特建立"种植园"，导致了即使以爱尔兰的标准来看也令人震惊的暴力事件。教皇支持天主教的抵抗，并资助了上千人的雇佣军侵入芒斯特,他们打着他的旗号,唱着"教皇在上"进军。

在罗马看来,爱尔兰的动乱简直是天赐良机,它所吸纳的英格兰的人力和财力比苏格兰吸纳的多。即便如此,他们也无法让英格兰回归,教皇们开始与天主教国王(尤其是西班牙国王)讨论针对英格兰"脱欧"的更强有力的解决办法。有两个变化为此提供了有利条件。首先是实力的平衡。几十年来,每当法国进攻英格兰时,西班牙都会帮助英格兰,反之亦然。但在1562年,法国的天主教徒和新教徒发生内战,导致300万法国人丧生,国家瘫痪了40年,西班牙国王腓力二世如果愿意的话,可以随时攻击英格兰。

这个"如果"就是第二个变化。腓力二世的帝国从意大利一直延伸到菲律宾(Philippines就是以他的名字Philip命名的),他有很多事情需要应对。在地中海步步紧逼的土耳其人、反叛的意大利城邦、咄咄逼人的德意志新教徒,还有在美洲出现的机会,通常都比逆转英格兰"脱欧"更重要。至少在1568年之前是这样。然而这一年,对帝国税收和宗教压迫的抵制,合力促成了(在西班牙统治下的)荷兰的全面"脱欧"。随着腓力二世大兵压境,这场冲突变成了典型的安全困境:腓力二世担心,如果他不入侵英格兰,伊丽莎白一世就会帮助荷兰;伊丽莎白一世担心,如果她不帮助荷兰人,腓力二世就会征服荷兰,然后入侵英格兰。

教皇敦促腓力二世捍卫信仰,荷兰人请求伊丽莎白一世做他们的女王,战争似乎不可避免。伊丽莎白一世对自己别无选择感到恐惧,于是求助于新的顾问。他们都是一些能跳出思维定式的人,或者更准确地说,是超越了赫里福德地图的人。他们竭力向女王表明,英格兰的未来在远洋。他们的思想很前卫:在卡伯特之后,直到1528年,才有英格兰人回到美洲;直到1555年,才有英格兰人跨过赤道。直到16世纪60年代,很少有人(即使有的话)能在没有欧洲大陆领航员的情况下到达加勒比海。但后来,为了弥补失去的时间,西方国家的海盗变成了奴隶贩子,通过西班牙海关官员走私非洲人,把他们卖到新世界的银矿里做苦力。生意很兴隆,但有些人(约翰·霍金斯、弗朗西斯·德雷克、沃尔特·罗利)忍不住质疑,明明可以直接偷银子,为什么要浪费时间把整船的奴隶卖给银矿主呢?

西班牙人在今天玻利维亚的波托西挖掘出白银后,沿着太平洋海岸运到巴拿马,然后用骡子驮着穿过地峡到达农布雷-德迪奥斯,再装上船,由小舰队运往加的斯。全副武装的小舰队很难对付,只有一支小舰队在1628年被荷兰海盗完整捕获过,所以1571年德雷克在巴拿马登陆,试图抢劫一支庞大的(骡子)车队。在茂密的丛林中弄丢了目标后,他当起了土匪,把逃跑的奴隶组织成抢劫团伙。两年后,他们发动了世纪大抢劫。

1577年,德雷克带着一个更大胆的计划卷土重来。他要绕过(北)美洲的底部,进入太平洋,在白银到达巴拿马之前就夺取它。最终他只捕获了一艘船,为了躲避西班牙巡逻队,他不得不绕远路回家,穿越整个太平洋和印度洋,沿着非洲西海岸航行。但是当他到达普利茅斯时,他的战利品重达26吨白银,价值约60万英镑,是其资助者初始投资的47倍。女王用她的份额还清了英格兰的全部外债,还剩下4.2万英镑零钱。

伊丽莎白一世的新顾问们坚称,这才是对抗西班牙人的办法。1558年,外护墙的最后一块也消失了,在英格兰人统治加来212年后,法国重新夺回了它。但德雷克和其他航海家都说这无关紧要,因为科学技术已经改变了地理的含义。英格兰不再紧紧抓住赫里福德地图的边缘了,而是走到了麦金德地图的中央,横跨在连接西班牙及其银矿的漫长而脆弱的海路上。伊丽莎白一世没有发动代价高昂的毁灭性战争来重建欧洲大陆外护墙,她可以切断西班牙的白银供应。掠夺能让战争付出代价。

使这一切成为可能的技术是西班牙式大帆船(图6.5)。它比15世纪90年代载着哥伦布和卡伯特去美洲的小型轻快帆船体积更大、装备更好。新的海军战略家们说,西班牙式大帆船能够为英格兰做两件

263

事。首先，如德雷克在16世纪70年代所展示的，它们可以开辟远洋航线，将势力蔓延到美洲；其次，如德雷克的竞争对手约翰·霍金斯所展示的，它们也可以封锁英吉利海峡。1586年，霍金斯让一支小舰队一连在海上停留了三个月，封锁了葡萄牙的港口。他坚称他可以在英吉利海峡做同样的事情，阻止腓力二世入侵英格兰，然后攻击他的白银供应线，粉碎他的强权。几千年来，阻止入侵的唯一办法就是在海峡对岸建造外护墙；然而现在，海军至上主义者们声称，舰船实际上能统治海浪。岛国性能够胜过接近性。撒切尔法则可以被打破。英国人如果不愿意，就不必成为欧洲的一部分。

图6.5 超越赫里福德地图：1584年新年前夕，弗朗西斯·德雷克爵士的高科技西班牙式大帆船，在海怪和圣多明各（今天多米尼加共和国首都）之间寻找战机

资料来源：Library of Congress

伊丽莎白一世对此满心欢喜。舰船昂贵，但外护墙成本更高。在她对议会的第一次演讲中，她提出一支强大的舰队将是"抵御本岛敌人的最坚固的墙和防御手段"[11]。然而，问题仍然存在，尽管在造船

方面投入了大量资金，但没人知道新战略是否真的有效。激烈的辩论使她的谋士们发生了分裂。1588年，当西班牙的腓力二世最终发动进攻时，伊丽莎白一世两面下注。一方面，她放手让罗利和德雷克去抢掠腓力二世的船，并突袭他的主要港口加的斯，以虎口拔牙；另一方面，她派了8 000人去荷兰巩固外护墙。

军事历史学家仍在争论，1588年海军和陆军究竟哪个作用更大。伊丽莎白一世在海军方面的准备工作无疑取得了成效：尽管在舰船数量上不及西班牙，但英格兰拥有更多快速灵活、装备精良的西班牙式大帆船，以及勇猛无畏、经验丰富的船员。他们的大炮很简陋，平均每小时只能发射1~1.5发炮弹，但是西班牙的大炮更简陋，平均每天只能发射1~1.5发炮弹。不足为奇的是，当舰队靠近时，英格兰人占了上风，而西班牙人乱成了一锅粥。

然而，更传统的战略家仍然声称，这并非关键。为了入侵英格兰，佛兰德的西班牙陆军必须登上无敌舰队的船，但这说起来容易做起来难。最新的战舰船体很深，这意味着它们需要深水港口。在敦刻尔克和安特卫普之间的海岸上有一些优良的深水港，但一定程度上由于伊丽莎白一世派往外护墙的士兵，这些港口都掌握在荷兰人手里。如果西班牙陆军爬上平底驳船，划桨到远海去与无敌舰队会合，小巧灵活的荷兰轻快帆船就会把它们击沉。腓力二世的海军将领无法靠岸，陆军将领不能出海，犹豫了很久之后，他们取消了整个计划——不是因为海军，而是因为外护墙。

我们永远无法知道究竟是其中哪一种战略产生了决定性影响，可能两者兼有，也可能两者皆非。腓力二世本人将自己的失败归咎于英国的坏天气，而巴黎的博彩公司则把原因归结为组织混乱，甚至为无敌舰队能够到达英吉利海峡开出了六比一的赔率。腓力二世的将领们指责他的计划过于复杂。该计划要求他们通过英吉利海峡，击败英格兰舰队，与佛兰德的陆军会合，最终将其送到伦敦。一名高级官员抱怨道："我们驶往英格兰，满怀信心地期待奇迹发生。"[12] 一切都必须顺利才行。

不过，即使一切都不顺利，遭受重创的无敌舰队仍可能捞回一些好处，只可惜被苏格兰女王玛丽一世拖了后腿。如果她能在王位上坚持到1588年，就可以把西班牙人从后门放进来，或许能为自己赢得英格兰王位。然而，到1588年时，她的儿子詹姆士六世已经是一个地地道道的新教徒了（更不用说是伊丽莎白一世最有可能的继承人了）。西班牙入侵对詹姆士六世毫无益处，所以他牢牢地锁上了后门。当无敌舰队绕过拉斯角到达爱尔兰时，已经不具备侵略任何地方的条件了。

英格兰人铸造了一枚勋章来纪念他们的胜利。作为对腓力二世自命为恺撒的嘲讽，上面刻着："他来了，他看到了，他逃跑了。"

伟大的重建

1588年是英国人身份认同形成的决定性时刻。尽管军事历史学家们对那年夏天究竟发生了什么争论不休，参战的士兵们从不怀疑他们从敌基督者手中拯救了英格兰。无敌舰队进入了传奇故事——德雷克在西班牙式大帆船驶过敌船时像打保龄球一样冷静地开炮，火攻船在夜晚驱散了西班牙人。伊丽莎白一世在蒂伯里鼓舞她的军队："虽然我的身体柔弱，但我有国王的心和胆。"[13]无论是真是假，这些故事在一种新式英语中流传了下来，并被世人铭记。这种英语是一种适合英雄的语言。16世纪，诗人和传教士在努力以每个人都能理解的方式传达上帝的话语时，重新创造了英语语言。威廉·廷代尔这样评价第一部出色的英语《圣经》，即使是"一个耕田的孩子也能明白"[14]。廷代尔将鉴赏家的听力和他自己的魔力融入了16世纪30年代人们的谈话方式，把流传了2 000年的希腊和希伯来文本《圣经》转变为明快而令人难忘的英语。"要有光。""使人和睦的人有福了。""我在外邦作了寄居的。""只管安安逸逸地吃喝快乐吧。""容我的百姓去。"[15]这些表达法都是廷代尔创造的。假如没有他,温斯顿·丘吉尔和马丁·路德·金都会失去演说的素材。

廷代尔开辟了道路,其他人争相跟随。主要由大主教托马斯·克兰默创作于16世纪40年代后期的《公祷书》,起初以其朴素的风格和简单的节奏激怒了保守派。一些人拿起武器反对它,国王们则冒着丢掉王冠的危险捍卫它。但现在还有人能想象出比它更令人安心且抑扬顿挫的英语吗?"主啊,求你,照亮我们的黑暗……保护我们远离今晚的一切危险……"[16]

英语比以往任何时候变化得都更快,因此,一种足以表达上帝本质的文学语言有了其他用途,便是理所当然的。伦敦第一家永久性公共剧院于1576年开业,在接下来的30年里,一群天才,包括克里斯托弗·马洛、托马斯·基德、本·琼森,将这种强大的新武器对准了灵魂最黑暗的角落。然而,没有人比得上莎士比亚,他不仅为英语增加了1 700个新词,而且用单音节的词打动了人们的心。"好朋友们,再接再厉,向缺口冲去吧,"他笔下的亨利五世呼喊道,"冲不进,就拿咱们英国人的尸体去堵住这座城墙……一边冲,一边喊:'上帝保佑亨利、英格兰和圣乔治!'"[17]

新的英语语言塑造了新的英格兰身份认同,回溯到阿金库尔战役,也跨越到远洋之外。莎士比亚1595年对英格兰的描述,"这一个镶嵌在银色的海水之中的宝石,那海水就像是一堵围墙"[18],在50年前听起来可能很荒谬。然而现在,处在莎士比亚所说的"一道沿屋的壕沟"保护下的新英格兰人,觉得自己有能力按照自己的意愿改造世界。他们会吸收苏格兰和爱尔兰,以锁住后门;会切断白银供应,以摧毁西班牙;并通过"突袭"海岸,烧杀抢掠,来震慑欧洲大陆。正如莎士比亚在《暴风雨》中暗示的那样,他们甚至可能会画出赫里福德地图之外的世界。

在舞台上和纸面上,一切似乎都是可能的。击败无敌舰队之后过了一代人,律师约翰·塞尔登在他的专著《闭海论》中,甚至试图赋予莎士比亚的言辞以法律效力。"大不列颠的国王,"他争辩道,"是流动的海洋之主。"[19]这就赋予了英国国王把其他人排除在其水域之外的权力。但英格兰的统治者们知道1588年是怎样的险胜,他们不太确定自己能否强制推行这些措施,于是将《闭海论》束之高阁,未予出版。

将对手封锁在海峡之外的技术可能存在,但筹集足够的资金来有效地应用这项技术所需要的组织还未诞生,无论多少热情、灵感或者法律术语,都无法改变这一事实。伊丽莎白一世连赶走无敌舰队的海员的钱都付不起,更别提把西班牙人赶尽杀绝了。1589年,乘胜追击的努力毫无结果,因为若无私人投资者,船队根本无法航行,而私人投资者把船队转向了更有利可图但战略上毫无意义的目标。伊丽莎白一世的间谍头子哀叹道:"我们半途而废,只会滋生耻辱,使疾病无法治愈。"[20]腓力二世建立了一支新的无敌舰队,比先前的规模更大。假如不是风暴的干扰,他可能会在1596年入侵。第二年,当西班牙人试图夺取康沃尔郡的法尔茅斯时,大自然再次挽救了局面。

英格兰也有收获,再次焚毁了加的斯港,但残酷的事实是,除非国王能够组织起所需的舰队,否则"壕沟"的防御是不可靠的。然而伊丽莎白一世做不到,她所能做的就是在外护墙上投入更多的兵力,阻止西班牙人进入佛兰德的深水港,同时派兵到爱尔兰,1595年那里的后门洞开了。被称为"伟大的奥尼尔"的爱尔兰领主休·奥尼尔,来到神圣的塔利胡格石(据说是由圣帕特里克亲自赐福的)前,宣称自己为阿尔斯特亲王,并把爱尔兰王冠献给了西班牙的腓力二世。1599年,叛军在罗斯康芒击溃了一支英格兰军队。1600年,教皇将他们针对新教徒的战争归类为十字军运动。1601年,西班牙人在金塞尔登陆。最后,1603年,一个无论是防御"壕沟"还是外护墙都防不住的灾难降临了:伊丽莎白一世死了,她无儿无女。

最坏的情况(英国重新陷入无政府状态)并没有出现。实际上,英格兰人不仅欢迎苏格兰国王詹姆士六世成为他们的统治者,而且他们的欧洲大陆外护墙也保住了,饥饿和暴力再次削弱了爱尔兰人的抵抗。无疑,英格兰的地位仍很脆弱。新教徒的"种植园"并没有把爱尔兰变成新威尔士,反而让阿尔斯特成了无尽混乱的源头。事实证明,詹姆士一世(继承英格兰王位后,称一世)将各自独立的盎格鲁-威尔士、苏格兰和爱尔兰遗产融合成一个大不列颠及爱尔兰联合王国的乐观想法,只是异想天开。早在1560年,伊丽莎白一世的顾问威廉·塞西尔就指出"将两个王国(英格兰和苏格兰)联合起来,再将爱尔兰并入,是值得考虑的"[21],但当机会到来时,很少有英格兰人或苏格兰人想缔结这桩平等的婚姻(没有人问威尔士人或爱尔兰人)。詹姆士一世一厢情愿地宣布自己为"大不列颠国王",并推广"米字旗"作为英格兰和苏格兰(不包括爱尔兰和威尔士)合并的标志,然而他抱怨说,他的努力只给他带来了"长久的争论、奇怪的问题和一事无成"[22]。

塞西尔认为建立整个群岛的联合王国如此令人渴望的原因是,欧洲大陆的国王们"近来大肆扩张领地,如今他们今非昔比了,然而英格兰仍然……实力没有任何增长"[23]。法国和西班牙国王正在寻找新的方法来发掘臣民的财富。从大西洋到中国,人口终于恢复到黑死病前的水平,农民们再一次砍伐森林,排干沼泽,将所有边边角角的土地都利用起来榨取生计。这意味着有更多的人和资源可供国王征税,但也有更多的人因为手头掌握了更多的资源,可以抵制王室的索取了。

像所有更早的繁荣时期一样,那些已经很富有的人比穷人获益更多,但是这一次,三种新的力量加剧了底层人民的痛苦。一是通货膨胀:工资在上涨,但从新大陆挖出的大量白银意味着物价上涨更快,侵蚀了劳动者的购买力。二是气候学家称之为"小冰期"的几个世纪的全球变冷,缩短了农作物生长期,降低了产量,彻底摧毁了大多数家庭在黑死病后享受的收益。在英格兰,16世纪40—50年代,尤其是90年代,暴雨连续毁坏了几次收成。物价飙升,血痢夺走了数千条生命。最贫穷的人先是发起了暴动,然后陷入了饥饿。

第三种力量也许是最残酷的。曾几何时,慈善是一种美德,为穷人提供衣服和食物是一种义务。但随着穷人和他们的问题在16世纪大量增加，其形象变得很差，在富人眼中，他们从值得施舍的人变成了危险的破坏分子。政府越是号召社区去帮助那些需要帮助的人，这种责任就越滋生怨恨。饥饿的人越虚弱，其威胁性也就越大——以至指责贫穷、被社会所孤立的寡妇和未婚老女人与魔鬼合谋，陷害更富裕的邻居，开始变得完全合理。

人们一直对巫术心存担忧，但几千年来只不过是背景噪声，如今却成了一种执念。在最糟糕的1570—1630年，欧洲人处决了大约5万名巫师，其中90%是女性（在16世纪50年代之前，巫师是不分性别的）。在英格兰，直到1542年使用巫术才被确定为法定犯罪，但到16世纪80年代时，埃塞克斯郡超过1/8的刑事被告都被指控使用巫术（不可否认，这是个极端案例）。苏格兰的情况甚至更糟。1590年，一场大规模审判极大地惊动了詹姆士六世——他的名字也在女巫们的目标名单上。他专门为此写了一篇哲学论文：《论魔鬼研究》。1606年，当莎士比亚在边境北部为创作《麦克白》寻找素材时，围着一口大锅的女巫们给他留下了深刻的印象，成了该剧完美的开场场景。

甚至比以往更严重的是，从俄国到西班牙，统治者都不得不战斗，以使桀骜不驯的民众安分守己。大多数时候，被王室和农村暴民夹在中间的土地精英们都站在了国王这一边，放弃他们对法律和税收的影响力，以换取国家支持，对付农民。1614年以后，法国国王觉得没有必要召集三级会议，也就是他们按说必须就税收问题进行磋商的大会，直到1789年革命爆发。西班牙和法国的理论家们也越来越一致地认为，上帝赋予了国王绝对的君权，不需要任何臣民的同意。

然而，在英格兰，议会和有钱人就不那么顺从了。关于英格兰身份认同的新观念与此有很大关系，它使得抵抗王室的贪婪成为新教徒荣誉的标志，下一节我还会讲到，但是新的繁荣或许更为重要。人口增长、通货膨胀和气候变化可能会让穷人越来越绝望，但英格兰"中等阶层"[24]（这时还没有人提到"中产阶级"）的许多人，正从新的大西洋经济中收益颇丰,他们觉得没有必要屈服于王室的压力。

最初的大西洋经济是由西班牙和葡萄牙自1492年建立的,主要集中在采矿上。伊比利亚人是"寄生虫",吸走了美洲的财富。而处于食物链更底端的英格兰人,则是"寄生虫"身上的"寄生虫",通过窃取伊比利亚人的白银来吸走他们的财富。到了1607年,英国冒险家们觉得凭自己的实力,已经做好了成为"寄生虫"的准备。他们建立了詹姆斯堡(1619年更名为詹姆斯敦),打算掠夺弗吉尼亚的黄金和香料。弗吉尼亚显然没有这两种东西,这算盘打错了。结果在1609—1610年的冬天,4/5的潜在"寄生虫"死于饥饿和疾病。

假如不是一个新经济体系拯救了它,詹姆斯堡可能会就此终结。旧的大西洋经济是偷窃美洲的东西,然后运到欧洲去,而弗吉尼亚的新经济是生产比欧洲更好、更便宜的东西,然后卖到欧洲去。这种新经济起始于遥远的百慕大海岸的一场海难(实际上,这场灾难被莎士比亚写进了戏剧《暴风雨》的第一幕,它因而得以不朽)。在等待救援时,一名幸存者(约翰·罗尔夫,其最著名的事迹是娶了印第安人酋长的女儿波卡洪塔斯)在口袋里装满了当地甜烟草的种子。哥伦布在1492年就看见过美洲人吸烟,尽管直到1565年才有英国作家提及吸烟的习惯,但在罗尔夫的时代,吸烟在时髦的伦敦人中就风靡一时了。在英格兰种植烟草的努力失败了,在弗吉尼亚种植的烟草味道也很差;因此,罗尔夫想,为什么不偷些百慕大的烟草,种植在弗吉尼亚,然后在家乡市场销售呢?

这是一个令人鼓舞的产业间谍故事。罗尔夫的第一批烟草船于1614年抵达英格兰。他的烟草每磅只卖3先令,而正宗的西班牙烟草每磅要卖18先令,但罗尔夫的利润仍然很高。有很多人开始效仿他,詹姆斯敦成了最新的繁荣城镇。其人口从1607年的104人猛增到1625年的1 300人,1640年的8 000人,1660年更是激增至25 000人,成为英格兰人最多的城镇之一。死亡率仍然很高,生存条件仍然很恶劣,但英格兰人还是蜂拥而至,豪赌在生病和死亡之前发财致富。这个赌注的回报足以鼓舞英格兰人到美洲其他地方去碰运气。如果种植一种作物失败了,他们就种植其他作物。1640年,定居巴巴多斯岛的移民开始种植甘蔗。当时,地中海已有岛屿种植甘蔗,并且长势良好,但加勒比地区种甘蔗的条件更完美,人们很快发现,种甘蔗的利润比种烟草更高。

美洲最早的种植园看上去很像新近在阿尔斯特创建的种植园,都是由被契约约束的、大部分是爱尔兰人的劳工劳作。为了寻求一举两得,英格兰当局实际上试图将不列颠群岛上令人担忧的贫民赶到美洲去,从而摆脱他们。然而,种植园主很快找到了更便宜的替代者:非洲奴隶。18世纪大名鼎鼎的马拉奇·波斯特勒斯威特(1707—1767,英国经济学家、多产作家)评论道:"如果没有黑人,我们就不会有糖、烟草、大米、朗姆酒等……花时间阐述这个问题,就像大谈空气和阳光共有的好处一样多余。"[25] 1644年,巴巴多斯岛上只有800名非洲人和3万名欧洲人;到了1700年,欧洲人只剩下1.5万,但他们拥有5万名非洲奴隶。

总的来说,大约有1 200万非洲人被绑架并运送到大西洋彼岸。大约1/8的人在航行中死亡,另有400万人甚至在上船前就死了。这种恶行便是历史学家所说的"三角贸易"(图6.6)的顶点,这是一种前所未有的赚钱机器。到1650年时,一名商人可以从布里斯托尔出发,带着一船英国产品(珠子、毯子、枪支等)航行到西非,用他的货物交换非洲人(并获利)。继而他航行到弗吉尼亚或巴巴多斯,用他贩来的非洲人换取烟草或糖(并再次获利)。然后,他回到布里斯托尔,出售从新世界贩来的毒品,在第三次获利后,购买更多的珠子、毯子和枪支,重新开始整个循环。

虔诚敬神的英格兰人看不出他们生而自由的新教徒身份,与拿人类的苦难做买卖之间有什么不和谐,以至清教徒(这时被用来称呼新教徒的中坚分子)在新大西洋经济中十分活跃。事实证明,这些富裕且自以为是的家伙都很桀骜不驯,不大会被詹姆士一世吓倒,而且，由于他们的烟草和甘蔗分散在成千上万座农场和种植园中，而不是（像波托西的西班牙矿场那样）集中在一地，没办法简单地加以没收。

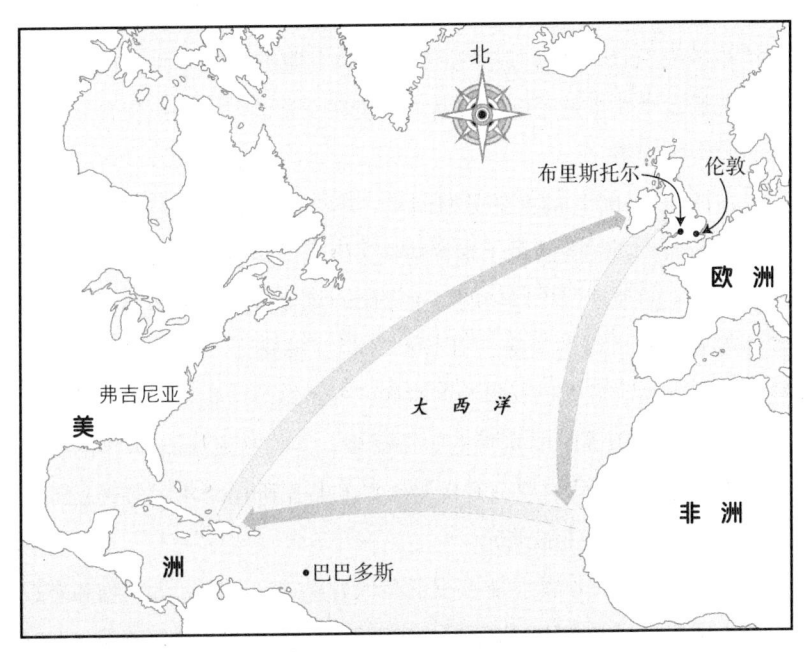

图6.6 三角贸易：新的大西洋经济开始腾飞

起初，詹姆士一世的反应是完全反对烟草。他给被派往弗吉尼亚的总督们的任务是劝说种植者不要种烟草，还从对女巫的执念中抽出时间来写了另一本书：《讨烟檄文》。他坚称，这种杂草是"肮脏的新奇玩意儿……令眼睛不适，令鼻子难受，对大脑有害，对肺很危险"[26]。他说的有道理，但随着烟草贸易的利润越来越丰厚，他逐渐放弃了对这种"毒品"的战争，以换取利润分成。到17世纪60年代，每英镑王室收入中，就有一先令来自烟草。

弗吉尼亚的种植园主发了财，组织这种连锁三角贸易的英国人发了大财。比如奴隶贩子爱德华·科尔斯顿，他的雕像在2020年被"黑人的命也重要"抗议者推倒后抛进了埃文河。像他这样的新富豪往往把总部设在布里斯托尔,但绝大多数都住在伦敦。1558年伊丽莎白一世即位时,伦敦有6万居民(与黑死病爆发前相同),但当1603年詹姆士一世继位时,人口达到了20万,1640年更是达到了惊人的50万。伦敦人的需求改变了英格兰的大部分地区。例如纽卡斯尔,凭借每年卖给伦敦人10万吨煤,成了一个独立的大城市。甚至在农村,能够与新市场发生联系的家庭,也通过向饥寒交迫的城市人出售食品和纺织品而富裕起来。

在此前7 500年的大部分时间里,不列颠群岛一直是欧洲的穷表亲,但新的大西洋经济赋予这些岛屿(以及三角贸易的另一个主要参与者荷兰)的地理位置以新的、更繁荣的意义。17世纪的英格兰穷人经常能感受到饥饿的滋味,自1597年后,苏格兰人、爱尔兰人和除荷兰人以外的欧洲人仍有挨饿的时候,但英格兰(迄今)再未遭受过饥荒。英格兰中等阶层实际上非常富裕,平均收入从1500年的相当于每天2美元(大致为罗马时代的水平)上升到1600年的每天2.75美元,1700年的每天3.60美元。

我们从考古发掘情况能够很清楚地看出这一结果。大人物和有钱人很少愿屈尊描写农民家庭的改造工程,但考古学家们谈到了1580—1640年出现的"大重建"热潮,它从东南向北向西蔓延。在这片土地上数以万计的房屋中,改造者在原本有教堂式天花板的单层大厅上增加了上层,通常会在楼下布置一个起居室和一个客厅,在楼上布置卧室。他们增加了(当时还很新奇的)楼梯、烟囱、门廊和入口通道等,并粉刷了墙壁和天花板。考古学家威廉·霍斯金斯在70年前就确认了"大重建",他总结说,房屋变得"更暖和、更明亮,也更大了。有了更多的壁炉,第一次装上了玻璃窗,房间更多了,房屋之间的差异更大了"[27]。有些房屋建得非常好,以至今天仍然以半木结构矗立着,彰显着昔日的辉煌(图6.7)。变化也不仅仅是在建筑上,霍斯金斯注意到,1570年后,"所有的东西都变得更多、更好了,新式的舒适设备(比如靠垫和窗帘)也出现了"[28]。

图6.7 历经漫长岁月，依然屹立不倒：赫里福德高镇的老房子4个世纪以来顶住了天气和开发商的影响

资料来源：作者拍摄

这样的例子有很多，我们只举其一，考勒姆是约克郡的一个村庄，部分挖掘于1971—1972年。它的名字听起来像是斯堪的纳维亚语，诺曼底人的记载显示11世纪80年代有一位领主住在那里，但挖掘出的最古老的房屋是1200年左右的。它们非常简陋，只在地上留下了垃圾坑和几个桩子洞。无法复原出房屋平面图，只发现了十几块陶器碎片。然而，在14或15世纪，那里出现了三座用木头或白垩块建造的更坚固、更大的房子。每座房子都只有一间，面积约50平方米。至少一座房子有铅-玻璃窗户。虽然发现的家居用品仍然很少，但包括一把梳子和一只骨头雕刻的刀柄。

随后"大重建"改造了考勒姆。一座新的农舍及其附属建筑在16世纪的旧房子之上建了起来。这座农舍是先前房子的两倍大，有两扇玻璃窗、一个中央灶台和烤炉。其17世纪的住户留下了几十件破碎物品，包括铁刀、合页、剪刀、镰刀、一把钥匙、一只牛铃和一只牛蹄铁，还有用青铜和锡制作的勺子、一块玻璃酒瓶的碎片，以及一些全新的物品——九只黏土烟斗。建筑物上方的土壤中还有数千块陶片，有些是进口物品，其中一个可能是个小夜壶。物品的数量更多，品质更好，还增添了对当时人来说还算新奇的舒适功能。这种富足的痕迹蔓延到了社会各阶层，甚至远至诺森伯兰郡的西惠尔平顿这样破烂的小村庄。那里17世纪的房子很小，面积不到25平方米；但是有几座房子仍然有玻璃窗户，并且像17世纪的几乎所有考古遗址一样，有吸烟者的黏土烟斗。

"一个英国人的家就是他的城堡"[29]这句话似乎可以追溯到1581年，即"大重建"起步时，然后在1628年"大重建"达到巅峰时，成了大众俗语。现代英国人对自己形象的看法，即住在坚固结实、朴素实用、自给自足的房子里的强壮、明理、自足的人，就是在这些年里形成的。约翰·霍顿在1677年写道，在他看来，这种看法的来源显而易见。因为"我们拥有世界上大部分的贸易"，他自豪地说，"许多住在农舍里的穷孩子都成了商人和大商人……跟上一个时代相比，我们的房子盖得像宫殿一样"[30]。

新耶路撒冷

詹姆士一世最大的问题是，如何利用迅速增长的财富征税，但他的臣民们倾向的解决方案是：不要征税。英格兰"脱欧"助长了一种新的自负，认为上帝给英格兰人带来繁荣，是因为他把英格兰人作为一个具有独特美德的民族单挑了出来。因此，他所立的国王既不需要常备军来管制臣民，又不需要像凡尔赛宫或埃斯科里亚尔宫这样的宫殿来威吓他们，因此也就不需要向他们征税。高税收、高支出的庞大政府是教皇式腐败的征兆。繁荣与身份认同相结合，使主权分散了。

这个等式很难合君主之意。使它行不通的是，主权分散破坏了安全。除了希望国王量入为出，清教徒还坚持认为上帝想要新教君主对抗邪恶的天主教"欧盟"。国王因此需要士兵和战船——这需要大政府和高税收的支持。一个通过抵抗罗马而取悦上帝的国王,必然同时会因向臣民征税而令上帝不快;一个通过减税来取悦上帝的国王,必然同时会因讨好天主教徒而惹恼上帝。

早在1560年,伊丽莎白一世的大法官就告诫她,唯一可行的道路是"行走在教皇和清教徒中间"[31],但随着新教徒身份认同的强化,这条路变得越来越窄。偏向于罗马可能会巩固安全和繁荣,但会稀释主权,并与在打败无敌舰队的传奇中长大的人们日益增强的反天主教身份认同相冲突,这可能是致命的。相比之下,远离罗马,在各条战线上都与教皇对抗,或许会激发英格兰人的活力,巩固主权,但会威胁到安全和繁荣,这可能也是致命的。

坚持到底对任何政治家来说都是挑战,但詹姆士一世这样做对自己没什么好处。他对欧洲大陆奢侈品的喜爱是显而易见的。他模仿欧洲优雅的宫廷文化,建造豪华的意大利风格宫殿,举办华丽的化装舞会。他还不遗余力地赏赐年轻英俊的"宠儿",使他们更加富有。金钱像流水一样从他的手指间流过,他的圈子"贪慕虚荣,奢靡无度,华冠丽服,觥筹交错,轻歌曼舞,以诱奸贵妇和处女为乐,还因袭了法国宫廷更多的糜烂风气"[32],震惊了保守的伊丽莎白一世时代的人。

詹姆士一世通过削减其他支出为这种挥霍买单。他结束了伊丽莎白一世与西班牙的战争,赦免了爱尔兰叛军,任由舰队逐渐衰落。他在位15年后,一项调查发现,记录在册的43艘战舰中只有22艘还能出海。北非的柏柏里海盗经常袭击康沃尔郡,将7 000名英格兰人掳为奴隶。勤劳、虔诚的纳税人对詹姆士一世优先考虑的事项产生了疑惑,是可以理解的。

然而,詹姆士一世最终偏离了这条道路,并不完全是他的错。为了平息新教徒的怨言,他把女儿嫁给了莱茵兰一片叫作"巴拉丁领地"的地区的统治者:腓特烈。这是一个得人心之举:腓特烈是坚定的新教徒,而巴拉丁领地掩护了英格兰在低地国家的外护墙的侧翼。但腓特烈雄心勃勃,1619年,波希米亚(大致相当于今天的捷克共和国)的新教徒请求他做他们的国王。

詹姆士一世恳求他拒绝。因为波希米亚的新教徒正在反抗其天主教统治者——奥地利的哈布斯堡王朝,腓特烈如果成为波希米亚国王,不仅会立刻与奥地利哈布斯堡王朝开战,还会与他们的西班牙亲戚为敌。詹姆士一世知道英格兰的新教徒会期望他为这项神圣的事业以及他女婿的新王冠而战,但他怀疑他们会给他足够的钱来办好这件事。腓特烈无视詹姆士一世的劝告,接受了波希米亚的王冠,形势如詹姆士一世所预料的那样急转直下。天主教军队攻占了波希米亚和巴拉丁领地。"眼泪、叹息和高声怒斥随处可见。"[33]威尼斯驻伦敦大使记录道。清教徒说,这是对詹姆士一世不敬上帝的审判。教皇即将胜利,敌基督者正在逼近,唯一的希望是现在就建立一个道德纯洁的新耶路撒冷。

关于如何做到这一点,清教徒主要有两个主张。第一个是彻底放弃英格兰,漂洋过海去新英格兰,在山上建一座新城市,但这似乎太冒险了,应者寥寥。当首批清教徒移民于1620年乘"五月花"号扬帆起航时,船上的102名乘客中大多数实际上是传统的经济移民,他们是为了逃离农作物歉收、债务和疾病才背井离乡的,并不是宗教难民。据清教徒牧师科顿·马瑟记载,当缅因的一名传教士告诉他的会众,"开垦这片荒野的主要目的是使自己成为有宗教信仰的人"[34]时,他遭到了一名教区居民的严厉驳斥:"先生,你错了……我们的主要目的是捕鱼。"实际上,最初的计划是追随更早的经济移民去弗吉尼亚,但风暴把"五月花"号吹到了更靠北的地方。由于对新英格兰的冬天毫无准备,上岸的人中有一半在4个月内就死了。其他人幸存下来,仅仅是因为印第安万帕诺亚格部落的人为他们提供了食物,教他们捕鱼和耕种。

移民的数量稳定了下来,但在1630年更大规模的清教徒到来之前,其服务上帝的使命一直处于次要地位。在接下来的10年里,又有两万人来到了这里(尽管有两倍多的人选择到弗吉尼亚种植烟草去了)。英国人的流动性进入了一个新阶段。在接下来的350年里(实际上,直到1987年,也就是我乘船前往美国的那一年)不列颠群岛向外移民的数量才正式超过了向群岛移民的数量,创造了历史上规模最大的基因流动之一。

第二个主张是在英格兰本土建立一个新耶路撒冷。这让詹姆士一世确信,欧洲天主教徒的威胁远比本土清教徒小得多。他认定,如果他能让儿子查理(继位后称一世)娶一位西班牙公主,他得到的嫁妆中包含的现金可能足够他偿还自己的债务,还能让他的女婿赎回失去的波希米亚和巴拉丁领地的土地。1623年谈判陷入了僵局,结果是一场灾难,但更糟糕的情况接踵而至。情节简直比小说还离奇,查理戴上假胡子乔装打扮后,亲自前往西班牙向那位女士求婚,只有他的男友白金汉公爵(先前是他父亲的情人)陪同。事情出了岔子,白金汉公爵没穿裤子在查理的卧室被逮了个正着。

毫不奇怪的是,此行的任务落空了。受到羞辱的查理放弃了他父亲的政策,接受了议会对西班牙开战的要求,尽管议员们认为查理的判断力还不如他父亲,投票拨给战争的资金并不充足。仿佛是为了证实议员们的疑虑,查理一世突然娶了一位法国公主,希望用她的嫁妆来支付战争开支。这桩天主教婚姻震惊了议会,嫁妆也从未兑现。但查理一世还是进攻了西班牙,然后又进攻了法国。两次战争都以惨败告终,历史学家布伦丹·西姆斯说,这使查理一世"往好了说是战略无能,往坏了说是心地恶毒"[35]。"我们的荣誉毁了,战船沉了,战士死了,"一名前保皇党人对议会说,"不是死于刀剑,不是死于偶然,而是……死于我们信任的人。"[36]

关于身份认同、流动性、繁荣、安全和主权的激烈争论,掩盖了关于地理意义的更深层次的争论——像以往一样,地理仍然是最少被谈论的话题。争论的一方自称为"国家派"。他们认为英格兰的主要战略问题仍然是与欧洲的接近性。他们断定教皇是头号公敌,强烈反对王室的政策。他们坚持认为,无论清教徒看起来多么危险,天主教徒都更糟糕（想想"血腥玛丽"吧）。因此，英格兰圣公会教徒必须与苏格兰长老会教徒和荷兰加尔文教徒一起反对教皇，镇压爱尔兰的天主教徒，向法国和西班牙开战。英格兰的安全需要一道外护墙，但可以通过窃取西班牙的白银来降低成本。领头的商人向查理一世保证："切断为西班牙的身体提供这么多钱的'肝静脉'，将使他们变得谦卑，给整个基督教世界带来梦寐以求的和平与安全。"[37]因此，对外移民是件好事，因为这为拦截西班牙船只在新大陆提供了基地，还能从糖和烟草中获利（并非巧合的是，国家派的领袖们通常是大西洋贸易的活跃分子）。只要降低税收，精简政府机构，进行教会改革，耶路撒冷完全可以在国内建设起来。

　　国家派的几乎每一个观点都遭到了宫廷派的反对。宫廷派认为岛国性目前已胜过接近性，所以真正的危险在国内。本土发展起来的清教徒显然比天主教徒更可怕，因此国王必须在英格兰、威尔士和苏格兰遏制前者，同时在爱尔兰与后者达成协议。自伊丽莎白一世的时代以来，世界已经发生了变化：法国和西班牙现在不会入侵了，所以英国应该谋和，放弃外护墙。实际上，外护墙本身就是一种威胁，因为荷兰商人尽管是新教徒，却在蚕食英格兰的贸易。一个友好的"欧盟"可以帮助英格兰遏制他们，而弱化身份认同政治将带来更多的安全、繁荣和主权。欧洲大陆和平了，金钱滚滚而来，查理一世就可以像欧洲国王一样生活和统治国家，而不必向令人讨厌的议会要钱。

　　查理一世很欣赏宫廷派的理论，而且这个理论有一段时间的确很管用。好天气（意味着好收成）帮了大忙，但他也雇用了聪明的律师和会计师，这些人使他的收入翻了一番，而没有向议会要一分钱。查理一世建了快速的小型护卫舰，将柏柏里海盗赶回了地中海，还建了一艘装备有100门大炮的巨型旗舰"海上霸主"号，来震慑荷兰人。税收和贸易的收入增加了两倍，查理一世还清了债务，还有足够的余钱使他在宫中摆满欧式油画。荷兰画家鲁本斯承认："我从未见过一座像这样的宫廷，里面能看到如此出色的画作、雕像和古代铭文。"[38]

查理一世的胆子更壮了，他以坎特伯雷大主教为打手来对付清教徒。凡抱怨女演员（查理一世的法国妻子热衷于演剧）和公共舞蹈（也是她的爱好）的扫兴者，都要被送到一个秘密法庭受审。该法庭甚至会对出身高贵的清教徒施以烙刑、割耳朵或戴枷锁示众等刑罚。查理一世甚至认定，不听话的苏格兰长老会教徒应该放弃他们自发的对上帝的祈祷词，而采用像英格兰那样的一本合适的祈祷书。

至此，他的运气耗尽了。在改正了祈祷书的一批校样后，一个节俭的皇家印刷商回收了这些纸张，卖给烟草商用来卷弗吉尼亚烟叶。很快爱丁堡的每个家庭都知道了查理一世的企图，当圣吉尔斯大教堂的教长推出新的仪式时，清教徒们已经做好了准备。在接到暗号后，辱骂、棍棒、石头和凳子齐发，把惊恐万分的教长从他的布道坛上赶了下去（图6.8）。长老会发誓捍卫"王国真正的宗教、自由和法律，以抵御各种各样的敌人"[39]，由此宣布建立了他们自己的新耶路撒冷。

图6.8 神圣的巨浪：1637年，棍棒、石头和凳子赶跑了爱丁堡的教长，击碎了查理一世弱化英格兰"脱欧"和苏格兰脱离英格兰的希望

资料来源：Bridgeman Images

派军只是使情况变得更糟，因为尽管查理一世在财政方面很有创造性，但他仍承担不起战争开销。资金不足的军队在苏格兰民兵面

前溃不成军。绝望的查理一世向西班牙乞求30万英镑紧急财政救助。失败后，他又转而向议会申请拨款。但议会置之不理，而是单方面宣布与苏格兰达成协议，并弹劾他聪明过头的谋士们，挫败了他的财政手段。当查理一世争辩时，议员们发动了一场媒体战，将他们的争执披露在伦敦酒馆出售的报纸上（就像这一时期的许多事情一样，很难不注意到与21世纪第二个10年的相似之处）。"对国王来说，议会在利用印刷品方面实在太狡猾了，"查理一世的一名支持者哀叹道，"普通百姓都相信第一个在他们脑海里留下印象的故事。"[40]很快，1.5万名暴民要求处死查理一世当时最宠爱的人，50万英格兰人签署请愿书，谴责王室的暴政。

据说是查理一世的法国妻子怂恿他攻击议会的。"去吧，你这懦夫，"她这样吼道，"揪住那些恶棍的耳朵，把他们拎出去，否则就再也别来见我了。"[41]王后的一个侍女背叛了查理一世，还没等他到达威斯敏斯特，治安官们已经召集起民兵来对抗他。一位观察家说，查理一世"就像被市民们撕成了碎片"[42]。他逃往了温莎，然后又逃到了约克。新耶路撒冷诞生的阵痛开始了。

肮脏与野蛮

这阵痛是剧烈的。到1651年时，暴力、饥饿和疾病已夺去1/30英格兰人和威尔士人的生命（比两次世界大战中的任何一次都多）、1/50苏格兰人的生命，以及令人震惊的1/6爱尔兰人的生命。战端一开，没有人知道如何结束它。曼彻斯特伯爵承认："就算我们打败国王99次，他仍然是国王；但如果国王打败我们一次，我们都将被绞死。"[43]然而，同样是事实的是，国王可以绞死他的批评者99次，议会却仍然是议会，不可能因遭受胁迫而批准他增税。暴力撕开了群岛上的每一道裂隙，却没有提供任何解决方案。白厅与威斯敏斯特决裂了，东南部与西北部决裂了，城市与乡村决裂了，教会高层与低层决裂了。城镇、村庄、家庭甚至个人的良知都从中间分裂开来。

斗争陡然陷入一团混乱。查理一世未能阻止苏格兰长老会信徒和爱尔兰天主教徒的起义,苏格兰人入侵了英格兰和爱尔兰,爱尔兰人入侵了苏格兰,英格兰人则相互开战。当查理一世的英格兰臣民击溃了他的军队后,查理一世请求爱尔兰天主教徒进攻英格兰以拯救他。他们不肯,于是他逃往苏格兰,去投奔长老会。苏格兰长老会出卖了他,把他交还给英格兰长老会。英格兰长老会不仅没有废黜他,反而决定恢复他的权力。英格兰议会对这些"苏格兰化"的交易破坏了它在战场上的收益感到愤怒,于是纵容其军队变得狂暴起来。他们劫持了查理一世并向伦敦进军。队伍中的激进分子自称"平等派"、"掘土派"和"喧嚣派",支持平均财产和实行民主,要求立刻建立新耶路撒冷。查理一世毫不畏惧,继续密谋。他发动了第二次内战,以失败告终,于是奥利弗·克伦威尔将军发动了一场同时反对国王、议会和激进分子的军事政变。他清洗了国会议员,只留下一小撮愿意服从军队命令的人。首批下达的其中一条命令便是,如果查理一世不听话,议会就应该砍掉他的头——1649年1月,议会的确这样做了。

将一位国王斩首破坏了上帝的法则,也斩断了缠绕英格兰主权的戈尔迪①之结。英格兰没有陷入无政府状态,它的政府反而在17世纪50年代变成了哲学家托马斯·霍布斯所说的"利维坦"。霍布斯亲身经历了这场流血革命。霍布斯的意思是国家的统治者像《圣经》中巨兽般的妖怪利维坦一样可怕。约伯在钦定版《圣经》中说:"在地上没有像它造的那样,无所惧怕。凡高大的,它无不藐视;它在骄傲的水族上作王。"44 霍布斯认为,如果没有像利维坦那样的国家来执行法律,人们将面临"持续的恐惧和横死的危险,而人的生命将会是孤独、贫穷、肮脏、野蛮、短暂的"45。要使英格兰伟大,就意味着

---

① 戈尔迪是希腊传说中的弗里吉亚国王,曾用乱结把轭系在马车辕上,牢固难解。宙斯宣称能解此结者,可以统治整个亚洲。后马其顿国王亚历山大用利剑斩断此结。现常用"斩断戈尔迪之结"比喻大刀阔斧地解决复杂问题。——译者注

要有一个强大到足以把人民吓得心惊胆战的利维坦，迫使他们团结起来，把事情办好。

当查理一世不再争夺主权，议会自己变成了这样的巨兽，提高税收来支付军费，以捍卫艰难的英格兰"脱欧"进程。议会强加的新负担激起了公愤，尤其是因为这些负担太像17世纪30年代查理一世强加，而议会当时反对的负担。一些抗议者，如平等派人士威廉·沃尔温，认为这只是"推翻了一个暴君，又立起了另一个暴君，堆积在我们身上的不是自由，而是比我们曾经反抗过的更沉重的奴役"[46]。然而现在议会开始收税了，反抗仍然处于无组织状态，利维坦的手伸进了民众口袋的更深处。

一部分钱被用于组建一支相当专业的军队，将查理一世骁勇但散漫的骑士赶出了战场。然而，大部分现金被用于建造宏伟的现代西班牙式大帆船。在这一点上，技术和组织融合了。伊丽莎白一世没有利维坦，没钱供舰队长期服役，在1588年封锁英吉利海峡需要很大的运气。然而，到了1650年，克伦威尔已经拥有了建立这样一支舰队所需的收入。利维坦开始可以随心所欲地打破撒切尔法则了。只要有钱，岛国性就能压倒接近性，让不平衡、外护墙和后门都变得无关紧要。英格兰的领导人面临着一个新奇的问题：在有了一条真正的防御壕沟之后，他们下一步应该做什么？

克伦威尔强烈地感到，跟克尔特人算账是头等要务。查理一世死后没几个月，他就入侵了爱尔兰，血腥程度甚至超过了更早的英格兰征服者。德罗赫达大屠杀造成3 500人死亡，其中包括叛军的（英格兰人）司令官，他被人用自己的木腿活活打死。天主教徒被赶出了爱尔兰最好的土地，有一万人被卖到加勒比地区做奴隶。爱尔兰人口减少了20万。苏格兰的教士们见势不妙，请求躲藏在法国的查理一世的儿子（也叫查理）回来，宣布成立长老会联合王国，但克伦威尔先发制人了。1650年，他杀死或俘虏了1.3万名苏格兰人，自己的军队只损失了20人。一年后他又歼灭了第二支苏格兰军队。小查理穿上裙子躲到树上,才逃过一劫——此后无数的酒吧和好几艘军舰都以"皇家橡树"命名,以示纪念。

在收拾完克尔特人之后,克伦威尔对议会说:"你们最大的敌人是西班牙人。"[47] 1655年,他恢复了德雷克的战略,发起了"西方布局",夺取伊斯帕尼奥拉岛(即今天的海地和多米尼加共和国),作为拦截西班牙白银船队的一个基地。这一企图失败了,但克伦威尔占领了牙买加,并俘获或击沉了两支白银船队的船只。克伦威尔随后派遣军队回到低地国家的外护墙,并于1659年,即英格兰失去加来这最后一个大陆据点101年后,吞并了敦刻尔克。

我们可以说,克伦威尔赢得的是伊丽莎白一世时代的战争。但这正是问题所在。他的眼光仍然是16世纪的,而16世纪50年代所认定的胜利,到了17世纪50年代就不再是胜利了。舞台已经发生了很大变化,演员们也都扮演了新的角色。违约和战败使西班牙帝国分崩离析,而信奉新教的荷兰也凭借自身的实力,从英格兰外护墙的一部分变成了挑战者。当英格兰人还在自相残杀时,用一位政治游说者的话说,荷兰商人"已经奠定了从事世界贸易的基础,不仅是基督教世界的贸易,而且是已知世界的更大部分的贸易"[48]。克伦威尔不愿承认新教徒的威胁可能比天主教徒更大,他试图用贸易保护主义的法律来遏制荷兰的竞争,甚至提议将英格兰与荷兰合并(实际上是恶意收购)。但最终,他不得不与他们开战,并赢得了有史以来第一次全海军战争的胜利。

战争持续的时间越长,克伦威尔周围的显贵们就越发意识到这位伟人的内政外交策略都已经过时了。在国内,人们厌倦了赋税和新耶路撒冷。克伦威尔发动的战争使他欠下了200万英镑的债务,他试图镇压"酗酒、咒骂、亵渎主日和其他恶行"[49],造成了灾难性的后果。但人们吸取了教训。如果说17世纪20—30年代让人们看到,如果没有议会的支持,国王就无法像利维坦那样统治,那么17世纪40—50年代则表明,如果没有接受过涂油礼的国王带来的合法性,议会也无法像利维坦那样行事。克伦威尔断然拒绝了一个显而易见的解决方案：由他自己接受涂油礼，成为奥利弗国王；但从他去世的那一分钟起，关于迎回一位君主来领导王室（但行为更端正的）利维坦的议论便开始了。唯一可靠的人选是被砍了头的查理一世正在流亡的儿子。于是，1660年，查理二世在毫无争议的情况下回到了伦敦，复辟了斯图亚特王朝。迎接他的是烟火、喷涌而出的美酒和世纪街头狂欢。剧院重新开放了，人们围着五朔节花柱跳舞，娱乐再次成为时尚。

在外交政策方面，现在有两点似乎很清楚了：第一，"贸易是英格兰不容置疑的利益所在"[50]，第二，"没有强大的海军，我们就会成为邻国的猎物，而没有贸易，我们就会既没有海员也没有舰船"。查理二世的对策是加强克伦威尔的经济保护主义，建造能装载100多门大炮的军舰。他的弟弟詹姆士比以往的任何人都更重视经营一个商业帝国，他加强了殖民地总督的权力，支持土地掠夺（包括从荷兰人手中夺取了纽约），并提拔像塞缪尔·佩皮斯（日记作者、花花公子和管理天才）这样的人来整顿海军。到1680年时，英格兰商人的数量超过了荷兰，王室1/3的收入来自国际贸易，有30万英格兰殖民者定居在从缅因到卡罗来纳的美洲海岸。

查理二世的视野比克伦威尔更全球化，但他仍然主要从赫里福德地图的角度观察世界，而不是麦金德地图。这样做或许有道理：鉴于外护墙已经消失，也不确定议会能否拨款制造足够封锁英吉利海峡的舰船，他认为不把殖民地和商业本身看作目的，而是看作资助欧洲舞台上行动的手段很有意义。西班牙或许衰弱了，但荷兰仍然是个威胁，法国充满活力的新国王路易十四正在建立一个比英格兰更高效的利维坦。沙夫茨伯里伯爵惊叹道："他的钱多得令人难以置信，而且正用来建造港口"[51]，路易十四"正在打造我们所有人中最强大的海上力量"。

清教徒们相信路易十四会建造足够多的舰船，重新打开英吉利海峡，入侵英格兰，恢复教皇制。查理二世对自己臣民的恐惧与对法国人和荷兰人的恐惧一样多，也开始大量造船。开支激增。这条生产线上的每艘现代战船都要消耗3 000棵橡树和100名工匠的劳动，他们12小时轮班，一连干8个月。皇家码头成了英格兰最大的雇主。即使在和平时期，舰队也会消耗掉查理二世2/3的年收入，然而，佩皮斯仍然抱怨："缺钱（依旧）使一切都乱成一团，尤其是海军。"[52]无论利维坦筹到多少钱，都不够花。1667年，英格兰没领到薪水的海员举行了罢工［"罢工"（strike）一词就是这样来的，strike原为"击，打"的意思，海员们破坏了船帆，使船在他们拿到薪水之前无法航行］。荷兰人的战船驶进了查塔姆，他们放火烧毁了国王的造船厂。

像他的父亲和祖父一样，查理二世陷入了两难境地：要么发动自己负担不起的战争，要么亲近欧洲大陆的国王。他的臣民们大多倾向于开战，然而他像他父亲一样转向了讨好大陆国王们。一位大使指出："所有英国人都对法国人恨之入骨，除了国王。"[53]查理二世的批评者们说，他实际上"完全法国化了"[54]。宫廷圈子里的每个人都吃法国美食，喝法国红酒，听法国音乐，穿法国衣服，包括戴巨大的新式假发（图6.9）。在巴黎流亡长大的查理二世似乎比任何人都更容易被法国的时尚所吸引。他和法国情妇们在法国制造的床上厮混，其中至少一名情妇是路易十四花钱雇的。他的妻子虽然是葡萄牙人，但被普遍认为是"法国的养女"[55]。一位诗人抱怨道："一群法国人占据了宫廷……皮条客、教士、小丑……偷走了国王。"[56]

这并非只是仇外言论，查理二世的确出卖了英格兰。1670年，为了获得每年34.2万英镑的巨额补贴，他秘密同意不仅加入路易十四对荷兰的战争，而且重新加入天主教"欧盟"——如果有必要，他还会动用法国军队把天主教强加给自己的人民。历史学家经常怀疑查理二世只是为了得到路易十四的金子而说了些大话，但他的弟弟詹姆士二世肯定是认真的。詹姆士二世不仅倾心于天主教，也的确成了一名天主教徒。查理二世没有合法继承人（尽管他有14个私生子），这意味着英格兰很快将迎来一位天主教国王。

与天主教"欧盟"的关系仍可能导致这个国家分裂,但方式与以前不太一样了。那些在17世纪20年代会加入国家派的人,现在被重新贴了个标签叫"辉格党"(最初是对极端的苏格兰长老会教徒的蔑称),其激进分子决心捍卫英格兰新教徒身份,甚至不惜以推翻詹姆士二世继承王位的神圣权力为代价。辉格党人倾向于对不属于英格兰圣公会的新教徒持宽容态度,并准备接受强大的利维坦(且常常因服从它而致富)。与此同时,昔日的宫廷派变成了"托利党"(是对爱尔兰天主教"强盗"的一个同样具有侮辱性的称呼)。他们坚持认为神授予的王权高于新教徒身份,无论上帝赐予的是什么(即使是天主教国王),也只有上帝才能拿走。托利党人往往强烈认同英格兰圣公会,他们更担心的是非英格兰圣公会的新教徒,以及利维坦对其自由的威

图6.9 忠实的时尚追随者:查理二世展现了最新潮的巴黎着装风格,从假发到鞋子都光彩夺目(可能绘于1670年,那一年他把英格兰出卖给了法国)

资料来源:Royal Collection

胁，而不是留在英国的少数天主教徒。

一个世纪前，虔诚的圣公会教徒愿意容忍一个天主教国王是很奇怪的，但到了17世纪70年代，尽管詹姆士二世皈依天主教仍是最热门的话题，但争论已经不再是关于罗马的了。一个世纪的宗教战争已经扼杀了几乎所有人对新耶路撒冷的热情，事实证明，结束德意志野蛮的30年战争的协议（应当由每个君主决定自己国家的宗教身份，不受外界干涉）广受欢迎。路易十四既不期望也不特别希望詹姆士二世与罗马分享主权。使英格兰皈依天主教之所以有吸引力，只是因为这会让詹姆士二世依赖法国。罗马拥有千年历史的"欧盟"在国王们的盘算中已经不再重要，即使他们仍自称是"欧盟"的仆人。教皇本人也抱怨说："法国国王不是为了宗教而发动战争，而只是为了对邻国施行暴政。"[57]

辉格党与托利党的对抗，与其说是关于变体论或圣餐礼等问题，不如说是关于对英格兰、欧洲、利维坦和传统的态度，尽管这丝毫没有降低对抗的激烈程度。竞争对手穷凶极恶地相互诽谤、厮打、谋杀或导致对方破产。历史学家休·特雷沃-罗珀评论道："有10万人准备拿起武器反抗教皇，却不知道教皇到底是人还是马。"[58]理性的人预测内战即将爆发，"就好比旧的游戏已经结束"。

幸运的是，查理二世是一个比查理一世更好的政治家。当议会中的辉格党放任新闻审查失效，让报纸自由地辱骂詹姆士二世时，查理二世没有落入试图钳制媒体的陷阱。相反，他雇用了写手。"是媒体让他们疯狂，必须用媒体让他们恢复正常。"保皇派作家罗杰·勒斯特兰奇建议道。托利党报纸开启了它们的长期传统，雇用当时最犀利的笔杆子（像约翰·德莱顿这样的人）来传达他们的观点。

查理二世减轻了辉格党人的焦虑，他把詹姆士二世与第一任妻子所生的女儿、坚定的新教徒玛丽，嫁给了更坚定的荷兰新教徒奥兰治的威廉三世。詹姆士二世的第二任妻子是个年轻的天主教徒，但由于她没生下儿子，玛丽在英格兰王位继承权上仅次于她父亲。让她与荷兰反对路易十四的战争中的铁杆反法领袖相结合，真是天才之举。威廉三世也拥有英格兰王位继承权：作为查理二世的外甥，他是第四顺位继承人，排在詹姆士二世、玛丽和她妹妹安妮之后。英格兰举国欢腾。

最后，查理二世指责辉格党狂热分子寻求否决上帝的意志（大致相当于指责21世纪第二个10年末的政治人物反对人民的意志），从而分裂了辉格党反对派。大多数辉格党温和人士不愿被牵连，同意保持沉默。他们认为这位天主教国王的行为不会太出格，尤其是他还有一个信奉新教的女继承人。他们还认为，即使他做不到，他的统治也肯定不会比重回老路更可怕。

"在骄傲的水族上作王"

托利党人很快就改变了主意。查理二世去世后，詹姆士二世于1685年继承王位，这位新国王刚一即位就暴露出对政治现实极其糟糕的理解。他表现得更像他笨拙的父亲，而不是狡猾的哥哥。他任命不受欢迎的天主教徒担任最高职位（尤其是在爱尔兰），并邀请教皇使节到他的宫廷。他的支持者起初坚称他们可以接受，但是当他信奉天主教的妻子于1688年6月诞下一名男婴时，就连他们也恐慌起来。他们的四个头目担心一个天主教王朝会推翻维持着英格兰和平的微妙协议，与三位辉格党高层人士一起，请求奥兰治的威廉三世有所作为。

威廉三世根本不需要别人的推动。他已经秘密发动了一场媒体战，煽动英格兰舆论反对法国。他还预计发动一场政变将会对詹姆士二世施压，迫使他同意合作。于是，他动用荷兰的资金，雇了一支比西班牙无敌舰队大4倍的军队。他的运气不错：当英格兰海军将领们还在争论是否要为他们的天主教国王而战时，一股"新教徒的风"将他们的船牢牢地按在了港口内，使英吉利海峡门户大开。威廉三世迅速渡海，向伦敦进军，坚称自己只是为了捍卫英格兰的自由。詹姆士二世的军队望风披靡。当他的女儿安妮加入了姐姐和姐夫的阵营时，詹姆士二世本人也逃跑了。

没人料到詹姆士二世的政权会如此突然地土崩瓦解。议会迅速召开了党团会议，政治掮客们宣布詹姆士二世退位（他实际上没有），他的外甥和女儿将顺理成章地联合继承他的王位（他们是篡位者，是由外国军队扶植的）。于是，一系列暗箱操作开始了，辉格党称之为"光荣革命"。

威廉三世想办一件大事，就是让英格兰登上欧洲的舞台，与奥地利、西班牙和荷兰一起组成一个"大同盟"，把路易十四按在法国境内。这就需要英格兰在欧洲大陆上付出自亨利八世，也许是亨利五世以来从未有过的投入。为了实现这一目标，威廉三世和玛丽二世做出了让步，接受了议会中的辉格党想办的一件大事：通过《权利法案》，王室放弃"未经议会批准就可以中止法律或者暂停法律执行的权力"[59]，以及"未经议会批准就可以为国王或者为国王的用途而征税的权力"。

17世纪60—70年代的经验，厘清了17世纪20—30年代（没有议会，国王就无法驱使利维坦）和17世纪40—50年代（没有国王，议会也无法驱使利维坦）的教训。现实需要的是一个复合的利维坦，即"君临国会"。议会做决定，但君主仍然是国家元首，拥有"王室特权"。一个议会特别委员会2004年承认，这是"一个众所周知的难以充分定义的概念"[60]。原则上，王室特权意味着只有当君主认可时，议员们的决定才能成为法律；在实践中，我们还不知道如果君主拒绝，会发生什么情况，尽管迈克·巴特利特在2014年令人着迷的电影《查理三世》中暗示这不会有好结果。

"君临国会"一开始举步维艰。詹姆士党人（即前国王詹姆士二世的支持者）在苏格兰高地发动了叛乱，以失败告终，但没领到薪水的英格兰海员再度罢工，詹姆士二世乘机潜入爱尔兰，又发动了叛乱。1690年，威廉三世在博因河战役中击败了他，然而就在同一天，一支法国海军在比奇角痛击了英荷联合舰队。假如路易十四做好了入侵英格兰的准备，或者哪怕他把入侵英格兰看作比派出更多兵力到低地国家更重要的事件，就几乎没有什么能阻拦他了。然而时机稍纵即逝，1692年诺曼底海岸附近的一系列海战，或多或少地再次封锁了英吉利海峡（图6.10）。

图6.10 封锁的海洋：1692年，英格兰和荷兰的舰队在拉霍格海战中同法国人打得难解难分

资料来源：Rijksmuseum

像一个世纪前的伊丽莎白一世一样，威廉三世从不怀疑英格兰的安全有赖于一道外护墙和一条壕沟。在美国战略家们阐明关于苏联扩张的"多米诺骨牌理论"250年之前，英国思想家们就有了类似的观点："如果佛兰德向法国敞开大门，荷兰必然紧随其后，接下来就是英格兰。"[61]一位小册子作者解释道："它们就像九柱戏，击倒一个木柱，就会带倒其余木柱。"托利党人经常辩称，单是海战就足以支撑多米诺骨牌了（而且能够收回成本），但大多数辉格党人（以及威廉三世）更在意在欧洲大陆的投入。辉格党取得了胜利，到1695年时，英国有4.5万人在佛兰德的泥淖中挖起了壕沟，还另外供养着2万名

荷兰、丹麦和德意志的雇佣兵。

到了1697年，军费开支达到了5 000万英镑（占GDP的61%，令人震惊）。之所以可持续，是因为辉格党引入了思考繁荣的新方法。他们采纳了荷兰的想法，创造了一种官方国债，不是国王欠的，而是"君临国会"欠的。一个新成立的英格兰银行通过出售附息债券筹集资金，这些债券基本上是国债的份额，可以在证券交易所自由交易。国王不能在没有议会同意的情况下拖欠债务，但议会现在有了提高税收，而不是抵制增税的动机，因为如果议会保证用未来的税收收入偿还债务，借贷者就会被说服接受低利率。在10年的时间里，政府收入从200万英镑迅速增长到500多万英镑，负责收税的官员从4 000人增加到1.2万人。"信用制造战争，也制造和平；扩充陆军，装备海军，行军作战，围攻城镇，"《鲁滨孙漂流记》和超越赫里福德地图的其他冒险故事的作者丹尼尔·笛福评论道，"信用让士兵在没有军饷的情况下打仗，让军队在没有给养的情况下前进……让国库和银行根据需要，随心所欲地装满数以百万计的金钱。"[62]

战争打成了消耗战——在军事上，各方军队都在低地国家深掘壕沟，相互围攻堡垒；在财政上，每个利维坦都在等待其他利维坦破产。两方面都是势均力敌、难分伯仲的较量。尽管路易十四1692年在海上战败了，但他于1696年发动了另一次入侵，这次他放弃了大舰队行动，转为扼杀英国的大西洋贸易。因为英国几乎所有的食物都是本土生产的，路易十四的目标不是像德国在20世纪的世界大战中那样饿死英国人，而是让英国商人破产。英国商人的利润（也就是利维坦的收入）依赖于海外贸易。在第一次大西洋海战中，法国资助的海盗俘获了4 000名英国和荷兰商人。

随着痛苦的加剧，支持威廉三世发动战争的热情消退了，但路易十四的事业垮得更快。由于拖欠债务和面临饥荒，后者于1697年提出了和谈请求。威廉三世主张坚持战斗，以谋求更有利的交易，但托利党人对他的指控越来越多，说他与腐败的荷兰金融家和辉格党战争奸商因"金钱利益"相勾结，将祖国荷兰的利益置于英格兰的利益之上。笛福是个狂热的辉格党人，他从中看出的只有仇外情绪。他说："国王被傲慢无礼的书呆子们和只会写民谣的诗人们谩骂和侮辱……仅仅……因为他雇用了外国人，而且他本人也是外国人。"[63]但托利党更了解国民情绪。当获得了选择机会时，1/4的英格兰人投票支持一个听起来很像21世纪第二个10年保守党风格的纲领：削弱政府力量，脱离欧洲。

　　托利党解散了威廉三世的常备军。就连他的新利维坦背后的君临国会交易也变得岌岌可危，直到路易十四做得实在太过分。路易十四在1697年接受了和平，但当一连串出人意料的死亡和继承使他的孙子成了西班牙王位和法国王位的有力继承人时，他改弦易辙了。如果同时成为西班牙和法国的国王，就可以在欧洲大陆上创造出一个超级大国，可能强大到足以主宰英吉利海峡并压垮英格兰。这时就连托利党人都吓坏了。然而，路易十四没有见好就收，反而进一步加大了赌注，他提议，在不久的将来，当英格兰国王威廉三世去世时，把王位归还给被流放的、新近去世的国王詹姆士二世信奉天主教的儿子。

　　面对着刀刀见血的三连击——詹姆士党人在苏格兰高地发动了叛乱，法国和西班牙入侵了荷兰，以及一个天主教徒要求即位，英格兰的精英们果断采取了行动。一个世纪前，詹姆士一世就曾提议将苏格兰和英格兰合并为一个大不列颠联合王国，然而一个世纪过去了，苏格兰人和英格兰人对彼此没增加什么好感，但在1707年，他们通过谈判达成了一项全面联合的法案。没有人真正喜欢这法案。格拉斯哥发生了骚乱，仅仅6年后，一项解除联合的法案只差一票就通过了。但交易终究保住了：英格兰人锁上了后门，苏格兰人则获得了进入英格兰市场和殖民地的权力，詹姆士一世的米字旗终于飘扬了起来。

　　英国的新统治者安妮女王，恢复了其姐夫威廉三世的大陆战略，甚至变本加厉。她扩大了战争范围，她的舰队攻占了梅诺卡岛和直布罗陀。后者使英国自近50年前放弃敦刻尔克以来，第一次重返欧洲大陆，只不过是以一种新的方式。直布罗陀是向地中海投入海军力量的一个基地，而不是阻止法国进入英吉利海峡的外护墙。在极端的辉格党人马尔博罗公爵的指挥下，英军在德意志摧枯拉朽般地挺进，进一步扩大了英国人的舞台，不仅保卫了外护墙的堡垒，还使法国的东方侧翼暴露了出来。即便如此，胜利还是没有到来，尽管布伦海姆战场上的胜利比阿金库尔战役以来的任何一场胜仗都要宏大。1709年在马尔普拉凯取得的另一场胜利没有产生多少积极影响，只是造成了2万人的伤亡。就比例而言，比1916年索姆河战役第一天损失了6万人对英国人口的影响还要大。这时，就连安妮女王都在问："这样的流血什么时候才是个头？"[64]

像17世纪90年代一样，战争变成了苦战。这一次，英国人在与法国私掠船的对抗中表现得更好。1708年，英国海军被赋予了系统的护航任务，即便如此，托利党的抱怨还是越来越多。他们指出，安妮供养着17万名士兵，其中大部分是外国人。利维坦比以往任何时候都更大，税收也更高。通货膨胀在加剧，经济陷入了衰退。当安妮与马尔博罗公爵夫人萨拉失和（这是2018年的电影《宠儿》的奇怪而迷人的主题）后，托利党又转而攻击起公爵，指控他滥用公款——鉴于他和萨拉都跻身于英国首批百万富翁之列，这一指控可能是有道理的。随着这位大人物去职，托利党人与路易十四开启了秘密谈判，这正中路易十四的下怀。

国内的辉格党人以及安妮在奥地利、德意志和荷兰的欧洲大陆盟友，都敦促她继续战斗。他们确信法国已经奄奄一息，但她的大臣们于1713年在荷兰的乌得勒支与路易十四签署了单独的和约。这种被批评人士称为"托利党的叛卖"的行为，所引发的愤怒远远超过了2016年英国"脱欧"所造成的愤怒。辉格党人的怒火，就好比假如在1944年诺曼底登陆前夕，美国放弃大联盟并与希特勒单独签订协议可能会在英国人当中点燃的怒火。辉格党人一旦在议会中重新得势，便致力于弹劾和监禁那些为了个人利益而出卖英国的欧洲朋友的罪人。

他们认为,《乌得勒支和约》实际上将时钟拨回了1689年,使法国得以存活并继续战斗,背叛了1/4个世纪来牺牲的人们。

他们错了。无论《乌得勒支和约》在道德上多么堕落,1689年以来的战斗还是改变了一切。1713年,英国人已严重厌战,法国人却在挨饿和破产。英国人在政治上分裂了,但法国人正变得无法无天。英国偿还了贷款,更换了船只;法国却没有。英国的利维坦打败了法国的利维坦。地球上再没有像它一样的巨兽了。经过1/4个世纪的征税、耗资和杀戮,它"在骄傲的水族上作王"。

第7章
转折
（1713—1815年）

全球化的英国

《乌得勒支和约》开启了英国历史上最大的战略转折时代。到1713年时，烟草、蔗糖和奴隶贸易已经将英国拉向大西洋舞台整整一个世纪了，但英国的领导人仍然主要根据赫里福德地图思考问题：从三角贸易中获得的税收，被用于围绕身份认同、安全和主权等问题，在欧洲与法国、西班牙以及一些人头脑中的罗马所展开的斗争。然而，在乌得勒支坐下来谈判的托利党人正着手绘制的地图，越来越像麦金德地图。

这使他们很难认同辉格党与法国死战到底的执念。托利党阵营的一位诗人总结道，对一个处于世界中心的国家来说，一个显而易见的事实是，"你的荣耀只存在于贸易上"[1]。他又补充道，因此，"要让商业成为你唯一的目的/坚持这一点，整个世界都是你的"。托利党人问道，有谁在乎法国、西班牙或者教皇是否繁荣兴旺呢？唯一重要的是，欧洲大陆上的任何一个国家所拥有的军舰或商船，都不应当足以挑战英国的商业利益（更不用说入侵不列颠群岛了）。确保这一点的办法，不是像辉格党主张的那样旷日持久地同法国交战，而是将欧洲分裂成势均力敌的各种联盟，使各国政府都忙于应付对立的联盟，没有时间、精力或金钱在其他大陆与英国竞争。无论何时,当一个国家变得过于强大,(以英国为首的)其他国家就会投向敌对联盟,正如《乌得勒支和约》所说的,"通过公正的势力均衡(这是最好且最安全的基础)",确保"基督教世界的和平与安宁"[2]。

这是一种残酷的交易型世界观。"我们没有永远的盟友,也没有永远的朋友",外交大臣帕默斯顿勋爵在将近150年后这样反思道,只有"我们的利益是永恒的"[3]。新教徒、天主教徒甚至穆斯林都可以成为盟友,只要他们占领了欧洲,而英国商人能躲在他们的壕沟后面,坐在麦金德地图的中央,全神贯注地与全世界进行贸易。1713—1815年,全球化的英国诞生了。

平衡行动

从表面上看,在签订《乌得勒支和约》之后的几年里,全球化的英国前景并不乐观。尽管安妮女王曾怀孕17次,但她在1714年去世时,还是没有子嗣,许多人认为其信奉天主教的同父异母兄弟(詹姆士二世的儿子)最有资格继承她的王位。为了防止这种情况,辉格党的大臣们通过了一项法律,将天主教徒排除在王位之外。这项法律在21世纪20年代仍然有效。但随着安妮女王大限临近,托利党高层还是秘密接近了詹姆士。辉格党凭借最后一刻的争夺,才使与安妮关系更远但更坚定的新教徒表兄乔治得以加冕。

没有人认为乔治是个坚持"大西洋第一、全球化英国"的人物。他的大臣詹姆斯·斯坦诺普对他最友善的称呼是"一个诚实无趣的德意志绅士"[4]。乔治明确表示,比起伦敦,他更喜欢他的家乡汉诺威(图7.1),只要有机会,他就会回去,还坚持让英国保护汉诺威。他讨厌托利党人,对战略毫无兴趣,也从未学过英语。托利党人也讨厌他。他们的报纸故意激怒他,并恢复了17世纪的传统,雇用文学巨子,如斯威夫特、菲尔丁、蒲柏、约翰逊,来煽动公众的愤怒。这些

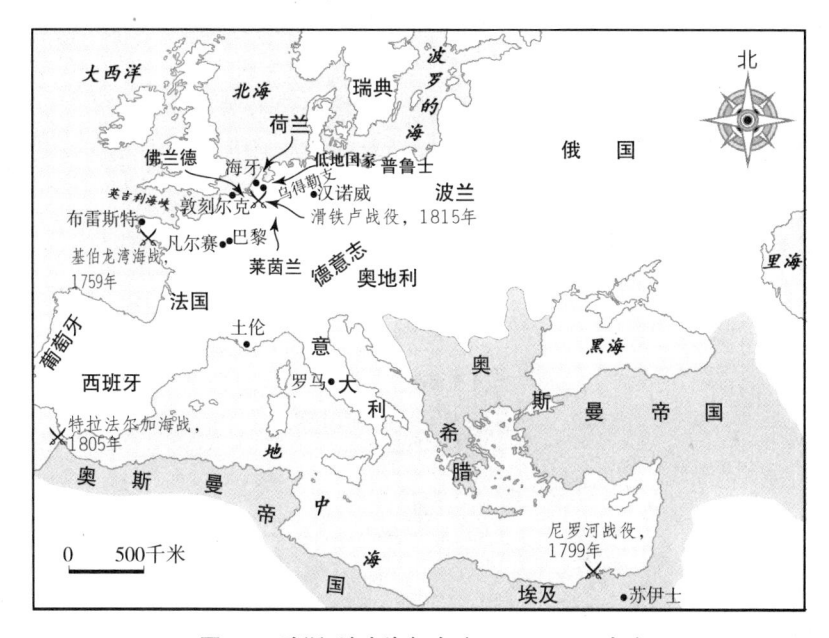

图7.1 欧洲-地中海舞台（1713—1815年）

人巧妙地模糊了舆论和新闻之间的界限。暴力非常普遍：国民卫队不得不频繁向反汉诺威暴民宣读1715年通过的《骚乱法》，以示开火前的严重警告。有一次，政府甚至在诺里奇部署了大炮，来对付愤怒的圣公会教徒（图7.2）。

然而，英国的精英们并没有像1642年那样在压力下分崩离析，而是展示了他们从那时起吸取了多少教训，他们围绕君临国会紧密地团结起来。没有人希望回到无政府状态。当乌合之众闹事时，精英中的主事者会平静地将罪犯枪毙或绞死。民众的声音逐渐被压了下去：1700年，有将近1/4的英国人拥有投票权，而到了1800年，就只有1/6了。整个苏格兰只有2 662个选举人。大量席位由几十个选民选出，这些选民通常乐于用自己的支持寻租。如果贿赂他们变得过于昂贵，政客们也可以私下协商由谁来竞选。威尔特郡在105年里只举行过一次竞选，而什罗普郡在109年里一次都没举行过。

图7.2 不列颠舞台（1713—1815年）

历史学家戴维·斯科特说，乔治国王在团结国家方面有一些功劳，这要归功于他"缺乏想象力，不会像（他的）某些前任一样犯那么大的错误"[5]。然而，大部分功劳要归于乔治的主要谋士罗伯特·沃尔波尔（图7.3）。沃尔波尔可能是这个国家有史以来最贪赃枉法、最阴险狡诈、最腐化堕落的首相，但也是最足智多谋的首相。他善抓细节，巧舌如簧（斯坦诺普说："当他说话时，最无知的人也会觉得自己听懂了，即使他们并没有真正理解。"[6]），他在1720年因处理被称为"南海泡沫"的金融危机一举成名。与2008年的灾难同样糟糕的是，这次危机威胁到了英国的整个金融体系，并暴露了高层的丑闻。事实证明，只有沃尔波尔有能力摆平局面，他在稳定市场的同时，不

图7.3 英国巨人：罗伯特·沃尔波尔在1740年的一幅漫画中，他跨立在狭窄的世界上，在法国和西班牙之间寻求平衡

资料来源：Library of Congress

仅保护了国王,还保护了他的情妇和朋友,而他们都发了财。与2008年不同的是,的确有人受到了严厉处罚:在牺牲了财政大臣和第一财政大臣之后,沃尔波尔把他们的职位和丰厚的回扣据为己有。

最重要的是,沃尔波尔实际上治理的是一个主要奉行托利党政策的辉格党一党制国家。托利党在1727年、1734年和1741年的选举中赢得了普选,但不公正的选区划分还是让辉格党获得了多数席位。在得出这个结论后,很多托利党人改投辉格党。辉格党变成了一个包容广泛的教会,在这里思想正确不如交对朋友重要。用历史学家普拉姆那句值得铭记的话来说就是:"党派的狂热让位于对地位的追求。"[7]

沃尔波尔热切地采纳了托利党的"英国优先"的原则,在欧洲和更广阔的世界保持势力均衡的方针,不断建立和破坏联盟,以维护欧洲大陆的平衡。贸易繁荣起来了。1740年穿越大西洋的英国船只数量达到了1675年的两倍,当时全世界一半的国际航运船只都挂着米字旗。合法申报的进口量翻了一倍,出口增长则更多。英国政府2/3的收入来自贸易税,即便走私的增长比其他任何行业都更快。然而,尽管伦敦老于世故的大臣们可能会把沃尔波尔的反复无常视为"概念上极高水平的灵活"[8]的外交策略(历史学家布伦丹·西姆斯的委婉说法),但在其他人看来,这似乎就是背信弃义。而且大臣们也无法确定怎样才算达到了势力均衡。直到18世纪40年代,大多数英国战略家都认为法国的破产使西班牙成为主要威胁,他们试图从欧洲大陆的纠纷中抽身而退,同时掠夺西班牙在地中海和加勒比海的领地。其他人坚持认为留在欧洲支持奥地利更为重要,而国王最关心的是保护汉诺威,结果使英国卷入了与瑞典、普鲁士和俄罗斯的争端。继而,随着法国实力的复苏,平衡完全被打破了。沃尔波尔警告议会,英国"目前在欧洲大陆上没有任何盟友"[9]。他担心,如果这种情况持续下去,"欧洲大部分地区将联合起来反对我们"[10]。

有些人认为这样也不错。沃尔波尔的众多对手之一坚称:"先生,在伊丽莎白女王的统治下,我们既没有也不需要盟友……让我们改掉偷偷摸摸的行为吧,哪怕仅此一次,一切都会好起来的。"[11]但随着平衡被打破,沃尔波尔还是受到了指责。1742年,他的支持者们抛弃了他。仅过了几个月,英国军队就回到欧洲大陆,与法国交战,他们的国王亲自率领他们投入战斗(迄今为止,这是最后一次)。他们赢得了一场著名胜利,但法国很快又赢得了更大的胜利。奥地利陷入崩溃状态。一座又一座要塞接连陷落。沃尔波尔的继任者写道,法国正在征服陆地上的所有对手,一旦"通过完全摆脱欧洲大陆上的所有开支而取得成功,它很快就能在海上超越我们"[12]。

在这个关键时刻,英国专注于大西洋彼岸的投资而非"欧盟"的做法,突然取得了成效。英国船员和美洲民兵的一次大胆袭击,攻占了法国在路易斯堡的要塞,这里守卫着通往加拿大的道路。由于魁北克和蒙特利尔失去了防御,法国提出谈判。伦敦到处都是"嚎叫和欢呼"[13](斯坦诺普的话)。协议最终在1748年敲定,英国用路易斯堡交换法国在佛兰德占领的要塞。此举激怒了大西洋主义者,但意义仍然是重大的。英国和法国政府第一次承认,美洲的事务可能与欧洲的同等重要。托利党的《绅士杂志》为其1.5万名读者献上了一首大西洋主义者的赞歌,庆祝胜利女神由加拿大返回了英国:

> 但不是在佛兰德充满敌意的平原上,
> 我们犯了错误,然后乞求,
> 英国人的血就此白流,
> 因为战斗不是为英国人谋利祈福。
> 在浩瀚的大西洋彼岸,
> 她首先升起,认可了我们的劳苦,
> 她为我们指引了通往财富的道路,
> 吩咐我们借助法国人的战利品繁荣致富。[14]

辉格党的显贵们有时仍然指责那些把大西洋置于欧洲之先的人是

把头埋进沙子里,并且"无视欧洲大陆的所有麻烦和骚动……一门心思做生意"[15];然而,关注商业而不是欧洲大陆的麻烦和骚乱,正是越来越多的英国人想做的事情。国民情绪正在转变。

布丁时代

对那些愿意与人相处的人来说,一个轻松自得的时代正在形成。民谣歌手称之为"布丁时代":

> 当布丁时代的乔治来了,
> 普通人也自高自大起来,先生,
> 我又一次改变了我的原则,
> 于是成了辉格党人,先生。[16]

这是个自信、庄严、美妙的时代。信心十足、气度不凡、雍容华贵的精英阶层,以优雅的大厦和广场、下水道和街灯、自来水和游乐园填满了伦敦西区。这与17世纪愤怒的身份认同迥然不同:维瓦尔第、斯卡拉蒂和"英国的养子"亨德尔用完美、和谐的音乐(《弥赛亚》《祭司撒督》等)填满了同样完美、和谐的家庭和演奏厅。大人物和有钱人纷纷住到了像肯辛顿这样的时尚新郊区,以及以自罗马时代起就从未见过的规模建设的乡村地区。有"能人布朗"之称的景观设计大师给他们设计了精致的庄园。多亏了国家托管协会和英国遗产委员会,一些庄园留存至今,可供人们漫步。然而,在那个时代,在这样世外桃源般的地方漫步,可不是平民百姓所能做到的。在霍华德城堡,约翰·范布勒爵士引大水淹没了整个村庄,以改善他的视野景观;在霍顿霍尔,沃尔波尔为一次晚宴照明所点的蜡烛花掉了15英镑,这是一个劳工一年所能挣到的钱。

贫富差距扩大了,但令人惊讶的是,并没有扩大得更多。根据我在第1章中描述过的基尼系数（0代表完全平等，1代表一个人占有一切）来衡量，收入不平等从1688年的0.47攀升至1751年的0.49（罗马统治时期约为0.45）。然而，"提取率"——由经济学家布兰科·米兰诺维奇提出的一个衡量精英阶层占据社会总盈余比例的指标——实际上有所下降。罗马时代的精英们狼吞虎咽地吃掉了75%的布丁，而英国的精英们在1688年和1759年分别只吃掉了57%和55%。对此的解释是：虽然富人吃掉了更多的布丁，但布丁本身增长得太快了，所以穷人也吃得更多了（只是没有富人那么多）。

农业的重组也有所助益。有一段时间天气很好，而且农民找到了从土地中榨取更多收益的方法。这片土地上最显赫的人也卷入了其中。一位大臣在被逐出政府之后，因其不断改进农业的努力，赢得了"萝卜汤森"的绰号。交通的改善也有贡献，使得食品更容易运送到消费者手中。1700—1750年，疏浚工程将英国可通航河流的长度延长了1/6。英国修建了5 000千米的收费公路，有些路况甚至比罗马时代的公路好。人们的旅行时间缩短了20%~40%。

更有争议的是"圈地"，通常涉及地方贵族或国会议员将公共土地转变为私人地产并出售，允许买家合并更大的地产。图7.4显示了白金汉郡中克莱登村发生的常见的情况，这个村庄由弗尼家族控制。1648年，当地出现了各种形状和规模的农场，但在接下来的75年里，12个占地75~150英亩的大农场吞噬了2/3的土地。到了18世纪50年代，仅剩下一半（面积更大）的庄园。像许多村庄一样，中克莱登在1648—1722年人口减少了一半。

谁的土地多，谁的收益就多；谁的土地少，谁的损失就多。圈地甚至剥夺了佃农在公共土地上放养一两头猪来增加收入的可能性。一个佃农对农学家阿瑟·杨说："我只知道，我有一头牛，可议会的一项法案把它从我身边夺走了。"[17]穷人被赶出像中克莱登这样的村庄后，纷纷涌向城镇。幸运的是，城镇经常急于把他们吸引进来，因为不断扩大的贸易使商人们热切希望雇用工人来生产纺织品、钢琴、枪

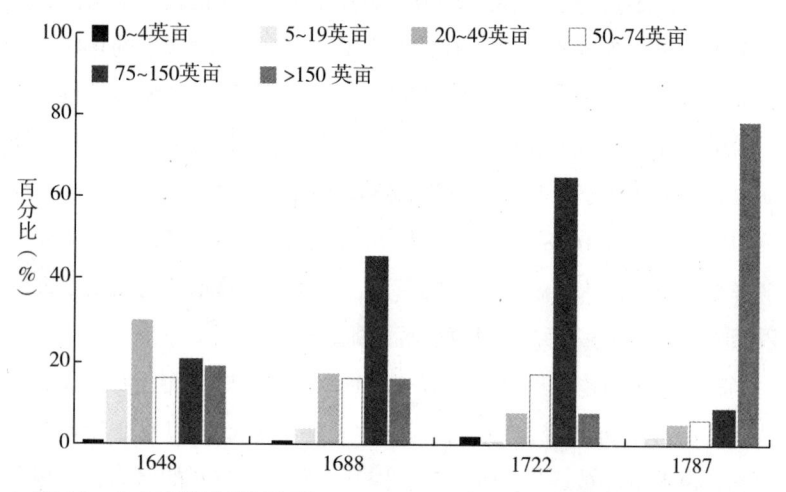

图7.4 在中克莱登村切布丁：1648—1787年，不同规模农场的土地比例

支及其他任何可以销往海外的商品。小型"制造厂"成倍增加，它们支付的工资通常比回到农场的人挣得更多。圈占公共土地的无情而高效的农场主也间接起到了帮助作用：1690—1750年，农业产出增长了19%，食品价格也相应下降。尽管劳动者的生活受到了扰乱，但是到了18世纪40年代，他们中的大多数人比父辈过得更好。

建筑业蓬勃发展。建筑商为新的城镇居民建造了成千上万楼上楼下各有两室的两层砖石房屋，它们足够坚固，不少一直矗立到今天。一位法国观察家惊叹道："他们把房子装修得很好，穿得很好，吃得也不错。最穷的乡下姑娘……都穿着印花棉布的紧身上衣，头戴草帽，肩上披着猩红的斗篷。"[18]一位德国牧师也对此印象深刻。他说，英国乡下人"不像我们那样穿粗布衣服，而是有一定的品位，他们的衣服是用精致的布料做的……使他们与城里人区分开来的并不是衣着，而是他们更质朴"[19]。

一如既往，繁荣的增长需要更多的组织者和老板，他们必然会聚集在城市里，城市吸引了更多的人来建设、服务和卖东西。伦敦变得比以往任何时候都更有吸引力。到1750年时，它是欧洲最大的城市，拥有67.5万居民。在遥远的亚洲，北京和东京的面积更大，但欧洲访客一致认为，地球上没有什么东西比得上伦敦的商店。瑞士观察家居伊·米耶热写道："这里的商店数量远远超过了任何一个外国城市，对陌生人来说，这是一件令人惊讶的事情。"[20]另一位瑞士人塞萨尔·德·索绪尔，认为斯特兰德的商店是"欧洲最好的"[21]。

伦敦是独一无二的（在其他英国城镇中，只有诺里奇有3万居民），但它的辉煌的确涓滴到了各个郡。把城市气息带到外郡是有利可图的，巴斯和布赖顿——威廉·威尔伯福斯称后者为"海边的皮卡迪利（伦敦的一条繁华街道）"[22]——都把自己改造成伦敦西区的附庸，在这里，社会名流们可以从大都市的喧嚣中恢复过来，以刷新腻烦的味觉。英国各地的报纸、小说和时尚杂志都在告诉热心的读者如何打造自己的小伦敦。甚至像伯明翰这样鄙陋、无名的城镇也开了书店和集会厅，供中等阶层的人们聚谈《绅士杂志》和《尚流》上的文章。乡下人的厚脸皮惹恼了一些老于世故的人。"我真心希望王国一半的收费公路都被铲平，它们引进了伦敦的风气……我在路上看到挤奶女工居然打扮得像斯特兰德大街上的小姐一样。"[23]一位海军上将气哼哼地说。尽管伦敦人可能会嘲笑"顶级富商的妻子和女儿每个周日都穿着精致的衣服互相攀比"[24]，但乡下人还是正在建立一种新的、同质化的、中产阶级的英国身份认同。

其最原始的特征是狂热的商业能量。贺拉斯·沃尔波尔（首相的儿子）来到布里斯托尔后，惊讶地发现："就连神职人员也都只谈论贸易和如何赚钱，并且来去匆匆。"[25]年仅十几岁的威廉·赫顿1741年来到伯明翰，认为当地人"拥有一种我从未见过的活力：我曾是个梦想家，但现在我看到了醒着的人"[26]。

的确如此，因为新英国人的另一个特征就是（热衷于）咖啡因。咖啡当时还是从中东进口的另一种"兴奋剂"。英国的第一家咖啡馆是1650年左右由一位名叫雅各布的犹太移民在牛津开办的（也可能是1652年由一位名叫帕斯夸的希腊移民在伦敦开的，说法不一）。居伊·米耶热对伦敦的咖啡零售商印象深刻,很快就认为咖啡"在(英国)比在其他任何地方都更常见"[27]。与其他同样令人上瘾的进口品——尼古丁、糖、可可——一起饮用(通常如此),英国人花一便士喝一杯咖啡,就能立刻兴奋起来。

一场为居于麦金德地图中央的新英国人定义新的身份认同的战斗展开了。古老的刺激品(多数人喝麦芽啤酒,少数人喝葡萄酒)主要是镇静剂,几乎无助于赫顿所推崇的警醒作用,如果说有什么不同的话,那就是英国饮品的酒精度越来越高了。啤酒是从荷兰引进的舶来品,自15世纪以来在逐渐取代英国的麦芽啤酒。麦芽啤酒和啤酒都是麦芽酒,但啤酒中包含啤酒花(用高度啤酒花调味的现代"真麦芽啤酒"根本不是真正的麦芽啤酒)。啤酒花酿造出的啤酒,味道更清爽、更绵长,酒精度也更高,非常受欢迎。伦敦的麦芽啤酒酿造商在1424年就已经开始使用啤酒花了,尽管一些作家到16世纪40年代时仍然认为啤酒是邪恶的荷兰舶来品,但不到一个世纪,它就完全本土化了。塞缪尔·佩皮斯的日记显示,英国人嘲笑法国啤酒的传统自17世纪80年代就开始了。

那时,一种更有可能消耗能量的荷兰新兴奋剂正在挑战"英国"啤酒:杜松子酒。笛福说,"起初,就像香槟酒和勃艮第葡萄酒一样,只有绅士饮用杜松子酒",但当1720年其价格下降后,酿酒商们"清楚地看到,上层社会喜欢的东西,下层社会也喜欢"[28]。杜松子酒可能是劣质酒,但酒精含量很高。俗话说:"一便士喝醉,两便士烂醉。"[29]索绪尔曾看到小孩子喝得醉倒在地。一名海关官员曾在报告中写道:"小孩子们,十二三岁的女孩大口喝(杜松子酒)……她们醉得过不了马路,她们竟然是如此不知羞耻地在成长。"[30]一名母亲被处以绞刑,因为她把自己的孩子丢给了济贫院,然后在拿到院长给孩子的新衣服后,又把孩子领走了,她随后勒死了孩子,卖掉了他的衣服,用所得的钱买了更多的杜松子酒。

杜松子酒很快像啤酒一样被视为英国特产酒,成为一场不是针对

"毒品",胜似针对"毒品"战争的主战场。早在1657年,咖啡因上瘾的人就在赞扬"这种咖啡饮料使各国人民更加清醒,因为以前的学徒和职员以及其他人,都习惯早上喝麦芽啤酒、啤酒或葡萄酒,这些酒在大脑中引起眩晕,使许多人不适于工作,现在他们把这种令人清醒的文明饮料当作好伙伴了"[31]。并非所有人都认为这是值得欢呼的理由。一位评论家在给朋友的信中写道:"咖啡馆"使得"每个车夫和脚夫……都变成了政治家。在我们只喝萨克葡萄酒或红葡萄酒,再或英国啤酒和麦芽啤酒时,情况可不是这样"[32]。尽管如此,咖啡因还是稳步进入了这个古老的醉乡。17世纪90年代,据一位游客计算,伦敦有3 000家咖啡馆。甚至很小的城镇也有一家——或者是两家,一家是辉格党的,一家是托利党的。店主们提前采用了星巴克的做法,提供舒适的环境和免费报纸。顾客们能在咖啡馆泡上一整天,谈政治,做生意,买一杯又一杯的咖啡喝。

在17世纪50年代,咖啡仍然被认为是"一种土耳其饮料"[33],一位传统主义者写道,咖啡与英格兰格格不入,"一旦咖啡在这里出售/《古兰经》很快也会随之而来"[34]。但是,就像之前的啤酒和杜松子酒一样,咖啡很快就被本土化了,直到茶取代了它,它才失去了英国身份认同作用(在我小时候,我认识的大多数人都认为喝咖啡是一种矫揉造作的美国做派)。英国人第一次喝茶是在1637年,在炮击广州的一条船上。到了1660年,当佩皮斯在日记中写下"我喝了一杯茶(一种中国饮料),以前我从没喝过"[35]时,喝茶还是一件新奇的事情,但到了1750年,英国的人均饮茶量已是咖啡的10倍。即使在最受欢迎的时候,咖啡也一直是城市中等阶层的一种饮品,而茶则更容易准备,具有广泛的吸引力。茶壶和茶杯甚至出现在了最小的乡村遗址中。根据最近在剑桥大学圣约翰学院大门附近的一次挖掘中发现的陶器碎片判断,18世纪40年代,即使是顶级的咖啡馆也主要经营茶饮(尽管顾客们也消费了大量的啤酒和葡萄酒)。

在各个层面上,茶和咖啡的一大吸引力是作为一种互动的润滑剂，乔治王时代的人称之为"风度"。"风度"在18世纪是一个大概念，意味着文明、理性、礼貌和宽容，这些都是新英国人特性中的关键元素。适度摄入咖啡因的女士和先生很容易展现出这些品质，而喝得酩酊大醉的人则更容易产生"热情"——这是另一个大概念，唤起了上个世纪的宗教和政治愤怒。有"风度"的人关心的是商业、科学和势力均衡，而不是与敌基督者斗争或猎杀女巫。（巫术法于1731年被废除，而最后一个女巫是于1751年在特灵被私刑处死的。）他们读《旁观者》和《漫步者》杂志，也读《旧约》，前两者还没有取代《旧约》。那些坚持认为自己是愤怒的上帝手中的罪人的人，肯定会涌向新的、不太受人尊敬的教派，如卫理公会，其能说会道的演说家在露天场所向人群宣扬个人救赎；但英国圣公会正在逐步塑造一个和善可靠的上帝形象，由明智的、保险的牧师提供服务。历史学家戴维·斯科特说，一场"巨大的认识论努力"正在展开，"逐渐将宗教从真理的领域转移到观念的领域"[36]。18世纪的英国男人或女人往往有强烈的观点，但让他们保持风度是更重要的事情。

五个国家

有风度在西欧是一个普遍现象，但这并不妨碍英格兰人认为自己比东南部的邻居更有风度，比北部和西部的邻居更是高雅得多。与以往任何时候相比，英格兰富裕、高雅和自信的精英们更加确信，欧洲大陆人可以从他们身上学到更多东西，而不是相反——应该在高地和群岛中推广英格兰特色，以消除群岛内部对立的身份认同。

结果不一。尽管担心形成"威尔士人英语化"[37]的局面，分散在威尔士丘陵和山谷的30万农民和牧民仍在说他们自己的语言（相反的是，康沃尔语在1780年左右灭绝了）。英格兰的农业革命和城市革命几乎没有触及威尔士。威尔士最大的城镇雷克瑟姆只有4 000名居民。然而，威尔士的绅士们却很喜欢英格兰化。他们中的大多数不再给孩子取威尔士名字，也不再送儿子去吟游诗人学校。有些人则彻底搬到了英格兰，但一旦到了那里，他们又会重新发现自己的威尔士特色，不过是以新的形式。例如，牛津大学的爱德华·鲁伊德赞同所有克尔特语言都相互关联的理论，而伦敦的威尔士人则创办了一份杂志和几个社团，来宣传他们的身份认同。他们都赞美亚瑟王和"不列颠"的威尔士根源。有一个社团甚至有一首歌唱道"我们是土著"，尽管其创始人只是海军部的一名文书，社团内只有一名官员会说威尔士语。社团的另一名成员爱德华·威廉姆斯给自己取了一个吟游诗人式的名字——约洛·摩根格。他卖起了鸦片酊（液体鸦片），并开始创作"督伊德体"诗歌。当鸦片酊销售额飙升后，他在伦敦站稳了脚跟，并在那里一直住到去世。

使爱尔兰人英国化的努力就不那么成功了。17世纪被"种植"到阿尔斯特的移民大多数都是苏格兰人，而对其他3/4的爱尔兰人口来说，爱尔兰特性基本上就意味着信奉天主教。这个占多数的群体的处境变得愈加艰难。1641年，天主教徒仍然占有2/3的土地，但到了1702年，他们只占有1/6的土地，到1750年，就不到1/10了。对他们来说，这是土豆时代，不是布丁时代。在18世纪20—30年代，饥荒导致50万爱尔兰人死亡，但1640—1750年，爱尔兰人口翻了一番，正是因为有这种高产作物（有时要用冷凝的小牛血来调味，这让英国观察家们感到恶心）。租金涨了两倍，新教徒地主认为没有必要按照英国人的方式改善他们的庄园。

爱尔兰新教徒中的一部分人强烈接受英国性，但英国不大欢迎他们。即使是爱尔兰的一位大法官，也担心在伦敦自己将被认为是一个爱尔兰人，这是他最不希望发生的事情。[38] 其他新教徒的反应则是将反天主教作为爱尔兰人特有的身份，以一种令许多英格兰人都反感的残暴方式来管制他们尊崇教皇的邻居。就连国王也称1719年的一项将劝人改宗的天主教教士阉割的计划是"荒谬的"[39]。在阿尔斯特，新近移民的苏格兰人的后代，创造了他们自己的高度的不列颠人

（而非英格兰人）的身份认同。直到今天，阿尔斯特的奥兰治党人每年都举行游行，纪念1690年威廉三世在博因河战役的胜利，以挑衅天主教徒。都柏林完全走上了另一条道路，变成了一个拥有6万居民（仅次于伦敦）的商贸城镇，其中包括信奉天主教徒和新教徒的商业精英。

最尖锐的身份认同问题发生在苏格兰。在1707年后的20年里，几乎没有苏格兰人从《联合法案》中看到好处，尽管饥荒在17世纪90年代后消失了，但这个国家仍然贫穷且无规无矩。当一个习惯于家乡的恶臭的伦敦人回忆起在爱丁堡（有一个恰当的绰号叫"老烟城"）度过的一个夜晚时，仍说："我把头藏进被窝里，因为邻居扔出的脏东西的气味……涌进了房间里。"[40]税收提高了，对酿造威士忌至关重要的麦芽课税引发了1725年的骚乱。在城市里，年长的人也经常佩剑，而英格兰人已经好几代没有这样的习惯了。

但苏格兰的城市正在发生变化。联合王国使英格兰的帝国向苏格兰商人敞开了大门，格拉斯哥的很多烟草商在18世纪30年代通过跨大西洋贸易发了大财，获得了"烟草大王"的绰号。《绅士杂志》和《闲谈者》也来到了苏格兰。潘穆尔夫人向她的丈夫夸耀道："老烟城最终会变得对世界上其他地方的人彬彬有礼的。"[41]的确，它的新城区——充满了名叫汉诺威、乔治、夏洛特或普林斯的街道和广场——也许仍然是乔治王时代城镇规划的终极典范。

有风度还只是开始。苏格兰经历了英国历史上前所未有的知识爆炸。这在一定程度上要归功于其与法国的长期文化联系，更要归功于长老会对大众扫盲的鼓励，然而最重要的可能是英格兰文化市场对苏格兰自由思想者的开放。苏格兰的大学想必很古板（爱丁堡和格拉斯哥的大学都拒绝哲学家休谟任教），多亏了《联合法案》，休谟的书才得以在英格兰畅销。正如《苏格兰杂志》所言，街上确实"挤满了天才"[42]。苏格兰人奔向南方，改变了他们的名字和口音，跻身名流。

也许可以预见的是，随着英国化的知识分子赢得国际赞誉，苏格兰也将产生自己的约洛·摩根格。1759年,一个名叫詹姆斯·麦克弗森的无名诗人震惊了爱丁堡的学术精英界。他声称自己翻译了爱尔兰传奇英雄芬戈尔之子、古盖尔语诗人莪相先前遗失的史诗(图7.5)。人们欣喜若狂。英格兰-爱尔兰剧作家托马斯·谢里登说,莪相超越了"世界上所有的诗人……在恢宏方面超过了荷马,在悲悯方面超过了维吉尔"[43]。不到三年,休谟就和其他人揭穿了所谓莪相纯属杜撰,很多人涨红了脸,但众多的苏格兰人(以及有浪漫倾向的英格兰人)愿意相信麦克弗森,这导致他继续借机捞钱,跃升高位,死后葬入了威斯敏斯特教堂。

图7.5 不太高雅:狂野的虚构吟游诗人莪相在呼唤他的盖尔神,弗朗索瓦·热拉尔绘于1801年

资料来源:Yorck Project

焦虑助长了人们相信麦克弗森的冲动,人们担心新的盎格鲁-苏格兰城市文化正在将苏格兰高地古老、粗俗的盖尔文化推向灭绝——事实的确如此。伦敦和爱丁堡的精英们热衷于教化野蛮部落,他们把道路(1725—1740年修了400千米,到1760年又修了1 200千米)和

英国士兵推进了山区。绝望的苏格兰高地人乞求流亡中的前国王詹姆士二世的继承人回来拯救他们,而这些继承人请求任何可能听他们诉说的人(法国人、西班牙人、瑞典人、俄国人、教皇)踹开英格兰的后门,帮助詹姆士党人发动叛乱。他们的阴谋暴露了6次,1715年和1745年又发动了两次暴动。但成功无望。斯坦诺普冷静地评论道,"如果他们没有外国援助",——而防御壕沟确保了他们没有——"就走到了尽头"。[44] 那尽头便是卡洛登战役,英国火枪手像割草一样撂倒冲锋的族人,然后奸抢烧杀,一路向北。在那之后,任何被看到穿着"高地服装"的人都可能被监禁6个月;如果再犯则会被驱逐出境。成千上万的难民不待种族清洗,便乘船去了新世界。

他们在那里发现的确实是新世界。1690年,卡思伯特·波特上校在从詹姆斯敦骑马去新英格兰时,遭到了怀有敌意的土著和法国强盗的袭击,受到了粗野的当地人的侮辱,还被多疑的官员关进了监狱。然而到了1744年,当出生于苏格兰的亚历山大·汉密尔顿博士踏上了大致相同的旅程时,那一切都成了历史。像爱丁堡一样,美洲变得越来越高雅。自豪的美洲人不仅不再试图逮捕、抢劫或杀死汉密尔顿,还带他参观了他们的住宅,与他进行了彬彬有礼的交谈。他甚至与纳拉甘西特部落酋长和他穿着丝绸长袍的妻子一起喝了"一杯好酒"。[45]

英国的13个美洲殖民地成为第五个不列颠国家,与英格兰、爱尔兰、苏格兰和威尔士并肩而立。超过200万英国人居住在那里,相当于不列颠群岛人口的1/4。自1650年以来,美洲人(从现在起,我将用这个词来指代从旧大陆迁到新大陆的移民)的基因变得更加多样,因为成千上万的爱尔兰人、苏格兰人、德意志人和非洲人加入了此前几乎完全是英格兰人的移民群体。然而,从文化上看,情况要复杂得多。每一批移民都带着自己的身份认同和仇恨,随着在美洲当地出生的白人与新移民的比例发生变化(在1668年,弗吉尼亚白人中有4/5是第一代移民;到1750年时,9/10都是美洲本土出生的人了),

身份认同在向新的方向发展。

方向之一是英国。最富有的美洲人几乎像这个古老国家的人一样富裕。佩恩家族拥有4 000万英亩土地,哈得孙河沿岸的许多显贵都被称为"封建领主",拥有超过100万英亩的土地。这些人下面是像普罗维登斯的布朗家族这样的大商人,他们从事烟草和奴隶贸易;在他们之下,是由成功的种植园主、商人和专业人士组成的一个更大的群体。美洲有自己的中等阶层,大部分是农场主,也有一些极度贫穷的无地劳工。总体而言,美洲白人的收入不平等和收入提取率与英格兰非常相似(美洲的基尼系数为0.46,英格兰为0.49;收入提取率为61%对55%)。

负担得起的美洲人按照乔治王时代的风格,建造了砖石结构的联排别墅和乡村别墅。木凳和木碗过时了,取而代之的是英国的椅子和瓷器,这些东西正适合人们戴着进口的假发、穿着马甲喝茶。随之而来的是一整套英国式的礼仪。18世纪40年代时,乔治·华盛顿还是个孩子,为了练字,他从一本英语手册上抄写了《文明礼貌行为规范》,这本手册教他不要杀虱子,也不要当着客人的面往火里吐痰。一些美洲人也接受了英国人的想法,渴望有一个更"通情达理"的上帝,而另一些人——也像英国人一样——对上帝新近变得温和起来很反感,他们成群结队地听来自故国的福音派教徒在殖民地进行的巡回布道,祈求仍然愤怒的上帝宽恕自己。

在这些方面以及更多其他方面,英国化席卷了美洲。在随后的一个世纪,法国旅行家亚历克西斯·德·托克维尔总结说,"美国人就是自己做主的英国人"[46],在没有国王和主教干涉的情况下,提炼出了他们自己的本质。但也有重要的不同。像威尔士、爱尔兰和苏格兰的英格兰化的贵族一样,英格兰化的美洲人形成了一个局部社会,其周围是没有(有时也不能)分享这种身份认同的人。大约有40万人是奴隶,大致占美洲人的1/5。他们的祖先是新近才从非洲被拖过来的。他们大多生活在南方种植烟草和水稻的州(有游客认为南卡罗来纳"更像一个黑人地区"[47],而不是一个英国地区),甚至在曼哈顿岛也有20%的人口不是自由人。而英国已经好几个世纪没有奴隶了。教会人士有时抱怨说,英国的劳资关系"更接近美洲殖民地的种植园主和奴隶的关系,而不是我们以为在一个像英格兰这样的国家能看到的情况"[48],但即使是爱尔兰人,也不能像1714年纽约的13名奴隶那样被烧死在火刑柱上。

奴隶制并非18世纪的美国与中世纪而不是18世纪的英格兰更为相似的唯一方面。11和12世纪的诺曼底征服者会立即理解美洲的殖民地暴力和开放的边境。在中世纪,国王经常试图阻止手下的领主去夺取威尔士、苏格兰和爱尔兰的土地,因为保卫这些土地的成本要超过收益(这些收益都是流向领主而不是国王的)。但贵族们还是要抢夺土地,给他们的国王惹来一大堆麻烦。18世纪的美洲也是如此,国王和总督试图阻止移民向西部流动,因为这不仅会引发与土著之间的耗费巨大的战争,而且使保护英国殖民地不受法国和西班牙对手的侵害变得更加困难。但殖民者纷纷奔向西部,他们选择了流动性和繁荣,而不是安全。

在英格兰人看来,英国美洲人更像是英国爱尔兰人,而不太像英格兰人。本杰明·富兰克林愤怒地总结道,他们"不配被称为英国人,只配被冷落、约束、戴上镣铐并加以掠夺"[49]。历史学家琳达·科利用1774年在伦敦出版的一幅版画(图7.6),总结了英国人对美洲人在身份上的优越感。画面左边的时间老人正以英国中的各国辉煌未来的愿景来取悦她们。中间坐着三位姿色姣好、穿着时髦的少女,从左到右分别代表爱尔兰、不列颠尼亚(包括英格兰和威尔士)和苏格兰。在右边蹲在她们面前的是一个皮肤黝黑、衣着暴露的美洲人,手拿着弓,头上戴着羽毛。科利指出问题的关键在于,英国美洲人"还没有形成他们自己的可识别和自主的身份认同"[50]。他们是画面的一部分,却与岛民非常不同,这引发了"帝国关系运作的深刻不确定性"[51],即将成为一个问题。

图 7.6 不列颠各国:约翰·迪克逊 1774 年创作的版画《神谕》。画面中央的高亮部分(从左到右)分别代表爱尔兰、英格兰/威尔士、苏格兰;画面右侧既不文雅又未英格兰化的是美洲

资料来源:British Museum

自恋狂

并非只有英国人意识到了地理的意义已经改变。像英国的战略家们一样,法国的战略家们认识到了"商业是国家实力的真正来源",然而法国在这方面还是表现出了"疏忽和懒惰"[52]。他们的结论是,问题在于法国领导人没有注意到赫里福德地图已经过时了。当法国在意大利、德意志和低地国家与西班牙、奥地利和荷兰作战时,英国已实现了一位小册子作者所说的"全球海上霸权"。法国必须面对麦金德地图所揭示的事实,这意味着要把英国置于全球战略的中央。

路易十五的大臣们确定了三个目标。首先,法国必须在外交上孤立英国。这似乎是可能的。英国飘摇不定的均势策略疏远了其他大国,这些大国只有在惧怕法国甚于英国时，才会亲近英国。所以，法国不应该四处侵略，而应该与各国交好。奥地利、俄国和西班牙都做出了积极回应，到1756年时，只有害怕被奥地利和俄国瓜分的普鲁士仍然亲英。

随着不得不对抗另一个欧洲大陆大联盟的可能性逐渐消退，法国可以转向第二个目标：海洋。路易十五的大臣们因此推动起出口贸易，使之在1720—1780年增长了10倍。然而，1745年的路易斯堡危机暴露了一个残酷的现实：只要不列颠尼亚还统治着海上（并非巧合的是，英国海军军歌《统治吧，不列颠尼亚》就是1740年问世的），法国的商业就会一直受制于英国皇家海军。因此，路易十五斥巨资打造舰队，开始建造一种名为"七十四"的新舰，它因其携带的大炮数量得名。这种军舰比英国军舰成本更低，速度更快，而威力不相上下。如果法国继续建造军舰，如果西班牙与之联手，它们的联合舰队实力可能最终会超过英国海军。

但做到这个"如果"很不容易。法国的战略家们意识到："我们不能自以为是，以为我们可以长期负担维持一支与他们不相上下的海军的开支。"[53]因此，他们的计划有了第三个维度：北美和南亚的印度人①。法国将与这两个地方的人结盟，并说服他们同英国人作战。如果予以正确的激励，北美的"印度人"（欧洲人仍然这样称呼他们，尽管自1500年就已经知道美洲不是亚洲了）可以与加拿大和密西西比河流域的法国殖民地相呼应，包围并扼杀英国的殖民地（图7.7）；而在英国人自1592年以来就一直开展贸易的印度，亲法的王公们会关闭英国在孟加拉国和卡纳蒂克的贸易飞地（图7.8）。如果英国人上钩了，就会向这两个次要战场派出舰船和兵力；然后，没有朋友的英国就会在每一条受到威胁的战线上顾此失彼，法国就可以发动跨越英吉利海峡的侵略了。

---

① 美洲发现之初，曾被欧洲人误以为是印度。"印度人""印第安人"之称是汉译时的区别，在英文中均为Indians。——译者注

图7.7 北美舞台（1713—1815年）

温斯顿·丘吉尔将随后的冲突称为"第一次世界大战"[54]是有道理的。欧洲人以前曾在美洲和亚洲相互交战，但从未有过如此大规模或如此严重的后果——像在印度那样，参战者并不总能意识到究竟什么才是利害攸关的。

在印度当然能赚钱，不仅可以通过最早把葡萄牙人吸引过来的香料，也可以通过从1700年左右就在英国流行的棉花。丹尼尔·笛

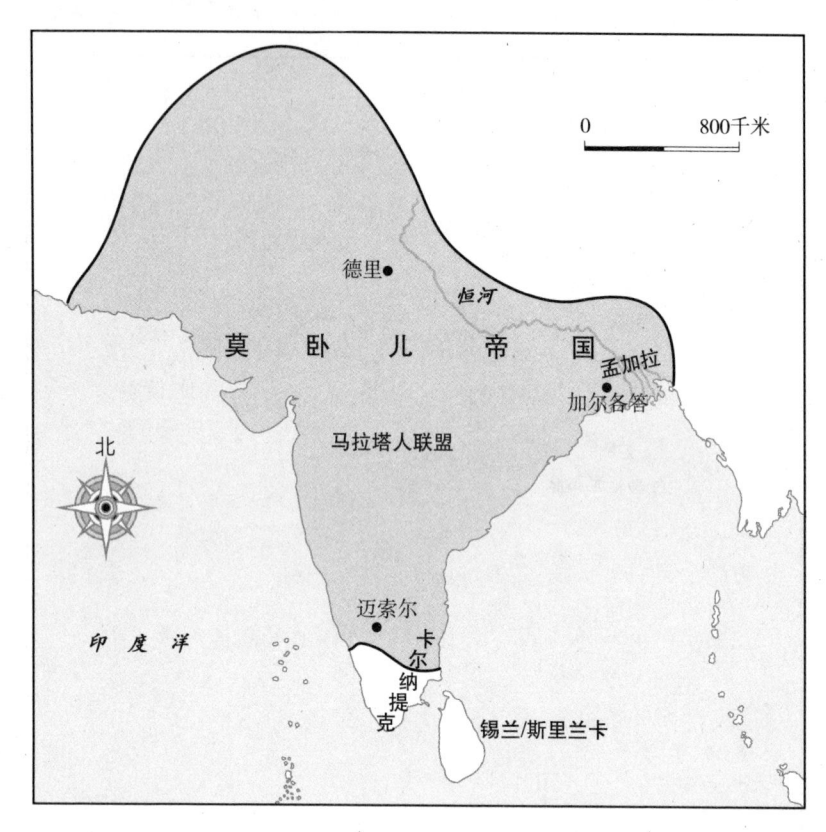

图7.8 南亚舞台，1713—1815年（莫卧儿帝国的边界展示的是1707年其疆域最大时）

福写道："它悄悄进入了我们的房子、衣柜和卧室。窗帘、靠垫、椅子，最后就连床上用品变成了白棉布或印度货。"[55]有些人发了大财，比如"钻石"·托马斯·皮特，他的孙子和曾孙将在本章的后半部分重点介绍。皮特于1674年到达印度，不知凭借什么（有传言说是靠谋杀和其他卑劣行径）得到了一颗141克拉的钻石，至今仍被广泛认为是现存最纯净、最美丽的钻石。他于1701年以2万英镑买下它，于

1717年以13.5万英镑将其转卖。★

但同样清楚的是，印度永远不会成为另一个美洲。强大的莫卧儿帝国将外国人限制在严密监管的贸易站点。运营这些贸易站点需要长期、大规模和高风险的投资。商人们都不看好这种模式，所以荷兰、英国和法国政府允许他们的商人成立拥有垄断权的"东印度公司"。这些公司不用参与竞争，可以通过在本国消费者能够承受的范围内尽可能抬升香料、钻石和棉花的价格，来收回前期投资——只要它们同意自己打仗（无论是与莫卧儿人战斗还是相互作战），自己招募私有陆军和海军，而不是要求本国政府派遣士兵和船只保护它们。

法国战略家们就是从这里看到了机会。这些公司一直栖身于一个危险、黑暗、不完全被人们接受的半上流边缘社会，但在1707年莫卧儿帝国开始解体后，其风险和机遇都急剧增长。随着这个前帝国先前的王公和官员们把帝国的躯体瓜分成各自的地盘，原本就没几条的规则都被抛到了一边。战争和不确定性不利于欧洲公司赢利，但也给他们开辟了赚钱的新途径。毕竟，在相互混战时，想当国王就需要金钱和优秀的士兵，而只要价格合适，公司可以提供这两样东西。

18世纪40年代，在卡纳蒂克地区纳瓦布（地方行政长官）的竞争中，英法两国公司各自支持了一个竞争对手，而这场局部冲突融入了两国在更广泛的世界范围的较量。英法都不太关心究竟谁能赢得纳瓦布职位，但法国派出了一些军舰来支持它的公司，于是英国派出了更多的军舰。路易十五很高兴。只要英国把资源浪费在这等细枝末节上，就算英国支持的候选人当上了纳瓦布，又有什么关系呢？对路易十五来说更妙的是，孟加拉国的纳瓦布于1756年占领了英国公司在加尔各答的基地，把几十名俘虏塞进了一间小牢房，闷死了很多人。英国公司向他开了战（或者更确切地说，加入了一场正在进行的针对

★ 对不同世纪的货币进行换算，一定程度上要依赖推测，但根据经济学家格雷格·克拉克的计算（https://measuringworth.com/ukearncpi/），买入价大致相当于今天的325万英镑，卖出价大致相当于2 000万英镑。

他的内战），以报复这起"加尔各答黑洞事件"。英国支持的一方获胜了，并任命了自己的纳瓦布，然而代价是从欧洲抽调了更多的船只、兵力和资金。在法国看来，这一切都很令人满意。

如果说有什么不同的话，那就是北美的"印度人"发挥的作用更大。在一场使法国驻军得以控制俄亥俄河上游流域的战争中，印第安人承担了大部分战斗。由于13个英国殖民地未能协调防御，英国再次咬饵，派出两个团的正规军渡过了大西洋，结果在莫农格希拉河战役中遭到法裔加拿大人和他们的土著盟友的屠杀。更多的印第安部落投向法国一边，弗吉尼亚和宾夕法尼亚边境的英国殖民者则纷纷逃回滨海地区。

英国的敌人已经有几个世纪没有采用这样连贯的战略了，这令英国政府不知所措。辉格党分裂了，在他们的激烈争吵中产生了一位新型的领袖——威廉·皮特，他的权力更多地依赖于公众舆论，而不是贵族或国王（他讨厌皮特）的青睐。在很多方面，皮特都是18世纪政治中最糟糕一面的化身：他极其富有（他是"钻石"皮特的孙子），完全以自我为中心（他曾对一位首相说："我相信我能挽救这个国家，而其他人都不能。"[56]），代表的议会选区只有7个选民。休谟称他是一个"邪恶的疯子"[57]，然而就连皮特最严厉的批评者之一也承认："我不知道还有谁能像皮特那样制订计划，或者推动任何已达成一致的计划的执行。"[58]皮特能把事情办成，也知道该做什么。

皮特同意法国战略家的观点，认为欧洲和大西洋的舞台现在是联系在一起的，但法国的计划包括利用美国和印度来分散英国对欧洲大陆的注意力，皮特却反其道而行之。他坚定地认为，"美国"将"被征服于德意志"[59]。他认为，通过给普鲁士钱，让其雇佣足够的军队，使法国疲于应付，英国就可以荡平海上。这个计策很有效。一连四年，英国的补贴使普鲁士的收入翻了番，普鲁士国王腓特烈大帝击败了与其对抗的俄国和奥地利军队。路易十五觉得必须干预德意志。皮特提醒英国议会说："无论德意志战争给英国带来多少不便和代价，它对法国来说都更不便且代价更昂贵。"[60]为了缩减开支,路易不再造船了。他的全球战略随之瓦解。"没有海军,就没有力量抵抗英国,"1758年中期,一名法国官员痛苦地说道,"海军已经没有更多的船员了,没有钱就别指望能征召到船员。"[61]

英国的处境则非常不同。它在1689—1713年建设的财政-军事国家使放款人相信,借给英国多少钱都可以。在任何情况下,英国都按时支付了利息,结果不仅资助了普鲁士,还把自己的舰队建设得更大更强。法国又被打得停滞不前了。

随着路易十五更大的战略破产,他于1759年断定,挽回局面的唯一办法就是孤注一掷地进行一场跨英吉利海峡的入侵。他命令当时被封锁在土伦和布雷斯特的地中海舰队和大西洋舰队突围,在基伯龙湾(公元前56年,恺撒就是在那里击败了维内蒂人)会合。从那里出发,向北穿过爱尔兰海,运送一支部队在克莱德河河口登陆,引发苏格兰的詹姆士党人叛乱,然后绕过拉斯角,最终沿英国东海岸折返,在佛兰德载上另一支部队,将他们送到埃塞克斯,以向伦敦进军。

这个计划要求的条件太多了,甚至比1588年西班牙的腓力二世要求的还要多。路易十五的地中海舰队根本未能到达基伯龙湾附近,他的大西洋舰队则不得不在一场凶猛的风暴来临之前疯狂地向海湾冲去,而英国军舰对其紧追不舍。在历史上任何更早的时期,对任何其他舰队来说,这恐怕都将意味着这场战役的结束,因为两国海军都没有这片复杂海岸的海图,也没有人在如此恶劣的天气下参加过舰队行动。但这是一个新时代,英国出现了一位新型指挥官——爱德华·霍克。他15岁参加海军,凭着自己的努力一路晋升。当风暴逼近时,霍克发出了全力追击的信号。

他的船在风浪中颠簸着,避开参差不齐的礁石,紧随法国人挤进了海湾。按照霍克的描述,他在一片混乱中对旗舰舰长喊道:"我命令你把我放到法国舰队司令旁边。"[62]当那位经验丰富的老船员理智地回答已离悬崖太近时,霍克吼道:"你已经尽到了为我评估危险的责任。现在让我们看看你能多好地服从我的命令。"（我们这些容易激动的现代人可能会想，这究竟是霍克说过的话，还是他希望自己说过的话；但请回忆一下，这是一个有风度的时代。）霍克命令他的舰长们不要开火，直到他们能把手放到敌人的大炮上。在黑暗、烟雾和大雨中，舰长们几乎做不了更多的事情，但一艘又一艘的法国船在疯狂中突然倾斜，成了霍克的猎物，被英舰舷炮的近距离平射撕裂。数百枚24磅重的铁炮弹击穿了法舰船体，向里面的人喷射锯齿状的橡木"尖碎片"（船员们这样称呼它们）。这些尖碎片大到足以撕裂人的胳膊和脑袋。炮手们在血泊中滑倒，连滚带爬。一片混乱，法国人转身逃跑。杀戮一直持续到深夜，直到仍在躲避霍克的法国旗舰最终搁浅并被烧毁。"能做的一切都已经做了。"[63]霍克在致海军部的信里优雅地写道。

在英国历史上，没有任何时候，包括1415年的阿金库尔战役和1588年击败无敌舰队，能与1759年相提并论。这可以说是这个国家最辉煌的时刻。这不是像1940年那样绝望的、走投无路的时刻，而是各条战线都在奏凯的时刻。海上安全得到巩固后，皮特将英国的资金重新导向大西洋彼岸，英国正规军在那里夺回了路易斯堡，并在北美民兵的帮助下，攻占了至关重要的杜奎森堡［Fort Duquesne，为了纪念伟人皮特，后将其改名为"匹兹堡"（Pittsburgh）］，从而确保了对俄亥俄河流域的控制。与霍克的英雄事迹相媲美的是，同年攻克魁北克，1760年攻克蒙特利尔，1761年攻克法国在印度的最后一个基地，其在加勒比海剩余的蔗糖岛（加上西班牙控制的哈瓦那和马尼拉）均于1762年攻克。在法国，一位商人说："这一切就像一声晴天霹雳。"[64]而在英国，贺拉斯·沃尔波尔欢欣鼓舞地说："因为胜利的钟声频频敲响，我们的钟都已经敲坏了。"[65]一首新歌《橡树之心》（现在是英国皇家海军的官方进行曲）风靡一时：

来吧，小伙子们，振作起来，我们驾船驶向光荣！

为这美妙的一年增添更多的荣耀；
为了荣耀，我们召唤你们，而不是把你们当作奴隶来驱使，
谁能像海浪之子那样自由呢？
橡树之心是我们的船，橡树之心是我们的人；
我们时刻准备着。稳住，小伙子们，稳住！
我们会战斗，我们会征服，一次又一次。[66]

英国不再是欧洲的穷表亲。即使是忙于各种风流事务的著名冒险家卡萨诺瓦，在1759年穿越英国时也注意到："人们有一种特殊的性格，是整个国家共有的，使得他们认为自己比其他任何人都优越。"[67] 英国驻德意志的一名外交人员在信中写道，这"美妙的一年"的辉煌，"让所有外国人都肃然起敬，他们认为我们是一个比其他人更优秀的种族"[68]。

甚至在1759年之前，英国人可能就高看自己（可以说现在依然如此），但这"美妙的一年"似乎使他们中的许多人成了现代美国将军麦克马斯特所说的"战略自恋狂"——"专注于自我，并忽视了他人对未来事件进程的影响"[69]。麦克马斯特指出，那些"只根据自己的愿望和欲望来定义世界"的国家，总是会走向不幸。

18世纪60年代的英国就是如此。最近的事情如此精彩，以至一些英国人——尤其是托利党人——开始怀疑皮特是否真的需要把所有的钱都花在欧洲大陆的盟友身上。一些人说，也许实力最终会自行平衡，因为即使英国不进行贿赂，欧洲国家也有兴趣改变其联盟以阻挠法国。另一些人则声称，补贴实际上根本没能分散法国的注意力。一本小册子写道："向德意志境内的法国军队提供给养，并没有从法国的哪怕一个港口分走任何兵力，他们的海军并没有因此受损，舰船和船员也没有减少。"[70] 言外之意似乎是，英国人真正需要的只是橡树之心。

新国王乔治三世同意这种看法。他抛弃了皮特（"草丛中一条真

正的蛇"[71]）和腓特烈大帝（"除掉他是我最热切的愿望"[72]），他的大臣们无情地欺辱法国和西班牙，冷落奥地利。18世纪60年代的英国外交官变得很不受欢迎，以至只有俄国仍然愿意考虑与英国结盟，但当叶卡捷琳娜大帝要求补贴时，她被明确告知："与英国结盟[73]的意义十分重大，不需要金钱的援助来使其变得有价值。"毫不奇怪，英国很快就没朋友了。

战略性自恋在美国引发了更具灾难性的结果。像往常一样，一切都归结于钱。托利党人向来喜欢低税收，他们的反皮特主义主要源于他们意识到，在18世纪60年代，为了偿还皮特的政策所累积的1.33亿英镑债务，税收必须保持在高位。这些债务中有好几千万英镑花在了美国，但是，按照传统，美国人只缴由他们自己的议会批准的税。凭借其智慧，他们的税率大约是英国的1/25；此外，鉴于13个殖民地不再需要英国政府保护，以抗击法属加拿大，大多数美国人认为税收还应进一步降低。

这一希望被印第安渥太华人的一场大规模起义所打破。这场起义使殖民当局非常恐慌，他们提出了一个臭名昭著的建议：给暴乱分子送去有天花病毒的毯子，以消灭他们。英国方面急于避免进一步的冲突，提出了两个主张。第一，鉴于是殖民者窃取土著土地引发的暴乱，美国人将被禁止迁移到阿勒格尼山脉以西。不幸的是，尽管这在战略上是明智的，却忽略了美国人对地图的看法。流动性是殖民者的天赋权利，限制它是专横的。

第二，即使流动性受到了限制，也需要更多的军队来保护殖民者的安全。英国将支付每年20万英镑费用中的大部分，但提议通过将"印花税"——基本上是任何法律或商业文件的官方批准费——从本土延伸到美洲，来筹集大约5万英镑。从英国的角度看，这看上去很合理（甚至很慷慨）；但这意味着在未经美国人同意的情况下，他们中的大多数人要多缴50%的税。这不仅破坏了美国人的繁荣，也侵犯了其议会主权和生而自由的身份。帕特里克·亨利律师认为，一个不发声明就征税的国王,"远非人民之父,而是退化成了暴君,不配厚有臣民的'服从'"[74]。

这是战斗的动员。10年前,即使是法国人的入侵也没能促成殖民者合作,但在1765年,他们开始一致抵制英国商品。英国政府意识到向5 000千米外愤怒的民众收税几乎是不可能的,于是改变了策略。过去,殖民者接受了英国对通过海路入境的货物征税的权力,因此英国用进口税取代了印花税。然而此时,就连这样的改变也让美国人感到愤怒,有组织的团伙开始猛烈报复海关官员,并拆毁他们的房子。英国军队被部署到波士顿,经常与当地人发生冲突。1770年的一个雪夜,一伙人包围了一名哨兵,骂他是"该死的无赖,狗娘养的龙虾兵"[75](这听起来是一种奇怪的侮辱,"龙虾兵"是穿红衣的英国兵的俗称)。士兵们深感愤怒,开枪打死了5名波士顿人。

现在在美国人看来,议会所做的一切都是邪恶的。1773年,通过免除对茶叶征收的所有税,只保留一项,以打破抵制,本是一个巧妙的计划,也事与愿违。抗议者对仅存的这项关税感到愤怒,他们将来自纽约、费城和查尔斯顿的货船赶走,并将40吨茶叶倾倒进波士顿港。为了平息这场风暴,一群纽约商人提出赔偿损失,但乔治国王愤怒的大臣们封锁了波士顿港,关闭了马萨诸塞议会,加强了对法律的控制,扩大了英国驻扎军队的权力,并将上中西部地区置于魁北克的管辖之下。

10年来,极端分子一直在警告温和的美国人,英国一心想破坏他们的身份认同和安全,限制他们的流动性、繁荣和主权。这些被批评者称为"不可容忍法令"的新法律,似乎证明了他们的观点。正如激进人士所警告的,英国议会对待美国人的方式,似乎就像17世纪40年代查理一世对待英格兰人一样。一些美国人,恰如他们之前的一些英格兰人,认为抵抗是义不容辞的。在费城召开的大陆会议声称,美国议会与英国议会拥有同等的法律地位,新英格兰人开始囤积武器。当英国军队占领了马萨诸塞的康科德的一个军火库时,民兵打响了一枪,响彻世界。当第二次大陆会议向乔治国王递交《橄榄枝请愿书》时,几乎没有议员愿意讨论此事,乔治也不愿再听。美国退出了联合王国。

这一裂痕使美国人和英国人彼此对立,各自内部也产生了分歧。在一些殖民地,特别是纽约(绰号为"托利城")和南方,主张留在英国的人比主张脱离英国的人多。就连革命者也感到遗憾。本杰明·富兰克林写道:"我努力了很长时间,以避免打碎这个精美而高贵的瓷花瓶——大英帝国。"[76]托马斯·杰斐逊指出:"我们本可以一起成为一个自由而伟大的民族。"[77]同样,英国的舆论也依党派而分裂。一些托利党人支持对"我们不近人情的孩子——美国人"[78]诉诸武力,而辉格党人通常同情这场反对暴政的斗争。"胜利属于万能的上帝青睐的任何人,"皮特说,"可怜的英国将会倒在自己的剑下。"[79]

因此,双方开战时都不够坚定。如果英国武装了纽约的支持者,把这场斗争转变成美国内战,可能早在1776年就打赢了。如果它全力争取军事胜利,而不是限制暴力,希望将美国人带到谈判桌前,它可能会在1777年在费城一带获胜。如果英国在外交上不那么孤立,或许法国不会在1778年与美国联手,西班牙与荷兰不会在1777年和1780年紧随其后,俄国也不会组织反英的"武装中立联盟"。那样的话,英国就不需要把资源从打击叛军转移到保卫英吉利海峡和加勒比海上了。另一方面,如果大陆会议更积极地支持军队,美国也可能会赢得更快。如果其货币崩溃的速度比实际上更快(到1781年时,买一匹马就要花两万美元),它也可能很快就失败。

士兵们喜欢说,胜利属于犯倒数第二个错误的人,在当时的情况下,获胜是一件侥幸的事情。有人开玩笑说,这场战争中的混乱太多了,以至"世界上除了豪将军之外的任何将军都能打败华盛顿将军,而世界上除了华盛顿将军之外的任何将军都能打败豪将军"[80]。但事实上,就在美国军队哗变,法国和美国行将破产,革命似乎最有可能失败的时刻,英国将军康华里勋爵犯下了比所有人都严重的错误,导致他的军队在约克城陷入了包围。即使在他投降后，英国仍有船只、人力和财力继续战斗，但约克城战役摧毁了它的政治意志。这个自恋狂帝国败在了自己手里。

大到不能倒

18世纪70年代，一些知情人士认为，失去美国将使不列颠群岛从麦金德地图退回赫里福德地图，使英国人被赶出大西洋舞台，再次被困于欧洲舞台的边缘。就在叛乱爆发前不久，皮特甚至预言，美国退出大英帝国将使英国四分五裂，因为这将诱使英国的所有绅士卖掉自己的家产，移居大西洋彼岸。但不久之后，他的儿子（也叫威廉，也当上了首相；为了区分这两人，历史学家将他们分别称为老皮特和小皮特）提出了非常不同的观点。他对议会说，"相对于其他巨大领土（无疑，他指的是美国殖民地）被肢解而遭受的损失"，印度对英国的价值"在成比例地增长"[81]。

并没有人制订通过征服南亚来弥补失去北美的巧妙计划。首先，整个亚洲事务都掌握在东印度公司手中，而不是政府手中，而且"约翰公司"（这是人们熟知的名字）一贯将短期利益置于长期战略之上。在1757年驱逐了孟加拉国的纳瓦布后，公司认为应该要求顶替他的人供养他的军队。在接下来的8年里，公司高层因为"促成"了这些交易，总计敛取了约250万英镑的回扣。级别较低的职员也在农村横行，无法无天，极尽敲诈勒索之能事。公司未来的总督沃伦·黑斯廷斯对"打着英国旗号进行的压迫"[82]感到震惊。似乎"每个戴帽子的人，只要一离开加尔各答就成了王公贵族"。

英国人的贪婪激起了反抗，该公司不得不在1764年又打了一仗，以确定究竟谁在孟加拉国说了算。之后达成了新协议。该公司此后将向纳瓦布支付26万英镑的年费，购买在孟加拉国进行评估和征税的权力——这也意味着接管该国的法院，以便解决争端，维持治安，执行裁决。于是莫卧儿皇帝本人也成了公司雇员。公司股票的价值几乎翻了一番，孟加拉国人缴纳的税款也翻了一番。

约翰公司已经从一个有安全部队的公司变成了一支有贸易部门的军队。该公司现在实际上是一个独立的国家，拥有2 000万臣民，是乔治国王的两倍多——但又不是一个独立的国家，因为它是在英国政府的许可下运营的。公司的人似乎认为，这使他们既摆脱了国家的责任，也摆脱了公司的责任。印度学者古拉姆·侯赛因·汗指出："大量的钱……每年都输往英国，孟加拉国开始变得缺钱了。"[83]公司的官员们掠走了非常多的"战利品"（loot，这个词本身就是当年从孟加拉国掠走的），就连在布丁时代长大的英国人都感到震惊。

公司失控了。在英国国内，人们对其腐败行为越来越愤怒。1769—1771年，在公司管辖下的孟加拉国人中，有大约1/5饿死或死于瘟疫。水稻歉收并非该公司直接造成的，其官员认为他们降低死亡人数的能力有限，这在一定程度上是正确的；但1784—1786年，当面对新的歉收，当地王公试图拯救饥饿的臣民时，又有1/5的人死去。真正令英国公众舆论感到震惊的，不是该公司的无能，而是其冷酷无情。孟加拉国人死亡人数众多，以至约翰公司专门雇了100人将他们的尸体扔进恒河，但在1770—1771年，该公司的高管仍将超过100万英镑的个人收益寄回了家。公司董事会吹嘘说："尽管最近饥荒非常严重，导致人口大量减少，但（收入）还是有所增长。"[84]

该公司已成为英国主权方面的一个问题，因为宪法不容许存在"伪装成商人的国家"——议会中正在升起的新星埃德蒙·柏克这样称呼它。该公司对英国的身份认同来说也是问题，一个有风度的国家不能放任饥荒不管。"我们在秘鲁打败了西班牙人！"[85]贺拉斯·沃尔波尔向一位朋友抱怨道，"你如何看待孟加拉国的饥荒？300万人死亡难道是由东印度公司的公仆们垄断粮食造成的？"老皮特对其家族在印度不光彩的发家史一向很敏感。他担心那些腐化了孟加拉国的人现在也会腐化英国。"亚洲的富豪们已经涌向我们，"他提醒议会，"他们不仅带来了亚洲的奢华,恐怕还有亚洲的治理原则。"[86]

如果认为议员们都是有原则的人,那固然好,但实际上他们最担心的是财富。精英圈子里更在意的是约翰公司的无能,而不是它的腐败。公司在从孟加拉国攫取巨额财富的同时,却濒临破产。到1772年时,它的资产接近500万英镑,但未付账单达到160万英镑,无准备金债务达到900万英镑。因此,公司毕恭毕敬地向英格兰银行申请100万英镑的贷款。银行已经向约翰公司注资550万英镑,如果它破产,这个英国央行也会破产,将导致英国无力偿还国债。

比起1720年的南海泡沫,1772年的公司危机更能让人联想起2008年金融危机。议会很可能是受到2/5议员持有公司股票这一事实的影响,逐渐放弃了所有其他选项,最后只剩下一项选择:史无前例的140万英镑政府救助。该公司聪明的会计师拒绝了一个合理的解决办法:分割公司的贸易活动与其准政府功能,使后者国有化。相反,公司没有把从孟加拉国获得的税收收入直接发往伦敦,而是开始在当地购买印度的棉花和丝绸,然后将织物卖到海外,再把利润送回孟加拉国,用来支付下一年的征税权力。一名政客哀叹道,这样就确保了税收"对商业的开展是绝对必要的,而商业对征税也是必不可少的"[87]。解散该公司就如同打碎鸡蛋了。

议会设立了监事会,但并没有发生多少改变(听上去很熟悉吧)。公司的人不断榨取印度人的财富送回国内(1783—1793年可能送回了130万英镑)。英国的政客们热衷于利用公众的愤怒达到自己的目的,他们将一切罪过都归咎于该公司的总督沃伦·黑斯廷斯,在上议院指控他"严重不公正、残忍和辜负国家的信任"[88]。经过8年的审判,他被判无罪。该公司不断发动战争,扩张领土,变得越来越大;而且,18世纪80年代的英国人刚刚学会像21世纪第二个10年的英国人一样,容忍一家大到不能倒的公司。

英国的政客们对此负有很大责任,但没有人会对他们的所作所为感到惊讶。美国叛乱后,英国到1781年时已欠下2.43亿英镑债务（几乎是1776年的两倍），必须找到钱来还债。幸运的是，小皮特（我们或许应称他为最小的皮特：他在1783年被任命为首相时只有24岁）也是一位管理天才。他认为，主要任务是恢复英国的信用。他确保约翰公司与政府共享其战利品，并承诺投入数百万英镑建立偿债基金，每年偿还一点国债。他推崇效率，废除了无数闲职，并使政府会计变得更加透明。他通过大幅削减进口税（尤其是茶叶税）来打击走私，通过提高行政人员的工资来打击受贿。更有价值的是，他鼓励大西洋贸易。因为美国人仍然需要出口烟草、蔗糖、木材和鳕鱼，进口大部分制造品，所以从麦金德地图回到赫里福德地图的风险实际上很小。跨大西洋贸易很快恢复到革命前的水平，并继续增长。1782—1788年，英国商船的吨位翻了一番；10年后，超过一半的英国出口产品被卖到了美国。

"诚实的比利"的改革最初几乎没有减少如山般的债务，但重要的是他向纳税人和市场传递的信息。托付给他的钱会花得很值。这些钱将用来为海军购买世界上最大的干船坞，以及镀铜的船只（因此它们速度更快），还有世界上最好的大炮和火药。皮特用剩下的钱改善了邮政服务。

相比之下，法国没做任何一件这样的事情，反而任由美国战争带来的债务变得难以处理。1789年，一项迟来的增税努力分裂了精英阶层，引发了民众暴动。君主制垮台了，法国的公共财政、陆军和海军全都崩溃了。皮特和他的同僚们煞有介事地宣称，他们愿意恢复上帝为法国人民设立的统治者，但实际上，英国的战略家们因路易十六的不幸而幸灾乐祸。"我敢说英国最聪明的头脑也设计不出……一个对敌人如此致命的局面，就像法国现在因自己的内乱而陷入的境地。"[89]皮特的外交大臣在巴士底狱陷落后得意洋洋地说道。皮特则更进一步，他在1792年向所有人保证："在这个国家的历史上，从来没有这样一个时候……我们可以更合理地期待15年的和平。"[90]

几乎正好在一年后，战争就爆发了，断断续续持续了22年。

最势均力敌的较量

法国大革命在英国引发的舆论分歧甚至超过了美国革命。"多么伟大啊，这是世界历史上发生的最伟大的事件！"[91]辉格党领袖查尔斯·詹姆斯·福克斯欢呼道。与他观点相同的群众则高呼："不要皮特，不要战争，我们要面包，面包！"[92]他们向国王发出嘘声，并向唐宁街10号和皇家马车投掷石块。然而革命者仍然是少数。诺福克牧师詹姆斯·伍德福德将抗议者称为"最暴力和最低级的民主党人"[93]，这一做法更具代表性。埃德蒙·柏克的《反思法国大革命》一书，对巴黎发生的事件进行了全面的谴责，成了畅销书。按照柏克的朋友吉尔伯特·埃利奥特的说法，与法国的战争是"世界上一切秩序和一切无政府状态之间"[94]的斗争。

对伍德福德和埃利奥特这些人来说，巴黎人的新耶路撒冷很容易让他们联想起自己国家17世纪的狂热。因此，无论皮特采取什么措施来压制异见者，包括暂停人身保护令，似乎都没问题。像1649年的英国革命者一样，法国的革命者将国王送上了断头台，从而沦为贱民——两国革命的另一个相似之处是，释放出了人们无法想象的恶魔。100万法国人志愿为自由、平等和博爱而战。

这使得法国战争成了一种全新的战争。法国政府养活不起如此多的武装人员，于是将他们送出国境，让他们自谋给养。在那里，他们没有像18世纪的专业士兵那样训练有素地排成整齐队列，有纪律地齐射枪弹，而是靠人多势众的刺刀冲锋和大炮轰击击溃了老式的奥地利和普鲁士军队。激进的年轻将军们——最引人注目的是拿破仑·波拿巴——学会了从这些狂野的新式军队中获取最大收益。到1796年时，他们已经占领了意大利北部、莱茵兰和低地国家——迅速使法国的战争变得既非常传统又相当新颖。像16世纪80年代西班牙的腓力二世和17世纪90年代的路易十四一样，拿破仑也开始在敦刻尔克为入侵英国造船。所有的外护墙和实力平衡都崩溃了。就连英国皇家海军这一岛国性压倒接近性的最后保障,看上去也摇摇欲坠,单是在1797年就发生了5次严重的哗变。

一个世纪前,当英格兰与法国交战时,人们经常担心苏格兰的"后门",但1707年的《联合法案》(以及随后的苏格兰高地种族清洗),使这扇门重重地关上了。现在,就像当年与西班牙为敌时一样,英国的担忧转移到了爱尔兰。在过去的30年里,爱尔兰的内部分裂变得更加复杂。1795年,一个不分宗教教派但一心谋求共和的爱尔兰人联合会开始与法国秘密谈判。数以千计的农民加入了其武装组织——一个自称为"保卫者"的秘密团体;作为回应,效忠派创建了武装的"奥兰治党",英格兰-爱尔兰精英阶层成立了由自耕农组成的骑兵队。

1798年,爱尔兰人联合会打开了后门,宣布在韦克斯福德郡建立共和国。效忠派的自耕农武装迅速将它击溃,其野蛮行径令担任爱尔兰总督的英格兰人大为震惊,尽管他曾在美国和印度都经历过战争。"这些人挽救了这个国家,"他叹息道,"但现在他们却带头抢劫和谋杀……即使在我的餐桌上,人们的谈话也总是围绕着绞刑、枪杀、放火等话题,如果一个牧师被处死,人们会表达出极大的喜悦。"[95]在法国军队进行有效干预之前,战斗就已结束,它已经造成了3万人死亡,让英国人感到惴惴不安。皮特改写了1707年的文本,促成了新的《联合法案》,将爱尔兰纳入大不列颠联合王国。

然而,爱尔兰不是苏格兰。1707年的联合使得所有苏格兰人彻底成为英国公民,但1801年爱尔兰没有实现这一目标。许多爱尔兰新教徒强烈反对天主教解放,乔治国王也同意,如果解除对天主教徒的法律限制——这对使大部分爱尔兰人成为英国人是必不可少的——将违反他支持圣公会的加冕誓言。皮特身边的战略家们都感到惊恐。有人坚持认为,将爱尔兰天主教徒排除在联合之外,"必然意味着英国统治的惊人脆弱……为我们的外敌所利用"[96]。皮特辞职以示抗议,但乔治态度坚决。强力而不是共同的身份认同,将继续成为维系爱尔兰和英格兰的纽带。"从哪里巩固联合?"一位爱尔兰议员10年后问道,"共同的利益在哪里?使整个国家充满活力的心在哪里?"[97]

皮特离开后,一连六届政府(包括皮特领导下的另一届政府)都须应对这场战争,但没有一届政府找到办法将旧有的战略(封锁英吉利海峡,资助大陆联盟,夺取法国的海外殖民地,等待法国破产)转化为胜利。不过,他们确实避免了失败。1804年,拿破仑夸口说:"让我们成为英吉利海峡的主人,只要6个小时,我们就能成为世界的主人。"[98]但这种情况从未发生,即使西班牙舰队与法国舰队联起手来。相反,英国皇家海军享有两个世纪后美国海军向传统对手夸耀的压倒性优势,于1805年在特拉法尔加歼灭了法国-西班牙联合舰队,每有1名英国士兵战死,敌方都会损失10名水兵。不幸的是,倒下的英国人之一是他们无与伦比的司令官霍拉肖·纳尔逊;但即便如此,海军史学家尼古拉斯·罗杰说,特拉法尔加海战使英国"无论在数量还是质量上,无论在物质还是心理上,都压倒了实际上或潜在的所有敌人,拥有了前所未知、无可挑战的制海权"。

在将近一个世纪的时间里,没有任何对手能真正威胁重新打开英吉利海峡,但特拉法尔加海战的胜利仍不足以赢得整场战争。靠海上力量也无法夺取法国的殖民地,因为法国的殖民地已所剩无几了。拿破仑1799年接管了法国政权,他非但没有为保住已有的殖民地而战斗,反而似乎急于甩掉它们。1803年,他把北美中西部的大部分地区卖给了美国。英国的确从拿破仑的荷兰盟友手中夺取了锡兰(今天的斯里兰卡)和好望角,但这对缩短战争毫无作用。当一名英国军官在1807年擅自决定占领布宜诺斯艾利斯,试图凭一己之力将拉丁美洲从西班牙手中解放出来时,情况变得非常糟糕。愤怒的当地人杀死或俘获了他一半的士兵,涌向阿根廷的英国商人则失去了一切。

对大陆联盟的资助更不顺利。尽管财政支出巨大,英国却没有找到新的腓特烈大帝。英国的盟友不断失败,到1807年时,拿破仑已经一连粉碎了四次反法同盟。那年夏天,当他坐下来与俄国谈判时

（传说沙皇的第一句话就是"我像你一样痛恨英国人"[99]），他统治了欧洲，这是自罗马时代以来从未有过的（图7.9）。

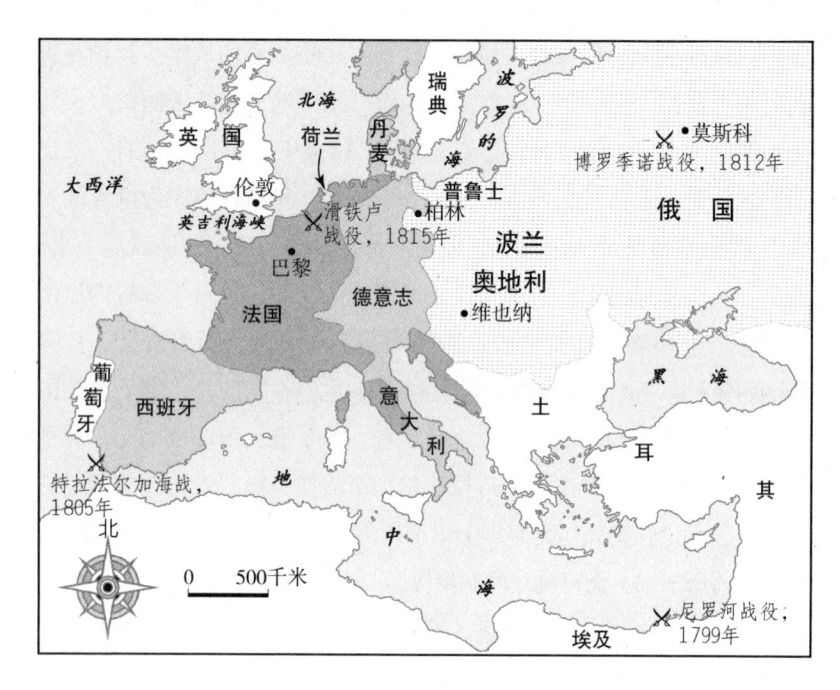

图7.9 新罗马：1810年全盛时期的拿破仑帝国，展示了大法兰西（深灰色部分）、法国管辖地区（浅灰色部分）及其盟国（水平线部分），以及决定了疆域的战役

即使是18世纪50年代的路易十五，也没有像拿破仑这样接近于打破英国的全球地位。拿破仑读过的书中的旁注表明，他在十几岁时就已明白印度的战略重要性。1798年，当爱尔兰人暴动还在激烈进行时，他想出了一个大胆的甚至荒诞的计划。他想成为新的亚历山大大帝，征服埃及，然后向东进军，与当地的王公合作，驱逐东印度公司。拿破仑带着孟加拉国地图和一位法国驻印度迈索尔地区反英统治者蒂普宫廷的前大使，躲过英军巡逻，悄悄渡过了地中海。"占领并巩固了埃及之后，"法国外交部长宣布，"我们将从苏伊士派遣一支

15 000人的部队到印度,与蒂普苏丹会合,赶走英国人。"[100]

拿破仑坚持认为,埃及是"通向世界的地理钥匙"[101]。事实的确如此——不过要等到1869年苏伊士运河开通时。拿破仑还说过,埃及总有一天会赶走英国人,这话没错,但那要到1956年了(那时法国站在了英国一边,而英国已经失去了印度)。1798年,从埃及入侵印度的后勤障碍非常大,以至许多历史学家都认为拿破仑的印度洋战略纯属噱头。无论如何,当1759年英国舰队拼命一搏,在尼罗河河口摧毁了拿破仑的舰船后,这个问题就变得毫无意义了。拿破仑立即放弃了他在沙漠中的军队,偷偷地回到了法国。

危机虽然不大,且已经被避免了,但就像爱尔兰危机一样,它惊醒了英国官员。他们认为,印度王公们及其法国雇佣兵这些年来一直在强化他们的军队,这是法国人阴谋的一部分,于是东印度公司出击了。1799年,他们在都城的城墙上杀死了蒂普,4年后又在阿萨伊击溃了由法国人训练的马拉地人联盟的军队。"我一生中从未遇到过如此严重的情况,"英军司令官坦陈,"上帝保佑,再别让我陷入这样的境地了。"[102] 但在阿萨伊之战后,该公司吞并了印度大部分地区。一位来访的英国舰队司令半开玩笑地说:"我担心我们在这个国家正在全力扩张,就像你们的朋友波尼(波拿巴)在国内一样。"[103]

在印度受挫后,拿破仑想出了一个更好的主意。英国在特拉法尔加海战取胜后,封锁了欧洲大陆的港口,就像伊丽莎白一世对西班牙战争以来的每一场战争一样。然而,在拿破仑看来,英国需要与欧洲进行贸易,甚于欧洲需要与英国进行贸易。他控制着欧洲大陆的所有主要港口,如果英国人想被封锁,他就会封锁他们。"我将通过陆上的力量征服海洋,"[104] 他在给弟弟的信中宣称,"任何港口都不会接收……来自英国或英国殖民地的船只。"[105]

效果立竿见影而残酷凶悍。英国的出口额在1806年接近4 100万英镑,到1808年下降到只有3 500万英镑。1810年,曼彻斯特最大的5家公司破产。工作机会减少,工资下降,小麦价格却上涨了一半。

与17世纪90年代路易十四放开私掠船时不同，英国激增的人口这时每年都需要进口粮食。正如1915—1917年和1941—1943年的大西洋战役一样，饥荒的幽灵在19世纪第二个10年初从未远离过。1811—1812年，因粮食引发的骚乱席卷了英国。

众所周知，惠灵顿公爵曾把滑铁卢战役称为"你一生中见过的最势均力敌的较量"[106]，但1807—1812年的经济战更是如此。假如欧洲人不是如此渴望进口蔗糖、咖啡和烟草，拿破仑或许会得逞——但相反，抵制英国商品只会让欧洲大陆上的所有走私者都变成英国的盟友。而所有能进入黑市的人都这么做了。拿破仑的妻子就是最疯狂的犯禁者之一，他的兄弟也很过分，以至拿破仑把后者从自己赐给对方的王位上赶了下去。但拿破仑是没有希望成功的。当他于1807年入侵波兰时，他的军队不得不购买英国的大衣和鞋子，因为欧洲大陆上没有工厂能生产足够数量的衣物。

如果英国的财政体系不是如此强大，纳税人不是如此坚定，金融家——尤其是德意志犹太人罗斯柴尔德家族——不是如此有创造力，拿破仑或许能打赢这场贸易战。英国一直在寻找新的市场（即使是1807年布宜诺斯艾利斯的灾难，也无法阻止他们进入南美洲）。无论是繁荣还是萧条，英国政府在1793—1815年通过海关和消费税获得的收入涨了两倍，其他税收的增长甚至更多。1797年，小皮特设立了英国最早的所得税，到1815年时，英国政府从所得税和新的房产税中获得的收入增长了10倍。

金融市场从未对英国失去信心。英国国债翻了两番，但政府持续支付利息——到了1815年，每年支付3 200万英镑，并不断吸引新的贷款人。最终，金钱打败了拿破仑，就像它打败了路易十四、路易十五和路易十六一样。拿破仑那些老派的经济顾问令形势雪上加霜。他们向拿破仑保证，如果他在1810年灾难性歉收后打破自己设下的封锁，把粮食卖给饥饿的英国人，就能耗尽英国的钱。然而并没有。无论发生什么情况，英国总能借到更多的钱。

根据一项计算，1807—1812年，英国人的生活水平每年下降了1%—2%，但法国人的生活水平下降速度差不多是英国人的两倍。最终崩溃的是拿破仑，而不是英国的银行家和商人。在战略自恋的影响下，拿破仑确信武力是阻止通过葡萄牙和西班牙进行的猖獗走私的办法。1807—1808年，他向这两个国家派出重兵，结果叛乱吞噬了它们。英国抓住了这一机遇。到1811年时，惠灵顿公爵向西班牙派出了10万大军——比一个世纪前马尔博罗公爵在低地国家带领的军队人数还要多，但拿破仑投入了30万人。

仅凭这场半岛战争是无法摧毁法国的，但法国参加的不止这一场战争。1812年，仍然自信能靠暴力封锁英国的拿破仑入侵了俄国。他太狂妄了：再高明的战术也弥补不了50万人消失在大雪中的损失。两年后，由英国资助的又一个同盟（第七次反法同盟）的军队攻进了巴黎。人们顿觉宽慰，欣喜若狂（图7.10）。英国教堂的钟声为胜利而鸣。当地出版商印刷了很多海报，用光了油墨。"多么令人惊喜的事件啊！"[107]一位爱国牧师给他的朋友写信，"只要我们还活着，就肯定不会再有新闻了。报纸会像账本一样枯燥，政治会像蛋白一样乏味。"

这又是一个错误的预测。不到一年，拿破仑就带着一支新的大军卷土重来。英国这次一改传统的欧洲大陆同盟资助者的角色，带头战斗，在位于传统的低地国家外护墙的滑铁卢与他正面交锋。即使以拿破仑战争的可怕标准来衡量，此战也好比一台绞肉机。两军各有1/3的人，包括惠灵顿参谋部的几乎所有军官，阵亡或受伤。公爵的副官甚至没来得及换掉沾满血迹的军装，就马不停蹄地渡海返回了伦敦，他驾着一辆马车，将拿破仑帝国的三只鹰国旗伸出窗外，疾驶过伦敦西区。他在一个社交舞会会场找到了摄政王。舞会顿时陷入一片喧嚣，狂欢的人们涌上街头，高呼："上帝保佑国王！"

"彻底击败波拿巴！"[108]几小时后，《纪事晨报》便大肆宣扬起来。"我们停止了正常的新闻报道，宣布惠灵顿公爵所取得的最辉煌、

339

最彻底的胜利,这将永远颂扬英国的荣耀。"在接下来的一个世纪里,麦金德地图将是唯一重要的地图。

图7.10 《和平与富足》:托马斯·罗兰森1814年的画作说明了一切

资料来源:Royal Museums Greenwich

第8章

扩张再扩张

（1815—1865年）

世界体系

滑铁卢战役前9天，在维也纳经过好几个月的争论（图8.1）后，欧洲所有大国（法国除外）的代表们发布了一份描述战后欧洲应是什么样的《最后决议》。在1713年的乌得勒支会议上，欧洲大陆势力均衡仍被看作托利党的激进主张，但在1815年的维也纳会议上，几乎所有政治家都认为这是避免更多像拿破仑战争那样的战争的唯一办法。那场战争造成了500万人死亡。会议为英国领导人提供了他们想要的东西：一道坚固的外护墙；一个安全的后门；一支强大的海军，实力堪比其后三四个国家海军的总和。对手甚至想都没想过把欧洲大陆各国海军联合起来，作为在海上挑战英国的前奏。撒切尔法则被搁置了起来。

但撒切尔法则并没有被废止。尽管后来的作家会念念不忘英国在1815年后"在欧洲的光荣孤立"[1]，但当时的政治家们却还没有这样的幻想。在接下来的50年里，遏制撒切尔法则的斗争只是强化，而不是结束了英国在欧洲舞台上的角色。演好自己不断变化的角色，也使英国利用其在麦金德地图中央位置的努力变得复杂起来；而与全球市场的相互联系日益紧密，反过来又彻底改变了不列颠群岛内部的身

图8.1 欧洲-地中海舞台，1815—1865年（哈布斯堡王朝和奥斯曼帝国的边界展示的是1830年的状况）

份认同、流动性、繁荣、安全和主权。

历史学家西利曾在1883年说英国是"在不经意间征服了半个世界"[2]被嘲笑为伪君子。但从某种意义上说，他说得对。谁都没有在全球舞台上扮演主角的剧本，英国人是一边演一边编的。在并没有完全明白自己在做什么的情况下，他们在滑铁卢战役后的半个世纪里，对地理意义的变化做出了反应，临时组建了一个不仅更大、更富、更强，而且比以往任何一个帝国都取得了更加微妙的平衡的组织。

这个帝国传统的地图，就是我们有些人在学生时代看到的粉红色的那种，根本没有真实反映出维多利亚时代英国人的建树。社会学家和历史学家有时会说，这个结构如此之大、如此之新，以至它不再是一个真正的帝国。这是一个"世界体系"，一个由节点和链接组成的包围了整个地球的多维度网络。这是人类有史以来创造的最复杂的有机体——却没有人真正负责。

大博弈

1815年，英国原本的首要任务是偿还债务，以及防止法国出现另一个拿破仑，而解决这两个问题的最好办法，似乎是与奥地利和俄国共同承担占领和监督战败之敌的费用。这种均势战略不可避免地引发了一系列新的担忧。如果法国太过弱小，则会使俄国和/或奥地利变得太强，因此，为了平衡这一点，英国扶植普鲁士予以抗衡。但复兴的普鲁士本身也可能构成威胁，所以英国又不得不时常干涉，以防止它（或奥地利）将德意志各小国联合起来。每一个解决方案要么会产生新的问题，要么会使其他紧迫的利益复杂化。原则上，英国支持自由主义在欧洲的传播，尤其是当它能解放贸易时，但俄国、普鲁士和奥地利的独裁者只看到了自由太多的危险。1822年，英国、奥地利和俄国就曾因为从里斯本到雅典震撼南欧的自由主义者起义而闹翻。

只要自由主义者和保守主义者都将势力均衡置于原则之上，争端就仍是可控的，但地缘政治导致不会有稳定的伙伴。1821年，奉行保守主义的俄国秘密怂恿希腊民族主义者起义反对奥斯曼帝国，因为削弱奥斯曼帝国是其主要目标之一，而奉行自由主义的英国通常支持小国，这次却反对起义，因为它希望奥斯曼帝国足够强大，把俄国势力排除在地中海之外。英国随后转而支持希腊争取独立，甚至借钱给革命者。人们很快发现，这些反叛者根本不是自由主义者，但到了那时，让希腊独立似乎是遏制俄国的最好办法，于是英国就成了希腊的主要声援者。

在外护墙问题上，地缘政治更为重要。1830年，当比利时人起义反抗15年前维也纳会议强加给他们的荷兰统治者时，英国外交官被吓坏了，但当法国支持起义并提议分割比利时领土，也就是将其法语区置于法国控制之下，英国抛弃了其荷兰朋友。保持比利时的独立完整，其优点突然变得极具吸引力，尤其是如果再由一位碰巧是英国公民的德意志亲王来统治比利时的话——这位亲王的侄子艾伯特后来与维多利亚女王结了婚。英国最终通过外交行动成功说服了包括普鲁士在内的列强保障比利时的边界，从而保障了英国的外护墙，这在1914年产生了重大影响。

然而，在1830年，德意志似乎是英国最无须担心的国家。就连法国也让位于一个新的巨魔：俄国。俄国一直是个隐忧，但很遥远。然而现在，它变得太大而不易平衡了。它的臣民是不列颠群岛的两倍，士兵则是6倍，其领土从德国边界延伸到日本边界。18世纪，在欧洲和亚洲两个舞台上，英国的许多方面都是截然不同的。在欧洲，它追求的是势力均衡；而在亚洲，它推行的是帝国主义。在莫卧儿帝国崩溃后，英国将印度变成了一个"公司"国家，从而成为超级大国，现在英国决心不让沙皇在行将崩溃的奥斯曼帝国、波斯卡扎尔帝国和清朝做类似的事情，这些帝国都与俄国接壤。几乎没办法给大英帝国增加大片新领土，因此英国历届政府试图转而扶持摇摇欲坠的亚洲统治者，作为对抗圣彼得堡的堡垒。这就使得在18世纪截然不同的欧洲舞台和亚洲舞台，在19世纪合并成了一个单一的欧亚舞台。在这个舞台上，英国人与俄国人通过间谍、刺客和（原因将变得很清晰的）地图绘制者，展开了一场隐蔽但致命的斗争。众所周知，吉卜林称之为"大博弈"。[3]

最初的几轮较量集中于奥斯曼帝国。一个世纪以来，俄国一直试图通过君士坦丁堡（俄国人称之为"沙皇格勒"）到达地中海。多任沙皇在19世纪20年代都以保护其基督教臣民（包括希腊人）的姿态向奥斯曼帝国施压。1831年，当奥斯曼帝国的埃及总督造反时，自拿破仑时代起就一直与埃及保持联系的法国，开始支持俄国分裂奥斯曼帝国的要求。英国的利益似乎注定会受损，直到外交大臣帕默斯顿勋爵斡旋成一项协议，使土耳其向西欧开放贸易。这为法国提供了支持英国将俄国排除在外的理由。1853年，当俄国打着保护基督徒免受宗教压迫的旗号干涉奥斯曼帝国时，法国甚至与英国和奥斯曼帝国联起手来，入侵了克里米亚。接下来的战斗，令人难忘的是军事方面的拙劣和弗洛伦斯·南丁格尔将卫生引进医院的努力。这场战争对英国产生了不利影响，不过对俄国的影响更为不利，此后20年俄国都无力再插手奥斯曼帝国事务了。

波斯则是另一番景象。一开始，英国认为这里不如奥斯曼帝国重要，忽视了卡扎尔王朝帮助抵抗俄国侵略的请求，结果不出意料，波斯沙阿和俄国沙皇达成了交易。在俄国人的怂恿下，波斯于1836年东进，包围了被一些人不怀好意地称为"印度大门"的绿洲城市赫拉特。这引起了英国的关注：如果波斯开辟了一条通往赫拉特的道路，而俄国人能径直走陆路到达德里，英国舰队还有什么用？

事实上，俄国与赫拉特之间隔着上千千米的草原、沙漠和山脉，而赫拉特与德里之间又隔着另外上千千米的草原、沙漠和山脉，但在拿破仑埃及探险40年后，欧洲人仍然没有绘出像样的中亚地图。因此，1839年，制定印度政策的鹰派人士决定入侵阿富汗，使其成为印度的外护墙。这是个馊主意，执行得也很糟糕。几乎所有参与的人都死了。然而，对现场的人来说，这似乎非常合理。自18世纪40年代以来，东印度公司用武力解决了大部分问题，尽管英国方面疯狂地要求他们停手，但1819—1839年，英国人在新加坡、缅甸、阿萨姆和亚丁，也是凭借枪炮开路，在当地解决困难的。有传说称，一个征服者无视上级不准入侵今巴基斯坦信德省富饶土地的命令，完成征服之后也并不懊悔，他给其受过古典教育的上司发了一封只有一个词的电报，这无疑是有史以来最恶劣的双关语："Peccavi"，拉丁语意为"我犯了罪"（I have sinned），但实际的意思是"我拿下了信德"（I have Sindh）[4]。

东印度公司在没有俄国人威胁的地方同样贪婪。1848年，公司宣布了一项"无嗣失权"政策，规定如果藩属王的继承人是收养的而非亲生的直系后代，公司有权没收其土地。8年后，公司甚至夺取了有完全合法继承人的阿瓦德王国，这摧毁了当地精英对英国仅存的一点信任。作为莫卧儿帝国的唯一残余，德里将成为下一个目标，这已不是什么秘密。英国驻莫卧儿公使对所有人都说："在我看来，承认任何一个儿子为法定继承人都是不明智的。"[5]

一个世纪以来，该公司一直在宣传这样一种虚构的说法，即它实际上只是莫卧儿帝国的一个代理机构，代表当地人管理印度。公司的人在扮演这种角色，他们通常过着像印度精英一样的生活。学者型的人研究梵语，其他人则穿上当地服装（这在天气湿热的孟加拉国是个好主意），喜欢上了辛辣的食物，并热情地接受了印度的性习俗。据报道，英国首任驻德里公使每天晚上都带着他的13个妻子绕着城墙散步，每个人都骑着自己的大象。然而，到了19世纪20年代，来自不列颠群岛的行政人员往往把自己塑造成非常不同的角色。随着白人种族优越感的增强，一种更加强势的基督教氛围弥漫开来。"我们的亚洲领土是上帝赐给我们的，"一位东印度公司的董事宣称，"不仅仅是为了让我们每年从那里获得利润，也是为了让我们在长期处于黑暗、邪恶和痛苦的当地居民中传扬真理的光明和良性的影响。"[6]

正如一位总督所说的："印度的道德复兴并不完全是骗人的。"[7]莫卧儿王朝的皇帝们花了150年试图消灭殉夫制（在丈夫葬礼上烧死其遗孀），但他们没做到，1829年东印度公司做到了。然而，即使是钦佩英国的印度人，也不赞成强制性的基督教复兴。德里英语学院的一名学生抱怨道："英国绅士们对待我们的那种冷漠而轻蔑的态度，伤了我们的心，迫使我们忘记了英国统治带来的福祉。"[8]那位（有13个妻子的）英国首任公使表达了同感："我担心我们这样侮辱人，在当地人眼中不会获得多少好感。"[9]

东印度公司过去曾压制过比这更严重的不满，但在19世纪50年代，有两个进一步的问题加剧了这种不满。一个是农村的饥饿，廉价的英国纺织品造成数百万纺织业者破产；另一个更紧迫的问题是军队中的愤怒。30万土兵对种族歧视和军饷下降不满，又赶上公司向他们发放了新步枪和子弹。这些新子弹预先包装在纸壳中，涂有油脂，方便滑入枪管。土兵须咬开纸壳放出子弹，才能装弹。这就是问题所在：政府订购的油脂是由猪油和牛油制成的，这同时侮辱了印度教徒和伊斯兰士兵。这种冒犯人的润滑剂立即被撤下了，但侮辱很难消除。密拉特的兵变遭到了粗暴镇压，叛乱迅速蔓延到德里。令已经82岁的莫卧儿皇帝惊讶的是，他从半囚禁中被释放出来，并被任命为领袖。没过几个星期，英国就失去了印度北方的大部分地区。

有一段时间，1857年看起来就像1776年一样岌岌可危，但莫卧儿皇帝不是乔治·华盛顿。印度农民、土兵、城市精英和王公们也各有不同的诉求，当他们无法共同行动时，英国援军稳步扭转了局面。在报纸对坎普尔大屠杀和勒克瑙围城耸人听闻的报道推动下，就连崇尚自由主义的英国人也认可了极端暴力。仇恨的深井被揭开了，双方都有令人不齿的行为。一些英国人为给本国的行为辩护，指出尽管叛乱分子在他们的国家杀死了1/7的欧洲人，但他们自己最多只杀死了1/250的印度人——南亚人则回应，即便如此，这也意味着英国为给其6 000名死者报仇，杀害了100多万印度人。不管我们怎么看，这都是一份可怕的资产负债表，它使得印度人彻底不再支持大英帝国。英国议会介入了，最终废除了东印度公司和莫卧儿帝国，直接掌控了印度事务。

最重要的是，这次暴动★强调了保持亚洲现存帝国稳定的必要性，以免英国被卷入进一步的流血冲突。因此，所有的目光都转向了中国，在那里，清朝已经与本国民众的起义斗争了几十年。到目前为止，英国对清朝的支持有双重考量。一方面，英国希望中国强大到足以抵御俄国的蚕食；另一方面，它又希望中国是一个实力弱到无法实施保护主义政策的国家。自1757年以来，西方商人只被允许进入一个港口——广州，中国官员几乎只允许他们卖一样东西，就是白银。

★ 没有什么比名称更能搅动历史学家的情绪了。在英国使用了几代人的"印度兵变"一词，现在被广泛认为是对事件的贬低。印度、巴基斯坦和孟加拉国的历史学家通常会称之为"第一次印度独立战争"，而西方学者则试图使用一些听起来更中性的词，比如"起义""叛乱"，或者（19世纪50年代最常用的）"暴动"。

这很快给公司带来了一个问题：英国国内对茶叶的需求极其旺盛，但公司的黄金储备在稳步减少。于是，公司的人想出了一个可怕的解决方案。不管中国官员想要什么，中国民间有人想要鸦片，而世界上最好的鸦片生长在印度，所以，公司应当把印度鸦片卖给有能力用银子支付的广东瘾君子，再用银子买茶，然后把茶卖回英国，其间每一步都能赚钱。到了19世纪30年代，这种交易每年为中国烟民提供10吨以上的鸦片（足以供两三百万烟民长久吞云吐雾），为英国人提供了所需的中国茶叶。

承受着鸦片泛滥和白银大量流出双重压力的清政府，于1839年向毒品宣战，从外国商人手中缴获并销毁了数百吨毒品。但是，英国毒枭非但没有被送进监狱，反而游说首相墨尔本勋爵拿出200万英镑，赔偿了他们的损失。墨尔本是个恶毒的家伙，远非系列电视剧《维多利亚》中影星卢夫斯·塞维尔所塑造的那样温文尔雅、诙谐风趣。他向毒枭们屈服了，尽管在埃及、波斯和阿富汗同时面临危机，他仍派遣了一支小型舰队前往广州。这支舰队击退了中国的防御，威胁要切断北京的粮食供应，清政府相信了，不仅偿还了墨尔本的2100万银元（加上利息和军费），而且向商人和传教士开放了5个通商口岸，并割让了香港岛。

类似英国18世纪在孟加拉国的所作所为是难以避免的。就像在印度一样，败在西方人手中动摇了清朝的统治，也壮大了英国人的胆子，使他们索取更多的让步。1856年，当清政府最终拒绝合作后，一支英法联军攻入了北京，就像一个世纪前东印度公司军队攻入德里一样。其司令官断言："如果我们有兴致掌控第二个印度的话，可能会吞并这个帝国。"[10]但当他于1860年到达紫禁城时，印度起义已经使英国人完全打消了这个念头。如果焚毁整个北京，肯定会颠覆清朝政权，但这支远征军没有这样做，而是破坏和抢劫了圆明园。在羞辱了清帝之后，英国向他提供了雇佣兵（以及给雇佣兵发饷的贷款），以帮助他的军队镇压太平天国起义军。

如果清政府垮台，中国可能会成为一场更大的博弈的舞台，而这并不符合英国的利益。而且，英国不仅是在和俄国人博弈；在中国，他们还会面对法国人，以及越来越多地面对美国人。1848年吞并加利福尼亚后，成千上万的美国人越过了太平洋，有的去捕鲸、传播基督教，有的到广州卖鸦片。他们的政府尽力帮助他们，在1854年派遣了一支舰队，胁迫日本开放了其港口。就像遏制俄国一事把以前泾渭分明的欧洲和亚洲两个舞台连接成一个单一的欧亚舞台一样，对抗年轻的美国也把整个旧世界舞台与一个新世界舞台连接了起来。

新世界发力

一万多年前，自从不断上升的海平面淹没了西伯利亚和阿拉斯加之间的大陆桥，旧世界和新世界就几乎完全分开了。直到1492年，它们才重新结合，这完全有利于旧世界。人类、其他动物、微生物、思想和制度都越过大西洋向西流动，给美洲土著带来了可怕的后果。1823年时，不平衡仍未完全消除，时任美国国务卿约翰·昆西·亚当斯警告詹姆斯·门罗总统说，欧洲人打算将美洲大陆"重新殖民化"[11]。"俄国可能会夺取加利福尼亚、秘鲁、智利，法国会夺取墨西哥，"他说，"英国……将至少夺取古巴岛作为自己的份额（图8.2）。"[12]

亚当斯错了。跨大西洋的平衡仍然有利于欧洲，但古巴殖民地是英国绝对不想要的负担。美洲的真正吸引力在于其市场。1820年，当从格兰德河到合恩角的殖民地人民都起来反抗他们在葡萄牙和西班牙奉行贸易保护主义的主人后，英国商品开始大量倾入美洲。英国外交大臣乔治·坎宁认为，只要伊比利亚半岛的帝国主义者被挡在美洲之外，就没有必要重复1807年试图开放布宜诺斯艾利斯进行自由贸易的灾难性尝试。因此，当门罗对亚当斯的警告做出回应，宣布"美洲大陆……从今以后不再被视为任何欧洲列强未来殖民的对象"[13]时，坎宁非常高兴。美国现在将肩负起把帝国主义者赶出美洲的重任了。

图8.2 美洲舞台（1815—1865年）

坎宁写道:"行动已经完成,结果已是板上钉钉。西班牙属美洲解放了,只要我们别把自己的事情搞得一团糟,美洲就是英国人的了。美国佬会欢呼胜利,但输得最多的正是他们。"[14]

1823年以后,英国几乎从不放弃在新世界使用武力。在19世纪30—50年代,英国占领了马尔维纳斯群岛(英称福克兰群岛)[①]作为基地,以保护合恩角一带的贸易,并派出炮舰保护在秘鲁、阿根廷和巴西的投资。然而,美洲舞台上的主要英国演员现在是银行家和委托代理人,而不是皇家海军陆战队。他们散布到南美各地,购买咖啡、糖、兽皮和鸟粪,并借钱给美洲人购买英国的茶叶、纺织品和铁。到1850年时,英国10%的进口产品来自南美,同样比例的出口产品流向了南美,进出口方面都仅次于印度。坎宁说"我创造新世界,是为了恢复旧世界的平衡"[15],这句话不够谦虚,但并非完全不准确。

尽管英美两国相互仇视,但英国在北美的角色也在朝着相似的方向发展。美国的扩张需要资金,而英国银行乐于提供资金。英国最大的巴林银行为杰斐逊1803年购买路易斯安那,以及棉花种植园在新领土的扩张提供了资金。这对所有相关者来说都意味着巨大的利润,当然,除了那些被买来干活的非洲奴隶。奴隶的存在使英国在美洲的角色极大地复杂化了。在废奴主义者被视为怪人两个世纪之后,自由主义舆论转向了反对人口贩卖(但没有反对其果实:英国消费的烟草、糖和棉花比以往任何时候都多)。1807年,英美两国政府均禁止了跨大西洋奴隶贸易。1833年,英国更进一步,在整个帝国范围内宣布奴隶制非法。英国拦截涉嫌贩卖奴隶的美国船只,不断地引起摩擦。美国在1845年吞并得克萨斯,主要是担心如果英国抢先一步将得克萨斯收为殖民地,那里将成为逃跑奴隶的避风港。

但英国领导人并没有这样的意图,因为在美洲进行陆战是他们最

[①] 马尔维纳斯群岛属于南大西洋岛群,西距阿根廷南海岸500多千米。英国和阿根廷对其归属有争议。中国明确支持阿根廷的领土主张。——译者注

不需要的。英国没有介入美国南北内战，尽管南方邦联曾多次主动示好。英美之间的分歧大多通过谈判悄悄地化解了，直到加拿大成为唯一的摩擦来源。起初，美国人和加拿大人都认为加拿大会并入美国，正如一个新斯科舍省人在1824年所说的，是"我们都知道必然会发生……的事情"[16]，但随着时间的推移，这种假设并没有发生，其可能性在逐渐减弱。战争恐慌确实在持续着：1837年，加拿大军队在美国境内杀死了一名美国人；1844年，詹姆斯·波尔克在竞选美国总统时，提出的口号是："要么54°40′，要么开战！"威胁要在美加边境发动战争；1859年，一头英国猪溜进了美国的一块土豆地，引发了一场对峙。但最终，北美有太多的空间让英国或美国在边境地区发生争斗，以至一位英国首相直言不讳地称之为"可多可少的几英里可怜的松树沼泽"[17]。

这样的傲慢态度很常见。英国政客很少把加拿大当回事。一名贵族说，那里是"那些在国内倾家荡产的人最后的出路……他们中几乎没有一个是绅士，或者有良好的收入"[18]。即便如此，与英国人对那些年他们选择的其他一些边远殖民地的看法相比，这还算是积极的。当库克船长于1770年宣布澳大利亚是英国领土时（图8.3），没有人能想到，地球遥远的另一端的这片布满红色沙地和有毒昆虫的大陆，除了流放犯人还能有什么用。1769年发现的新西兰，似乎连这用场都派不上。除了捕鲸者、捕海豹者和传教士，很少有欧洲人去那里。1840年之前，英国认为没必要对这些岛屿提出主权要求。南非的用途似乎更少，尽管好望角的战略意义值得派几千名士兵驻守该地。

1815年时，认为加拿大可能成为与美国独立前的13个殖民地相提并论的定居地的想法似乎是可笑的，更不用说澳大利亚、新西兰或南非。殖民地的热心推动者爱德华·吉本·韦克菲尔德评论说，问题在于"一个对女性没有吸引力的殖民地，就是一个不吸引人的殖民地"[19]。这些粗糙和现成的新疆域（为方便起见，我用其后来的名称"自治领"来称呼它们），是任何人都不想建立家庭的地方。一位殖民

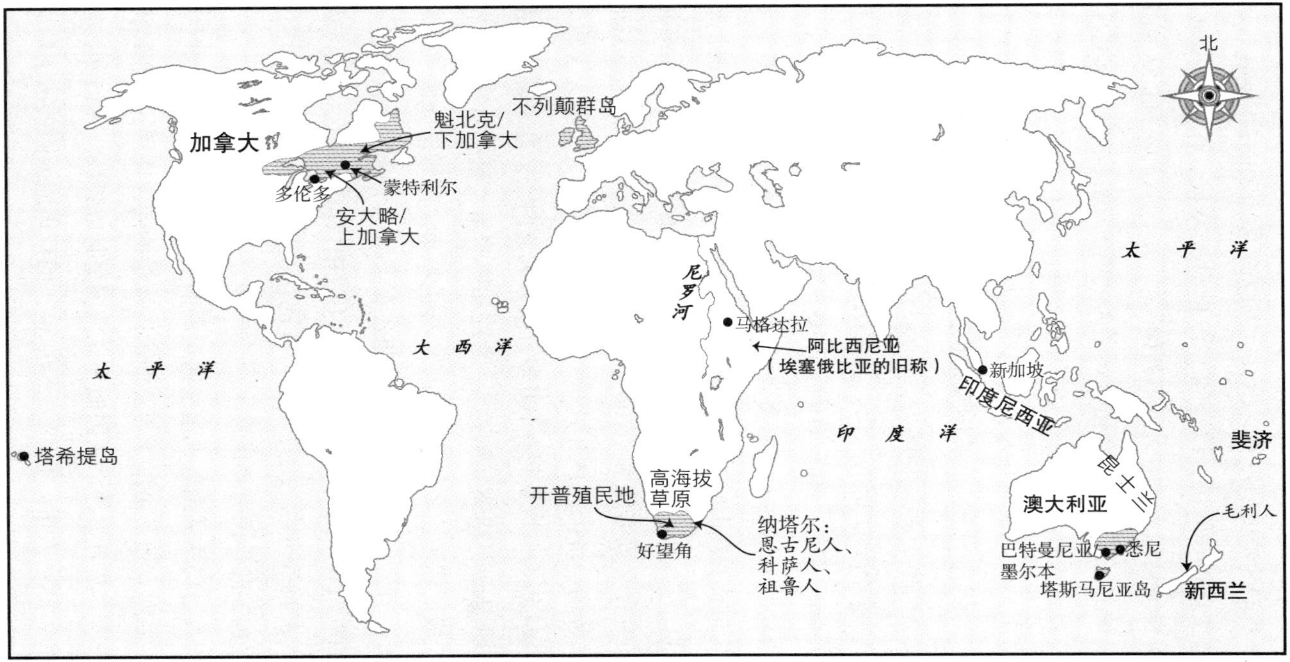

图8.3 全球舞台（1815—1865年）

地大臣在19世纪30年代承认，实际上，大多数英国政客都认为，"我们对保护我们的殖民地没有兴趣，也不应该为此做出任何牺牲"[20]。

形势变化得非常快，以至到了19世纪60年代，作家查尔斯·迪尔克便将自治领称为"更大的不列颠"[21]了。他认为英国的未来寄托在自治领身上。这种观念变化受到了大规模流动性激增的推动。这是历史上最大的基因流动之一，其中超过700万人在1815—1870年离开了英国海岸。大约300万人去了美国，其余的人几乎都去了自治领。他们的流动创造了全新的英国身份认同，挑战了传统的主权观念，对繁荣和安全产生了重大影响。

加拿大凭借其肥沃的农田、与美国和英国市场的直接联系以及成熟的定居点，引领了潮流。19世纪20—50年代，移民的数量（大多是信奉新教的爱尔兰人，通常是全家迁移）翻了一番，使多伦多和蒙特利尔变成了真正的城市。《波士顿记录报》警告美国人说，后者的"人口、财富和企业每小时都在增长"[22]。在澳大利亚，富有远见的总督拉克伦·麦夸里和1 700万只引进的绵羊，在一片监狱营地上发展起了牧场经济：1815年这里只有5万名前英国人，绝大多数是罪犯，到1861年人口增长到有100多万澳大利亚白人，几乎都是自由人（最后一船囚犯于1868年到达）。悉尼和墨尔本（最初自称为巴特曼尼亚）变成了像多伦多和蒙特利尔一样的城市。遥远的新西兰发展得比较缓慢，直到19世纪20年代中期才有了第一个宗教传教会、第一个永久捕鲸站和第一块农业殖民地（不过很快就失败了）。南非发展得最慢，它1820年接收了5 000名英国移民，但在19世纪80年代发现黄金之前，几乎没有移民过来。

英国政府仍然试图忽视这些遥远的前哨基地。当政府与这些边远殖民地接触时，通常是出于与亚洲帝国接触的同样原因：害怕欧洲对手抢先进入。在自治领，法国似乎比俄国更具威胁性。1815年，在加拿大的80万欧洲人中，有32万人是50年前被英国征服的法国殖民者的后代，在下加拿大（今魁北克），这一比例达到了80%。尽管1837—

1838年发生了暴力事件,但到19世纪中叶,前英国人的生育和移民数量已经超过了前法国人。盎格鲁人-魁北克人的对抗在继续(迄今依然),但与英国分离的风险变得越来越小,更不用说法国的入侵了。法国船只到访澳大利亚和新西兰,不仅引起了英国人的警觉,也引起了当地人的警觉。1831年,一些新西兰土著毛利人在看到法国船后,请求英国国王成为"这些岛屿的朋友和守护者"[23]。(他们本不需要担心,就连吞并像塔希提这样的小沙岛,也几乎超出了法国的能力。)

在南非,欧洲人的对手是布尔人(或称阿非利堪人,即南非白人),他们是荷兰和德国殖民者的后裔,多是贫穷的农场主。当英国人接管开普殖民地时,已有2万名布尔人(以及他们的2.5万名非洲奴隶)生活在那里,无论是靠移民还是生育,英国人的数量从未赶上他们。占人口大多数的布尔人的生活方式——尤其是蓄奴——在大多数英国人看来是可耻的,布尔人对成为英国公民始终毫无兴趣。相反,在英国于1833年宣布奴隶制非法后,1.5万名布尔人进行了一场大迁徙。他们赶着马车离开了英国的势力范围,在高海拔草原上建立了自己的共和国,在那里他们想奴役谁就可以奴役谁。英国坚持"在帐篷里向外撒尿"的旧原则,于1848年扩大了其殖民地的边界,将布尔人又拉回帐篷里,然而仅仅6年之后,他们又认定还是让这些人留在帐篷外更好。

布尔人的问题并非个例。很多移民,无论是英国人还是荷兰人,背井离乡,漂洋过海,主要是为了偷他们所能偷的一切。当担心驻军费用或土著权利的总督们命令他们停手时,他们就会感到愤怒。"啊!那些美好的旧时光啊,当我刚刚来到新西兰的时候,"一位殖民者回忆道,"总督、法律和司法等都还没有发明出来的时候。"[24]就像18世纪的北美殖民地一样,英国所有的海外殖民地最终都与法律、司法等发生了冲突,而在每一起冲突中,英国都发现管控离家数千千米、固执的移民,是一件难办的事情。

加拿大再次引领了潮流。1837年,安大略和魁北克各自爆发了起义。虽然规模不大,但英国比1776年明智多了,派出了由达勒姆勋爵领导的一个显贵团队,去调查反叛者的不满。团队提出的建议既有谋私的一面——将魁北克和安大略联合起来,在英裔人口占多数的情况下扼杀法国身份认同;又有忍让的一面,或多或少地承认了美洲人在18世纪70年代就在争取的权利。达勒姆称之为"责任政府"。他主张让加拿大白人(法裔和英裔)选举自己的政府;当政客们不得不就选举结果对选民负责时,他们很快就会收敛自己的过激言论。英国的一些人不愿向殖民地交出如此多的主权,但有一个无可辩驳的反对意见——还有别的办法吗?殖民地部承认,每当反对殖民者时,"我们几乎总是得到最糟糕的结果"[25]。英国承受不起在每一个大洲重打一场美国独立战争那样的战争。因此,到了1845年,加拿大成立了责任政府。

当其他自治领也提出要求时,英国变得更加谨慎了。毕竟,加拿大政府即使表现得不好,也坏不到哪里去。它强大的美国邻居使它掠夺土地的大部分企图都无法实现,而且自1816年以来,加拿大也没有和土著正式打过仗。南非则相反,殖民者在19世纪30—40年代仍攻击了科萨人和恩古尼人。在澳大拉西亚①,昆士兰白人仍在袭击土著,塔斯马尼亚白人差不多杀光了他们的土著邻居,而新西兰白人正在与毛利人进行最为血腥的战争,一直持续到1860年。然而,考虑到镇压其刚烈的后裔们的成本,英国屈服了。澳大利亚和新西兰分别在1850年和1852年成立了责任政府。南非用了更长的时间,因为虽然其殖民者不像布尔人那样喜欢奴隶制,但他们也不想与非洲人分享投票权。开普殖民地直到1872年,纳塔尔直到1893年,才成立了责任政府,但在1860年之前,由白人选举的代表实际上就已经在决定

---

① 澳大拉西亚:一般指大洋洲的一个地区,澳大利亚、新西兰和邻近的太平洋岛屿。法国学者布罗塞于1756年提出,取自拉丁文,意思是"亚洲南部",并将其区别于波利尼西亚(至东面)和东南太平洋地区,也不包括密克罗尼西亚(至东北面)。——编者注

大多数事情了。

自治领正在形成新型的新世界,里面充满了新型的英国人,他们大多比留在家乡更富裕、更自由。他们创造了新的身份认同、新的生活方式和各种版本的英语。尽管,这些自治领像美国人一样,是在与故国的冲突中锻造了自己的身份认同,但曾经叛逆的加拿大、澳大利亚、新西兰和南非的白人(布尔人除外),对不列颠群岛的认同却越来越高,而不是越来越低。我们不禁想知道,假如英国在18世纪60年代派往其美洲殖民者的是达勒姆勋爵,而不是帝国自恋者,情况将会怎样。

不过,我们不用好奇对于新世界的各种土著会发生什么,因为无论欧洲人在哪里定居,灾难都会随之而来。1815—1900年,加拿大的土著人口减少了1/3;1840—1896年,新西兰的土著减少了一半;1788—1911年,澳大利亚的土著减少了4/5。在南非,因为白人移民更少,当地人有更长的时间来适应欧亚传来的疾病,土著数量保留得比较多。但即使在那里,幸存者也失去了他们的土地和自由。毛利人与英国签有一份正式的条约,但这并没有阻止他们在签约6年后被告知,他们的财产权是"一种徒劳和毫无理由的顾虑"[26]。

与三个世纪前亨利八世的世界相比,这是多么令人眩目的反差啊!在16世纪40年代,一个偏远孤立、前途未卜的英格兰,依附在一个敌对的天主教大陆的边缘,四面环敌,生存堪忧;而19世纪40年代,一个强大而自负的英国在环绕世界的舞台上昂首阔步。人员、商品和思想从英国源源不断地滚下山坡,倾往挤在山脚下的人群。对这个星球上的大多数人来说,历史现在是关于如何应对来自群岛的东西的。

一种强大的精神

来自这片群岛的东西多到难以计量。根据不同的计算方法,英国的经济在1760—1860年增长了5~6倍,由于其产品销往海外的比例大约翻了一番,其出口至少增长了10倍。从未有过这样的繁荣。这不仅在英国,而且在全球大部分地区,都彻底改变了身份认同、流动性、繁荣、安全和主权状况。

远在1815年之前,英国的商业和农业就已经开始了一场组织革命,尤其是在英格兰与从格拉斯哥到爱丁堡之间的苏格兰低地(图8.4)。18世纪40年代时,议会颁布了64项圈地法令,到19世纪第二个10年,增加到了574项。市场稳步扩大,劳动分工深化,行业在转向专业化。1760年,一个农夫如果有一匹马生病了,他会问蹄铁匠该怎么办;一个世纪后,他会请来一位受过大学训练的兽医。第一个为期三年的动物医学课程于1791年开设,陆军委员会于1796年认可了专业兽医。到19世纪20年代,已经有两种兽医杂志出版了。英国皇家兽医学院于1844年成立,1852年发布的合格兽医名单上有1 733个名字。

专业化影响了各行各业。例如,会计师分化出了各种子专业,其中一个专业发明了精算表,演变为保险代理业。1783年,有5家公司提供人寿保险,1844年则有105家。银行业也是如此。1815年开业的地方银行几乎是1784年的6倍。那时纸币已广泛流通,并受到普遍信任,资金充足到使有抱负的企业家通常能以低于3%的利率贷到款。

在18世纪20年代,世界上生产力最高的工人是亚洲人,生活在孟加拉国和中国的长江三角洲,但是到了18世纪70年代,英国的部分地区已经超过了他们。然而,不知何故,群岛的其他部分仍然远远落后,以至1/4的乡下人正在接受福利救济。英国激进人士通常将此归咎于精英阶层的残酷剥削,而保守人士则谴责穷人不进取,但在1798年,助理牧师托马斯·马尔萨斯提出了一个令人不安的新理论——马尔萨斯陷阱。他认为,这不是道德问题,而是数学问题。当人口较少时,土地充裕,对劳动力的需求旺盛,就会推动工资上涨,同时使租金、食品和房地产价格保持低廉,因为人口减少意味着需

图8.4 不列颠舞台(1815—1865年)

求减少。总的来说,这对穷人有利,对富人不利。然而,高工资和廉价食物使得工人能够更好地喂养他们的婴儿,让更多的婴儿存活下来——这又推动了人口的增长,逆转了先前的模式。这时工资下降,而租金、食品价格和土地价值上升。这对富人有利,对穷人不利,但

359

必然会持续下去，直到足够多的穷人挨饿、移民或停止生育，从而使人口再次下降。然后，整个循环将重新开始。天气良好、农业进步、交通方式价格下降等，都在一定程度上产生了影响，但仅此而已，它们的影响并不持久。我们现在所说的"马尔萨斯陷阱"是政治经济学的铁律。

18世纪的英国非常符合马尔萨斯的模型。经过几十年的稳定发展，在马尔萨斯著述之前的40年里，英国人口从600万增加到了900万。辛勤劳动和更重视技术的耕作确实增加了粮食产量，但增幅不到10%。布丁时代的所有红利都被吃光了。工资下降了，降幅经常会达到10%~20%，而一条面包的实际价格在1740—1770年翻了一番，到1800年又翻了一番。烟草、糖和咖啡的消费量下降了（尽管喝茶的人增多了）。拿破仑的禁运、严冬和歉收都加剧了19世纪的苦难。

也许每五个英国人中就有一个经常挨饿，但与前几个世纪相比，真正饿死的人很少。尽管当时的情况很艰难，但入伍青少年的身高记录表明，1800年以后出生的男孩实际上比18世纪80—90年代出生的男孩更高，这通常是儿童营养更好的标志。历史学家们对细节有争议，但1760年之后的半个世纪，似乎又出现了另一种分化：底层的人很悲惨，中等阶层有许多人成功了，而上层的人则财源滚滚。由于土地分红高，有能力的人都会购买更多的土地。土地价格在一个世纪内翻了一番。1700年时，贵族拥有英国广袤土地的1/3，到了1800年，这一比例达到接近1/4，0.01%的人与99.99%的人拉开了距离。我们正是应该在这种背景下评价像简·奥斯汀笔下的达什伍德一家和本内特一家这样的人物。他们坚持对自己至关重要的绅士风度，因为他们知道，只要有一个女儿嫁得好，一切都会好起来——但如果不是这样，整个家庭就可能沦为"小人物"（小说家亨利·菲尔丁定义的"除了大约1 200人以外的所有大英帝国人"[27]）。

许多人认为，一旦拿破仑下台，关税和禁运就会消失，实际上使欧洲大陆上的所有土地都为英国供应食物，从而压低面包价格。这很显然将造福于非常多的人,以至一些人把自由贸易当成了一种信仰。一位卫理公会牧师坚称:"自由贸易隐含在上帝对人类宣示的原始祝福中。"[28]一位香港总督甚至更直言不讳:"耶稣基督就是自由贸易,自由贸易就是耶稣基督。"[29]

然而,地主们不同意,因为拿破仑的贸易战争推高了他们种植的粮食的价格,使他们大赚了一笔。他们游说议会进行保护。由于这些地主中有很多人本身就是议员,议会便欣然通过了一项《谷物法》,禁止小麦进口,将国内粮价推高到离谱的程度。对贸易保护主义和0.01%的富人的愤怒这时变得恐怖起来。1819年,当6万人在曼彻斯特的圣彼得球场进行抗议时,自耕农组织的志愿骑兵队杀死了至少11人,打伤了600多人。政府中止了人身保护令。1820年,一些阴谋者差点炸掉了整个内阁,于是人们纷纷议论会爆发法国式革命。

英国的技术进步促进了组织制度方面的突破,挽救了局势。英国人表演的舞台拓展了,但方向出乎意料:向下。在他们脚下是一个地下的煤炭王国。几千年前,人们就了解这一点,并一直在挖掘煤,这时英国人利用化石燃料能量的方式发生了改变。直到18世纪,煤炭几乎只被用来为房屋供暖和加热食品,随着人口增长使得英国的另一种主要燃料来源——森林——被消耗殆尽,对煤的需求也随之扩大。1700年,伦敦人消耗了80万吨煤炭,其中大部分是从纽卡斯尔运来的,但到了1750年,他们需要150万吨煤,1800年需要250万吨。煤炭不像树木,它是不可再生的,最靠近地表的矿脉很快就被挖尽了。尽管矿井可以挖得更深,最终还是被地下水淹没了。虽然可以排水(一位有独创精神的矿主曾把500匹马套在一个斗链上),但代价也极其昂贵。

对那些出没于地方议会场所,喝着咖啡高谈阔论的经营煤矿的实干家来说,解决办法是显而易见的。他们可以烧一些自己挖出来的煤,用释放的热量烧水,把蒸汽引导到驱动活塞中,让这些活塞把水从矿井中抽出来。但这说起来容易,做起来难。直到1698年才有人真正将原理转化为实践。第一台能工作的"矿工之友"发动机比养500匹马便宜，但它的速度很慢，只能将水提高12米，而且很容易爆炸。最糟糕的是，浪费程度惊人。因为机器使用单个气缸来烧水，然后冷凝蒸汽，所以操作人员必须在活塞的每个冲程中重新加热。人们进行了很多巧妙的修补，但没有一个工程师能够将超过1%的煤能转化为动力。一位矿主抱怨说："这些发动机惊人的燃料消耗，对我们的煤矿利润非常不利。这种重税几乎等同于禁令。"[30]

突破发生在1765年，当时一个蒸汽机模型被运到了格拉斯哥大学。我们学术界素有无法让机器运转的名声，所以这个装置最终落到了大学数学仪器制造商詹姆斯·瓦特的手中。瓦特让这个蒸汽机运转了起来，但它的低效率冒犯了他作为工匠的灵魂——直到一个星期天，他出去散步时，突然灵机一动。正如他所说，由于"蒸汽是一种弹性体，它会冲入真空，如果（沸腾的）圆筒和一个耗尽的容器之间建立了联系，蒸汽就会冲进真空，并且可能在不冷却圆筒的情况下冷凝……整个过程都在我的脑海中安排好了"[31]。

将沸腾室和冷凝室分开，然后保持前者热，后者冷（而不是在单一室里不停地加热、冷却和再加热），可以减少3/4的煤消耗量。这个办法既高明又简单，即使这样，像之前和之后许多有灵感的苏格兰人一样，瓦特还是不得不搬到英格兰去，以寻求资本支持。在那里，在同样优秀的伯明翰制造商马修·博尔顿的资助下，他举行了一次盛大的公开展览，展示了他的发动机：在60分钟内从一个矿井中把水提升了20米，超过了老式机器，而燃烧的煤只有原来的1/4。

1776年发生了许多重大事件，但我认为博尔顿和瓦特的展览比其他事件更重要。各种各样的制造商几乎立刻认识到了这些发动机的用途，棉花引领了这一潮流。当东印度公司在17世纪开始进口色彩明快、鲜艳的亚洲印花棉布时，英国羊毛商的销售量骤降，他们便游说议会禁止进口这种布料。印度原棉仍然可以进口并在群岛上纺织，但英国纺织工人的技术远不如孟加拉国人。在18世纪60年代，英国棉花市场规模仅为英国羊毛市场规模的1/30。

詹姆斯·瓦特进场了。一万年以来,纺织生产一直依赖于手指灵活的女性(男性较少)将一缕缕纤维缠绕在纺锤上。在这段时期的大部分时间里,一位熟练女工生产一千克纱线需要5 000小时。12世纪脚踏纺车的发明将这一时间缩短至2 000小时,而在18世纪,由风车和水车驱动的、拥有神奇名字的神奇新机器——哈格里夫斯的珍妮机、阿克莱特的精梳毛纺机、克朗普顿的骡机,在风或流动的河水的帮助下,将这一时间缩短至仅3小时。然而现在,无论天气如何,蒸汽机都可以为珍妮机和精梳机提供可靠、廉价的动力。第一家完全以蒸汽为动力的工厂于1785年开业。

英国机器纺的棉花质量通常和印度产品一样好,但价格总是比印度产品便宜。成本大幅下降,从1786年的每千克近5英镑降至1807年的不到1英镑。19世纪30年代人们将蒸汽动力应用于纺织和纺纱,使英国棉布的价格比印度棉布便宜了200倍。随着价格下降,需求激增。成千上万的男人、女人和(尤其是)儿童在工厂里工作,每天劳动12个小时甚至更多,每周工作6天。产量从1790年的3 000包飙升到了1810年的17.8万包、1860年的460万包。1760—1815年,出口增长了100倍(其中许多出口商品回到了印度,在那里,廉价的兰开夏布削弱了当地产品),几乎占据了国家收入的1/12。

一场消费革命开始了。以前每年要花好几个星期做衣服的农妇,现在只需花几天的工资就能买到衣服。而这还仅仅是开始:蒸汽动力从一个行业跳到另一个行业,为大众市场带来了更多的商品。1709年,英国炼铁专家已经学会了如何用焦炭(比木炭便宜得多)冶炼矿石,但他们很难保持熔炉的温度——直到1776年,博尔顿和瓦特的发动机通过提供稳定的气流解决了这个问题。成本下降,销售额飙升。尽管有战争和禁运,但生铁产量从1788年的6.8万吨上升到了1811年的32.5万吨。到了1850年,世界上一半的铁都是英国生产的。

那时,英国的煤矿生产出了世界上一半的煤炭,通过另一种创新——运河——将其输送到工厂的蒸汽机里。第一条工业运河于1759年开通，用于将煤炭运往曼彻斯特。每英里的成本高达1.05万英镑，但使燃料价格下降了一半。到1815年时，投机商已经在运河上投入了2 000万英镑，为工业经济开辟了大片农村地区。然而，这时运河已经过时了。1804年，康沃尔的一位工程师用一台轻型高压蒸汽机推动一辆马车沿着铁轨行驶。不到10年，类似的发动机也开始为明轮船提供动力。一代人之后，乔治·斯蒂芬森著名的"火箭"机车以每小时20千米的速度，拉着13吨重的货物在利物浦和曼彻斯特之间呼啸奔驰，明轮船划过了大西洋。

蒸汽机释放了丰富的能源。英国的经济在18世纪70年代已经是世界上生产力最强的，到了19世纪30年代更是遥遥领先。英国工人的平均产量比美国人或荷兰人高出1/3，比德国人高出2/3。到1850年时，英国蒸汽机产生的能量相当于1 300万人的劳动力——假如这些人存在，他们将吃掉不列颠群岛上种植的全部小麦。相反，这1 300万幽灵消耗的是煤。这是一个奇迹。小说家查尔斯·金斯利惊叹道："珍妮纺织机和铁路，在我看来，至少在某些方面，是我们与宇宙和谐相处的标志。有一种强大的精神在我们中间运行……那就是上帝的命令和创造。"[32]

董贝父子纪元

19世纪50年代，英国的人口仅占全球的2%，却运营着世界上40%~45%的化石燃料现代机械，生产着大约占全球一半的制造产品。只有让岛民为他们制造的所有商品找到买家，为他们需要的所有商品（尤其是食物）找到卖家，这样的布局才能运作起来。因此，从19世纪第二个10年到19世纪60年代，英国人开始将世界其他地方变成一个网络，以满足和供应他们的需求。一场组织上的剧变开始了，它和技术上的剧变一样令人震惊。

流动性达到了前所未有的水平。"北美和俄国是我们的玉米地。"[33]经济学家威廉·斯坦利·杰文斯在这半个世纪结束时宣称。

>芝加哥和敖德萨是我们的粮仓;加拿大和波罗的海沿岸是我们的木材林;澳大拉西亚有我们的牧羊场,阿根廷和北美西部的草原上有我们的牛群;秘鲁献上她的白银,南非和澳大利亚的黄金涌入伦敦;印度人和中国人为我们种植茶叶,我们的咖啡、甘蔗和香料种植园遍布整个印度。西班牙和法国是我们的葡萄园,地中海是我们的果园;我们的棉田长久以来占据了美国南部,现在正在地球上的温暖地区到处扩展。

没有庞大的商船队,是无法维系这样的世界体系的。到1860年时,海上每三艘商船中就有一艘悬挂英国国旗。然而,除非能保证英国商人在遥远的海岸用卡车运输和交易货物时的安全,否则这种大规模的流动性和它所创造的繁荣将无法维持。对此,英国首相帕默斯顿勋爵给出了一个回答。他在1860年说道:"棍棒、军刀和马枪都是必要的,它们可以让那些心怀不轨的人老实起来,这些人的暴力会危及贸易的安全。"[34]

这意味着什么,到1850年时就变得非常清楚了。18年前,在赢得战争,从奥斯曼帝国手中解放出来后,新生的希腊迅速陷入债务危机。英国最大的银行家罗思柴尔德家族安排了一笔跨国贷款,然而到了1847年,希腊再次违约(太阳底下没有新鲜事)。该国政府邀请金融家雅各布·罗斯柴尔德于复活节期间前往雅典,商讨更多贷款事宜。官员们及时地意识到,由于雅典人在庆祝基督复活时有用私刑处死加略人犹大模拟像的古老传统,可能会冒犯犹太银行家,便禁止了这一仪式。于是教徒们,包括一名政府大臣的儿子,洗劫了著名犹太商人唐·大卫·帕西菲科的豪宅,以表达他们的义愤。警察则袖手旁观。

唐·帕西菲科要求赔偿,当希腊当局无视他时,这位声称出生在直布罗陀,有权获得英国公民身份的大佬,转而向英国寻求支持。他的说法有可疑之处(他曾声称自己出生在另外两个地方),但也很合宜,因为这恰好给了帕默斯顿要求希腊偿还全部债务的理由。当雅典在2009年再次违约时,安格拉·默克尔从未想过派炮舰过去,但在1850年,帕默斯顿派出了一整支舰队,控制了希腊海军,并封锁了比雷埃夫斯港。希腊国王只好俯首帖耳。

当托利党于18世纪第二个10年开始推行均势战略时,辉格党谴责其背信弃义的政治活动不是英国人的行为;现在,帕默斯顿"大胆与虚伪的惊人结合"[35]让反对党托利党同样感到与英国的价值观不符。然而,帕默斯顿在议院里滔滔不绝地讲了5个小时,以彻底重新定义英国的身份认同,来为自己的行为辩护。他坚称,真正的问题不在于他或唐·帕西菲科是否诚实,而是"是否像昔日的罗马人一样,当他说'我们是罗马人'(*civis romanus sum*)★时,能保证自己不受侮辱;所以,一个英国臣民,无论他身处何方,都应该相信英国警惕的眼睛和强大的臂膀会保护他免受不义和错误的侵害"[36]。这时已过了凌晨2点,但帕默斯顿还是使议院沸腾了起来。保守派人士和自由派人士都站起身来,欢呼,跺脚,挥舞公文纸。帕默斯顿说得对。罗马并不能像英国一样保护自己的人民。然而只要口袋里揣着一本英国护照,即使是像唐·帕西菲科这样涉嫌不法的人,也能昂首阔步起来。

这一切都要依赖海军,是他们维护了世界体系的安全。在1857—1862年,英国政府保留了完整的记录,商人要求军事力量介入的次数不下102次。支持他们需要花钱,而且因为大臣们一向需要压低军费开支,大部分时间都要让陆军挨饿来养活海军。到1850年时,英国陆军的规模仅为法国的1/5。只有在需要足够强大的陆军去再打一场

★ "我们是罗马人"是西塞罗在《反威勒斯辞》中的一句话,19世纪50年代的英国议员在上学时可能都读过。这句话最广为人知的是圣保罗在《圣经·使徒行传》中的借用。

布伦海姆战役或滑铁卢战役之前，外交官们就能化解来自欧洲大陆和美国的冲突，维持这样一支小部队才有意义；最重要的是，这也需要巧妙和明智地使用海军。有时候，只派出几艘炮舰（如1850年去雅典）就能解决问题；但如果不解决问题，海军就必须充当力量倍增器的角色，将后备部队从一个麻烦地区迅速运到另一个麻烦地区，这样小规模的部队才能维护广大地区的安全。

当时，英国人经常将他们能以如此低的成本维持全球安全体系，归功于那些最具维多利亚时代特色的美德：勇气和毅力。两者都在世界各地的行动中得到了大量展示，但假如英国没有一个更大的优势——印度，两者都不会有多大帮助。即使在英国的勇猛无畏达到最不寻常的巅峰时期，如1868年在阿比西尼亚（今埃塞俄比亚）的行动，也是以印度为基础的。阿比西尼亚历险始于两年前，当时特沃德罗斯皇帝劫持了9名英国人（包括一名婴儿）作为人质。当外交手段未能解救他们时，维多利亚女王向陆军中将罗伯特·内皮尔爵士下达了一道豪迈的命令："放手干吧！"但这话说起来容易，做起来难。由于阿比西尼亚没有公路、铁路和港口，所以勇敢坚韧的内皮尔建造了一个人工港——1944年诺曼底登陆日部署的两个"摩尔布里港"的前身——并把它拖到了东非。大约1.3万名士兵、2.6万名劳工和4.1万头驮畜（包括44头大象）从这里上岸，冒着酷暑和冰雹，在500多千米的山地和沙漠中开辟出一条道路，来到特沃德罗斯在马格达拉的堡垒（图8.5）。他们强攻并洗劫了这里。特沃德罗斯用一把银色手枪自杀了，这是维多利亚女王在双方交好的日子里送给他的礼物。在当天阵亡的700人中，没有一个是英国人（尽管后来有两人因伤死去）。一名目击者说："丝绸的团旗高高飘扬，人们挥舞着头盔，欢呼雀跃……群山中回荡着'上帝保佑女王'。"[37]我们仿佛成了罗马人。

攀上马格达拉城墙的是英格兰人和苏格兰高地人，但如果没有成千上万的印度步兵和驮畜的帮助，他们根本不可能接近城堡。英国将印度军队作为战略后备力量，每当其东方利益受到威胁时就动用它。

没有这一条件，世界体系就无法运行。印度军队于1799年在埃及作战，1840年在中国作战，1857年在波斯作战（并于1942年重返埃及作战）。来自孟买的海军陆战队甚至代表英国皇家海军在波斯湾巡逻。

图8.5 勇气、毅力和印度：1868年，印度大象拖着英国大炮穿过埃塞俄比亚的荒野

资料来源：*London News*, 1 August, 1868, Creative Commons

英国用印度的钱来支付其印度后备军的费用。印度对欧洲、亚洲和美国都有贸易顺差，但其外汇利润的一半都用来弥补对英国贸易的逆差了。英国政府取消了印度市场对来自兰开夏郡纺织厂的廉价机纺棉布的壁垒。尽管是印度在17世纪向英国消费者引进了棉布，但到了19世纪，印度成了英国棉布的最大买家。印度人由于无法在成品布料的价格上与英国人竞争，转而种植棉花以及靛蓝植物、黄麻、鸦片和茶叶用于出口，用这些收入来支付从英国进口的商品。英国政府得寸进尺，将卢比固定在有利于英镑的汇率上，然后让印度在伦敦的货币市场上借款修铁路，从而使更多的内陆地区向英国商品开放。这个世界体系积极地使庞大的印度经济去工业化。1750年，印度生产了

全球1/4的制造产品，而1880年仅为2.8%。雪上加霜的是，1857年暴动后，印度人不仅要支付看管他们的英国士兵的军饷，还要支付管理他们的欧洲人的养老金。

世界体系的确给印度带来了好处。南亚人购买英国商品，因为它们比当地产品便宜；印度企业家可以以低利率贷到款；到了19世纪90年代，英国资助修建的铁路有时甚至可以快速运送食物，从而在饥荒初起时予以缓解。但这些好处都是有代价的。为修建铁路而实施的大规模土方工程使成千上万条小河改道或被筑坝，留下的死水使蚊子大量繁殖。疟疾暴发，在1890—1920年夺去了2 000万人的生命，并使数百万人破产。一位历史学家称之为"发展致死"[38]。没人能假装印度人做了一笔好买卖。

到了19世纪60年代，印度每年仍在向英国转移数千万英镑，然而即便如此，英国每年仍有1亿英镑的贸易逆差。有这么多的账单要支付，尤其是进口食品和原材料，即使英国有庞大的出口量（或操纵与印度的关系）也无法保持收支平衡。事实上，如果没有最后一项发展，这个世界体系根本就无法运行。这最后一项发展就是当时人们所说的商业"伦敦化"。到1815年时，伦敦已经是世界上最容易筹集资金、寻找托运人、收集商业信息、雇用代理人和购买保险的地方。英国"无形的"服务贸易在18世纪规模就已经很大，在19世纪更是蓬勃发展，以满足世界体系的要求。商人们相信英国政府不会无耻地没收他们的现金（那些不守信用的国家的政府经常这样做），他们在伦敦囤积了大量金钱，银行家们在海外为这些金钱找到了出路。英国的对外直接投资在19世纪50年代可能达到了2亿英镑，到1870年达到7亿英镑，到那个世纪末超过了20亿英镑。

英国创造了惊人的财富，不仅弥补了进出口之间的差额，实际上到19世纪90年代时，英国的国际收支经常有1亿英镑的盈余。如果没有无形贸易，它的工厂、舰队和印度帝国将无法持续；但如果没有工厂、舰队和印度，无形贸易也无法运转。这个世界体系，就像是一场巨大而复杂的杂耍表演。玩杂耍的人都只能看到整体中的一小部分，不知道其他人在做什么，但他们一起重新绘制了地图。狄更斯在其关于傲慢、偏见与全球贸易的杰作《董贝父子》中所写的一段话，似乎表明事实的确如此：

> 地球是造来让董贝父子公司在上面做生意的，太阳和月亮是造来给他们光亮的。江河大海是造来供他们的船在上面航行的；彩虹是用来给他们预报好天气的；风是为了帮助或者反对他们的企业而吹的；星辰沿着轨道运转，是为了使以他们为中心的体系永远不受侵犯。普通的缩略语在他眼中有了新的意义，A.D.与公元无关，而是代表着董贝父子纪元。[39]

狄更斯与马尔萨斯

英国人创造的世界体系重塑了英国人。1801—1851年，英国的人口几乎翻了一番，但其工业生产和出口增长更快，与马尔萨斯悲观的预测相反，这意味着工厂主可以用外国人购买棉花、煤炭和铁的钱中的一部分，支付给工人刚够买面包的钱，即使是以《谷物法》保证的通胀价格。英国人在挨饿，但没有到饿死的地步，也没有停止生孩子。相反，他们涌入了工业城市，直到有史以来第一次一半以上的英国人都成了城市居民。伯明翰从7.1万人增长到了23.3万人，布拉德福德从1.3万人增长到了10.4万人。

迁入城市的乡下人总是会发现许多令人惊叹的东西，但从来没有像19世纪那样多。骄傲的工业巨头用华丽的市政建筑来装饰他们的家乡，铺上鹅卵石地面的街道，甚至通过用地下管道将煤气输送给路灯来照明。英格兰每一个体面的中心城镇很快就有了煤气灯（我的故乡斯托克在1825年成立了第一个煤气厂），威尔士、苏格兰和爱尔兰的若干城镇也是如此。然而，这个庞大的煤-气基础设施刚刚建成，就被伦敦的电灯实验抢了风头。19世纪30年代,伦敦人可以乘坐租来的马车在灯光明亮的街道上飞驰(交通状况允许的话);20年后,他们坐上了马拉的公共汽车;19世纪60年代,地铁出现了。

然而,19世纪的城市不仅在宏伟程度上不亚于此前任何时期的城市,在脏乱程度上也是如此。工厂里的工人大军需要上百万套新房子,但很少有城镇能管好这么多房子。收入较高的劳动者,如谢菲尔德的钢铁工人,居住条件较为舒适。尽管谢菲尔德"比一般的英国城镇脏得多"[40],但19世纪40年代的一位游客指出,"这里劳动人口中的每个家庭都有各自的住所,而且每个房间都布置得非常舒适,这是一种习惯"。他还补充道,实际上,"地板上都铺了地毯"。1800年左右,在诺丁汉,典型的工薪家庭只租两三个房间,但在19世纪20年代,随着蕾丝贸易的蓬勃发展,大多数家庭都搬进了有四五间屋子的房子。这位研究英国住房问题的著名历史学家总结道:"对越来越多的劳动力来说,住房标准不断提高,生活必需品的盈余也越来越多。"[41]

但并非所有人都如此。在劳动力廉价的地方,比如利物浦的码头,建筑是"抠门儿的"(当时人们这样称呼它)。甚至连街道也是可有可无的,房屋围绕着小到仅两米见方的"庭院",在现有房屋之间见缝插针地修建起来。19世纪40年代典型的"背靠背"式住宅有三层,每层有一个10平方米的房间,还有一个单独的、位于地下室的单间,供最贫穷的家庭居住(图8.6)。这样的一栋楼可能有几十个人合住。

看到"在离潮湿的地面约15厘米的地方,由薄且有裂隙的木板铺就的地下室地板;用未烧好的砖和泥灰砌成的薄墙,吸收着湿气并散发到住宅里;劣质的下水道毫无遮盖,排放出有害的气体",一位地区房产检视员总结道,"这些足以导致居民健康状况不佳了"[42]。1840年,英国人的平均寿命是40岁,但在被普遍认为是最不健康的城市——利物浦,仆人和劳工的平均寿命只有15岁(一半人在婴儿

图8.6 威斯敏斯特阴影下"抠门儿的居住条件":伦敦"魔鬼地"贫民窟

资料来源:Gustave Doré and Jerrold Blanchard, *London, a Pilgrimage,* 1873,British Library

时期夭折,很少有幸存者活过30岁)。利物浦的情况非常严酷,即使是中等阶层的商人平均也只能活22年,绅士为35年。在伦敦,大众的疾病也传染给了富人:霍乱在1832年席卷了这个大都市,煤烟和雾混合成令人目眩的"豌豆汤"雾霾,这在狄更斯的小说《荒凉山庄》中有生动的描述,雾霾使首都陷入瘫痪,导致所有阶层的老人都纷纷亡故。

我们可能会疑惑,为什么有人会觉得因狄更斯之笔而永远被人们铭记的悲惨世界比英国乡村更好,答案显而易见:乡村的情况甚至更糟。自中世纪以来,生活水平几乎没有变化。一位游客评论道:"从艺术家的角度来看,乡村风景如画且一派和谐,但村舍和大多数其他方面都是英国的耻辱。"[43]对工业化持反对态度的威廉·科贝特,也认识到威尔特郡的"劳动者看起来穷得可怜。他们的住所比猪窝好不了多少,他们的外表表明他们的食物远不如猪"[44]。在莱斯特郡,他看到的是"泥和稻草建的棚屋……里面极少有椅子或凳子；残破的木板钉在一起当桌子用；地面上铺着卵石、碎砖，或者直接裸露着；那个叫作床的东西很简陋，居民的衣服很破"（图8.7）。

图8.7 "阿卡迪亚的牧羊人"：多塞特郡布兰德福德附近一间农舍的内部（1846年）

资料来源：Alamy

人们搬到城市是因为他们有能力这样做。对许多人来说，人口增长意味着要么面临狄更斯笔下的城市苦难世界，要么面临马尔萨斯笔下的饥饿乡村。尽管我们可能会为狄更斯笔下的小耐尔或小蒂姆，甚至12岁就被送进擦鞋工厂的狄更斯本人掬一捧同情之泪，但我们更应该为蒸汽动力和城市尚未到达的群岛区域的人们流下更多的眼泪。当1836年苏格兰高地庄稼歉收时，成千上万的人面临着古老的选择，要么在家乡饿死，要么从水路逃离。10年后在爱尔兰，面临这种选择的人数是数百万。

爱尔兰是最符合马尔萨斯理论的地方。很大程度上得益于土豆，它的人口增长速度比岛上其他任何地方都快，从1800年的500万增长到了1820年的800多万。但农村的贫困程度远远超过了科贝特在英格

373

兰看到的情况（图8.8），而且，由于英格兰的蒸汽动力棉纺厂削弱了都柏林、贝尔法斯特和科克的老式纺织厂，爱尔兰到1840年时实际上在去工业化。因此，当真菌致病疫霉于1845年从美洲传来时，饱满结实的土豆变成了无法食用的黑色黏液，随之而来的"积极抑制"（马尔萨斯对饿死的委婉说法）达到了几个世纪以来最严重的程度。数千人饿死，伤寒和痢疾夺走了100万人的性命，更多的人乘船去了英格兰或美洲。

图8.8 极端马尔萨斯主义者：19世纪晚期多尼戈尔郡的一座摇摇欲坠的小屋
资料来源：Alamy

马铃薯枯萎病来袭时在位的首相是罗伯特·皮尔爵士，他试图从印度调粮食到爱尔兰，并投入大量资金建设公共工程，以使人们有工资购买食物，但由于爱尔兰农村缺乏基础设施，此举未能奏效。他的继任者约翰·拉塞尔勋爵对于他所谓的"影响19世纪人口的13世纪饥荒"[45]，不再采取任何措施。英国一些马尔萨斯主义者实际上欢迎"抑制"作用。"我一直对政治经济学家感到某种恐惧，"牛津大学一所学院的院长后来说，"因为我听到他们中的一个人说，爱尔兰的饥荒不会导致超过100万人死亡，这几乎不足以产生太大好处。"[46]直到1997年，过了150年，才有一位英国首相就官方不作为公开表示了歉意。

这就是世纪中叶的英国。一方面，它统治着一个日不落帝国；另一方面，它让英国人像中世纪的农民一样潦倒和挨饿。创刊于1843年的《经济学人》杂志认为"我们的命运被安排在本世纪的前50年是一种幸福和荣幸"，因为"18世纪和19世纪之间的差异，比1世纪和18世纪之间的差异更大"[47]。他们说得对。然而，法学家白芝霍特在同一时期只看到"人们并不比两千年前的大多数人文明多少"[48]。他说的也是对的。散文家托马斯·卡莱尔总结道："英国的状况……被公正地视为世界上有史以来最不祥的状况之一，也是最奇怪的状况之一。"[49]

欧洲的硬衣领

对这一景象进行了观察的两位观察家——马克思和恩格斯，于1848年得出的结论是："但是，现今的这个时代，即资产阶级时代，却有一个特点，就是它使阶级矛盾简单化了：社会日益分裂为两大敌对的阵营，即分裂为两大相互直接对立的阶级：资产阶级和无产阶级。"[50]对繁荣的追求重塑了身份认同，推动了对新型主权的要求。

在马克思和恩格斯看来，通过将穷人推进工厂，资本主义"无情地斩断了把人们束缚于天然尊长的形形色色的封建羁绊，它使人和人之间除了赤裸裸的利害关系，除了冷酷无情的'现金交易'，就再也没有任何别的联系了。它把宗教虔诚、骑士热忱、小市民伤感这些情感的神圣发作，淹没在利己主义打算的冰水之中。"但这是为了什么目的呢？马克思和恩格斯接着说道："这个曾经仿佛用法术创造了如此庞大的生产资料和交换手段的现代资产阶级社会，现在像一个魔法师一样不能再支配自己用法术呼唤出来的魔鬼了。"现在"挤在工厂里的工人群众就像士兵一样被组织起来。……工业进步，使工人通过结社而达到的革命联合代替了他们由于竞争而造成的分散状态",结果是:资产阶级"首先生产的是它自身的掘墓人"。

当100万工人在请愿书上签名要求一人一票选举时,议会拒绝了;当300万人签署了新的请愿书时,议会再次拒绝了。惊慌失措的政客们将劳工组织者投入监狱,或者将他们运送到澳大利亚。发动暴动者遭到了枪杀,一次对皮尔的拙劣行刺杀死了他的秘书。然而,英国无产阶级仍然没有埋葬资产阶级,部分是出于传统原因——好天气带来了更大的收成和更便宜的面包,但更多是出于新的原因。1811—1861年,采矿业、制造业、建筑业、贸易和运输业创造了420万个新工作岗位。大部分功劳要归于政治精英。辉格党(或者称为自由党,他们越来越喜欢人们这样称呼他们)从问题中看到了机遇,于是联合号召革命。这些人绝非社会主义者。(嗜茶的)格雷伯爵于1830年组建的辉格党内阁,可能是英国有史以来最富有的内阁。他们的想法是建立一个乡村贵族和城市中产阶级的联盟,将自由党从金融和世界主义转变为为自然统治阶级发声,这将使反动贵族和革命的无产者都安分守己。

格雷认为,这个统治阶级应该包括80万资产收益为每年10英镑的男性——这些人在英国男性中占比不到1/6,但数量是目前拥有投票权的男性的两倍。旧贵族和80%左右的底层民众都不同意,有时还会对自由党的计划发动激烈抗议。军队花了三天时间才从暴乱者手中夺回了布里斯托尔的街道。然而,骚乱将精英们的注意力集中到了需要做什么上,在两年三次选举后,1832年通过了《大改革法案》。

这改变了议会的运作方式。大约从1700年开始,每位君主都挑选一位首相,其职责是组建一个内阁,通过任命职务、说服或腐败行为,努力将王室的意愿转化为议会的法案。18世纪的选举很重要,因为除非当选的议员支持首相,否则首相对国王毫无用处,但选举人的声音只是这个制度中的若干要素之一。《大改革法案》改变了这一点,它使议员们确信,人民的授权胜过王室的意愿。因此,当威廉四世在

1834年解散了墨尔本和他的辉格党政府，任命保守党人罗伯特·皮尔接替首相职位时，皮尔发现自己根本无法执政。此后就没有国王再尝试这样做了。上一次因君主去世而自动举行的选举是在1837年，而1839年是最后一次统治者仅仅因为不喜欢首相就罢免他（又是皮尔）了。

皮尔得出了一个显而易见的结论：托利党（或者称为保守党，他们开始这样称呼自己）必须争取新选民的支持。就像辉格党一样，他们需要重塑自我。皮尔的计划是维护托利党支持传统、教会和王室的政党形象，但同时也通过利用自由贸易问题使他们看起来对商业友好，自由贸易问题曾是辉格党讨论的焦点。因此，在1846年，他在自由主义方面超越了自由党人，废除了《谷物法》。他知道，这会分裂他的政党，因为保守党中的地主们永远不会原谅他的背叛；但他赌的是，从长远来看，保守党将取代自由党，成为中产阶级的代言人，而中产阶级正在按照自己的形象重塑英国。

几千年来，一个人发了财后做的第一件事就是模仿上流社会。很多人仍然这样做，但更多的人不再这样做了。白手起家、自信自尊的新中产阶级确立了一种做英国人的新方式。1859年最畅销的书不是约翰·斯图亚特·穆勒的《论自由》，也不是查尔斯·达尔文的《物种起源》，而是塞缪尔·斯迈尔斯的《自助》，这是一本为有抱负的资产阶级提供指导的书。斯迈尔斯提醒读者："天助自助者。你去照着做吧。"[51]现在重要的不是一个人的背景，而是他把事情办成的能力。斯迈尔斯解释说："自助精神表现在个人的积极行动中，历来是英国人性格的显著特征，是衡量我们作为一个国家的力量的真正标准。"斯迈尔斯说，做一个英国人就要脚踏实地，不能像那些软弱无能的欧洲大陆人一样。当听到一个法国人称赞衬衫褶边发明者的天分时，斯迈尔斯评论道，一个更聪明的英国人会"敏锐地指出，衬衫的发明者也有一些功劳"。

也许是受英国现在出口的数百万件棉制衬衫的影响，外国人越来越多地表示赞同。《自助》不仅被翻译成了欧洲的每一种主要语言，还被翻译成日语、阿拉伯语、土耳其语和多种印度方言。埃及总督用语录装饰他的宫殿，这些语录不是来自先知，而是来自斯迈尔斯。另一位外国人，波兰诗人尤利乌什·斯沃瓦茨基，认同英国人的特性现在就是严肃、认真的中产阶级风格的缩影。"如果欧洲是一位女神，"他写道，

> 那么那不勒斯就是她明亮的蓝眼睛，
> 华沙是她的心……
> 巴黎是她的头，
> 伦敦是她上了浆的硬衣领。[52]

维多利亚女王是斯迈尔斯心目中古板、勤劳的新世界的完美君主。（她把《自助》的续篇《工程师的生活》作为结婚礼物送给了她的德国女婿。）当《泰晤士报》将维多利亚与她的三位前任（"愚人、浪子和小丑"[53]）进行比较时，称她为"新型统治者"。按照公认的古怪的王室标准，她是极其正常的。她在苏格兰高地度假地巴尔莫勒尔时最为快乐。"他们住在这里，不讲究任何身份，"一位极其尊贵的访客记录道，"就像很小的上流家庭，小宅子、小房间、小阵仗（实际上，这是一座有七层塔楼的城堡）。"[54]一些贵妇人嘲笑她古板的"巴尔莫勒尔之风"，但更有思想的观察家认为，这是将"君主的骄傲降到了卑微生活的水平"[55]。例如，当维多利亚在1858年访问利兹时，《利兹信使报》的编辑热情洋溢地赞扬道："她是一位如此高尚和纯粹的贤妻良母，并且很好地履行了她的职责，她是英国主妇们最光辉的典范。"[56]

高官显贵们看清了风向后，也开始巴尔莫勒尔化了。参加决斗的内阁大臣们下台了（1809年就有两位大臣这样做了），甚至帕默斯顿对拳击、赌博和嫖娼的喜爱也变得令人尴尬。相反，当这个国家最显

赫的贵族说他找了一份工作是因为他无法忍受做一个"悠闲的绅士"[57]时,很少有人表示惊讶了。到1908年时,童子军的创始人罗伯特·巴登-鲍威尔不无讽刺地吹嘘英国的"冷漠、爱抽烟斗的男子汉气概,不为恐慌或兴奋所动,在最危险的地方也是可靠的"[58]。当然,并不是所有人都买账。纨绔子弟很难灭绝,更激烈的17世纪式的狂热也依然存在。但是渐渐地,野性转入了地下,吸烟斗也变得很酷了。

教育家托马斯·阿诺德在19世纪30年代提出,关键在于向贵族子弟灌输"宗教和道德原则,以及绅士风度",再加上"第三点,智能"[59]。英国学校以前并不以绅士行为著称:1770年在温彻斯特,国民卫队不得不向男孩们宣读《骚乱法》,以示严重警告。但阿诺德开始将他在拉格比创办的学校打造成一个新统治阶级的孵化器,将基于出身的旧精英和斯迈尔斯式的新精英融合起来。"只有在英国,这种有益的阶级融合才会发生,"他的儿子写道(所谓"阶级",是指资产阶级和贵族阶级),"卖瓶子的商人的儿子和金雀花王朝家族的孩子一起长大……最终前者很可能靠自己的力量成为一名勋爵。"[60]

阿诺德在这方面的成功或许有限(20世纪80年代,我的一个朋友在拉格比学校教了一年书,说基于出身的旧精英们似乎还是表现得更好一些),但托马斯·休斯的小说《汤姆·布朗的学生时代》中虚构的阿诺德,确实改变了中产阶级对学校教育的看法。在休斯的幻想版拉格比学校中,"新鲜、勇敢的学校生活充满了比赛、冒险和友谊"[61],把顽固、任性的汤姆变成了巴尔莫勒尔式的父母想要的基督教绅士。《泰晤士报》称《汤姆·布朗的学生时代》是"每一个英国父亲都希望在他儿子手中看到的一本书"[62],当这本书到达成千上万个男孩手中时,校长们的反应是让生活模仿艺术。19世纪70年代,一名法国游客在离开伊顿公学时,深信"在比赛中学习指挥的男孩,是在学习指挥印度"[63]。

像拉格比这样的学校教导男孩们在行为和外表上要冷静和严肃。18世纪的英国人更热衷于礼貌而不是浮华,已经开始远离法国宫廷的孔雀式华丽，但在19世纪，一种可识别的"英国式"外观——更朴素、更实用，完全是中产阶级的——彻底推翻了欧洲大陆主宰时尚的主张。自1700年以来一直在衰退的男式假发，在1800年后就完全过时了。那个时代最著名的服装师——"情郎"乔治·布莱恩·布鲁梅尔吹嘘说："我，布鲁梅尔，让现代男人穿上了长裤、深色外套、白色衬衫和干净的内衣裤。"[64] 但实际上，他只是忙着重塑"英国人"形象的一群人中的第一个。伦敦萨维尔街和杰明街的新时尚裁缝店，出售剪裁考究的定制西装，搭配高帮黑森靴、上浆的白衬衫和打好结的领带（图8.9）。出现了像《打领带的艺术》这样的书。一些人通过添加花哨的马甲和高得不可思议的衣领来"美化"新形象，但另一些人将其简化为即使是熟练工人也能做到的"令人尊敬"的样子。

图8.9 穿得黑白分明的男人：英国人最时髦的样子（1856年）

资料来源：Creative Commons

从一个工人变成穷人的"情郎"布鲁梅尔，当然是一件不容易的事，但这正在成为可能。19世纪40年代末，当马克思和恩格斯撰写《共产党宣言》，狄更斯讲述的穷人悲惨故事赢得最广泛读者的时候，经通胀调整的工资最终恢复到了三个世纪前黑死病刚刚结束时的高水平。而且这并不是短期的波动：工资继续上涨，在1850—1900年，大多数人的工资翻了一番。即使在那个世纪末，英国工人的平均收入仍然只有4 500美元（以1990年美元计价），但已经比世界其他任何地方的人都多了。英国各阶层的人都在买更多的东西，使维多利亚时代的客厅变得凌乱不堪。最重要的是，他们买得起更多的食物了。典型的工薪家庭每星期只吃一次肉，但男性每天摄入的能量从1850年的2 350卡路里上升到了1900年的2 850卡路里。人的预期寿命也随之增长，从1850年的40岁增长到了1900年的48岁。

这些改善很大程度上源于随着市场的成熟，就业渐趋稳定，缓和了"饥饿的40年代"①后繁荣与萧条的波动。更好的机器和组织增加了每个工人的附加值，而且，如果企业员工罢工，老板和政府都会变得更愿意谈判，而不是坐失这些收益。担心资本家之贪婪的激进辉格党人，与托利党中的地主达成共识，热衷于修剪商人的羽翼，并推动通过了一项《工厂法案》，将13岁以下的儿童每周的工作时间限制在48小时。不久之后，妇女和10岁以下的男孩被禁止在矿山工作。1867年，选举权扩大到了大多数男性户主（无论是租户还是屋主），选民人数大约翻了一番。第二年，无数的小工会联合成单一的英国工会联盟，为所有工人争取并实现了全国性的"银行假日"。大多数工厂还允许周六下午休息。19世纪70年代，成年人每周的工作时间稳定在56小时——很多，但比以前少了。左翼知识分子在19世纪80年代成立了社会主义联盟和费边社；作为回应，工人们在1900年成立了无产阶级的劳工代表委员会。

---

① 指19世纪40年代中期，欧洲北方因马铃薯枯萎病造成的马铃薯歉收所引发的饥荒。——译者注

许多保守党人担心工人们会出格。自由党人也认同这一点，但倾向于认为这是一个工业化国家需要有文化、有思想的劳动者的小小代价。第一部《教育法》于1837年通过。14年后，典型的上层社会或中产阶级的男孩仍然只上6年学，下层阶级的男孩只上4年，但到了1870年，英格兰和威尔士已经有足够的公立学校接纳13岁以下的男孩和女孩。苏格兰在1872年也接受了类似的法律，不过没人认为这样的法律对爱尔兰有必要。那时，公共卫生检查员已经任命，警察队伍已经建立，对几乎所有非暴力犯罪的死刑已经废除，将犯人流放到澳大利亚也已经结束。不列颠群岛正在变成更友好、更雅致的国家。

也许是因为穷人受到了更负责任和更有敬意的对待，他们也开始表现得更有责任感和更值得尊敬。1850—1900年，凶杀率几乎减半，抢劫、盗窃和杀婴事件也大幅减少。甚至私生子的数量也在减少，尽管生育整体都在减少。这几乎是一种社会学定律：随着人们越来越富有，生育的孩子也越来越少（1860—1900年，每桩婚姻生育的孩子数目从6个下降到4个），父母在每个孩子身上投入了更多的时间和精力。禁酒更难推广，19世纪30年代的"啤酒恐慌"引发了一个世纪前的杜松子酒热潮，但1870年后饮酒量开始减少了。"英国无产阶级实际上日益资产阶级化了。"[65]恩格斯向马克思抱怨道。

他说得对，英国人越来越认为自己是守法、宽容、理性的人了。外国人常常觉得其中的某些部分不可理解，比如善待动物，但斗鸡、斗牛、斗熊和耍獾游戏，以及虐待牲畜还是被禁止了。防止虐待动物协会甚至请到了维多利亚女王作为其赞助人。接受寄宿学校对团队运动的痴迷，为工人阶级提供了更多的上升为中产阶级的途径（1851年，兰开夏郡法院确认："在板球运动广泛开展的地方，犯罪率很低"[66]）。然而，中产阶级对这种向上流动仍保持谨慎。板球俱乐部小心翼翼地将"绅士"（中产阶级业余爱好者）和"球员"（挣工资的无产者）区分开来，给他们各自安排了通往球场的门。橄榄球发展出两套截然不同的规则，一套是南方中产阶级球队更偏爱的"联盟"规则，另一套是北方平民球员喜欢的"联合会"规则。英式足球一开始非常相似，但在1892年，一个由挣工资的"职业球员"组成的北方足球联盟，吞并了一个由"绅士"组成的南方足球协会。从那以后，足球就成了一项自下而上的运动，"小伙子们"在周六下午休息时参加比赛和观看比赛。报纸在1885年就已经在谴责足球流氓了，而20世纪70年代在球迷中流行的对抗性训练在第二年就上了新闻。

尽管发生了这些重大变化，评论家们最关心的还是宗教身份认同。一位传教士在1854年欢呼道："上帝啊，我们感谢您，我们不像其他民族那样不公、贪婪、暴虐、残忍，我们是信教的人，我们是读圣经、上教堂的人。"[67]然而，当人口普查员于1851年调查时，他们发现在3月30日礼拜日那天，英格兰和威尔士原本可以去教堂的人中只有一半去了（苏格兰去教堂的人更多，爱尔兰更是多得多）。去教堂成为一种选择，而不是英国人身份认同的核心部分。（伦敦的一名小贩在被一位改革家问及是否知道圣保罗是什么时，回答道："一座教堂，先生，我听说过。但我从来没去过教堂。"[68]）

即便如此，19世纪中叶对英国国教衰落的担忧还是被夸大了。英国人没有成为异教徒，而是重新定义了宗教，认为宗教仍然重要，但是更私密。圣诞节是最好的展现。当然，这仍然是一个宗教节日，但在19世纪40年代，节日的重心从教堂转移到了家庭，并采取了新的形式，将耶稣诞生的喜悦融入了对家庭生活、善行和富足的更广泛的庆祝中——在工业革命颠覆了许多其他价值观时，这些才是一定要坚持的最重要的事情。人们发明了新的仪式（如鹅、礼物、葡萄干布丁）和专门为圣诞谱写的美妙"颂歌"，而不是用日常的赞美诗。《一旦到了皇家大卫城》《冬青树与常春藤》和《好国王温塞斯拉斯》都是在1848—1853年发表的，18世纪的歌曲《欢乐世界》和《听！先驱天使在歌唱》等，在1839—1840年被用欢快的新曲调进行了修饰改写。今天的经典歌曲中只有几首（《上帝保佑你们快乐，先生们》和《第一个圣诞节》）要早得多。1843年，不仅印刷了世界上第一批商业圣诞卡，而且出版了狄更斯的中篇小说《圣诞颂歌》[书中将"Merry Christmas"（圣诞快乐）确立为标准的节日问候]。19世纪40年代后期出现了最伟大的创新——装饰松树。爱沙尼亚人可能从1441年就开始装饰树木了，立陶宛人肯定是从1510年开始装饰的，但直到1841年维多利亚女王的德国丈夫艾伯特在温莎城堡装饰了一棵树，英国人才注意到这一点。1848年，《伦敦新闻画报》刊登了一幅王室成员围着圣诞树的图画，这一习惯迅速传播开来（图8.10）。

图8.10　圣诞节巴尔莫勒尔化：家庭、爱和富足围绕着圣诞树（1848年）

资料来源：Creative Commons

起初，圣诞节的新概念就像工人阶级运动员一样充满争议，保守的基督教徒把拜神隐喻成更大的"英格兰状况"问题。19世纪60年代互相竞争的首相格莱斯顿和迪斯累里，在19世纪30年代都因著有关于教会和国家的书籍而出名。一些人认为,拯救的办法在于公立学校中正在推广的那种强有力的基督教,传教士们不仅把它带到了印度和非洲(利文斯通博士的冒险始于1852年),还带到了英格兰的内陆城市;另一些人则被"牛津运动"所吸引,这是圣公宗的一种,太过高深,以至很难与罗马天主教区分开来。这场运动对传统的痴迷的确招致了许多恶搞(比如在托马斯·洛夫·皮科克的小说《古怪城堡》中,主人公锁子甲先生坚持认为,自12世纪以来,一切都在走下坡路),但当几位运动领袖公开表示支持罗马天主教时,搞笑风潮便消退了。教皇抓住时机在英格兰任命了已经缺席三个世纪的天主教主教。尽管"最早的欧盟"已有150年与英格兰几乎毫不相干,英格兰也几乎没有天主教徒了,但这种对身份认同和主权的明显攻击引发了公众舆论。首相谴责"教皇的侵略"是"企图把罗马的枷锁加在一个长久以来高尚地维护了其言论自由权利的国家身上"[69]。

要不是英国人担心天主教徒逃离饥荒中的爱尔兰,几个牛津学者的奇谈怪论似乎并不值得大惊小怪。历史学家常说,如果西班牙是拿破仑的溃疡,爱尔兰就是英格兰的脓疮。既不能将它从联合王国中剔出,由于对后门安全的关切,又无法将它吸收进新的"上了浆的硬衣领"般的身份认同。英国到了1829年才赋予天主教徒平等权利,发现这已经不足以让他们与联合王国和解(如果曾经和解过的话)。1834年,两届政府都因爱尔兰问题而垮台,当皮尔——也许是英国有史以来最好的首相了——在1846年被自己的政党赶下台时,他既栽在了经济上,又栽在了爱尔兰上。"我们减少了对农业的保护,并试图为爱尔兰的和平奠定基础,"他反思道,"由此招致的怨恨,是无法弥补的。"[70]当格莱斯顿在1868年成为首相时,爱尔兰问题再次成为立法议程中的首要议题。此前一年,爱尔兰共和兄弟会在英格兰发动了第一次爆炸行动。

然而,即使是爱尔兰也无法削弱19世纪中叶英国人令人敬畏的自尊。"为什么一个爱尔兰人或一个法国人对英格兰的仇恨不能激起我的仇恨呢？"[71]历史学家托马斯·巴宾顿·麦考利在日记中问道，"我想是我的民族自豪感阻止了它。英国如此伟大，以至一个英国人不在乎别人对她的看法，或者他们如何谈论她。"帕默斯顿也在议会下院说："从来没有一个时期，英国比现在更受尊重……因为她的诚信、温和与坚定。"[72]

麦考利和帕默斯顿几乎招致了像牛津运动一样多的恶搞，但他们有自己的道理。1815—1865年，英国根据麦金德地图重新安排了世界秩序。当我外祖父在20世纪70年代开玩笑说英吉利海峡的大雾把欧洲大陆隔绝开来时，或者"脱欧派"在2016年满怀诗意地高谈阔论，如果英国能逃离欧盟的陷阱，将会取得什么样的成就时，他们都是在以帕默斯顿的眼光来回应当今世界，但帕默斯顿看到的那个世界正在飞快地逝去。当帕默斯顿于1865年去世时（他走得很潇洒，留下了一句不朽名言："死亡？我亲爱的医生，这是我该做的最后一件事！"[73]），聚集在一起为他送行的高官显贵都肃穆地认为，他的去世标志着一个时代的结束。"我们平静的日子一去不复返了，"一位前财政大臣在墓旁说，"我们再也没有和平了。"[74]

第9章
新世界向前进
（1865—1945年）

奇怪的失败

哀悼帕默斯顿的人们之所以沮丧，并不是因为他极力捍卫的世界体系正在衰落，而是因为它运转得太好了。英国仍然拥有世界上唯一显著工业化的经济体，通过生产比其他任何经济体都更便宜、更优质的商品和服务，并说服外国人来购买，继续保持着繁荣发展。外国人要买，当然需要钱，而且他们最可靠的繁荣方式便是模仿英国，走向工业化，于是英国金融家借钱给他们来建立自己的化石燃料经济，便是理所当然的了——特别是因为这些钱的大部分将用于购买英国的机器、煤炭和专业技术。

这就是自由贸易的荣耀；然而，自由贸易也意味着为竞争对手的崛起提供资金。19世纪60—70年代，美国和德国通过战争各自获得统一后，创造了巨大的国内市场，而英国的投资也促进了它们工厂的工业化，并使工厂由铁路连接起来。到了19世纪80年代，美国和德国的工业生产率都比英国增长得快；1907年，美国实际上已经领先了（图9.1）。

因此，形势令人忧虑。帕默斯顿墓旁的人们清楚地意识到，以往财富和权力平衡的所有转变都以战争告终，无论是从罗马到德意志，

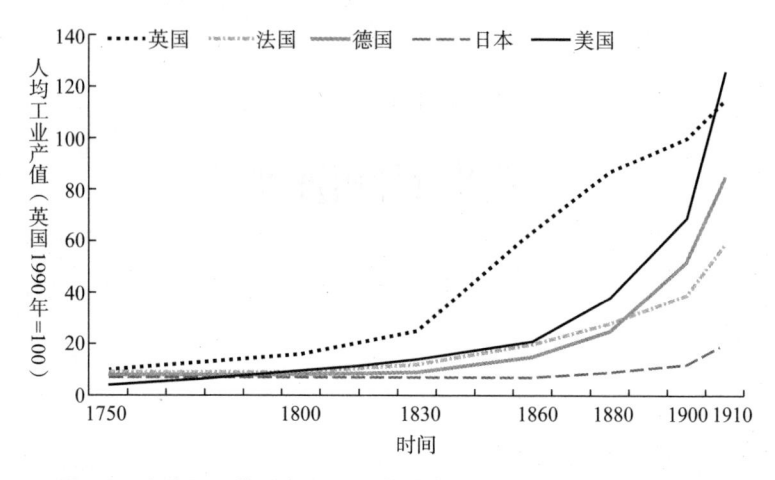

图9.1 大趋同：英国在19世纪蓬勃发展，但其他国家发展得更快

从西班牙到法国，还是从法国到英国（图9.2），而现代陆军和海军的杀伤力预示了这一次情况会更糟。事实的确如此：英国及其盟友为击退德国的挑战而进行的两次世界大战，至少导致了1亿人丧生。然而，意义同样重大的是英国与美国之间同时进行的一场平行战争。这场战争没有死人，因为战斗发生在董事会会议室、股票交易所和工厂里。这场规模巨大的战争于20世纪上半叶分出了胜负，以英国的惨败告终——但这将是一场多么奇怪的失败啊！

衰退

在德国或美国投资和销售，与向印度大量倾销商品或修建基础设施，如苏伊士运河（1869年开通）或孟买—加尔各答铁路（1870年通车），是截然不同的主张。印度人和埃及人无法保护自己的工业不受英国低成本竞争的影响，也无法阻止现实生活中的董贝们利用运河和铁路来降低运输成本。然而，德国和美国政府可以（也确实）把关税和运费当作武器，只从英国购买他们想要的东西（煤、铁、机器），同时使其他进口产品比当地生产的替代品更昂贵。

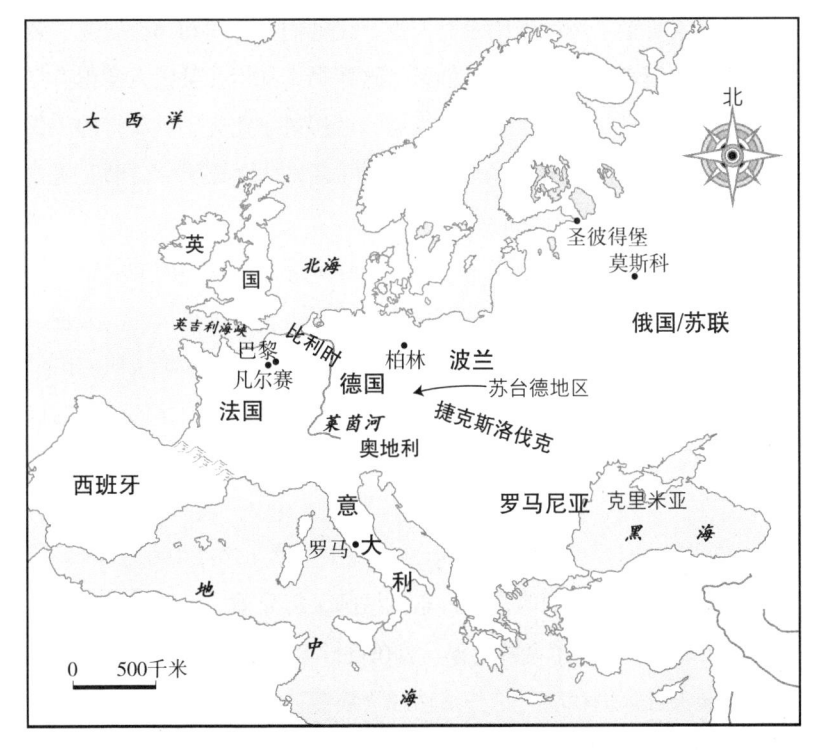

图9.2 欧洲舞台（1865—1945年）

英国本可以用自己的关税进行报复，但很少这样做，因为它的世界体系依赖于英国消费者能够以低廉的价格购买进口商品（尤其是食品），这样他们就可以集中精力从事更有利可图的活动（如采煤或卖保险）。外国关税操纵着市场，对英国不利，但不列颠群岛的煤炭比德国多，资本比美国雄厚，在工人素质上有压倒性的优势——经过几代人在工作中受到的训练，工人们养成了第六感，知道什么时候该关闭阀门或拧紧线轴，以保持发动机和织布机运转。

然而到了19世纪80年代，很明显，在关税壁垒背后，美国人和德国人在围绕董贝们的优势想办法。德国转向技术教育，传授给工程师足够的科学知识，以设计出烧煤比英国更少的机器。美国人发明了管理科学。企业家们不是把自己的资本投入家族企业,而是通过出售股票来筹集资金,然后雇用专业人士,让他们在时间和动作研究、装配线及其他新奇想法方面不断创新。这些书本知识让英国人觉得有点滑稽,但是在光学和化学等前沿行业,运用科学比凭感觉获得的效果更好。到了19世纪90年代,显得滑稽可笑的,就是信奉自助、得过且过,还鼓励业余爱好者的英国了。

高新技术产业背后的许多进步,实际上都始于英国的实验室,但通常是美德的实业家获得了最大利益。1885年,英国机械师们完善了自行车的结构,德国工程师戈特利布·戴姆勒和卡尔·本茨研究出了如何在轻型内燃机中燃烧汽油——汽油当时还是用于灯具的煤油的低价值副产品。美国人通过将这两种技术结合起来而致富。1896年,汽车的速度非常慢,以至在第一次美国汽车比赛中,起哄的人都大喊:"去拉匹马来吧!"[1]但在1913年,美国工厂就生产了100万辆汽车。那时,来自俄亥俄州的两位自行车机械师莱特兄弟,已经给汽油发动机装上了翅膀,将这个奇妙装置安装在自行车底盘上,让它飞了起来。

英国银行家仍在靠为这些活动融资而赚钱,但美国人和德国人赚得更多。就总体规模而言,美国经济在1872年超过了英国,德国在1908年也超过了英国。甚至遥远的日本也在迎头赶上,当吉尔伯特和沙利文在1885年写下他们的喜剧《天皇》时,日本看上去还非常奇怪、落后和滑稽,然而,到了1913年,其经济规模达到了英国的1/3。

自由贸易者坚持认为,涨潮会将所有船只抬升起来,但到了19世纪80年代,情况变得越来越明显,一些船只的抬升速度比另一些快,一些经济体花钱让海军增加舰船的速度比英国快。1815年,英国皇家海军拥有的战列舰数量超过了世界其他国家的总和,但1880年,仅略多于紧随其后的三国(法国、俄国和美国)海军的总和了,1910年,仅略多于其后两国(德国和美国)海军的总和。更糟糕的是,外国舰船不仅数量越来越多,质量还越来越好。为捍卫其管理海上航道和打破封锁的能力,英国支付的账单数额也正令人担忧地高涨。

不列颠群岛在航海技术上领先了世界一个世纪。英国在1840年向中国派出了世界上第一艘全铁战舰（"涅墨西斯"号），在1854年向克里米亚派遣了第一艘带螺旋桨的蒸汽动力战列舰，但其竞争对手很快就仿制了这些战舰。英国皇家海军军舰"勇士"号于1860年下水，是海上最大、最快、火炮最重的船只，但还不到12个月，其他国海军就开始建造能穿透其11厘米装甲的火炮了。创新激发创新。英国皇家海军军舰"朴次茅斯"号于1871年下水，完全取消了桅杆和船帆，将火炮安置在巨大的旋转炮塔中；"亚历山德拉"号于1877年下水，装载了新发明的鱼雷发射管。1900年，英国委托建造了第一艘潜艇（由一名爱尔兰民族主义者在19世纪80年代设计，用来击沉英国船只）。英国皇家海军军舰"无畏"号于1906年下水（图9.3），它的速度之快，装备和装甲之精良，令海上的所有其他船只相形见绌——但仅仅持续了一年，德国就开始建造自己的无畏舰了。1911年，年轻的海军大臣温斯顿·丘吉尔让军舰改用燃油发动机，其性能

图9.3 别惹英国：英国皇家海军军舰"无畏"号（1906年下水）上的10门12英寸口径大炮中的两门，它们能够将炮弹射出近20千米。其顶部是27门12磅炮中的两门，用于防御灵巧的新型鱼雷艇的攻击

资料来源：Library of Congress

优于燃煤锅炉，但也使英国巨大的煤炭储量变得无关紧要。英国海军现在需要保护通往印度尼西亚、波斯，尤其是美洲油井的漫长海上航道。

从19世纪60年代开始，英国的国民情绪就变得低沉起来，因为诸如德国和美国等竞争对手正在采用和改造英国的技术和组织，以开展自己的工业革命，这改变了地理的含义，使英国更难留在麦金德地图的中央了。可以肯定的是，英国这时仍然是一个不可或缺的国家：它的商船、战舰、海军基地、外国资产、资本储备、通信网络、工程师和银行家仍然主宰着世界。它的科学实力和软实力正处于巅峰。1897年，就连它最强硬的死对头们也参加了维多利亚女王登基60周年的庆祝活动。但没有人会怀疑，世界的竞争正变得越来越激烈。

有两种形式截然不同的分析。一种观点关注身份认同，认为自1870年以来，随着自信让位于自我怀疑，英国人已经失去了优势。在一篇题为《解体》的极具影响力的文章中，保守党最高领袖索尔兹伯里勋爵提出，因为英国赋予了大多数工人投票权，所以"群众"和"阶级"之间的冲突是不可避免的。他说，结果将是剥夺"教士、地主、酒店老板、制造商、马主人、铁路股东、基金持有人"[2]的权益（将这些人并列在一起很奇怪，但他的观点很清楚）。爱尔兰将分离出去，随后是"我们帝国的其他庞大分支"。另一种悲观主义观点将衰退归咎于商业能源的损失。E.E.威廉姆斯写于1896年的畅销书《德国制造》，预言英国商品将被更为质优价廉的德国商品从世界货架上取代，而W.T.斯特德1901年出版的《世界的美国化》，预测的正是其书名所述内容。最令人震惊的是，帝国杰出的诗人吉卜林有感于维多利亚女王的钻禧庆典，写下了一首极度痛苦的《衰退》，认为英国已经背离了上帝，只能预见到衰落、失败和被遗忘：

我们的海军消失在遥远的地方；
在沙丘和岬角上，火在下沉；
看哪，我们昔日的辉煌，

不亚于尼尼微和泰尔！
万民的审判者，宽恕我们吧，
以免我们遗忘——以免我们遗忘……

为了异教徒的心，把她的信任寄托在
被烟熏黑的炮管和碎铁片上——
所有勇敢者的尸体，都建立在尘土之上，
守护着，并不呼唤你去守护——
主啊，宽恕你的民众，
为他们疯狂的吹嘘和愚蠢的话语！[3]

但其他分析人士只看到了一个更简单的安全问题。从乔治·切斯尼的《多金之战》（1871年）到威廉·勒丘的经典著作《1910年的入侵》（1906年在《每日邮报》上连载的"未来历史"系列小说），一些作家在说服自己——以及成千上万的读者——德国的进攻迫在眉睫。勒丘的故事在公众舆论中引发了极大不安，以至财政大臣、枢密院院长、外交大臣、陆军大臣和海军大臣在1907—1908年开了16次会，汇编了一份报告来驳斥他（在这项工作上，P. G. 沃德豪斯1909年的恶搞作品《突袭！或者克拉伦斯是如何拯救英格兰的》做得更好）。

在海军部，意志更坚强的人们得出结论，被烟熏黑的炮管和碎铁片必须迎接这些挑战。脾气暴躁的第一海务大臣杰基·费希尔支持这样一种观点：技术可以将封锁英吉利海峡的成本控制在国家预算之内。费希尔承诺："我心爱的潜艇将把英国海军的力量扩大到现在的7倍。"[4]他在1905年推测，其结果将是："在三四年内，英吉利海峡和地中海西部海盆将不再适合舰队或小舰队长久停留。"[5]

费希尔比他那个时代超前了一百年。在我们这个时代，潜艇和反舰导弹的确能阻止敌人的水面行动（在我们有生之年，美国第七舰队不会再穿越台湾海峡了），但在他那个时代还不行。海军将领们很快学会了用护卫舰、潜艇网和潜艇围护战列舰，使潜艇处在鱼雷射程之外。使英吉利海峡作为防御壕沟的唯一方法是在那里集结常规战舰，就像1588年那样。这时费希尔已认识到巨炮战列舰的必要性，坚持认为由于"德国将整个舰队始终集中在距英国几小时的航程内，因此我们也必须在距德国几小时的航程内，集结一支两倍强大于敌的舰队"[6]。问题是如何支付这笔费用。

外交官们在19世纪90年代找到了答案。在像1713年一样急剧的大转折中，英国将重组其19世纪的世界体系，使其看起来更像18世纪的势力均衡，只不过现在是在全球范围内。第一步是认识到大不列颠不需要亲自掌控每一个浪潮。她需要的是一群可以依靠的盟友，管好各自的势力范围以维护她的利益，而她和另一群盟友则专注于一件大事：维持对英吉利海峡的封锁。

第一批盟友的关键是美国。两国在加拿大、加勒比地区和自由贸易问题上一直有分歧，但英国政府没有让分歧升级。首先是海军会谈，英国将美国人视为平等的合作伙伴。1893年，英国又将其驻华盛顿公使馆升级为正式的大使馆。两年后，在委内瑞拉争端中，它屈服于美国的要求，并在1901年默认加勒比海为美国的内湖。英国悄然放弃了对西半球的责任。第二年，它更进一步，与日本缔结了历史上第一个海军联盟，使西北太平洋成为日本的内湖。这时费希尔得以把他派驻澳大利亚、中国和远东的分舰队在新加坡合并成单一的东方舰队，并将五艘战列舰召回英吉利海峡。

直到1898年，当英法军队在尼罗河上游剑拔弩张时，一些战略家仍然认为法国是英吉利海峡对岸最大的威胁，但大多数人的目光都转向了德国。1895年，当一群英国阴谋家搞砸了在南非夺取布尔人金矿的计划时，德皇公开站在布尔人一边。1899年，当英国在南非大草原深陷泥潭时，关于俄法德计划进攻英国的假新闻甚嚣尘上。1900年，德国启动了大规模的战列舰建造计划。于是与法国关于遥远的沙漠和丛林的争执就显得无关紧要了，英国的新国王爱德华七世与其巴尔莫勒尔风格的母亲截然不同,他很快前往巴黎展开魅力攻势。因为没有什么比香槟、法国美食和美女更能吸引"和平使者"爱德华了,所以这次访问获得了巨大成功。1904年双方达成了"友好谅解",或称"友好协议"。

友好协议使英国从地中海解放了另外六艘战列舰。当英国与它的另一个老对手俄国就德国比大博弈时期更重要的观点达成一致后,又解放了两艘战列舰。海军的确消失在了远方,英国承认,它已经无法再管理它50年前运行的那种世界体系了,但英国本土舰队已经领先了对手一步。被烟熏黑的炮管和碎铁片仍然封锁着英吉利海峡。

更大的不列颠

在一些战略家看来,重组海军以应对德国的挑战只是第一步,因为英国出现安全危机的真正原因是,随着其世界体系日益与地理现实脱节,英国相对于竞争对手失去了繁荣。美国人和德国人正在积极地利用这些新的地理现实,但机遇也在向英国招手,尤其是在其数以百万计的移民到达自治领地区后所创造的辽阔的"更大的不列颠"。历史学家西利于1883年宣称:"当我们到更大的不列颠中探究未来时,应该更多地考虑(自治领地区),而不是印度帝国。"[7]他说,在澳大利亚、加拿大和新西兰(或许还有南非)广阔而开放的空间里,"最进步的种族被安置在最有利于进步的环境中。在那里你没有过去,却有无限的未来。政府和机构都是超级英国化的。所有的只是自由、工业、发明、创新"[8]。

图9.4是历史学家詹姆斯·贝利奇在2009年发表的一张发人深省的地图,显示了西利等人的想法。更大的不列颠的鼓吹者喜欢谈论加拿大、澳大利亚和新西兰的殖民地,与阿巴拉契亚山脉以外广大地区的美国殖民地有多么相似。贝利奇认为,英国和美国都有一个"老"核心(前者是不列颠群岛,后者是13个大西洋沿岸殖民地),其中包

含贝利奇所说的"高级伙伴"(对英国来说是英格兰,对美国来说是大西洋沿岸中部各州),它们为扩张提供了大部分的人员、资金和组织,外加两个"初级伙伴"[9]。在每一个体系中,其中一个初级伙伴(对英国来说是苏格兰,对美国来说是新英格兰)产生了不成比例的商人和政府官员,而另一个伙伴(爱尔兰内部分裂为天主教徒和新教徒,美国南部各州分裂为黑人和白人)则提供了"殖民地的突击部队"。由这三方构成的"老英国"和"老美国",在19世纪各自创造了新的、更大的自己,一个跨越了大洋,另一个跨越了阿巴拉契亚山脉。

这两个体系在很多方面都很相似,但有一项非常重要的不同。新老美国都是由华盛顿政府管理的,而新老英国则有多个责任政府,各有各的路线规划。西利说,解决方案在于建立新的制度,使之有效地把自治领吸引向不列颠群岛(图9.4),以至"加拿大和澳大利亚对我们来说就像肯特和康沃尔一样"(图9.5)。这种观点还认为,通过将主权集中在一个基于流动性和身份认同的联盟中,这个更大的不列颠将重振群岛的繁荣,同时解决它们的安全问题。另一位历史学家总结道,如果能实现这一目标,这个"由所有英国土地组成的牢固而紧密的联盟,将形成一个可能控制整个世界的国家"。更大的不列颠可能成为另一个美国,使得与法国、俄国和日本达成谅解(无论友好与否)变得没有必要。

这一愿景极具雄心。英国人经常复兴这一愿景——最近一次是在2016年英国"脱欧"公投之后,以CANZUK的形式,即建立一个由加拿大、澳大利亚、新西兰和英国组成的联盟。然而,19世纪末和21世纪初的愿景都忽略了一个关键细节:加拿大人、澳大利亚人和新西兰人对这样的联盟不感兴趣。1884年,格莱斯顿得出结论,帝国联盟是"空想的,如果不是有点荒谬的话"[10];2019年,澳大利亚前总理陆克文称CANZUK是"一派胡言"[11]。

1900年之后,更大的不列颠得以存活,完全仰赖约瑟夫·张伯伦。

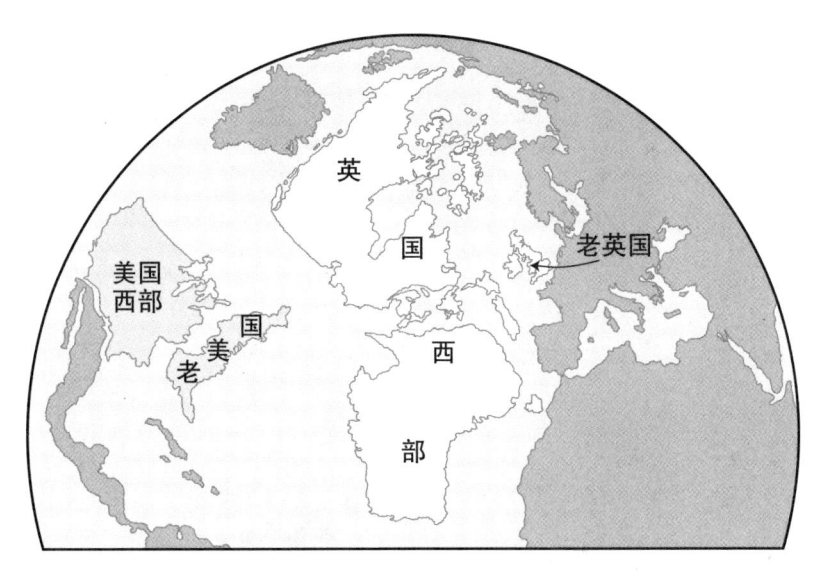

图9.4 贝利奇地图：历史学家詹姆斯·贝利奇绘于2009年，将更大的不列颠和美国进行了比较。加拿大、澳大利亚和新西兰被拉入大西洋，与"老英国"紧密结合，形成了一个"英国西部"，很像"老美国"最初的13个殖民地与跨越阿巴拉契亚山脉的"美国西部"之间的联盟

资料来源：米歇尔·安吉尔重绘

在20世纪早期英国政坛的所有大人物中，"乔"（人们普遍这样称呼他）可以说是最有影响力的。他是漫画家青睐的人物，佩戴着标志性的单片眼镜，衣服上有兰花纽扣眼，还有一个精彩的背景故事。他从鞋匠的学徒做起，后来成为伯明翰一家生产了世界上2/3螺丝的公司的合伙人，之后成为该市最激进的市长。随后，他在爱尔兰地方自治问题上分裂了自由党，离开了该党，在1899年领导了布尔战争，成为帝国联邦的斗士，最后他又分裂了托利党。

张伯伦认为，"在光荣孤立中，在我们的亲人的包围和支持下"[12]，英国可以永远远离欧洲。但他也明白，要说服各自治领相信联邦的好处，需要付出很大的努力。因此张伯伦加大了赌注，把世界体系的核心前提（自由贸易）摆在了桌面上。大多数自治领都希望获得不列颠

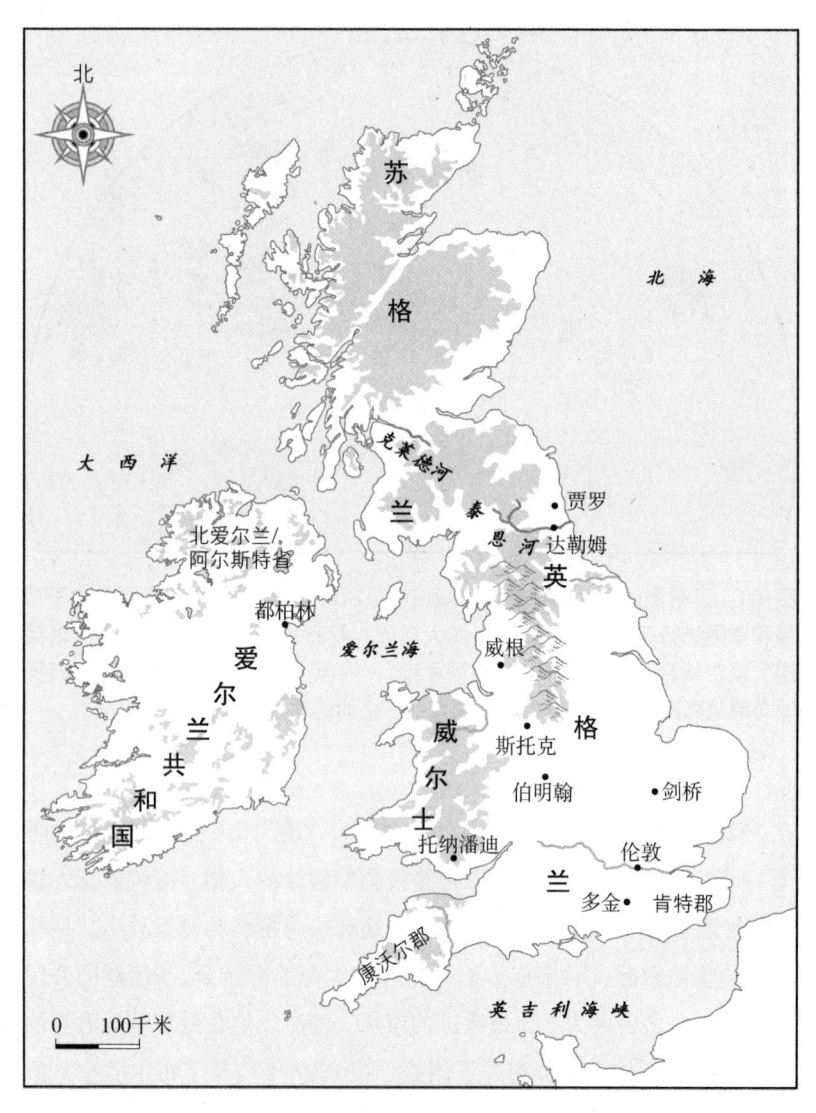

图9.5 不列颠舞台（1865—1945年）

群岛的特惠贸易权，于是张伯伦问道，那么为什么不放弃对自由贸易的信仰呢？为什么不对所有人的商品征收关税，并让英国的殖民地朋友和亲戚享受阿巴拉契亚山脉的移民在美国享受的那种有利条件呢？

这是个大胆的主张。一些保守党人支持这些观点，而另外一些人，包括温斯顿·丘吉尔，被张伯伦的主张激怒，宁愿投靠自由党，也不愿背叛"董贝主义"。自由党人喊出了"不要碰人民的食物！"[13]这一吸引人的口号予以回击。他们认为，帝国特惠制实际上将恢复《谷物法》，随之而来的是昂贵的面包。他们举行了公开的烘烤比赛，将自由贸易烤箱中健康、温暖人心的大面包，与关税烤箱中可怜的小面包（外国人啃的那种面包皮）进行了对比。《每日快报》毫不畏惧，聘请P.G.沃德豪斯写了一首支持张伯伦的打油诗。这首诗非常受欢迎，以至被谱上曲在音乐厅演出了。

张伯伦加倍努力起来。1900年英国人的平均寿命比1800年长了12年。左翼煽动者劳合·乔治多年来一直在谈论养老金的必要性，但他的自由党同志们从未找到支付养老金的资金，于是张伯伦坚称关税收入可以支付这笔账单，从而击败了他们。自由党别无选择，只能承诺在不征收关税的情况下为养老金提供资金。他们的新星丘吉尔也承诺了提供失业保险。

当民众在1906年发声时，他们的声音震耳欲聋。他们想要养老金和社会保障，但也想要自由贸易和无畏舰。他们让自由党在议会中占据了绝大多数席位，但也托付给自由党令人无法羡慕的任务——兑现自己的承诺。劳合·乔治采取了一系列节约措施，将养老金设定为劳动者收入的1/4，并且只向70岁以上的人发放养老金（那时大多数人都已经去世），但预算仍然增长了10%。取消张伯伦对食品征收的间接税后，自由党人别无选择了，只能对财富直接征税。劳合·乔治在1909年宣布，这是"人民的预算向贫困和污秽发起无情的战争"[14]。

他那无情的战争，以现代标准来看，实在是太温柔了。所得税的确提高了，但只是从4%涨到了6%。令精英地主们愤怒的不是他们的地产被征了更高的税，而是他们被征税了。然而，就连这种有限的再分配也几乎失败了，因为到了1910年，自由党通过争取爱尔兰民族党的支持，才在议会中获得了必要多数，其代价是政府必须支持都柏林的地方自治。保守党人可以宣称,整个计划都是一场针对联合王国的阴谋。再分配和地方自治意味着"一切全完了",一位前首相说这是对"信仰、家庭、财产、君主、帝国的否定"。[15]

当劳合·乔治最终推动他的一揽子计划通过时,他得意地说道:"我们终于搞定他们了。"[16] 几千年来,英国"唐顿庄园"的居民们一直在对抗农民起义和没收他们财产的国王,现在他们开始慢慢陷入破产和被剥夺的境地。(并非巧合的是,系列电视剧《唐顿庄园》讲述的故事始于1912年,即"人民的预算"通过两年后。)当然,地主是在很长的时间内慢慢消失的,当我1982年来到剑桥时,仍有许多地主在那里闲荡——但比1882年时少多了。"人民的预算"开启了地主的衰退。

自由党的胜利在很大程度上是一个盛了毒酒的圣杯。他们将税收问题与爱尔兰问题捆绑在一起,才获得了成功,保守党必然会将繁荣问题和身份认同问题结合起来,从而找到痛击自由党的新大棒。爱尔兰民族党人刚一提出以自治作为回报,托利党就把自己重新标榜为"保守和统一党",声称捍卫联合王国是当前最重要的问题。他们指望英国人仍然认为教皇比德皇更可怕,坚称"地方自治"实际上就是"罗马统治",只有奉行保守主义才能关上英国的后门。

统一主义的效果并不比自由党的爱尔兰政策更好。1914年3月,英国的情报机构发现,自称阿尔斯特志愿军的准军事组织正在策划一场武装暴动:但暴动者并非统一派人士所谓的邪恶的天主教共和党人,而是新教徒,国王的军队非但没有向他们开枪,反而帮助了他们。阿尔斯特志愿军的每一位领导人都曾担任英国军官,数十名现役军官表示宁肯辞去职务,也不愿将"罗马统治"强加给与自己信仰同一宗教的人。由于没有更好的选择,政府试图通过称其为误会来化解危机,然而这绝非误会。仅仅几个星期后,就有两名军官帮助走私了将近2.5万支步枪给阿尔斯特志愿军,其中大部分是德国枪。由英国最大的战略对手提供武装,英国最大的爱国者(军人和奥兰治党人)

密谋通过烧毁联邦的方式来拯救联邦。不列颠群岛远没有与自治领结成帝国联邦,似乎反而濒临解体了。

一切如常

小说家威尔斯注意到,1914年夏天,大多数英国人都"非常关心爱尔兰的冲突,几乎有意忽略了与德国发生战争的可能性"[17]。在6月28日极端民族主义者刺杀奥地利大公斐迪南后,一连三个星期,欧洲各地的投资者们一直在购买政府债券,这通常表明他们并不认为国际形势会有剧变。直到7月18日,巴黎、柏林和圣彼得堡的债券价格才出现暴跌。投资者意识到欧洲大陆会有大冲突,他们将资金转移到了伦敦,认为这个硬衣领国家会很安全。29日,他们意识到了自己的错误,英国债券价格下跌了6%。31日,证券交易所休市,"直到另行通知为止"[18]。《卫报》在8月3日还在预测和平,但英国在4日宣了战。

在现代人的记忆中,1914—1918年的"世界大战"标志着一个新时代的开始。这是第一次工业化的冲突,用上了飞机、坦克和汽油。这也是第一次被摄像机拍摄下来的大战。真实的镜头(不稳定、无声、有颗粒、黑白)看起来一点也不现代,但当彼得·杰克逊用数字修复技术制作出杰出电影《他们已不再变老》时,一个世纪前的少年战士们鲜活地跃入了彩色画面。他们行动正常,甚至向我们说话,他们的话语被唇读者破译,并由专家用他们的方言再现出来。其效果令人震惊,令人心碎。这不是一场终结了战争的战争,而是一场终结了过去一切的战争。

然而,与过去决裂是1914年英国领导人最不愿做的事情。丘吉尔承诺,战争将"在欧洲地图变化期间如常进行"[19]。当然,它的开端很传统,是哈布斯堡王朝和奥斯曼帝国的缓慢解体(图9.6),而不是像许多战略家所预期的那样,在非洲新殖民地的冲突中开始。起初,一些报纸甚至称之为"第三次巴尔干战争",不过随着盟国将俄国、德国、法国纷纷拖下水,以及后来把英国也卷入其中,就没人这么叫了。然而,这一连串的宣战也可谓正常,是18世纪以来所有均势框架的符合逻辑的结果。当英国参战时,它的理由同样老套。不能允许德国主宰欧洲,不能让它随心所欲地建立一支更大的舰队,也绝对不能允许它征服比利时这道外护墙。

图9.6 终结了过去一切的战争:世界体系在一切如常中瓦解(1914—1918年)

英国按常规参战后,也按常规作战。它资助了一个大陆联盟(有法国、俄国、塞尔维亚,还有意大利和罗马尼亚),并派遣了一支小规模的远征军去外护墙。继而是路易十四所熟知的战略,在佛兰德的泥泞中挖掘战壕,以米为单位测量前进距离,通过消耗战碾压敌人。英国1916—1918年派出的大军是更新式的部队,但并非前所未有:他们只不过是更大规模的马尔博罗和惠灵顿的军队。虽然大炮和机枪造成的伤亡震惊了所有人,但按比例来说,1916年索姆河战役的第一天并不比马尔普拉凯战役或滑铁卢战役更血腥。

像16世纪以来的大多数战争一样,爱尔兰叛乱者试图打开英国的后门,但遭到了残酷镇压;而且,像19世纪以来的大多数战争一样,英国积极保护其通往南亚的路线。一支部队从苏伊士运河挺进到耶路撒冷,印度部队入侵了伊拉克,澳大利亚人和新西兰人则帮助进攻土耳其的加里波利。同样可以预见的是,英国的主要行动是海上封锁,同时抢夺德国的殖民地和贸易以扼杀德国。

到此为止,一切如常。然而,由于美国的存在,一战与以往不同。当英国和法国在1806年互相封锁时,双方都声称有权拦截被怀疑向敌人运送违禁品的中立国船只。这对美国人的伤害尤其深,但那时他们对此无能为力。托马斯·杰斐逊以对英法两国实行禁运予以回击,但美国人的生活水平很快就以每年5%的速度下降了(是法国下降速度的两倍,是英国的3倍)。1812年尝试的军事解决方案效果不佳。安德鲁·杰克逊在新奥尔良赶走了英国人,但英国兵烧毁了白宫。

然而,当1914年英国和德国的船长们开始登上美国船只检查时,情况就大不一样了。这场战争始于金融市场的巨大逆转,几十年来,资金都以海外投资的形式流出伦敦,如今却要回流以支付战争费用。即便如此,变卖家当也远不能满足英国的需求。还必须筹集大量的资金,而能拿出这么多钱的只有美国人。到1916年年底,美国银行家J. P. 摩根为此筹集了令人瞠目的20亿美元。于是,当美国海军在战争早期抱怨英国的封锁"在迄今已知的任何海上战争法律或惯例下都站不住脚"[20]时,英国退缩了,它不敢冒激怒其债权人的风险。德国于1915年紧随其后,担心美国对英国客轮"卢西塔尼亚"号被击沉的愤怒,会促使伍德罗·威尔逊总统把政府和华尔街的钱都投向英国。

然而,威尔逊在下一盘更大的棋。英国对美元的痴迷为他提供了筹码,他希望借此向交战国施压,让他们接受"没有胜利的和平"[21]——一个不确定的结果,会使英国、德国、法国和俄国变得更穷、更弱,而美国则相应地变得更强。然而,问题是,摩根作为威尔逊的对手共和党的巨额赞助人,实际上在执行他自己的亲英外交政策。威尔逊的民主党狗摇的是摩根的共和党尾巴:美国投资者如此依赖于英国的胜利,以至他们可能会把威尔逊拉进支持英国的行列,以避免金融危机。

英国押注于"大到不能倒",加强了禁运,将与德国有贸易往来的美国公司拉进了黑名单。"我必须承认,我对英国及其盟国的忍耐已经到了极限,"威尔逊对他最亲密的顾问说,"我们要建立一支比她更强大的海军,做我们想做的事。"[22] 1916年夏天,美国国会拨款近5亿美元,成立了一个紧急船队公司,为地球上最大的商船提供资金。所以是威尔逊而不是德皇打破了英国的世界体系。几个世纪以来,英国通过花钱比欧洲大陆的竞争对手多而将它们击败,但是靠支票簿生活的人也可能因此而死。

那年秋天,英国人的焦虑变成了绝望。协约国计划在次年夏天发起多个向心攻势,要求摩根再筹集15亿美元,但在债券发行前四天,美国联邦储备委员会建议美国人不要投资。威尔逊选择了一个绝佳的时机,发布了一份"和平照会",有力地挑战了参战国,迫使它们承认这场战争毫无意义。英国国王失声痛哭。英镑崩盘了。到年底时,英国已经山穷水尽,它在美国的资产只够维持3个星期的购买。英格兰银行里的所有黄金也只够再支撑6个星期。财政大臣警告说:"到明年6月或者更早的时候,如果美利坚合众国总统愿意,他就可以对我们发号施令了。"[23]

威尔逊像往常一样扰乱了商业秩序,但新的商业模式仍未明显成形。劳合·乔治希望建立一个英美合资企业,因为"两个英语大国积极地相互理解"[24]意味着"整个世界都无法撼动我们对海洋的共同掌控"[25]。1916年12月,在他轻松入主首相府后,这成为英国官方的观点。在美国,许多共和党人赞同这个主张,但美国人民不太确定。在11月的总统选举中,威尔逊以极微弱的优势再次获得了4年任期,来追求没有胜利的和平。然而,最终起了决定作用的,既不是英国又不是美国，而是德国。那里对美国政治的误读甚至超过了劳合·乔治，德皇被他的高级将领们说服，尽管威尔逊嘴上说得天花乱坠，但他决不会放弃华尔街的投资。除非德国抢先赢得地面战争，否则就会出现英美联手接管世界的局面。

因此，德国派出了它的潜艇，希望通过在大西洋对美国的物资和人员进行封锁，把麦金德地图变回赫里福德地图。然而，实际上，威尔逊仍在寻求没有胜利的和平。甚至当美国海员被淹死时，他也拒绝要求国会宣战，直到德国外交官认为美国的干预不可避免，试图通过鼓励墨西哥重新征服得克萨斯来转移美国精力时，他才松口。美国于1917年4月参战。

有整整12个月，似乎德皇对形势的判断是正确的。德国潜艇击沉了1/3的英国商船，法国军队哗变了，俄国崩溃了。在1918年4月，有那么几天令人兴奋的日子，英国军队四处逃窜。"我们陷入了绝境，"英军司令官下令，"每个人都必须战斗到底。"[26]防线守住了。到5月时，70万美国人进入了法国，英国的海上封锁最终让德国陷入了饥饿，一种可怕的新型流感夺去了数百万人的生命。德皇的决定是灾难性的错误。成千上万的德国士兵投降了，德皇逃走了，德国爆发了革命和内战。和平最终伴随着胜利而来。

10∶10∶6∶3∶3

然而这是怎样的和平，怎样的胜利啊！英国的胜利没有1815年或1763年的那么伟大，但肯定可以与1713年的相媲美，不仅仅是满足了国家在欧洲的安全目标。胜利让德国变弱了，但还不算太弱。法国计划将德国分割成1871年前的状态，这在劳合·乔治看来太过分了：由于俄国新的苏维埃政权打算在欧洲大陆上传播布尔什维主义，他更愿意保留一个完整的德国，把它作为"一道和平、守法、由耐心和美德的力量构成的堤坝，抵御从东方滚滚而来的野蛮主义红色洪流"[27]

（丘吉尔的话）。一个不算太弱的德国会让法国保持警觉，从而依赖英国的善意。紧张不安的法国还会努力在东欧发展同盟，以同时包围德国和封锁苏联。深陷内战和种族清洗泥潭的苏联和东欧，除了对他们自己，对其他任何人都构不成威胁。在英国看来，一切都将非常令人满意。

亚洲的局势更为混乱。迫于战争的压力，英国放弃了支持奥斯曼帝国的旧战略，最终占领了巴勒斯坦、外约旦和伊拉克，以保护其与印度的交通联络。在印度本地，有将近100万人曾在战争中服役，劳合·乔治在1917年同意加速将印度提升到自治领地位。流感在印度造成的死亡人数可能超过了1 200万，比其他任何国家都多。英国参与瓜分奥斯曼帝国，疏远了数千万印度穆斯林。英印当局似乎对在伦敦接受过教育的律师莫汉达斯·甘地的活动没有任何反应。甘地时而心怀圣洁，时而愤世嫉俗，他将印度教徒和穆斯林团结在一起，宣扬非暴力抵抗，推动了独立运动。但不管怎样，反抗还是变成了暴力行动。甘地被他的追随者们的残暴所震惊，与他们脱离了关系，而英军准将雷金纳德·戴尔确信自己面临的是一场与1857年规模相当的起义，于1919年在阿姆利则枪杀了近2 000人。印度人的起义蔓延到了整个旁遮普邦。阿富汗埃米尔派兵入侵，支持叛乱者。英国向边境地区派出了30万军队，并派飞机轰炸喀布尔。

当秩序恢复，甘地被关起来后，一个新的问题在英国引发了分歧。一些人说，帝国占领殖民地只是手段，不是目的。如果殖民地对有利于英国的世界体系做出了贡献，那自然很好，但如果占领殖民地的成本超过了收益，英国就应该放弃它们，寻找新的繁荣之路。如果新的商业模式要求重新思考身份认同、流动性、繁荣、安全和主权，那么就应该重新思考。一些左翼人士，如乔治·奥威尔（他曾在缅甸担任殖民地警察，且痛恨这段经历）积极欢迎这种重塑，而一些右翼人士则强烈反对。然而，大多数人对这件事的态度是无所谓。像甘地这样受过良好教育的人，30年前本应是英国的天然盟友，现在如果这样的人都将民族主义视为更好的赌注,那么帝国的成本似乎会上升,收益会下降。资产负债表发生了变化。

就连爱尔兰这个最古老的殖民地,现在似乎也不是完全必要了。8个世纪以来,这里一直是英国不惜一切代价关闭的后门,但到了1918年,谁会从这扇后门进来已不再明显。因此,在另一场代价高昂的血腥游击战中,英国和爱尔兰的代表在1921年围绕阿尔斯特的6个新教徒占多数的郡划出了一条"临时"界线(一个世纪后仍然存在)。信奉天主教的南方最终离开了。"只有国家的自我保护才能成为……铁腕镇压的理由,"丘吉尔说,"没有一个理智的人会说这个问题涉及自我保护。"[28]

这样的分离不大可能是一刀两断。南方在1922—1923年也打了一场内战,然而如果爱尔兰都可以离开,还有什么地方离不开吗?自治领当然不算,它们在1931年实际上就已经独立了。然而,包括丘吉尔在内的许多人都认为,印度实际上是一个国家自我保护的问题。在他们看来,问题是如何坚持,而非是否坚持。不过大多数帝国主义者认为,如果在印度的15万英国人失去了3亿当地人的善意,将无法坚持下去,因此他们认为妥协是唯一的出路,但当英军因阿姆利则事件将戴尔解职时,英国国内的反对情绪强烈反弹。右翼报纸《晨报》为他募捐了2.6万英镑。丘吉尔试图与主张妥协的人达成妥协:虽然他私下里认为戴尔"猛烈射击"[29]是正确的,但他还是解除了戴尔的职务,不过对进一步满足印度人的要求,他划出了底线。但英国还是对印度进行了安抚。印度于1929年获得自治领地位,到1935年时,就连保守党首相斯坦利·鲍德温也说丘吉尔反对印度出现责任政府的立场"实在是发疯"[30]。

这些问题最终归结为1916年披露的帝国的一个大秘密:赢得对德国的军事战争,意味着输掉对美国的金融战争。就占GDP的比例而言,1918年英国的国债实际上比1815年还要少,英国欠美国的10亿英镑与其他盟国欠英国的10亿英镑大致持平;但法国和意大利破产了，苏俄拒绝偿还债务，而把英国的账单强加给德国也毫无意义，因为德国人无力支付。由于借入的是美元，英国甚至无法通过印钞票来抵销债务。英国成了战争的"背锅侠"。

拿破仑倒台时，英国是世界金融和航运中心，也是唯一的工业化国家，但当德皇倒台时，无形的出口和来自海外投资的收入已经崩溃，战争期间被动员生产枪支和弹药的英国工业几乎没生产出人们想买的东西。政府开支的40%都用于偿还债务了。约翰·梅纳德·凯恩斯几乎是唯一敦促继续扩大政府开支以刺激经济增长的经济学家，但劳合·乔治听取了更为正统的顾问们的意见，选择了紧缩政策。他削减了国家支出，提高了利率，并将所得税的基本税率（1911年仅为6%）提高到了30%（1919年）。

因为通货紧缩导致物价比工资下降得更快，所以那些有工作的人通常会受益。到1929年时，普遍的工资水平比1919年提高了10%。我的外祖父是斯托克的一名钢铁工人，在23岁时结婚成家，租了一栋崭新的房子——不过仍然是排屋中的最后一幢。但在500万退伍军人返乡之际，经济萎缩的负面影响突显出来，1/6的人失业。当雇主削减工资时，工人们打破了罢工天数的纪录。1926年，一场总罢工一度使国家陷入了瘫痪。

大多数实业家认为，解决办法是让英镑对美元贬值，这样外国人就可以更便宜地购买英国商品了。然而，金融家们更喜欢"稳健的货币"，他们相信坚挺、稳定的英镑会恢复自己作为世界银行家的信誉。时任财政大臣丘吉尔担心"英国在拥有世界上最好的信用的同时，却有125万失业者"[31]，但掌权者选择了金融而不是工厂，这并非最后一次。美国的资金正不断涌入正在复苏的欧洲经济，因此，为了将这些资金吸引到英国，丘吉尔不顾凯恩斯的反对，将英镑与黄金的汇率固定在战前的4.86美元。其结果是持续的国际收支危机，因为英国为了捍卫其高估的货币而大量消耗外汇储备。

随着19世纪世界体系的三大支柱（英镑、制造业和印度）明显动摇，第四大支柱（海军）也不可避免地面临着压力。战争的结束非但没有降低成本，反而引发了一场海军军备竞赛，英国、日本和法国争相追赶威尔逊的造船计划。英国承受不起，但威尔逊拒绝妥协，甚至威胁"再来一场更可怕、更血腥的战争，把英国从地图上抹去"[32]。英国和美国的海军将领在凡尔赛和会上差点儿动起手来。然而，许多美国人，尤其是共和党人，和劳合·乔治一样不喜欢威尔逊的野心。财政上的保守主义和外交上的孤立主义促使美国参议院拒绝批准《凡尔赛和约》，而削减军费开支的承诺则帮助共和党在1920年赢得了大选。

当共和党人提议将所有军备竞赛参与国召集到华盛顿来讨论海军裁军时，劳合·乔治欣然接受了这个机会。战争结束整整三年了，各国代表在宪法大厅坐定后，可能期待着听一天传统会议开幕式的客套话。然而相反，他们迎来了一位目击者所说的"我所见过的最紧张激烈的时刻"[33]。新任美国国务卿查尔斯·埃文斯·休斯以对每支主要舰队详细的研究报告，给了他们当头一棒。他要求废弃66艘战列舰。一名记者写道："休斯在35分钟内击沉的军舰，比世界上所有海军将领在几个世纪内击沉的还要多。"休斯喊道，军舰的建造"必须停止"，所有人都站起身来，爆发出"一阵龙卷风般的欢呼"。

这里的"所有人"并不包括英国的海军人员。休斯不只想消除英国相对于其后两三国海军总和的传统优势，还想实现英美对等。他提出的约"10∶10∶6∶3∶3"方案意味着，相对于每10吨挂米字旗或星条旗的战列舰或航空母舰，就会有6吨挂日本旭日旗，3吨分别挂法国和意大利的三色旗。此外，由于美国可以将力量集中在两个大洋上，而英国在世界上的每一片水域都有利益需要保护，英美对等现在只是一个白日梦。更有甚者，美国人坚持英日同盟也应该失效，这样日本就不能成为英国在太平洋的代理人了。

尽管这一切在英国看来毫无吸引力，但乔治国王还是签署了《华盛顿海军条约》，因为除此之外的唯一选择就是输掉军备竞赛，然后以更糟糕的结局收场。稍微令人感到安慰的是，美国共和党人宁愿保持低税率，而不是按照他们的全部配额来建造军舰（1924年入主白宫的柯立芝提出了这样的观点："美国人的首要任务是做生意"[34]），但即便如此，一个残酷的事实是，英国的世界体系无法在约10∶10∶6∶3∶3的模式下运行。签署条约的那一天，1922年2月6日，是英国皇家海军自1690年被路易十四击败后最黑暗的一天。

又变好了

起初，似乎并没有什么大不了的事情。只不过是麦金德地图向西转了转，以纽约市为中心，而不再是伦敦，大不列颠或多或少地仍然掌控着浪潮，市场繁荣，20年代在高歌猛进。但这种幻觉只持续了7年。今天经济学家仍在争论究竟是什么导致了1929年华尔街的崩溃，但其后果已经足够清楚了。美国人把他们的钱从欧洲搬回家，欧洲人提高利率想把钱吸引回来，通货紧缩卷土重来。正统经济学认为，一旦破产导致失业率升到足够高，更精干、更吝啬的企业就会兴旺起来，但这种情况并没有发生。到1933年时，几乎1/3的英国人、美国人和德国人都失业了，大多数经济体仍在萎缩。

又是凯恩斯单枪匹马地继续建议通过公共支出来刺激需求，但美国反而开始征收2.1万项关税来保护其市场。其他国家的政府也纷纷效仿。国际贷款枯竭。到了1931年，有18个国家的银行体系摇摇欲坠，濒临崩溃。在英国，当公共部门削减工资以节省开支时，海员们哗变了。英国含蓄地承认，英镑不再是这个星球上首选的兑换媒介，于是放弃了金本位制，急于通过形成一个"英镑区"来挽救其世界体系。正如约瑟夫·张伯伦所希望的那样，关税现在保护了帝国（除了加拿大，它投奔了美国）免受几乎所有其他国家的伤害。极具讽刺意味的是，正是乔的儿子内维尔·张伯伦制定了这些新规。

复苏来得很快，尽管并不均衡。印度和自治领势头良好，它们对英国的出口急剧上升，但在不列颠群岛内部，古老的东南和西北的差距加深了。19世纪，煤炭、棉花和钢铁使英格兰北部成为世界工厂，但到了20世纪，外国竞争削弱了这些产业的实力。贾罗2/3的人都失业了，威尔士南部和达勒姆郡的煤矿、泰恩赛德和克莱德赛德造船厂的情况也好不到哪里去。

乔治·奥威尔的《通往威根码头之路》是对20世纪30年代英国最动人的描述，但它需要与另一部经典作品——J.B.普里斯特利的《英国之旅》一起阅读。普里斯特利所见的英格兰，尤其是伦敦郊区和伯明翰，很少有像威根或贾罗那样的地方。新兴产业（塑料、电子、航空发动机）在创造财富和就业机会。到1937年时，失业率回落到10%以下，按实际价值计算，工资水平比10年前高出了1/6。1934—1938年，英国新建了近200万套住宅。自19世纪90年代以来，住房状况一直在稳步改善，政府坚持建设有适当街道的排屋甚至半独立式住宅，而不是过去的背靠背式住宅。防潮层、烧砖、瓦顶和金属排水管成了标准配置，尽管厕所仍在室外（我的祖父母到1968年才把厕所移到室内）。就连穷人的社区也有自来水和管道煤气。最早的市政廉（公共）租房（伦敦的"边界小区"）于1900年开放。到20世纪30年代，廉租房和廉租公寓几乎占了新建筑的一半。这些廉租房屋掩饰了后来"福利、补贴和……二等公民的气味"[35]（工党议员安东尼·克罗斯兰这样描述），最初的申请人跨越了阶级界限。1931年，伦敦郡议会将多佛尔住宅区1/3的租户界定为熟练工人，另外1/3归类为白领，有些人甚至雇了女佣。

由于更低息、更长期的抵押贷款，住房拥有率大幅上升。那些为额外的体面花得起钱的人建造起独立住宅，理想的建设情况是，使这些住宅都隐藏在自己的花园里，沿着从繁华城市伸延出的道路绵延数千米。像E. M.福斯特这样的知识分子谴责"伦敦的蔓延"[36]带来的"红锈"[37]，但郊区才是人们想住的地方。密排的半独立式住宅成倍增加；小资们在他们的"股票经纪人都铎"式别墅里装上了电话（英国的电话号码数量增加了两倍），车库里停满了汽车（汽车拥有量增加了一倍)。到1935年时，5 000家电影院每星期售出2 000万张电影票，3/4的家庭都有收音机。

这些都预示着未来，即一个更加悠闲的中产阶级英国。至少在东南地区，正在战胜改革派所说的"匮乏、疾病、无知、肮脏和懒惰这五大罪恶"[38]。大多数家庭都有养家糊口的人，有房子，有体面的衣服和合理规律的饮食。妇女拥有投票权，1931年的人口普查显示，大多数65岁以上的人都退休了。医疗保健仍然不完善，但19世纪的"三大杀手"伤寒、霍乱和肺结核都已经被征服。婴儿死亡率在20世纪30年代下降了1/3。没有一个英国政治家会选择约10∶10∶6∶3∶3的世界，但是，借用当时最受欢迎的喜剧演员乔治·福姆比的一句名言，事情终究"又变好了"[39]。

孤军奋战，很好

欧洲大陆没人能说这样的话。由于无法依靠像自治领这样的伙伴来重新恢复繁荣，欧洲各国玩起了大规模修改主权的把戏。法国在1930年提议建立欧洲联邦联盟，德国考虑与奥地利建立关税同盟，希望将东欧也纳入其轨道。两者都失败了，而且，由于各国政府这时都在封锁经济，关于裁军、边界和债务的谈判也全都谈崩了。民选政府所做的一切似乎都让事情变得更糟，而更疯狂、更独裁的观念则开始流行起来。在德国，极右翼和极左翼政党在1932年赢得了一半的选票（希特勒的纳粹党得票数是共产党的两倍）。国家的身份认同正在分裂。在法国，政治骚乱几乎导致政府垮台。德国的街头斗殴更加剧烈。西班牙则陷入了内战。

英国的麻烦没有那么大。英国法西斯联盟从未吸引到超过5万名成员，而共产党也只有不到1万名党员（相比之下，工党有近45万名党员，保守党有200万）。这些情况似乎证实了英国人"冷漠、爱抽烟斗的男性气概，不为恐慌或兴奋所动"，相对于易怒、易激动的欧洲大陆人的优势。1931年后，英国不得不依赖"国家团结"联合政府，这是时代的标志。但当德国的保守派人士试图通过任命希特勒为总理，并在幕后操纵他，以团结他们的国民时，得到的结果是，希特勒在上台仅仅两个月后，就完全废除了民主制度。

希特勒将欧洲的繁荣、主权和身份认同危机转化为安全危机。几乎没有人怀疑他构成的威胁。多年来，他一直抱怨英美犹太人阴谋将德国削弱到"不如一个黑鬼国家"[40]，并承诺要为德国人民在东欧征服"生存空间"。就在他发动政变一年后，英国的国防需求专门小组判定德国是"最终的潜在敌人"[41]。又过了一年，希特勒开始重新武装。

暴君想要用武力把欧洲大陆绑在一起，已经不是什么新鲜事了，曾经阻止过路易十四、拿破仑和德皇的工具（分散侵略者力量的势力均衡策略、阻挡侵略者的外护墙和使其破产的舰队）仍然可用。不可否认，最大的潜在平衡者（美国）不愿意提供帮助，自治领也靠不住，但法国很热情，拉着波兰、罗马尼亚、捷克和潜在的盟友苏联一起包围希特勒。就连意大利法西斯独裁者墨索里尼也表示愿意参加。由于有法国-比利时军事联盟和法德边境强大的防御工事，外护墙看起来很坚固。舰队仍然可以封锁英吉利海峡。英军参谋长委员会承认，把军舰集中在本国水域，将"使英国的殖民地和附属国，包括印度、澳大利亚和新西兰，在无法估计的一段时间内，暴露在外敌的掠夺之下"[42]，但在新加坡建立一个宏大的新海军基地（计划中但尚未建成）应该会有所帮助。与德国的海军协议也是如此，他们将希特勒拉进了10∶10∶6∶3∶3方案中，给他的配额约为3.5。

但这就足够了吗？大多数军事人员认为，在1914年几乎算不上一个因素的空中力量，现在已经改变了局面。《每日邮报》警告说，"现代飞机可以消除所有其他形式的战争行为，无论是陆地还是海上"[43]，使舰队变得无关紧要。飞艇在1917年轰炸了伦敦，20世纪30年代更大更快的飞机可能势不可挡。"我们在1938年想象空战，正如人们今天想象核战争。"[44]未来的英国首相哈罗德·麦克米伦在20世纪60年代回忆道。人们预计在宣战后几个小时内,就会有一次空中"致命打击"。"每个城镇,每条街道,每栋房子,每个住户都将暴露在轰炸之下。"[45]面向受过良好教育群体的《观察家报》写道。白厅委员会预测战争第一天的伤亡人数将是2万人,第一周将是15万人。首相斯坦利·鲍德温沮丧地总结道,严酷的事实是"轰炸机总会得逞"[46]。

现代战争的这种观点,似乎颠覆了英国既有的战略。自伊丽莎白一世的时代以来,统治者一直相信,只要拥有一支强大的舰队,英吉利海峡就会成为一道防御壕沟,甚至能阻拦控制了欧洲大陆海岸的敌人。但如果希特勒的飞机能击沉舰队,从而越过英吉利海峡,情况可能就会像中世纪或罗马时代那样,无法阻拦入侵者。在那个年代,阻止敌人渡过英吉利海峡的唯一办法就是,不让他们到达自己的海岸线,这样他们就根本不能登船起航。英军参谋长委员会想法类似,断言"如果德国人成功地占领了低地国家,并在比利时和荷兰海岸附近建立了空军基地",一道欧洲大陆外护墙现在"在保卫这个国家方面甚至比过去更为重要"[47]。他们担心:"不仅是伦敦,整个中部和北部的工业中心,以及我们靠近海岸的船只,都将处于有效甚至决定性的空袭范围内,由于距离短,这些空袭可能是猛烈的、连续的和持久的。"

言下之意显而易见:英国必须建立一道比以往任何时候都更厚实的外护墙,并不惜一切代价保卫它。鲍德温对议会说:"旧的边界已经消失。当你考虑英国的防御时,你考虑的不是多佛尔的白垩崖,而应该是莱茵河。这就是我们的前沿所在。"[48]然而,事实证明,按这些见解行事是困难的。势力均衡只有在其成员准备战斗的情况下才能奏效,但英国选民竭力避免重复一战的血腥(法国更甚)。还有一个经济角度。工业产能自1929年以来仍在恢复,英国工厂只有停止生产正在为一切买单的出口商品,才能开始制造武器。借钱支付成本,可能会在没有生产出更多武器的情况下引发通货膨胀,增税可能更加抑制经济增长。当繁荣与安全发生冲突时,一切都需要谨慎——这使得潜在的合作伙伴难以相互信任。意大利和苏联很快就相互疏远了。

英国因收买希特勒而没有采取进一步措施。这10年结束的方式使得"绥靖"成了一个低贱、不诚实的词，但绥靖实际上是一个非常英国化的传统。绥靖似乎在20世纪30年代的印度发挥了作用，并且自19世纪30年代以来一直在自治领发挥作用；而在18世纪70年代没有对美洲人绥靖，却被证明是灾难性的。丘吉尔嘲笑说，"绥靖主义者就是喂养鳄鱼，希望它最后吃掉自己的人"[49]，但最后才被吃掉是受民众欢迎的——的确如此，只要绥靖主义能为重整军备、争取势力均衡和筑起外护墙赢得时间。然而，1938年，英国在苏台德问题上纵容希特勒，容许他打破对德国的包围圈，导致绥靖的整个目的都失败了。斯大林看到这种情况后，与希特勒达成了协议，两国瓜分了波兰。直到所有盟友（真实的和有希望的盟友）都背叛后，英法才决定投入战斗。

他们的计划遵循的是自1702年就设定的一种模式。英国将派遣军队到欧洲大陆，同时封锁自己的水域（就像1914年那样，跨大西洋借钱并购买物资），然后等待敌人崩溃。使这一计划落空的是，希特勒仅仅用了11个星期就推倒了整个外护墙；而拯救了英国的是，专业人士证明了轰炸机总能得逞的说法是错误的。英国空军和海军保证了英吉利海峡一直处于封锁状态。有非常危急的时刻，德国的空袭炸死了6万伦敦人，但希特勒始终没有得到在英国空中打赢消耗战的机会。英国的雷达能够看到德国人来临，德国飞机的大部分燃料仅够用于往返目标，英国的飞机、飞行员和飞机生产能力都占有优势。1940年6—10月，英国皇家空军损失了915架飞机，而英国工厂制造了2 091架新飞机；同一时期，德国损失了1 733架飞机，仅补充了988架。1940年9月17日，希特勒无限期地推迟了入侵英国的计划。

正如丘吉尔所说，这是英国最光荣美好的时刻——也是他自己的。1940年是新的1588年，丘吉尔让自己一人扮演了伊丽莎白一世和莎士比亚两个角色。他为英国人提供了一种看待自己的新方式，作为孤军奋战的人，团结在一起，反抗邪恶势力（图9.7）。对一个挥金如土、豪饮香槟的公爵的男后代和女继承人来说，这是一个了不起的成就。丘吉尔一直是一个会引起分歧的人物。我外祖父是一名共产主义者和钢铁工人，他反复说对丘吉尔的主要认识是后者曾在1910年命令军队射杀威尔士托纳潘迪的罢工矿工（实际上没有）。即使按照20世纪30年代的标准，丘吉尔对印度人的蔑视也是罕见的，那个年代的很多英国人都会同情2020年的那些示威者，他们在议会广场丘吉尔的雕像上涂上了"种族主义者"[50]的字样。然而，尽管有这些包袱，丘吉尔还是使自己成了1940年英国奋斗的象征。在不列颠战役开始之前，苏格兰民族主义者的一名领袖告诉朋友，他欢迎德国人入侵，威尔士民族主义者派代表去了柏林，爱尔兰共和派组织在伦敦放置了炸弹。但是当战争开始，德国入侵迫在眉睫时，民意调查发现有88%的人支持丘吉尔。80年过去了，再次聆听他那年夏天的演讲，那熟悉的咆哮和沉重的停顿让我疑惑另外12%的人在想什么。"我们要坚持到底……我们要不惜一切代价，保卫不列颠岛，我们要在滩头战斗，我们要在敌人的登陆点战斗，我们要在田野里、街巷中、山丘上战斗。我们永远不投降。"[51]

图9.7　孤军奋战，很好。有史以来最伟大的政治漫画。戴维·洛绘，载于《每日邮报》，1940年6月18日

资料来源：Alamy

但永远不投降并不等于胜利。丘吉尔在担任首相的第一个星期就问道："我们的目标是什么？"[52]并回答说："胜利——不惜一切代价去夺取胜利，不惧一切恐怖去夺取胜利，不论前路多么漫长、多么艰苦，去夺取胜利。"然而，通往胜利的道路在1940年并不比1588年（或1805年）后更清晰。英国可以封锁欧洲大陆，袭击其海岸，轰炸德国城市并支持游击队，但这些都无法摧毁希特勒的帝国。即使希特勒决定效仿拿破仑入侵苏联，甚至给苏联造成了巨大灾难，也无法做到这一点。从一开始丘吉尔就把一切都寄托在坚持战斗这唯一战略上，"直到新世界在上帝认为适当的时候，贡献出它全部的力量，来拯救和解放这个旧世界"[53]。

上帝认为适当的时候（或者说，罗斯福总统认为适当的时候）姗姗来迟，尽管罗斯福比威尔逊更清楚地看到，英国是美国对抗德国的外护墙。甚至当一场1916年式的金融危机席卷英国，其美元储备已下降到欠美国制造商的钱时，罗斯福仍有疑虑。"他们还没破产，"他在1940年年末对顾问们说，"他们还有很多钱。"[54]话虽这样说，他还是打开了贸易的瓶颈，取消了"无所谓的、愚蠢的旧美元符号"[55]，允许美国向英国租借原材料、设备和军火，包括将这些物资运到大西洋彼岸的船只。细节问题留待以后再解决。★

最终，《租借协议》为英国提供了价值50亿英镑的物资，超过了英国战前的全部财富，而英国只为此支付了14亿英镑。丘吉尔说，这是"历史上最干净的行为"[56]。然而，这可不是慈善行为。罗斯福要求英国以极低的价格贱卖英国在美资产，并交出海军基地和大量黄金（甚至一度派出军舰将黄金运走）。英国还承诺在战争结束后解散英镑区，使英镑可以自由兑换美元，实际上承认了美国的金融控制权。《租借协议》的这部分内容促使丘吉尔起草了一封信，指责罗斯

★ 要到很久以后：在多次借新债还旧债之后，英国于2006年12月才支付了《租借法案》的最后一笔还款。

福的行为就像"收缴无助债务人最后资产的一名治安官"[57]。不过他没有寄出这封信,这很明智。

当日本于1941年12月7日袭击珍珠港时,丘吉尔最早是从他的管家那里听到了这个消息。"此时此刻,我知道美国已经卷入了这场战争,他们已经到了生死关头。所以我们终究还是赢了!"[58]他欣喜若狂。直接后果对英国暴露在外的东亚帝国来说是灾难性的,但丘吉尔仍然乐观,因为,他第二天早上告诉罗斯福,"我预计德国和意大利都会对美国宣战"。两国欣然这样做了,希特勒认为既然"世界大战已经形成,灭绝犹太人是必然的结果"[59]——这就需要打败美国,也要杀死美国的犹太人。"我被激情浸透,感到心满意足,"丘吉尔写道,"我上床睡觉,像个得救和感恩的人一样睡着了。"

新世界比1917年更强劲有力地向前迈进,取得了更彻底的胜利。这使得英国不仅拥有了世界第二大海军、第三大经济体和军队,而且拥有了一个真正的联合王国。"这不是一个政党或任何阶级的胜利,"德国投降当天,丘吉尔在伦敦的一个阳台上慷慨陈词,"这是伟大的不列颠民族整体的胜利。"[60]贫困把英国人团结在了一起。新闻部很早就意识到:"如果能做到百分之百的努力,并让所有人公平地承担责任,人们愿意承受任何牺牲。"[61]就连配给制也成了公平的象征,而公平是英国人身份认同的核心支柱。粮食部的官方历史学家写道:"再没有比这样的要求,比如说蛋糕应该定量配给,更有力的对配给制的贡献了。"[62]当罗斯福夫妇访问白金汉宫时,美国第一夫人惊讶地发现她的浴缸里有一条明显的黑线,告诉她放水时不应该超过这条线。[63]实际上,英国国王确曾秘密写信给他派驻美国的大使,索要柔软的美国卫生纸,然而重要的是,至少看起来每个人都是齐心协力的。乔治六世有次例行视察伦敦被轰炸的街道,当一个人高喊"感谢上帝,我们有这么好的国王!"[64]时,这位口吃的君主回答道:"感谢上帝,我们有这么好的人民!"1940年可不是1640年。

然而,这场光荣的胜利也是一场奇怪的失败。二战给英国造成的损失是一战的两倍,使其经济更加扭曲。许多出口市场丢失了,国家战前的财富有1/4消失了。1945年,美国人的钱是英国人免于挨饿的唯一手段,而当美国新总统哈里·杜鲁门突然终止《租借协议》时,凯恩斯不得不急忙赶到华盛顿,请求50亿美元的紧急贷款。他在9月抵达时,满怀信心期待着美国人会承认英国的牺牲,免除其大部分债务,但在12月离开时,他明白杜鲁门政府感兴趣的是"影响未来,而不是……抚慰过去"[65]。他们预料,未来英国的主权将被大大削弱。议会两院的成员愤怒地反对以让获胜的英国如此依赖美国的条件来借款——但工党议员休·道尔顿提醒他们,不借款的话形势将更严酷。所有"对胜利之后的美好时光的希望,都将在绝望和幻灭中消散"[66]。

GEOGRAPHY IS DESTINY
Britain and the World, a 10,000-Year History

第三篇

财富地图
（1945—2103年）

第10章
最关键的连接点
（1945—1991年）

丘吉尔的地图

1945年后，几乎没有人相信世界看起来仍像麦金德地图一样了，但丘吉尔提出了一种新的地理视野来拯救世界。在接下来的四五十年里，事实一再证实了他的判断。然而，事实也证明，适应新的现实对英国来说确实是痛苦的。

"当我展望我们国家的未来时，我感到自由民主国家中存在着三个大圈子，"1948年，丘吉尔在兰迪德诺时解释道（图10.1），"对我们来说，这第一个圈子自然是英联邦和大英帝国，包括其中的一切。然后是英语世界，我们、加拿大和其他英属自治领以及美国，在其中扮演着极其重要的角色。最后是联合的欧洲。"[1]丘吉尔继续说道，关键在于：

> 我们是唯一在每个圈子中都发挥着重要作用的国家。实际上，我们是最关键的连接点，而我们这座岛是海运的中心，也有可能是空运的中心，我们有机会将它们结合在一起。如果我们能够在接下来的几年里迎难而上，就能再度掌握开启人类安全和幸福未来的钥匙，也将为自己赢得声望和人们的感激。

图10.1 不列颠舞台（1945—1991年）

这是一个大胆的设想，尽管如丘吉尔等人率先指出的，在三个圈子旁边，还有第四个非自由世界的圈子，被铁幕分隔开（图10.2）。二战使英国在全球舞台上沦为配角。现在真正重要的关系是苏联和美国两大明星之间的关系，而当丘吉尔在兰迪德诺发表讲话时，这种关系已经恶化了。即使在最左翼的岛民群体中，也几乎没有人愿意追随斯大林，他越来越像西班牙—法国—德国传统中最新的一位潜在的欧洲大陆征服者。英国与美国有着共同的文化、战略和金融利益，这使得追随杜鲁门的领导变得更加可取。这不是指要对抗或绥靖苏联，而是要遏制苏联，阻止苏联的每一次行动。

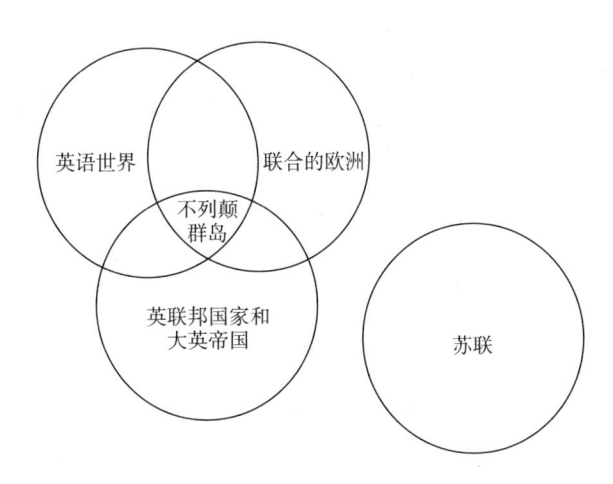

图10.2 丘吉尔地图：自由世界的三个圈子和苏联的第四个圈子

遏制战略其实也遏制了英国，因为首相们所做的任何事情，即使是对国内的事情，也不允许对苏联圈子有所妥协。因此，在1950年朝鲜战争爆发后，当杜鲁门要求盟友提供支持时，英国首届工党政府面临着艰难的抉择。

在希特勒开枪自杀仅几周后举行的一次大选中，英国人让克莱门特·艾德礼取代了丘吉尔，这一结果震惊了全世界。艾德礼是一名社会主义者，他承诺建设一个充分就业和实现全民医疗的新圣地。但世界不该为此震惊，这一直是大多数英国人认为他们为之奋斗的目标（正如一位年轻女性在接受采访时所说的："作为一名工人，投票给支持老板的人是没有好处的"。[2]）。更令人惊讶的是，工党的计划运作得非常好。贫困人口从1936年的18%下降到1950年的1.5%，到那个

10年结束时，白喉、肺结核和孕产妇死亡病例几乎被消灭，国家卫生服务部门成为英国最受赞赏的机构。面对这一现实，丘吉尔的政党也开始致力于建设福利国家，在1951年保守党重新掌权后，工党的前财政大臣高兴地承认，保守党"的确做了我们本应该做的事情"[3]。

两党都必须面对的重大问题是福利国家的成本是多少。即使有了美国的贷款，英国人在1945年后，也不得不比以往任何时候都勒紧裤腰带。1946年，英国首次实行面包定量配给；对布料的限制供应持续到1949年，对肉类的限制则一直持续到1954年。英国的财政状况岌岌可危。1947年，当艾德礼履行丘吉尔的承诺，允许英镑兑换成美元时，英镑迅速崩溃，仅仅6周后，政府就不得不暂停兑换。在这种情况下被要求出兵朝鲜，艾德礼发现，即使把所得税的标准税率提高到47.5%，最高税率提高到97.5%，也无法支付建设新圣地和重整军备的费用。迫于无奈，为了不让杜鲁门失望，他开始收取开具处方、看牙和配镜等费用。有两名大臣辞了职，但政府依然在坚持。实际上，富有传奇色彩的外交大臣厄尼·贝文在反斯大林主义方面经常比美国人更甚。他与温文尔雅的外交圈子格格不入（他11岁就辍了学，曾对国王说他是在"经验的边缘"[4]中学的本领）。如果没有贝文，北大西洋公约组织（以下简称"北约"）可能根本不会向美洲人和欧洲人承诺，对任何缔约国的攻击，都将被视为对所有缔约国的攻击。

据传，北约的第一任秘书长（也是一个英国人）说，该组织的目标是"把苏联人挡在外面，把美国人拉到里面，把德国人降到下面"[5]（图10.3）。把苏联人挡在外面，原因很明显，而把美国人拉到里面，是因为西欧无法独自将苏联人挡在外面，即使英国将8万士兵编入盟军，以保卫建在易北河上的外护墙。只有美国人能提供第二道截然不同的外护墙，因为20世纪30年代人们担忧的事情如今已成为现实。核武器能够毁灭一座又一座城市。斯大林在1949年造出了原子弹，只比美国晚了4年。1953年，两个超级大国都拥有了（核聚变）氢弹。那是比在广岛和长崎爆炸的原子弹威力大数百倍的武器。

第二年，英国行政机构估计，苏联的全面攻击将造成900万平民立刻死亡，另有300万人会很快死于辐射中毒，同时将使400多万人致残。原子弹改变了英国的安全状况，其程度不亚于16世纪的西班牙式大帆船。

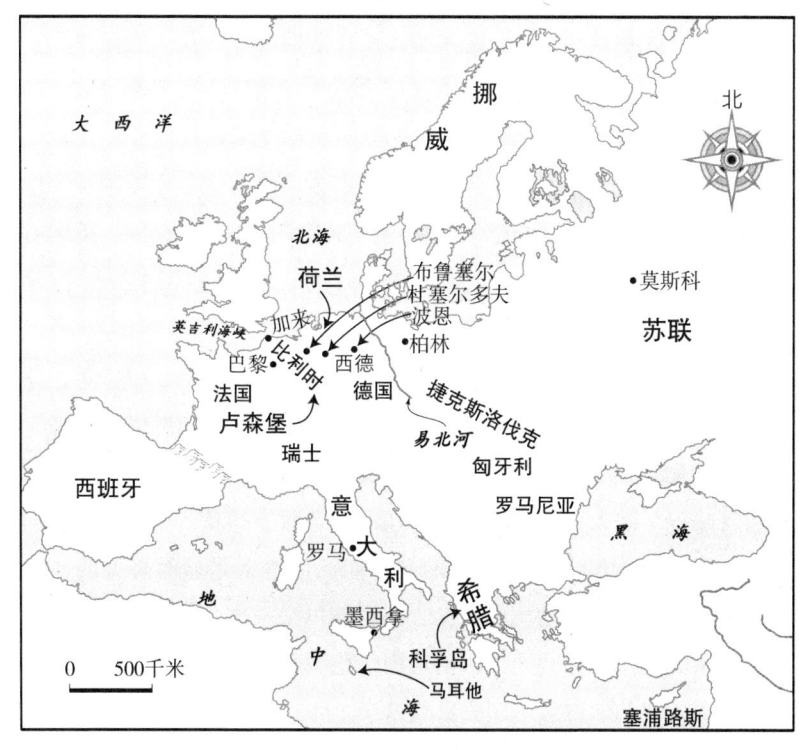

图10.3 欧洲-地中海舞台（1945—1991年）

任何天然的外护墙都不可能牢固到阻止苏联轰炸机飞抵不列颠群岛，因此唯一可行的防御形式似乎就是威慑，一种由大规模核报复和确保相互毁灭的威胁造成的虚拟外护墙。尽管制造一枚英国原子弹的费用惊人，但贝文从未犹豫过。"我们必须拥有原子弹，无论花多少钱，"他在1946年说道，"我们必须让米字旗在那上面飘扬。"⁶当美国人试验第一颗氢弹时，丘吉尔也毫不犹豫地要研制氢弹。"我们必须这样做。这是我们坐上主桌所要付出的代价。"[7]民众表示支持，60%的人告诉民意调查者他们想要原子弹，58%的人也想要氢弹。

英国制造核武器的目的实际上并不是为了恐吓斯大林。如果英国用尽所有的氢弹，能够杀死大约800万苏联人，这很难阻止一个在与希特勒作战时损失了2 000万人的国家。只有美国人有足够的核弹，可以把死亡人数推至1亿，这才能真正吓住斯大林。英国的核弹其实是用来让美国忌惮的。1957年的一份秘密报告解释说："通过威胁动用我们的核力量，（我们能够）在美国的利益受到的直接威胁比我们小的情况下，达成与美国的合作。"[8]大多数美国总统都把英国视为他们最重要的盟友，但是当他们认识到，如果美国不支持英国，英国可能会独自开启世界末日时，任何摇摆不定的总统都会下定决心。这是胁迫，但非常时期需要非常手段。

北约任务中"把德国人降到下面"的部分更为复杂。1945年，苏联和美国更担心的是德国复兴，而不是彼此。分裂德国的措施减轻了他们的焦虑，但当斯大林成为新的威胁时，美国人看到了一个机会：既然既缺钱又缺人，那么为什么不让一个亲西方的新西德重新武装起来，并发挥其影响力呢？法国的政客们认为答案是显而易见的：自1870年以来三次入侵法国的人，很有可能再来一次。他们提议组建一个超国家的欧洲防务共同体，将法国、德国和英国的军队合并，但不让德国加入北约。许多美国人喜欢这个主张，但大多数英国人都感到震惊。即使是自1943年以来一直推动欧洲大陆一体化的丘吉尔，也不认为英国应该加入这个共同体。不列颠群岛本应是英语世界、大英帝国和欧洲大陆圈子的连接点，而不是联合欧洲的一部分。

欧洲防务共同体胎死腹中，但美国对联盟的支持只增不减。1948年，美国公布了马歇尔计划，希望通过注入大量资金的方式重振西欧国家的经济，从而减少西欧人对共产主义的赞同。最初的想法是通过一个超国家组织来输送美元。事实证明贝文太过聪明了，他一边获得英国的份额，一边避开了主张联盟者的圈套。这时美国国务卿迪安·艾奇逊找到了法国外交部长罗伯特·舒曼。艾奇逊说,既然防御计划和救济都没有减轻法国对西德的恐惧,那么为什么不将两国的核心工业合并,使任何一方都不可能开战呢?西德总理很高兴被视为合法的合作伙伴,对此完全赞成;而且,由于贝文不能破坏他不知道的事情,法德协议在1950年是作为既成事实突然出现在他面前的。

由欧洲联盟的创始人让·莫内起草的舒曼计划将煤炭和钢铁置于"一个新的高级机构的管理之下,该机构的决定将约束法国、德国和其他加入的国家"[9]。意大利、比利时、卢森堡和荷兰立刻加入进来,但英国没有。英国90%的能源都来自煤,能源安全至关重要。"这样不好,我们不能这样做,"英国副首相坚称,"达勒姆的矿工不会接受的"[10]——即使这会使他们面临来自一个庞大的欧洲大陆垄断联盟的竞争。不加入这个机构会威胁到英国的繁荣,但对于捍卫英国的主权和身份认同来说,抗拒舒曼所谓的"迈向欧洲联盟的坚实的第一步"[11],似乎是必要的。

支持联盟的人都激动不已。欧洲人正在做一件前所未有的事情,将数亿人融合到一个更大、更富裕、更安全的超级国家里,而且不必用暴力的方式强迫任何人进入。然而,英国的"官方头脑"(记者雨果·杨这样称呼英国的政治人物和高级公务员的核心圈子)怀疑,舒曼实际上是在用委员会做希特勒试图用军队做的事情。即使是那些深知第三帝国和煤钢共同体之间有着相当明显区别的人,也常常把舒曼的行动比作13个世纪前天主教会对国家主权的攫取,这无疑也是我把中世纪的教会称为"最早的欧盟"的原因。1950年签署协议的6个国家的代表都是天主教徒。贝文的一位高级顾问称舒曼计划"只是巩固天主教'黑国际'的一步,我一直认为'黑国际'是欧洲委员会背后的一大推动力"[12]。在20世纪60年代早期,工党领袖仍然担心被"卷入一种巨大的资本家和天主教的阴谋"[13]。30年后,撒切尔夫人有时也认为欧盟的背后是罗马。

教皇并没有真正回归(即使一些天主教徒在煤钢共同体成立50

周年时曾敦促梵蒂冈将舒曼封圣），但组成共同体的六国真正的想法却更像7世纪时接受罗马的撒克逊酋长们的想法。六国希望，放弃部分主权，模糊身份认同，能够让自己更加繁荣并改善安全性（在这个阶段，流动性的确不是问题）。然而，20世纪的英国统治者们看不出这样的交易有什么好处。保守党的安东尼·艾登说："这是我们凭本能便深知不能做的事情。"工党的全国执行委员会在一份集体声明（私下里将标题定为"欧洲统一"[14]）中坚称："英国不仅仅是欧洲大陆西海岸外一个人口拥挤的小岛……除了距离，在所有方面，我们英国人与远在世界另一端的澳大利亚和新西兰的亲戚，都比与欧洲更亲近。"[15]

官方智慧甚至怀疑舒曼的共同体能否实现其繁荣的底线。英国1950年的工业产出超过了法国和德国的总和，世界贸易的1/4都掌握在英国手中，而英国的大部分出口产品都流向了帝国市场。那么为什么要牺牲丘吉尔所说的第一个圈子中的地位，加入一个尚不可靠、奉行保护主义的第三个圈子，即使这让美国所在的第二个圈子高兴？一名高级官员断言："与欧洲的长期经济合作对我们没有吸引力。在最好的情况下，这也是对我们资源的消耗。而在最坏的情况下，它会严重损害我们的经济。"[16]就连加入共同体的六国中的一些人也认为，英国不加入是有道理的。

不加入欧盟还有一个好处，那就是让六国难以取得更多的成果。一些英国外交官希望，这种方式可以扼杀这次合并。然而与此相反的是，六国加大了赌注，于1955年在西西里岛的墨西拿召开了一次会议，"通过发展共同机构，逐步融合各国经济，创建共同市场并逐步协调……社会政策，为建立一个联合的欧洲而努力"[17]。

带头冲锋的比利时外交大臣保罗-亨利·斯帕克竭力想让英国参与进来，但英国对他置之不理。甚至几年后，一项盖洛普民意调查发现，39%的英国人从未听说过共同市场，而12%的人认为英国已经加入了。记者杨注意到，1955年英国报纸关于墨西拿唯一报道较多的事件是"老贝利(英国中央刑事法院,因其所在街道得名)对墨西拿兄弟(二战前后英国主要黑社会势力)的审判,他们被指控拉皮条和敲诈勒索"[18]。

英国文官大臣坚称斯帕克的"神秘主义"[19]只会"吸引欧洲天主教联盟主义者"[20],但仍然采取行动试图将其扼杀在萌芽状态——不是通过抵制墨西拿会议,也不是派遣一个重量级政治人物去制服斯帕克,而是派遣了一个低级别的经济学家,并指示他在最不合适的时候退场。虽然没有确切的证据,但据传说,这位被牺牲的公务员在会议中途突然站了起来,宣布:"先生们,你们正试图谈判一些不能谈判的事情。但即使谈判了,也不会被批准。即使批准了,也不会起作用。"[21]就这样,或许还有其他原因,英国正式拒绝了欧洲的一体化。

在某些方面,英国于1955年选择置身事外的主张似乎比5年前更为强烈。墨西拿会议提出的欧洲经济共同体,远远超出了舒曼计划,特别是在共同农业政策方面,这个政策保证了农产品的价格。共同体将用法郎、德国马克或里拉,以最高价格收购农民种植的任何作物,而不论这些农产品是否有买家,多余的农产品将向海外出售,换取任何能换回的东西并通过这种方式减少损失。这对法国来说是好政策,因为法国1/4的家庭都种地,甚至对西德也是如此(西德有1/5的家庭务农),但对英国却不是(英国只有1/20的家庭务农)。英国工厂的工人将补贴效率低下的欧洲大陆农民,并为自己的食品支付更高的价格。

然而,要求加入欧共体的呼声也更加强烈,尤其是因为最初签约的六国都在蓬勃发展。图10.4说明了一切:1955年时,英国人的生产力比1945年提高了11%,但德国人提高了28%,法国人和意大利人提高了140%以上。当然,这并不全是舒曼的功劳。经济在1950年之前就已经开始复苏,没有加入欧共体的挪威和瑞士也在繁荣兴旺。事实就是西欧已经恢复到了战前的增长水平。即使看不懂图10.4的右半边意味着什么,到1955年时也已经很明显了,英国的

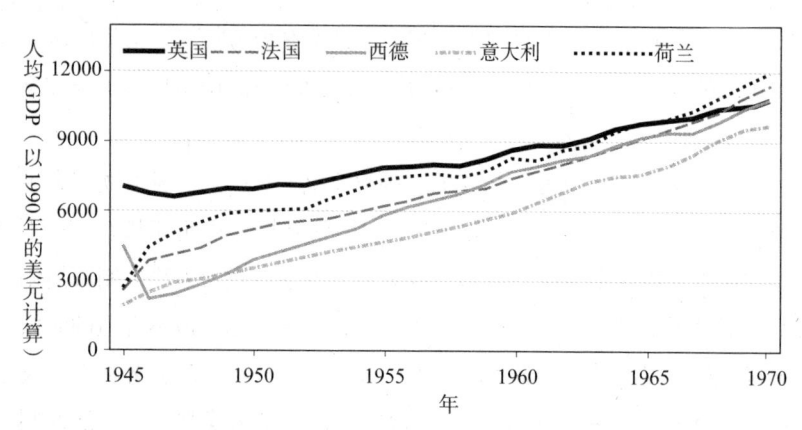

图10.4 第一名和最后一名差不多：1945—1970年，英国人变得更富有了，但其他国家的人富得更快

经济与市场不断扩张的欧洲融合得越多，就会越繁荣。

英国拒绝面对这些事实，这有点像18世纪60年代的战略自恋。历史学家理查德·韦特将英国人对墨西拿会议的感受与他们认为真正重要的东西——足球的感受，进行了惊人的对比。英国从未组建过一支国家足球队，多年来一直认为唯一值得比赛的对手是其他英国人。法国的足球人士于1904年建立了一个国际足球联合会，但是英国的四个小国直到1947年才完全加入，即便那时，也基本上不大理会这个机构。世界杯足球赛始于1930年，但一连20年英伦三岛都没有一支球队参赛，直到1958年英国人对此的兴趣仍然极低。1955年，也就是墨西拿会议举行那年，欧洲大陆创办了欧洲杯比赛（由各国联赛冠军参加的淘汰赛），英格兰联赛禁止其上个赛季的冠军切尔西队参赛。不过这时，足球已经像经济一样发生了巨大变化。一位体育作家总结道："一开始我们不是世界冠军——我们就是世界。后来，随着时间的推移，我们不再是整个班级，但至少是班上的尖子生。现在，让我们面对现实吧，我们比尖子生差远了。"[22] 也可以说他是在谈论地缘政治。

与1950年相比，到了1955年，再拒绝一个奉行贸易保护主义的欧洲大陆与大英帝国进行自由贸易，显然就不那么明智了，因为大英帝国已不再那么重要了。英国现在与欧洲经济共同体的贸易比与自治领的贸易还要多，随着时间的推移，帝国在贸易中的成本越来越高，收益越来越少，也越来越难以与遏制苏联的战略相调和。像马来亚（今天的马来西亚）和黄金海岸（今天的加纳）这样的殖民地，都有能挣到美元的出口产品，值得为留住它们而战斗。由于这两个国家的民族主义者都非常激进，似乎完全可以相信他们与苏联之间有联系，可以以此说服美国人，镇压这两个地区有助于遏制苏联的战略。然而，对于这个摇摇欲坠的帝国的其他殖民地，抓住它们不放的理由就没那么明显了。

因此，英国采取了新策略。首先，它把那些可怕的反帝国主义自由战士重新定义为可以组建民选政府的可敬的领导人，然后在扩大的英联邦内允许他们的所在国获得独立。如果处理得当，就有希望让这些新兴国家欢迎英国商人、军人和公务员做顾问，甚至争抢英国的投资。国旗和国歌会改变，但其他方面不会有太大变化（就连女王照片也会留在办公室的墙上）。历史学家罗纳德·罗宾逊将其称为"帝国主义以其他更有效方式的延续"[23]，这或许有些言过其实，但将帝国变成一个模糊的联邦，似乎是避免（我在引言中引用过的）乔治·奥威尔的悲观预言的可行途径。奥威尔的预言是，去殖民化将"使英国沦为一个天寒地冻而无足轻重的小岛，我们不得不极其辛苦地劳作，主要靠鲱鱼和土豆为生"。

事实上，结果各不相同。在说服印度和巴基斯坦民族主义者加入英联邦后，英国于1947年突然抽身而退。"英国已完成了她的使命，"帕泰公司的新闻纪录片以轻松的口气宣称，"现在应该由印度自己决定自己的命运了。"[24]印度教徒和穆斯林之间的暴力冲突很快就造成了大约100万人死亡，另有800多万人流离失所。英国从希腊的撤退也同样突然，留下了一场内战；还有巴勒斯坦，那里的冲突甚至一直持续到今天。一个内阁委员会的结论是，其他地方的独立运动，直到20世纪70年代前似乎都不大会成为问题，英国应该坚持下去。如果有足够的投资，一些殖民地甚至会让英国有利可图。贝文认为，非洲的矿产"可能会让美国依赖我们，并在四五年内完全听命于我们"[25]。

这是不现实的，但西欧的确开始从科威特和停战海岸（今天的阿拉伯联合酋长国）进口石油了，这两个地区都在英国的控制之下。于是，当1951年，伊朗的左翼首相穆罕默德·摩萨台对英伊石油公司位于阿巴丹的全球最大炼油厂实行国有化时，艾德礼出手了。他没有派出炮舰，而是派出了间谍。这些间谍与美国人和伊朗国王合作，策划了一场政变。改头换面为英国石油公司的石油商们很快就卷土重来了。先例一开，当1956年，埃及民族主义领导人贾迈勒·阿卜杜勒·纳赛尔拉拢苏联，打算将苏伊士运河收归国有时，英美一致认为纳赛尔也必须下台。然而，他们在战术上有分歧。虽然艾森豪威尔总统也认为苏伊士运河"不是试图降低纳赛尔影响力的问题"[26]，但艾登首相认为暴力的政权更迭是唯一的选择。

艾登究竟为什么变得如此帕默斯顿化，至今仍有争议。有人说他不喜欢纳赛尔；有人说他曾在20世纪30年代反对绥靖政策，现在几乎无法容忍任何仿效墨索里尼的人；也有人说他病了；还有人说他想取代丘吉尔的地位。对其动机的猜测层出不穷，但平心而论，苏伊士运河危机和唐·帕西菲科事件的确有相似之处。1850年的帕默斯顿和1956年的艾登都有压倒性的军事优势，都对自己的目标很有把握，也都有方便的借口。艾登甚至得到了法国的支持，于是他动手了。

但是有一个差别比所有这些都重要：帕默斯顿不必担心遏制苏联的战略。"我了解艾克（艾森豪威尔的昵称），"艾登的财政大臣哈罗德·麦克米伦向他保证，"他会按兵不动！"[27]然而考虑到苏联坦克在英法伞兵空降埃及的前一天已经开始镇压匈牙利事件，而且艾森豪威尔在第二天就要被提名竞选连任，他不能按兵不动。于是艾森豪威尔对他的国务卿说："不惜一切代价，必须阻止苏联通过对小国表现出虚假但令人信服的关心来夺取世界领导权。"[28]艾森豪威尔想让他出丑,所以他击中了艾登的痛处:钱包。恐慌的投资者一连几星期抛售英镑,英国为支撑英镑已经损失了2.5亿英镑。艾森豪威尔拒绝提供帮助,除非英国士兵全部离开埃及。在登陆后的36个小时内,英法远征军已达成大部分目标,造成了2 000名埃及人伤亡,摧毁了260架飞机,而己方只损失了32名突击队员和3架飞机。但是艾登这时收兵了。

帝国以前也遭受过挫折。阿富汗人、祖鲁人和日本人都曾屠杀过整支英国部队,但是还从来没有像这样被羞辱过。("我不确定我是否敢动手,"丘吉尔评论道,"但我肯定我不敢停手。"[29])从某种意义上说,苏伊士运河战争是两次世界大战的最后一场战役,英国因为在金融战中败给美国而承受了全部代价。100多名保守党议员通过了一项动议,指控艾森豪威尔"严重危及大西洋联盟"[30],但现实却更加严酷。英国让它的金主和它自己都陷入了尴尬境地。艾森豪威尔私下里曾说:"在战争中,英国人是我最愿意与之并肩作战的。但是——这件事情!我的上帝啊!"[31]

转折

苏伊士运河危机6年后,迪安·艾奇逊公开冒犯了数百万英国人,对他们说:"大不列颠失去了一个帝国,却还没有找到自己的角色。"[32]但这话并不新鲜。艾登甚至在辞职之前就已经评论过,苏伊士运河事件"与其说是改变了我们的命运,不如说是揭示了现实……无疑,我们必须更彻底地审视我们的世界地位和我们的国家实力"[33]。他说得对。英国的世界地位和国家实力必须一起被重新思考。艾登没有做到这一点,他的继任者哈罗德·麦克米伦只处理了世界地位问题。处理国家实力问题还需要再等30年。

麦克米伦(伊顿公学校友、英国近卫军团前军官)穿着粗花呢衣服，奓拉着小胡子，懒洋洋地说着俏皮话，看起来不像是一个能实现全球转型的人，但他的一个竞争对手说，在他粗犷的外表背后，隐藏着"无限的灵活性"[34]。仅仅10年前，一名国防部顾问就曾警告他的长官们："我们不再是一个强国，而且永远不会再是了。我们是一个大国，但如果我们继续表现得像一个强国一样，我们将很快连大国都不是了。"[35]麦克米伦明白这一点，但他认为保持一个大国地位的办法就是假装自己是一个强国。他表现得像是什么都没有变化一样，而实际上却改变了一切。他飞到百慕大，修复了与艾森豪威尔的特殊关系；在莫斯科，他与苏联领导人尼基塔·赫鲁晓夫讨论了军备控制问题；在开普敦，他宣布了大英帝国的终结；在巴黎，他提出英国要加入欧洲经济共同体。

麦克米伦需要向艾森豪威尔表明他明白自己的位置，而艾森豪威尔希望得到英国的支持，因此愿意相信他。然而，麦克米伦也需要向选民展示他不是哈巴狗，这两种需求经常发生冲突。事实证明，变化迅速的核武外护墙问题特别棘手。苏伊士运河事件后仅仅一年，苏联便发射了"斯普特尼克"号，这是一颗重75公斤、哔哔作响的人造卫星，这表明他们拥有了能在一小时内将核弹头发射到地球任何一个地方的导弹。1959年，美国人有了自己的运载火箭。第二年，双方都研究出了如何从潜艇上发射导弹，使得核武器在被突然袭击时不易受损。对美国人来说，一个显而易见的后果是，不必畏惧英国轰炸机的威慑力了，但对麦克米伦来说，这表明英国也需要火箭。噩耗接踵而至。一名记者说，英国的导弹计划成了"国家无能的典型，因为火箭未能起飞，未能达到预定的高度，或者在中途爆炸，或者自己撤回"[36]。麦克米伦并不满意，他哄骗艾森豪威尔和他的继任者约翰·肯尼迪卖给他美国导弹——他们照做了，尽管肯尼迪坚持将所有北极星导弹置于北约控制之下，除非"最高国家利益"[37]介入。

对于什么是最高国家利益，从未明确过，但像苏伊士运河这样的事件显然不算。当古巴在1962年引发一场真正的危机时，英国在肯尼迪的顾问眼中并不比像西班牙这样先前的列强在帕默斯顿顾问眼中更重要。很难不怀疑美国人是否真的会拿纽约冒险来保卫欧洲的外护墙，或者，考虑到这可能意味着什么，英国是否应该希望他们这样做。BBC在1965年封杀《战争游戏》的做法可能是正确的。这是一部以虚构的核战争期间的肯特郡为背景的伪纪录片。该片获得了奥斯卡奖，但BBC直到1985年才解除对其的禁播。这是有史以来最令人不安的电影。英国国防部猜想，假如战争真的爆发，光是维持国内秩序就需要20万名士兵，但英国无论如何都可能会分裂成十几个由地区专员管理的军事独裁国家。

没有人希望发生这样的事情。1961年，大约10万名示威者涌向特拉法尔加广场，要求单方面解除武装，但就连他们的领导人也很快意识到他们犯了一个错误。"我们认为英国仍然是一个强国，它仍被世界其他地区视作榜样，"[38]其中一人说，但实际上，"如果我们抛弃我们的炸弹，谁会在乎？"[39]他说，只有超级大国才能结束自己的核竞争，并由此结束对核武外护墙的需要。

幸运的是，两个超级大国都在探索自己的选择。1953年斯大林去世后，苏联的态度有所软化，1972年理查德·尼克松突然访华，形成了包围苏联的态势后，苏联的态度进一步软化。古巴危机给双方都敲响了警钟，到1976年，当苏联的核武库与美国持平时（各自拥有大约2.5万枚核弹头），美国也变得不那么好战了。双方仍然准备动用武力（美国人在越南，苏联人在捷克斯洛伐克），但也都同意限制核武器和生物武器。两国宇航员在太空中握了手，长期共存开始成为可能。

这种软化影响了美国的盟友。除了贝文这样的冷战斗士，英国很少有人像美国人那样如此严格执行遏制政策。美国对共产主义者渗透政府的反应是处决、监禁和解雇1万名嫌疑人（另有1.5万人在接受调查期间辞职），而英国掩盖了两名高级特工叛逃的事实，只解雇了35人（另有25人辞职）。20世纪60年代，两个德国相互承认了对方的生存权，新一代"欧洲共产主义者"在美国和苏联之间寻求中间道路，法国军队退出了北约的指挥，英国则进一步放松遏制政策。

判断步调从来都不容易。20世纪60年代，当美国在中南半岛陷入另一场遏制战略下的战争时，英国几乎没有人想出兵，但随着英国经济再次陷入困境，美国官员承诺："对于英镑来说，在此关键时刻，英国一个旅在越南将价值10亿美元。"[40]工党首相哈罗德·威尔逊承认"我们不能让我们的债权人失望"[41]，但他也不能让自己的选民失望，所以他躲闪、绕弯、敷衍，就像2 000年前代表罗马统治英格兰南部的"友好国王"一样。他拒绝向越南派遣地面部队，但承诺不让英镑贬值（因为攻击英镑的投机者可能会转而攻击美元），不关闭在亚洲的军事基地（因为美国或许不得不补位），也不增加公共支出（这将耗尽所有美国贷款）。然后，他以典型的藩属王的风格，在获得财政援助后还是让债权人失望。（他的一位同事曾说："我不喜欢威尔逊的嘴脸。"[42]）威尔逊押宝约翰逊非常需要朋友，所以不会采取报复，他在所有事情上都食了言，尤其是对英国在苏伊士运河以东数额巨大的殖民投入。

威尔逊享有滑头的名声是当之无愧的，但几乎任何一位首相都会像他那样做（只是可能没有他娴熟）。10年前，麦克米伦进行了一项"帝国审计"，并得出结论，大多数海外领地给英国军队和声誉带来的压力，非但没有增加不列颠群岛的繁荣，反而使自己成为净负债。1960年，他出访非洲，想亲眼看一看情况。他问尼日利亚总督："这些人准备好自治了吗？"[43]回答是："'不，当然没有。''他们什么时候能准备好？''20年，25年吧。''你建议我怎么办？''我建议你马上让他们自治。'"麦克米伦很清醒，他前往开普敦发表了他职业生涯中最令人难忘的演讲。"变革之风正吹遍这片大陆，"他对南非全白人选民的全白人代表们说道，"我们都必须接受这一事实，我们的国家政策也必须考虑到这一点。"[44]南非人由此走出了英联邦，英国则从非洲退出。

从来没有一个帝国能像英国这样消失得如此之快，但是，除了极右势力，不列颠群岛上似乎很少有人在意这个问题。没有选举反弹，没有暴力。因此，当威尔逊在1967年花光了钱时，他把英国在亚洲的殖民地也抛弃了。英国在苏伊士河以东所拥有的一切都将在10年内失去，除了中国香港这个基地。英国将"停止在世界范围内扮演军事角色"，政府宣布，"我们将日益成为一个欧洲强国"。[45]

250年来，英国一直想方设法使欧洲大陆维持分裂状态，自己则在全球舞台上表演，但在失去了这一角色后，反对欧洲统一就没有多大意义了。起初，麦克米伦反对这一结论，在墨西拿会议后不久，他试图将与会六国淹没在一个没有联邦主义热情的更大的关税同盟中，来扼杀欧洲联盟，但当这一努力失败时，他直面事实。"这是自拿破仑时代以来的第一次，"他告诫他的外交大臣，"欧洲大陆的大国联合在一个积极的经济集团中，有相当多的政治特性，尽管不是专门针对英国的，但可能会将我们排除在欧洲市场和对欧洲政策的磋商之外。"[46]他担心，这个新的大陆体系甚至可能"取代我们成为美国的主要盟友"。他预见到一个"残酷的选择"[47]，要么孤立，要么背叛英联邦的盟友，但最终这根本不是选择。到1960年时，英国只有8%的进口和9%的出口来自澳大利亚和新西兰，欧洲经济共同体的这两个比例则分别为15%和16%——而且这个差距还在扩大。麦克米伦认为，繁荣比共同的文化认同更重要。自治领和帝国一样，必须抛弃。1961年，英国申请加入欧洲共同体。

麦克米伦转向欧洲是自18世纪第二个10年以来最大的战略转变，但是没有沃尔波尔时代政党狂热的反响。一些保守派担心麦克米伦想要"将我们的独立拱手让给'法国佬和外国佬'"，哈罗德·威尔逊（此时尚未上台，因而说话可以不负责任）宣称"我们无权为了在杜塞尔多夫卖洗衣机这点儿既不确定又微不足道的好处，出卖我们的朋友和亲戚"[48]。只有一名议员投票反对麦克米伦的计划。然而在欧洲大陆上，计划却遭到了抵抗。1963年，法国总统戴高乐宣布，由于

"英国是孤立的"，英国的加入将创造"一个依赖于美国并在美国领导下的庞大的大西洋共同体，很快就会吞噬欧洲共同体"[49]。所以回应是"不"。

4年后，威尔逊再次尝试。关于战略转变对身份认同、流动性、繁荣、安全和主权可能意味着什么的争论，与麦克米伦提出时相比更加缓和。戴高乐再次否决。最后，到了1971年，当时更为关心西德对苏联的软弱态度，而不是成为美国傀儡的戴高乐继任者乔治·蓬皮杜，邀请英国再提出一次申请，而此时威尔逊的继任者，异常亲欧恐美的爱德华·希思也准备好了。

这一次，围绕着战略转变，国内的确出现了分歧，然而是在政党内部，而不是在政党之间，这是未来事态发展的一个迹象。在极右翼人士中，伊诺克·鲍威尔认为一场"生死搏斗"要开始了，"就像1940年秋天在英格兰南部天空激烈的战斗一样，一定会关乎英国未来的国家地位。角斗士很少，他们的武器不过是言词，然而他们的战斗是每个人的战斗"[50]。极左翼的人则更直率，向工党的主要亲市场人士挥拳大骂："法西斯恶棍！"[51]议会最终投票时的气氛非常热烈。"看到那边的大使旁听席了吗？"一个服务人员问道，"自我们在这个世界上还很重要的时候以来，那里从来没有这么满过。"[52]但结果是毋庸置疑的：英国将于1973年1月1日加入欧洲经济共同体。消息通过电话传到了多佛尔堡，麦克米伦在那里点燃了篝火，海峡对岸的加来也立刻点燃了篝火作为回应。

政治精英们情绪高涨。让·莫内在法国电视台说："这是我过去25年来一直在等待的。"[53]希思超越了他。"在我第一次访问巴黎的40年后，"他回忆道，"我能够在实现欧洲统一的过程中发挥作用……对我个人来说，这是一个极其激动人心的时刻。"[54]工党领导层内部的分歧非常严重，以至威尔逊不得不承诺，一旦工党重新掌权，将对欧共体成员问题举行公投——这是英国历史上的第一次。

但是当1975年公投来临时，大多数英国人只是耸耸肩。工党外交大臣詹姆斯·卡拉汉甚至在接受电台采访时说:"我既不支持,又不反对。"[55]采访者被激怒了,脱口问道:"那你来这个节目做什么?你是来建议人们投赞成票的,不是吗?"他回答道:"我来这里是因为你们邀请了我。"

在这样的背景下,本书第1章中提到的撒切尔夫人的态度,就更有意义了。尽管在这场斗争中形成了我以她的名字命名的法则,但她私下里承认,她"希望自己根本不用投票"[56]。主流政治家几乎一致地,而且是几乎一致半心半意地表示英国应该留在欧洲经济共同体中,只剩下来自极右翼和极左翼的一群边缘化小人物主张离开。1974年,也就是英国加入欧洲经济共同体一年后,民意调查显示,2/3的英国人表示他们想要离开。又过了一年,2/3的人投票支持留下。一个犹犹豫豫的转向完成了,英国暂时找到了一个角色。

一帮极其讨厌的家伙

或者说找到了角色的一部分。1956年,在艾登看来很明显,要想评估英国的世界地位,也需要评估其国家实力,但麦克米伦对此不感兴趣。在批评家看来,他似乎过于满足现状。新一代愤怒的年轻人认为,问题在于麦克米伦和他的亲信代表着"权势集团",一个无可救药的旧式权贵集团,其亲属占据着英国各行各业的顶层位置。这样的人,无论是否真实存在,都是非常完美的陪衬,以致20世纪60年代初成为自讽刺文学作家斯威夫特巅峰时期以来讽刺作品的全盛时代。例如,《私家侦探》杂志就创办于1961年。企鹅图书公司看到了市场,出版了一系列关于英国传统的平装小薄本丛书,名为"……有什么不对?";威尔逊则看到了选票,于1964年保证"要在经济和社会态度上做出影响深远的变革,这些变革将渗透我们整个社会体系"[57]。他还承诺,一个新的国家将"受这场革命的白热化锻造而成"。

深远变革的时机似乎已经成熟,甚至连联合王国的组织结构都是如此。联合关系是在18世纪和19世纪建立的,目的是向欧洲大陆的敌人关闭英格兰的后门,使不列颠群岛能够自由地向海外扩张。现在,没有了迫在眉睫的入侵,帝国的衰退和遏制战略已经重新定义了地缘政治,联合的意义就不那么明显了。

这些问题在爱尔兰最为尖锐。南方独立的共和国已经不再是英国的问题,但许多被困在1922年分界线英国一侧的天主教徒,渴望重新加入他们的同宗教徒之中。然而,人数是他们两倍多的阿尔斯特新教徒决心不惜一切代价阻止这种情况发生。历届政府都试图通过向该省的产业大量注资来平息不满情绪。该省的产业像苏格兰和威尔士的产业一样,自1945年以来一直在苦苦挣扎。起初,这办法似乎奏效了,1962年几乎没有人支持爱尔兰共和军的爆炸行动,该组织宣布放弃暴力。但北爱尔兰的天主教徒不喜欢杀人并不意味着他们喜欢联邦。绝大多数天主教徒认为新教徒霸占了政府的援助,而新教徒则经常担心英国的绥靖主义者会把他们出卖给教皇。大臣们想知道,当一个信奉上帝的人对于建造桥梁的请求,居然回应"桥梁和叛徒很相似,因为他们都通向另一边"[58]时,对这样的地方,他们该怎么办?

大多数人的结论是:没办法。在宗派仇杀重起的整个1966年,议会只讨论了两个小时北爱尔兰问题。但愤怒激发了进一步的愤怒,1969年,一场庆祝奥兰治的威廉于1690年取得胜利的游行引发了三天的暴力骚动。没有人能视而不见。这时内政大臣詹姆斯·卡拉汉忘记了自己曾发出的警告:"我可以派军队进入,但是要把军队撤出来,那可就难上加难了。"[59]他派出了军队,保护天主教少数派。最初,这似乎奏效了。"孩子们到处跟着你,"一名士兵说,"下午送茶吗?送茶的太多了,还有人送面包和三明治。"[60]然而,共和派人士急于加入一个不想要他们的共和国,亲英派人士对联邦的忠诚要求他们武力反击共和国,军队想在两者之间保持中立,但很快就变得不可能了,这使得双方(及其无数分裂得更小的团体)对军队的痛恨超过了对彼此的痛恨。

到了1972年，政治谋杀平均每天不止一起。政府失去了早期的乐观，不经审判就拘留犯罪嫌疑人。一些人遭到严刑拷打。在街上，心惊胆战的军队射杀手无寸铁的暴徒。纪律正在崩溃。1974年，支持北爱尔兰继续作为英国一部分的统一党的大罢工（受到了恐怖分子的支持）导致了贝尔法斯特关闭，军队指挥官警告说，如果下令让他们停止罢工，"我们会说，恕我直言，这是警察的工作"[61]，尽管他知道，"警察正处于无法履行职责的边缘"[62]。两个星期后，伦敦方面对罢工者的要求做出了让步。《泰晤士报》驻贝尔法斯特记者写道，"100万英国公民，即北爱尔兰的新教徒"，已经"上演了一场相当于反抗王权的叛乱，并且不费一枪一弹就取得了胜利"[63]。情况像1914年一样糟糕。威尔逊对一名助手说，也许该"考虑一下'不可说的'事情了：英国应当撤出北爱尔兰"[64]。

共和派恐怖分子通过不断升级的暴力，将英国推向了极端。共和派杀死的亲英派人士，是亲英派杀死共和派人士的两倍。1979年，炸弹炸死了女王的远房表亲，这个人也是撒切尔夫人最亲密的顾问；1984年，恐怖分子差点儿杀死撒切尔夫人和她的大部分内阁成员。关于枪击膝盖骨、枪杀和钉子炸弹爆炸的没完没了的报道令人麻木。就连图片也失去了令人震惊的力量，比如：哭泣的寡妇，怒不可遏、面红耳赤的政客们。有个一心想调解的人，不出所料地成了恐怖分子的杀害对象，被称为"戴着墨镜，罩着面罩，手握鹤嘴锄柄的硬汉"[65]。大多数英格兰人就想要北爱尔兰滚蛋。然而，它不会滚蛋，实际上也不能滚蛋。大多数北爱尔兰人都希望继续留在英国，撤出军队可能意味着内战。有人认为，这甚至可能把贝尔法斯特再次变成一个后门，向苏联的渗透力量敞开。所以北爱尔兰必须留在联合王国内。

威尔士和苏格兰都没有像爱尔兰那样暴力的民族主义者，尽管威尔士的恐怖分子的确从20世纪50年代破坏邮筒，发展到60年代制造炸弹，并在70年代焚烧了近200栋归属于英格兰人的周末别墅。直到1966年，才有威尔士民族主义者当选议员，直到1967年才有苏格兰民族主义者当选。即使在20世纪70年代，仅有1/10的威尔士人和1/5的苏格兰人想要独立。但是与英格兰相比，这两地工资更低、机会更少、人均寿命更短。大多数人（威尔士以微弱优势，苏格兰以广大优势）支持某种形式的地方自治。

威尔士民族主义者担心缺乏繁荣会破坏他们的身份认同。一位议员说，威尔士"面临着不再像今天的湖区或康沃尔一样具有克尔特特征的危险"[66]。2 000多年来军事征服未能做到的事情，如今却通过20年的支票簿入侵做到了。相比之下，在苏格兰，民族主义者希望在北海发现的石油海洋能给他们带来足够的繁荣，使他们重新建立自己的身份认同。开采石油将技术、技能和勇气发挥到了极限，但在1978年，黑金最终也让英国的国际收支变成了黑色。《时代》周刊欢呼道："北海石油代表的是国家的生存。"[67]然而是哪个国家呢？苏格兰民族主义者坚称："这是我们的石油。"[68]他们认为自己可以在成为"富有的苏格兰人或贫穷的英国人"之间做出选择。英国回避了这一选择，转而提出在加的夫和爱丁堡设立民选议会，然后又劝说威尔士和苏格兰的选民拒绝这个提议（前者以压倒性的优势获得通过，而后者是在威斯敏斯特玩弄了狡猾的程序政治之后才获得通过）。

石油是一柄双刃剑。一方面，它使得苏格兰负担得起退出联邦的代价，给联邦带来了解体的威胁；另一方面，它可能为整个英国摆脱经济困境提供资金。这个国家的经济体制似乎比其政治体制更加保守，尽管繁荣程度在上升，但批评者声称还需要更快地上升。以任何早期的标准来看，进步都是令人印象深刻的。到1974年，有2/3的家庭拥有中央暖气和洗衣机，9/10的家庭拥有冰箱和电视机（这时彩色电视机的销量已经超过了黑白电视机）。麦克米伦在1957年说得很对："我们大多数人从未过得这么好过。"[69]我的父母正是他心目中的那种人：他们都在13岁时离开了学校，我父亲下了煤矿，我母亲在地方税务局整理文件。在麦克米伦发表演讲前的三年里，他们在一个舞会上相识，结婚，搬进了一所半独立式的房子，把我姐姐带到了这个世界上，还买了一辆轿车。我随后于1960年出生，1963年我家买了一辆福特科蒂纳轿车，1965年在新郊区买了一幢独立房子（图10.5），1968年买了一套音响（《音乐之声》是我们买的第一张唱片）。1972年，我们拥有了两辆车，1973年我们扩建了房子，1977年搬进了一个更好的社区，住进一幢更大的房子里。1979年，我的父母去国外的科孚岛度了假，尽管被晒伤、被蚂蚁叮咬和有一点点食物中毒，但他们喜欢那里。我姐姐和我都读完了中学，并继续接受教育。我们是战后梦想的化身。

图10.5 亲身经历的战后梦想：1965年7月，我在建了一半的房子里拍下这张照片。福特科蒂纳轿车停在外面

资料来源：Noel Morris

尽管像我们家这样的故事数以百万计，图10.4中的曲线还是显示了为什么英国经济表现得如此不尽如人意。我们的房子里充满了物品，但在共同市场国家的人们的房子里充满了更多的物品。1961年，麦克米伦的经济顾问承认，"英国现在被普遍认为是一个增长率非常低的国家"[70]；1979年，在英国驻法国大使看来，"与我们的欧洲伙伴相比，我们的衰落是如此明显，以致今天我们不仅不再是一个世界强国，而且即使作为一个欧洲强国，我们也不是一流的了"[71]。

每个专家都有不同的解释。一些人说，英镑被高估了，这使得进口产品更容易购买，出口产品更难销售，收支更难平衡。或者可能花在音响和度假上的钱，耗尽了本应用于投资的资本。英国在军队、福利，或者在两者上都花费太多。20世纪50年代拒绝加入六国，保护了英国的生产商，但使它们失去了竞争力。管理人员骄傲自满，工人们懒惰闲散，留着长发的学生们想成为革命者而非工程师，工会则贪得无厌。

这些说法都有道理。1979年，我还是一名留着长发的学生（我读的是考古专业，不是工程专业），我在一家塑料工厂找到了一份暑期工作。我们当时正在制造一个巨大的污水槽，要出口到非洲的一个前殖民地去。我接到的工作是在数百个独立零件的法兰上钻孔，这样它们就可以在另一端被拴接起来。我钻了又钻，直到我意识到这些孔并没有排成一行。我们花了几个星期的时间在水槽上，但现在它却无法组装。这不完全是我的错——他们给我的模板不对，但任何一个用心工作的人都会马上发现有些不对劲。我被解雇了，于是去找老板反映事实。他连着叹了两口气，然后让我把活儿干完，帮他把污水槽装上卡车。在酒吧里，一个朋友告诉我，污水槽到达非洲后就可以被修好。他说，非洲人擅长这种事情。我仍然无法摆脱这样的感觉：又有一个顾客再也不会买英国货了。

我经历过几十件这样的事，我猜想，20世纪70年代在英国工厂或办公室工作的每个人都经历过这样的事。然而在狄更斯的时代也有很多这样的故事。我会和我的同事们在酒吧里度过午餐时间，但我们从来没有喝到19世纪工头们经常怒骂的那种醉醺醺的状态。最终，我们没有办法知道19世纪40年代的低效是否比20世纪70年代的无能更糟糕，尽管我外祖父关于20世纪30年代钢铁工人的故事和我父亲关于20世纪50年代矿工的故事，都让我认为两个时代连续的相似性超过了差异性。从19世纪40年代到20世纪70年代，真正变弱的不是英国人的骨气，而是英国的战略态势。下滑始于19世纪60年代，当时德国和美国等竞争对手已经实行工业化。1914年后,随着英国耗尽其海外资产,下滑趋势同时加速,并在1945年英镑保护区解体后陷入溃败。在迪斯累里时代行得通的办法,到了威尔逊时代就行不通了。艾登的看法是正确的,英国要想继续成为世界各圈子的连接点,要依靠其国家实力和世界地位。

第一批直面这种情况的人的命运发人深省。麦克米伦的财政大臣彼得·桑尼克罗夫特看到了这些困难,在1957年和大臣们坐下来,设计了一个一揽子计划来拉动经济,以使经济适应英国变化了的地位。他们提议削减借贷和支出,限制工资增长,提高利率,允许英镑对其他货币浮动。从短期来看,这将意味着衰退和失业,但从长期来看,它预示着更像法国或西德那样的增长。麦克米伦既没有采纳该计划,以免失去选票,也没有扼杀该计划,以免失去投资者的信心。相反,他一方面吊起革命者的胃口,一方面又悄悄地给他们搞破坏,直到如他所愿,他们辞职了。麦克米伦的整个经济团队一下子都辞了职,对他来说应该是致命的,但他以经典的风格挺了过来:在动身前往机场时,他平静地对记者们说,他的计划"是了结这些小的地方困难,然后转向英联邦更广阔的前景"[72]。他豪赌了一把,然而押对了宝——选民们会区分英国的世界地位和国家实力,并将前者置于后者之上。看上去他很像政治家,而反叛者则很荒唐。

这个操作在战术上很高明,但在战略上却是灾难性的。桑尼克罗夫特在辞职演讲中强调:"事实很简单,我们花的钱比我们应该花的钱更多。"[73]他警告说:"这是一条通往毁灭的道路。"然而为了不让像我父母这样的选民失望,麦克米伦试图通过增加支出来实现收支平衡。一位更为圆滑的财政大臣于1963年解释道,这样将会实现"无通胀的扩张,可持续的扩张"[74]。然而结果却相反,借贷、物价和失业率都在飙升,其导致的混乱迫使威尔逊于1967年违背了对美国总统林登·约翰逊的承诺。当两党的财政大臣先后在1972—1974年再次试图通过增加开支来实现增长时,结果甚至更糟。公共支出增加了1/3,失业率涨了1倍，借贷涨了两倍。通货膨胀率高达27%，英镑贬值了1/3，股市下跌了1/2。工党的时任首相詹姆斯·卡拉汉在1976年曾若有所思地自言自语道："如果我再年轻一些，我会移民国外的。"[75]

相反，卡拉汉做了一件几乎同样出人意料的事情。他直面了现实。"有人告诉我们，舒适世界将永远持续下去，"他解释道，"在那里，只要财政大臣大笔一挥，减税、实行赤字支出，就能保证充分就业，但那个舒适的世界已经一去不复返了。"[76]最好的情况是，这种办法"通过向经济中注入更大剂量的通胀，随后是更高水平的失业"，从而发挥作用。最坏的情况是，它削弱了投资者的信心。如果"我们的债权人的耐心耗尽了"[77]，他的财政大臣警告说，"我们将面临可怕的前景，在几个星期内，我们的公共服务和个人生活水平将下降到我们需要完全用自己的收入支付的水平。我不相信我们的政治或社会制度承受得了这种压力"。苏伊士运河危机，或者1941年甚至1916年的教训，终于被人们理解了。主权取决于繁荣，英国必须向银行家低头。

然而工党左翼的批评家们表示，情况并非如此。他们对卡拉汉的逻辑感到震惊，提出了一种"替代经济战略"，拒绝接受国家自1916年以来的经验教训。一位大臣说，是时候"停止'向丹麦纳贡'"[78]了，应该告诉"美国人和德国人：如果你们再向我们提更多的要求，我们就要关上百叶窗，减少我们的国防承诺，实行紧缩经济了"。大公司将被收归国有。英国在关税和资本管制的保护下，将大量征税和举债，为大规模投资提供资金，实现充分就业，提高人民的生活水平。这将意味着与欧洲人和美国人决裂，放弃共同市场、北约和核武器，但将会改善与苏联的关系，使外护墙失去必要。

这一切都意味着，1975年关于欧洲问题的公投，就像2016年的公投一样，事关比选票上写的问题重要得多的事情。真正的问题（也是最少被提及的问题）是英国的国家实力与世界地位能否更好地协调起来，或者继续20年来的重返欧洲战略，或者实施紧缩经济，试图让岛国性压倒接近性。卡拉汉紧握自己的枪杆，力推前一种选择，接受了银行家紧缩开支的要求，并说服大多数工会领导人降低工资要求。工党大会上群情激愤。代表们怒吼着把财政大臣赶下了台，（再次）禁止使用原子弹，并投票决定将银行国有化。但是卡拉汉毫不动摇。仅仅在12个月内，通货膨胀率就下降了一半，经济开始再次增长，分裂联合王国的呼声平息了。卡拉汉乐观地认为，英国的国家实力将很快与苏伊士运河危机之后时代的世界地位相适应。他承诺，再加一把力，将工资涨幅限制在5%，就能把通胀率降至1979年欧洲大陆的水平。

随之而来的"不满的冬天"似乎证实了麦克米伦的看法，即英国人无法容忍紧缩。由于大雪覆盖了全国，罢工导致2 500万个工作日的损失。铁路和公路运输陷入瘫痪，进口货物堆积在码头上，包括玛莎百货在内的商店的食品都告罄了。卡拉汉考虑过派出军队，但那样会把整个群岛变成贝尔法斯特，这使他犹豫不决。右翼报纸夸大了罢工者的恶意（《每日邮报》报道："今天的目标——生病的孩子"[79]），但领取养老金的人的确被冻死了，医院的罢工警戒的确把癌症患者拒之门外，路上的确有尸体未被埋葬。救护车司机的发言人对《每日快报》说，如果罢工"意味着生命的损失，这就是不可避免的代价"[80]。

各种各样的观察家都得出了结论：强迫英国的国家实力与世界地位保持一致的努力，正在撕裂1940年造就的国民身份认同。亨利·基辛格在华盛顿对福特总统说："英国变成了这样一个乞丐，真是一种耻辱。"在英国国内，就连终身工会活动家弗兰克·查普尔也感到震惊。他对卡拉汉的助手说，他的工会谈判代表们"实际上是一帮极其讨厌的家伙"，他还补充道，"我的会员们也是一帮极其讨厌的家伙"[81]。撒切尔夫人利用这种分歧，警告选民说："在我们中间有一群破坏者……他们使我怀疑我们共同的国家意识，甚至共同的人性意识都发生了什么。"[82]她说，这个国家需要的是"对道德绝对性的认可和对工作的积极态度"。英国需要重新找回自己的脊梁。

解开纽扣

对于腐烂是从什么时候开始的，人们看法不一。有些人认为这只是上一代人的事。直到1945年，英国电影公司还在拍像戴维·里恩的《相见恨晚》这样的电影。它讲述了一个热烈的爱情故事，实际上什么事都没发生，也没有人能说出故事的意味。30年后，他们又拍摄了《一个偷窥狂的自白》。或者，也许在《相见恨晚》拍摄的30年前，一战就已经摧毁了英国人的精神。"你们的国家就像是博物馆里的展品，"美国记者爱德华·默罗在谈到20世纪30年代的英国时说，"你们看起来慢条斯理、冷漠无情又极度自满……你们的年轻人似乎既没有活力又没有目标。"[83]或许腐烂开始得还要更早。历史学家柯瑞里·巴尼特在一系列颇有影响力的著作中指出，腐烂始于塞缪尔·斯迈尔斯生活的年代，当时维多利亚时代的绅士们将社会公正置于财富和实力之上。

尽管存在各种差异，但大多数文化评论家都认为，英国人的身份认同正在以惊人的速度发生变化。1964—1969年，短短5年时间里，许多几百年来都在坚持的规矩被颠覆。从同性恋、堕胎、企图自杀，到婚前性行为、离婚和观看色情作品，这些行为都被合法化了，使道德沦丧变得更容易或者不再被定义为道德沦丧（至少在英格兰和威尔士是这样。在苏格兰，同性恋在1980年前都是非法的，在北爱尔兰同性恋则是直到1982年才合法化）。刑罚也软化了：对罪犯（但不包括儿童）实行的鞭刑于1948年被取消，绞刑于1964年被取消。奇怪的是，有关60年代的标志性问题——毒品的法规反而收紧了。在1920年之前，可卡因和鸦片都是完全合法的，但在1950—1970年，被禁的毒品数量涨了两倍多。

这些改革大多不受欢迎。它们属于维多利亚时代的伟大传统，由开明的精英人士来教导愚氓大众应该追求什么。几乎没有人认为堕胎、离婚或同性恋是可以接受的。（20世纪70年代，当我还在上小学的时候,称另一个男孩为"娘娘腔",仍然会最快引发打架。)实际上,改革者的主要成就恐怕是他们最不想看到的事情:对自由主义精英的尊重崩塌了,这使他们和我们其他人一起被拖进了阴沟。1963年,有消息透露,陆军大臣和一名苏联间谍嫖了同一个妓女,这就够糟糕的了,但随即又有消息传来,"9名高等法院法官参与了性狂欢,(还有)一名内阁成员在一个私人派对上为他人提供晚餐,他裸着身子,只戴着一个面具、穿着一个小蕾丝围裙,脖子上挂着一张卡片,上面写着'如果我的服务不能让你满意,就用鞭子抽我'。"[84]当法官狂欢的故事的简略版传到麦克米伦那里时,他都不敢相信。他说:"一个,或许两个,还可以想象。然而八个——我简直不敢相信。"[85]

他心怀疑虑情有可原,但许多人的确相信了,因为有太多的间接证据能够证明。有越来越多的苏联间谍出现在各种重要场所,包括白金汉宫。一位内政大臣因房地产的腐败交易而辞职。自由党领袖被指控雇凶射杀他的前同性恋情人(最引发众怒的是枪手射杀了情人的狗)。女王的妹妹被拍到和一个比她小18岁的男人亲热。

20世纪60年代和70年代的真正变化,不是权力高层突然出现了大量外国间谍、财务不正当行为和政客花钱买春——这些现象在19世纪也很普遍,而是人们对这类事情保持缄默的风气改变了。让这些行为成为街谈巷议,人们就难以严肃看待上流人士了。1977年,在伊丽莎白女王登基25周年银禧庆典上,就连铁杆保皇派的人都高呼:"我们爱你,莉兹!"[86]从来没有人敢对维多利亚女王这样说话。到了20世纪70年代,甚至首相本人都要求内阁成员直呼其名。

最明显的变化是人们的外表。约翰·列侬是60年代最具代表性的人物,他说:"除了我们都盛装打扮起来,其他什么事也没发生。"[87]但更公正地说,我们都穿得更随便了(图10.6)。英国不再是欧洲的硬衣领了。"摇摆伦敦"潮流让人们解开了衣领的纽扣,甚至摘下了领带。一些新造型模糊了性别规范(男人留起了长发,女人却剪了短发，穿上了裤子），而另一些新造型则突出了性别特征（不论是迷你裙还是紧身牛仔裤，都没有给人留下多少想象的空间）。20世纪70年代的朋克和80年代的新浪漫主义，以不同的方式进一步削弱了关于男孩和女孩应该如何打扮的传统观念。但所有的叛逆者都有一个共同点：不再追求严肃和清醒。从年轻人和左派开始，随后向外扩散，人们刻意让自己看上去不那么体面。

图10.6　我们都穿得很随便：约翰·列侬，世界上最有影响力的人之一（他曾开玩笑说自己"比耶稣还受欢迎"[88]），这是他1964年（左）和1969年（右）的样子

资料来源：Library of Congress and Nationaal Archief

保守人士也有顽抗行动。在我就读的综合性学校里，一些年轻老师（我们称之为大胡子怪物）大胆地穿上灯芯绒夹克，给我们讲种族隔离制度，但大多数教职员工，那些年纪不大却打扮得很老气的人，似乎认为抵制日益高涨的没规矩潮流，是他们的主要工作。制服是最受欢迎的战场。孩子们能给领带想出各种各样的用途，就是不把它们系在脖子上，尤其是当老师不能再用藤条打他们的时候。

对上层人士来说，衣着更是一个雷区。哈罗德·威尔逊找到了适合现代工党首相的打扮，他总是穿着西装，却是皱巴巴的西装，还经常用雨衣遮住。然而，迈克尔·富特就错了。1981年，当他穿着休闲外套、打着格子领带参加纪念战争死难者的仪式时，就连他本党的一名议员都说，他看上去"像是来参加示威游行的，而不是参与肃穆的致敬活动"[89]。《每日邮报》为读者提供了可以剪下并保留的迈克尔·富特纸玩偶，这些玩偶可以穿上各式各样的无产阶级服装，也可以戴礼帽，穿燕尾服，"就像一个真正政党的真正领袖"[90]。然而，像往常一样，《每日邮报》做得过火了。即使在保守党人中间，贵族的形象也过时了。撒切尔夫人的蓝色西装、蝴蝶结衣领和完美的发髻，极具中产阶级特征，后来的领导人甚至解开了更多纽扣。戴维·卡梅伦经常摘下领带，特蕾莎·梅会穿着皮裤接受采访（尽管这几乎让所有人不快）。

虽然步调不一，但这个国家还在朝着一个方向前进。连我母亲都动摇了。20世纪60年代，她禁止在家里穿牛仔服，理由是牛仔服不仅粗糙，而且具有美国特色。到了70年代，她屈服于不可避免的现实。反抗是徒劳的，因为大解纽扣是有意义的。几千年来，那些负担得起时尚开支的人都在模仿国王和朝臣的风格，因为他们有钱有势。由于欧洲大陆的国王和朝臣通常比英格兰的国王和朝臣更有钱有势，而英格兰的国王和朝臣又比威尔士、苏格兰或爱尔兰的国王和朝臣更有钱有势，所以时尚一般是从意大利、西班牙和法国向大西洋传播。19世纪打破这一古老模式的，是积聚起比大多数国王和朝臣更多的权势和财富的西装革履的伦敦资产阶级金融家和经理人，这促使旧的精英人士模仿这个严肃认真的中产阶级，重塑起自己的身份认同，首先是在英国，然后扩展到了其他地方。到了20世纪50年代，崛起的阶级（尤其是在美国）显然是致富的年轻工人阶级，他们买得起那些房子、汽车和电器。于是，普通人的品位，也就是更休闲、更性感、更粗犷、更前卫的风格，成了上流社会和中产阶级争相效仿的对象。

自19世纪90年代起，欧洲人就在担心自己被美国化，但到了20世纪50年代，美国的青春和富裕把汉堡包、可口可乐、流行音乐、好莱坞和牛仔服变成了一个"不可抗拒的帝国"[91]（这是历史学家维多利亚·德·格拉齐亚的说法）。像大多数西方国家的人们一样，英国人对此既爱又恨，但他们身处丘吉尔所说的那几个圈子的连接点，以两种独特的方式，为英国身份认同的美国化增添了色彩。

英国的另一个特色是，在美国化的同时还伴随着一种新的欧洲化。在罗马人到来之前，英国的上流社会就已经在利用欧洲大陆的文化，将自己与粗俗的大众区别开来了。在某些方面，这种模式在20世纪60年代得到了强化，例如历史学家E. P. 汤普森所说的"牛津和北伦敦……的欧洲胃"[92]的崛起，其定义是具有社会排他性的"记忆中朦朦胧胧的假期、海滩、九重葛、商务旅行和陈年葡萄酒"。然而，20世纪50年代开始的去大陆海滩的廉价旅游套餐，也为低收入阶层打开了欧洲化的大门。到1971年时，已有400万岛民在地中海的阳光下晒黑了他们苍白的皮肤；10年后，这个数字达到了1 300万。一文不名的放浪文化人现在可以在索霍区的意大利餐馆里畅饮佐餐葡萄酒；骑着小摩托的年轻摩登派在灯火辉煌的咖啡店里啜起浓咖啡；郊区居民买了玛托桃红葡萄酒，烹制了酒焖仔鸡。旅行技术改变了地理的意味。到1980年时，英国人平均每四天左右就会喝一杯酒，荷兰风格的贮藏啤酒非常流行，以致英国出现了远近闻名的酗酒闹事的恶少。不过欧洲大陆的温和习气也开始流行起来。在多年没有访问故土之后，在20世纪90年代中期的一次返乡时，我惊讶地发现父亲在与人拥抱。这可是件新鲜事。

成为丘吉尔划分的圈子的中央地带，并塑造英国身份认同的第二种方式是"英联邦化"（如果有这样一个词的话）。像往常一样，外国饮食引领了潮流。至少从1689年起，英国人就开始热衷南亚美食（尤其是烤肉串、肉饭和腌菜），正是英国厨师创造了18世纪印度的最早的咖喱，其浓稠、奶油味十足、辣味十足的酱汁，与当地的调味料有关，但又有所不同。它们的受欢迎程度时起时伏。19世纪80年代，英属印度已经成为一个对抗加剧、种族分离更严重的地方，一本烹饪书中写道，"旧时的热咖喱和绚丽的东方菜肴已经从我们的餐桌上被驱逐了"[93]，但即便如此，作者也承认，一道"精心烹制的咖喱饭"[94]仍然是早餐的"最佳选择"。

1911年，伦敦有了第一家印度餐厅。20世纪30年代，孟加拉国人在英国其他城市开设了几十家餐馆，到20世纪60年代，大多数城镇都有了印度餐馆。中餐也遵循了类似的轨迹：1900年前后，来自香港的移民在利物浦开设了第一家餐馆，另一次重大突破出现在20世纪60年代，企业家比利·巴特林在他的度假营地里设立了中餐厨房（我第一次见到中餐是在1966年，在他的迈恩黑德营地）。到1976年时，英国的中餐馆比炸鱼薯条店还多了。一个世纪前，炸鱼薯条被广泛认为是肮脏、难闻的犹太舶来品（有人猜测实际上是由法国人引进的），但随后这个食物被本土化，像之前的茶、啤酒和杜松子酒一样，成为英国身份认同的决定性元素。20世纪晚期，印度菜和中餐一路发展，直到2001年，一位英国外交大臣宣称咖喱鸡块是"正宗的英国国菜"[95]，就像贮藏啤酒一样被英国化了。11年后，英国美食网报道说，咖喱鸡块和中国炒菜是英国最受欢迎的餐馆饭菜。

英联邦化与美国化和欧洲化的不同之处，在于前者更牢固地植根于大规模流动性。二战期间，有100万美国人来到了英国，但后来又回家了，而战后到来的意大利人、马耳他人和塞浦路斯人则留了下来，不过他们的人数不到10万。然而，到1980年时，大约有200万加勒比人或南亚人的后裔定居在不列颠群岛上，而且他们不会再迁往其他地方了。

第一波移民来自西印度群岛。1944年的飓风导致成千上万的农民破产，恰在此时，美国收紧了移民法。然而，英国急需廉价劳动力，并在1948年通过了《英国国籍法》，向英国国王的所有臣民提供护照。几乎就在同时，轮船"帝国疾风"号将510名牙买加人（其中18人是偷渡者）带到了伦敦，更多的移民船紧随其后。350年来，英国一直是一个对外移民的国家，1958年是对内移民人数超过对外移民的第一年，迁来的大部分是加勒比人。这种情况一直持续到1962年，这一年，议会对入境实行了限制。有2/3的受访者对民意调查人员表示，他们赞成限制，理由是担心失业和失去身份认同。摇滚歌星米克·贾格尔几乎像约翰·列侬一样代表着60年代的声音，他也同意："他们就是不一样，他们的行为方式不一样，他们的生活方式也不一样。"[96]歧视普遍存在（英国劳工部的一份传单警告移民："你必须对遇到这种情况有心理准备"[97]），暴力事件时有所闻。1948年，黑帮袭击了伯明翰和利物浦的移民；1958年，在伦敦郊区的诺丁山上一连三个晚上都爆发了打斗。

这时，来自加勒比的移民潮放缓了，但来自南亚的移民潮却在加速。"如果我有钱，我就不会留在这个国家了"，一个伍尔弗汉普顿人对其选区的议员说，因为"在15—20年内，黑人将会统治白人"。这位名叫伊诺克·鲍威尔的议员在加入保守党之前，曾是一位出色的古典学者，他兼具修昔底德式的洞察事物本质的能力和堪比索福克勒斯的极端悲剧倾向的缺陷。"可怜的老伊诺克，"一位同事说，"他被自己无情的逻辑逼疯了。"[98]（麦克米伦曾坚持让鲍威尔在内阁会议上换个座位，因为"我再也受不了那双发疯般的眼睛盯着我看了"[99]。）鲍威尔是1957年因通货膨胀问题与桑尼克罗夫特一起辞职的大臣之一。1968年，当看到移民问题成为主流政客们忽视的又一个问题时，他又进行了一次最后的反抗。他引用诗人维吉尔的话宣称："像罗马人一样，我似乎看到'台伯河上翻滚着血水'……即使是现在，也只有采取果断而紧急的行动，才能避免这种情况。"[100]

《每日镜报》称这样的话是"病态的歇斯底里者的胡言乱语"[101]，但一项民意调查发现，74%的英国人同意鲍威尔的观点。其他民调则显示鲍威尔是这片土地上最受欢迎的政治家。他大声说出了许多人对移民的看法，尽管在1968年，很少有英国人真正遇到过移民。当我父母听说是印度人要购买我家隔壁的房子时，他们暗中抱怨起这下将会出现奇怪的气味和外国的生活方式了；然而，当我们发现新邻居是一位医生，他的受教育程度比我们这条巷子里的任何人都高，而且坦白地说，他的家庭状况也比其他人都好得多时，这种暗中的抱怨就被正式禁止了。两家建立起了友谊。当医生升职，要搬到城里更好的地方去时，大家都很伤心。

我们的邻居不是典型的移民，但也不是异类。南亚的新来者经常表现得最具斯迈尔斯精神，他们是渴望上进的。近半个世纪后，我参加了伯明翰大学的一次晚宴，出席的两位贵宾——该校新宣誓就职的校长和伯明翰市市长，都是印度移民。1978年，当我在那里读本科时，没有人会想到会有这种事。

美国化、欧洲化和英联邦化相结合，给战后英国人的身份认同赋予了独特的色彩。与其他西方国家不同的是，英国人借鉴了美国人的做法，并加入了自己的传统，再融合欧洲和英联邦国家的风味，形成了一种新的英美产品，然后又将其出口到世界的其他地方。半个世纪以来，这种文化构成了真正的特殊关系。

以摇滚乐为例。当它于20世纪50年代首次闯入英国海岸时，《每日邮报》警告读者说："这是可悲的。这是部落艺术，它来自美国。"[102] 英国音乐家起初对这种世界上最重要的新兴艺术形式贡献不大，在20世纪50年代，几乎没有一首英国歌曲进入《公告牌》杂志的美国歌曲前20名。（朗尼·多尼根在1954年演唱的一首名为《岩岛线》的美国歌曲是第一首入选其中的歌。）然而在1964年，甲壳虫乐队却征服了美国和全世界。当然，再没有哪支乐队能像他们一样了。然而，在接下来的半个世纪里，英国出现了几十（乃至数百）支令人惊叹的优秀乐队。1904年时，一位德国评论家曾刻薄地称英国为"没有音乐的国度"[103]，但到了1965年，《新音乐快递》可以欢呼："我们或许在政治上被视为二流强国，但……我们现在在流行音乐方面引领世界！"[104] 就连巴黎的《快报》也承认"英国统治着国际流行音乐"。

不仅仅是流行音乐。除了排行榜冠军纪录，英国还诞生了世界一流的电影、时装、儿童故事、凶杀悬疑小说、电视节目和电脑游戏。

457

有10亿人观看了2012年伦敦奥运会的开幕式,这可能是有史以来最令人振奋的壮观场面。英国甚至夺回了对世界顶级节日圣诞节的影响力。我在第8章中提到,在世界体系的巅峰时期,狄更斯和其他人如何将圣诞节改造成半世俗的、超英国式的庆祝家庭、繁荣和慷慨的节日。然而在20世纪,美国人夺走了圣诞节,还有许多其他东西。从1934年的《圣诞老人来了》和《冬季仙境》到1960年的《一定是圣诞老人》,美国人享受了一个非宗教圣诞歌曲的黄金时代。(《铃儿响叮当》实际上是唯一不属于这1/4个世纪中的美国流行歌曲,是这一规则的例外:这首歌于1857年作为感恩节歌曲发行,但在1943年被宾·克罗斯比和安德鲁斯姐妹改编为圣诞节歌曲。)美国人凭借《假日旅店》(1942年)、《康州圣诞》(1945年),以及美妙的《生活多美好》(1946年)和《34街奇迹》(1947年),在20世纪40年代征服了圣诞节电影院。在电视方面,20世纪60年代中期是个辉煌年代,产生了1964年的《红鼻子驯鹿鲁道夫》、1965年的《查理·布朗圣诞特辑》和1966年的《圣诞怪杰》等作品。然而,正当美国人似乎完全控制了这个世界上最受欢迎的节日(甚至在非基督徒中也是如此)时,英国人发动了反击。2003年上映的《真爱至上》在我看来是有史以来最好的节日电影。

"阳光、快乐……永不满足的乐观主义",一位颇令人扫兴的评论家抱怨道,《真爱至上》只是"掌握了使地方性故事国际化的诀窍……这个电影传达给大西洋彼岸观众的几乎恰好是他们想听到的关于这个古老国家的故事"[105]。是的,但是难道这很糟糕吗?历史学家多米尼克·桑德布鲁克说,英国已经"接受了世界伟大梦工厂的新身份"[106]。哈利·波特、鲍勃·马利、曼联足球队和辣妹合唱团可能不完全是温斯顿·丘吉尔所设想的,但正是这些人实现了他的英国连接世界所有圈子的愿望。他们富有想象力、无拘无束、敏感而体贴的特性,在英国与拿破仑作战并征服印度的时代是行不通的,但那些日子已经一去不复返了。后苏伊士运河危机时代的现实是英国需要不同类型的人,于是他们成了英国人的身份认同。如果你接连观看《短暂的邂逅》和《真爱至上》，很难不注意失去了多少，但也很难不注意得到了多少。

不，不，是——或者不是

某种程度上，撒切尔夫人可能会对此表示赞同。尽管她的政治纲领可能是倒退和怀旧的，想努力恢复过去的美好时光，但也是无情的务实主义，即使最神圣的传统，如果不再起作用，也会被其抛弃。也许公平地说，她进行了筛选。尽管不断有人谈论打破自世界大战以来主导政治的一团和气的一致性，但她的路线与丘吉尔的圈子和麦克米伦的圈子的主要区别，是她通常走得更远。只有在对待国家实力问题上，她才与他们产生了严重分歧，走上了1957年没有走的路。她借鉴了桑尼克罗夫特的建议，削减了开支，提高了利率，从流通中挤出货币，并试图（并非总是成功）既不印钱，又不借更多的钱。她的想法是，现金减少，经济就会萎缩，通货膨胀就会下降。公司会破产，但幸存者会更健康。如果没有更多的资金投入，即使是国有化的产业也必须提高效率，投资将从制造业转向服务业，英国在服务业上更有发展潜力。

该计划的一些部分奏效了。通胀率在1980年时接近20%，随后在3年内下降了3/4。经济恢复了稳定增长，1983年达到4%，并在1988年之前一直保持接近这一水平，甚至超过了20世纪60—70年代的人为繁荣。在金融服务业，英国收复了1945年以来的大部分失地。由于担心任何能将英镑兑换成美元的人都去兑换，自艾德礼以来的历届政府都对资本和外汇实行了严格的管制。银行家们抱怨说："我们不能既拥有一种国际货币，又不让它在国际上使用。"[107]政客们不顾他们的抱怨，禁止英国人每年携带或向国外汇出超过50英镑的外汇。

远在撒切尔夫人干预之前，银行家们就已经找到了绕过这些限制的办法。20世纪50年代末,苏联人误以为伦敦的资本家没有纽约的资本家那么邪恶,并将他们的美元储备存放到伦敦,于是不太挑剔的金融家将这些"欧洲美元"借到海外,收取高额费用。1963年美国税法的修改也起到了助推作用。20世纪70年代,当阿拉伯石油巨头也将他们的美元存入伦敦银行(日本于20世纪80年代紧随其后)时,伦敦金融城的欧洲美元市场爆发了。

撒切尔夫人的贡献在于中止了外汇管制,使所有伦敦银行家像那些能够获得苏联、日本和美国货币的少数幸运儿一样,都享有了同样的借入和借出美元的自由。这与计算机化一起引发了一场混战。一位内部人士非常低调地承认,"多少可能确实存在一些不健全的银行业务"[108];事实上,数十亿美元正疯狂地进出伦敦。单是一个流氓交易员就能搞垮巴林银行,但更幸运的投机者带着意外的利润和巨大的额外收获离开了。1986年的进一步裁决解除了对银行的大部分剩余限制,使伦敦再次成为对需要金融服务的外国人最具吸引力的地方。在与美国银行合并的背景下,充斥着现代的钢铁和玻璃、"小黄瓜"大厦和"碎片"大厦、香槟和可卡因的伦敦金融城诞生了。

这场金融大爆炸对政府来说是天赐良机。当加上来自北海石油的利润后,英国就远远不止能做到收支平衡了。然而,这也是一个诅咒,它剥夺了政府控制英镑价值的能力,而此时来自石油的有保障收入正使英国货币对投机者产生吸引力。英镑价值从1976年的1英镑兑1.60美元飙升至1980年的1英镑兑2.46美元,这导致许多英国出口产品被挤出市场。淘汰过时、低效的产业是一回事,但如今,被高估的英镑却扼杀了数以百计完全健康的出口导向制造商。

计划中让国家实力与世界地位相匹配的这一部分没有奏效。有200万个工作岗位消失了,主要集中在北方的老工业区。即使在有些闭塞的中部地区,我以前的学生朋友们和我都在20世纪80年代初见识过就业中心的内部(及其想给人鼓劲却令人沮丧的橙色标志)。暴乱者焚毁了市中心，这为通货紧缩在政治上不可能的说法提供了更多的支持。

后座议员和大臣们嘀咕并密谋起来，但有两件事挽救了撒切尔夫人。第一个是工党。如果它能为选民提供一个合理的替代方案，保守党很可能会在下次大选前罢黜其领袖，放弃改革国家实力的努力。然而，工党分裂了。其左翼重新启用了"壁垒英国"战略，认为丘吉尔和麦克米伦误读了地理的含义，英国不应该试图成为欧洲和美国的桥梁。他们承诺，在赢得选举后的几天内，将对经济制高点实行国有化，恢复资本和外汇管制，并推行工人合作社。他们将在几周内让英国退出欧洲经济共同体（我们现在知道，这并不容易），并在几个月内废除上议院，以防止1910年反对人民预算的情况再次发生。在此过程中，他们将削减国防开支，禁止制造原子弹，摆脱美国的枷锁，征收财富税，规定每周工作35小时，限制部分进口，对其他进口产品征税，并使伦敦金融城就范。"同志们，"他们自封的领袖托尼·本建议道，"这是我们最起码必须做的事情！"[109]

工党大会沦为咒骂、吐口水、咆哮和拳击比赛的会场。即使在电视上，也足够吸睛。当1980年四位中间派显贵离开工党时，很少有人感到惊讶，他们成立了一个社会民主党，承诺既不支持撒切尔派又不支持本（并且不会骂人、吐口水、咆哮或打人）。这些看起来都是很好的主意，以致到1981年末，所有的民意调查都一致认为，如果立即举行选举，新党及其自由党联盟伙伴将获得压倒性的多数票。

两大政党的前景看起来都很黯淡，直到第二个不确定因素挽救了保守党的命运，而不是工党。它之所以出现，是因为撒切尔夫人在麦克米伦之后，一直在悄悄地与帝国保持距离。由于民意调查显示，现在只有25%的英国人（1961年为48%）认为维护英联邦是头等大事，撒切尔夫人促成了一项解除罗得西亚种族隔离制度的协议，并将香港主权归还给中国，还命令海军在南大西洋的最后一艘破冰船英国军舰"坚忍"号退役，以此作为削减军费的众多措施之一。但是这个距离拉得太长了。"坚忍"号尽管不再有什么实际用途，却象征着英国对马尔维纳斯群岛的承诺，阿根廷自19世纪以来就宣称对该群岛拥有主权。1982年4月，阿根廷冷酷的独裁者急于转移人们对其犯罪行为的注意力，于是将"坚忍"号的退役解释为给他的出兵开了绿灯。

围绕局势的一切似乎都在尖叫着"苏伊士"。英国军官在接到命令的3天内就要将2.5万名士兵装上船，并把他们送到1万千米外即将入冬的南大西洋，这似乎清晰地预示着灾难。撒切尔夫人明白这一点，但她也知道，如果投降就意味着她的末日也即将到来。所以特遣舰队必须出发。一个月后，当我正在伯明翰的一家酒吧里时，电视插播了一则消息：英国皇家海军军舰"谢菲尔德"号在遭到阿根廷导弹袭击后起火。四周顿时一片沉寂。人们默然不语，一个接一个地起身回家。每个人都明白，自1940年以来的英国身份认同并没有完全改变。特遣舰队必须出发。

很多事情都可能出错，但大多数都没出错。为此，撒切尔夫人不仅要感谢她的军队和她的运气（拿破仑曾说，这对任何指挥官来说都是最重要的），还要感谢她的朋友。最重要的是，阻止马尔维纳斯群岛变成另一个苏伊士运河的是罗纳德·里根。一些美国官员试图逼撒切尔夫人妥协，但最终总统对他们说："给玛吉（玛格丽特·撒切尔的昵称）她需要的一切，让她干下去。"[110] 里根声称，如果有必要，他会"抵押华盛顿纪念碑，帮助撒切尔夫人连任"[111]。这就是优先考虑美国圈子所得到的回报。

里根和撒切尔夫人在许多问题上看法一致，尤其是她击垮苏联圈子的决心。尽管同样是出于麦克米伦的模式，但她显然更进一步。自从1979年苏联发动对阿富汗的军事行动，重新开启"大博弈"以来，美国的立场变得越来越强硬，然而在此之前，莫斯科广播电台就将撒切尔夫人称为"铁娘子"。她欣然接受了。"今晚我站在你们面前，穿着我的'红星'牌薄绸晚礼服,脸上化着柔和的淡妆,金黄色的头发轻轻飘拂,这就是西方世界的铁娘子。"[112]1976年,她对选民这样说道:"是的,我就是铁娘子。毕竟,当个'铁公爵'也不是什么坏事。"("铁公爵"是威灵顿公爵的绰号,他曾击败拿破仑。)

自麦克米伦时代以来,如何处理核武外护墙,一直是英美之间最棘手的问题。撒切尔夫人达成了一笔交易,用极其昂贵的美国最新式三叉戟导弹替换英国的北极星导弹,但私下里,她却被美国用天基武器击落苏联导弹的计划(被广泛嘲笑为"星球大战"计划)吓坏了。英国科学家怀疑这办法是否有效,但撒切尔夫人担心,即使是这种可能性也会削弱美国对欧洲外护墙的承诺。为了留住美国人,她允许他们在英国的基地部署中程导弹,尽管这激起了数百万人再次游行,要求禁止核武器。1983年年末,紧张局势不断加剧,以致苏联官员将英国公务员加班工作的报道解读为战争即将爆发——他们取消了休假,在飞机上装载了实弹核武器。

这是自1962年古巴导弹危机以来出现的最危险的时刻,使得里根和撒切尔夫人都渴望与苏联圈子再次接触。幸运的是,1985年苏联政治局任命的领导人是米哈伊尔·戈尔巴乔夫。撒切尔夫人的顾问认为,他"是那种你可以做生意的家伙"[113]。更幸运的是,经过40年的遏制,苏联经济终于陷入了绝境,苏联发现自己被迫进行破产出售。随着收入下降,西方国家又发动新一轮军备竞赛,戈尔巴乔夫试图通过自由化和对帝国进行审计来恢复经济增长。当审计得出结论(就像麦克米伦30年前的大英帝国审计一样),帝国主义对苏联经济几乎没有什么帮助时,戈尔巴乔夫裁军50万人,从阿富汗撤军,放弃了中程导弹,并宣布了一些人所谓的"辛纳屈原则",即每个东欧国家政府都必须走自己的路,而不需要通过苏联的支持来对付自己的人民。1989年6月,匈牙利人卷起了他们与西方国家边界的铁丝网。5个月后,柏林墙倒塌了。苏联解体的速度比大英帝国还快。

出乎所有理性的预料，美国没有发射一枚导弹，就打赢了冷战。世界上有7万枚核弹头，可能足以杀死所有人，但1989年只有几百人中枪，其中大多数在罗马尼亚。这场斗争就这样虎头蛇尾地冷清收场了，实际上，我们这些亲身经历者中很少有人一开始就明白发生了什么。我肯定是没明白，尽管1989年我住在"野兽腹中"，离白宫只有几分钟车程。在那里，新任总统老布什似乎同样不确定发生了什么事。他的一些顾问甚至认为戈尔巴乔夫是在哄骗他们放松遏制政策。然而苏联的确烟消云散了，苏联的加盟共和国认为没有了苏联，它们的联盟也没什么意义了（就像英国的一些民族主义者一样），于是纷纷脱离了苏联，直到苏联这个国家也消失了。

苏联圈子的内爆颠覆了英国与其他三个圈子的关系，最重要的是与欧洲的关系。直到1989年，撒切尔夫人的欧洲大陆战略还和其他许多战略一样，都是麦克米伦式的，只是力度更大。1975年的全民公投将英国锁定在欧洲，并用身份认同和主权换取了繁荣和安全（此时在欧洲，流动性仍不是大问题）。唯一的问题是这样的交换是否值得。在这一点上，撒切尔夫人的观点非常明确。英国对欧盟金库的贡献从1973年的1亿英镑激增到1979年的近10亿英镑。退出是不可想象的（撒切尔夫人说，"我们国家的很多政治精力仍然花在我们应该'留下'还是'离开'这个古老的问题上"，这是"一件令人深感遗憾的事情"[114]），但有一个选项，就是"保留"，暂停向欧共体支付款项。于是撒切尔夫人开始冷落欧共体，但一直留在谈判桌旁，直到1984年，她威逼欧共体官员归还了英国的大部分钱款。一位外交官认为，这是"这个国家谈成的最有价值的金融协议"[115]。

这一胜利开启了另一位助手所称的英国在欧洲的"黄金时代"[116]，当时撒切尔夫人亲自力推"高调的交流"[117]提议，甚至同意挖一条英吉利海峡隧道。然而，她越是推进麦克米伦式的议程，即与欧洲市场合并而不与其他机构合并，大陆的联邦主义者就越是坚持单一市场需要单一货币，这意味着要合并几乎所有的一切。欧盟委员会主席于1988年宣布,实际上,"在10年内,影响经济和社会政策的80%的法律将在欧洲而不是国家层面通过"[118]。首先,要建立一个汇率机制,将欧洲各国货币联系起来,然后建立一个欧洲货币联盟,取代荷兰盾、德国马克和英镑等所有货币。与此同时,欧洲大会将变成一个议会,对从人权到环境的一切问题进行立法,直到成立一个欧洲合众国,这正如联邦主义者自1950年就一直敦促的那样。如此丘吉尔所说的各个圈子的连接点就会被吞噬,英国也会被吞噬。

撒切尔夫人认同"我们的命运在欧洲,是共同体的一部分",但固执地坚持这样的命运"不需要……一个从布鲁塞尔发号施令的新的欧洲超级国家"[119]。但柏林墙的倒塌颠覆了一切。苏联人出局了,而美国人则认为没有必要留在里面或者压制德国人了。几个星期后,联邦德国和民主德国开始磋商重新统一。这对法国来说是最糟糕的战略态势,时任法国总统密特朗警告撒切尔夫人,西德即将"实现俾斯麦和希特勒都无法实现的目标"[120]。他对她说,两德重新统一后,需要一个法国—俄罗斯—英国组成的联盟来制衡德国,"然后我们就都会回到1913年"[121]。

然而,在欧洲达成这一目的之前,它首先必须重新吸取1916年的教训:没有美国,就什么事也办不成。老布什已经认定:"重心在欧洲的心脏地带,不是英国,而是德国。"[122] 只要统一的德国留在美国主导的世界体系内,美国就不会反对。密特朗因此做成了一笔交易:如果德国接受新的欧洲条约,同意建立更具深度的联盟,实行单一货币,法国就将支持两德统一。于是原本对法国来说最糟糕的战略态势现在变成英国的了,英国要独自面对法国—德国—美国的统一战线。

撒切尔夫人的外交大臣说,多年来,她对欧洲一体化的态度一直是"不,不,是"[123],因为她本能的怀疑逐渐屈服于争论。然而,在柏林墙倒塌后,正如她本人在对抗汇率机制时所说的,她的态度变成了"不,不,不"[124]。她告诫老布什,既然德国已经统一了,就必须

465

在俄罗斯的帮助下遏制德国，但是没有人再愿意听这样的话了。她的高级大臣们一个接一个地撤回了对她的支持，当一场恶性的领导权之争爆发时，党内其他议员也纷纷离开了她。"不，不，不"是不够的，铁娘子出局了。不到3个月，她的继任者就向世界宣告："我希望我们回到属于我们的地方，回到欧洲的中心。"[125]

圈子发生了变化。我们需要新的地图。

第11章

保持冷静，继续前进

（1992—2103年）

五角大楼的新地图

1989年是美国的1815年。自滑铁卢战役之后，整个世界都必须学会按照麦金德地图生活，学会应对来自英国的东西。现在，世界不得不适应美国位于中央的地图了。这幅地图最初的草图于1992年2月披露，就在苏联正式解体几星期后。美国政府每两年就会出版一本名为《国防规划指南》的小册子。通常，这些都是枯燥乏味的文件，设计的目的是不要翻船，但这一次起草委员会做了一些鲁莽的事情，说了大实话。它解释道：

> 我们的首要目标是防止新对手出现，无论是在前苏联的领土上还是在其他地方，会制造与苏联同等的威胁。这……要求我们努力防止任何敌对势力控制一个资源在统一控制下足以产生影响全球的力量的地区。这些地区包括西欧、东亚、前苏联国家和西南亚（即中东）。[1]

像所有此类文件一样，这份文件很快就被媒体泄露。其直率的言论引发了哗然，美国国防部适时地缓和了语气，但自那以后，每届美国政府都或多或少地遵循了这份文件。

五角大楼的新地图（图11.1）的中央是美国，与其他所有圈子交叠。而其他的圈子彼此完全没有交叠，只通过那个关键国家相互作用，除了一个例外，就是东欧，因为允许前苏联卫星国投向西欧，似乎是一种让俄罗斯保持虚弱的廉价而简单的方法。当波兰和匈牙利在1994年申请加入欧盟，或者当这两个国家（连同捷克共和国）在5年后申请加入北约时，没有人反对。这办法似乎非常有效，以致2000年普京曾考虑让俄罗斯也加入北约。

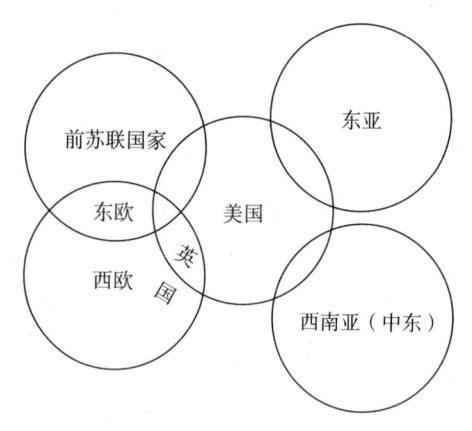

图11.1 五角大楼的新地图：美国眼中的世界（1992年）

英国在五角大楼的地图上与在丘吉尔的地图上非常不同。它并非将其他所有人联系起来的连接点，所能期望的最好结果是成为美国在欧洲的第一个停靠港。不过重新统一后的德国的经济实力，意味着这一点也无法保证。自1992年以来的30年里，英国的故事很大程度上是由它努力适应这张新地图，以及适应这张新地图给世界其他地方带来的变化推动的。这不仅解释了自20世纪90年代以来经常令人困惑的事件，也完全符合英国完整的8 000年历史。而我认为，这反过来为21世纪可能会发生的事情提供了一些洞见。

尽管撒切尔夫人下台了，20世纪90年代，保守党和工党政府一致同意的一件事是，英国还不打算成为另一个欧洲国家。撒切尔夫人的继任者约翰·梅杰选择不接受1992年《马斯特里赫特条约》对欧洲单一货币的承诺（图11.2）。工党的托尼·布莱尔尽管有着广泛的亲欧倾向，但他在1997年成为英国首相后，基本上也延续了这一做法，宣布了英国加入欧元区的严格先决条件。像梅杰一样，布莱尔发现，随着五角大楼的新地图对身份认同、繁荣和主权的全面影响深入人心，英国战后对欧洲的冷漠正在转变为对欧洲的焦虑。许多在20世纪70—80年代谨慎亲欧的保守党人现在得出结论，他们被骗了。迄今为止，在单一问题上持疑欧立场的党派，比如成立于1993年的英国独立党，赢得的选票还很少，但各种各样的政治人物都在学着不去激怒"恐欧症"患者。在撒切尔夫人的鼓动下，一些保守党人甚至开始看到与他们交朋友的好处。

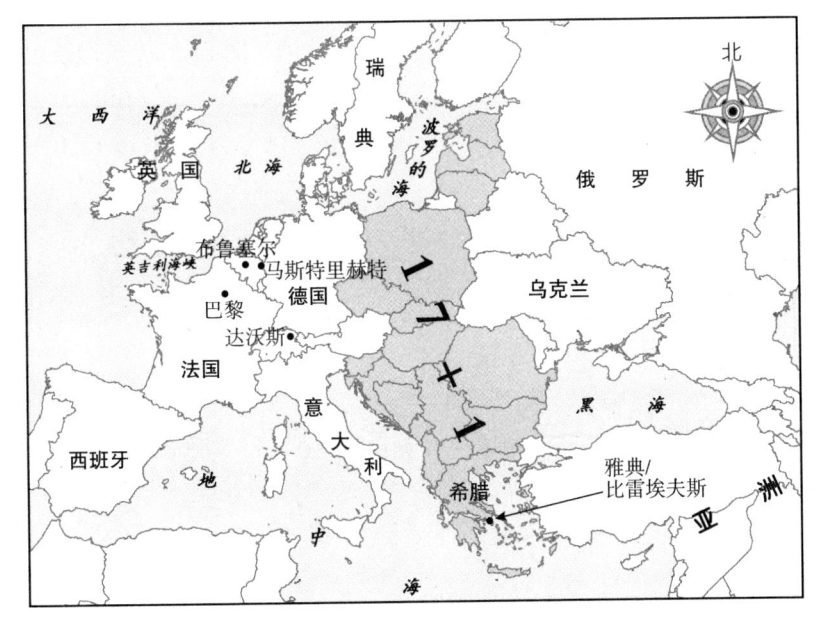

图11.2 欧洲-地中海舞台（1992—2103年）

英国欧洲化的局限性在2003年暴露出来。直接原因来自五角大楼地图上的第二个圈子——中东，但真正的原因，也是这一次被多番

469

谈论的原因，是英国仍在努力保持欧洲圈子和美国圈子连接点的地位。长期以来，英国对中东的态度更接近于美国而不是欧盟，包括动用武力的意愿。自1979年伊斯兰革命以来，伊朗经常称英国为"小撒旦"，而美国则是"大撒旦"。一位美国国务卿曾回忆说，"残酷的事实"[2]是，20世纪90年代，当北约在伊拉克和南斯拉夫发动战争时，"唯一能指望的力量就是英国军队和美国军队"（其他官员补充说，还有加拿大军队[3]）。

在2001年"9·11"恐怖袭击之后，美国的小布什政府得出结论，现在需要一道防御伊斯兰主义的新的外护墙，而且必须以硬实力，也就是以轰炸、镇压叛乱、政权更迭、秘密暗杀甚至酷刑为基础，对外援助、外交和宣传也同样重要。大多数西欧人对此都不同意，因此，当法德两国的反对威胁到美国2003年入侵伊拉克的决定时，小布什总统试图按照18世纪的势力均衡线分裂欧洲（图11.3）。美国绕过

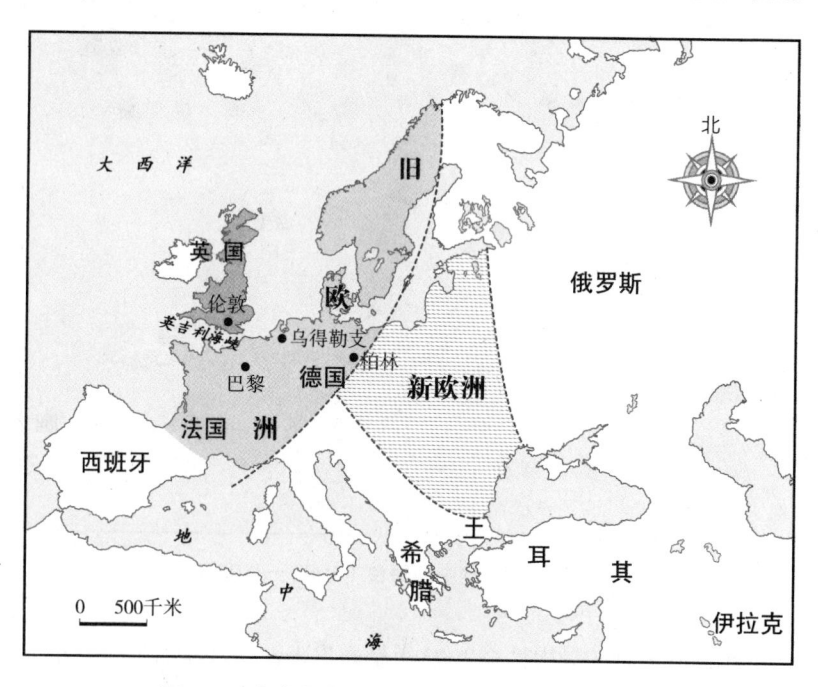

图11.3 新乌得勒支：2003年式的势力均衡政治

"旧欧洲"[4]的法国和德国,与东方更贫穷、更弱小的国家进行接触;而法国和德国绕过这些国家,与俄罗斯、土耳其甚至中国进行了接触;布莱尔看到了一个机会,可以以此重申英国是美国在欧洲最可靠的朋友这一角色。

撒切尔派对将主权让渡给欧盟的担忧,现在被对将主权让渡给美国的更广泛的担忧所淹没。人们尤其关注的是,在伊拉克战争和阿富汗战争中协助美国,将破坏而不是保护群岛的安全。批评者声称,本土的恐怖分子因英国参与布什和奥萨马·本·拉登均称为"十字军东征"[5]的行动而变得激进,他们将炸弹放进鞋子里并登上飞机,在2005年炸死了52个伦敦人(他们错了,基地组织其实深入地参与了此事)。

对于伊斯兰教正在侵蚀英国人身份认同的可能性,评论人士往往反应过度。例如,记者梅拉妮·菲利普斯在她的《伦敦斯坦》一书中声称:"英国的银行已经禁止使用猪形存钱罐,以免冒犯穆斯林。"[6](但这不是事实。)美国观察家史蒂夫·埃默松称伯明翰(图11.4)是一个"穆斯林专属"[7]城市,在那里,"伊斯兰宗教警察"殴打"任何不穿伊斯兰宗教服装的人"(这不仅是假的,而且正如伯明翰官员那令人钦佩的英式轻描淡写的回应,这说法"有点疯狂"[8])。然而,还是有一些激进分子的确在提倡建立伊斯兰教法下的穆斯林专属区,而且民意调查发现,1/3的受访者认为这种区域已经存在。

对于英国人的身份认同正沿着古老路线降低的担心,就不那么疯狂了。1998年,《贝尔法斯特协议》最终结束了英国对爱尔兰恐怖主义的战争,放松了联合王国的束缚,并承认"所有北爱尔兰人民生来就有权利确认自己是爱尔兰人还是英国人,抑或像他们可以选择的,两者都是"[9]。在那之前的一年,威尔士(以微弱优势)和苏格兰(以压倒性优势)通过公投决定选举自己的议会。即使是经常为自己的国家认同感到尴尬的英格兰人(乔治·奥威尔认为,"作为一个英格兰人,总觉得有点不光彩"[10]),也重新发现了其吸引力。

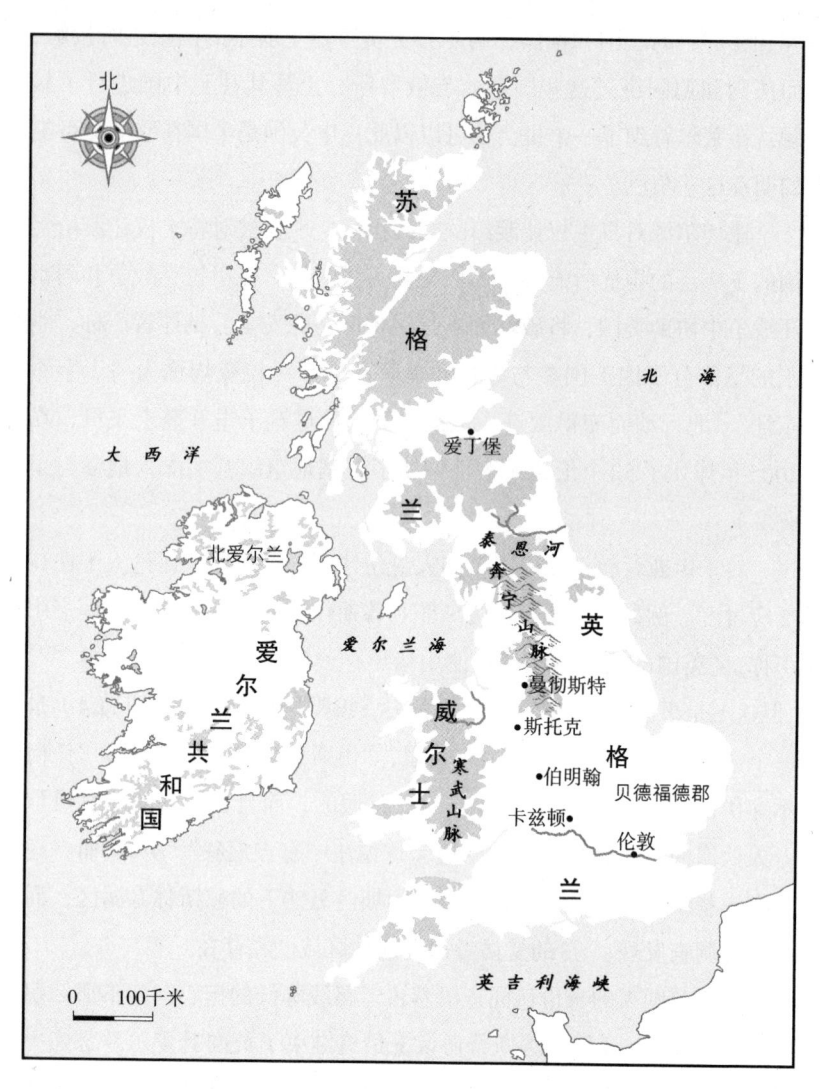

图11.4　不列颠舞台（1992—2103年）

　　克尔特人独立运动当然为英格兰民族主义注入了活力，但欧洲移民无疑才是主要动力。直到20世纪50年代，只有1/30的英格兰居民出生在海外（图11.5），甚至在70年代，加勒比和南亚移民的到来，也只是将这一比例推高到1/20。然而从2004年（这一年有10个新国家加入了欧盟，其中大部分是东欧国家）到2009年，移民使英格兰人口增加了70万。现在，有1/8以上的居民是在国外出生的，这恐怕是15个世纪以来从未有的水平。到2010年，2/3在伦敦出生的婴儿，其父母至少有一位是在国外出生的。对移民的担忧，甚至是公然的仇外心理又回到了主流政治中。

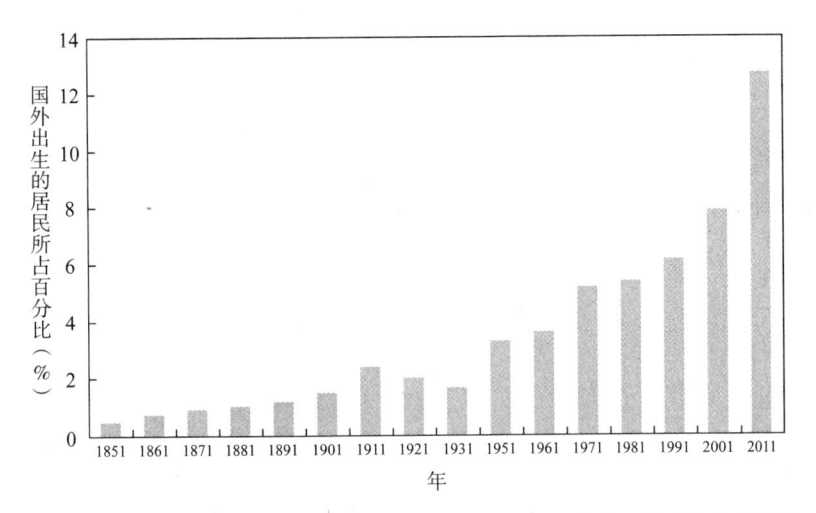

图11.5 波兰水管工来了：1851—2011年（除1941年），在国外出生的英格兰和威尔士居民所占的百分比

每个移民都有自己迁移的理由，但繁荣往往是主要的吸引因素。1993—2007年，英国经济增长率每年都超过了2%，失业率则从10%以上降至5%以下，尽管此时人们对新移民感到担忧。像大多数繁荣时期一样，不平等加剧了。2001—2008年，伦敦银行家的奖金涨了两倍，达到160亿英镑，相当于国防预算的一半。然而，政府的再分配确保了即使是收入最低的人也能获得10%的收益，尽管移民再次对工作岗位展开了竞争。时任财政大臣戈登·布朗宣布："30年来破坏稳定的繁荣与萧条的大起大落彻底结束了。"[11]

金钱地图

使布朗的说法在1998年看起来如此可信,而在10年后看起来又如此荒谬的,是五角大楼新地图上的最后一个圈子——东亚。自17世纪以来,英国人就一直活跃在中国的沿海地区,但即使在19世纪,当蒸汽轮船、铁路和电报把大西洋和印度洋纳入一个以英国为中心的世界体系时,太平洋仍然太大、太遥远,无法成为舞台的中心。直到1945年以后,集装箱轮船、喷气式飞机以及最终的互联网使海洋缩小了,这种情况才真正发生了变化——到那时,荷兰、法国和大英帝国的衰落,以及日本的战败,使得太平洋变成了美国的一个内湖。

所有西方经济体都因全球经济舞台向东亚扩张而获了利,但加入美国世界体系的"亚洲诸虎"(中国香港、中国台湾、日本、新加坡、韩国)获利最多。它们的经济增长速度比历史上任何国家和地区都要快(图11.6),使10亿人摆脱了极端贫困(如第1章所讨论过的,按照世界银行的定义,即每天生活费低于1.90美元)。日本经济在1962年超过英国,在1967年超过西德,成为世界第二大经济体。

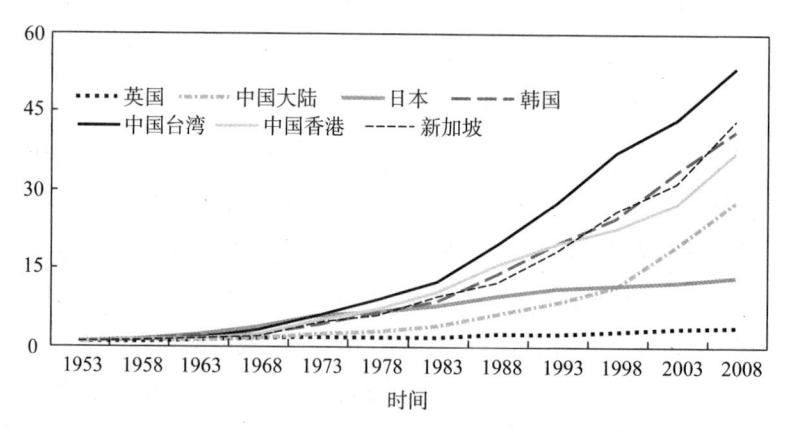

图11.6 虎群中的一头狮子:1953—2008年,东亚经济增长了10倍、20倍甚至50倍(纵轴显示了每个国家和地区的经济比1953年增长的倍数)。排名垫底的是英国

一个世纪前，当西方炮舰长驱直入东方水域时，亚洲原本自信的精英们开始怀疑自我。在中国，19世纪40年代至20世纪40年代被称为"百年屈辱"。与此相反，日本和韩国的音响、电视和汽车在20世纪70—80年代如潮水般涌入西方市场，引发了极度的恐慌。迈克尔·克赖顿偏执的小说《旭日东升》和傅高义更冷静的社会科学著作《日本第一》，都成了畅销书，那时地图的重绘实际上才刚刚开始。

尽管中国犯了错误，中国经济在1949—1976年仍然涨了两倍；但在1976年后的45年里，它又增至原先的40倍。邓小平在20世纪80年代开放经济特区以吸引外国资本进入中国沿海地区时令"致富光荣"[12]的观念深入人心。当日本于1992年陷入衰退后，中国夺取了日本世界第二的地位。当1972年毛泽东和尼克松会面时，美国工人的平均生产力几乎是中国工人的20倍。而到了2000年，这个数值不足7倍。接着到了2020年，这个数值已不足4倍。1972年，中国只创造了世界财富的4.6%，2000年是11.8%，2020年是18.9%，现在中国创造的财富比例比地球上任何其他国家都高。

自20世纪80年代以来，中国重塑了自己。在历史上最大规模的人口迁移中，近2亿人从赤贫的内陆村庄迁移到烟雾弥漫的沿海城市。只有亲眼所见才能相信这一切。我曾乘直升机飞越南部沿海的深圳。一开始，在一片黄褐色雾霾中，我们根本看不见城市。渐渐地，摩天大楼、高层大厦和车水马龙的街道出现了，而且绵延不绝。城市在持续延伸，持续延伸，深圳是中国第三大城市。再飞半个小时，就到了第五大城市广州。我们于15分钟前从香港出发，那是第十四大城市，有近750万人口。我住在旧金山湾附近，以为自己熟悉拥挤的风景，但中国沿海是另一番景象。

因此，新加坡前总理李光耀得出了我在引言中引用的结论："中国对世界平衡的影响如此之大，以至世界必须找到一种新的平衡。"[13]中国已经用金钱地图取代了麦金德地图的残余，而金钱地图由北美、西欧和东亚的三座财富大山所主导。据估计，中国制造的商品占据了沃尔玛等美国商店90%的货架空间，很少有美国人每天早上能一件亚洲内衣都不穿。到2018年，美国有超过1/5的进口来自中国，产生了令人瞠目的4 190亿美元的贸易逆差。尽管英国从中国进口的商品不到1/12，贸易逆差不到300亿美元，但中国仍是英国的第三大贸易伙伴，重要性仅次于欧盟和美国。

要想理解这对英国意味着什么，我们必须关注钱。19世纪晚期，英国的自由贸易者通过为德国人和美国人提供资本、商品和专业技术，使他们实现工业化并加入英国主导的世界体系，获得了巨大的回报。在21世纪初，美国的自由贸易者很大程度上对中国做了同样的事情，与中国合作，通过将人民币与美元以低汇率挂钩，来保持中国出口产品的低价格。为了压低汇率，中国用其1万亿美元的利润买入了美国国债。

美联储把这些中国的钱借给美国银行，然后美国银行向普通人（包括我在内）发放以房地产为抵押的贷款。实际上，贫穷的中国工人借钱给富有的美国人，这样后者就可以购买更多的中国进口商品。数百万美国人购买了他们的第一套房子，还有数百万人通过旧房抵押获得再贷款，将借到的钱用于汽车、度假和购买中国内衣等消费。他们发了财，尽管有两个完全可以预测的结果。首先，钱的大量涌入将房价推得很高，使得放贷者更热衷于参与其中；其次，这些放贷者在积极寻找新的借款人时降低了贷款标准。到2004年，有1/10的借款人在办理贷款时未能提供部分（有时是全部）抵押房产的文件。据某些估计，有1/13的贷款摆明无力偿还。

通常发放了不良贷款的银行会破产，但银行家们找到了两个聪明的（或者可以说是太过聪明的）解决办法。首先，为了避免损害自己的信誉，银行用其他银行不断更新的短期贷款为这些巨额负债提供资金，从而将它们排除在资产负债表之外；其次，新的计算机算法将数以百万计的抵押贷款分割成小块，重新打包成更大的包。当然，大量的个人贷款将无法偿还，但银行家的想法是，好的借款人和坏的借款人会互相抵消，使捆绑包本身变得安全。然后一个大手笔是，银行们将这些捆绑包用作抵押，以获得短期贷款，使债务避免出现在银行账面上。大银行通常会以每一美元的名义抵押贷款作为担保，互相拆借40—50美元。当时他们并不担心，因为实际抵押贷款的细节深埋在相互关联的企业资产负债表矩阵中，因此没有人知道任何一笔贷款的真正价值。

房产所有人从2006年开始违约，并在2007年开始大量违约。这本身并不是对世界体系的威胁。每个人都知道这种情况会发生。使之变得"有毒"的是，银行在以受抵押贷款影响的抵押品为担保向其他银行续借短期贷款时退缩了。如果没有人购买房产，或以房产为抵押申请贷款，房产就毫无价值。2007年8月，当债权人对英国北岩银行的信用失去信心时，仅仅48小时内，北岩银行就从一家有数十亿英镑业务的银行变成了政府的监护对象。

一年后，轮到华尔街了。当美联储要求英国财政大臣允许巴克莱银行收购雷曼兄弟经纪公司时，这位财政大臣说，他不会"把美国银行的'癌症'引进英国"[14]，但他的话并不真诚。这种"癌症"一直是全球性的，早在2008年9月之前，美国、英国、德国和中国的"肿瘤"就已经转移了。英国银行欠美国的由抵押贷款支持的资产，据推测价值1 590亿美元，另外，德国银行持有2 000亿美元债权，中国银行持有4 000亿—5 000亿美元债权。然而，这些金额与国际银行间的拆借的数字相比，就微不足道了。国际银行间拆借据称是由这些膨胀的抵押贷款担保的，是这些膨胀的抵押贷款维持了整个系统的运行（图11.7）。英国的银行陷入了数万亿美元的困境，当信心崩溃、资产蒸发时，维持银行偿付能力的努力在短短几天内就耗尽了国家的美元储备。到2008年10月13日，世界上最大的银行苏格兰皇家银行距破产就只有几个小时了。"你会陷入完全的恐慌，"英国财政大臣后来说道，"法律和秩序崩溃……有巨大的风险。我们离悬崖边缘只差一点点。"[15]这时已担任首相的戈登·布朗果断出手，将苏格兰皇家银行和劳埃德银行收归国有，并承诺拿出5 000亿英镑来维持银行的运营——不列颠群岛的男女老少每人要分摊7 000多英镑。

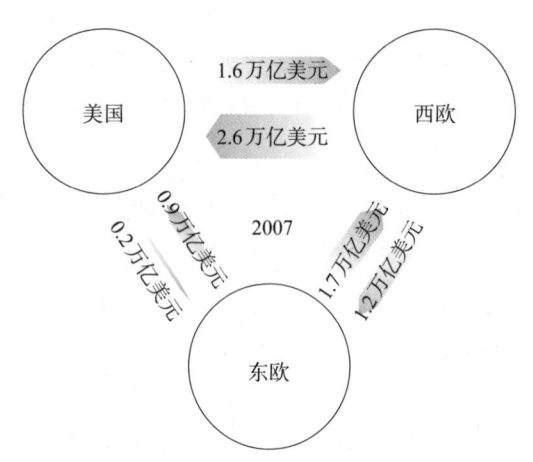

```
        1.6万亿美元
   美国 ←――――――→ 西欧
         2.6万亿美元

     0.9万亿美元    1.7万亿美元
   0.2万亿美元  2007  1.2万亿美元

           东欧
```

图11.7 击鼓传花：数以万亿计的美元在美国、欧洲和东亚的银行间流动，保证一切都在运转，直到鼓点停止

那天没有暴民到针线街英国央行英格兰银行门口游行，随后的几个星期和几个月也没有，这要感谢美联储静静地（实际上是秘密地）决定充当全球最后贷款人。如果外国银行立刻倒闭并抛售所有以美元计价的资产，美国经济可能会崩溃。因此美联储向欧洲和其他一些地方的中央银行提供了无限制的美元借款权。很难说发放了多少，因为统计的方式有很多，但至少有10万亿美元。每一分钱最终都连本带利地偿还了，但流动性维持了世界经济的运转，直到银行计算出它们资产的实际价值。正如1916年和1941年发生的情况一样，新世界站出来拯救了旧世界。

但这一次，不仅是新世界。2009年，中国也站了出来。西方对进口商品的需求大幅下降，导致中国失去了约3 000万个就业岗位。中国政府迅速做出反应，为银行提供了中央资金担保，并通过在公路、铁路和医疗保健方面投入逾1万亿美元，来维持经济运行。中国经济不仅避免了崩溃，实际上还在2009年令人惊讶地增长了9.1%。这引发的连锁反应，使得世界其他大部分地区的经济都维持了运转。中国非但没有抛售美元资产，还在2008—2009年购买了5 000亿美元的美国国债。

2009年4月，当世界上的20个最大经济体的首脑齐聚伦敦时，一个并不有趣的新笑话流传开来："2009年后，中国挽救了资本主义。"

斜眼傻瓜

挽救是有代价的。超过1万亿英镑的英国个人财富在危机的第一年蒸发，此后先是工党政府，然后是保守党-自由民主党联合政府，一连几届政府都大幅削减政府支出。富人的损失最大，因为他们有最多的财富可以损失，但他们也恢复得最快。政府的紧缩政策对老年人、穷人、残障人士和北方老城市的伤害尤其严重。破产率、失业率和自杀率都大幅上升。2012—2013年的一项调查发现，英国最富有的1/5家庭的财富平均比上一次调查时（2005年）增长了64%，而最贫穷的1/5家庭的财富平均减少了57%。

在某些方面，伦敦受害最深。从2008年起，作为繁荣和动荡的巨大来源的金融业每年都在萎缩。这种情况持续了10年之后，伦敦人的税后收入下降了5.9%，而不列颠群岛其他地区仅下降了4.2%。然而，在其他方面，伦敦相对未受影响。就业出现反弹，且在移民持续涌入的推动下，房地产市场也出现了反弹。我父亲在斯托克的房子，在2015年与2005年的价值差不多，而伦敦房产的价值则普遍涨了一倍。2018年，伦敦的家庭平均比2008年富裕了78%，而泰恩赛德的家庭平均比2008年贫穷了12%。繁荣发达、人口众多、国际化程度更高的东南地区与其他地区之间的历史悠久的反差，在21世纪第二个10年加深了。

自从罗马人在伦敦定居的时代起，伦敦就一直是一个特立独行的世界，但从来没有像如今这样。伦敦人似乎对此颇为自豪。2014年，

18万人签署了一份恶作剧式的请愿书,"呼吁市长萨迪克·汗宣布伦敦独立,并申请加入欧盟"[16]。请愿书中问道:"萨迪克市长,难道你不想成为萨迪克总统吗?"大约在同一时期,我曾和我外甥女一起乘火车从伦敦国王十字车站出发,前往她在贝德福德郡的家,我被她的手机铃声吓了一跳。那铃声说的是:"你现在正离开伦敦地区。"[17]它似乎在建议不要这样做。

在群岛的大部分地区,人们对伦敦精英阶层的不信任加剧了。保守的《每日电讯报》认为:"'伦敦'已经成为那些对国家的问题浑然不觉的人的代名词。"[18]在苏格兰,要求独立的呼声再度抬头。英国首相戴维·卡梅伦对联合王国的力量充满信心,同意在2011年举行全民公投。然而到了2014年年中公投举行时,民众的心情已经变得非常糟糕,以致计票过程中票数一度难分伯仲。最终,苏格兰留了下来,但数百万英格兰人也开始怀疑,地理的意味是否还像2008年之前一样。《每日电讯报》认为,"伦敦"真正的问题在于,它已经变得与"无脸怪物欧洲"[19]难以区分了,解决办法是离开欧盟,而不是离开联合王国。

这意味着五角大楼地图将发生重大变化,不可掉以轻心。然而越来越多的欧洲怀疑论者现在感觉到,欧盟除了在推动不断蔓延的联邦主义和不受限制的流动性外,实在是无能且危险。自2009年以来,欧盟已经在三条战线上展开了战争,但全都在打败仗,而这些战线都可能威胁到英国。

这场战争的第一个战场在希腊,一开始只是一个繁荣问题,但很快就被视为威胁主权的问题了。希腊自1981年加入欧盟以来,一直繁荣发展。2009年12月,就在希腊政府正式承认欧洲一体化出现了严重错误的那一刻,我恰好在雅典。当我于两天前抵达崭新韦尼泽洛斯机场时,我惊讶地发现,这个国家比30年前我还是这里的常客时富裕多了。雅典人现在喝的是浓缩咖啡,而不是与咖啡渣一起煮的浓稠的传统希腊咖啡。几乎什么东西都卖的古老街边小摊"periptera"

不见了。就连奥莫尼亚广场看起来也很干净。但现在希腊政府承认，他们及其前任一直在债务规模上撒谎。由于旅游业受到金融危机的重创，雅典无力支付利息了。

一夜之间，这个国家的情况令人窒息。希腊2 970亿美元的债务，以2008年金融危机的标准来看，不过是小菜一碟，但欧盟完全无力解决这一问题。欧盟的创始文件《马斯特里赫特条约》明确禁止欧盟对资不抵债的成员国进行纾困，将这项工作留给了商业银行，但由于缺乏中央政府的督促，欧洲的银行在2008年金融危机后，并没有进行像美国银行那样规模的资本重组。又一次，不良抵押品使信贷市场瘫痪了。德国财政部指出："欧洲银行实质上没有银行间拆借。"[20]资本从高风险的欧洲债券逃往更安全的美国债券，到2010年年中，意大利也遇到了偿还贷款的困难。德国的报告总结道："总体上有迹象表明，一场严重的系统性危机即将到来。"[21]

没有人真正负责。银行拒绝勾销它们的贷款，希腊政府无力偿还，其他国家政府不愿接手债务，欧洲央行被禁止购买债务，欧盟只是一个月又一个月地摇摆不定，做了足够多的事情来防止雅典违约，却不足以解决任何问题。两年过去后，央行才承诺"不惜一切代价维护欧元"[22]，而不再顾忌条约。这让市场松了一口气，却吓坏了立宪主义者。欧洲议会议员、坚定的"脱欧"派人士丹尼尔·汉南说："在英国人看来，整个过程似乎很奇怪。规则是以律师们所能想出的最清楚的语言起草的。然而，一旦遇到麻烦，它们就会被忽视。"[23]这让欧盟无论在主权还是在繁荣问题上，都显得不可靠。

第二个战场在乌克兰，在安全维度上加剧了欧洲危机。1990年开始的欧盟东扩一直在继续，2014年乌克兰迈出了加入欧盟的第一步。然而，就在几个月前，俄罗斯承认克里米亚为主权独立国家，同意其加入俄罗斯联邦，并支持顿河流域的军事行动。欧盟和美国谴责俄罗斯，对其既实施制裁又举行会谈，但俄罗斯置若罔闻。看起来，欧盟甚至无法动员其成员国来捍卫一个潜在的合作伙伴。

欧洲战争的第三个战场在地中海地区，始于流动性问题。自2001年反恐战争开始以来，中东难民一直到欧洲寻求庇护，但叙利亚陷入了暴力崩溃，使2015—2016年的难民人数远远超过了200万。如此大规模的移民，可想而知会产生许多问题。一些移民似乎对同化不感兴趣，另外一些（尤其是在德国）则犯下了暴力罪行。其中只有少数是真正的恐怖分子。但在2015年的狂热气氛中，英国的欧洲怀疑论者认为，欧盟无力控制边境的流动性，是对身份认同、繁荣、安全和主权的威胁。只有81 000名移民（大约占总人数的1/30）一路来到了不列颠群岛，但英国独立党富有魅力的新领袖奈杰尔·法拉奇看到了机会。他在接受《每日电讯报》采访时表示，欧盟的无能已经"为《圣经》规模的大批移民打开了大门"[24]。他继续说道，中东的恐怖分子"扬言他们将利用移民潮向欧洲输入50万他们自己的'圣战'分子。我想我们最好还是听听。50万或许不现实，但如果来5 000名会怎么样？如果来500名会怎么样"[25]？

英国独立党稳步地吸引走心怀不满、反大都市的省级保守党选民，其支持率从2010年大选时的1/30上升到2015年的1/8。卡梅伦2006年竞选保守党党魁时，曾承诺不再"喋喋不休地谈论欧洲问题"[26]，因为选民们更关心就业、上学和国民保健制度。据他的一位老朋友说，直到2013年，他仍将保守党基层的恐欧者视为"疯狂的斜眼傻瓜"[27]。然而，面对来自党内右翼的威胁，他决定迁就傻瓜们。当年1月，他在彭博社伦敦分社发表讲话时，同意就"留欧/脱欧"问题进行投票。"是时候让英国人民有自己的发言权了。"[28]

当卡梅伦把自己的想法告诉自由民主党领袖、联合政府副首相尼克·克莱格时，克莱格说他"疯了"[29]，冒这么大的风险只是为了从英国独立党手中赢回选民，但卡梅伦坚持道："我必须这么做。这是个政党管理问题。"[30]最为亲欧的保守党议员肯·克拉克认为他的赌博"鲁莽得令人难以置信"[31]，但是前保守党领袖伊恩·邓肯·史密斯却从卡梅伦的疯狂中看出了门道。他说，由于另一场选举将于2015

年举行,"我毫不怀疑唐宁街的想法……是,选举结果很可能要求联合组阁……公投将作为交易筹码被放弃"[32]。

实际上,卡梅伦看到了公投的潜在好处。2010年以来的欧洲危机,暴露出英国和欧盟在财政、联邦制、外交政策和国家主权等问题上仍存在巨大分歧。法国和德国的政客们公开谈论,要对英国以欧元计价的金融交易征税。在条约修改得太过分之前,英国需要采取点措施,而且动作要快。以公投相威胁,尤其是一个或许永远不会真正发生的公投,似乎可以一箭双雕,既使保守党在卡梅伦的身后团结起来,又向欧盟发出了信号,表明卡梅伦是认真的。

当我在2018年有机会向尼克·克莱格询问卡梅伦的战略时,他只是笑了笑,给人的印象是,这位前首相长期以来思考的不过是晚饭要吃些什么与午饭不同的东西[33]。然而一些保守党领导人肯定是在认真思考地理在全球范围内正在变化的意义。从21世纪第二个10年初起,人们就越来越担心英美关系不再像布莱尔和布什并肩作战时那样特殊了。英美在叙利亚和利比亚内战上的协同很差,或许《卫报》的编辑西蒙·蒂斯达尔说得对:"现代美国总统将英国视为一个用处不大的附庸国、次要的军事伙伴和通往欧洲的门户。"[34]鉴于中国在2009年之后的发展,一些人,尤其是卡梅伦的财政大臣(有些人说,他简直就是卡梅伦的联合首相)乔治·奥斯本,觉得这是扩大英国朋友圈的好时机。

奥斯本敦促"英国跑向中国"[35],金融家们则积极冲刺。2012年,伦敦汇丰银行(创建于19世纪英国的世界体系全盛时期)发行了第一批非中国人民币计价债券,伦敦金融城迅速取代新加坡,成为中国境外人民币的主要清算中心。英格兰银行于2013年开始与中国人民银行进行人民币英镑互换,次年英国发行了第一个非由中国政府发行的人民币主权债券,价值3亿英镑。

当然,奥斯本要成为中国"在西方最好的合作伙伴"[36]的目标遭到了一些抵制。财政大臣强调了中国能为英国的繁荣所做的事情,但首相更担心的是身份认同问题。2012年，中国就英国首相会见达赖喇嘛一事向英方提出严正交涉。一名官员告诉记者："他们（中国人）喜欢乔治，但不是特别喜欢戴维。"[37]卡梅伦放弃了他的保留意见，接受了中国核工业集团公司数十亿英镑建新反应堆的投资，尽管美国人已将该集团的一家单位列入了将核技术用于军事用途的黑名单。2015年，内政大臣特蕾莎·梅的特别顾问向她汇报说，她的政党领导人正在"把我们的国家安全出卖给中国"[38]，但过了一年，她就任首相后还是批准了这笔交易。当美国反对英国加入亚洲基础设施投资银行，称其为中国对美国支持的机构的挑战时，奥斯本和卡梅伦都未予理会。

这种亲密关系在2015年年底中国国家主席习近平对英国进行国事访问时达到了高潮。在他离开几天后，当我走过索霍区的唐人街时，那里看上去像是在举行一场盛大的派对。中国大使称这是"黄金时代"[39]的开始。英国正在摸索着自己的新角色，既要安全地留在欧盟内，又能依靠中国和美国的友谊来平衡与欧盟的关系。

但是随后投票就来了。

世界末日

公投毁掉了一切。几乎没有人当真认为英国"脱欧"会赢，就连奈杰尔·法拉奇在投票时也承认："看起来（留在欧盟）会稍微占优。"[40]当相反结果出来后，市场陷入疯狂，卡梅伦辞职，四年的政治混乱开始了。显然，没有人想过下一步该怎么办。

最初的反应是极端的。欧洲理事会主席唐纳德·图斯克向一家德国报纸表示："作为一名历史学家，我担心英国'脱欧'，恐怕不仅是欧盟毁灭的开端，也是西方政治文明整体崩溃的肇始。"[41]然而，同样作为一名长期的历史学家，我不能同意。英国"脱欧"固然影响很大，但并非世界末日。这只是持续了8 000年的一场游戏中的最新一步。它加深了统治阶级内部的分裂,暴露了其虚伪和无能;然而,此前关于地缘战略的大量争论显示,英国同样存在分裂,精英阶层同样奸诈。21世纪第二个10年的内斗,与1713年《乌得勒支和约》或1619年巴拉丁领地陷落之后的情况相比,要温和得多,更不用说与1534年的英格兰"脱欧"相比了。没有人把特蕾莎·梅扔进伦敦塔,也没有人把戴维·卡梅伦的头插在长矛上,尽管有些读者可能会觉得这样的画面很有吸引力。难道鲍里斯·约翰逊和杰里米·科尔宾真的比沃尔波尔或红衣主教沃尔西更邪恶吗?大概不会。尽管英国"脱欧派"的战略家多米尼克·卡明斯可能很狡猾,但他与亨利八世的狗头军师托马斯·克伦威尔相比差远了。

21世纪第二个10年末,政治领导人不得不匆忙制定新政策,因为英国"脱欧"突然破坏了正在进行中的与金钱地图达成妥协的所有努力。自20世纪90年代以来,西方精英一直在与中国合作。一个新的、更加全球化的精英阶层,那些臭名昭著的达沃斯人乘坐私人飞机在三座财富大山之上飞来飞去,通过将山峰连接在一起而获得了巨大的财富。英国政客们起初在认识到这一新现实方面行动迟缓。1997—2010年,两位工党首相只对中国进行了三次访问,而德国总理访问了10次。但英国的金融家、技术专家和制造商们早已走在了政客们前面,将英国的财富与中国的财富彻底地缠绕在一起。1989—2015年,尽管期间2008—2009年发生了金融危机,大多数英国人的实际收入还是增长了一半,全球化甚至同时使全球10亿最贫困人口(大部分在亚洲)摆脱了极端贫困。这是一个非凡的纪录。

但不是一个完美的纪录。廉价的中国信贷和内衣的好处被广泛传播,这有时使人们很难看出,低廉的亚洲工人的竞争往往集中在特定的行业,使一些地方成为破产和失业的多发区域。所有关于黄金时代的说法,都与许多家庭2009年后的现实极不相符,事实上房屋价值低于他们的买入价,工作也没有前途。在西方的大部分地区,那些生活水平停滞不前(或者更糟)或不喜欢全球主义的人正被说服,或正在说服自己，将他们的问题归咎于各种敌人——外国人、移民，尤其是达沃斯人。他们认为，这些世界公民对流动性过于感到舒适，缺乏国家认同，不关心安全或主权，只关心像他们一样的人的繁荣。

我妻子的叔叔鲍勃是唐纳德·特朗普的早期支持者之一。2016年的一天早上，他在喝咖啡时向我解释了其中的逻辑。他住在美国亚利桑那州靠近墨西哥边境的图森市。他说，他一点儿也不相信特朗普说的会把希拉里·克林顿关起来，让墨西哥支付费用修边境墙，但他的确认为特朗普是"唯一说出了我心里话的政治家"[42]。一位亿万富翁可以领导一场反建制的改革运动，只要他能让选民相信，建制派不是一群拥有巨额财富的罪犯，而是一群受教育过头，在种族、性和宗教问题上态度灵活得令人怀疑的大都市人。在国内，必须让这样的人变得谦卑；在国外，必须避开他们，无论他们是否声称自己是朋友。特朗普不是唯一这么说的人。一个接一个的总统候选人都仿效他，首先把矛头指向跨太平洋伙伴关系协定、跨大西洋贸易与投资伙伴关系协定和北美自由贸易协定，然后又指向了联合国、北约、世界贸易组织和欧盟本身。

英国也有自己版本的这种主张。在英国，明显的替罪羊是欧盟和它的喝着红酒的本地旅伴，就是他们搞垮了撒切尔夫人。因此，要挽救撒切尔夫人的遗产，就必须打破撒切尔法则，把英国从欧洲大陆中解救出来——正如他们经常认为的那样，英国在1940年、1805年和1588年都曾将自己从欧洲大陆解救出来。英国必须重新与英语民族包括美国、加拿大、澳大利亚、新西兰建立联系。这个纲领与18世纪的托利主义有很大的相似之处，它的主要推动者之一雅各布·里斯-莫格实际上很喜欢"18世纪的尊贵议员"[43]这个绰号。2016年，当行使发言权时，47%的英格兰和威尔士投票者想要留在欧洲，但53%的人想要离开。

相形之下，在北部和西部，明显的替罪羊是英格兰，显而易见的应对措施是将它束缚在欧洲来包抄它。在北爱尔兰，56%的人主张留下，只有44%的人主张离开；在苏格兰，这一比例是令人震惊的62∶38。这些克尔特人的立场也与18世纪和19世纪时有相似之处，这次他们支持的是辉格党政府的主张。一个英国前首相格莱斯顿会欣赏的具有讽刺意味的现象是，"脱欧"使得英国解体和建立独立统一的爱尔兰的幽灵再现。但是人数优势（一如既往地）有利于低地地区，全国的投票结果是48%的国民投票支持留下，52%的人支持离开。票数非常接近，但正如卡梅伦一直说的，"离开就意味着离开"[44]。

我不会在这里重新发动公投，木已成舟。不过，我想强调的是，双方的观点都没有什么新意。许多留欧派人士相对年轻、受过教育、生活富足和/或去过很多地方，但这并不意味着他们都是没有骨气的、精英主义的和/或没有根的人，正如许多"脱欧派"人士年纪较大、受教育程度较低、收入较低、去过的地方较少，也并不意味着他们都是无知的、种族主义的和/或过时的人。至少2 000年以来，或许是8 000年以来，主要担心主权问题、把流动性视为威胁、身份认同相对固定的岛民，倾向于岛国性而不是与欧洲大陆的接近性；而那些主要担心繁荣问题、把流动性视为机会、身份认同相对不稳定的岛民，则更倾向于接近性而不是岛国性。根本的战略观点并没有变化。

但是细节有变化，魔鬼就在其中。2004年后移民到英国的波兰水管工，与公元前4200年后到达的农夫、公元前2400年后到达的金属使用者，或者在5世纪和9世纪到达的盎格鲁–撒克逊人和维京人完全不同。让·莫内不是阿道夫·希特勒，马斯特里赫特不是慕尼黑，21世纪的英国"脱欧"也不同于16世纪的英格兰"脱欧"。无敌舰队没有来，不过中国内衣来了。

超越韬光养晦

在过去几十年里，中国领导人坚持和平发展。[45]西方欢迎中国加入世界贸易组织，相信经济交往将使所有人受益。

这种信心在21世纪第二个10年中期发生了暴跌。据说，凯恩斯曾经被指责观点前后不一，他反驳说："当实际情况发生变化时，我的想法也会随之改变。你会怎么样呢，先生？"[46]当实际情况在2009年开始变化时，每个人都开始改变想法。在阳光明媚的20世纪90年代，邓小平曾提醒他的同志们要"韬光养晦"[47]，但到了21世纪第二个10年，该是"在国际规则制定中发出更多中国声音、注入更多中国元素"[48]的时候了。

外交调整很快开始了。2011年，贝拉克·奥巴马飞到了日益成为中美对抗前沿的澳大利亚。在堪培拉，他宣布了一项全面"重返亚洲"的战略，他的国务卿希拉里·克林顿总结道，这包括"加强双边安全联盟，深化我们与包括中国在内的新兴大国的工作关系，与区域多边机构接触，扩大贸易和投资，打造基础广泛的军事存在，推进民主和人权"[49]。奥巴马坚称，这不是老式的反苏联遏制战略。不过，在承诺"我们将寻求更多与中国合作的机会"的同时，他补充说，"我们将这样做，同时我们将继续坦诚地与中国对话"[50]。

对于实际上发生了多大的变化，人们看法不一，但两年后，一位国际政治领域的人士表示，实际上，现在它标志着前线。几十年来，中国的战略家们一直在抱怨"岛链"——从澳大利亚延伸到日本的两串美国盟友，是西方遏制中国的工具。中国以一个大胆的行动绕过了这些障碍：宣布了一项"一带一路"倡议，计划投资4万亿—8万亿美元建设贯穿中亚的公路、铁路和航空线路，以复兴曾经连接中国和欧洲的古代丝绸之路。一个月后，亚洲基础设施投资银行成立，拥有500亿美元的种子资金（中国很快追加了一倍资金）。2014年，丝绸之路基金又追加了400亿美元。

倡议获得了热烈的回应。100多个国家的政府都同意新华社的说法，称该倡议是"加强区域互联互通，迎接更光明未来的努力"[51]。然而，在美国，中国的举措引发了强烈反对。直到2014年，记者兼战略家罗伯特·卡普兰还认为："二战是一场反对法西斯主义的道德斗争，冷战是一场反对共产主义的道德斗争，而冷战后是一场反对种族灭绝（和）恐怖主义的道德斗争……尽管中国的异见人士遭受苦难，但它根本算不上道德愤怒的对象。"[52]然而，到2019年，美国人告诉民意调查人员，中国是他们最大的竞争对手。

将中国从"朋友"栏移至"敌人"栏，是2016年唐纳德·特朗普当选后共和党与民主党达成的为数不多的共识之一。特朗普政府不仅对中国商品征收关税，以鼓励美国公司将供应链转移回国内，还挑战中国的合法性，指责中国的科技公司从事间谍活动，指责中国政府打压新疆和香港，并将新冠肺炎疫情归咎于中国。然而，特朗普也对美国政策进行了更广泛的反思，在某种程度上重复了1713年后英国的政策。乔治王时代的英国以旨在保持势力均衡的不断变化的双边联盟，取代了反对法国的主要由新教国家构成的多边大联盟，而美国现在也从其冷战时期与西方民主国家组成的多边联盟中后退了。取而代之的是，特朗普在寻找新的合作伙伴来制衡中国，包括俄罗斯和印度，同时将欧盟称为"当前全球最大的敌人"[53]。随后的拜登政府否定了这种交易性对待盟友的做法，但正如英国在18世纪所领会到的，势力均衡政策会产生意想不到的后果。一方面，对美国不可靠的担忧，促使欧洲人寻求"战略自主"[54]，在中国和美国之间找平衡；另一方面，中国则抓住机会争取美国的长期盟友。

这场口水战在我写作本书时（2021年）还在进行中，主要在两条战线上展开。第一条战线是岛链，岛链上的各国政府选择自己联合起来，以避免在中国和美国之间选边站。中国是他们最重要的贸易伙伴，而美国是他们最重要的安全伙伴。澳大利亚是最先感受到痛苦的国家之一。2009年，澳大利亚政府的国防白皮书明确宣布："该地区的战略稳定最好由美国的持续存在来支撑。"[55]但是，正如媒体幸灾乐祸指出的，在这句话把美国放在首位之后，该白皮书的其余部分都在围绕着如何讨好中国展开。两年后，我有幸在澳大利亚战略政策研究所召集的一次会议上发言。这次会议的目的是在下一份白皮书发布前厘清混乱的思路。当我离开堪培拉时,澳大利亚的立场似乎比我刚来时更加不明确,但当我2019年作为澳大利亚军方的客人返回时,所有的模糊性都消失了。★中国的坚定自信甚至比特朗普的交易主义更让澳大利亚人担忧。该国与美国步调一致,开启了自己与中国的贸易战,指责中国从事间谍活动,并禁止华为进入其5G通信网络。三年来,没有一位澳大利亚总理访问过中国,几乎所有和我交谈过的人,从公务员到特种部队军官,都认为这是理所应当的。

第二条战线是欧洲。在那里,欧美之间的互不信任、以贸易为导向的北欧国家政府、负债累累的南欧国家政府、厌倦了因侵犯人权而遭诟病的东欧国家政府,以及厌倦了一切欧洲事务的英国政府之间的冲突为中国提供了机会。2012年,中国成立了"16+1"集团,向中欧和东欧16个国家提供投资,2019年希腊加入后,该集团变成"17+1"。虽然涉及的金额相对不大,但当一家中国公司收购了比雷埃夫斯港(正是帕默斯顿在唐·帕西菲科事件中封锁的希腊港口),同时并非"17+1"集团成员的意大利签署了"一带一路"协议时,警钟敲响了。一位官员评论说:"英国'脱欧'是中国的一个机会。一旦脱离欧盟,英国将需要所有能交到的朋友。"[56]《环球时报》发声称,"成为美国的跟班不符合'全球化英国'的目标"[57]。

在21世纪20年代初,欧洲就像10年前的澳大利亚一样离上帝如此之远,离中国如此之近,拼命想避免不得不在两个超级大国之间选边站的情况。一如既往,欧盟在两边下注。它在2019年宣布,"中国"是"一个与欧盟有着密切一致目标的合作伙伴",但也是"一个经济上的竞争对手……和一个推行不同治理模式的系统性竞争对手"[58]。报告继续说,其结果是"欧洲越来越意识到,中国带来的挑战和机遇的平衡已经发生了变化",预示着"欧盟的政策将进一步转向采取更

★ 我要(再次)感谢澳大利亚战略政策研究所的彼得·阿比盖尔,澳大利亚军方的林赛·亚当斯、里克·伯尔、彼得·康诺利、李·海沃德和阿尔·帕拉佐,以及我这次旅行的所有相关人员,感谢他们的盛情款待。

现实、更自信、更多面的方法"。按照欧洲语言的含蓄风格，这应当算战斗宣言了。然而，在2020年到来之前，欧盟不顾美国的强烈反对，与中国签署了一项投资协议，欧盟委员会称之为"中国缔结的最雄心勃勃的协议"[59]。

英国或许表现得一如既往。在21世纪头十年，它在与中国发展官方关系方面行动迟缓，随后在与中国分离方面也很迟缓。直到2020年1月英国才欢迎华为加入其5G网络。然而，英国随后又回到了麦克米伦—撒切尔—布莱尔追随美国的传统，在其2021年的《安全、国防、发展和外交政策综合评估》中宣布了自己的"向印太倾斜"[60]的战略。该报告在强调中英合作可能性的同时，又警告说："中国的军事现代化以及在印度洋-太平洋地区内外日益增长的国际自信，将对英国的利益构成越来越大的威胁。"[61]很容易在其中看到与20世纪50年代至21世纪第二个10年英国的欧洲政策剧烈摇摆的相似之处。

这些两难选择不会消失。乔·拜登总统的新闻秘书在上任第一周就证实："与中国的战略竞争是21世纪的一个决定性特征。"[62]西方许多分析人士认为，如果这场竞争的轮廓仍然模糊不清，那很可能是因为中国遵循了人们常说的"格拉西莫夫主义"。这一战略以俄罗斯军队总参谋长的名字命名，是一种刻意的不明确，在模糊的迷雾中采取模糊的灰色行动。

英国和法国像美国一样，也派出军舰在南海岛礁附近航行，以表明它们拒绝接受格拉西莫夫主义。甚至有传言说它们要在南海重新建立一个英国基地，可能是在文莱或新加坡。然而，民意调查显示，民众对把岛链作为新的外护墙并不热心。英国人的确担心中国，但没有美国人或澳大利亚人那么担心，他们认为俄罗斯（2018年俄罗斯被指控在索尔兹伯里毒死了3名英国公民）、朝鲜、中东和网络攻击才是更直接的威胁。无论发生什么情况，包括美国干预中国台湾问题，英国都不太可能参战。英国可能会将一艘航空母舰从亚丁湾转移到霍尔木兹海峡，以解放一艘在太平洋服役的美国航空母舰，但真枪实弹的战斗就是东亚人和（也许是）美国人的事情了。

美国智库兰德公司几十年来一直在模拟日本和新加坡之间的岛屿上可能发生的冲突。这些战争游戏过去总是以美国领导的联盟守住自己的阵地而结束，但现在不会了。中国的潜艇、飞机，特别是导弹在21世纪第二个10年后期有了很大的改进，以致美国的航母只能在距离中国海岸近2 000千米外的地方安全地活动，这使得它们基本上发挥不了作用了。最近的模拟，以21世纪20年代中期的冲突为背景，普遍认为美国将损失惨重。

没有什么比岛链上的军事失败更能迅速削弱美国的世界体系，也没有什么比一场严重失败诱使任何一方升级到使用核武器更能迅速地将整个世界推向灾难。鉴于赌注太大，只有疯子才会冒战争的风险。统治者们在过去进行了大量更疯狂的赌博，但我本人的猜测是，中国将继续进行一场长期的博弈，拿出更多的时间来以繁荣做诱惑，改变对手对身份认同、安全和主权的想法。考虑到没有其他更好的选择了，我们都应该希望我是对的。

从长计议是中国悠久的传统。2000年以来，这片土地上过去的皇帝们都习惯于把他们的疆域称为"中国"，因为它位于天下的中心。个别皇帝可能会犯错误，但如果顺其自然，中国地图的地理逻辑，也就是以中国为中心的逻辑总是会维护自己的权威。从这个角度来看，现代中国在19世纪40年代到20世纪40年代之间的"百年屈辱"只是一个短暂的插曲。世界现在不过是正在恢复它应有的形态。

我在之前的两本书《西方将主宰多久》和《文明的度量》中，试图通过计算我所谓的"社会发展指数"，推测出世界可能以多快的速度走向"中国地图"。大致上，这种方法度量了东方和西方社会掌握其自然和智力环境以成事的能力，一直追溯到了上一个冰期的末期。很多个千年中，最高的发展分数总是在地中海地区中东部，但大约15个世纪前，中国的发展反超了。中国领先了1 200年，然而一旦欧洲人冲出赫里福德地图，西方的分数又迅速回升。根据我的计算，西方的发展在决定性的1776年超过了东方，在19世纪和20世纪领先优势越来越大，直到1945年后，东方开始再次缩小差距。如果我们依据过去100年的趋势来预测，计算结果显示，在其他条件相同的情况下，东方的发展将在2103年再次赶上西方。

这是一个不可太当真的预测，因为有很多因素可能会妨碍其他因素处于平等条件下（例如全球变暖、流行病、战争、科技、国内政治，不胜枚举）。然而，这种粗略的预测也有其用途，最重要的是，它迫使我们正视房间里的大象：西方的主宰看起来可能会再持续一代人，甚至可能再持续两代人，但不会再持续三代人了。到2103年（或大致那个时期），这场博弈就结束了。对地球上几乎所有人来说，21世纪将是学会接受来自中国的东西的世纪。

芝诺的狗

大约23个世纪前，一个名叫芝诺的塞浦路斯人来到了雅典，以哲学家的身份收徒。他的追随者后来被称为斯多葛学派，因为他们在雅典市场周边一个阴凉、有廊的画廊里聚会，芝诺在那里用朴实的比喻向他们讲解人生。他喜欢说，想象一下，你是一只小狗，被拴在马车后面。小狗有自由意志，而且有大量的自由意志，所以当马车启动时，你可以决定做什么。你可以随着马车小跑，享受奔跑的快乐，也许还能捡到车上的人掉下来的残羹剩饭；或者，你也可以跑向另一个方向；再或者，你还可以根本不动，在这种情况下，你会被拖着脖子跑，甚至被碾压。芝诺坚持认为，我们中没有人强大到可以忽视将我们拖来拽去的巨大的非个人力量，但我们也没有虚弱到无可选择的地步。我们既不是命运的棋子，又不是命运的主人。成功的秘诀就在于看清马车前进的方向，并想出如何充分地借势。

大历史表明，地理是弄清马车在奔向何方的关键。我们体会马车的移动，是通过其对身份认同、流动性、繁荣、安全和主权的影响，但如果我们想真正弄清实际在发生的情况,就需要深入挖掘地图了。只有细致观察技术和组织如何决定着我们(无论是个人还是群体)所处的舞台的大小,我们才能确定最重要的演员,并为自己找到回报最大的角色。这就是自不列颠群岛自然形成以来的整个8 000年里,英国人一直在做,并取得了不同程度的成功的事情。因为在这段时间的大部分时候,不列颠的舞台都局限于西欧,由群岛南部和东部外面的演员主宰。对最终成为英格兰的地方的人们来说,历史主要是如何处理从欧洲大陆向他们袭来的东西;对更北部和西部的人们来说,主要是处理从英格兰向他们袭来的东西。在罗马时期,这个舞台向地中海方向延伸,罗马帝国灭亡后,又转向波罗的海方向,当哥伦布和卡伯特挣脱了赫里福德地图后,舞台又极大地扩展了,但在每一个转折点上,都是由岛民自己决定该往哪条路上跑,以及该跑多快。

这就是过去500年的重大战略争论最终的实质内容,这些争论有关天主教、势力均衡、光荣孤立、帝国特惠制、大西洋联盟和欧盟,也是21世纪将继续争论的问题。历史的马车在拉着小狗向西穿越大西洋一个多世纪后,现在又掉头向东行驶了。2016年公投的问题原本不应是如何对待欧盟,而应是如何对待中国。

让围绕英国"脱欧"的争论成为一场灾难的是,主张"脱欧"者和主张留欧者将关键的5年时间,花费在关于身份认同、流动性、繁荣、安全和主权等短视、肤浅的问题的争论上,而对长远的地理问题鲜有提及。这一错误使两个阵营陷入了一种共同的错觉,以为欧洲仍然占据着舞台。政治学家凯瑞·布朗讲述了一个颇为引人深思(或许是可怕)的故事,是关于他在2016年公投前不久发表的一场关于英中关系的公开演讲的。他说,"听众以一种超乎寻常的平静状态聆听着有关他们所生活的世界的权力结构和地缘政治力量进行根本重组的新闻和分析",而就在几米之外,"在相邻的一个房间里,一场关于英国和欧盟的辩论几乎以骚乱告终"[63]。历史的马车在向东滚动,但芝诺的狗却在向错误的方向奔跑。

在芝诺于雅典研究理论的大约同一时期，印度史诗《摩诃婆罗多》的作者们正生活在恒河流域的数百个独立城邦被合并为几个帝国的时代，他们提出国际关系由"鱼法则"[64]主宰：当干旱来临时，大鱼吃掉小鱼。21世纪，整个世界都在走向合并。我们正在经历一场特大干旱。一位联合国原副秘书长指出，今天的小鱼们"正开始以一种防御性的方式思考抱团"[65]。各国政府得出结论，避免被一条大鱼吃掉的最好办法是依附于另一条（希望威胁不那么大的）大鱼。然而，这位原副秘书长补充道，英国这时却正在选择"在不抱团的情况下漂流"[66]。

合并不是新鲜事。自1973年以来，一条欧洲鱼就一直在吃英国，而自1916年以来，一条美国鱼一直在吃英国。它们只是悄悄地在吃。更早的大鱼，如罗马人、撒克逊人、维京人、诺曼底人，像大白鲨一样撕咬群岛，希特勒或斯大林也是如此，但20世纪的美国和欧盟更像一群小鱼。它们一点一点地轻咬着英国的主权和身份认同，直到英国政府对群岛的繁荣和安全（相对于欧洲，还有流动性）的关注，不及对美国和欧盟提供的外护墙的关注。

2016年的辩论痴迷于欧洲的轻咬对英国是好还是坏，但如果能问一下，相对于脱离欧盟，英国从中国获得的体验将会是好还是坏就更好了。一位金融家说，真正的问题是西方人"太习惯于你们的霸权了，你们一向受到所有人的友好相待。一想到'好吧，现在我们必须与他人平起平坐了'，就会感到痛苦"[67]。介于两种观点之间，而且坦白地说更有说服力的，是凯瑞·布朗审慎的评估，他说："中国在英国的利益可以分为三大类：投资、金融和知识伙伴关系（后者包括技术和专业知识）。"[68]会计师们就要来了，但不会有中国的无敌舰队冲过英吉利海峡，也不会有英国首相在蒂尔伯里集结军队。

有中国特色的轻咬在许多方面看上去都将与美国和欧洲版本近似，特别是在繁荣方面。从1948年马歇尔计划的首批援助到2016年公投"脱欧"，英国人的实际收入翻了两番。大多数经济学家预计，英国"脱欧"将损害繁荣(英格兰银行认为,到2030年,英国的经济规模将比不"脱欧"时缩小3%—4%),但"脱欧"支持者反驳说,摆脱了欧盟的英国,将把自己重塑为"全球化英国"。鲍里斯·约翰逊主张,与其"局限于紧邻的欧洲腹地,眼看着新兴大国崛起,我们不如对中国采取一种新的制定政策的方式"[69]。他的计划是,通过转变为批评家们所嘲笑的"泰晤士河上的新加坡"[70],即一个低关税、低税收和低管制的全球商业中心,英国将创造足够多的繁荣,来抵消脱离欧盟后的赤字。

全球化的英国很可能会因为同样的中国贸易而面临来自欧洲的激烈竞争,以及由此遭到美国的反对,即使它成功地经受住了这些考验,其结果也可能不是每个人都喜欢的。尤其重要的是,跑向中国似乎肯定会促进流动性,这对"脱欧"派来说是一条红线。驱动人口流动的一些力量是英国无法控制的:世界银行预计,到2050年,将有1.4亿气候难民逃离拉丁美洲、非洲和中亚和南亚,英国是他们首选的目的地之一。但要成为全球化的英国,还需要更多、更小规模的来自贸易伙伴的技术熟练、受过高等教育的移民。事实上,这些都已经开始了。从英国举行"脱欧"公投到2020年新冠肺炎疫情暴发,欧洲向英国的移民减少了3/4,但在此期间,非欧洲移民的增长足以抵消这一下降趋势。大多数新来者是中国人,而这些中国人大多数是学生。英国法律将他们读完研究生后的居留时间限制为两年,但足足有一半的人说他们希望待更长时间。绝大多数学生在城市定居,主要是伦敦。如果中国在其他国家的商业实践有任何借鉴意义的话,还将有数以万计的技能专业人士追随他们的脚步。一些人最终会在联系紧密的北方城市,如爱丁堡和曼彻斯特定居,还有一些人可能会在联系不那么紧密的城市落脚;但是,"泰晤士河上的新加坡"肯定会使东南部与其他地方的差距扩大。

全球化的英国似乎还可能重新引发对主权的担忧。这种担忧曾在21世纪第二个10年初困扰过乔治·奥斯本的对华政策。中国外交官经常驳斥这种担忧，称中国的外交政策不同于早期的霸权大国，如英国和美国。虽然这些19世纪和20世纪的巨无霸创建了由军事基地链保障的不平等的世界体系，但中国的外交政策是基于儒家思想的，因此不是霸权性的。

2020年，中国驻英国大使警告英国："我们想和你们交朋友……但如果英国将中国视为'敌对国家'，那么一切后果请自负。"[71]他心里想的可能是国际关系法治化。就像21世纪第二个10年的澳大利亚一样，21世纪20年代的英国可能会发现自己不得不在既有的美国安全伙伴和日益自信的中国经济伙伴之间做出选择。

最极端的结果将是英国决定放弃与美国的同盟关系，而让中国成为其主要安全伙伴。在21世纪20年代初，这看起来就像冷战时期从美国安全体系转投苏联安全体系一样完全不可能。但如果中国成功地突破，甚至只是绕过太平洋外护墙，对英国战略设想的冲击就将是自19世纪末德国的财富大山崛起以来最严重的。当时，英国迅速将宿敌法国和俄国转变为盟友，并开始走上英美形成长期伙伴的关系道路。只要帕默斯顿法则，即"大英帝国没有永恒的朋友，只有永恒的利益"仍然有效，那么在未来30年内，排除有类似的战略洗牌，如把中国变成盟友，把美国和欧盟变成竞争对手的可能性就将是轻率的。

这样的转向，最大的障碍可能是身份认同。共同的历史、文化和语言将英国和其他讲英语的民族联系在一起，而"世界价值观调查"机构的"文化地图"，是根据数千份民意调查结果汇编的，它将英国和中国置于两个相反的极端。2019年的软实力30强报告（将软实力定义为"通过吸引力和说服力实现目标的能力"[72]）将中国排在世界第27位，得分为51.25（满分为100）。相比之下，英国以79.47分排名第二，其得分低于法国，主要原因是似乎没完没了的"脱欧"争吵。而中国向西方展示自己软实力的努力，比如在大学校园里建立了500多所孔子学院，效果至多只能说是有好有坏。

英国商人马丁·索雷尔曾预言："中文和计算机代码是下一代需

要的仅有的两种语言。"[73]但似乎很少有英国人相信这句话,至少是对前者。2018年参加英国普通中学高级水平考试的27万多名学生中,只有3 334人选择了普通话。他们的人数略多于3 000多人的德语考生,但西班牙语和法语考生的人数都是他们的两倍。只有1/12的公立学校开设普通话课程,但有1/3的私立学校开设这门课。这或许是另一个迹象,表明一个繁荣、流动、亲华、亲欧的精英阶层正在远离其他所有人,分裂了当前的英国身份认同,为其他选择开辟了空间。

当然,"英国身份"本身就是一个相对较新的发明,在1707年英格兰-苏格兰《联合法案》签订之前几乎不存在。打造对英国特色的感觉,对于关闭英国的后门至关重要,但随着这种战略必要性在整个20世纪逐渐消失,共同的岛国身份的理论依据也随之消失。民意调查显示,半数的英国人预料苏格兰会在2030年之前脱离英国,而将近半数的北爱尔兰人现在赞成与南方统一。1295年的法国-苏格兰"老同盟"和367年的撒克逊人-皮克特人-斯科特人"蛮族阴谋",其背后的地理逻辑并没有消失。对于苏格兰和爱尔兰,或许还有威尔士来说,爬上欧盟这座财富大山,可能是它们与更大的邻居英格兰打交道的最明智的方式。如果事情最终变成英格兰人被孤立和包围,他们可能最终会怀疑,最好的选择是不是攀上中国这座财富大山,即使要付出的代价是,成为凯瑞·布朗所说的"一种新的朝贡国家,在经济上,最终在政治上被中国'占有',破坏自己的价值观,纯粹受唯利是图的动机驱使"[74]。尽管听起来不太吸引人,但如果英国的行动自由继续收缩,这可能是21世纪中叶剩下的最不糟糕的策略之一。

像通常情况一样,"如果"是个关键词。生活中有比金钱更重要的东西。在过去,英国人经常把身份认同、流动性、安全和主权看得比繁荣更重要,今后可能还会这样做。而且,无论如何,最重要的决定都远不是英国所能做出的。也许美国和欧盟会联合起来遏制中国。又或者欧洲人会和中国人站在一起来打破美国的霸权。再或者,尽管21世纪20年代初看起来还不太可能,美国人和中国人可能把世界分为两派，从而把欧洲拒之门外。任何数量的中间位置都可能存在，每个位置都有自己的机会和挑战。英国可以在与美国的老盟友关系上加倍下注，也可以主动充当美国、欧洲和中国各圈子之间的新枢纽。不过，它也可能受到20世纪70年代工党左派所倡导的"壁垒英国"哲学的诱惑（有些人认为，21世纪第二个10年末也是如此）。它甚至可以回到欧盟。毕竟，英格兰在1553年就是这么做的，那时它已脱离"最早的欧盟"19年，但仅仅5年后，英格兰又退出了"欧盟"。

选择总是有的，如果说英国8 000年的历史教会了我们什么的话，那肯定是岛民们在过去已经应对了很多比现在更大的挑战。第一步总是要面对事实的本来面目，而不是我们所希望的样子。在21世纪的这部大戏中，每个演员都面临着同样的问题：芝诺的狗该怎么办？大历史并没有提供一个现成的答案，因为这不是历史的运作方式，但它确实迫使我们关注最少被提及的事情——地理的含义正在以前所未有的速度发生变化。随着全球舞台不断扩大，向东倾斜，车轮滚滚飞奔，我们应该认识到了：中国才是议题，而不是欧盟。由于被英国"脱欧"的争论分了心，芝诺的狗在关键的5年里一直在走错路。

1910年，在财富和权力从世界的一个地方迅速转移到另一个地方的另一个时刻，美国诗人埃拉·惠勒·威尔科克斯向大西洋彼岸传送了一条尖锐的信息：

> 醒来吧，英格兰！从昔日的旧梦中醒来，
>   正视现实，忘掉过去。[75]

自威尔科克斯的时代以来，地图已经变化了，但她说的道理并没有改变。醒来吧，不列颠，2103年会来得比你想象的更快。

第12章
不能再回家了
（2017年）

2015年春天，"在总统初选季前的宁静中"[1]，记者兼战略分析家罗伯特·卡普兰决定驾车穿越美国，"看看电视镜头和记者提问以外的美国"。他想"在反思美国的世界地位，并构建一个如何应对的战略之前，看看那里到底是什么情况"。他解释说，这需要同时利用他的新闻背景和战略背景。一方面，作为一个"不断与人对话的记者，人们告诉他的东西有助于塑造他的经验和看法"；另一方面，作为"分析师，思考的是那些没有被人说出来但显而易见的东西"。他认定，他的计划应该是"偷听人们在朋友和熟人之间谈论的事情，我想了解他们真正的担忧和关注——并把这些和我观察到的其他一切放在一起思考"。

2017年夏天，几乎恰好是公投一年后，我决定在英国做些类似的事情，从留欧派扎堆的威斯敏斯特开始，随机走访一些英国各地支持"脱欧"的村庄、城镇和城市。由于过去30年都是在海外度过的，我希望我可以用比当地人更新鲜的眼光来观察这个国家，当地人已经厌倦了所有的争论。而且，我将使用公共交通工具而不是小汽车，因为这在英国还是可能的（不像美国）。没有什么比人们在公共汽车上的行为更能让你了解他们了。

事实证明，这是一个令人鼓舞的决定。透过火车车窗，你看到的要比坐在方向盘后多得多。你可以看到解开纽扣的英国已经走了多远，比如偶尔可见的脏话、涂鸦、公共座位上留下的垃圾，但你也可以看到《相见恨晚》的精神留存了多少。旅行者们仍然排着整齐的队伍，等候轮到自己，并相互致谢。年轻人仍然给老年人让座。在一次旅行中（诚然，这是10年前的事了），我乘坐的火车被取消了，因为有人卧轨自杀了。当我们都起身下车时，一名乘客大声抱怨此事对他造成的不便。另一人悄悄地提醒他，我们或许应该想想死者的家人，甚至是火车司机。英国精神仍然可以说是伟大的。

可想而知，我的一个停留站是斯托克。这正是卡普兰在美国寻找的那种地方，在2016年被称为"英国'脱欧'之都"[2]之前，它在很大程度上被各路权威人士忽略了。斯托克城显然总是被人遗忘。它非驴非马，既缺乏激情四溢的世界主义精英，又缺乏人声鼎沸的城市下等阶层。它只是这个国家相当沉闷的中部地区的一部分，没有多少人愿意去那里。2021年，当伦敦切尔西足球俱乐部的支持者想要表明他们有多反对加入欧洲精英的"超级联赛"时，他们高举的标语牌上写着"我们要在斯托克城度过寒冷的夜晚"[3]，以表达自己的观点。同年春天，当政府宣布计划将一些行政人员从伦敦调到我的家乡时，《泰晤士报》的一名编辑认为，恰当的说法是"数百名内政部公务员将被移往斯托克"[4]。斯托克是个很少会让人心跳加速的地方。

斯托克是其地理位置的产物。它位于将东南部平坦、肥沃、相对温暖和干燥的低地，与北部和西部坎坷、贫瘠、寒冷和多雨的高地分隔开来的分界线的北边一点点，正好在中部峡谷内。这个50千米宽的山谷，将威尔士的寒武山脉和英格兰北部的奔宁山脉分隔开来（图12.1）。它没有特别的战略重要性，也很少有历史记载的事件发生在这里。在考古和历史遗址地图上，中部峡谷通常是一片空白。这个空白在人们想出这个名称之前很久就留下了。直到18世纪60年代，这种情况才真正发生了变化，当时约西亚·韦奇伍德将该地区的陶瓷制作产业化了（斯托克通常被称为"陶乡"），运河建设者将其与全国

图12.1 不起眼的中部小城：作者在2014年从彭科尔新路看到的中部峡谷起伏的乡村中的斯托克城

市场联系起来。

即使在那个时候，斯托克仍然固执地做着"四不象"。它当然不是农村，但也不像附近的伯明翰或曼彻斯特那样是城市中心。它既不是文化荒原，也不是潮流引领者。这里诞生了一个伟大的文学人物——小说家阿诺德·贝内特，但他最重要的作品是在巴黎完成的。它在当地人最关心的事情上也不出色：斯托克城足球俱乐部（"陶工队"）是1888年英格兰足球联赛创始的12支球队之一，但至今仍是唯一一支从未赢得英格兰联赛冠军或足总杯冠军的球队。有史以来最伟大的足球运动员斯坦利·马修斯爵士曾是陶工队的一名队员，但像贝内特一样，他不得不离队去赢得奖牌。（他也是一个真正的英格兰人，在他35年的职业生涯中，从未因严重犯规被罚下场或被警告过。）

斯托克城确有坚如磐石的工人阶级，尽管其核心产业——制陶、钢铁、煤炭到2009年时就已不复存在。按照斯托克中心区的前国会议员特里斯特拉姆·亨特的说法，经济衰退产生了"底特律式的影响"[5]。10年过去了,斯托克的失业率在英格兰相当典型,但超过1/5的工作被归类为"日常工作"[6],意味着是驾驶、体力活儿或清洁类工作。到2013年时,许多房屋被遗弃,以致市议会开始以每幢1英镑的价格出售它们(尽管买家必须支付3万英镑的翻修费用)。在"脱欧"公投中(斯托克中心区是英国投票率最低的地区之一),69%的斯托克人选择了"离开"。

然而,当你离开由一排19世纪建筑组成的火车站的时候,"落后"的故事就开始让人觉得不合适了。公共汽车站还有(尽管我年轻时那些冒着浓烟的红色大怪物已经被小巧的电动汽车取代了),但是站前路的大部分已经被出租车占据了。甚至在一个安静的星期三早晨,我数了数,有40多名司机在等活儿,他们有源源不断的乘客。这可是件新鲜事:我不记得在20世纪70年代看到过出租车,除了在老旧的北斯塔福德酒店外可能有一辆。这使英国"'脱欧'之都"给人们留下了异常繁荣的第一印象。

穿过特伦特和默西运河(18世纪的辉煌工程之一),沿着谢尔顿老路向上攀爬,多少驱散了繁荣的感觉。沿街的小排屋从来都不是这座城市最令人向往的景象,但我现在数了一下,几乎一半的房子都用木板封了起来,还经常被画上涂鸦。钢条保护着房屋的窗户,房屋后院与小巷相接的墙上,布满了带刺的铁丝网。我发现三个男人在自言自语,其中一个倚在社区救赎中心的门上。这也是新鲜事。然而,在这个令人沮丧的场景对面,是我以前从未见过的另一番景象:一个色彩鲜艳的酒馆,招牌上写着"斯托克爽透"①,这是一家专营亚洲融合菜肴的美食酒吧。在我年轻的时候,那是一家叫作"黑人头"的旅店。

卡普兰在描述他的美国之旅时,说自己从东海岸"人们身材苗条、奉行低碳水化合物饮食、衣着时髦的世界……一个肤色和性取向

---

① 斯托克(Stoke)本身就有大吃大喝、振奋精神的意思。——译者注

均非单一而是多元,并因此而备受称赞的世界",驶进了美国中部,"一个完全属于自己的广阔而另类的宇宙:受压迫、不漂亮、不进取、多是肥胖的人,但全都是一样的"。英国可能没有那么极端,但相似之处,比如人,也全都是一样的。体形、棒球帽和松松垮垮的运动服、香烟以及大量显然无所事事的当地人,这些都显示出斯托克是一个不同于狂热、焦躁的伦敦的世界。在一些街道上,我看到警察比购物者还多,其他所有街道的商店似乎都是"节省英镑店"或类似的廉价商店。

然而又一次出现了令人惊讶的反差。在比斯托克更富裕的地方,居民经常抵制悄然入侵的连锁餐厅和咖啡馆,但是在斯托克,这些店铺感觉就像是来自联系更紧密的国家的小小使馆。短短几分钟内,我不仅看到了星巴克,还看到了英国咖啡连锁店的代表咖世家和尼路咖啡,以及斯托克一家与它们酷似的店"Caffè Java"。没有人会把这些咖啡馆与伦敦科文特花园或梅费尔区的同类咖啡馆混淆,因为这里的员工和顾客看起来太像卡普兰的"广阔而另类的宇宙",而且也太友好了,不过还是有很多人愿意花两英镑买一杯浓缩咖啡。甚至有少量瘦骨嶙峋的潮人连着免费的Wi-Fi(移动热点),兴奋地谈论着各种新奇小玩意儿和出国度假见闻。

这一切也是全新的,而回到阳光下(或许这也是新的,是全球变暖的一个好处),我突然意识到自20世纪70年代以来最大的变化是斯托克升级了。斯托克人并没有被完全遗弃或落在后面。40年前,斯托克城是一个阴冷、粗糙的小镇,现在大部分情况依然如此。然而,它比过去更有活力、更丰富多彩,人们的相互联系更紧密了,在许多人看来,它比过去更繁荣。斯托克有自己的文学节,直到2021年新冠肺炎疫情才将其扼杀。这里仍然有一个美妙的猴子森林,在那里,你可以和猕猴坐在一起。在伦敦人看来,这一切可能都很土气,但人们正在创造自己的世界,并沉浸其中。

这就是英国,对此最终的检验当然还是小酒馆。我记得的小酒馆大多数都还在，但更干净了，可供选择的餐食也更多了。半个世纪前，我和姐姐被派去给外祖父买周日晚餐的阿尔玛餐厅，如今已面目全非。过去那里烟雾弥漫，很难看清吧台对面那一排穿着深色制服的钢铁工人，站在那里静静地喝着论品脱卖的啤酒。现在室内只有明净的红黄蓝三色装饰，人们喝的是精酿啤酒。

哈茨希尔街的"快乐斯托克人"酒吧，是我40多年前常去喝酒的地方，这里更能说明问题。在20世纪70年代末，那里是一个冷冰冰的地方，斯托克的顾客们可能一点儿也不快乐。然而现在，它的确大放异彩。热情的年轻老板娘带我参观了啤酒花园、儿童游乐区、比萨烤箱和现制冰淇淋机，这些都非常新，她还给我斟上了几品脱上佳的巴斯啤酒。

坐在花园里，我听从卡普兰的建议，做一个"热情的偷听者"[7]。下午喝酒的人们并没有对全球化感到愤怒或害怕。他们没有谴责欧洲、政府或其他任何人。就像卡普兰随意倾听的那些美国人一样，他们谈论的是丢失的钥匙、婴儿和二手车。没有人听起来像是落伍了，就连在手机上详细解释了他的当事人为什么没能参加工作面试的假释官，也并不显得落伍。

我仔细地研究了各家酒吧之后，就绕道向车站走去。据《末日审判书》①记载，英格兰的诺曼底征服者在哈茨希尔山坡下建了一个鹿园，这也是哈茨希尔（Hartshill意即"牡鹿山"）得名的原因。在20世纪70年代，这个公园是一个巨大的垃圾倾倒场，堆满了数以千万计的浴缸、盘子和屋顶瓦片的碎片。（我最早的考古体验之一，就是整理从一个垃圾场里挖掘出来的惠尔登工厂的物品，韦奇伍德18世纪50年代曾在那里当过学徒。）但自2005年以来，哈茨希尔公园在国家彩票的资助下进行了重建。如今，整洁的小路在茂密的植被中蜿蜒穿行，时不时地会通向由废弃的花盆堆砌成的小土堆。这是城市中

---

① 1086年完成的英格兰人口、土地和财产的钦定调查清册。——译者注

心一个令人愉快、遐想的地方。当我从树荫下走到大路上时，我的心情便不爽起来。几乎就在这时，一个中年光头男子从一扇门里踉跄而出，身上散发着陈年啤酒的香味。他瞪着我，喃喃地说了些听不清但听起来略带敌意的话，然后步履蹒跚地上山去了。

从大都市来斯托克这样的地方悠游的记者，往往会带回撒切尔时代和此后10年的紧缩政策如何摧毁了气氛温暖、紧密团结的工人阶级社区的故事。但现实更加复杂。今天的斯托克并不特别温暖，人们的联系也不紧密，但坦率地说，它从来也没有真正如此过。像许多英国城镇一样，20世纪70年代真正的斯托克粗糙、肮脏，而且普遍沉闷。那些能离开的人都倾向于离开。（我的父母留了下来，但有时也会想，假如他们在20世纪60年代抓住机会移民到了加拿大，会是什么样子。）

在1979年之后的30年里，英国的经济规模翻了一番，而且，就像许多繁荣时期一样，在这一过程中，英国经济出现了两极分化。那些能够与不断扩大的全球舞台接轨的地方，会从那些不能做到这一点的地方吸引人才、能源和资本。例如，斯托克中心区充满活力的国会议员特里斯特拉姆·亨特于2017年辞去了议员职位，接受了可以想象到的最具大都市气息的工作之一：执掌伦敦的维多利亚和艾伯特博物馆。然而这种两极分化在地方层面也发挥了作用：斯托克著名的老工厂都迁走了（图12.2），带走了数以千计单调乏味的工作机会，但少数工厂被改造成了梦工厂（图12.3），成为无约束、有创意的地方，更注重形象和风格设计，并完全留在了全球化的英国本土。过去的40年给这座城市带来了一些令人悲伤的事物，也带来了一些令人欣喜的事物。但无论欧洲是应该被赞扬还是被指责，2016年当被问及想要留下还是离开时，2/3的斯托克人认为离开最有道理。

一个细节一直留在我的脑海里。在一个街头小贩桌上出售的小物件中，我发现了一个造型活泼的小咖啡杯，上面有一个瓶窑的图片。这似乎是我这趟家乡之行的一个很好的纪念品。然而当我把它翻转过来时，上面却写着"中国制造"。我只好把它放回去，继续前行了。

图12.2 时代的标志：著名的斯波德陶瓷工厂，在经营了两个多世纪后，于2008年关闭。窗户上方的"CHINA"标志，是为了纪念1813年乔赛亚·斯波德在这里发现了半透明瓷器"china"的秘密，现在却成了证明他们走错了路的预言

资料来源：Reptonix, Creative Commons

图12.3 梦工厂：乔赛亚·韦奇伍德在他位于巴拉斯顿的工厂里获得了新生（韦奇伍德公司的剩余部分现在归芬兰菲斯卡斯公司所有）

资料来源：Alamy

致　谢

每本书的创作都仰赖很多人的帮助。如果没有斯坦福大学人文科学学院的持续支持，没有卡内基基金会的慷慨相助，本书将无法问世。后者以安德鲁·卡内基奖学金支持了我的早期研究。

我非常感谢马丁·卡弗、尼克·克莱格、西蒙·埃斯蒙德-克利里、伊恩·霍德、菲尔·克莱因海因茨、马克·马尔科姆森、布鲁克·曼维尔、贾里德·麦金尼、约翰·奥布莱恩、乔希·奥博、迈克·帕克·皮尔森、尼尔·罗伯茨、史蒂夫·申南、布伦丹·西姆斯、凯西·圣约翰、马修·泰勒和格雷格·伍尔夫。他们全都阅读了本书的部分甚至全部手稿，并提出了修改建议。至于我根据他们的建议所做的修改，由我自己负责。2015—2016学年的部分时间，我应邀担任伦敦政治经济学院菲利普·罗曼国际研究教授；2019年夏天的部分时间，我应邀担任澳大利亚军方的未来陆战基奥教授，以上两段工作使我形成了本书的主体思想。加州联邦俱乐部的乔治·哈蒙德、城市文学学院的马克·马尔科姆森、大英博物馆的弗雷迪·马修斯和世界事务委员会的凯蒂·佐格林邀请我为他们的组织做公开讲座，布伦丹·西姆斯邀请我参加地缘政治中心的在线研讨会，这些都使我受益匪浅。

山·瓦希迪是一位优秀且睿智的编辑，米歇尔·安吉尔为本书绘制了精美的地图和图表，佩妮·丹尼尔顺利完成了制作过程，瓦莱丽·基什恰卡一如既往地解决了我制造的诸多问题。尽管我一再拖延，也时常突然改变方向，但Profile Books出版社的安德鲁·富兰克林与Farrar, Straus and Giroux出版社的埃里克·钦斯基始终耐心地给我提建议，往前推进。Sandra Dijkstra文学经纪公司的桑迪·迪杰斯特拉、埃莉斯·凯普伦和安德烈亚·卡瓦拉罗，以及阿布纳·斯坦公司的雷切尔·克莱门茨为我提供了完美的支持。我要向他们表示感谢。

注 释

此部分列出了书中所有引语的出处。对于过去150年左右的作品,我通常会提供页码;对于已重印了许多版本的较老著作,我在适当的地方给出了可供参考的章节。如果没有特殊说明,书中提到的拉丁文和希腊文都是我自己翻译的。我引用的自1800年以来在英国议会下院发表的演讲来自https://hansard.parliament.uk。(截至2021年9月)

引言

1. Winston Churchill (March 1944), https://www.oxfordreference. com/view/10.1093/acref/9780191826719.001.0001/q-oro-ed4–00002969.

2. David Edgerton, *The Rise and Fall of the British Nation* (2018), p. xx.

3. Https://www.theguardian.com/us-news/2016/aug/24/nigel-farage-donald-trump-rally-hillary-clinton.

4. Nigel Farage (24 August 2016), http://foreignpolicy.com/2016/08/25/when-donald-met-nigel/.

5. Nigel Farage, phone-in interview hosted by JT on SuperTalk FM, Jackson, Mississippi (23 August 2016), http://www.express.co.uk/news/uk/703541/ Nigel-Farage-UKIP-immigration-Brexit-vote-Donald-Trump-Jackson-Mississippi-US-President.

6. Nigel Farage, phone-in interview hosted by JT on SuperTalk FM, Jackson, Mississippi (23 August 2016), http://www.express.co.uk/news/uk/703541/ Nigel-Farage-UKIP-immigration-Brexit-vote-Donald-Trump-Jackson-Mississippi-US-President.

7. Https://www.theguardian.com/us-news/2016/aug/24/nigel-farage-donald-trump-rally-hillary-clinton.

8. Http://www.forbes.com/sites/johnmauldin/2016/07/05/3–reasons-brits-voted-for-brexit/#5d1ca6cc78c1; http://fortune. com/2016/06/14/brexit-britain-eu-vote-referendum-

supporters/; http://www.bbc.com/news/uk-politics-eu-referendum-36574526; http://www.independent.co.uk/voices/brexit-eu-referendum-why-did-people-vote-leave-immigration-nhs-a7104071.html; https://www.thesun.co.uk/news/1278140/ why-voting-to-leave-the-eu-will-save-our-sovereignty-rein-in-migration-and-boost-our-economy/; http://www.dailymail.co.uk/news/article-3653526/ Undecided-read-essential-guide-giving-20-reasons-choose-leave.html; https://www.theguardian.com/books/2016/jun/25/philip-pullman-on-the-1000-causes-of-brexit; http://lordashcroftpolls.com/2016/06/ how-the-united-kingdom-voted-and-why/.

9. Harold Clarke et al., *Brexit* (2017), p. 146.

10. Tacitus, *Agricola* (98 CE), 21.

11. Nigel Farage, phone-in interview hosted by JT on SuperTalk FM, Jackson, Mississippi (23 August 2016), http://www.express.co.uk/news/uk/703541/ Nigel-Farage-UKIP-immigration-Brexit-vote-Donald-Trump-Jackson-Mississippi-US-President.

12. Michael Gove Mp (3 June 2016), https://www.youtube.com/ watch?v=GGgi GtJk7Ma. *Our Island Story*: https://www.telegraph.co.uk/ culture/books/booknews/8094 333/Revealed-David-Camerons-favourite-childhood-book-is-Our-Island-Story.html.

13. Robert Tombs, *This Sovereign Isle* (2021), p. 1.

14. Thucydides, *History of the Peloponnesian War* (*c*.400 BCE), 1.23.

15. Pindar, *Nemean Ode* (probably 473 BCE), 4.69–70.

16. *Olympian Ode* (probably 476 BCE), 3.44–45.

17. Strabo, *Geography* (*c*.20 CE), 1.1.8.

18. Shakespeare, *As You Like It* (probably 1599), Act II, scene vii.

19. Shakespeare, *Richard II* (*c*.1595), Act II, scene i.

20. Lee Kuan Yew, from Graham Allison et al., *Lee Kuan Yew* (2013), p. 42.

21. George Orwell, *The Road to Wigan Pier* (1937), Chapter 10.

22. Https://softpower30.com/what-is-soft-power/.

23. Dean Acheson, speech at West Point (5 December 1962), from Douglas Brinkley, 'Dean Acheson and the "Special Relationship"', *Historical Journal* 33 (1990), p. 601.

24. Https://www.gov.uk/government/topical-events/eu-referendum/about.

25. Jan Struthers, *Mrs. Miniver* (1939), pp. 59–60.

26-27. Cyril Fox, *The Personality of Britain* (1932), pp. 39–40.

28. Http://www.newstatesman.com/politics/staggers/2017/02/stoke-central-election-brexit-and-other-issues-could-swing-vote.

29. Eddie Holt, *The Irish Times* (15 July 2006), http:// www.irishtimes.com/news/islands-in-the-stream-1.1031157.

30. As in the Good Friday Agreement (10 April 1998), https://peacemaker.un.org/uk-ireland-good-friday98.

31. Norman Davies, *The Isles* (2000), p. xxii.

32. Aristotle, *On the Cosmos* (*c.*330 BCE), 393b12.

第 1 章

1. Margaret Thatcher, speech to the Conservative Group for Europe (16 April 1975), https://www.margaretthatcher.org/document/102675.

2. Selina Brace et al., 'Ancient Genomes Indicate Population Replacement in Early Neolithic Britain', *Nature Ecology & Evolution* 3 (2019), pp. 768–769.

3. Adrian Targett, interview (7 February 2018), https:// www.dailymail.co.uk/news/article-5364983/Retired-history-teacher-believes-looks-like-Cheddar-Man.html.

4. Barry Cunliffe, *Britain Begins* (2013), pp. 127–128.

5. Churchill, speech to Parliament (22 October 1945), https://winstonchurchill.org/resources/quotes/vice-of-capitalism/.

6. Friedrich Engels, *The Origin of the Family, Private Property, and the State* (1972 [1884]), pp. 18–25.

7. Richard Lee, *The !Kung San* (1979), p. 348.

8. Peter Heather, *Barbarians and Empire* (2009), p. 19.

9. Spirit Talker/Muguarra to Noah Smithwick (Comancheria, 1838), from s. C. Gwynne, *Empire of the Summer Moon* (2010), p. 111.

10. W. H. Auden, 'Spain' (1937), https://www.workersliberty.org/story/2011/09/09/spain-w-h-auden.

11. William Cecil, Baron Burghley (1567), from R. Wernham, *Before the Armada* (1966), p. 292.

12. Harold Macmillan, speech to the Council of Europe, Strasbourg (August 1949), from Hugo Young, *This Blessed Plot* (1998), p. 113.

13. Churchill, speech to Parliament (4 June 1940).

14. Http://www.ft.com/cms/s/0/ec333342-2323-11e6- 9d4d-c11776a5124d.html#axzz4LIRwSVeW.

15. Stanley Baldwin, *On England* (1926), p. 6.

第 2 章

1. V. Gordon Childe, *Prehistoric European Society* (1958), pp. 124–134.

2. Lara Cassidy et al., 'a Dynastic Elite in Monumental Neolithic Society', *Nature* 582 (2020), p. 385.

3. Jeremy Dronfield, 'Migraine, Light and Hallucinogens', *Oxford Journal of Archaeology* 14 (1995), p. 272.

4-5. Barry Cunliffe, *Facing the Ocean* (2001), pp. 199, 155.

6. Michael Parker Pearson et al., 'Craig Rhos-y-felin', *Antiquity* 89 (2015), p. 1350.

7. Parker Pearson et al., 'Who Was Buried at Stonehenge?' *Antiquity* 83 (2009), p. 36.

8. Michael Parker Pearson et al., 'Craig Rhos-y-felin', *Antiquity* 89 (2015), p. 1350.

9. Henry of Huntingdon, *History of the English* (1129), Book I, translated in Thomas Forester, *The Chronicle of Henry of Huntingdon* (1853), p. 7.

10. Geoffrey of Monmouth, *History of the Kings of Britain* (1136), 8.10–12, translated in Lewis Thorpe, *Geoffrey of Monmouth* (1966), p. 196.

11. Cunliffe, *Britain Begins*, p. 201.

12. Hilaire Belloc, *The Modern Traveller* (1898), part 6.

13. Http://www.dailymail.co.uk/news/ article-1180243/the-king-Stonehenge-were-artefacts-ancient-chiefs-burial-site-britains-crown-jewels.html.

14. Timothy Darvill, *Prehistoric Britain* (3rd edn, 2010), p. 197.

15. *Beowulf* (probably eighth century CE), lines 4–5, translated in Seamus Heaney, *Beowulf* (2000), p. 3.

16. Hesiod, *Works and Days* (*c*.700 BCE), lines 175–178.

17. Caesar, *The Gallic War* (*c*.58 BCE), 1.1.

18. Gordon Childe, *What Happened in History* (1942), p. 183.

19. Tacitus, *Germania* (*c*.98 CE), 12.

20. Tacitus, *Annals* (*c*.110 CE), 14.30.

21. Postumius Rufus Festus Avienus, *The Sea Shores* (350–400 CE).

22. *Sea Shores*, lines 120–124.

23. Pliny the Elder, *Natural History* (78 CE), 7.197.

24. Pytheas, *On the Ocean* (c. 320 BCE), quoted by Strabo, *Geography* (20s CE), 2.4.1.

25. Posidonius, from John Collis, *The European Iron Age* (1984), p. 149.

26. Cicero, *In Defence of Fonteius* (delivered 73 BCE).

27. Caesar, *Gallic War*, 2.4.

28. Caesar, *Gallic War*, 5.12.

29. Caesar, *Gallic War*, 2.35.

30. Cassius Dio (written *c*.230 CE), 56.18.

31-33. Caesar, *Gallic War*, 3.13–15.

34-35. Caesar, *Gallic War*, 4.21.

第 3 章

1. Carl von Clausewitz, *On War* (1831; ed. Michael Howard and Peter Paret, 1976), pp. 119–121.

2. Caesar, *Gallic War*, 4.26.

3. Cassius Dio, 39.53.

4. Caesar, *Gallic War*, 5.28.

5. Cassius Dio, 53.25.

6. Shakespeare, *Cymbeline* (*c*.1611), Act III, scene i, lines 14–16.

7. Tacitus, *Annals* (*c*.110 CE), 12.38.

8. Suetonius, *Life of Nero* (*c*.120 CE), 18.

9. Francis Pryor, *Britain AD* (2005), p. 44.

10. Tacitus, *Annals*, 14.30.

11. Tacitus, *Agricola*, 21.

12. Tacitus, *Annals*, 14.34.

13. Tacitus (*Annals*, 14.29) and Suetonius (*Life of Nero*, 39), writing in Latin, called it a *clades*; Cassius Dio (62.1), writing in Greek, called it a *pathos*.

14. Vindolanda tablet 344 (*c*.100 CE), http:// vindolanda.csad.ox.ac.uk. 我对所引用文字进行了简单修改，以使其意思更清楚，并在之后加入了补遗文字。

15. Vindolanda tablet 164, line 5.

16. Pliny the Elder, *Natural History*, 14.2.

17. Strabo, *Geography*, 4.5.2.

18. President Dwight D. Eisenhower, Farewell Address (17 January 1961), https://www.ourdocuments.gov/doc.php?flash=false&doc=90&page=transcript and https://www.youtube.com/watch?v=8y06nsBBRtY.

19. Https://romaninscriptionsof britain.org/inscriptions/292 (*c*.50 CE). Following Barry Burnham et al., 'Roman Britain in 1994', *Britannia* 26 (1995), 388–9, I read *aq(uilifer)* rather than *a(t)q(ue)* in line 3.

20. Gaius Valerius Iustus (*c*.200 CE?), https:// romaninscriptionsofbritain.org/text/507.

21. Tacitus, *Agricola*, 20.

22. Http://www.bbc.com/news/uk-england-london-36415563 and Roger Tomlin, *Roman London's First Voices* (2016).

23-25. Michael Jarrett and Stuart Wrathmell, *Whitton* (1981), pp. 164, 188.

26-27. Kevin Blockley, *Marshfield* (1985), pp. 185, 356.

28. Kate Nicholson and Tom Woolhouse, *A Late Iron Age and Romano-British Farmstead at Cedars Park, Stowmarket, Suffolk* (2016), p. 183.

29-30. Robin Fleming, *Britain after Rome* (2010), pp. 22, 27.

31. Alan Weisman, *The World without Us* (2007), pp. 120–121.

32. Simon Esmonde Cleary, *The Ending of Roman Britain* (1989), p. 148.

33. Edward Gibbon, *History of the Decline and Fall of the Roman Empire* III (1781), subchapter 'General Observations on the Fall of the Roman Empire in the West'.

34. Jerome, *Letters* (*c*.412 CE), 133.

35-36. Ammianus Marcellinus (*c*.380 CE), 14.5.

37-38. *Stratagems of the Warring States* (anonymous, third century BCE), from Dennis and Chang Ping Bloodworth, *The Chinese Machiavelli* (1976), pp. 111, 58.

39-40. Ammianus, 27.8.

41. Ammianus, 28.3.

42. Gildas, *On the Ruin of Britain* (*c*.540 CE), 14.

43. Zosimus, *New History* (*c*.500 CE).

44. Rudyard Kipling, 'the Roman Centurion's Song', in *A Child's History of England* (1911), https:// www.poetryloverspage.com/poets/kipling/roman_centurions.html.

45. Zosimus, *New History*, 6.10.12.

第4章

1. Jaharlal Nehru, declaration of Indian independence, Delhi (15 August 1947), https://sourcebooks.fordham.edu/mod/1947nehru1.asp.

2. Https://foreignpolicy.com/2009/11/03/think-again-power/.

3. Gildas, *On the Ruin of Britain*, 1, 20, 23, 25.

4. E. Leeds, *Early Anglo-Saxon Art and Archaeology* (1936), pp. 25–26.

5-6. Tombstones quoted in James Campbell et al., *The Anglo-Saxons* (1982), p. 21.

7. Gildas, *On the Ruin of Britain*, 25.

8. Nennius, *History of the Britons* (*c*.830), p. 50.

9. *Annals of Wales* (tenth century), Year 72, supposedly 516 CE.

10. Rachel Barrowman et al., *Excavations at Tintagel Castle, Cornwall, 1990–1999* (2007), p. 199.

11. Thomas Bartlett, *Ireland* (2010), p. 4.

12. St Patrick, *Confessions* (fifth century), 23.

13. Bede, *Ecclesiastical History of the English People* (731), 3.27.

14. Bede, *History*, 2.1.

15. Gregory of tours, *History of the Franks* 6.46 (written *c*.590).

16. Bede, *History*, 2.6.

17-18. Bede, *History*, 2.15.

19. Campbell et al., *Anglo-Saxons*, p. 94.

20. 'Legatine Canons at Cealchythe' (785), in John Johnson, *A Collection of the Laws and Canons of the Church of England* I (1850), p. 273.

21. Charters of Offa, in Campbell et al., *Anglo-Saxons*, p. 101.

22. Dorothy Whitelock, ed., *English Historical Documents* I (1978), p. 180.

23. Alcuin, in Whitelock, *Documents* I, p. 776.

24. William Sutton and E. Linn, *Where the Money Was* (1976), p. 160. This is often generalised as 'Sutton's Law' ('first, consider the obvious'), but Sutton denied ever saying it. In reality, he said, 'Why did I rob banks? Because I enjoyed it.'

25. Asser, *Life of King Alfred* (893), 53; translated in Simon Keynes and Michael Lapidge, *Alfred the Great* (1983), p. 83.

26. Asser, *Alfred*, 55.

27-28. Alfred the Great, prose preface to translation of Pope Gregory I's *Pastoral Care* (c.890), translated in Keynes and Lapidge, *Alfred the Great*, 125.

29. *Anglo-Saxon Chronicle* for 886, https://avalon.law. yale.edu/medieval/ang09. asp.

30. *Anglo-Saxon Chronicle* for 937.

31. Tom Holland, *Athelstan* (2016), p. 37.

32. Jan Morris, *Heaven's Command* (1973), p. 21.

33. Aelfric, *Colloquy* (c.1000), translated in M. Swanton, *Anglo-Saxon Prose* (1993).

34. Francesco Caraccioli (1748–1799), at http://www.bartleby. com/344/393.html. the statement is often attributed to Voltaire, but there is no reliable source for this.

第5章

1. Byhrtferth, *Life of St Oswald* (c.1000), from Campbell et al., *Anglo-Saxons*, p. 192.

2. Kipling, 'Dane-Geld', from *A Child's History of England* (1911), https://www.poetryloverspage.com/poets/kipling/ dane_geld.html.

3. Henry of Huntingdon, *History of the English* (c.1140), 6.17.

4. Cnut, letter to the English (written 1019/20), from Timothy Bolton, *Cnut the Great* (2017), p. 130.

5. Tom Stoppard, *Indian Ink* (1995), p. 17 (first performed 1993).

6. Rebecca West, quoted in Noel Coward, *Future Indefinite* (1954), p. 92.

7. Orderic Vitalis, *Ecclesiastical History* (c.1125), 2.196, translated in Marjorie Chibnall, *The Ecclesiastical History of Orderic Vitalis* II (1969), p. 233.

8. William of Malmesbury, *Chronicle of the Kings of England* (1120s), 2.13, translated in J. A. Giles, *William of Malmesbury's Chronicle of the Kings of England* (1847), p. 253.

9. Charles Coulson, *Castles in Medieval Society* (2003), p. 16.

10. Henry IV, letter to Gregory VII (24 January 1076), in Theodor Mommsen and Karl Morrison, eds, *Imperial Lives and Letters of the Eleventh Century* (1962), pp. 151–152.

11. From David Carpenter, *The Struggle for Mastery* (2003), p. 15.

12. President Lyndon Baines Johnson (31 October 1971), http://www.nytimes.com/1971/10/31/archives/the-vantage-point-perspectives-of-the-presidency-19631969-by-lyndon.html.

13. Anonymous Conservative minister quoted by Tim Shipman, *All-Out War* (2016), p. 13.

14. Gaimar, *History of the English* (late 1130s), Epilogue, lines 245–251. translated in Thomas Hardy and Charles Martin *Lestoire des Engles solum la translacion Maistre Geffrei Gaimar* I (1889), p. 214.

15. Anon., *Life of Gruffudd ap Cynan* (*c.*1150), from John Gillingham, *William II, the Red King* (2015), p. 19. 'plaited and coiled' etc., Gerald of Wales, *Mirror of the Church* (1216), 2.8–9, translated in Lewis Thorpe, *Gerald of Wales* (1978), pp. 284–285.

16. Alex Woolf, 'Scotland', in Pauline Stafford, ed., *A Companion to the Early Middle Ages* (2009), p. 260.

17. William Shakespeare, *Macbeth* (probably 1606), Act V, scene i.

18-19. *Anglo-Saxon Chronicle* for 1137, https://avalon.law.yale.edu/medieval/ang12.asp.

20. Eleanor of Aquitaine, from Richard Barber, *Henry II* (2015), p. 44.

21. Attributed to Henry II, December 1170, but not attested in any contemporary source.

22. Ralph of Coggeshall, from Marc Morris, *King John* (2015), pp. 57–58.

23. Goscelin of St Bertin, *History of the Transfer of the Relics of St Augustine* (1098/9), 51, from Robert Bartlett, *England under the Norman and Angevin Kings* (2000), p. 287.

24. Matthew Paris, *English History* (1250s) for 1258, translated in J. A. Giles, *Matthew Paris's English History* III (1852), p. 291.

25. David Crook, 'The Sheriff of Nottingham', *Thirteenth-Century England* 2 (1988), p. 68.

26. William Langland, *Piers Ploughman* (late fourteenth century), Prologue, and

'Hot sheep's feet!' London Lickpenny (early fifteenth century), from Ian Mortimer, *The Time Traveller's Guide to Medieval England* (2008), p. 9.

27. *The Deeds of King Stephen* (c.1150), from Carpenter, *Struggle for Mastery*, p. 43.

28. *Annals of Tewkesbury* for 1258, from Andy King, *Edward I* (2016), p. 15.

29. *St Albans Abbey Chronicle* for 1263, from Carpenter, *Struggle for Mastery*, p. 376.

30. Carpenter, *Struggle for Mastery*, p. 379.

31. Richard Fitzneal, *Dialogue of the Exchequer* (c.1178), from Carpenter, *Struggle for Mastery*, p. 5.

32. Walter of Bibbesworth (c.1250), from Carpenter, *Struggle for Mastery*, p. 9.

33. Edward I, writ summoning Parliament (30 September 1295), from William Stubbs, *The Constitutional History of England* (1875), p. 129.

34. Saint Aelred of Rielvaux, *Life of David, King of the Scots* (c.1153), from Carpenter, *Struggle for Mastery*, p. 16.

35. Edward I (1284), from Carpenter, *Struggle for Mastery*, p. 511.

36. *Annals of Waverley*, from King, *Edward I*, p. 60.

37. Pierre de Langtoft, *Chronicle* (1296), translated in Thomas Wright, *The Chronicle of Pierre de Langtoft* II (1868), pp. 264–266.

38. English official (1307), from King, *Edward I*, p. 74.

39. Miri Rubin, *The Hollow Crown* (2005), p. 180.

第6章

1. Aaron Graham and Patrick Walsh, eds, *The British Fiscal–Military States* (2016).

2. Henry VIII to Venetian ambassadors (1515), from John Guy, *Henry VIII* (2014), p. 24.

3. Thomas Cromwell, speech to Parliament (1523), from Geoffrey Elton, 'War and the English in the Reign of Henry VIII', in Lawrence Freedman et al., eds, *War, Strategy and International Politics* (1992), p. 16.

4. Henry VIII to Thomas More (1521), from Guy, *Henry VIII*, p. 31.

5. Act of Supremacy (1534), http://www.nationalarchives.gov.uk/pathways/citizenship/rise_parliament/transcripts/henry_supremacy.htm.

6. From Derek Wilson, *A Brief History of the English Reformation* (2012), p. 205.

7. Pilgrimage of Grace (1536), from Perez Zagorin, *Rebels & Rulers, 1500–1600* I (1982), p. 149.

8. Brian O'Connor of Offaly (1528), from Susan Brigden, *New Worlds, Lost Worlds* (2000), p. 149.

9. Chief Governor Sir Henry Sidney (1580), from Susan Brigden, *New Worlds, Lost Worlds* (2000), p. 318.

10. Sir Patrick Finglas, chief justice of the king's bench (*c*.1534), from Susan Brigden, *New Worlds, Lost Worlds* (2000), p. 157.

11. Elizabeth I to Parliament (1559), from Nicholas Rodger, *Safeguard of the Sea* (1997), p. 229.

12. Senior Spanish officer, probably Bernardino de Escalante, to a papal representative (1588), from Rodger, *Safeguard of the Sea*, p. 259.

13. Elizabeth I, speech at Tilbury (9 August 1588), from Janet Green, '"I My self": Elizabeth I's Oration at Ttilbury Camp', *Sixteenth Century Journal* 28 (1997), p. 443.

14. William Tyndale, quoted in Foxe's Book of Martyrs (1563).

15. Https://en.wikiquote. org/wiki/William_tyndale.

16. *Book of Common Prayer* (1549), Evensong, Second Collect, for Aid against Perils.

17. William Shakespeare, *Henry V* (probably 1599), Act III, scene i.

18. Shakespeare, *Richard II* (*c*.1595) Act II, scene i.

19. John Selden, *Mare Clausum* (1635), from Arthur Herman, *To Rule the Waves* (2004), p. 149.

20. Sir Francis Walsingham (1588), from Brigden, *New Worlds*, p. 294.

21. William Cecil, first Baron Burghley (1560), from Jane Dawson, 'William Cecil and the British Dimension of Early Elizabethan Foreign Policy', *History* 74 (1989), p. 209.

22. James I, speech to the Houses of Parliament (31 March 1607), from Charles MacIlwain, ed., *The Political Works of James I* (1918), p. 291.

23. William Cecil, first Baron Burghley (1560), from Jane Dawson, 'William Cecil and the British Dimension of Early Elizabethan Foreign Policy', *History* 74 (1989), p. 209.

24. Jonathan Barry and Christopher Brooks, eds, *The Middling Sort of People* (1994).

25. Malachy Postlethwayt, *The African Trade, the Great Pillar and Support of the British Plantation Trade in America* (1745), p. 2, from David Scott, *Leviathan* (2013), p. 376.

26. James I and VI, *A Counterblast to Tobacco* (1604), http://www. laits.utexas. edu/poltheory/james/blaste/blaste.html.

27-28. William Hoskins, 'The Rebuilding of Rural England, 1570–1640', *Past & Present* 4 (1953), pp. 50, 49.

29. Https://www.phrases.org.uk/meanings/ an-englishmans-home-is-his-castle.html.

30. John Houghton, *England's Great Happiness, or, a Dialogue between Content and Complaint* (1677), p. 19, from Scott, *Leviathan*, p. 342.

31. Sir Christopher Hatton, lord chancellor, speech to Parliament (March 1587),

from Brigden, *New Worlds*, p. 330.

32. Scottish Nobleman (*c*.1581), from Thomas Cogswell, *James I* (2017), p. 14.

33. Girolamo Lando, Venetian ambassador to London (November 1620), from Peter Ackroyd, *History of England* III (2014), p. 70.

34. Cotton Mather, *Magnalia Christi Americana* (1702), I.15.

35. Brendan Simms, *Britain's Europe* (2016), p. 38.

36. Sir John Eliot, speech to Parliament (1626), from Herman, *To Rule*, p. 165.

37. Proposal for founding a West India Company, from Scott, *Leviathan*, p. 337.

38. Peter Paul Rubens (1629), from Ackroyd, *History of England* III, 157.

39. Alexander Henderson and Archibald Johnston, *The National Covenant* (1638), https://www.fpchurch.org.uk/ about-us/important-documents/the-national-covenant-1638/.

40. Unattributed comment (1641), from Scott, *Leviathan*, p. 158.

41. Queen Henrietta Maria to Charles I (3 January 1642), from Geoffrey Parker, *Global Crisis* (2013), pp. 353–354.

42. Ellis Coleman (5 January 1642), from Parker, *Global Crisis*, p. 354.

43. Earl of Manchester to Oliver Cromwell (1644), quoted in William Hamilton, ed., *Calendar of State Papers, Domestic Series, of the Reign of Charles I, 1644–1645* (1890), p. 151.

44. Job 41:33–4 (King James Version, 1611).

45. Thomas Hobbes, *Leviathan* (1651), Chapter 17.

46. William Walwyn (1648), from Scott, *Leviathan*, p. 193.

47. Cromwell, speech to Parliament (17 September 1656), quoted from Eric Cochrane et al., eds, *Early Modern Europe: Crisis of Authority* (1987), p. 516.

48. Nathaniel Worsley, The Advocate (1652), p. 2, from Scott, Leviathan, p. 342.

49. Major-General Charles Worsley, letter to Secretary John Thurloe (12 November 1656), from Samuel Gardiner, History of the Commonwealth and Protectorate 1649–1656 IV (1903), p. 36.

50. George Villiers, second Duke of Buckingham, *A Letter to Sir Thomas Osborn* (1672), p. 11, from Scott, *Leviathan*, p. 344.

51. Earl of Shaftesbury, speech to Parliament (20 October 1675), from Steven Pincus, 'From Butterboxes to Wooden Shoes', *Historical Journal* 38 (1995), p. 347.

52. Samuel Pepys, diary entry (30 September 1661), www.pepysdiary.com/archive/1661/09/30.

53. John Doddington, letter to Joseph Williamson (27 June 1670), from Pincus, 'From Butterboxes to Wooden Shoes', p. 342.

54. Edmund Ludlow, from N. Keeble, *The Restoration* (2002), p. 179.

55. *A Relation of the Most Material Matters in Parliament Relating to Religion, Property, and the Liberty of the Subject* (1673), pp. 19–20, from Pincus, 'From Butterboxes to Wooden Shoes', p. 353.

56. 'A Dialogue between Britannia and Rawleigh' (1675), from Pincus, 'From Butterboxes to Wooden Shoes', p. 359.

57. Roger Morrice, Entering Book (8 June 1689), from Pincus, *1688* (2009), p. 345.

58. Hugh Trevor-Roper, *Archbishop Laud* (1988), p. 71.

59. Roger L'estrange (1679), from Scott, *Leviathan*, p. 223.

60. Bill of Rights (16 December 1689), https://avalon. law.yale.edu/17th_century/england.asp.

61. Parliamentary Select Committee on Public Administration, Fourth Report (2004), section 3, https://publications. parliament.uk/pa/cm200304/cmselect/cmpubadm/422/42204.htm.

62. Anon., *The Englishman's Choice and True Interest* (1694), from M. Sheehan, 'the Development of British Theory and Practice of the Balance of Power before 1714', *History* 73 (1988), p. 31.

63. Daniel Defoe, *The Complete English Tradesman* (1725), I, Chapter 27.

64. Defoe, *A True Collection of the Writings of the Author of a True-Born Englishman* (1703), Explanatory Preface, from Scott, *Leviathan*, p. 254.

65. Queen Anne (1709), from Robert Buchholz and Newton Key, *Early Modern England, 1485–1714* (2003), p. 344.

第7章

1. John Gay, *Fables* (1732), II.8, from W. H. Kearley Wright, *The Fables of Gay* (new edn, 1889), p. 243.

2. Treaty of Utrecht (1713), from Hamish Scott, *The Birth of a Great Power System, 1740–1815* (2014), p. 139.

3. Lord Palmerston, speech to Parliament (1 March 1848).

4. James Stanhope, first Earl Chesterfield, from Scott, *Leviathan*, p. 278.

5. Scott, *Leviathan*, p. 276.

6. Stanhope, from Scott, *Leviathan*, p. 291.

7. J. H. Plumb, *The Growth of Political Stability in England, 1675–1725* (1967), p. 129.

8. Simms, *Britain's Europe*, p. 60.

9-10. Walpole, speech to Parliament (8 March 1739), in William Cobbett, ed., *The Parliamentary History of England from the Earliest Period to the Year 1803* X (1812), col. 1255.

11. William Pulteney, speech to Parliament (9 March 1739), published in Cobbett, *Parliamentary History* X, col. 1298.

12. Thomas Pelham-Holles, Duke of Newcastle, to Stanhope (20 November 1745), from Brendan Simms, *Three Victories and a Defeat* (2007), p. 336.

13. Stanhope to Newcastle (25 November 1745), from Simms, *Three Victories*, p. 344.

14. *Gentleman's Magazine* (1745), from Simms, *Three Victories*, p. 333.

15. Carteret, speech to Parliament (27 January 1744), from Simms, *Britain's Europe*, p. 55.

16. 'The Vicar of Bray', in *The British Musical Miscellany* I (1734), p. 31, from Scott, *Leviathan*, p. 276.

17. Arthur Young, from Roy Porter, *English Society in the 18th Century* (1990), p. 211.

18. Madame du Bocage (1720s) from Roy Porter, *English Society in the 18th Century* (1990), p. 221.

19. Pastor Karl Moritz, from Roy Porter, *English Society in the 18th Century* (1990), p. 221.

20. Guy Miege, *The New State of England under their Majesties K. William and Q. Mary* I (1691), p. 334, from Pincus, *1688*, p. 73.

21. César de Saussure, letter to his family (1729), from Helen Berry, 'Polite Consumption', *Transactions of the Royal Historical Society* 6th series, 12 (2002), p. 382.

22. William Wilberforce, from Porter, *English Society*, p. 41.

23. Admiral John Byng, from Porter, *English Society*, p. 224-225.

24. *The Connoisseur* (1756), from Porter, *English Society*, p. 223.

25. Horace Walpole, from Porter, *English Society*, p. 200.

26. William Hutton, *The Life of William Hutton* (1816), p. 41, from Porter, *English Society*, p. 198.

27. Miege, *New State* II, p. 42, from Pincus, *1688*, p. 75.

28. Defoe, *A Brief Case of the Distillers, and of the Distilling Trade in England* (1726), from Jessica Warner, 'the Naturalization of Beer and Gin in Early Modern England', *Contemporary Drug Problems* 24 (1997), p. 388.

29. 画家威廉·贺加斯1751年的画作《杜松子酒巷》中一个杜松子酒馆外的招牌。

30. Corbyn Morris (1751), from Peter Ackroyd, *History of England* IV (2016), p. 153.

31. James Howell, quoted in William Rumsey, *Organon Salutis* (1657) sigs. B2–

b3.

32. Sir Thomas Player to Joseph Williamson (10 November 1673), from Steven Pincus, "'Coffee Politicians Does Create'", *Journal of Modern History* 67 (1995), pp. 825, 826.

33. Thomas Rugg, diary entry (November 1659), from Pincus, 1688, p. 75.

34. The Character of a Coffee-House (1665), title page, from Steven Pincus, "'Coffee Politicians Does Create'", pp. 817–818.

35. Pepys, diary entry (25 September 1660), https://www.pepysdiary.com/diary/1660/09/25/.

36. Scott, *Leviathan*, p. 270.

37. William Richards (1689), from John Davies, *A History of Wales* (2007), p. 294.

38. Alan Brodrick (1712), from Bartlett, *Ireland*, p. 157.

39. George I (1719), from Tim Blanning, *George I* (2020), p. 19.

40. Edward Burt, *Letters from a Gentleman in the North of Scotland to His Friend in London* I (1754), p. 21. from James Buchan, *Capital of the Mind* (2003), pp. 12-13.

41. Margaret, Countess of Panmure, letter to the Earl of Panmure (24 January 1723), from James Buchan, *Capital of the Mind* (2003), p. 17.

42. *Scots Magazine* 25 (1763), pp. 362–363. from James Buchan, *Capital of the Mind* (2003), p. 164.

43. Thomas Sheridan (1762), quoted by James Boswell, *Boswell's London Journal, 1762–1763*, from James Buchan, *Capital of the Mind* (2003), p. 164.

44. Philip Stanhope, letter to John, fourth Duke of Bedford (17 September 1745), from Simms, *Three Victories*, p. 340.

45. Dr Alexander Hamilton (1744), from Richard Johnson, 'Growth and Mastery', in P. J. Marshall, ed., *Oxford History of the British Empire* II (1998), p. 276.

46. Alexis de Tocqueville, notebook entry (15 January 1832), from Arthur Kaledin, *Tocqueville and His America* (2011), p. 327.

47. From Johnson, 'Growth and Mastery', p. 281.

48. Josiah Tucker (1749), from Porter, *English Society*, p. 86.

49. Benjamin Franklin, 'Fragments of a Pamphlet on the Stamp Act' (January 1766), from Jack Greene, 'Empire and Identity from the Glorious Revolution to the American Revolution', in Marshall, *British Empire* II, p. 225.

50-51. Linda Colley, *Britons* (2nd edn, 2009), p. 136.

52. 'On the project of the Universal Monarchy of the English' (1748), from Daniel Baugh, 'Withdrawing from Europe', *International History Review* 20 (1998), p. 15.

53. Marquis de la Galissonière, 'Memoir on the Colonies in North America' (1750), from Daniel Baugh, 'Withdrawing from Europe', *International History Review* 20 (1998), p. 14.

54. Winston Churchill, *History of the English-Speaking Peoples* III (1967), Book 8, chapter 5.

55. Daniel Defoe, *Weekly Review* (31 January 1708), from Niall Ferguson, *Empire* (2003), p. 17.

56. William Pitt, from Scott, *Leviathan*, p. 399.

57. David Hume, from Herman, *To Rule*, p. 275.

58. Newcastle, from Scott, *Leviathan*, p. 407.

59. Pitt, quoted by Newcastle, letter to the Duke of Devonshire (9 December 1761), from Simms, *Three Victories*, p. 484.

60. Pitt, from Jeremy Black, *The Elder Pitt* (1992), p. 231.

61. French ambassador to Vienna (1758), from Herman, *To Rule*, p. 284.

62. Admiral Edward Hawke (20 November 1759), from Herman, *To Rule*, pp. 288–289.

63. Hawke to the Admiralty (24 November 1759), from Nicholas Rodger, *The Command of the Ocean* (2004), p. 283.

64. Magon de la Balue, letter to his business partner (5 November 1759), from Daniel Baugh, *The Global Seven Years War* (2011), p. 451.

65. Horace Walpole (1759), from Scott, *Leviathan*, p. 405.

66. David Garrick and William Boyce, from the pantomime *Harlequin's Invasion* (1759).

67. Giacomo Casanova, *History of My Life* (1789–1794), from Everyman's Library edn (2006), p. 843.

68. William Gordon, envoy to Regensburg (1764), from Simms, *Three Victories*, p. 517.

69. H. R. McMaster, *Battlegrounds* (2020), p.10, borrowing the term from Hans Morgenthau and Ethel Person.

70. From Black, *Elder Pitt*, p. 223.

71. George, prince of Wales, letter to John Stuart, Earl of Bute (5 October 1760), from Simms, *Three Victories*, p. 468.

72. King George III, letter to Bute (3 May 1762), from Simms, *Three Victories*, p. 475.

73. John Montagu, Earl of Sandwich, letter to John Russell, Duke of Bedford (8 September 1764), from Simms, *Three Victories*, p. 518.

74. Patrick Henry, speech in the 'Parson's Cause' case, Hanover County, Virginia (1 December 1763), from Robert Middlekauf, p. 83.

75. Anonymous demonstrator, recorded in the papers of John Adams (5 March 1770), from Robert Middlekauf, *The Glorious Cause* (2005), p. 210.

76. Benjamin Franklin (July 1776), from Simms, *Three Victories*, p. 603.

77. Thomas Jefferson (July 1776), from Simms, *Three Victories*, p. 603.

78. Joseph Yorke, ambassador to the Netherlands, to James Harris, ambassador to Russia (13 January 1778), from Simms, *Three Victories*, p. 609.

79. Pitt, letter to Richard Grenville-Temple, Earl Temple (24 September 1777), from Simms, *Three Victories*, p. 610.

80. From John Ferling, *Almost a Miracle* (2005), p. 562.

81. William Pitt the Younger, speech to Parliament (1784), from H. Bowen, 'British India, 1765–1813', in Marshall, *British Empire* II, p. 542.

82. Warren Hastings, governor-general of Bengal, letter to Henry Vansittart (april 1762), from William Dalrymple, p. 169.

83. Ghulam Hussain Khan, *Siyar-ul-Mutakherin* (late 1780s), from William Dalrymple, *The Anarchy* (2019), p. 211.

84. East India Company Council, report to directors (February 1771), from Dalrymple, *Anarchy*, p. 218.

85. Horace Walpole, personal correspondence (late 1771), from Dalrymple, *Anarchy*, p. 218.

86. Pitt, speech to Parliament (1771), from Dalrymple, *Anarchy*, p. 221.

87. Charles James Fox, speech to Parliament (1784), from Bowen, 'British India', p. 535.

88. Burke, speech in trial of Warren Hastings (4 April 1783).

89. Duke of Leeds (July 1789), from Simms, *Britain's Europe*, p. 82.

90. Pitt (1792), from Rodger, *Command*, p. 367.

91. Fox, letter to R. Fitzpatrick (30 July 1789), from Jenny Uglow, *In These Times* (2014), p. 13.

92-93. Parson James Woodforde, Weston Longville, Norfolk, diary entry (29 October 1795), from Jenny Uglow, *In These Times* (2014), p. 147.

94. Sir Gilbert Eliot, letter to Lady Elliot (7 March 1793), from Rodger, *Command*, p. 426.

95. Lord Lieutenant Charles Cornwallis, letter to Major-General Ross (1798), from Robert Hughes, *The Fatal Shore* (1986), pp. 185–186.

96. Alexander Knox, former private secretary to Lord Castlereagh, letter to

Castlereagh (9 February 1801), cited from John Bew, *Castlereagh* (2011), p. 178.

97. Henry Grattan, speech to Parliament (1 January 1811), from David Cannadine, *Victorious Century* (2017), p. 97.

98. Napoleon to his generals at Boulogne (July 1804).

99. Tsar Alexander I to Napoleon, Tilsit (25 June 1807), from Andrew Roberts, *Napoleon the Great* (2014), p. 457.

100. Charles Maurice Talleyrand-Perigord, reported in *The Times* (27 April 1798), from Uglow, *In These Times*, p. 234.

101. Napoleon, from Roberts, *Napoleon*, p. 162.

102. General Gerard Lake (November 1803), from Pradeep Barua, 'Military Developments in India, 1750–1850', *Journal of Military History* 58 (1994), p. 599.

103. Admiral Sir Edward Pellew (1805), from Michael Duffy, 'World-Wide War and British Expansion, 1792–1815', in Marshall, *British Empire* II, p. 200.

104. Napoleon, letter to Louis Bonaparte (3 December 1806), from Roberts, *Napoleon*, p. 427.

105. Berlin Decrees (21 November 1806); from Roberts, *Napoleon*, p. 427.

106. Arthur Wellesley, Duke of Wellington (June 1815), from Cannadine, *Victorious Century*, p. 99.

107. Revd John Stonard, letter to the Revd Richard Heber (15 April 1814), from Uglow, *In These Times*, p.599.

108. *Morning Chronicle* (22 June 1815), from Uglow, *In These Times*, p. 619.

第 8 章

1. George Eulas Foster (1896), from Andrew Roberts, *Salisbury* (2000), p. 629.

2. J. R. Seeley, *The Expansion of England* (1883), p. 12.

3. Rudyard Kipling, *Kim* (1901).

4. Sir Charles Napier, telegraph to the east India Company's directors in Calcutta (24 March 1842), from Saul David, *Victoria's Wars* (2006), p. 78. 我提到"有传说称"，是因为有些历史学家认为，这份所谓的电报实际上是17岁的女学生凯瑟琳·温克沃思杜撰的一个笑话。

5. Simon Fraser, British resident in Delhi, report to Charles Canning, governor-general of India (29 August 1856), from William Dalrymple, *The Last Mughal* (2006), p. 114.

6. Charles Grant, from Dalrymple, *Last Mughal*, p. 61.

7. Lord William Bentinck, governor-general of India (1829), from Cannadine, *Victorious Century*, p. 189.

527

8. Mohan Lal Kashmiri, Delhi English College (1828), from Dalrymple, *Last Mughal*, p. 69.

9. Sir David Octherlony, British resident in Delhi, letter to William Fraser (31 July 1820), from Dalrymple, *Last Mughal*, p. 70.

10. James Bruce, Earl of Elgin (1860), from Piers Brendon, *The Decline and Fall of the British Empire* (2007), p. 108.

11-12. President John Quincy Adams, diary (26 November 1823), from Brendan Simms, *Europe: The Struggle for Supremacy* (2013), p. 191.

13. President James Monroe (2 December 1823), from https://avalon.law.yale.edu/19th_century/monroe.asp.

14. Canning, letter to Viscount Granville (17 December 1824), from H. Temperley, 'the Foreign policy of Canning', in Adolphus Ward and G. P. Gooch, eds, *The Cambridge History of British Foreign Policy, 1783–1919* II (1923), p. 74.

15. Canning, speech to Parliament (12 December 1826), from http://www.historyhome.co.uk/polspeech/portugal.htm.

16. T. C. Haliburton, letter to P. Wiswall (7 January 1824), from Ged Martin, 'Canada from 1815', in Andrew Porter, ed., *Oxford History of the British Empire* III (1989), p. 530.

17. The prime minister, Lord Aberdeen (1841), from Cannadine, *Victorious Century*, p. 227.

18. Lord Gordon to the prime minister, Lord Aberdeen (28 July 1845), from Martin, 'Canada from 1815', p. 528.

19. Edward Gibbon Wakefield, *A View of the Art of Colonization* (1849), p. 156.

20. Sir George Grey, colonial secretary (1830s), from Brendon, *Decline and Fall*, p. 73.

21. Charles Dilke, *Greater Britain* (1868).

22. *Boston Recorder* (15 May 1819), from James Belich, *Replenishing the Earth* (2009), p. 93.

23. Meeting of northern chiefs (1831), from Raewyn Dalziel, 'New Zealand and Polynesia', in Porter, *British Empire* III, p. 577.

24. From Raewyn Dalziel, 'New Zealand and Polynesia', in Porter, *British Empire* III, p. 577.

25. James Stephens, permanent under-secretary of the Colonial Office (*c.*1840), from John Darwin, *Unfinished Empire* (2012), p. 195.

26. Sir George Grey, governor of New Zealand, minute (23 December 1846), from Dalziel, 'New Zealand and Polynesia', p. 580.

27. Henry Fielding, *The Covent Garden Journal* 4 (14 January 1752), p. 683, from

Porter, *English Society*, p. 60.

28. Revd William Shrewsbury, *Christian Thoughts on Free Trade* (1843), p. 40, from Boyd Hilton, *A Mad, Bad Dangerous People?* (2006), p. 504.

29. Governor of Hong Kong, from Cannadine, *Victorious Century*, p. 267.

30. Anon., *Mineralogia Cornubiensis* (1778), from David Landes, *The Unbound Prometheus* (2003), pp. 99–100.

31. James Watt, as told to Robert Hart (1817; the walk took place in 1765), from Jenny Uglow, *The Lunar Men* (2002), p. 101.

32. Charles Kingsley, *Yeast* (4th edn, 1883), p. 82.

33. William Stanley Jevons, *The Coal Question* (1865), from Paul Kennedy, *The Rise and Fall of the Great Powers* (1987), pp. 151–152.

34. Palmerston, parliamentary minute (22 April 1860), from John Darwin, *The Empire Project* (2011), p. 40.

35. Lord Russell, speech to the House of Lords (17 June 1850), from Dolphus Whitten, 'The Don Pacifico Affair', *The Historian* 48 (1989), p. 264.

36. Palmerston, speech to Parliament (25 June 1850).

37. *Illustrated London News* (13 June 1868), from Ferguson, *Empire*, p. 179.

38. Ira Klein, 'Development and Death', *Indian Economic and Social History Review* 38 (2001), p. 147.

39. Dickens, *Dealings with the Firm Dombey and Son* (1846), Chapter 1.

40. G. R. Porter, *The Progress of the Nation* (1847), p. 533. , from John Burnett, *A Social History of Housing* (2nd edn, 1986), p. 89.

41-42. George Godwin, *Another Blow for Life* (1864) , from John Burnett, *A Social History of Housing* (2nd edn, 1986), p. 92.

43. Richard Heath, *The English Peasant* (1893), p. 59. , from John Burnett, *A Social History of Housing* (2nd edn, 1986), p. 88.

44. William Cobbett, *Rural Rides* I (1821–32), from John Burnett, *A Social History of Housing* (2nd edn, 1986), p. 31.

45. Lord John Russell (1848), from Cannadine, *Victorious Century*, p. 211.

46. Benjamin Jowett, master of Balliol College, Oxford, from James Donnelly, 'The Great Famine': in John Gibney, ed., *The Great Famine* (2018), p. 124.

47. Anon., 'The First Half of the 19th Century', *The Economist* 9 (1851), p. 57.

48. Walter Bagehot, *The English Constitution* (1867), from Asa Briggs, *The Age of Improvement* (1959), p. 449.

49. Thomas Carlyle, *Chartism* (1839), from http://www. historyhome.co.uk/peel/ruralife/carlyle.htm.

50. Karl Marx and Friedrich Engels, *The Communist Manifesto* (1848), from David McLellan, *Karl Marx: Selected Writings* (1977), pp. 222, 223, 226, 227, 231.

51. Samuel Smiles, *Self-Help* (1859), from Asa Briggs, *Victorian People* (1955), pp. 119, 126–127, 123.

52. Juliusz Słowacki, *Journey to the East* (1836), from Norman Davies, *Europe* (1996), p. 1.

53. *The Times* (23 January 1901), from Cannadine, *Victorious Century*, p. 130.

54. Charles Greville (September 1849), from Christopher Hibbert, *Queen Victoria* (2000), p. 178.

55. Bagehot, *English Constitution*.

56. *Leeds Mercury* (11 September 1858), from Briggs, *Age of Improvement*, p. 459.

57. Lord Granville, from Briggs, *Age of Improvement*, p. 450.

58. Robert Baden-Powell, *Scouting for Boys* (1908), from Bill Buford, *Among the Thugs* (1991), p. 12.

59. Thomas Arnold (1830s), from Robert Tombs, *The English and Their History* (2014), p. 513.

60. Matthew Arnold, *Friendship's Garland* (1871), from Briggs, *Victorian People*, p. 145.

61. Thomas Hughes, *Tom Brown's School Days* (1858), Chapter 8.

62. *The Times,* from Tombs, *The English and Their History*, p. 513.

63. From tombs, *The English and Their History*, p. 514.

64. George Bryan Brummell, from Ian Kelly, *Beau Brummell* (2005), Fig. 11.

65. Engels, letter to Marx, from Cannadine, *Victorious Century*, p. 322.

66. Baron Platt, address to the Lancashire Assizes (1851), from Neil Tranter, *Sport, Economy and Society in Britain* (1998), p. 37.

67. Revd T. D. Harford Battersby, sermon in St John's Church, Keswick (26 April 1854), from Orlando Figes, *Crimean War* (2010), p. 163.

68. Anonymous respondent interviewed by Henry Mayhew (1851), from Briggs, *Age of Improvement*, p. 466.

69. Lord John Russell, letter to the bishop of Durham (November 1850), from Cannadine, *Victorious Century*, p. 264.

70. Peel, speech to Parliament (May 1845).

71. Thomas Babington Macaulay, diary entry (August 1849), from Hilton, *A Mad, Bad Dangerous People*, p. 238.

72. Palmerston, speech to Parliament (1832), from Cannadine, *Victorious Century*,

p. 186.

73. Palmerston (18 October 1865), from https://www. bartleby.com/344/308.html.

74. Sir Charles Wood (1865), from Cannadine, *Victorious Century*, p. 334.

第 9 章

1. From Daniel Yergin, *The Prize* (1992), p. 79.

2. Third marquess of Salisbury, 'Disintegration', *Quarterly Review* 156 (1883), from Cannadine, *Victorious Century*, p. 387.

3. Kipling, 'Recessional', *The Times* (17 July 1897).

4. Sir John Fisher, first lord of the Admiralty, private letter (March 1904), from Nicholas Lambert, *Sir John Fisher's Naval Revolution* (2002), p. 83.

5. Fisher (1905), from Nicholas Lambert, *Sir John Fisher's Naval Revolution* (2002), p. 123.

6. Fisher, letter to Louis, prince of Wales (January 1907), from Robert Massie, *Dreadnought* (1991), p. 500.（尽管作者称此时的威尔士亲王为路易斯，但1907年的英国威尔士亲王应为乔治五世。——译者注）

7-8. J. R. Seeley, *The Expansion of England* (1883), from 1971 edn, pp. 12, 15.

9. James Belich, *Replenishing the Earth* (2009), p. 68.

10. Gladstone, quoted by his private secretary Edward Hamilton in his diary (19 November 1884), from Duncan Bell, *The Idea of Greater Britain* (2007), p. 16.

11. Kevin Rudd, former prime minister of Australia, https://www.theguardian.com/australia-news/2019/mar/11/ former-australian-pm-kevin-rudd-calls-brexit-trade-plan-utter-bollocks.

12. The colonial secretary, Joseph Chamberlain (1902), from Massie, *Dreadnought*, p. 329.

13. Liberal Party slogan (1906), from Peter Clarke, *Hope and Glory* (2004), p. 7.

14. David Lloyd George, budget speech (29 April 1909), https://www.nationalarchives.gov.uk/education/britain1906to1918/ g2/gallery2.htm.

15. Lord Rosebery (summer 1909), from Massie, *Dreadnought*, p. 64.

16. Lloyd George (30 November 1909), from Massie, *Dreadnought*, p. 659.

17. H. G. Wells, *Mr Britling Sees It Through* (1916).

18. Announcement of the closing of the London stock exchange (31 July 1914), from Ferguson, *Pity of War*, p. 197.

19. Churchill, speech at the London Guildhall (9 November 1914), from Winston Churchill, *Complete Speeches* III (1974), p. 2341.

20. Us Navy (autumn 1914), from Adam Tooze, *The Deluge* (2014), p. 34.

21. President Woodrow Wilson, speech to the Us Senate (22 January 1917), from https://www.oxfordreference.com/ view/10.1093/acref/9780199891580.001.0001/ acref-9780199891580–e-5986.

22. Wilson to Colonel Edward House (September 1916), from Tooze, *Deluge*, p. 35.

23. Chancellor Reginald McKenna, Cabinet discussion (18 october 1916), from Tooze, *Deluge*, pp. 48, 49.

24. Lloyd George to Us Secretary of State Robert Lansing (December 1916), from Tooze, *Deluge*, pp. 48, 49.

25. Lloyd George to Edward House (1916) , from Tooze, *Deluge*, pp. 48, 49.

26. Field Marshal Sir Douglas Haig, 'Back to the Wall' order (11 April 1918), from James Edmonds, *A Short History of World War I* (1951), p. 305.

27. Churchill, from Simms, *Britain's Europe*, p. 150.

28. Winston Churchill, *The World Crisis* IV (1929), p. 297.

29. Churchill (1920) from Lawrence James, *Raj* (1997), p. 480.

30. Stanley Baldwin (1935), from Lawrence James, *Raj* (1997), p. 534.

31. Churchill (1924), from Peter Cain and Anthony Hopkins, *British Imperialism, 1688–2000* (2nd edn, 2000), p. 458.

32. Wilson to House (December 1918), from Tooze, *Deluge*, p. 268.

33. William Allen White (12 November 1921), from George Herring, *From Colony to Superpower* (2008), p. 454.

34. President Calvin Coolidge (probably apocryphal, but usually dated to 1925), from David Kennedy, *Freedom from Fear* (1999), p. 34.

35. Anthony Crosland MP, *The Guardian* (16 June 1971), from Dominic Sandbrook, *Seasons in the Sun* (2012), p. 695.

36-37. E. M. Forster, *Howards End* (1910), Chapter 44.

38. William Beveridge, 'new Britain', speech at Oxford University (6 December 1942), from John Boyer and Jan Goldstein, eds, *Twentieth-Century Europe* (1987), p. 506.

39. George Formby (1941), from https://www.lyrics.com/ lyric/4470978/ George+Formby/It%27s+turned+out+nice+again.

40. Adolf Hitler, speech (30 November 1922), from Brendan Simms, *Hitler* (2019), p. 40.

41. Defence requirements subcommittee (February 1934), from simms, *Britain's Europe*, p. 346.

42. British chiefs of staff (October 1932), from Niall Ferguson, *War of the World* (2006), p. 321.

43. *Daily Mail* (8 January 1934), from Uri Bialer, 'Elite Opinion and Defence

Policy', *British Journal of International Studies* 6 (1980), p. 37.

44. Harold Macmillan, *The Winds of Change* (1966), p. 522.

45. J. L. Garvin, *The Observer* (26 February 1933), from Bialer, 'Elite Opinion', p. 43.

46. Stanley Baldwin, speech to House of Commons (10 November 1932).

47. United Kingdom chiefs of staff (July 1934), from Simms, *Britain's Europe*, p. 157.

48. Baldwin, speech to House of Commons (30 July 1934).

49. Winston Churchill, *Reader's Digest* (December 1954).这很有可能是他人对丘吉尔原话的改写，1940年1月20日丘吉尔在BBC广播中说："每个人都希望，如果他给鳄鱼喂食足够多，鳄鱼最后才会吃掉他。"(https://quoteinvestigator.com/2016/04/18/ crocodile/#return-note-13473–3).

50. Black Lives Matter protesters, Parliament Square, London (7 June 2020), https://www.bbc.com/news/uk-53033550.

51. Churchill, speech to Parliament (4 June 1940).

52. Churchill, speech to Parliament (13 May 1940).

53. Churchill, speech to Parliament (4 June 1940).

54. President Franklin Delano Roosevelt to advisers (November 1940), from Daniel Todman, *Britain's War* I (2017), p. 526.

55. Roosevelt, comments at a press conference (17 December 1940), from Daniel Todman, *Britain's War* I (2017), p. 528.

56. Winston Churchill, *The Second World War* II (1949), p. 503.

57. Churchill, unsent draft (26 December 1940), from Todman, *Britain's War* I, p. 530.

58. Churchill, *The Second World War* III (1950), pp. 539–541.

59. Hitler, conversation with Nazi regional commanders, Berlin (13 December 1941), from Simms, *Hitler*, p. 443.

60. Churchill, speech from the Ministry of Health building (7 May 1945), from Todman, *Britain's War* II, p. 721.

61. Ministry of Information report (March 1942).

62. R. J. Hammond, *Food* II: *Studies in Administration and Control* (London 1956), p. 753.

63. Eleanor Roosevelt, *The Autobiography of Eleanor Roosevelt* (1962), pp. 185–186.

64. Anonymous Londoner and King George VI (10 September 1940), from Peter Hennessy, *Never Again* (1993), pp. 50, 51.

65. Keynes, speech in the House of Lords (18 December 1945), from Todman, *Britain's War* II, p. 782.

66. Hugh Dalton MP, speech to Parliament (12 December 1945).

第10章

1. Churchill, speech to Conservative meeting, Llandudno (19 October 1948), from https://web-archives.univ-pau.fr/english/special/ srdoc1.pdf.

2. Anonymous working-class woman to Mass Observation interviewer (spring 1945), from Todman, *Britain's War* II, p. 760.

3. Hugh Gaitskell, leader of the Labour Party, diary entry, from Dominic Sandbrook, *Never Had It So Good* (2005), p. 65.

4. Ernest Bevin, British foreign secretary, to George VI (1947), from Hugo Young, *This Blessed Plot* (1998), p. 25.

5. Hastings Ismay, secretary-general of NATO (1949). 这句话经常被引用，但从未被追溯到伊斯梅本人。

6. Bevin (1946), from John Bew, *Citizen Clem* (2017), p. 420.

7. Churchill to Edwin Plowden, chairman of the Atomic Energy Authority (1952).

8. Internal government report (1957), from Sandbrook, *Never Had It So Good*, pp. 239, 110.

9. Robert Schuman (9 May 1950), http://europa.eu/abc/symbols/9–may/decl_en.htm.

10. Herbert Morrison, Labour Party deputy prime minister, comments to Cabinet (May 1950), from Tony Judt, *Postwar* (2005), p. 160.

11. Robert Schuman (9 May 1950), http://europa.eu/abc/symbols/9–may/decl_en.htm.

12. Kenneth Younger, adviser to Ernest Bevin, foreign secretary, diary entry (14 May 1950), from Tony Judt, *Postwar* (2005), p. 158.

13. Hugh Gaitskell, leader of the Labour Party (1962), from Sandbrook, *Never Had It So Good*, p. 533.

14. Anthony Eden, foreign secretary, speech in New York (1952), from Tony Judt, *Postwar* (2005), p. 164.

15. Labour Party National Executive (drafted by Denis Healey), 'European Unity' (1951), from Sandbrook, *Never Had It So Good*, p. 221.

16. Senior civil servant in private conversation (1949), from Tony Judt, *Postwar* (2005), p. 159.

17. Preamble to paper circulated in advance of the Conference of Messina (May 1955).

18-20. Edward Bridges, head of the home civil service (July 1955), from Young, *Blessed Plot*, pp. 80, 78, 91.

21. Words alleged to have been spoken at the Messina Conference by Russell

Bretherton, under-secretary at the Board of Trade (3 June 1955), from Young, *Blessed Plot*, p. 93.

22. Denzil Batchelor, *Picture Post* sportswriter, in his book *Soccer* (1954), p. 149, from Robert Weight, *Patriots* (2002), p. 261.

23. Ronald Robinson, 'Imperial Theory and the Question of Imperialism after Empire', *Journal of Imperial and Commonwealth History* 12 (1984), p. 53.

24. *Pathé News* issue 47/66 (18 August 1947), from Daniel Todman, *Britain's War II* (2020), p. 824.

25. Bevin, from W. David McIntyre, *British Decolonization* (1998), p. 87.

26. President Dwight D. Eisenhower (August 1956), from David Reynolds, *One World Divisible* (2000), p. 85.

27. Chancellor Harold Macmillan, Cabinet meeting (August 1956), from Clarke, *Hope and Glory*, p. 260.

28. Eisenhower to John Foster Dulles (5 November 1956), from Reynolds, *One World*, p. 85.

29. Churchill (November 1956), from Sandbrook, *Never Had It So Good*, p. 26.

30. Parliamentary motion, from Sandbrook, *Never Had It So Good*, p. 26.

31. Eisenhower to Emmet John Hughes (November 1956), from Sandbrook, *Never Had It So Good*, p. 28.

32. Acheson, speech at West Point (5 December 1962), from Brinkley, 'Special Relationship', p. 601.

33. Eden, memorandum (28 December 1956).

34. R. A. Butler, private conversation (1958), from Sandbrook, *Never Had It So Good*, pp. 27, 73.

35. Sir Henry Tizard, minute to the Ministry of Defence, from Young, *Blessed Plot*, p. 25.

36. Bernard Levin, *The Pendulum Years* (1977), p. 130.

37. Nassau Agreement (1962).

38-39. A. J. P. Taylor, from Sandbrook, *Never Had It So Good*, pp. 245, 268.

40. National Security Advisor McGeorge Bundy to Johnson (28 July 1965), from Dominic Sandbrook, *White Heat* (2006), p. 124.

41. Wilson to Brown (1966), from Kevin Boyle, 'the price of peace', *Diplomatic History* 27 (2003), p. 44.

42. Sandbrook, *White Heat*, p. 26.

43. Macmillan to governor-general of Nigeria (1960), from Sandbrook, *Never Had It So Good*, p. 289.

44. Macmillan, Cape Town (3 January 1960), from https://www.oxfordreference.com/view/10.1093/acref/9780191843730.001.0001/q-oro-ed5-00006970.

45. Denis Healey, minister of defence (July 1967), from Sandbrook, *White Heat*, p. 373.

46. Macmillan to Seton Lloyd, foreign secretary (December 1959), from Sandbrook, *Never Had It So Good*, p. 527.

47. Macmillan, diary entry (9 July 1960), from Sandbrook, *Never Had It So Good*, p. 527.

48. Wilson, speech to Parliament (2 august 1961), from Sandbrook, *Never Had It So Good*, p. 536.

49. President Charles de Gaulle, press conference at the Elysée Palace (14 January 1963), from Sandbrook, *Never Had It So Good*, p. 532.

50. Enoch Powell MP, speech in Parliament (January 1971), from Dominic Sandbrook, *State of Emergency* (2010), p. 164.

51. Reg Freeson MP, debate in Parliament (28 October 1971), from Dominic Sandbrook, *State of Emergency* (2010), p. 166.

52. Anonymous attendant, House of Commons (28 October 1971), from Dominic Sandbrook, *State of Emergency* (2010), p. 165.

53. Jean Monnet (28 October 1971), from Dominic Sandbrook, *State of Emergency* (2010), p. 167.

54. Edward Heath, *The Course of My Life* (1998), pp. 371–372.

55. James Callaghan to Robin Day, phone-in interview on BBC Radio 4 (27 May 1975), from David Butler and Uwe Kitzinger, *The 1975 Referendum* (1976), p. 176.

56. Charles Moore, *Margaret Thatcher* I (2013), p. 306.

57. Harold Wilson, speech at the Labour Party conference, Scarborough (12 October 1963), https://web-archives.univ-pau.fr/ english/tD2doc2.pdf.

58. Revd Ian Paisley (1965), from Sandbrook, *White Heat*, p. 356.

59. James Callaghan, home secretary, telephone conversation with Gerry Fitt MP (13 August 1969), from Sandbrook, *White Heat*, p. 754.

60. British lance-corporal (14 August 1969), from Sandbrook, *White Heat*, p. 756.

61. General Sir Frank King (May 1974), from Sandbrook, *Seasons in the Sun*, p. 120.

62. Northern Ireland secretary Merlyn Rees (1974), from Sandbrook, *Seasons in the Sun*, p. 120.

63. Robert Fisk, *The Point of No Return* (1975), p. 13.

64. Wilson to Bernard Donoghue (May 1974), from Sandbrook, *Seasons in the*

Sun, p. 109.

65. Kenneth Bloomfield (permanent secretary to the Northern Ireland Executive), from Sandbrook, *Seasons in the Sun*, p. 119.

66. Dafydd Wigley MP (Plaid Cymru), from Dominic Sandbrook, *Who Dares Wins* (2019), p. 554.

67. *Time* (29 September 1975), from Sandbrook, *Seasons in the Sun*, p. 515.

68. Scottish Nationalist Party slogan (1973), from Clarke, *Hope and Glory*, p. 323.

69. Macmillan, speech to Mid-Bedfordshire Conservative Party (20 July 1957), http://news.bbc.co.uk/onthisday/hi/dates/stories/july/20/newsid_3728000/3728225.stm.

70. Roy Harrod, letter to Macmillan (11 October 1961), from Sandbrook, *Never Had It So Good*, p. 522.

71. Nicholas Henderson, British ambassador to France, private dispatch (June 1979), from Young, *Blessed Plot*, p. 311.

72. Macmillan, interview at London Airport (7 January 1958), https://www.oxfordreference.com/view/10.1093/acref/9780191843730.001.0001/q-oro-ed5-00006970.

73. Peter Thorneycroft, chancellor of the exchequer, resignation speech (23 January 1958), from Sandbrook, *Never Had It So Good*, p. 92.

74. Reginald Maudling, chancellor of the exchequer, budget speech (3 April 1963), from Sandbrook, *Never Had It So Good*, p. 517.

75-76. James Callaghan, *Time and Chance* (1987), pp. 326, 425–427 (https://www.youtube.com/watch?v=76ImzIwB1–k).

77. Denis Healey, chancellor of the exchequer, budget speech (15 april 1975), https://www.nytimes.com/1975/04/16/ archives/britain-increases-taxes-assails-unions-demands.html.

78. Anthony Crosland, foreign secretary, comments in Cabinet (23 November 1976), from Sandbrook, *Seasons in the Sun*, p. 491.

79. *Daily Mail* headline (2 February 1979), from Sandbrook, *Seasons in the Sun*, p. 750.

80. Bill Dunn, spokesman for ambulance drivers, *Daily Express* (20 January 1979), from Sandbrook, *Seasons in the Sun*, p. 733.

81. Frank Chapple, secretary-general of the electrical, electronic, telecommunications and plumbing Union, to Bernard Donoughue (January 1979), from Sandbrook, *Seasons in the Sun*, p. 762.

82. Margaret Thatcher, Conservative Party political broadcast (17 January 1979), from Sandbrook, *Seasons in the Sun*, p. 763.

83. Edward R. Murrow, 'A Reporter Remembers', *The Listener* (28 February

1946), from Hennessy, *Never Again*, pp. 18–19.

84. Levin, *The Pendulum Years*, p. 49.

85. Macmillan to Ian Macleod (July 1963) , from Sandbrook, *Never Had It So Good*, p. 675.

86. *The Times* (8 June 1977), from Sandbrook, *Seasons in the Sun*, p. 633.

87. John Lennon, interview (November 1969), from Sandbrook, *Never Had It So Good*, p. xxiii.

88. John Lennon, interview with Maureen Cleave, *Evening Standard* (4 March 1966), https://www.rocksbackpages.com/Library/article/ how-does-a-beatle-live-john-lennon.

89. Walter Johnson MP, *Daily Mirror* (9 November 1981).

90. *Daily Mail* (10 November 1981), from Sandbrook, *Who Dares Wins*, p. 551.

91. Victoria de Grazia, *Irresistible Empire* (2005).

92. E. P. Thompson, *Sunday Times* (27 April 1975), from Young, *Blessed Plot*, p. 290.

93-94. Colonel Kenny-Herbert, *Culinary Jottings for Madras* (1885), from David Gilmour, *The British in India* (2018), p. 352.

95. Robin Cook, foreign secretary, speech to the social Market Foundation, London (19 April 2001), https://www. theguardian.com/world/2001/apr/19/race.britishidentity.

96. Mick Jagger, *International Times* (17 May 1968), from Sandbrook, *White Heat*, p. 675.

97. Ministry of Labour, *How to Adjust Yourself in Britain* (1954), from Sandbrook, *Never Had It So Good*, p. 330.

98. Ian Macleod, colonial secretary, private conversation (1958), from Sandbrook, *Never Had It So Good*, p. 91.

99. Macmillan (1960), from Sandbrook, *Never Had It So Good*, p. 90.

100. Enoch Powell, speech to the Conservative Association, Birmingham (20 April 1968), from https://www.telegraph.co.uk/comment/3643823/enoch-powells-rivers-of-Blood-speech.html.

101. *Daily Mirror* (22 April 1968), from Sandbrook, *White Heat*, p. 681.

102. *Daily Mail* (5 September 1956), from Sandbrook, *Never Had It So Good*, p. 461.

103. Oscar Schmitz, *Das Land ohne Musik* (1904), from Dominic Sandbrook, *The Great British Culture Factory* (2015), p. 17.

104. *New Musical Express* (25 June 1965), from Sandbrook, *White Heat*, p. 341.

105. Tim Adams, *The Observer* (22 March 2009), from Sandbrook, *Culture Factory*, p. 73.

106. Sandbrook, *Culture Factory*, p. xxv.

107. Treasury report (1961), *Till Time's Last Sand* (2017), p. 452.

108. Roy Bridge, adviser to the governors of the Bank of England, from David Kynaston, *Till Time's Last Sand* (2017), p. 453.

109. Tony Benn MP, speech at the Labour Party conference, Blackpool (29 September 1980), from Sandbrook, *Who Dares Wins* (2019), p. 367.

110. President Ronald Reagan to Secretary of Defense Casper Weinberger (mid-April 1982), from Moore, *Margaret Thatcher* I, p. 694.

111. Reagan to the Us National Security Council (February 1983), from Moore, *Margaret Thatcher* II (2015), p. 25n.

112. Thatcher, speech to the Finchley Conservative Association (31 January 1976), http://www.margaretthatcher.org/ document/102947.

113. Either Charles Powell or Bernard Ingham (both claim the words), to Thatcher, Chequers (16 December 1984), from Moore, *Margaret Thatcher* II, p. 240.

114. Thatcher, dinner with the Conservative Group for Europe (1 January 1983), from Stephen Wall, *A Stranger in Europe* (2008), p. 18.

115. Robin Renwick, assistant under-secretary at the Foreign and Commonwealth office, from Moore, *Margaret Thatcher* II, p. 380.

116. David Williamson, deputy secretary of the Cabinet Office, from Moore, *Margaret Thatcher* II, p. 407.

117. Margaret Thatcher, *The Downing Street Years* (1993), p. 548.

118. Jacques Delors, president of the European Commission, speech to the European Parliament (6 July 1988), from Young, *Blessed Plot*, p. 345.

119. Thatcher, College of Europe, Bruges (20 September 1988), https://www.margaretthatcher.org/document/107332.

120. President François Mitterrand to Thatcher, Strasbourg (8 December 1989), from Charles Moore, *Margaret Thatcher* III (2019), p. 502.

121. Mitterrand to Thatcher, Paris (20 January 1990), from Charles Moore, *Margaret Thatcher* III (2019), p. 507.

122. Robert Zoellick, Counsellor of the State Department, interview, from Charles Moore, *Margaret Thatcher* III (2019), p. 223.

123. Douglas Hurd, foreign secretary, from Young, *Blessed Plot*, p. 351.

124. Thatcher, debate in Parliament (30 October 1990), https://www.margaretthatcher.org/document/108234.

125. John Major, prime minister, Bonn (February 1991), from John Major, *The Autobiography* (1999), p. 269.

第11章

1. Zalmay Khalilzad and Scooter Libby, unpublished draft of the 1992 Defense Planning Guidance (18 February 1992), www.gwu. edu/~nsarchiv/nukevault/ebb245/index.htm.

2. James Baker III, former Us secretary of state, from Moore, *Margaret Thatcher* III, p. 621.

3. Anonymous american officer interviewed by Peter Bergen, Kabul (May 2007), from Peter Bergen, *The Longest War* (2011), p. 189.

4. Secretary of Defense Donald Rumsfeld, discussion at the Foreign Press Center, Washington, DC (22 January 2003), https://www. youtube.com/watch?v=e0GnrJepXn4.

5. President George W. Bush, White House South Lawn, Washington, DC (16 September 2001), https:// georgewbush-whitehouse.archives.gov/news/releases/2001/09/20010916-2. html; Osama bin Laden (recording broadcast on Al Jazeera, 23 April 2006), https://web.archive.org/web/20070816191154/http://english.aljazeera.net/english/archive/archive?archiveId=22235.

6. Melanie Phillips, *Londonistan* (2006), p. xx.

7. Steve Emerson, Fox News Network (12 January 2015), https://www.bbc.com/news/uk-england-30773297.

8. Birmingham city councillor James Mackay, BBC interview (21 January 2015), https://www.bbc.com/news/uk-england-birmingham-30913393.

9. Northern Ireland Peace Agreement, Constitutional Issues I.vi (10 April 1998), https://peacemaker.un.org/sites/ peacemaker.un.org/files/Ie%20GB_980410_northern%20Ireland%20 agreement.pdf.

10. George Orwell, *The Lion and the Unicorn* (1941), p. 48.

11. Gordon Brown, chancellor of the exchequer, budget speech (11 June 1998), from Tombs, *The English and Their History*, p. 850.

12. Http://cpc.people.com.cn/n1/2016/0707/c69113-28531217.html.

13. Lee Kuan Yew, from Graham Allison et al., *Lee Kuan Yew* (2013), p. 42.

14. US Treasury Secretary Hank Paulson's account of Alistair Darling's comments on the telephone (14 September 2008), Https://www.theguardian.com/business/2009/sep/03/lehman-brothers-rescue-bid.

15. Darling, interview with Will Martin (29 May 2018), Https://www.stuff.co.nz/business/world/104295018/ britain-was-hours-from-breakdown-of-law-and-order-

during-gfc-exchancellor.

16. Https://www.change.org/p/sadiq-khan-declare-london-independent-from-the-uk-and-apply-to-join-the-eu.

17. Dr Laura Lewis's mobile phone (summer 2014).

18. Https://www.telegraph.co.uk/news/politics/ local-elections/10852204/Local-elections-the-capital-fails-to-see-the-heartache-and-pain-beyond.html.

19. Https://www.telegraph.co.uk/ news/politics/local-elections/10852141/Local-elections-the-party-machine-is-what-is-great-about-British-politics.html.

20-21. Bundesfinanzministerium (4 June 2010), from Adam Tooze, *Crashed* (2018), p. 339.

22. Mario Draghi, president of the European Central Bank, speech at the Global Investment Conference, London (26 July 2012), https://www.ecb.europa. eu/press/key/date/2012/html/sp120726.en.html.

23. Daniel Hannan, *Inventing Freedom* (2013), p. 5.

24-25. Nigel Farage, leader of the United Kingdom Independence Party, *The Telegraph* (4 September 2015), https://www. telegraph.co.uk/news/politics/nigel-farage/11836131/nigel-Farage-eU-has-opened-doors-to-migration-exodus-of-biblical-proportions.html.

26. David Cameron, prime minister, Conservative Party annual conference, Bournemouth (1 October 2006), http://www.britishpoliticalspeech.org/ speech-archive.htm?speech=314.

27. Unnamed senior Conservative (perhaps Andrew Feldman, chair of the Conservative Party), comment to James Kirkup in the Blue Boar pub, Westminster (May 2013), https://www.telegraph.co.uk/news/politics/10065307/David-Camerons-ally-our-party-activists-are-loons.html.

28. Cameron, speech at Bloomberg London (23 January 2013), https://www.gov.uk/government/speeches/ eu-speech-at-bloomberg.

29. Nick Clegg, deputy prime minister, from Shipman, *All-Out War*, p. 9.

30. Cameron, from Shipman, *All-Out War*, p. 9.

31. Ken Clarke, *Kind of Blue* (2016), p. 473.

32. Iain Duncan Smith, work and pensions secretary, BBC Radio 4 (23 August 2016), from Shipman, *All-Out War*, p. 13.

33. Nick Clegg, in conversation with the author, Stanford University (8 May 2018).

34. Simon Tisdall, *The Guardian* (28 April 2019), https://www.theguardian.com/politics/2019/ apr/28/britain-america-history-special-relationship-highs-and-lows-churchill-to-trump.

35-36. George Osborne, chancellor, press conference in Beijing (20 September 2015), https://www. economist.com/britain/2015/09/26/the-osborne-doctrine; https://www.bbc. com/news/world-asia-china-34539507.

37. Unnamed British official (late 2015), Michael Ashcroft and Isabel Oakeshott, *Call Me Dave* (2016), p. 455.

38. Nick Timothy, adviser to Theresa May, home secretary (20 October 2015), http://www.conservativehome.com/thecolumnists/2015/10/nick-timothy-the-government-is-selling-our-national-security-to-china.html.

39. Ambassador Liu Xiaoming and Cameron, respectively, London (17 October 2015), https://www.reuters.com/ article/us-china-britain/china-britain-to-benefit-from-golden-era-in-ties-cameron-idUsKCn0sB10M20151017.

40. Farage (23 June 2016), https://www.independent.co.uk/ news/uk/home-news/eu-referendum-nigel-farage-remain-edge-it-brexit-ukip-a7098526.html.

41. Donald Tusk, president of the European Council, interview with *Bild* (13 June 2016), from https://www.bbc.com/ news/uk-politics-eu-referendum-36515680.

42. Bob Canfield, in conversation with the author, Tucson, Arizona (February 2016).

43. David Reynolds, *Island Stories* (2019), p. 24.

44. Cameron, Royal Institute of International Affairs, London (10 November 2015), https://www.youtube.com/watch?v=gUsKWspcrXe.

45. Binguo Dai, http://china.usc.edu/showarticle. aspx?articleID=2325.

46. 没有直接证据表明凯恩斯说过这句话，这可能是保罗·萨缪尔森的错误引用。Misquotation of Paul Samuelson (https://quoteinvestigator.com/2011/07/22/keynes-change-mind/).

47. Https://epaper.gmw.cn/gmrb/html/2011-11/07/nw.D110000gmrb_2011 1107_5-08.htm.

48. Http://opinion.people.com.cn/n/2015/0401/c1003-26780246.html.

49. Secretary of state Hillary Clinton, Https:// foreignpolicy.com/2011/10/11/americas-pacific-century/.

50. President Barack Obama, address to Australia's Parliament, Canberra (17 November 2011), Https://obamawhitehouse.archives.gov/ the-press-office/2011/11/17/remarks-president-obama-australian-parliament.

51. Xinhua News Agency (28 March 2015), Https://www. chinadaily.com.cn/business/2015–03/28/content_19938124.htm.

52. Robert Kaplan, *Asia's Cauldron* (2014), p. 15.

53. President Donald Trump, on CBS News (15 July 2018), Https://www.cbsnews.com/news/donald-trump-interview-cbs-news-european-union-is-a-foe-ahead-of-putin-

meeting-in-helsinki-jeff-glor/.

54. Https://www. consilium.europa.eu/en/press/press-releases/2020/09/08/recovery-plan-powering-europe-s-strategic-autonomy-speech-by-president-charles-michel-at-the-brussels-economic-forum/.

55. Commonwealth of Australia, *Defending Australia in the Asia Pacific Century* (2009), p. 43.

56. Chinese official, Stockholm China Forum (7–8 November 2019), https://www.economist.com/china/2019/11/16/the-west-is-now-surer-that-china-is-not-about-to-liberalise.

57. Https:// www.globaltimes.cn/content/1191094.shtml.

58. European Commission, *EU–China: A Strategic Outlook* (2019), p. 1.

59. Https://ec.europa.eu/commission/presscorner/detail/en/ ip_20_2542.

60–61. Https:// www.gov.uk/government/publications/global-britain-in-a-competitive-age-the-integrated-review-of-security-defence-development-and-foreign-policy, pp. 29, 66.

62. White House Press Secretary Jen Psaki (25 January 2021), https://www.whitehouse.gov/briefing-room/ press-briefings/2021/01/25/press-briefing-by-press-secretary-jen-psaki-january-25–2021/.

63. Kerry Brown, *The Future of UK–China Relations* (2019), p. 2.

64. *Mahabharata*, Shanti Parvan (compiled between 400 BCE and 450 CE), 67.16, from Romila Thapar, *From Lineage to State* (1984), pp. 117–118.

65–66. Mark Malloch Brown (9 July 2020), https:// www.nytimes.com/2020/07/03/world/europe/johnson-brexit-hong-kong. html.

67. Gao Xiqing, president, China Investment Corporation (December 2008), https://www.theatlantic.com/magazine/archive/2008/12/ be-nice-to-the-countries-that-lend-you-money/307148/. Italics in original.

68. Brown, *The Future of China–UK Relations*, p. 32.

69. Boris Johnson, foreign secretary, Chatham House (2 December 2016), https://www.chathamhouse.org/sites/default/ files/events/special/2016–12–02–Boris-Johnson.pdf.

70. Https://www.theguardian.com/business/2019/dec/17/ uk-singapore-on-thames-brexit-france.

71. Ambassador Liu Xiaoming (6 July 2020), https://foreignpolicy. com/2020/08/03/boris-johnson-sinophile-china-hawk/.

72. Https://softpower30.com/what-is-soft-power/.

73. Https://www.newstatesman.com/spotlight/2020/01/the-cost-of-britains-language-problem.

74. Brown, *The Future of China–UK Relations*, p. 36.

75. Ella Wheeler Wilcox (1910), http://www.ellawheelerwilcox.org/poems/pengland.htm.

第12章

1. Robert Kaplan, *Earning the Rockies* (2017), pp. 39, 55, 38, 56.

2. Http://www.newstatesman.com/politics/staggers/2017/02/ stoke-central-election-brexit-and-other-issues-could-swing-vote.

3. Https://www.economist.com/united-states/2021/04/24/why-the-european-super-league-failed.

4. Https://www.thetimes.co.uk/article/hundreds-of-home-office-civil-servants-face-being-moved-to-stoke-under-levelling-up-programme-xv3mmv907.

5-6. Tristram Hunt MP, interview with Tim Wigmore, *New Statesman*, https://www.newstatesman.com/politics/2015/07/ letter-stoke-how-transform-city-decline.

7. Kaplan, *Earning the Rockies*, p. 72.

虽然我和出版商已尽一切努力联系插图的版权所有者，但还有几张图的版权人未能联系到，如果有读者朋友可以提供相关的信息，我们将非常感谢，并将很高兴在本书再版时进行修改。

参考文献

　　对英国过去一万年历史的研究成果，无论在数量上还是质量上都令人惊叹。诗人荷马承认他不可能列出特洛伊战争中希腊一方参战的所有英雄，他说："即使我有十舌十口，有永不破碎的声音和一颗铜一般的心，也没法把他们都讲出来。"(《伊利亚特》2.488—490）对于英国历史研究也是如此。因此，下面的内容经过了严格筛选，不仅因为没有人能够读尽与这个主题相关的所有书和文章，而且因为即使我做到了不可能做到的事情，将它们全部列出，附录所需的篇幅也将是任何出版商都无法容忍的。我在此向著作未能在这里列出的众多学者表示歉意。

　　我首先会提到近年来出现的全面考察英国历史的一些优秀的多卷本著作，然后继续介绍与具体章节相关的著作。对于每一章，我都会从我认为特别有用的概述性作品开始介绍。这些文献证明了我的许多具体主张（我会尽可能引用最近的作品，它们也参考了大量参考书目）。专家们几乎对每一个细节都有争论，但我只在意见分歧特别强烈之处，或者新著作对于较普遍的书籍具有显著增补作用时，才参考更专业的研究。这种情况经常发生在考古成果方面。

　　如今，很少有历史学家有胆量独立撰写多卷本的概论性著作，但西蒙·沙玛的《英国史》(全3卷，2000—2009）和诺曼·戴维斯的《群岛》(尽管该书在2000年出版时只有1卷，但其页数足以算作2—3本书）尤其引人注目。通常情况下，多卷本的英国历史著作由多位专家合作撰写。《企鹅英国史》(从1996年开始已出版8卷，还有1卷尚未出版）通俗易懂，内容也很丰富。《牛津英帝国史》(全4卷，1998—1999)是关于这一主题的标准参考著作，它还衍生了一系列主题范围较窄的书籍。

　　在20世纪90年代之前，历史学家经常将英格兰、爱尔兰、苏格兰和威尔士作为独立的研究对象。出于我在引言中解释过的原因，我认为这样做掩盖的东西比揭示的东西更多，但这样的研究仍然产生了一些杰出的作品。英格兰最受关注。彼得·阿克罗伊德的《英格兰史六部曲》(6卷本，2012—2021）和罗伯特·图姆斯的单卷本《英格兰的史诗》(2014)尤其引人入胜。自1983年以来出版的10卷

《新牛津英国史》（还有4卷尚未出版）学术性更强，但往往也令人愉悦。《剑桥爱尔兰史》（全4卷，2018—2020）和 New Edinburgh History of Scotland（自2004年起出了7卷，还有3卷尚未出版）是必不可少的。据我所知，最近没有多卷本的威尔士史著作出版，约翰·戴维斯的《威尔士历史》（2007）篇幅虽小却写得相当不错。此外，《企鹅君王史》系列自2014年以来共出版了43本薄薄的册子，其知识性和可读性都很强。

引 言

引言中的大部分细节在本书后续章节会更详细地讨论，所以我在这里只就后面不再提及的观点提供一些参考资料。

Kenneth Brophy 的'The Brexit Hypothesis and Prehistory', *Antiquity* 92 (2018), pp.1650-1658 讨论了如何不涉及史前史。David Christian 的'The Case for "Big History"', *Journal of World History* 2 (1991), pp.223-238 和 *Maps of Time* (2004) 都是对大/深历史的经典记述。

关于卡托研究所对难民和恐怖分子问题的研究：https://www.economist.com/united-states/2018/04/21/america-is-on-track-to-admit-the-fewest-refugees-in-four-decades。

关于赫里福德地图：https://www.themappamundi.co.uk, P. D. A. Harvey, *Mappa Mundi: The Hereford World Map* (2010)。关于英国人体彩绘的最新参考资料：Martial, *Epigrams* 11.53；关于图腾：Claudian, *On Stilicho's Consulship* 2.247, and *The Gothic War*, 416-418。

关于麦金德地图：Halford Mackinder, *Britain and the British Seas* (1902), Figure 3。关于制海权：Nicholas Rodger 的 *The Safeguard of the Sea* (1997) 很出色。

关于财富地图：https://worldmapper.org/maps/gdp-2018/；Parag Khanna, *Connectography* (2016) 对图0.5中的各种关系的阐述非常精彩。GDP 排名榜请看 https://en.wikipedia.org/wiki/List_of_countries_by_GDP_(nominal) 和 https://en.wikipedia.org/wiki/List_of_countries_by_GDP_(PPP)；对海军排名榜的讨论：http://nationalinterest.org/feature/the-five-most-pow- erful-navies-the-planet-10610；关于诺贝尔奖的讨论：https://www.nobelprize.org/nobel_prizes/lists/countries.html。sixty-nine per cent votes to remain (West- minster) and leave (stoke-on-Trent): https://ig.ft.com/sites/elections/2016/uk/eu-referendum/。

关于地理和历史的概述：Tim Marshall 的 *Prisoners of Geography* (2015) 极具魅力，信息量巨大。

第 1 章

许多优秀的著作为第2章和第1章提供了重要的参考，比如 Richard Bradley

的 *The Prehistory of Britain and Ireland* (2007), Barry Cunliffe 的 *Facing the Ocean* (2001), Timothy Darvill 的 *Prehistoric Britain* (2010), Francis Pryor 的 *Britain BC* (2003) 和遗传学方面的 David Reich 的 *Who We Are and How We Got Here* (2018)。Cunliffe 的 *Britain Begins* (2013) 也许是最好的概述，涵盖了直到诺曼征服的整个时期。然而，情况在不断发生变化，请持续关注 Current Archaeology(https://www.archaeology.co.uk)。

关于第1章的主要话题：Neil Roberts, *The Holocene* (3rd edn, 2014); Nick Barton, *Ice Age Britain* (2nd edn, 2005); Chris Stringer, *Homo Britannicus* (2006); Andrzej Pydyn, *Argonauts of the Stone Age* (2015); Daniel Zohary, *Domestication of Plants in the Old World* (4th edn, 2013); Stephen Shennan, *The First Farmers of Europe* (2018); Vicki Cummings, *The Neolithic of Britain and Ireland* (2017)。

关于黑斯堡：Nick Ashton et al., 'Hominin Footprints from Early Pleistocene Deposits at Happisburgh, UK', *PLoS ONE* 9.2 (2014), e88329. 关于42.5万—16万年前的英吉利海峡大洪水：Sanjeev Gupta et al., 'Two-Stage Opening of the Dover Strait and the Origin of Island Britain', *Nature Communications* 8 (2017), article 15101; David García-Moreno et al., 'Middle-Late Pleistocene Landscape Evolution of the Dover Strait Inferred from Buried and Submerged Erosional Landforms', *Quaternary Science Reviews* 203 (2019), pp.209-232。图1.1的根据：https:// intarch.ac.uk/journal/issue11/rayadams_toc.html。关于尼安德特人的智慧：Clive Finlayson, *The Smart Neanderthal* (2019)。

关于肯特洞穴：Tom Higham et al., 'The Earliest Evidence for Anatomically Modern Humans in Northwest Europe', *Nature* 479 (2011), pp.521-524; 关于帕维兰的考古发现：Stephen Aldhouse-Green et al., *Paviland Cave and the 'Red Lady'* (2000)。关于时间：Roger Jacobi and Tom Higham, 'The "Red Lady" Ages Gracefully', *Journal of Human Evolution* 55 (2008), pp.898-907。关于末次冰盛期：Miika Tallavaara et al., 'Human Population Dynamics in Europe over the Last Glacial Maximum', *Proceedings of the National Academy of Sciences* 112 (2015), pp.8232-8237。关于尼安德特人的灭绝：Tom Higham, *The World Before Us* (2021), pp.28-47, 128-146, 205-219。关于切德人和阿德里安·塔吉特：Bryan sykes, *Saxons, Vikings, and Celts* (2006),pp.11-12; https://www.dailymail.co.uk/news/article-5364983/Retired-history-teacher-believes-looks-like-Cheddar-Man.html。关于切德人的皮肤和头发：http://www.nhm.ac.uk/discover/cheddar-man-mesolithic-britain-blue-eyed-boy.html。关于多格兰：Vincent Gaffney et al., *Europe's Lost World* (2009)。关于约公元前6000年的英吉利海峡洪水：P. L. Gibbard, 'The Formation of the strait of Dover', in R. C. Preece, ed., *Island Britain: A Quaternary Perspective* (1995), pp.15-26; James Walker et al., 'A Great Wave: The storegga Tsunami and the end of Doggerland?' *Antiquity* 94 (2020), pp.1409-

1425。关于最古老的船（Noyen-sur-Seine and Pesse）：Seán McGrail, *Boats of the World from the Stone Age to Medieval Times* (2001), pp.172-174。关于太平洋上的航海：Robin Dennell, *From Arabia to the Pacific* (2020), p.74。关于兽皮船：Timaeus, cited by Pliny the elder, *Natural History* 4.104, and McGrail, *Boats of the World*, pp.181-183。关于舷外支架：McGrail, *Boats of the World*, p.172。

关于觅食社会：Vicki Cummings et al., eds, *The Oxford Handbook of the Archaeology and Anthropology of Hunters and Gatherers* (2014)。关于不列颠人每年行走290千米：http://www.telegraph.co.uk/news/2016/07/28/britain-grinds-to-a-halt-with-average-person-walking-half-a-mile/。关于安格斯·麦迪逊的生活水准计算：https://www.rug.nl/ggdc/historical-development/maddison/releases/maddison-project-database-2020。关于世界银行和极端贫困：https://www.worldbank.org/en/topic/poverty/overview。关于博克斯格罗夫屠夫：Pryor, *Britain BC*, pp.23-24。关于觅食者的暴力：Virginia Hutton Estabrook, 'Violence and Warfare in the European Mesolithic and Paleolithic', in Mark Allen and Terry Jones, eds, *Violence and Warfare among Hunter-Gatherers* (2014), pp.49-69。关于切德峡的食人现象：Silvia Bello et al., 'Earliest Directly- Dated Human Skull-Cups', *PLoS ONE* 6.2 (2011) e17026；'An Upper Palaeolithic Engraved Human Bone Associated with Ritualistic Cannibalism', *PLoS ONE* 12.8 (2017) e0182127. Paviland Ivories: Pryor, *Britain BC*, pp.50-56。关于中国广东省制造的内衣：http://www.economist.com/news/china/21697004-one-product-towns-fuelled-chinas-export-boom-many-are-now-trouble-bleak-times-bratown。关于斯塔卡：Nicky Milner et al., *Star Carr* (2 vols, 2018)。

关于农业和不平等：Amy Bogaard et al., 'The Farming-Inequality Nexus', *Antiquity* 93 (2019), pp.1129-1143。关于当今英国的基尼系数：https://en.wikipedia.org/wiki/List_of_countries_by_wealth_equality, 适时地总结了美国国家经济研究局（National Bureau of Economic Research）和瑞士信贷集团（Credit Suisse）的数据。关于觅食者和农民的互动：Shennan, *First Farmers*, pp.82-85, 183-206。关于在德国的共存：Ruth Bollongino et al., '2000 Years of Parallel Societies in Stone Age Central Europe', *Science* 342 (2013), pp.479-481；关于奥龙赛岛：Sophy Charlton et al., 'Finding Britain's Last Hunter-Gatherers', *Journal of Archaeological Science* 73 (2016), pp.55-61。关于外护墙：Peter Rowley Conwy, 'Westward Ho! The Spread of Agriculture from Central Europe to the Atlantic', *Current Anthropology* 52, supplement 4 (2011), pp.431-451。关于外护墙的崩溃：Shennan, *First Farmers*, pp.183-184。

关于觅食者被农民代替的DNA证据：Selina Brace et al., 'Ancient Genomes Indicate Population Replacement in Early Neolithic Britain', *Nature Ecology & Evolution* 3 (2019), pp.765-771。关于从布列塔尼到爱尔兰的航行：Richard Callaghan and Chris Scarre, 'Simulating the Western Seaways', *Oxford Journal of Archaeology* 29 (2009), pp.357-372。关于奥克尼田鼠：Natália Martínková et al., 'Divergent Evolutionary Processes Associated with Colonization of Offshore Islands', *Molecular Ecology* 22 (2013), pp.5205-5220。

关于黑泽尔顿北墓地：Samantha Neil et al., 'Isotopic Evidence for Residential Mobility of Farming Communities during the Transition to Agriculture in Britain', *Royal Society Open Science* 3 (2016), 150522。关于烧焦的种子：Amy Bogaard et al., 'Crop Manuring and Intensive Land Management by Europe's First Farmers', *Proceedings of the National Academy of Sciences* 110 (2013), pp.12589-12594。关于早期农民的房屋：A. Barclay and O. Harris, 'Community Building', in P. Bickle et al., eds, *The Neolithic of Europe* (2017), pp.222-233。关于21世纪第二个10年英国房屋的面积：http://www.dailymail. co.uk/news/article-2535136/Average-British-family-home-size-shrinks-two-square-metres-decade-increasing-numbers-forced-live-flats.html。关于纪念碑式重大建筑：上面提到过的Bradley、Cummings、Cunliffe和Darvill的书有丰富的细节。关于暴力事件：R. Schulting and M. Wysocki, '"In This Chambered Tumulus Were Found Cleft Skulls"', *Proceedings of the Prehistoric Society* 71 (2005), pp.107-138。关于21世纪第二个10年英国的暴力致死率：http://www.worldlifeexpectancy.com。关于汉布尔登山：Roger Mercer and F. Healy, *Hambledon Hill, Dorset, England* (2008)。关于婚姻模式：Brace et al.,'Ancient Genomes，尽管Joanna Brück, 'Ancient DNA, Kinship and Relational Identities in Bronze Age Britain', *Antiquity* 95 (2021), pp.228-237提出了一些质疑。

第2章

第1章推荐的概述作品本章仍然适用，此外还有Mike Parker Pearson, *Stonehenge* (2011)。

关于公元前3500年后的人口趋势：Sue Colledge et al., 'Neolithic Population Crash in Northwest Europe Associated with Agricultural Crisis', *Quaternary Research* 92 (2019), pp.686-707。关于大牧场：Ranching: Andrew Bevan et al., 'Holocene Fluctuations in Human Population Demonstrate Repeated Links to Food Production and Climate', *Proceedings of the National Academy of Sciences* 114 (2017), pp.10524-10531。关于巨石传教士：Chris Scarre, 'Megalithic People, Megalithic Missionaries', *Estudos arqueológicos de oeiras* 24 (2018), pp.161-173 (http://dro.dur. ac.uk/23764/1/23764.pdf ?DDD6+drk0cs)。关于新的放射性碳定年法：Bettina Schulz Paulsson, 'Radiocarbon Dates and Bayesian Modeling Support Maritime Diffusion Model for Megaliths in Europe', *Proceedings of the National Academy of Sciences* 116 (2019), pp.3460-3465. NG10: Lara Cassidy et al., 'A Dynastic Elite in Monumental Neolithic Society', *Nature* 582 (2020), pp.384-388。关于福音派基督徒：Tanya Luhrmann, *How*

God Becomes Real (2020)。

关于巨石阵墓葬：Christie Willis et al., 'The Dead of Stonehenge', *Antiquity* 90 (2016), pp.337-356。关于移民：David Roberts et al., 'Middle Neolithic Pits and a Burial at West Amesbury, Wiltshire', *Archaeological Journal* 177 (2020), pp.167-213。关于青石来自威尔士：Mike Parker Pearson et al., 'Megalith Quarries for Stonehenge's Bluestones', *Antiquity* 93 (2019), pp.45-62。关于沃恩·莫恩：Parker Pearson et al., 'The Original Stonehenge? A Dismantled Stone Circle in the Preseli Hills of West Wales', *Antiquity* 95 (2021), pp.85-103。关于青石阵：Michael Allen et al., 'Stonehenge's Avenue and "Bluestonehenge"', *Antiquity* 90 (2016), pp.991-1008。关于大规模土方工程：Vincent Gaffney et al., https://intarch.ac.uk/journal/ issue55/4/full-text.html (2020)。关于巨石阵停车场的图腾柱：Parker Pearson, *Stonehenge*, pp.135-137。

关于菲尔·哈丁、铜斧和V形薄切口：Parker Pearson, *Stonehenge*, pp.124-125。关于DNA和中亚移民：Wolfgang Haak et al., 'Massive Migration from the Steppe Was a Source for Indo-European Languages in Europe', *Nature* 522 (2015), pp.207-211。关于移入爱尔兰岛的移民：Lara Cassidy et al., 'Neolithic and Bronze Age Migration to Ireland and Establishment of the Insular Atlantic Genome', *Proceedings of the National Academy of Sciences* 113 (2016), pp.368-373。关于90%—95%的DNA替换：Iñigo Olalde et al., 'The Beaker Phenomenon and the Genomic Transformation of Northwest Europe', *Nature* 555 (2018), pp.190-196。关于人口替代机制：Martin Furholt, 'Massive Migrations? The Impact of Recent aDNA Studies on Our View of Third-Millennium Europe', *European Journal of Archaeology* 21 (2017), pp.159-191。关于鼠疫耶尔森菌：Nicolás Rascovan et al., 'Emergence and Spread of Basal Lineages of *Yersinia pestis* during the Neolithic Decline', *Cell* 176 (2019), pp.295-305。关于埃姆斯伯里射手：Andrew Fitzpatrick, ed., *The Amesbury Archer and the Boscombe Bowmen* (2011)。关于有权杖的墓：https://www.theguardian.com/uk-news/2021/feb/04/archaeologist-unearth-bronze-age-graves-stonehenge-a303-tunnel-site。关于巨石阵射手：John Evans, 'Stonehenge The-Environment in the Late Neolithic and Early Bronze Age and a Beaker-Age Burial', *Wiltshire Archaeological and Natural History Magazine* 78 (1984), pp.7-30。关于建造希尔伯里山所需要的劳工情况，我的资料取自Richard Atkinson, 'Neolithic science and Technology', *Philosophical Transactions of the Royal Society* A 276 (1974), p.128。关于朗兹墓葬：Timothy Darvill, *Prehistoric Britain* (2nd edn, 2010), pp.171-172。关于缝板船：McGrail, *Boats*, pp.184-191；R. van de Noort, 'Argonauts of the North sea', *Proceedings of the Prehistoric Society* 72 (2006), pp.267-287。关于农业：D. T. Yates, *Land, Power and Prestige: Bronze Age Field Systems in Southern England* (2007)。关于象牙号角：*Song of Roland* (*c*.1100 CE), line 1764。关于新的宗教体系：Kristian

Kristiansen and Thomas Larsson, *The Rise of Bronze Age Society* (2015), pp.251-319。关于故意丢弃青铜器：Richard Bradley, *The Passage of Arms* (2nd edn, 1998)。

关于铁器的到来：Nathaniel Erb-Satullo, 'The Innovation and Adoption of Iron in the Ancient Near east', *Journal of Archaeological Research* 27 (2019), pp.557-607对证据进行了评述。Simon James, *The Atlantic Celts: Ancient People or Modern Invention?* (1999), 显示了关于克尔特人的争论可以变得多么激烈。关于克尔特人和多瑙河：Herodotus (*c.*430 bce), 2.33, 4.49。关于DNA研究：Stephen Leslie et al., 'The Fine-scale Genetic Structure of the British Population', *Nature* 519 (2015), pp.309-314。关于克尔特人语言的早期起源：Barry Cunliffe and John Koch, eds, *Exploring Celtic Origins* (2019)。考古学家对山丘堡垒的用途有争议（Ian Armit, 'Hillforts at War', *Proceedings of the Prehistoric Society* 73 [2007], pp.25-37 和 Gary Lock, 'Hillforts, Emotional Metaphors, and the Good Life', *Proceedings of the Prehistoric Society* 77 [2011], pp.355-362之间的交锋信息量很大）。关于泥潭中的遗体：Miranda Aldhouse-Green, *Dying for the Gods* (2001)。https://en.wikipedia.org/wiki/List_of_bog_bodies列出了泥潭遗体的清单。关于督伊德教派：Miranda Aldhouse-Green, *Caesar's Druids* (2010)。

关于政府的起源，文献浩如烟海：Allen Johnson and Timothy Earle, *The Evolution of Human Societies* (2nd edn, 2000), pp.246-312呈现了传统观点；James Scott, *Against the Grain* (2017), pp.116-218对其提出了反驳。关于公元前1200年左右东地中海地区的大破坏：Eric Cline, *1177 BC* (2014)。关于腓尼基人：Glenn Markoe, *The Phoenicians* (2000)。关于环航非洲：Herodotus 4.42。关于康沃尔：Barry Cunliffe, *Facing the Ocean* (2001), pp.39-45。关于希腊陶器在英国：Darvill, *Prehistoric Britain*, pp.284-285。关于皮提亚斯：Barry Cunliffe, *The Extraordinary Voyage of Pytheas the Greek* (2001)。我举的例子 *On the Ocean* 出自 Diodorus of Sicily (40S BCE), 5.21, 以及 Strabo, *Geography* (20S CE), 2.4.1 和 4.5.5。迄今所知最后一位声称读过皮提亚斯作品的作家是1世纪70年代的老普林尼（*Natural History* 4.30 and 37.11）。关于罗马人在高卢：Greg Woolf, *Becoming Roman* (1998)。关于高卢人和不列颠：Colin Haselgrove and Tom Moore, eds., *The Later Iron Age in Britain and Beyond* (2007)。关于恺撒在高卢：Adrian Goldsworthy, *Caesar* (2006), pp.184-356。

第3章

下列书中有极具价值的见解：David Mattingly, *An Imperial Possession* (2006); Martin Millett et al., eds, *The Oxford Handbook of Roman Britain* (2016); Guy de la Bédoyère, *Eagles over Britannia* (2001); and Simon Esmonde-Cleary, *The Ending of Roman Britain* (1989)。Kyle Harper, *The Fate of Rome* (2017) 分析了气候和帝国。

关于康缪斯：Caesar, *Gallic War* (55-50 BCE), 4.21；7.76；8.6-7, 10, 21, 23, 47-8。关于佩格韦尔湾：https://www2.le.ac.uk/offices/press/press-releases/2017/november/first-evidence-for-julius-caesars-invasion-of-britain-discovered。关于不列颠人的战斗：Goldsworthy, *Caesar*, pp.269-292。关于希律王在耶稣出生两年后还活着：Matthew 2:16。

关于查特豪斯：Malcolm Todd, *Roman Mining in Somerset* (2002)。关于普雷斯塔廷：Kevin Blockley, *Prestatyn* 1984-5 (1989)。关于布狄卡的反抗：Miranda Aldhouse-Green, *Boudica Britannia* (2006)。关于马库斯·法沃尼乌斯·法奇里斯的墓碑：https://romaninscription-sofbritain.org/inscriptions/200。关于早期伦敦：Lacey Wallace, *The Origin of Roman London* (2014)。关于彭博金融集团建筑工地发现的遗址：https://www.theguardian.com/uk-news/2016/jun/01/tablets-unearthed-city-glimpse-roman-london-bloomberg。关于叛乱后的罗马政策：Gil Gambash, 'To Rule a Ferocious Province', *Britannia* 43 (2012), pp.1-15。关于布狄卡时期后的伦敦：Ian Haynes et al., *London Under Ground* (2000)。关于无头尸体：Gundula Müldner et al., 'The "Headless Romans"', *Journal of Archaeological Science* 38 (2011), pp.280-290。关于德拉默纳：Barry Raftery, 'Drumanagh and Roman Ireland', *Archaeology Ireland* 35/10.1 (1996)。关于英赫图梯：Elizabeth Shirley, *The Construction of the Roman Legionary Fortress at Inchtuthil* (2000)。https://www.bbc.co.uk/programmes/p01696lj 上有一部动画片。

关于同位素分析：Hella Eckardt, 'People on the Move in Roman Britain', *World Archaeology* 46 (2014), pp.534-550. Gloucester, Carolyn Chenery et al., 'Strontium and Stable Isotope Evidence for Diet and Mobility in Roman Gloucester, UK', *Journal of Archaeological Science* 37 (2010), pp.150-163；Winchester, Eckardt et al., 'Oxygen and Strontium Isotope Evidence for Mobility in Roman Winches-ter', *Journal of Archaeological Science* 36 (2009), pp.2816-2825；York, Stephany Leach et al., 'Migration and Diversity in Roman Britain', *American Journal of Physical Anthropology* 140 (2009), pp.546-551；London, Rebecca Redfern et al., 'Going South of the River', *Journal of Archaeological Science* 74 (2016), pp.11-22, and Heidi Shaw et al., 'Identifying Migrants in Roman London Using Lead and Strontium Stable Isotopes', *Journal of Archaeological Science* 66 (2016), pp.57-68。关于文德兰达的信件：http://vindolanda.csad.ox.ac.uk。关于天气：nos. 234, 343；关于食品：nos. 301, 203；关于袜子：no.346。关于拳击手套：https://www.archaeology.co.uk/articles/packing-a-punch-boxing-gloves-found-at-vindolanda.htm。

关于人的身高：Gregori Galofré-Vilà et al., 'Heights across the Last 2000 Years in England', *Research in Economic History* 34 (2018), pp.67-98。关于军队的费用：Mattingly, *Imperial Possession*, p.493。关于英国经济：Michael Fulford, 'Economic

Structures', in Malcolm Todd, ed., *A Companion to Roman Britain* (2004), pp.309-326。关于锡尔切斯特：Thomas Blagg, 'Building Stone in Roman Britain', in D. Parsons, ed., *Stone: Quarrying and Building in England, AD 43-1525* (1990), p.39。关于城镇健康水平优于乡村：Martin Pitts and Rebecca Griffin, 'Exploring Health and Social Well-Being in Late Roman Britain', *American Journal of Archaeology* 116 (2012), pp.253-276；Rebecca Griffin,'Urbanization, Economic Change, and Dental Health in Roman and Medieval Britain', *European Journal of Archaeology* 20 (2017), pp.1-22。关于后备军：Rebecca Redfern et al., 'Urban-Rural Differences in Dorset, England', *American Journal of Physical Anthropology* 157 (2015), pp.107-120。关于消费水平：Richard Saller, 'Framing the Debate over Growth in the Ancient Economy', in Joe Manning and Ian Morris, eds., *The Ancient Economy* (2005), pp.223-238。

关于农村生活：Mike McCarthy, *The Romano-British Peasant* (2013)。关于开发商资助考古：Steve Willis, 'A Roman Metamorphosis: The Grey-Literature of the Romano-British Countryside Transformed', *Archaeological Journal* 177 (2020), pp.408-416, with https://archaeologydataservice.ac.uk/archives/view/romangl/。关于罗马时代的考古遗址超过10万处：Mattingly, *Imperial Possession*, p.356. Whitton: Michael Jarrett and Stuart Wrathmell, *Whitton* (1981)。关于马什菲尔德：Kevin Blockley, *Marsh-field* (1985)。关于斯托马基特：Kate Nicholson and Tom Woolhouse, *A Late Iron Age and Romano-British Farmstead at Cedars Park, Stowmarket, Suffolk* (2016)。关于邓尼凯尔：Gordon Noble et al., 'Dunnicaer, Aberdeenshire, Scotland', *Archaeological Journal* 177 (2020), pp.256-338。关于2019年英格兰和威尔士的GDP：https://www.ons.gov.uk/datasets/regional-gdp-by-year/editions/time-series/versions/5。关于房屋面积：Robert Stephan, 'House Size and Economic Growth: *Regional Trajectories in the Roman World*' (Unpublished PhD Dissertation, Stanford University, 2013), pp.55-79。

关于疫情：Kyle Harper, *Plagues upon the Earth* (2021), Chapter 5。关于286年和2016年的类比：https://www.usatoday.com/story/news/world/2016/06/27/britains-first-brexit-286-d/86422358/；https://www.pri.org/stories/2016-06-23/britains-first-brexit-286-ad。关于基督教：David Petts, *Christianity in Roman Britain* (2003)。关于科尔斯希尔：John Magilton, 'A Romano-Celtic Temple and Settlement at Grimstock Hill, Coleshill, Warwickshire', *Transactions, Birmingham and Warwickshire Archaeological Society* 110 (2006), pp.1-231。关于庞德伯里：D. Farwell and Theya Molleson, eds, *Excavations at Poundbury, Dorchester II* (1993)。

关于公元350年后不列颠尼亚发生的事，争论很热烈。Neil Faulkner, *The Decline and Fall of Roman Britain* (2000) 着重谈崩溃；James Gerrard, *The Ruin of Roman Britain* (2013)则强调连续性。Peter Heather, *Empires and Barbarians* (2009)

着重谈移民；Guy Halsall, *Barbarian Migrations and the Roman West, 376-568* (2007)则强调稳定性。讨论新近的 DNA 和稳定的同位素分析的作品有 Carlos Amorim et al., 'Understanding 6th-Century Barbarian Social Organization and Migration through Paleogenomics', *Nature Communications* 9 (2018), 3547；Krishna Veeramah et al., 'Population Genomic Analysis of elongated Skulls Reveals Extensive Female-Biased Immigration in Early Medieval Bavaria', *Proceedings of the National Academy of Sciences* 115 (2018), pp.3494-3499；I. Stolarek et al., 'Goth Migration Induced Changes in the Matrilineal Genetic Structure of the Central-East European Population', *Nature Scientific Reports* 9 (2019), Article 6737；and Stefania Vai et al., 'A Genetic Perspective on Longobard-Era Migrations', *European Journal of Human Genetics* 27 (2019), pp.647-656。关于马格嫩提乌斯和保罗的清洗：Ammianus Marcellinus 14.5. Raiding in 360-64: Ammianus 20.1, 26.4. Barbarian Conspiracy: Ammianus 27.8, 28.3。关于霍诺里乌斯的信：Zosimus, *New History* (early sixth century ce), 6.10.2。

第4章

从5世纪到10世纪这段时期，可能是英国历史上最有争议的时期。Martin Carver 的 *Formative Britain* (2019), Aidan O'sullivan et al. 的 *Early Medieval Ireland* (2013) and Helena Hamerow et al. 的 *Oxford Handbook of Anglo-Saxon Archaeology* (2011) 都是极好的考古记述。Francis Pryor 的 *Britain AD* (2005) and Robin Fleming 的 *Britain after Rome* (2010) 信息量极大，可读性极强，Marc Morris 极佳的作品 *Anglo-Saxon England* (2021) 和 Matthew Stout 的 *Early Medieval Ireland, 431-1169* (2017) 增添了最新信息。Chris Wickham 的 *The Inheritance of Rome* (2010) 在论述欧洲背景方面很出色。

关于硬实力和软实力：Joseph Nye, *Soft Power* (2004)。关于吉尔达斯：Nicholas Higham, *The English Conquest* (1994)。关于亚瑟：Guy Halsall, *Worlds of Arthur* (2013) 举例论证了怀疑派的方法。关于斯塔福德：Martin Carver, *The Birth of a Borough* (2010)。关于萨顿考特尼：Naomi Brennan and Helena Hamerow, 'An Anglo-Saxon Great Hall Complex at Sutton Courtenay/Drayton, Oxfordshire', *Archaeological Journal* 172 (2015), pp.325-350。关于早期撒克逊人的定居点：Carver, *Formative Britain*, pp.194-207。关于贝林斯菲尔德稳定的同位素测定：Susan Hughes et al., 'Anglo-Saxon Origins Investigated by Isotopic Analysis of Burials from Berinsfield, Oxfordshire, UK', *Journal of Archaeological Science* 42 (2014), pp.81-92。关于 DNA 证据：Rui Martiniano et al., 'Genomic Signals of Migration and Continuity in Britain before the Anglo-Saxons', *Nature Communications* 7 (2016), 10326；Stephan Schiffels et al., 'Iron Age and Anglo-Saxon Genomes from East England Reveal British Migration History', *Nature Communications* 7 (2016), 10408。关于移民数量：Carver,

Formative Britain, pp.51-59。关于卡德伯里-康斯伯里：Philip Rahtz et al., *Cadbury Congresbury 1968-1973* (1992)。关于卡德伯里堡：Leslie Alcock, *Cadbury Castle, Somerset* (1995)。关于地中海移民：K. Hemer et al., 'Evidence of Early Medieval Trade and Migration between Wales and the Mediterranean Sea Region', *Journal of Archaeological Science* 40 (2013), pp.2352-2359。关于廷塔杰尔和"Artognou"：Rachel Barrowman et al., *Excavations at Tintagel Castle, Cornwall, 1990-1999* (2007), pp.199-202。

关于英国的基督教化：Barbara Yorke, *The Conversion of Britain* (2006)。关于法兰克人定居英格兰：Bede, *Ecclesiastical History* 5.9；关于法兰克人统治英格兰：Procopius, *Gothic Wars* 8.20.10。关于萨顿胡：Martin Carver, ed., *Sutton Hoo* (2005)。关于莱尼：Gordon Noble et al., 'A Powerful Place of Pictland', *Medieval Archaeology* 63 (2019), pp.56-94。关于撒克逊人统治下的伦敦：Rory Naismith, *Citadel of the Saxons* (2018)。关于克尔特人的基督教：Thomas Charles-Edwards, 'Beyond Empire II: Christianities of the Celtic Peoples', in Thomas Noble and Julia Smith, eds, *The Cambridge History of Christianity III* (2008), pp.86-106。关于西奥多：Michael Lapidge, ed., *Archbishop Theo-dore* (1995)。关于盎格鲁-撒克逊时代的造币情况：Rory Naismith, *Money and Power in Anglo-Saxon England* (2012)。

关于维京人：Thomas Williams 的 *Viking Britain* (2017) 很出色，尽管太过美化维京人了。关于托克西：Dawn Hadley and Julian Richards, 'The Winter Camp of the Viking Great Army, 872-3 ce, Torksey, Lincolnshire', *Anti-quaries Journal* 96 (2016), pp.23-67。关于对奥克尼群岛和设得兰群岛的维京人DNA研究：Edmund Gilbert et al., 'The Genetic Landscape of Scotland and the Isles', *Proceedings of the National Academy of Sciences* 116 (2019), pp.19064-19070。关于维京人在英国北部和西部：David Griffiths, *Vikings of the Irish Sea* (2010)。关于阿尔弗雷德：Max Adams, *Aelfred's Britain* (2017) 有很好的记述。关于烤焦面包的故事：David Horspool, *Why Alfred Burned the Cakes* (2006)。关于维京战争：Ryan Lavelle, *Alfred's Wars* (2013)。关于海军的革新：Rodger, *Safeguard*, pp.11-17。关于"Angelcynn"：Sarah Foot, 'The Making of Angelcynn', *Transactions of the Royal Historical Society*, 6th series, 6 (1996), pp.25-49。关于"Englalonde"：Patrick Wormald, '*Engla Lond*: The Making of an Allegiance', *Journal of Historical Sociology* 7 (1994), pp.1-24。关于英格兰的统一：George Molyneaux, *The Formation of the English Kingdom in the Tenth Century* (2015)。关于埃德加：Donald Scragg, ed., *Edgar, King of the English, 959-975* (2008)。

关于10世纪的生活水准：Christopher Dyer, *Making a Living in the Middle Ages* (2002), especially pp.13-42。关于弗利克斯伯勒：Christopher Loveluck, ed., *Rural Settlement, Lifestyles and Social Change in the Later First Millennium AD* (2007); D. H. Evans and Christopher Loveluck, eds, *Life and Economy at Early Medieval Flixborough*

(2009), with John Blair, 'Flixborough Revisited', *Anglo-Saxon Studies in Archaeology and History* 17 (2011), pp.101-108。关于茅根海岸：Rupert Bruce-Mitford et al., *Mawgan Porth* (1997)。关于波特马霍默克：Martin Carver, *Portmahomack* (2008)。关于亚恩顿：Gill Hey, *Yarnton: Saxon and Medieval Settlement* (2004)。关于英格兰农村的起始：Richard Jones and Mark Page, *Medieval Villages in an English Landscape* (2006)。关于阿尔弗雷德统治时期的伦敦：Julian Ayre and Robin Wroe-Brown, 'The Post-Roman Foreshore and the Origins of the Late Anglo-saxon Waterfront and Dock of Aethelred's Hithe', *Archaeological Journal* 172 (2015), pp.121-194。关于丝绸：Robin Fleming, 'Acquiring, Flaunting and Destroying Silk in Late Anglo-Saxon England', *Early Medieval Europe* 15 (2007), pp.127-158。关于羊毛：Susan Rose, *The Wealth of England: The Medieval Wool Trade and its Political Importance 1100-1600* (2018)。关于羊的数量：N. Sykes, *The Norman Conquest: A Zooarchaeological Perspective* (2007), pp.28-34。关于法国来访者和盎格鲁–撒克逊调味汁：Fleming, *Britain after Rome*, p.299。

第5章

从本章开始，*New Oxford History of England*、*Cambridge History of Ireland* 和 *New Edinburgh History of Scotland* 等相关书籍就变得不可或缺了。Rees Davies 所著的 *Domination and Conquest: The Experience of Ireland, Scotland and Wales, 1100-1300* (1990) 和他主编的 *The British Isles, 1100-1500* (1988) 率先将群岛作为一个整体来看待，而 Donald Matthew 的 *Britain and the Continent 1000-1300* (2005) 在论述这个主题方面也很出色。

关于1999年的千年虫：https://archives.lib.umn.edu/repositories/3/resources/273 提供了引人入胜的资料。关于999年的千年虫：John Howe, *Before the Gregorian Reform* (2019)。关于埃塞尔雷德：Levi Roach, *Aethelred: The Unready* (2017)。关于北海联合王国：Timothy Bolton, *Cnut the Great* (2017)。关于克努特名字的拼法：Thijs Porck and Jodie Mann, 'How Cnut became Canute (and how Harthacnut became Airdeconut)', *Nowele: North-Western European Language Evolution* 67 (2014), pp.237-243。关于克努特和潮水：Bolton, *Cnut*, 1 n. 1, pp.214-216。

关于纳粹的《黑皮书》：*The Black Book (Sonderfahndungsliste G.B.)* (1989)。J. C. Holt, *Colonial England 1066-1215* (1997), pp.1-24对诺曼底人征服英格兰的论述尤其精彩，Rees Davies, *The Age of Conquest* (2000) 和 Clare Downham, *Medieval Ireland* (2018), pp.181-344，对威尔士和爱尔兰的论述同样如此。

关于大西洋沿岸联合王国：Robert Bartlett, *England under the Norman and Angevin Kings, 1075-1225* (2000)必不可少。对约翰的重新评价：Nick Vincent, *John: An Evil King?* (2020)。关于《大宪章》：David Carpenter, *Magna Carta* (2015)。

关于亨利三世、西西里和德意志：Björn Weiler, *Henry III and England and the Staufen Empire, 1216-1272* (2012), pp.147-165；Brendan Simms, *Britain's Europe* (2016), p.5。关于13世纪的移民：Michael Prestwich, *Plantagenet England 1225-1360* (2005), pp.93-98。

关于11世纪和12世纪的经济：Bartlett, *Norman and Angevin Kings*, pp.287-376。关于人的身材：Galofré-Vilà et al., 'Heights'。关于13世纪和14世纪的经济：Greg Clark, 'Growth or Stagnation? Farming in England, 1200-1800', *Economic History Review* 70 (2017), pp.1-27。关于中世纪的住房：Ian Mortimer, *The Time Traveller's Guide to Medieval England* (2008), pp.6-34。关于平均每座农舍消耗333棵树：Prestwich, *Plantagenet England*, p.14。关于沃拉姆·珀西：Maurice Beresford and John Hurst, *Wharram Percy* (1991)。关于罗宾汉：Robin Hood: J. C. Holt, *Robin Hood* (3rd edn, 2011)。关于中世纪的住房：Geoff Egan, *The Medieval Household* (2010)。关于布谷巷：C. P. S. Platt and R. Coleman-Smith, *Excavations in Medieval Southampton 1953-69* II (1975)。关于斯特拉特福的移民：Exeter and London: Rosemary Horrox and Mark Ormrod, eds, *A Social History of England, 1200-1500* (2006),p.269。关于城里人的食品：Miri Rubin, *The Hollow Crown* (2005), pp.132-136。关于进口红葡萄酒：Horrox and Ormrod, *Social History*, p.139。关于身份认同的增强：John Gillingham, *The English in the Twelfth Century* (2003)。关于犹太人：Richard Huscroft, *Expulsion: England's Jewish Solution* (2006)。

关于爱德华一世：Andy King and Andrew Spencer, eds., *Edward I* (2020)。关于罗伯特·布鲁斯：Robert Bruce: Michael Penman, *Robert the Bruce, King of the Scots* (2018)。David Green, *The Hundred Years' War: A People's History* (2014) 阐释了人们的苦难。关于黑死病：Harper, *Plagues*, Chapter 6，还有网站 https://bldeathnet.hypotheses.org。关于桑顿修道院：Hugh Willmott et al., 'A Black Death Mass Grave at Thornton Abbey', *Antiquity* 94 (2020), pp.179-186。关于新冠肺炎和财富的不平等：https://blogs.imf.org/2020/05/11/how-pandemics-leave-the-poor-even-farther-behind。关于黑死病和财富的不平等：Walter scheidel, *The Great Leveler* (2017), pp.291-313。关于塞奇福德：Christopher Dyer, 'Changes in Diet in the Late Middle Ages', *Agricultural History Review* 36 (1988), pp.21-37。

关于15世纪的探险：Felipe Fernández-Armesto, *Pathfinders* (2006)。关于卡伯特：Evan Jones and Margaret Condon, *Cabot and Bristol's Age of Discovery* (2016), at https://archive.org/details/Cabotdigital。

第6章

除了第5章推荐的系列相关作品，Susan Brigden 的 *New Worlds, Lost Worlds* (2000) 和 Nicholas Canny 的 *Making Ireland British* (1988) 都是极好的综述性读物，

Steven Pincus 的 *1688* (2010) 也是如此，该书涵盖的内容远远超出了其书名所显示的范围。英国转向大西洋是第6—8章的主要内容，启发了一些杰作的灵感。在我看来，其中最好的是 David Scott 的 *Leviathan* (2013) 和 Brendan Simms 的 *Three Victories and a Defeat* (2007)，以及 *Europe* (2013) 和 *Britain's Europe* (2016)。英国海军和帝国的历史是第6—9章的中心主题。关于前者，Nicholas Rodger 的 *Safeguard of the Sea* (1997) 和 *Command of the Ocean* (2004) 可谓杰作，涵盖了直到1815年的时期；关于后者，除了多卷本的牛津历史和 Scott 的 *Leviathan*，John Darwin 的 *The Empire Project* (2009) 和 *Unfinished Empire* (2012) 尤其出色。在帝国财政方面，Peter Cain 与 Anthony Hopkins 合著的 *British Imperialism, 1688-2000* (2002) 堪称权威。关于国内经济：Stephen Broadberry et al., *British Economic Growth, 1270-1870* (2015)。

关于理查德·亚美利柯：Evan Jones, 'Alwyn Ruddock: "John Cabot and the Discovery of America"', *Historical Research* 81 (2008), p.238。这种联系最早是在1910年提出的。关于亨利八世：John Guy, *Henry VIII* (2014) 提供了最新的参考文献。关于沃尔西的外交：Simms, *Europe*, pp.18-19。关于查理五世的战略思想：Geoffrey Parker, *Emperor: A New Life of Charles V* (2019)。Diarmaid MacCulloch, *The Reformation* (2004), pp.106-189 对马丁·路德的战略意义的论述非常好。关于英格兰"脱欧"与英国"脱欧"的对比：Nigel Culkin and Richard Simmons, *Tales of Brexits Past and Present* (2019), pp.61-72。关于托马斯·克伦威尔：MacCulloch, *Thomas Cromwell* (2018)。关于修道院：Eamon Duffy 的 *The Stripping of the Altars* (2nd edn, 2005) 无与伦比。Hugh Willmott 的 *Dissolution of the Monasteries in England and Wales* (2020) 对其影响的论述极其精辟。关于哈尔顿修道院：Peter Wise, ed., *Hulton Abbey* (1985)。挖掘一直在持续（William Klemperer et al., *Excavations at Hulton Abbey, Staffordshire, 1987-1994* [2004]）。Susan Loughlin, *Insurrection* (2016) 有对求恩巡礼的新近论述。关于爱德华六世的强硬"脱欧"：MacCulloch, *Tudor Church Militant* (2000)。John Edwards, *Mary I* (2011) 和 Helen Castor, *Elizabeth I* (2018) 中有新近的参考文献。

关于伊丽莎白一世时代的宗教教育：Keith Wrightson and David Levine, *Poverty and Piety in an English Village: Terling, 1525-1700* (1995), pp.13-15。关于腓力二世的战略思想：Geoffrey Parker, *The Grand Strategy of Philip II* (2000)。Rodger, *Safeguard*, pp.254-271 对1588年的事件有很好的简述。

关于伊丽莎白一世时代的英语：Robert Tombs, *The English and Their History* (2014), pp.194-203。关于天气状况和17世纪的危机：Geoffrey Parker, *Global Crisis* (2013)。关于巫术：Brian Levack, ed., *The Oxford Handbook of Witchcraft in Early Modern Europe and Colonial America* (2013)。关于大重建：William Hoskins, 'The Rebuilding of Rural England, 1570-1640', *Past & Present* 4 (1953), pp.44-59。关于早

期的现代房屋：Matthew Johnson, *English Houses, 1300-1800* (2010)。关于考勒姆：T. Brewster and Colin Hayfield, 'Cowlam Deserted Village', *Post-Medieval Archaeology* 22 (1988), pp.21-109。关于西惠尔平顿：Michael Jarrett and Stuart Wrathmell, 'Sixteenth- and Seventeenth-Century Farmsteads: West Whelpington, Northumberland', *Agricultural History Review* 25 (1977), pp.108-119。关于弗吉尼亚的烟草和加勒比的蔗糖，我推荐两部经典之作：Edmund Morgan, American Slavery, *American Freedom* (1975), and Sidney Mintz, *Sweetness and Power* (1985)。关于跨大西洋奴隶贸易：Kenneth Morgan, *Slavery, Atlantic Trade and the British Economy, 1660-1800* (2001)。

关于詹姆士一世和查理一世的对外政策：Simms, *Three Victories*, pp.9-28。关于清教徒和新英格兰：David Hall, *The Puritans: A Transatlantic History* (2019)。

关于内战：Michael Braddick, *God's Fury, England's Fire* (2008)。关于克伦威尔和海：Rodger, *Command*, pp.1-64。Jenny Uglowd 的 *A Gambling Man* (2009) 是对王政复辟时期值得称道的论述。关于光荣革命：Pincus, *1688*。关于1689—1713年的战争：Simms, *Three Victories*, pp.44-76; Rodger, *Command*, pp.136-180; Pincus, *1688*, pp.305-365。关于《联合法案》：Allan Macinnes, 'Anglo-Scottish Union and the War of the Spanish Succession', in William Mulligan and Brendan Simms, eds, *The Primacy of Foreign Policy in British History, 1660-2000* (2010), pp.49-64。电影《宠儿》根据 Sarah Field, *The Favourite* (2002) 拍摄。关于战争对利维坦的影响：Pincus, *1688*, pp.366-399。https://measuringworth.com/datasets/ukearncpi/# 讨论了跨时期计算的复杂性，就像我为威廉的战争所做的那样。

第7章

第6章提到的几本综述书籍本章仍然适用。John Brewer 的 *Sinews of Power* (1983) 是一部关于英国政府发展的经典著作，Linda Colley 的 *Britons* (2nd edn, 2009) 同样出色地讲述了英国人身份认同的形成。从 Jeremy Black 关于18世纪政治、外交和战争的众多著作中，我挑选了 *Pitt the Elder* (1992) 和 *Continental Commitment* (2005)。关于英格兰社会的迅猛变化：Julian Hoppitt 的 *A Land of Liberty?* (2000) 和 Roy Porter 的 *English Society in the 18th Century* (1990) 写得很好。关于东印度公司的早期历史：William Dalrymple, *Anarchy* (2019)。

关于托利党的战略：Jeremy Black, ed., *The Tory World* (2015), pp.21-62。关于对欧洲问题的争论：Stephen Conway, *Britain, Ireland and Continental Europe in the Eighteenth Century* (2011)。关于英国的战争：Simms, *Three Victories*, pp.79-383。

关于霍华德城堡和霍顿霍尔：Porter, *English Society*, p.60。关于基尼系数：Peter Lindert and Jeffrey Williamson, 'Reinterpreting Britain's Social Tables, 1688-1913', *Explorations in Economic History* 20 (1983), pp.94-109。关于提取率：Branko

Milanović et al., 'Pre-Industrial Inequality', *Economic Journal* 121 (2010), p.263。关于农业：Susanna Wade-Martins, *Farmers, Landlords and Landscapes: Rural Britain, 1720 to 1870* (2004)。关于农村生活水准：Craig Muldrew, *Food, Energy and the Creation of Industriousness* (2011)。关于中克莱登村：John Broad, *Transforming English Rural Society* (2004)。图7.4的数据来自 Broad, *Rural Society*, Table 8.2。

关于运河：Porter, *English Society*, pp.207-208。关于人的身材：Galofré-Vilà et al., 'Heights'。关于与印度的早期接触：Dalrymple, *Anarchy*, pp.1-57。关于伦敦：对于此处和第8、9章，Roy Porter's *London* (1994) 的描述很精彩。Jenny Uglow 的 *The Lunar Men* (2002) 对各省知识分子生活的描述非常精彩。关于咖啡：Steve Pincus, '"Coffee Politicians Does Create"', *Journal of Modern History* 67 (1995), pp.807-834。关于啤酒和杜松子酒：Jessica Warner, 'The Naturalization of Beer and Gin in early Modern England', *Contemporary Drug Problems* 24 (1997), pp. 373-402。关于对杜松子酒的狂热：Peter Ackroyd, *History of England IV* (2016), pp. 144-155。关于克拉珀姆（Clapham）：Craig Cessford et al., '"To Clapham's I Go": A Mid to Late 18th-Century Cambridge Coffee House Assemblage', *Post-Medieval Archaeology* 51 (2017), pp.372-46。关于茶和咖啡的消费：Broadberry et al., *Economic Growth*, Table 7.05。关于风度：Keith Thomas, *In Pursuit of Civility* (2018)。

关于英国特色：Colley, *Britons*。关于威尔士特色：John Davies, *A History of Wales* (2007), pp.285-309；关于爱尔兰特色：T. Moody and W. Vaughan, eds, *A New History of Ireland IV* (2009), pp.105-122；关于苏格兰特色：Bruce Lenman, *Enlightenment and Change* (2nd edn, 2009)。关于爱丁堡：James Buchan, *Capital of the Mind* (2003)。关于美洲殖民地：Alan Taylor, *American Colonies* (2002)。关于美洲人的不平等：Peter Lindert and Jeffrey Williamson, *Unequal Gains: American Growth and Inequality since 1700* (2016)。美洲人的基尼系数和提取率都是1774年的数据。英格兰人的基尼系数是1751年的，提取率是1759年的。关于美洲人的风度：P. J. Marshall, ed., *Oxford History of the British Empire II* (1998), pp.289-291。关于法国人的战略：Daniel Baugh, 'Withdrawing from Europe', *International History Review 20* (1998), pp.1-32。关于七年战争：Baugh, *The Global Seven Years War, 1754-1763* (2011)。关于美国革命：Alan Taylor, *American Revolutions* (2017)。关于印度：Dalrymple, *Anarchy*, p.133 (extortion, 1757-1765), p.289 (famines of 1769-1770 and 1784-1786) and pp.218-219 (profits, 1770-1771)。

关于拿破仑：Andrew Roberts, *Napoleon the Great* (2014)；关于全球斗争：Alexander Mikaberidze, *The Napoleonic Wars* (2020)；关于英国财政：Roger Knight, *Britain against Napoleon* (2013)；关于大后方：Jenny Uglow, *In These Times* (2014)；关于英国、法国和美国的禁运：Ronald Findlay and Kevin O'Rourke, *Power and Plenty* (2007), pp.366-371。

第 8 章

第 6 章和第 7 章中列出的许多著作，对研究 19 世纪也很有价值。David Cannadine 的 *Victorious Century* (2017) 提供了一个精练的叙事文本，Chris Williams 的 *Companion to Nineteenth-Century Britain* (2004) 中的文章有丰富的细节。关于工业革命：Robert Allen 的 *British Industrial Revolution in Global Perspective* (2009) 和 Joel Mokyr 的 *Enlightened Economy* (2009) 尤其妙趣横生，两卷本的 *Cambridge Economic History of Modern Britain* (2014) 也阐述了相关事实。

关于欧洲的势力均衡：Simms, *Europe*, pp.176-306。关于大博弈：Peter Hopkirk 的 *The Great Game* (1990) 非常出色（"大博弈"这个名称来自吉卜林的小说 *Kim* [1901]）。关于克里米亚战争：Orlando Figes, *The Crimean War* (2010)。关于阿富汗：David Loyn, *Butcher and Bolt* (2008) 将英国、苏联和美国的入侵进行了有趣的对比。关于印度：Dalrymple 的 *Anarchy* 和 *The Last Mughal* (2006) 很吸引人，而 Roderick Matthews 的 *Peace, Poverty and Betrayal* (2021) 则非常客观公正。关于印度暴动：Saul David, *The Indian Mutiny* (2002)。关于鸦片战争：Stephen Platt, *Imperial Twilight* (2018)。

关于英国和美国：Kathleen Burk, *The Lion and the Eagle* (2018), Chapters 1-2。关于自治领：Andrew Porter, ed., *Oxford History of the British Empire III* (1999), and Darwin, *Empire Project* and *Unfinished Empire*。

兽医及其他专业培训：Boyd Hilton, *A Mad, Bad, and Dangerous People?* (2006), p.142。关于英国、孟加拉国和中国长江三角洲：Robert Allen, 'Agricultural Productivity and Rural Incomes in England and the Yangtze Delta, c.1620-c.1820'(2006), 见 http://www.nuffield.ox.ac.uk/General/Members/allen/aspx。关于人的身材和营养：John Komlos, 'On English Pygmies and Giants', *Research in Economic History* 25 (2018), pp.149-168; 'Shrinking in a Growing Economy Is Not So Puzzling after All', *Economics and Human Biology* 32 (2019), pp.40-55。关于自由贸易：William Bernstein, *A Splendid Exchange* (2008), pp.280-315 很好地描述了英国发生的争论。关于 1815 年后发生的动荡：Robert Poole, *Peterloo* (2019)。关于煤及其影响：Vaclav Smil, *Energy and Civilization* (2017), pp.225-384。关于住房：John Burnett, *A Social History of Housing, 1815-1985* (2nd edn, 1986)。关于爱尔兰饥荒：W. Vaughan, *A New History of Ireland* V (1990), pp.108-136, 218-331。关于死亡人数：Joel Mokyr and C. Ó Gráda, 'What Do People Die of During Famines?', *European Review of Economic History* 6 (2002), pp.339-363。

Cannadine, *Victorious Century* 对世纪中叶的政治状况阐述得很出色。关于中产阶级文化：Asa Briggs, *Victorian People* (1955) 和 *The Age of Improvement 1783-1867* (1959)，仍然是经典。关于时尚：Ian Kelly, *Beau Brummell* (2005)。关于工资：Robert Allen, 'The Great Divergence in European Wages and Prices from the

Middle Ages to the First World War', *Explorations in Economic History* 38 (2001), pp.411-448。关于消费：Broadberry et al., *British Economic Growth*, pp.279-306。关于宗教：Hugh McLeod, *Religion and Society in England, 1850-1914* (1996)。

关于世界体系：Darwin, *Empire Project*。无论唐·帕西菲科还是马格达拉战役，都没有引起太多关注；Dolphus Whitten, 'The Don Pacifico Affair', *The Historian* 48 (1986), pp.255-267 和 Frederick Myatt, *The March to Magdala* (1970) 仍然是最好的。关于印度经济：Latika Chaudhary, et al., eds, *A New Economic History of Colonial India* (2015)。关于贸易和国际收支平衡：Cain and Hopkins, *Imperialism*, pp.275-302 and Tables 5.6, 5.7。

第9章

在第8章中列出的综述性作品，大部分也适用于第9章，20世纪涌现出了杰出的(和压倒性的)文献。Peter Clarke 的 *Hope and Glory* (2004) 和 Robert Skidelsky 的 *Britain since 1900* (2014) 给出了有趣的不同概述，Andrew Marr 的 *History of Modern Britain* (2007) 对两者进行了很好的补充。

Peter Clarke, *Hope and Glory* (2004), pp.1-76，出色地描写了世纪之交的英国。Robert Massie, *Dreadnought* (1991)，生动地讲述了19世纪70年代至20世纪第二个10年的故事。关于"边界小区"：John Boughton, *Municipal Dreams* (2018), pp.7-9。关于帝国联盟：Duncan Bell, *The Idea of Greater Britain* (2006)。'British West'：James Belich, *Replenishing the Earth* (2009)。

Christopher Clark, *The Sleepwalkers* (2014), pp.448-554 很好地阐述了发动战争的决定。关于1914年夏天的债券市场：Niall Ferguson, *The Pity of War* (1998), pp.192-197。David Stevenson 的 *Cataclysm* (2004) 很好地分析了战争，Adam Tooze 的 *The Deluge* (2014) 在对金融和伍德罗·威尔逊的论述方面表现突出。

有几个主题贯穿了本章和下一章。关于英国和美国：David Reynolds, *Britannia Overruled* (2000)。从美国人的角度来看：Robert Zoellick, *America in the World* (2020)。关于金融：Cain and Hopkins, *Imperialism* 和 Barry Eichengreen, *Globalizing Capital* (3rd edn, 2019)。关于帝国：Judith Brown and W. Roger Louis, eds, *Oxford History of the British Empire IV* (1999), and Darwin, *Empire Project*, pp.305-655。

关于《凡尔赛和约》：Margaret Macmillan, *Paris 1919* (2002)。关于战后印度：Kim Wagner, *Amritsar 1919* (2019), and Arthur Herman, *Gandhi & Churchill* (2008)。关于爱尔兰的分治：Diarmaid Ferriter, *The Border* (2019)。关于华盛顿会议：Zoellick, *America in the World*, pp. 168-198。关于20世纪30年代的英国：Andrew Thorpe, *Britain in the 1930s* (1992)。关于金融和大萧条：Barry Eichengreen, *Golden Fetters* (1992), pp.297-316。关于廉租房：Boughton, *Municipal Dreams* (Dover House Estate on p.47)。

关于绥靖：Niall Ferguson, *War of the World* (2006), pp.312-382, and Brendan Simms, *Hitler* (2019), pp.234-269, 300-346有一些有趣的修正主义解释。关于对德国轰炸的忧虑：Bret Holman, 'The Air Panic of 1935', *Journal of Contemporary History* 46 (2011), pp.288-307。关于第二次世界大战：Daniel Todman, *Britain's War I* (2016) and II (2020)。关于托纳潘迪：Martin Gilbert, *Churchill* (1991), pp.219-221。关于丘吉尔的雕像：https://www.bbc.com/news/uk-53033550; https://www.theguardian.com/environment/2020/sep/10/extinction-rebellion-protester-arrested-for-defacing-winston-churchill-statue。

第10章

第9章提到的综述之作仍然适用。Correlli Barnett's *Audit of War* (1986)在论述英国不断变化的国际地位方面是不可或缺的，Richard Weight的 *Patriots* (2002)在身份认同方面的见解非常高明。这一时期有几部结合了政治、文化和社会趋势的优秀多卷本叙事作品。Peter Hennessy的 *Never Again* (1993), *Having It So Good* (2006) 和 *Winds of Change* (2019) 涵盖了1945—1964年这一时期；David Kynaston的 *Austerity Britain, 1945-1951* (2007), *Family Britain, 1951-1957* (2009) and *Modernity Britain, 1957-1962* (2014) 回顾了1945—1962年；而Dominic Sandbrook 的 *Never Had It So Good* (2005), *White Heat* (2006), *State of Emergency* (2010), *Seasons in the Sun* (2012) 和 *Who Dares Wins* (2019)对1956—1982年提供了更多的细节。我充分利用了2020年新冠肺炎隔离的前几周时间，重读了Sandbrook的整个系列。

关于战后的重新定位：David Reynolds, *From World War to Cold War* (2006)。关于遏制战略：Reynolds, *One World Divisible* (2000)。关于核武器：Richard Rhodes, *Arsenals of Folly* (2007)。关于战后欧洲：Tony Judt, *Postwar* (2005)。有几本非常优秀的书回顾了20世纪50年代以来英国与欧盟的历史。我尤其要推荐Hugo Young, *This Blessed Plot* (1998)、Benjamin Grob-Fitzgibbon, *Continental Drift* (2016)和Stephen Wall, *Reluctant European* (2020)。关于天主教和欧盟创始六国：https://www.politico.eu/article/is-the-vatican-the-cause-of-britains-european-schism/。关于将舒曼封圣：https://www.telegraph.co.uk/news/ worldnews/1469768/Vatican-resists-drive-to-canonise-eU-founder.html。关于欧洲足球组织：Weight, *Patriots*, pp.258-263。关于去殖民化：John Darwin, *Britain and Decolonisation* (1988)。关于大英帝国的瓦解，有许多精彩的记述：我尤其要推荐Jan Morris, *Farewell the Trumpets* (1978)、Piers Brendon, *The Decline and Fall of the British Empire* (2007)和Peter Clarke, *The Last Thousand Days of the British Empire* (2007)。关于20世纪50年代对核武器的思考：Sandbrook, *Never Had It So Good*, pp.248-274。

关于北爱尔兰：David McKittrick and David McVea, *Making Sense of the*

Troubles (2012)。关于威尔士和苏格兰的民族主义:Weight, *Patriots*, pp.403-421。关于英国经济:Richard Coopey and Nicholas Woodward, *Britain in the 1970s: The Troubled Economy* (1996)。关于1978年时工会不受欢迎:MORI poll, from Sandbrook, *Seasons in the Sun*, p.618。

关于20世纪60—70年代的文化变迁:Weight, *Patriots*, pp.355-399, and Sandbrook, *The Great British Dream Factory* (2015)需要读一读,而Sandbrook的 *White Heat* 则对有多少东西没有改变,给了我们一个宝贵的提醒。关于自由的法律:Weight, *Patriots*, pp. 361-362,为主要的立法开列了一个令人称道的清单。关于特蕾莎·梅的裤子:https://www.telegraph.co.uk/news/2016/12/03/conservatives-war-theresa-mays-leather-trousers/。关于园艺的普及:'A Nation of Gardeners', *The Economist* (2 May 2020), p.44。

关于饮食的变化:John Burnett, *England Eats Out* (2004), pp.255-319。关于炸鱼薯条店:Panikos Panayi, *Fish & Chips* (2014)。关于炒菜和咖喱鸡:https://www.mirror.co.uk/news/uk-news/stir-fry-now-britains-most-popular-165120。

关于撒切尔夫人的遗产,仍然存在分歧,但Charles Moore获授权撰写的传记 *Margaret Thatcher* (3 vols, 2013-2019)基调很好。关于金融改革:David Kynaston, *The City of London IV* (2001), pp.415-721。关于苏联的衰落:Robert Service, *The End of the Cold War, 1985-1991* (2015)。关于英国与德国的重新统一:Patrick Salmon, 'The United Kingdom', in Frédéric Bozo, et al., eds, *German Reunification: A Multinational History* (2016), pp.153-176。

第11章

本章的前几节涵盖了对20世纪英国的综述,但我不知道有任何讲述广泛性历史的图书以1992年为起点。关于美国的政策,H. R. McMaster, *Battlegrounds* (2020)和Zoellick, *America in the World* 提出了有趣的不同观点。

关于1989年后美国的战略:George Herring, *From Colony to Superpower* (2008), pp.899-938。关于本土滋生的英国恐怖分子:https://www.thetimes.co.uk/article/focus-blairs-extremism-proposals-attacked-as-the-hunt-continues-for-terrors-new-breed-wvnbz35hm7x。关于与基地组织的联系:Peter Bergen, *The Longest War* (2011), pp.199-201。关于在英国实施伊斯兰教法的呼吁:https://web.archive.org/web/20110424140110/http://www.muslimsagainstcrusades.com/obeythelaw.php。关于在英国城市设伊斯兰禁入区的民意调查:https://www.independent.co.uk/news/uk/home-news/uk-no-go-zones-muslim-sharia-law-third-poll-hope-not-hate-far-right-economic-inequality-a8588226.html。关于英国民族主义的兴起:Eric Kaufmann, *Whiteshift* (2018), pp.137-209。关于2004年后的移民情况:https://web.archive.org/web/20131207074918/http://www.equalityhumanrights.com/uploaded_files/new_

europeans.pdf。关于移民的原因：https://www.the-guardian.com/uk/2010/jan/14/chance-choice-britain-refugees-council-report。关于移民对经济的好处：https://www.independent.co.uk/news/uk/home-news/eu-migrants-good-for-uk-economy-1759279.html。

来自麦迪逊的亚洲GDP数据：https://www.rug.nl/ggdc/historicaldevelopment/maddison/releases/maddison-project-database-2020。关于20世纪70—80年代，美国人对日本的恐惧：Michael Crichton, *Rising Sun* (1992); Ezra Vogel, *Japan as Number One* (1979)。关于美国与中国的贸易：https://ustr.gov/countries-regions/china-mongolia-taiwan/peoples-republic-china; rest of world, https://wits.world-bank.org/countrysnapshot/en/UsA/textview; 关于英国与中国的贸易：https://commonslibrary.parliament.uk/research-briefings/cbp-7379/。Adam Tooze的 *Crashed* (2018) 长于讲述金融纠纷，Jeremy Green的 *The Political Economy of the Special Relationship* (2020) 尤其长于讲述英美纠纷。图11.7使用的数据来自Stefan Avdjiev et al., 'Breaking Free of the Triple Coincidence in International Finance', *Economic Policy* 31 (2016), pp.409-451。关于中国刺激经济的政策：Shahrokh Fardoust et al., *Demystifying China's Fiscal Stimulus* (2012)。

英国"脱欧"催生了大量作品。Tim Shipman的 *All Out War* (2016) 和 *Fall Out* (2017) 是我比较喜欢的，Harold Clarke et al.的 *Brexit: Why Britain Voted to Leave the European Union* (2017) 讲述了投票模式，而Helen Thompson的'Inevitability and Contingency', *British Journal of Politics and International Relations* 19 (2017), pp.434-449则论述了实际的决定。

关于2008—2018年收入和财产的变化：https://commonslibrary.parliament.uk/research-briefings/cbp-7950/#fullreport; http://www.smf.co.uk/wp-content/uploads/2015/03/social-Market-Foundation-Publication-Wealth-in-the-Downturn-Winners-and-losers.pdf; https://www.ippr.org/research/publications/10-years-of-austerity。紧缩政策的影响：https://www.ncbi.nlm.nih.gov/pmc/articles/PMC3807771/; Ben Barr et al., 'Suicides Associated with the 2008-2010 Economic Recession in England', *British Medical Journal* 345 (2012) e5142。关于住房价格：https:// www.globalpropertyguide.com/europe/United-Kingdom/Price-History。关于苏格兰独立：Tom Devine, *Independence or Union* (2016)。关于希腊旅游业收入：https://data.worldbank.org/indicator/sT.INT.RCPT.CD?locations=GR。关于欧元区与希腊：George Stiglitz, *The Euro* (2016)。关于乌克兰：Lawrence Freedman, *Ukraine and the Art of Strategy* (2019)。关于难民：Philipp Genschel and Markus Jachtenfuchs, 'From Market Integration to Core state Powers', *Journal of Common Market Studies* 56 (2018), pp.178-196。2015—2016年的移民统计数据：https://eua-genda.eu/upload/publications/untitled-67413-ea.pdf。关于暴力犯罪：https://www.

nytimes.com/2016/01/09/world/europe/cologne-new-years-eve-attacks.html。关于恐怖主义：http://icct.nl/publication/links-between-terrorism-and-migration-an-exploration/。关于移民和犯罪：https://www.telegraph.co.uk/news/uknews/crime/9410827/A-fifth-of-murder-and-rape-suspects-are-immigrants.html。关于英国独立党和保守党：Philip Lynch and Richard Whitaker, 'Rivalry on the Right', *British Politics* 8 (2013), pp.285-312。保守党内关于欧洲问题的争执：Philip Lynch, 'Conservative Modernisation and European Integration', *British Politics* 10 (2015), pp.185-203。关于英国和中国：Christopher Hill, *The Future of British Foreign Policy* (2019) 和 Kerry Brown, *The Future of UK-China Relations* (2019) 可谓极佳的指南。关于奥斯本的魅力攻势：https://www.economist.com/ britain/2015/09/26/the-osborne-doctrine。关于人民币债券：https://www.gov.uk/government/news/britain-issues-western-worlds-first-sovereign-rmb-bond-largest-ever-rmb-bond-by-non-chinese-issuer。关于互换货币额度：https://www. gov.uk/government/news/bank-of-england-people-s-bank-of-china-swap-line。关于欣克利角C核电站项目的争论：http://www.conservativehome.com/thecolumnists/2015/10/nick-timothy-the-government-is-selling-our-national-security-to-china.html。核电站项目最终的批准：https://www.theguardian.com/uk-news/2016/sep/14/theresa- may-conditional-approval-hinkley-point-c-nuclear-power-station。关于亚投行：https://www.gov.uk/government/news/uk-announces-plans-to-join-asian-infrastructure-investment-bank。关于美国的反对：https://www.ft.com/cms/s/0/0655b342-cc29-11e4-beca-00144feab7de. html。

关于英国"脱欧"公投前的民意调查：https://ig.ft.com/sites/brexit-polling/。James Kynge, *China Shakes the World* (2006) 描述了与中国的合作情况。关于1989—2015年的GDP增长情况：https://www.imf.org/external/pubs/ft/weo/2018/02/weodata/weorept.aspx。关于1989—2015年的工资变化情况：https://tradingeconomics.com/united-kingdom/gdp-per-capita-ppp。关于中国的竞争和西方的就业情况：David Autor et al., 'The China shock', *Annual Review of Economics* 8 (2016), pp.205-240；Italo Colantone and Piero Stanig, 'Global Competition and Brexit', *American Political Science Review* 112 (2018), pp.201-218。关于民粹主义和民族主义：Roger Eatwell and Matthew Goodwin, *National Populism* (2018)。关于2016年的投票模式：https://www.express.co.uk/news/politics/1231874/brexit-news-did-wales-vote-for-brexit-scotland-northern-ireland-eu-referendum。

关于中国国内的变化：Elizabeth Economy, *The Third Revolution* (2018)。关于"一带一路"倡议：Bruno Maçães, *Belt and Road* (2018)。关于中美贸易战：https://www.piie.com/blogs/trade-investment-policy-watch/trump-trade-war-china-date-guide；关于美国的战略反思：https://foreignpolicy. com/2019/04/20/the-trump-doctrine-big-think-america-first-nationalism/。关于美国与欧盟的关系：https://www.theatlantic.

com/international/archive/2021/01/joe-biden- europe/617753/。关于中国和澳大利亚：https://www.lowyinstitute.org/issues/ china-australia-relations。澳大利亚的2009年国防白皮书：www.defence.gov.au/whitepaper。关于2011年澳大利亚战略政策研究所会议：www.aspi.org.au/publications/publica- tions_all.aspx。关于16/17+1集团：Jeremy Garlick, 'China's Economic Diplomacy in Central and Eastern Europe', *Europe-Asia Studies* 71 (2019), pp.1390-1414；https://thediplo- mat.com/2019/03/chinas-161-is-dead-long-live-the-171/。关于比雷埃夫斯港：https://fortune. com/longform/cosco-piraeus-port-athens/。关于意大利与"一带一路"倡议：https://carnegieendowment.org/2019/05/20/why-did-italy-embrace-belt-and- road-initiative-pub-79149。关于美国在欧洲的游说：https://www.defense.gov/ explore/News/Article/Article/2085573/esper-makes-case-that-china-is-a-growing-threat-to-europe。关于欧盟与中国：Kerry Brown, 'The EU and China, 2006 to 2016', *Journal of the British Association of Chinese Studies* 8.2 (2018),pp.121-129；https://ec.europa.eu/commission/sites/beta-political/files/communication-eu-china-a-strategic-outlook.pdf；https://www.ecfr.eu/page/-/the_meaning_of_systemic_ rivalry_europe_and_china_beyond_the_pandemic.pdf。关于英国的中国政策：https://bfpg.co.uk/2020/05/intro-uk-china-strategy/。关于英国的舆论调查：https://bfpg.co.uk/wp-content/uploads/2020/06/BFPG-Annual-survey-Public-Opinion-2020-HR.pdf。关于格拉西莫夫主义：https://www.politico.com/magazine/story/2017/09/05/gerasimov-doctrine-russia-foreign-policy-215538。关于英国对太平洋外护墙的观点：https://bfpg.co.uk/wp-content/uploads/2020/06/BFPG-Annual-survey-Public-Opinion-2020-HR. pdf, p.61。关于兰德公司的战争游戏：2000s, www.rand.org/topics/taiwan.html；2010s, https://www.rand.org/pubs/research_reports/RR392.html。关于航空母舰：https://www.economist.com/briefing/2019/11/14/aircraft-carriers-are-big-expensive- vulnerable-and-popular。

芝诺的狗和马车的比喻，在下列书中提及：Hippolytus, *Refutation of All Heresies* (c.200 ce), 1.21, Anthony Long and David sedley, *Hellenistic Philosophy* (1987), fragment 62a。一些学者把这个故事归于芝诺的继任者斯多亚学派领袖克利安提斯（Cleanthes）。关于社会发展指数：Ian Morris, *Why the West Rules-For Now* (2010) and *The Measure of Civilisation* (2013)。关于英国"脱欧"的代价：https://www.economist.com/britain/2021/01/14/britains-immediate-economic-prospects-are-grim。关于气候移民：https://www.worldbank.org/en/news/info-graphic/2018/03/19/groundswell---preparing-for-internal-climate-migration。非欧盟移民的增长：https://www.ons.gov.uk/peoplepopulationandcommunity/ populationandmigration/internationalmigration/bulletins/migrationstatisticsquarter-lyreport/august2020。关于中国留学生：https://www.universitiesuk.ac.uk/ International/Pages/intl-student-recruitment-data.aspx。关于儒家的外交思想：Feng Zhang, 'Confucian Foreign

Policy Traditions in Chinese History', *Chinese Journal of International Politics* 8 (2015), pp.197-218。关于法治：https://www.brookings.edu/wp-content/uploads/2019/09/FP_20190930_china_legal_development_horsley.pdf。关于世界价值调查：https://www.worldvaluessurvey.org/WVsContents.jsp。关于软实力30：https://softpower30.com。关于孔子学院：https://www.bbc.com/news/world-asia-china-49511231。关于英国学校中的中国普通话课程：https://www.britishcouncil.org/sites/default/files/language_trends_2018_report.pdf。关于英国特色：Colley, *Britons*。关于苏格兰脱离英国：https:// www.economist.com/britain/2021/01/30/most-scots-want-independence-but-they- lack-the-means-to-get-it。关于爱尔兰重新统一：https://www.thetimes.co.uk/article/ northern-irish-back-border-poll-within-five-years-6ndbkz80s。

第12章

本章的另一个不同版本发表在：https://worldview.stratfor. com/article/left-behind-brexit-capital。关于"日常工作"：https://www.newstates- man.com/politics/2015/07/letter-stoke-how-transform-city-decline。关于1英镑购房：https://www.bbc.com/news/uk-england-stoke-staffordshire-22247663。Sandbrook, *Who Dares Wins*, pp.671-690对记者们走访包括斯托克在内陷入困境的城镇进行了充分的论述。